U0216198

简体字本二十六史

明史

卷一〇六——卷一四九

（四）

〔清〕张廷玉 等 撰

王天有 等 标点

明史卷一〇六
表第七

功臣世表二

始封	子	孙	曾孙	五世	六世	七世	八世	九世	十世	十一世
淇国公邱福建文四年六月己巳,成祖即位。										

九月甲
申，以靖
难功第
一，封奉
天靖难
推诚宣
力武臣
淇国公，
禄二千
五百石，
世袭。永
乐六年
七月甲
寅加禄
千石。七
年八月
北征战

成国公朱能	勇	仪	辅	麟	希忠	时泰	应桢	鼎臣
九月甲申封，第二，勋号同前，禄二千二百石，世袭。永乐四年卒於军，月卒。追封	永乐六年七月壬子袭，甲寅加禄千石。洪熙、宣德间，累领行在军府，累进大保。	景泰三年五月丁酉袭，禄二千石，天顺二年正月加禄五百石。七年二月守备	弘治九年十二月己酉袭，十三年七月袭，守备南京，领中府。正德五年	嘉靖四年三月辛酉袭，六月卒。嘉靖八年九月壬黄袭，九年，神机营坐	嘉靖十五年九月甲子袭，掌典军务，累	万历二年袭。九月卒。	万历八年二月袭，己亥袭，十四年自杀。	万历二十八年三月袭，亥袭。明年卒。无

没。追削爵，迁家属岭南，除。

子。故应槐表。

纯臣　应槐

万历三十九年三月癸卯袭，紫……万历二十九年九月己酉袭，领……祯三年左府……三十八年五月壬申卒。十一月戊戌加太傅，大……戊戌加太傅，大……年五月……己酉总京营。九月庚戌巡视边……夫。十七……

进太师。二十六年八月卒。

营。十五年七月己未卒。赠太保，谥荣康。

子大傅。六年十月掌前府。嘉靖二年九月己丑卒，赠大傅，谥恭僖。

襄王，谥恭靖。十一年八月癸亥追夺王。追封襄王。

南京。成化二十二年加太子大傅。弘治九年三月卒。

朱平王，谥武烈。正统十四年没于土木。追封平阴王，谥武愍。

年三月降贼，被杀。		爵。		成阳侯张武　九月甲申封，第三，勋号同前，禄千五百石，世袭。永乐元年十月卒。赠潞国公，谥忠毅。无

子，除。

泰宁侯

陈珪

甲申九月封，第四，勋号同前，禄一千二百石，世袭。永乐十七年四月卒，追封靖国公，谥忠襄。

玺

永乐十七年七月癸丑袭。二十年北征失机，枷死。

瑜

钟

永乐二十二年八月辛未袭。宣德五年正月卒。

灏

宣德五年四月丙申袭。七年卒。

瀛

宣德十年二月丁卯袭。正统十四年没于土木，

泾	桓	璇	儒
追封宁国公，谥恭愍。			
正统十四年十一月丁酉袭。天顺六年十月镇广西。成化七年九月移镇淮安，总漕运。八年七月卒。	成化八年十二月甲子袭，禄一千石。弘治元年八月镇宁夏。七年七月壬子卒。	弘治七年十一月己酉袭，十二月给禄千石。正德元年六月卒。	正德六年七月丁丑袭。嘉靖三年十月管围子手上直十二年卒。无子。叔连袭。
		琏	
		嘉靖十三年闰二	

	延祚	闻礼	良臣	瑞	
	天启中袭。崇祯元年加少保。	天启中袭。	嘉靖四十一年五月己亥袭。四十五年五月掌府军前卫。万历四年正月领南京右府，提督操	嘉靖二十四年正月庚申袭。三十一年十二月壬子卒。	……月丙寅袭，禄十石。二十三年卒。

武安侯郑亨	能	宏	英	纲	崑	维忠
九月甲申封,第五,勋号。	宣德十年二月丙辰袭。	正统十一年二月癸卯	成化十三年袭。弘治三	正德十二年癸未月	嘉靖二十八年十一月	万历八年十二月己亥迁。十四年正月领前府。四十七年六月辛巳总京营。天启元年五月戊申加少保。

保定侯 孟善	瑛	俊	昂				
							之俊 天启二 年袭。崇 祯十七 年，城陷， 死於贼。
						袭。十二 年七月 掌府军 前卫。二 十六年 卒。 维孝 万历二 十六年 十一月 戊戌袭。 天启二 年卒。	
					乙未袭。 万历八 年六月 卒。丁未卒。		
				袭。嘉靖 二十八 年七月 辛巳卒。			
			年八月 坐耀武 营，镇陕 西。正德 十一年 十月甲 寅卒。				
		袭。成化 九年领 南京中 府。十三 年二月 卒。					
	正统七 年卒。						
同前，禄 一千五 百石，世 袭。宣德 九年二 月乙丑 卒。追封 滦国公， 谥忠毅。							
保定 侯 孟善 九月甲	瑛 永乐十	俊 天顺元	昂 天顺四				

年十一月戊寅袭。成化八年十二月卒。子达仍袭指挥使。	一年七月癸酉以承天门灾,诏子文,伯爵,禄八百石。四年六月卒。	一年六月癸亥袭。仁宗即位,十一月以罪本爵,流云南。宣德十年二月己未召还,授京卫,世袭指挥使。	申封,第六,助号同前,禄一千二百石,世袭。永乐十年六月甲戌卒,追封滕国公,谥忠勇。	同安侯　火真　九月甲

肇迹	大理	承光	襄	仕隆	溥	翰	统	镇远侯
					天顺八年四月袭，丁酉袭，禄千石。成化九年三月卒。		兴祖 永乐十三年二月甲午袭，正统十四年九月削爵。景泰三年五	顾成 九月甲申封，第八，加号奉天翊远推诚宣力武臣，禄袭同张武。

申封，第七，勋禄同张武。七年八月北征战没，除。

表第七·功臣世表二　　　　·2107·

天启中袭。崇祯元年七月佥书。三年九月加左府。甲辰加少师。十四年正月领南京右府，提督操江。十七年，城陷，死於贼。

万历中袭。二十四年正月管红盔将军。天启二年加大子大保。

襄从子。万历十年四月丙申袭。十四年二月，前府佥书。二十六年九月己亥卒。

嘉靖七年袭。十月三月领红盔将军侍卫。十四年四月镇淮安，总督漕运。二十九年七月镇两广。隆庆二年三月丙亥，总京营。万历七年

弘治十七年闰四月丁卯袭。正德四年八月领团子手。上直十六年镇湖广。嘉靖二年加大子大保，领大傅中府。十六年六月卒。谥襄恪。

淳从弟。成化九年七月癸丑袭。以支庶减禄，止八百石。弘治二年镇湖广。五年加大子大保，领前府。十年七月乙亥卒。谥荣靖。

月甲午复封伯。天顺元年七月复侯爵。闰七月卒。

十二年丁五月酉卒。追封夏国公，谥武毅。

年六月加少保。九年十二月甲午卒。谥荣僖。	
	靖安侯王忠九月甲申封，第九，勋号同丘福，禄千石。永乐七年八月北征战

永康
侯

九月甲
申封，第
十，则禄
同张武。
永乐七
年八月
北征，战
没。追封
漳国公，
谥威毅。

瑛
永乐七
年十二
月戊戌
袭。卒。
除。

武城
侯
王聪

没。无
子，除。

锡胤	应坤	文炜	乔松	溥	镝	昌	安	徐忠
天启元年十月壬申袭。崇祯二年卒。故应垣袭。	万历三十七年十一月壬寅袭。四十年闰十一月甲申总京营。四十三年九月卒。壬辰卒。	万历十一年袭。十九年领前府。三十七年六月卒。己未卒。	嘉靖三十四年五月甲辰袭。四十五年五月领南京右府。隆庆五年五月提督操江。万	弘治末袭。正德四年月卒。源，溥庶兄。正德八年三月壬申袭。嘉靖三十三年卒。	成化十八年三月辛卯袭。弘治三年四月，五军营坐营官。弘治八年四月管红盔将军。宿卫十五年三月卒。		永乐十六年八月癸巳袭，成化十七年十二月卒。	九月甲申封，第十一，勋号同前，禄千一百石，世袭。永乐十一年八月庚午卒。道封蔡国公，谥忠烈。

隆平侯张信	镛	淳	福	祐		历十年卒。		应垣	锡登
九月甲申封，第十二，勋号同前，禄千石，世袭伯。永乐二十二年九月丙		正统八年袭。十一年卒。	正统十二年闰四月袭。天顺二年三月卒。弟祐袭。	天顺二				崇祯三年九月己酉袭。	崇祯中袭。十七年，城陷，死于贼。

拱薇

国彦

坤

炳

桐

瑺
正德十
三年袭。
嘉靖二
十三年
三月甲
辰以罪
削爵。

禄
铤孙。正
德三年
十一月
丁酉袭。
四年七
月丁酉
卒。

年十一
月甲辰
袭。成化
中屡领
南京军
府。十七
年三月
卒。

铤
申子世
侯。正统
七年五
月卒。追
封郧国
公,谥恭
僖。

袭年无考。崇祯三年九月甲辰加太子大傅。七年四月金书南京中府。十一年败没。	万历四十六年闰四月戊辰袭。		万历三年袭。四十五年卒。	嘉靖三十七年十一月癸未袭。四十四年二月镇湖广。万历三年四月癸巳卒。

安	安平侯 李远
永乐七年十二月戊戌	九月甲申封，第十三，勋

号同前，岁禄千石。永乐七年八月北征，战殁。赠营国公，谥忠壮。

裘伯，宣德二年以征交址失律夺爵。天顺元年复袭。

成安侯　郭亮

晟　永乐二十二年八月卒，未袭侯，禄千石。

九月甲申封，第十四，勋号同前，禄千二百石，世

正统十

昂	旷	宁	瓛	应乾	邦柱	邦相	祚延	祚久
							万历三十八年二月庚午袭。四十年卒。	万历四十年十月
					万历十四年袭。	万历十七年四月癸卯袭。三十六年五月戊戌卒。		
			嘉靖二十八年六月庚戌袭。万历十四年卒。					
		宁从子。嘉靖二年己卯袭。十八年正月庚寅，扬威曹坐眚。						
	弘治六年袭。正德六年二月管红盔将军。六月，南京前府。嘉靖元年十二月庚子							
成化六年正月辛丑袭。弘治五年十一月卒。								

昂 天顺三年二月乙丑袭。伯，领南京后府。成化二年闰二月卒。

四年八月领中府。天顺二年八月卒。

伯爵。永乐二十一年三月庚寅卒。追封兴国公，谥忠壮。

思恩 侯 房宽 九月甲 申封，第			
	祚永 崇祯中 袭。十四 年六月 领南京 前府。	天启元年 二月辛亥袭。天 启元年 卒。	
	邦栋 天启元 年八月 癸酉袭。 崇祯三 年九月 甲辰加 少保。		卒。

兴安伯 徐祥	永	亨	贤	盛	良	勋	梦旸	汝诚	继荣
十五,禄八百石。世指挥使。永乐七年十一月卒。 九月甲申封,第十六,加号奉天翊卫宣力武臣,禄千石,世都督		永乐二年袭伯。正统九年以剿寇功进封,加禄百石,天顺四	天顺四年袭伯。成化五年以剿寇功进封。成化十一年卒。	成化十六年十一月甲申袭。弘治三年八月,神机营左被管操。	盛从子。正德三年十二月壬午袭。嘉靖十二年卒。	嘉靖十三年丁酉袭。十四年卒。	嘉靖二十年五月庚戌袭。万历四年二月辛未领前府。三十一		万历三十一年袭。三年四月己巳卒。无子。故汝荣袭。

								武康伯
洽安	继本	汝孝						徐理

洽安　崇祯末襲。十七年死於陝。

继本　襲年无考。

汝孝　万历三十七年九月襲。未襲，崇祯初加太子太保。

年十二月卒。

十三年六月领三千营管操。十七年二月卒。

年二月卒，谥武襄。

勇　景泰四年二月，己丑襲，其年卒。无子。除。

桢　永乐七年十月，壬子襲伯。正统九年六月卒。

佥事。永乐二年五月卒。

武康伯　徐理　九月甲申封，第十七，勋禄同徐祥。永乐六年二

	襄城伯 李浚	隆	珍	瑾	鏞
月卒。	九月甲申封,第十八,勋禄同前,世指挥同知。已,进封侯。永乐三年十一月卒。	永乐四年九月己巳袭伯。正统十二年卒。	正统十三年十二月甲戌袭。十四年没于土木。赠侯,谥悼僖。	景泰元年六月庚子袭。成化四	弘治二年九月己巳袭伯。三年

国桢	守铸	成功	应臣	全礼	鄜
崇祯三年袭。十六年十二月己酉加太子太保，总京营。明年，城	万历三十八年二月癸亥袭。崇祯元年十一月辛未总京营。	一作承功。万历十年袭。二十九年七月己酉领南京右府兼操。	嘉靖二十年二月乙丑袭。万历十年卒。	正德四年十一月癸卯袭。十六年九月癸亥领南京前府兼督。	隆孙，糒从兄。弘治十一年八月戊子袭。十三年八月领右府。正

年八月己酉以平都掌蛮功进封侯。二十二年十月加大保。弘治二年三月卒。追封岢国公，谥壮武。

四月坐幼官眚。八年三月坐杨威眚。十五年五月卒。

十一年五月加黄

世系	事略
荣国公 张玉	东昌战死,成祖即位,追封,谥忠显。洪熙元年三月进封河间王,
英国公 辅	永乐三年十一月甲申封信安伯,第十九,勋号奉天……同徐祥……
懋	累泰元年五月戊辰袭。成化同……屡领军府,累加太保。正德十年……
锐	
仑	正德十年十月癸酉袭。十二年,坐九月备武营,管……操江。嘉靖十八年卒。赠少保,谥恭敏。
溶	嘉靖十四年十一月甲申袭,四十四年十二月领左府,加太子……
元功（元德）	万历十年三月甲申袭,二十四年十一月庚子卒。
维贤	
之极	陷,贼执杀之。
世泽	

崇祯十六年卒。城陷，被杀。世孚无考。

见崇祯十年正月戊申。卒年无考。

万历二十六年十一月甲辰卒。三十七年十一月丁未领后府，累加少傅兼大子大保。天启三年七月加大保。崇祯三年十一月戊戌

万历二十四年二十六年五月卒。

大保。万历二年加少保。

年六月乙卯卒。赠大保，谥庄和。

三月卒。追封宁阳王，谥恭靖。

月癸巳进封新城侯，禄一千五百石，世袭。六年七月癸丑以安南功封英国公，禄三千石，世袭。二十一年加大师。正统十四年没於土

改谥忠武。

		加太师。		
				裕
				璟
新昌伯唐云九月甲申封,第二十,勋禄同徐祥世指挥使。永乐元年七月卒。	木。追封定兴王,谥忠烈。		崇安侯谭渊	新宁伯忠

弘业	懋勋	国佐	功承	绲	祜				
天启中袭。崇祯末死於贼。	万历二十七年八月乙酉袭。天启三年卒。	隆庆元年七月戊午袭。万历二十七年六月甲申卒。	嘉靖十七年八月辛未袭。三十六年十二月领南京左府。隆庆元年二月丙……	嘉靖四年闰十二月甲戌袭。十一年三月领南京前府，典军职，加大保。	天顺元年六月癸巳袭。成化十七年领前府，典军职，加大保。正德四年七月卒。	正统十四年十月丁巳袭。景泰三年三月卒。	宣德十年二月丁卯袭。正统十四年六月卒。	九月甲申封禄，宣德千石。宣德八年五月卒。	夹河战死，成祖即位，追封，谥壮节。

世系	事略
应城伯 孙岩	永乐十九月甲申封,第二十一,勋禄同徐祥。永乐十六年六月卒。追进侯,谥威武。
享	永乐十八年正月袭伯。二十一年正月卒。
英	永乐二十一年二月己巳袭。明年二月卒。
杰	永乐二十三年九月戊
继先	景泰三年袭。弘治三年卒。
钺	弘治十六年十一月壬午卒。
岱	管五军营。嘉靖四年卒。谥庄僖。
永爵	嘉靖十九年十月壬午
文炼	嘉靖三十五年九月庚
允恭	万历十七年六月庚辰
廷勋	万历三十三年十月丙

崇禎三年九月甲辰加少保。十七年死於賊。辰表。

二十八年六月甲申卒。表。二十

三十九年八月僉書中府，萬歷四十四年正月領南京后府，十七年卒。午表。三

二十五年二月甲子卒。表。三十

嘉靖十八年卒。子表。

八月管五軍營，曾督團子手。十六年九月卒。

宣德五年有罪下獄，尋復。景泰二年十二月卒。子表。

富昌伯

房勝

九月甲申封，勛祿同前，世指揮。

使。永乐十四年十月卒。

忻城伯

赵彝　九月甲申封，第二十三，勋号、禄米同徐祥。宣德元年正月卒，谥武毅。

荣　宣德元年七月袭，戊午袭。正统十四年七月领前府。天顺元年理南京军府。成化三年卒。

溥　成化四年七月丙戌袭。弘治十七年闰四月卒。

樬　溥从子。弘治十年八月甲申袭，正德十三年正月卒。

武　正德十三年十二月辛卯袭。嘉靖三十五年五月丁亥卒。

祖允　嘉靖三十七年四月癸未袭。四十年卒。

祖征　嘉靖四十二年九月癸卯袭。万历元年历。

泰修　万历六年十二月袭。十一年十月，南京左府佥。

世新　万历二十六年九月丁酉袭。四十四年。

之龙　泰昌元年九月丁亥袭。崇祯十六年十。

二月癸酉守备南京。大清兵下江南，降。

正月戊子总管。

书。十四年正月改中府。二十五年七月甲午卒。

乙未李禄。五年卒。

月卒。

云阳伯陈旭　九月甲申封，第二十四，勋号禄袭同前。永乐六年七月加禄五

百石。八年三月卒。无子，除。	广恩伯 刘才 九月甲申封，禄九百石，世指挥同知。宣德五年三月卒。	忠诚伯 茹瑺

以推戴功封，加号奉天翊运守正文臣，禄千石。已，坐事下狱死。

顺昌伯

王佐

推戴功封，助禄同徐祥世指挥使。三年八月有

名	世袭纪年
平江伯 陈瑄	推戴功，封，助号，禄袭同前。永乐二十二年十一月子世伯。宣德八年十月卒，进封侯，谥恭襄。
佐	宣德十年二月丙辰袭。正统初卒。
豫	正统二年四月癸未袭。十四年十一月进封侯。景泰四年镇临清。五年备南京。天顺……
锐	天顺八年十月丁酉袭。成化六年二月镇两广。八年改镇扬。弘治元年闰正月提督神机……
熊	弘治十年六月己未袭。正德五年领府。四年十二月戊戌以忤刘瑾削爵，戍海南。瑾……
圭	以幼禄，寻卒。熊绝，以从子圭袭。嘉靖元年正月甲午袭。二十二年六月镇两广。
王谟	嘉靖三十四年三月甲辰袭。三十九年九月镇……
允兆	万历四年五月管红盔将军，侍卫入直。
启	一作启嗣。万历三十二年七月丁丑袭。三十七……
治安	崇祯元年五月戊寅优给侯袭，余无考。

罪下狱死。

定国公 徐增	景昌	显忠	永宁	世英	光祚	延德	文壁	延辅	希挚	允祯
		七年九月卒。成化六年二月赠国公，谥庄敏。	曾。八年以治河功加太保，累加大傅。十五年十二月卒。	败，复爵。六年十二月庚子卒。	二十九年十二月丙戌，领后府。三十三年四月加太子太傅，掌锦衣卫。十二月己丑，卒。赠太傅，谥武襄。	两广。隆庆四年十月镇淮安。万历二年十一月，前府佥书，寻卒。		年三月乙巳，前府佥书。		

寿								
徐达次子，建文末以燕诛。成祖入立，追封武阳侯，谥忠愍。永乐二年，进封公，世袭。	永乐二年六月己亥袭，禄二千五百石。二十二年以罪停俸。洪熙元年复。正统二年六月卒。	正统三年十月丁巳袭，十三年四月卒。	景泰六年二月乙亥袭。成化二年坐误毁制书，弘间住。弘治十七年正月卒。	弘治十七年五月壬寅袭。正德十五年十一月领中府。嘉靖五年加大师。八月卒，谥荣僖。	嘉靖八年十一月癸卯袭。三十年正月庚子领中府。隆庆元年十二月壬辰卒。	隆庆二年三月甲戌袭。五年三月领右府加大师。万历十一年九月加少保兼大子大保。三十年六月卒，谥康惠。	万历三十年十二月癸卯袭。祯三年卒。	崇祯三年袭。十六年加大子大保。明年城陷，死于贼。
永春侯								

王宁尚太祖女怀庆公主。建文中以通燕下狱。成祖入立,封奉天翊运推诚效义武臣,禄千石,世袭。永乐六年有罪下狱。已,见原。九

		广平侯	袁容	祯	辂
			尚成祖女永安公主。永乐元年五月甲申以功封,禄千五百石,世袭。宣德三年十二月卒。追封	宣德中袭,寻卒。瑄 天顺元年七月以门袭,子侯复成,化十四年十一月卒。璎	祯从子。成化二十三年十月丁未袭,禄千石。弘治三年七月卒。停袭。
年九月卒。停袭。					

	舆	茂芳	李让	富阳侯	成化十五年袭。	沂国公，谥忠穆。
	天顺元年七月袭伯。成化十五年八月卒，除。	永乐二年袭。仁宗即位，以旧嫌削爵。	尚成祖女永平公主。永乐元年五月甲申以功封，禄千石，世袭。二年八月乙未卒。赠封某国公，			

谥恭敏。	丰城侯　李彬	贤	勇	玺
	永乐元年五月丁亥封，赐号同丘福，禄千石，世袭。六年七月癸酉加禄五百石。二十年正月卒。赠茂国	永乐二十一年二月己巳袭。宣德八年五月领行在前府。正统二年二月镇大同。十一年十二月领南京	景泰四年袭。成化十四年十月加太子大保。十八年九月卒。	成化十九年九月壬辰袭，禄千石。弘治元年九月领圉子守官军侍卫。十七年仍加前禄。正德二年闰

	旻	熙	儒	环	承祚	开先
公，谥刚毅。中府。景泰元年五月守南京。二年十一月壬寅卒。成化十三年道封丰国公，谥忠安。十二月镇守南京。嘉靖二年加太子太傅。六年镇两广。十年六月己巳卒。	五月卒。玺庶兄。正德三年十一月壬寅卒。成化十三年道封丰国公，谥忠安。	旻从子。嘉靖十年十月甲午袭。二十一年七月镇湖广。二十九年十二月丙戌领前府。三十一年八月戊寅总京营。明	熙从子。嘉靖三十六年二月乙巳袭，禄五百石。隆庆四年五月丁丑卒。	万历元年正月甲辰袭。十九年正月，前府佥书。二十年八月领右府，督操江。二十九年卒。	万历三十年七月乙巳。崇祯元年以袭。附魏党，下狱，戍烟瘴。	崇祯三年袭。十七年三月死于贼。

泾国公 陈亨	宁阳侯 懋	晟	辅 晟子	继祖	维藩	大纪	应诏	光裕
成祖入立，追封。谥襄敏。	永乐元年五月丁亥，兼论父亨归附功，封宁阳伯，勋号同李彬，禄千石，世袭。七年十二月壬子……年二月甲戌卒。谥武襄。	天顺七年十二月戊戌袭。成化三年六月卒。	成化二十二年二月己丑袭，禄千石。弘治元年六月有罪下狱。八年卒。无子。	正德元	嘉靖三	隆庆二	万历十	泰昌元

年九月
戊子袭。

崇祯元
紫禁元
年七月
甲申领
左府。二
年加大
子大保。

年三月
甲申袭。
三十一
年三月
领前府。
三十八
年六月
总京营。
四十八
年卒。

年十一
月庚申
袭。五年
十月甲
辰领中
府。明年
卒。

十七年
正月戊
寅袭。隆
庆二年
八月壬
午卒。

年四月
袭。嘉靖
十一年
二月领
南京左
府。二十
八年三
月丁酉
掌神机
营五千
下。三十
五年六
月乙未
卒。

幼,袭借
袭。

进封侯,
加禄至
三千石。
洪熙元
年予世
侯。宣德
十年六
月镇宁
夏,移甘
肃,正统
四年十
月加大
保。天顺
七年七
月卒。进
封国
公,谥武

名	事迹
金乡侯王真	成祖入立，追封谥忠壮，助同前。洪熙元年三月进封宁国公。
成山侯通	永乐元年五月丁亥封武义伯，禄千石，世袭。十一年五月进封成山侯。西八年召还。成化三年领南京后府，加大子太保，兼漕江。靖。
琮	天顺元年七月复王爵成山伯。五年镇辽东。十六年镇陕西。八年召还。成化三年即位仁宗后领南京后府，加大子太保，兼漕江。
镛	成化十二年丁未月袭。弘治中累加大子太傅。嘉靖四年五月辛巳卒。
洪	嘉靖四年六月袭。十一月掌团子手上直。二十四年十月卒。
维熊	嘉靖二十五年四月辛卯袭。隆庆四年十月乙卯卒。
应龙	隆庆五年四月丙申袭。万历二十三年七月辛巳卒。
允忠	万历二十四年二月癸丑袭。二十九年五月戊戌镇守南京，领中府。三十七年己未卒。
国柱	万历三十七年十二月庚申袭。天启元年六月甲申领南京左府。二年六月甲申加大子太保。
道宁	崇祯四年九月乙亥袭。九年八月卒。道允崇祯十年袭。

加禄至二千二百石，子世侯。正统四年闰二月有罪削爵。十四年起为都督佥事。景泰三年四月卒。	五年五月卒。	清远伯 王友 永乐元

	智 永乐十
年五月 丁亥封， 禄千石。 六年七 月癸丑 以安南 功进世 侯，加禄 五百石。 十二年 九月坐 诽谤，削 爵，除。	荣昌 伯 陈贤 永乐元

年五月丁亥封，禄千石，世袭。十三年十一月卒。	安乡伯
四年八月己巳袭。宣德元年四月丙寅削爵，除。	张兴　永乐元年五月丁亥封，禄一千石。前五年正月卒。
	勇　兴兄子。永乐中袭。
	安　永乐十五年九月庚申袭。宣德十年五月丙申领左府。正统十一

铎　嘉靖三十三年五月壬戌袭。四十年四月辛亥卒。

坤　正德二年十二月乙未袭。六年三月,三千皆管

枸　弘治六年袭。十一年二月领南京前府,督操江。

年四月镇广东。十四年十一月卒。於任。宁累泰三年袭。弘治五年十月卒。

遂安伯陈志	春	英 坝	操	铉	世恩	光灿
永乐元年五月丁亥封,禄袭同前。八年		永乐八年九月王辰袭。宣德二年四月 正统十一年二月丙寅袭。十四年八月 正德二年正月卒。	操。嘉靖三十三年二月戊戌卒。	嘉靖四十二月己已袭。万历三年八月领前府。十七年卒。		崇祯末死於贼。以上二世,袭年无考。

秉衡　袭年无考。

长衡　崇祯十四年袭。

珩　万历二十八年十二月癸巳袭。崇祯元年卒。

澍　隆庆六年袭。万历四年二月管红盔将军入直。

镋　弘治十七年戊戌袭。正德五月管红盔将军。嘉靖元年四月提督操江，屡典军府。十四年五……

韶　正统十四年袭。成化三年坐事，谪辽东，明年复。弘治元年九月领三千营。二年三月领右府，累加至少……

没於土木。諡荣怀。

月镇永平。七年正月卒。

五月卒。

月提督团营,累加太子太保。十八年二月为留守。

保。十七年二月卒。

永新伯许诚一作成。永乐三年十月丙子,以发奸封,禄千石,世指挥

				杰	诚
				景泰元年正月壬辰袭。	景泰六年九月戊戌袭。七年二

使。十六年二月卒。	西宁侯宋晟	号	瑛	
	永乐三年十一月癸巳，以征西功封，禄一千一百石，世袭。五年七月卒。	永乐六年七月壬子袭。洪熙元年正月削爵。	洪熙元年袭。宣德十年正月领	

裕本	光夏	世恩	公度	天驯	良臣	恺	让		
正烈帝即位，十二月丁酉袭。三年九月甲辰加大子大保。裕德崇祯十	一作广夏。万历三十四年七月己巳袭。天启七年卒。	万历中袭。二十年九月管红盔将军。二十五年十月乙亥卒。	嘉靖四十五年五月己亥袭。闰十月甲午卒。	嘉靖三十四年十月乙亥袭。四十年二月领中府。	正德十六年九月己酉袭。嘉靖元年领五月管红军誓，五年十一月管红盔将军。	成化十一年二月戊子袭。正德二年闰正月协守南京，兼领右府。十五年辞任。	天顺二年三月镇甘袭。成化八年十二月卒。	月领右府。天顺元年二月镇甘肃，其年卒。	行在前府。正统十四年七月癸巳，战没於阳和。追封郡国公，谥忠顺。

世	事迹
安远侯 柳升	永乐六年七月癸丑，以安南功封安远伯，禄千石，世袭。
溥	宣德元年二月辛未袭。正统七年十二月领中府。
承庆	
景	天顺五年十二月辛巳袭。成化末镇两广。弘治七年十……一年袭。死於贼。
文	弘治十六年正月己未袭。正德初镇两广，移广，召湖广，
珣	嘉靖二年四月丙戌袭，禄千石。十三年十二月镇两月……入直九年三月坐备武营袭。三十四年五月乙未卒。
震	嘉靖十四年正月丁亥袭。二十九年五月乙丑协守
懋勋	
祚昌	天启元年正月袭。崇祯三年九月甲辰加太子太师。
绍宗	崇祯七年四月癸亥镇甘肃。以上三世，诸书止称安远。

伯，表，卒，无考。

南京隆庆五年十月丙午领南京左府。万历十一年十月，南京中府佥书。

广。十八年加禄三千石，加少保。二十二年三月甲戌卒。赠太保，谥武襄。

还。嘉靖十一年十二月己亥卒。

二月以罪削爵。十二年复。十三年六月领三千营。十五年二月卒。

隆

远

六月镇广西。十年二月领神机营。景泰五年再镇广西，天顺元年四月领右府。三月卒，谥武肃。

福

八年八月壬寅进封侯，加禄五百石。二十年子世侯。宣德二年九月败没於交趾。正统中追封融国公，谥襄愍。

建平伯
高士

弘治七年二月庚辰袭。十一年三月丁巳领五军营管操。嘉靖初卒。无子,除。 弘治二年三月辛酉袭。六年十	洪熙元年二月戊申袭。正统十四年六月领前府。成化十三年六月召还。弘治元年七月卒。 进	永乐六年袭。二十二年九月卒。	文歧没文阯,追封禄千三百石,世袭。

宁远侯何福		恭顺伯吴允诚	恭顺侯克忠	瑾	鉴	世兴	继爵	汝荫	惟业
永乐七年九月庚午北征功封，禄千石。明年八月以罪自杀，除。	月卒。	本名把	永乐十六年二月	正统十四年十月	天顺六年二月	正德二年四月	嘉靖二十七年	万历二十七年	崇祯四年袭。

							惟英
都帖木儿。永乐十年正月戊子以北征功封一千二百石，世袭。十五年四月卒。赠郯国公。	月戊申袭。洪熙元年进封侯，世袭。正统十四年八月庚申战没於宣府。	月丙辰袭。天顺七年五月庚子死於曹钦之难。赠凉国公，谥武壮。	壬申袭。正德元年十二月卒。	丁丑袭。四年六月三月掌三千营。	二月甲寅袭。三十九年四月领左府。十二年二月镇两广。隆庆四年正月甲戌总京营。万历二年十月领南京中府。二十七年卒。	十一月丙午袭。三十二年六月领右府金书管红旗镇将军上直。三十七年九月领中府。崇祯四年卒。	袭无考。崇祯十六年十二月庚午卒。

广宁伯 刘荣	湍	安	瑾	璇	信	泰	允中	嗣德
永乐十七年九月壬子封,禄千二百石,世袭。十八年四月卒。谥忠武,追进侯,进侯。	永乐十八年十二月袭。宣德九年二月卒。	宣德十年二月丙辰袭。正统四年八月守大同。景帝同。	淮子,安侄,成化五年十二月庚寅袭。十二年六月庚寅袭。十六年卒。					

袭年无考。万历十一年五月管红盔将军。十四年二月,左府佥书。十八年壬寅卒。无子。叔允正袭。	嘉靖三十一年袭。三十九年八月佥书中府。四十五年四月领前府。	嘉靖二年二月己丑袭。四年八月坐练武不肃,年十一月丁亥提督操江,历典宗南巡,领中府。居守。二十六年八月甲辰卒。谥	弘治二年十二月丙申袭。十二年二月管红盔将军上直。正德四年十一月领后府。嘉靖元年十二月壬午卒。	成化十六年四月丙辰袭。弘治二年九月卒。	即位,下狱。景泰三年五月复,天顺元年二月进封侯,加禄三百石,领右府,累加太子太傅,卒。进封国公,谥忠僖。
嗣爵 万历三十八年	允正 万历十九年袭。				

九月戊申袭。四十一年十一月乙丑管红盔将军上直。嗣恩崇祯十二年袭。	三十三年六月己巳卒。	康顺。

安阳侯郭义 永乐十八年十二月甲寅封，禄

	勋	洗	琮	伦	翰	钺	濂
千一百石，加号奉天靖难武臣，世袭指挥使。十九年正月卒。	阳武侯薛禄　永乐十八年十二月甲寅封，勋号同前，禄千五	宣德七年八月壬子袭。十年五月领前府。正统	景泰四年二月壬子袭。成化四年四月卒。	成化十二年七月丙辰袭，禄千石。弘治三年，神	一作瀚。嘉靖九年三月丙辰袭。十九年十二月	翰从子。万历五年九月戊辰袭。钲袭年无	袭年无

考。崇祯三年九月甲辰加太子大师。京师陷，死於賊。	考。万历十九年正月任前府佥事。	壬午管红盔将军上直。	机昔右哨。正德十六年九月坐鼓勇昔。			
			四年五月卒。			
百石，封三代皆侯爵，赐诰券。仁宗即位，加太子大保，予世侯，命巡边，加岁禄五百石。宣德五年卒。追封鄞国公，谥忠武。						会安伯

金玉
与薛禄
同日封，
禄八百
石，世指
挥使。永
乐十九
年卒。

永顺
伯

薛诚	绥	辅	勋
与薛禄同日封，禄九百石，世指挥使。永乐十九	永乐二十二年八月辛未，念父功袭伯。正统十	累泰元年七月丁卯袭。成化十二年正月卒。	成化十二年六月己丑袭。弘治四年十月坐五

军九月丁未卒。

四年八月庚申，鹞儿岭战没，追封侯，谥武毅。

武进伯
朱荣
永乐二十年九月辛未

军替左报。正德三年十二月坐五年督。四年十月领南京前府提督操江。六年六月卒。

冕
洪熙元年十月乙酉袭，

瑛
正统十四年袭。天顺四

云
天顺五年五月丙午袭。

本　　正德三年四月甲申袭。十二年十月卒。无子。故江袭。

洁　　弘治三年二月戊申袭,三月给三岁禄八百石。正德三年正月卒。江正德十三年三月丁卯袭。嘉靖

成化九年十二月卒。葇成化十年三月己酉袭。弘治二年九月卒。

年十二月卒。

领行在左府。宣德二年改右府。正统四年二月卒。镇大同。十四年七月癸巳战没于阳和。追封侯,谥忠愍。

北征功封,禄千二百石,世袭。洪熙元年七月卒。追封侯,谥忠靖。

自洪 一作自。弘。万历四十年十月壬午袭。崇祯三年九月甲辰加太傅。

天爵 世系无考。万历二十七年八月戊子袭。三十九年卒。

世雍 隆庆六年袭。万历十四年正月，后府佥书，仍管红盔将军。无子。

承勋 嘉靖三十七年三月乙卯袭。

海 嘉靖十八年九月戊申袭。二十一年五月管红盔将军，上直。二十七年八月癸亥卒。

十二年五月卒。

琉

忠

山

安顺伯 薛贵

一作珀 玳。天顺 七年四 月丁卯 袭。弘治 三年二 月卒。子 昂,仍袭 指挥使。	一作贵 伍。天顺 元年七 月袭伯。 六年十 二月卒。	初名脱 火赤,与 朱荣同 日封,禄 九百石, 世指挥 使。洪熙 元年子 世伯。宣 德元年 七月庚 申进封 侯,加禄 三百石。 五年二 月卒。追 封滨国

忠勇
王

金忠

本名也
先土干。
永乐二
十一年
以其部
属来归
封,赐姓
名。宣德
四年二

公,谥忠
壮。弟可
可帖木
儿,袭指
挥使。

月累加太保。六年八月卒。	荣国公姚广孝 永乐十六年三月追封，加号推诚辅国宣谋文臣，谥恭靖。	景城

莱阳伯周长 永乐十五年二	新泰伯张钦 永乐十五年二月追封，谥刚勇。	伯马荣 永乐八年追封，谥壮武。

月追封，谥忠毅。	成武伯陈亨 一名午。永乐十六年三月追封，谥忠勇。	平阴伯朱崇 永乐二十年二月追封，谥武襄。

								保昌 伯 程宽 永乐二 十年正 月追封, 谥忠威。

上永乐朝自姚广孝以下,皆从北平,以功追赠者。

明史卷一○七
表第八

功臣世表三

始封	子	孫	曾孫	五世	六世	七世	八世	九世	十世
保定伯梁铭　仁宗即位，十二月己巳封，禄千五百石，世袭。宣德二	珤　宣德十年二月辛未袭，禄千年十二月丁未进封	传　成化四年五月乙亥袭，禄千石。十七年正月卒。							

天秩	世勋	继潘	永福	任		
崇祯十五年五月壬午管红盔将军。二世袭，卒无考。	万历初袭，屡典军职。崇祯元年六月乙巳闲住。	嘉靖十四年七月未袭。十五年十二月管红盔将军。明年十月坐削。二十九年九月戊午领南京前府。隆庆二年十二月提督操江。五年五月癸亥领左府。	正德八年八月壬戌袭。十年闰四月乙丑领南京后府。嘉靖元年改右府。九年五月有罪革任，卒。	成化十八年五月丙子袭。弘治九年三月领南京左府。	侯。五年二月赐诰券。子世袭伯爵。天顺元年十月镇陕西，还领成化左府。二年十二月卒。追封蔡国公，谥襄靖。	年九月乙未卒於军中。

	万历二年 十一月壬 申提督南 京操江,兼 管巡江。	
忠勤伯 李贤 洪熙元年 正月戊申 封。六月癸 丑卒,除。	广义伯 吴管者 洪熙元年 正月戊子 封,禄千石, 世袭。	杞 正统四年 十一月甲 戌袭。景泰 七年九月

			玺	
			天順八年九月庚申襲。成化十四年九月卒。	
			英	
			宣德十年二月丙辰襲。	
卒。	琮 祀从弟。天順二年九月丁亥襲。成化二年七月镇守夏。五年六月以罪谪戍,除。	清平侯 吴成 初名买驴。洪熙元年七月壬辰封伯,禄千一百石,世		

	遵周	国乾	家彦	杰	琮
袭。宣德四年二月进封侯，加禄四百石。八年十二月卒。追封梁国公，谥壮勇。	万历三十八年九月丙午袭，天启元年六月领前府。崇祯十五年改中府。	万历四年八月丁亥袭，三十七年十月卒。	嘉靖二十年五月戊子袭，二十七年十月管红盔将军上直。	正德三年三月辛亥袭，六年四月，神机营管操。嘉靖四年十二月镇湖广。十年六月庚申卒。	成化十五年袭。弘治十一年八月领南京后府。十七年四月卒。

上洪熙朝

崇信伯 费瓛	钊	准	柱
宣德元年八月丁卯	宣德三年八月庚寅	成化八年四月丁丑	弘治十一年七月己巳

		尚楷	天泽	甲金	坤	炜	栻		
		崇祯十一年六月乙卯袭。	万历四十三年袭。崇祯九年甲辰月加太子大师。十一年卒。追赠大博。	万历二年二月袭。九年十二月领中府。	嘉靖三十五年三月庚午袭。	嘉靖十八年六月袭。二十一年九月金书中军都督府事。	嘉靖十年五月戊子袭，要典戎职。十七年乙十一月未卒。	酉袭。十四年七月领军管。正德中，左府金书。嘉靖九年十二月壬戌卒。	封,禄千二百石,世袭。十月镇甘肃。三年二月卒。
会宁伯 李英								袭。天顺四年闰十一月卒。	

宣德二年九月戊申封，禄千一百石，镇西宁。正统二年三月癸巳有罪革爵。	新建伯 李玉 宣德四年二月辛丑封，禄八百石，世指挥使。正统六年八月卒。	奉化伯

滕定				顺义伯				安阳伯	
宣德四年				金顺				曹隆	
七月乙丑				宣德四年				永乐九年	
封，禄袭同				七月乙丑					
前。正统六				封，禄同前。					
年十一月				八年九月					
卒。追封侯。				卒。					

西和伯 吴守义	清源伯 冀杰 宣德四年 二月辛巳 卒。追封,谥 忠壮。	邵阳伯 马聚 宣德四年 二月戊寅 卒。追封,谥 壮勇。	九月卒。宣 德初追封, 谥忠毅。

宣德四年六月乙酉卒。追封,谥僖顺。	营山伯 高成 宣德四年七月辛酉卒。追封,谥武毅。	汤阴伯 郭玹 宣德八年十二月以文臣追封。谥忠襄。	楡次伯

会川伯		右宣德朝							临漳伯	张廉
赵安									郭义	永乐中从征有功。宣德七年十月辛卯卒。追封，谥忠敏。
正统三年									宣德同追封。	

傅	睿	骥	琬	定西侯 蒋贵	寿	宁远伯 任礼	
嘉靖十一年正月癸	正德四年癸十二月癸	成化二十三年袭。弘	正统十四年十月辛	正统三年封定西伯，	成化元年五月丁卯袭，镇陕西。四年十一月以罪戍边，爵除。	正统三年四月封，禄千二百石，世袭。成化元年正月卒。追封侯，谥僖武。	封，禄千石，镇凉州。九年十二月卒。

秉忠	维恭	承勋	建元	佑					
崇祯十三年袭。	天启二年十二月卯袭。崇祯三年九月甲辰加少保。十三年卒。	万历三十九年八月庚辰袭。天启元年六月丙申领南京前府。	万历三年十一月癸亥袭。四年五月管……盗将军上直。二十年九月协守	嘉靖三十五年九月庚午袭。隆庆二年正月领右府。五年正月庚辰改前	酉袭。二十三年五月领南京前府。二十五年召还,寝典军职。三十四年六月甲子卒。	卯袭。十年十二月,神机营五千下坐营。十二年十一月掌府军前卫印。	治十七年四月领神机营五千下。十八年二月镇湖广,移镇辽东。正德四年六月卒。	亥袭。领左府。成化十年闰六月累领团营,加大保。十三年八月卒。追封凉国公,谥敏毅。	禄千二百石。七年五月进封侯,世袭。十四年正月卒。追封泾国公,谥武勇。

			祺	煜	荣	修武伯 沈清
		南京。	成化中袭。	景泰三年	正统八年	正统六年
		府。万历三	卒。无子。	五月，以立	七月己卯	十月封，禄
		年十月壬	坊	后，立储恩	袭。十三年	千石，世袭。
		申卒。	成化二十	准袭，禄八	十月领左	八年四月
			三年十一	百石。天顺	府。十四年	卒。谥襄愍。
			月甲辰袭。	末，镇蓟州，	八月壬戌	
			弘治六年	移镇宁夏。	没於土木，	
			三月己巳	成化十三	追封郡爵。	
			卒。子袭指	年以罪削	顺初追封	永宁伯 谭广
			挥使。	爵。	侯，谥僖愍。	

正统六年
十一月癸
卯封。九年
十月卒。谥
襄毅。成化
三年九月
追封侯。子
袭指挥使。

靖远伯
王骥
正统七年
五月壬申
封。奉天翊
卫推诚宣
力守正文
臣，禄千二
百石，予加

瑞
天顺四年
十月乙卯
袭。成化七
年二月卒。

添
成化八年
袭。十二年
五月坐五
军替。十五
年八月卒。

宪
成化十九
年二月袭。
弘治初管
红盔将军
侍重。正德
八年掌府
军前卫。九

瑾
正德十年
四月袭。历
典军职。嘉
靖三十四
年九月癸
巳镇两广。

学诗
万历元年
正月辛亥
袭。

学礼
万历四年
四月癸酉
袭。十九年
袭。镇两广。逾

继芳
万历四十
一年七月
袭。戊辰卒。逾

永恩
一作承恩。
万历四十
三年七月

				丙寅袭。天启六年三月壬子领南京左府。崇祯十四年二月督浦口河池事务。	车卒。	二月壬申领左府。改中府。四十一年卒。		年十二月卒。	信　成化二十二年十二月丙子袭。弘治六年正月卒。子袭指挥使。	政　景泰六年正月庚申袭。成化八年镇两广。二十一年十一月卒。	辅　正统十四年十一月壬辰袭。	三百石。天顺四年五月卒。追封侯，谥忠毅。	平乡伯陈怀　正统九年三月丙寅封。十四年没於土木。追封侯，谥忠毅。	招远伯

马亮 与陈怀同 日封。十一 年七月卒。 谥荣毅。子 褒指挥使。	忠勇伯 蒋信 正统中封。 卒，追封侯， 谥僖顺。 善	善 景泰五年 八月丁酉 袭。天顺元 年三月增 禄千一百 石。弘治中 卒，无子， 除。
	蒙阴伯	

李英 英宗即位三月追封,谥襄愍。	绵谷伯 高文 正统元年十二月甲子卒。追封,谥庄靖。		怀远伯 山云 正统三年十一月追封,谥忠毅。	威远伯 方政

山阳伯	莱阳伯 孙荣 正统中追封。	临武伯 萧授 正统十年追封。	泌阳伯 韩僖 正统五年九月追封，谥荣襄。	正统五年八月追封，谥忠毅。	

金纯
正统中以
文臣追封。

茌平伯
吴中
正统七年
六月以文
臣追封，谥
荣襄。

昌平侯
杨洪
景帝即位，
八月辛未
封昌平伯。
十一月乙
丑进封侯，
世袭。二年

杰
景泰二年
袭。四年二
月卒。

俊
景泰四年
五月乙丑

珍
景泰七年
十二月丙

九月卒。追封颖国公,谥武襄。

辰袭。天顺元年坐附于谦除。成化十七年四月诏仍袭爵。

袭。

嵩
登从子。成化八年十二月乙丑袭,禄七百石。十三年六月领南京前府,寻改提督操江。十四年

定襄伯
郭登
景泰元年闰正月庚午封,禄千二百石,世袭。天顺元年二月领南京中府,坐罪夺爵。八年三月

抚宁伯
朱谦
景泰元年
九月丁未
封。二年二
月卒,天顺
元年十月
追封侯。成
化五年谥
武襄。

保国公
永
景泰二年
八月辛未
袭,子世券。
成化三年
正月壬申
进封侯。十
五年进封
公,世袭,累
二千石,累
加太师。弘
治二年三

晖
弘治九年
六月甲辰
袭公,子孙
伽世侯。十
六年六月
提督团营。
正德六年
八月卒。

抚宁侯
麒
正德七年
四月袭侯。
十二年十
二月镇两
广。九年三
月坐夺武
曹营课。嘉
靖十二年
十二月镇
湖广。十三
年三月卒。

岳
嘉靖十七
年袭。二十
一年四月
佥书中府。
四十二年
二月掌左
府。

冈
隆庆二年
七月壬子
袭。万历十

继勋
万历十九
年袭。二十
三年十二月

国弼
万历四十
六年闰四
月丙寅袭。

王辰复。成
化八年四
月卒,追封
侯,谥忠武。

正月卒。子
袭指挥使。

南和侯方瑛	襲伯毅	壽祥	東	炳	應奇
	月掌後府。九年二月卒。追封宣平王，諡武庄。	备南京。十七年加禄三百石，其年卒。	八年九月壬黄卒。	月癸丑掌府军前卫。三十七年九月丁未归自南京，至临清，为关使所遮，自杀。	天启元年六月领中府，有罪革禄。庄烈帝即位，十一月庚午复。崇祯四年正月己未守南京，兼领中府，累加少傅。十一年正月削爵。十六年四月壬午复。

隆庆二年袭，卒，无子，叔焜袭。　一元　万历四十三年三月丙辰卒。天启六年三月领南京后府。余无考。	嘉靖三十三年己酉袭，嘉靖丙京军府。　熤　炳从弟。隆庆六年正月癸未袭。万历十九年正月丙午任中府后府。余无考。金书。二十七年十二月卒。	嘉靖十八年九月戊戌袭。二十七年十一月丁酉坐扬威眚十年九月卒。	成化十七年四月丙辰袭。弘治三年八月坐左哨，十四年三月，显曹操。武曹操。正德四年九月镇贵州。嘉靖间再佥南京军府。十七年九月丁丑卒。谥康顺。	天顺四年十二月庚寅袭，以罪革爵。	政子。景泰五年封伯，世袭。天顺元年七月戊戌追封侯，子孙世袭，禄千二百石。三年十一月卒。谥忠襄。

南宁伯

毛胜	荣	文	良	重器	祖德	孟龙
景泰五年封，世袭，镇金齿。天顺二年八月卒，追封侯，谥庄毅。	天顺三年十二月乙卯袭，以罪谪广西。成化二年复镇贵州。五年十一月镇两广。六年正月卒。	成化七年二月戊袭。十四年二月提督操江。弘治元年九月协守南京。六年八月卒。	弘治七年二月丙子袭。十五年三月管操。八年九月领南京后府。正德十一年十二月管红盔将军上直。嘉靖七年二月坐备武管操。十九年十一月戊戌	嘉靖二十一年七月丙寅袭。二十八年十二月丁酉坐立威誉。三十四年二月戊寅卒。 邦器　嘉靖三十四年九月癸巳袭。十年卒。 国器　嘉靖四十	一作得祖。	一作孟龙。

	天启中袭。崇祯九年卒。		
	戊龙		
	崇祯十年二月甲午袭。		
万历二十三年九月乙酉袭。三十五年管红盔将军上直。			
一年六月癸丑袭。四十五年二月领南京前府。			
卒。			
	钜鹿侯 井源 驸马都尉，没於土木。累帝即位，追封。	任邱伯 梁成 左都督，没於土木。追	

封。	山阳伯 武兴 景泰同进 封。	溧阳伯 纪广 景泰四年 正月卒。追 封，谥僖顺。	顺宁 景泰四年 七月袭。	冰阳伯 金濂 景泰同以 文臣追封。	

上景泰朝

忠国公								
石亨 景帝即位，八月辛未封武清伯。十月壬戌进封侯。天顺元年正月壬午进封公，禄千五百石。四年正月，有罪下狱死，除。								

太平侯
张钺
辅弼。天顺
元年正月
壬午封，禄
二千石，世
袭。二年三
月卒。追封
裕国公，谥
勇襄。

瑾
天顺二年
七月戊子
袭。成化元
年六月庚
子革。

文安伯
张锐
钺兄，与钺
同日封，禄
千二百石，
世袭。六年
二月卒。追

斌
天顺六年
六月庚寅
袭。七年八
月有罪，除。

兴济伯 杨善 天顺元年 正月丙戌 封奉天翊 卫推诚宣 力武臣，禄 千二百石， 世袭。二年 五月卒。追 封侯，谥忠 敏。	宗 天顺二年 九月丁酉 袭。成化元 年子世指 挥使。	海宁伯 董兴 天顺元年
封侯，谥忠 僖。		

怀宁侯孙镗	辅	泰	应爵	瑝	珦	秉元	世忠	承恩
天顺元年正月己丑封怀宁伯。五年七月进封侯，世袭。成化七年正月丁亥卒。追封沭国公，谥	成化七年五月己丑袭。十六年二月卒。	成化十六年十二月丙寅袭。弘治十四年十月卒。	弘治十五年十二月庚午袭。十七年闰四月坐神威营。正德三年管。正德十二年总神机营。四年七月	正德十三年正月癸卯袭。十五年十二月管红盔将军。上直。嘉靖十八年七月卒。				

正月己丑封，禄千一百石，世袭。成化十二年十一月卒，除。

维藩
崇祯中袭。

继汶
崇祯四年
七月戊寅
袭。

万历二十
九年三月
癸亥袭。
承荫
万历中提
督漕江。崇
祯元年十
一月戊午
革提督任。

嘉靖三十
八年三月
甲午袭。四
十四年六
月曾红盔
将军。隆庆
元年三月
协守南京，
领后府。四
年十月守
备南京，领
中府。万历
元年二月
镇湖广。二
十年十一
月戊子卒。
子察养。

嘉靖二十
三年四月
戊寅袭。二
十七年十
二月乙丑
坐效勇营
三十七年
十月己未
卒。

嘉靖十八
年袭。二十
三年卒。

领前府。十
月兼提督
团营。十二
年六月卒。

武毅。

丰润伯	振	恺	栋	松	文炳	允成	匡治
曹义 天顺元年二月甲辰封，禄千三百石，世袭。四年正月卒。追封侯，谥庄武。	天顺四年七月袭。成化十六年正月坐神机营事，弘治元年四月提督操江。二年五月卒。	弘治三年二月庚子袭。镇贵州。正德十五年十一月卒。	嘉靖五年十月丁卯袭。七年正月庚寅卒。	栋庶兄。嘉靖七年袭，提督军府，守备南京。	嘉靖四十年十一月戊戌袭。四十三年十月领南京左府。隆庆五年十月丙午领左府。	万历二十三年六月庚午袭。四十三年卒。	崇祯元年二月戊戌袭。二年九月甲辰加太子太师。十一年五月，左府佥书。

东宁伯

寿

天顺七年正月袭,十二月坐三千石,世袭。成化元年八月镇陕西。八年十一月卒。

淇　俊

一作洪。弘治十四年十一月戊戌袭,禄八百石。正德五年三月领南京前府,镇两广。六

亮

焦礼　与曹义同日封,禄千二百石,世袭。七年正月卒。追封侯,谥襄毅。

文耀

嘉靖四十二年四月乙卯袭。

梦熊
袭年无考。万历三十二年六月坐立威营，十年三月总五军府，十四年六月领中府，十八年二月挂右副将军印，镇南京，后疏荐。天启元年六月甲申领南京后府。崇祯三年九月甲辰加三十六誉。

栋
洵从子。正德十六年二月丁亥袭。嘉靖五年十一月卒。

洵
正德八年袭。十四年七月乙卯卒。

提督操江。十一年二月镇贵州。十三年九月卒。

怀柔伯 施聚	荣	鉴	瑢	燕	嵩	光祖	壮猷	兆麟
与曹义同日封，禄千一百石，世袭。六年九月卒。追封侯，谥威靖。	天顺七年六月癸亥袭。成化元年正月卒。	成化元年六月丁酉袭。四年八月有罪夺爵，谪贵州，满贵州立功。十三年四月复。弘治三年坐练八月坐练。武靖四年二月，南京协同守备。	一作瑷。弘治八年十二月乙亥袭，领南京左府。九年十二月，神机营左哨坐营管操。嘉靖八年十二月癸酉卒。	年正月甲戌卒。赠大子太保。	大师。			

崇祯十年正月袭。	万历三十四年四月壬子袭。崇祯四年二月庚午领南京左府。七年卒。	隆庆四年十月庚子袭。	嘉靖三十五年十二月壬寅袭。隆庆三年三月壬申卒。	嘉靖十五年五月丙子袭。三十四年六月己巳卒。	嘉靖中袭。	八年正月卒。	
							武平侯
						武功伯徐有贞　天顺元年三月癸酉以文臣封，禄千一百石，世指挥使。寻以罪谪除。	袭伯

陈友	能	纲	勋	奎	大策	永寿	世恩
天顺元年七月戊子封伯，禄千一百石。世袭。三年四月己巳进封侯，子孙仍世伯，加禄百石。四年三月卒。弘治三年六月追封沔国公，谥武僖。	天顺四年六月戊辰袭。成化八年六月停禄，寻复。十年七月卒。	成化二十年三月癸丑袭，禄千石，管红盔将军上直。弘治四年兼坐扬威营，八年三月卒。	弘治九年四月壬寅袭。正德元年五月领右府。二年三月，三千营管操。四年十月卒。	正德五年三月袭。	嘉靖十三年闰二月丙寅袭。万历五年闰八月卒。	万历五年乙十二月未袭。按《实录》，有武平伯陈如松者，万历十九	癸卯年无考。天启五年十二月管红盔将军。崇祯三年九月甲辰加太子太

傅。						
年正月庚戌管理红盔将军。世次袭年无考。						
定远侯石彪与陈友同日封伯，禄千一百石，世袭。三年四月己巳进封侯，加禄百石。四年二月以罪诛,除。						高阳伯

李文	武强伯
与陈友同	杨能
日封，禄千	洪从子。与
石，失事褫	陈友同日
爵。弘治二	封，禄千石。
年十二月	四年十一
卒。追赠伯	月卒。无子，
爵。子袭指	除。
挥使。	

宣城伯　卫颍	彰	镗	守正	国本	应爵	时泰	崇献
天顺元年十一月甲子封，禄一千一百石，子世袭。成化元年四月掌右府。八年八月掌后府。弘治十一年卒。追封侯，谥壮勇。	弘治十一年五月乙丑袭。	正德十三年正月癸卯袭。十六年十二月坐果勇营后掌书嘉靖十四年五月提督神机营。十八年二月为留守。三十六年正月卒。赠太傅。	嘉靖三十六年五月丙午袭。三十七年十月金书后月金书后隆庆二年五月丁丑卒。	隆庆二年八月甲申袭。五年正月庚辰掌府军前卫。万历中，废金革府。	万历二十八年九月辛丑袭。三十五年卒。	万历三十九年二月己卯袭。崇祯三年九月甲辰加大保。十七年三月闯门死难。	
彰武伯　杨信	瑾	质	儒	炳	世阶	崇献	

泰昌元年十二月辛酉袭。	袭年无考。万历三十八年六月领左府。十九年卒。	嘉靖四十一年十一月丙子袭。隆庆四年八月领左府。十一月协守南京。五年十一月总京营。万历十一年九月乙未加太子太傅。十四年三月卒。赠太保。	嘉靖十八年正月丁酉袭。四十一年五月卒。	弘治十年三月戊申袭。给禄千石。嘉靖十一年三月，升府佥书。十七年七月戊戌卒。	成化十四年四月丁巳袭。弘治二年四月卒。	洪从子。天顺二年封。袭千石。八年七月子世袭。成化十三年十二月卒。追封侯，谥武毅。

上天顺朝

武靖侯赵辅	袭庆承庆	弘泽	世爵	国斌	光远	祖荫	祖芳	邦镇
成化二年十一月庚辰封伯。禄千二百石。四年正月进封侯，子世伯。二十二年六月卒，追封容国公，谥恭肃。	成化未袭。弘治元年三月领神机营下管操。九月掌前卫。八年三月协守南京兼右府。正德二年七月癸亥卒。	正德三年七月庚辰袭。四年十月坐五军营。六年四月掌前府。十五年十二月管红盔将军上直。	嘉靖八年十二月壬寅坐五军营。二十年四月，右府佥书。二十二年七月甲寅卒。	嘉靖二十三年四月戊寅袭。	万历二年六月戊申袭。四年二月，右府佥书。十四年正月镇湖广。	万历二十四年五月庚辰袭。三十七年二月壬申协守南京后府。四十年卒。	万历四十二年十月己丑袭。	世系、袭年无考。

伏羌伯 毛忠	锐	江	汉	桓	登	承祚
成化三年四月庚子封,禄千石。四年十一月讨满四,战没。追封侯,子世伯。	成化五年四月丁丑袭。弘治元年正月镇湖广。二年十月移镇两广。十七年六月加太子太傅。正德四年十月提督漕运。世宗即位,命镇湖广,卒。赠大傅,谥威武。	嘉靖三年九月甲子袭。四年十一月坐神机营五千下。十二年四月镇湖广。十三年卒。	嘉靖十三年五月癸未袭,南京军府,提督操江,	汉从子。嘉靖三十三年九月壬寅袭。三十四年十一	嘉靖三十九年八月壬戌袭。四十五年五月,金书左	崇祯四年正月壬寅袭。十二年四月丙申领右府。自

			登至承祚,世系无考。		
		府。隆庆五年十月丙午领中府。万历二十年二月丙午卒。			
	月,南京后府佥书。三十七年八月癸酉卒。				
	漕运。				
裹。					
顺义伯罗秉忠 成化四年八月己酉封。十六年十二月卒。谥荣壮,停袭。					
靖安伯和勇 成化五年					

	良玺		
	文		
	岳 弘治十五年三月癸巳袭。正德十六年五月坐耀武营。	福 成化十一年六月乙酉袭,禄八百石。弘治十三年五月坐后府。明年十月	禄 成化十年闰六月袭。
六月癸亥封。十年二月卒。谥武敏。子敬指挥使。			宁晋伯刘聚 成化七年三月甲申封,禄千石。九年六月子世袭。十年四月卒。追封侯,谥威勇。

	光溥	天锡	应芳	斌	
	崇祯十一年六月乙卯袭。十三年二月辛未,后府佥书管事。十四年五月领右府。	万历三十年七月乙酉袭。	万历三年正月乙丑袭。	嘉靖三十五年二月庚子袭。隆庆四年十月辛丑卒。	
			嘉靖二十三年四月戊寅袭。无子。叔斌袭。	嘉靖六年袭。	卒。

兴宁伯
李震
成化十二年九月庚

申封，禄千石。十四年有罪削爵。二十年九月复。二十二年八月卒，停袭。	威宁伯 王越 成化十六年以文臣封，世袭。十七年二月加太子太傅，卒。赠太傅，谥襄敏，停袭。

昌宁伯 赵胜 成化十九 年十月丙 戌封。二十 三年七月 卒。追封侯， 谥壮敏。子 其后指挥 使。	固原伯 刘玉 成化七年 十一月卒。 以右都督 追封，谥毅 敏。

广昌伯 刘宁 弘治中,左都督,追封。	泾阳伯 神英 正德五年四月庚子封。以附刘瑾革除。

右成化朝

宣良伯 冉保 成化中,左都督,追封。

咸宁侯 仇钺	鸾
正德五年九月丙辰封伯，世袭。七年十月进封侯。十六年五月卒。	嘉靖元年袭。三年十月，显曹武管操。七年三月坐备武曹管操。十六年九月镇宁夏。十八年二月挂左副将军印危驭。二十三年正月镇甘肃。二十六年十二

先通	承勋	正亿	新建伯 王守仁	邢台伯 冯斌 <small>正德中，右都督，追封。</small>	洛南伯 冯祯 <small>正德中，副总兵，追封。</small>	月有罪逮 捕下狱。二 十七年三 月出狱。三 十一年八 月壬戌卒。 追戮尸，除。

世宗即位， 十一月丁 巳以文臣 封，禄千石， 世袭。隆庆 元年四月 甲寅追封 侯，谥文成。	隆庆初袭。 万历五年 卒。	万历五年 袭。二十年 督漕运。三 十年十二 月以督漕 久劳，加太 子太保。天 启五年正 月卒于家。	承勋从子。 崇祯十二 年十月辛 丑袭。十七 年三月死 于贼。		
忠诚伯 陆炳 嘉靖中，左 都督,追封。					
宁远伯 李成梁 万历七年 五月丙辰	如松 万历二十 六年四月	尊祖 崇祯十年 闰四月甲			

子袭。			
封，禄八百石。二十九年三月镇辽东。三十四年六月庚子卒。	宁南伯 左良玉 崇祯十七年三月癸已封。	定西伯 唐通 与良玉同日封。降於贼。	靖南伯
死事辽东，追赠少保，谥忠烈。			

								黄得功
								与良玉同
								日封。

右自弘治至崇祯朝

明史卷一〇八

表第九

外戚恩泽侯表

古恩泽封有三，曰外戚，曰中官，曰嬖幸。明兴，追崇外氏，庙貌之隆，爵超五等，而苗裔无考，未及授官。高后外家，不奉朝请，家法之严，有自来矣。自文皇后而外，率由儒族单门，人僮族不过指挥，侯伯保傅以渐而进。优者厚田宅，列僮奴。虽拥侈富之资，曾无凭藉之势，制防之微意寓焉。肃宗申明功令，裁抑世封，戚畹周亲不得与汗马除勋为岭。虽称肺腑，事务封君。上视汉、唐，殆相悬绝。兹考《实录》所载封袭岁月，备列为表，以别於元功之次。他若宦官子弟滥列金貂，方士义儿均从班爵，骈文成之正延，踵养子之倾轴，乱政蚀行，各着於篇，各依年次，备着於篇，亦班固表外戚，诸张释，栾大之例也。

始封	子	孙	曾孙	五世	六世	七世	八世	九世	十世
恩亲侯李贞尚太祖姊孝亲公主。洪武元年二月庚午封。后以子文忠功，进封曹国公。									
扬王陈公逸其名，大祖母淳皇后父。洪武二年追赠。									
徐王									

			勖	钦	信	瑾	辅	禄	彭城伯 张麒	惠义侯 刘继祖	马公
			嘉靖十七 年八月丙	正德三年 十月甲戌	成化十七 年十二月	正统三年 十月乙卯		仁宗即位 封,世袭。正	昭皇后父, 永乐九年 封,世袭。正	大祖同里 人。以与淳 皇帝葬地, 洪武十一 年九月丙 申追封。	谥其名,高 皇后父。洪 武二年追 赠。

光祖	嘉猷	守忠	熊		昊		保昌伯	会昌伯
崇祯元年七月庚申袭。十二年四月，左府佥书。城陷，死于贼。	万历四十年十二月辛亥袭。	万历中袭，三十八年，后府佥书。	辰袭。嘉靖三十年六月壬戌袭，右府佥书。	袭。嘉靖十七年二月壬子卒。	正德十六	袭。成化十六年四月卒。丁卯袭。成化十六年四月卒。	蒋廷珪 仁宗乳母夫。仁宗即位，十一月追封。	孙忠 恭皇后父。
					铭 成化十六	统三年六月卒。		会昌侯 继宗 天顺元年
						七月辛酉追封伯。仁宗即位，十一月壬申追赠侯。		

年二月袭。嘉靖二年九月坐耀武营管操。正德十二年九月无五月曾右哨营操。十六年十月卒。谥荣襄，以革外戚封除。

年袭。弘治十四年三月，五军营管操。正德元年二月，备武营管操。四年总操神机营，嘉掌军府。十五年三月卒。

琮　正统六年七月壬子袭。成化三年八月卒。无子。

宣德四年三月辛亥封，世袭。景泰三年九月卒。赠侯，谥康靖。天顺元年赠安国公，改谥恭宪。

正德辛卯正月辛卯进世侯，加大傅，掌后府。成化十五年十一月卒。赠郯国公，谥荣襄。

惠安伯
张升

麟子，景泰。正统五年封，世袭。六年正月卒。

瑛	璞	伟	镧	元普	庆臻
珫兄。成卒。无儿子。	瑛庶兄。成化十六年三月庚寅袭。弘治六年十月卒。	弘治七年三月已亥袭。十二年，召镇陕西，弘治十三年还。八月领左府。正德三年十二月提督团营，并三千营管操。嘉靖十四年六月卒。赠太	嘉靖十七年四月丙午袭，隆典普荫二十九年正月丁丑卒。	锏从子。嘉靖三十四年二月辛已袭。万历三十七年六月已未卒。	万历三十七年十一月癸巳袭。崇祯元年七月已巳总京营。十月已亥革京营总督，听议。十七年城陷，阖家自焚死。

安平伯	昭武伯
吴安	曹钦
景帝母吴太后兄。景泰中封。天顺元年二月除。	内臣曹吉祥嗣子。天顺元年十二月以吉祥夺门功封。五年七月谋反,伏

傅,谥康靖。

诛。

庆云侯
周能
宪宗母孝
肃太后父。
成化四年
四月甲午
追封。十七
年十二月
加赠宁国
公,谥荣靖。

寿
成化三年
十一月乙
亥封庆云
伯。四年子
世袭。十七
年十二月
进封侯。弘
治元年加
禄百石。正
德四年二
月卒。赠宣
国公,谥恭
和。

瑛
正德四年
六月己卯
袭,后以例
除。

安昌伯

錢承宗　睿皇后弟钟孙。成化十五年正月庚辰封。弘治二年四月子世袭。嘉靖四年闰十二月卒。	維圻　嘉靖五年八月乙卯袭，后以例除。
瑞安侯　王源　纯皇后弟。成化二十年十一月封伯，后封伯，世袭。弘治元年	桥　嘉靖三年十一月丁丑袭伯，后以例除。

加禄百石。六年追封源父镇阜国公,进源爵侯。嘉靖三年七月丁卯卒。赠大师,谥来靖。

长宁伯 周彧 能子,寿弟。成化二十一年封,世袭。弘治元年加禄百石。正德三

瑭 正德四年二月袭。十四年三月卒。

大经 正德十四年七月袭。嘉靖三十八年六月甲子卒。以例除。

建昌侯 张延龄	寿宁侯 张峦		
峦子，鹤龄	敬皇后父，弘治四年二月己未封伯，五年三月进侯，八月卒。赠昌国公，谥庄肃。	鹤龄 弘治五年十一月袭。嘉靖元年三月加太师。二年八月庚子进昌国公。十二年十月丙子以罪除。	年十二月卒。

弟。弘治八年四月乙丑封伯。十六年九月进侯。嘉靖元年三月加太傅。二年十月丙子下狱论死，爵除。	崇善伯 王清 源弟。弘治十年封。十一年三月子世荣。嘉靖十三年

庆阳伯
夏儒
孝皇后父。
正德二年
封,世袭。
赠三代。
赠四月丁
年四月丁
未卒。

世臣
一名臣。正
德十六年
袭。嘉靖二
年八月加
太子太保。
八年以例
除。

永定伯

安仁伯
王浚
清苑。正德
二年封。十
月丁卯卒。
赠侯。

桓
正德三年
袭。嘉靖中
以例除。

卒。以例除。

朱泰 本姓许。正德中，以义子赐姓封。十六年除。	泰安伯 张富 内臣张永弟。正德五年九月己未封。十六年除。	安定伯 张容 富弟。封除同前。	永寿伯

朱德 赐姓。正德五年九月癸酉封。十六年除。	平凉伯 马山 内臣马永成弟。与朱德同日封。十六年除。	镇安伯 魏英 内臣魏彬弟。封除同前。	高平伯

谷大宽 内臣谷大 用兄。封除 同前。	永清伯 谷大亮 大宽弟。正 德八年二 月丙午封， 十六年除。	镇平伯 陆永 内臣陆訚 弟。封除同 前。	平房伯 朱彬

京山侯 崔元 尚永康公 主。嘉靖元 年五月己 酉封,世袭。	安边伯 朱泰 彬弟,与 彬同日封。 十六年除。	本姓江,赐 姓。正德十 三年九月 甲寅封。十 六年三月 下狱,伏诛。

杰　蕙从弟茂子。嘉靖七年二月甲寅袭，寻卒以不应袭，除。

蕙　嘉靖二年八月甲辰袭。六年十二月卒。无子。

昌化伯
邵喜　世宗祖母孝惠大后弟。嘉靖元年五月己酉封。二年卒。

二十八年六月卒。停袭。

荣　轮从子，袭。隆庆五年三月甲子卒，以例停袭。

玉田伯
蒋轮　世宗母献皇后弟。嘉靖元年五月己酉封，卒。以例停袭。

			安平侯 方锐 世宗孝烈 皇后父。嘉 靖同封伯。 二十一年	承裕 嘉靖二十 六年袭伯。 隆庆六年 正月丙寅			泰和伯 陈万言 肃皇后父。 嘉靖二年 八月庚子 封。十四年 卒。赠太子 太保。停袭。	世袭。五年 正月癸丑 卒。

卒，停袭。

进封侯。二
十五年五
月巳丑卒。
赠大保，谥
荣靖。

恭诚伯
陶仲文
以方术幸。
嘉靖二十
九年八月
丙寅封。

庆都伯
杜继宗
穆宗母孝
悋大后弟。
隆庆元年
二月庚寅

			文全	铭诚	国瑞	存善
			万历十二年五月丁	万历三十七年袭伯。	崇祯中袭，寻以借俑	崇祯末袭。

封。

德平伯
李铭
穆宗孝懿
皇后父。隆
庆元年二
月庚寅封。

固安伯
陈景行
穆宗孝安
皇后父。隆
庆元年二
月庚寅封。

武清侯
李伟
神宗母慈
圣太后父。

神宗即位，封武清伯，寻进侯。万历十一年卒。赠安国公。	五袭 三十六年卒。	四十五年二月辛亥进侯。天启七年八月戊戌加太子太师。崇祯十一年正月卒。	悴死。
永年伯 王伟 端皇后父。万历五年封。	栋 万历中袭。三十四年七月丁亥卒。	明辅 万历三十五年正月辛未袭。	
永宁伯 王天瑞 光宗母孝	长锡 崇祯十四		

新城侯 王升 熹宗母孝 和太后弟。	国兴 崇祯九年 十二月戊	博平侯 郭维城 光宗孝元 皇后父。泰 昌元年九 月癸丑封 伯。天启元 年闰二月 进封侯。	振明 天启元年 闰二月丙 戌封博平 伯。	靖大后父。 光宗即位 封。崇祯十 四年卒。

寅袭。死於 贼。		
天启元年 闰二月封 伯，寻进侯。 崇祯八年 卒。	太康侯 张国纪 熹宗后父。 天启元年 封伯。崇祯 十一年十 一月进封 侯。死於贼。	宁国公 魏良卿 内臣魏忠 贤从子。天启

安平伯

魏鹏翼

忠贤从孙。天启七年七月己卯封。八月丙申加少师。庄烈帝即

六年三月封肃宁伯,进侯。十月戊申进封公。七年八月丙申加太师。庄烈帝即位,伏诛。

位，伏诛。	东安侯 魏良栋 良卿弟。天启七年八月乙巳封。庄烈帝即位，伏诛。	新乐侯 刘效祖 庄烈帝母孝纯太后弟。庄烈帝即位封。崇祯八年卒。九年，赠侯，子三代诸。	文炳 崇祯九年十二月甲子袭。十三年九月加少傅。十七年三月死难。

十三年九月，父应元追封瀛国公。	嘉定伯、周奎、庄烈后父。崇祯三年封。十七年，京城陷，被执。

明史卷一○九
表第一○

宰辅年表一

明太祖初，置海内，仍元制，设中书省，综理机务。其官有丞相、平章、左右丞、参政，而吏、户、礼、兵、刑、工六尚书为曹官。行之一纪，革中书省，归其政於六部，遂设四辅官。又仿末制，置殿阁大学士，而其官不备，其人亦无所表见。逮理无闻，何关政本，视前代革执，迥乎异矣。成祖简简翰林官直文渊阁，参预机务，有历升至大学士者。其时章疏直达御前，多出宸断。儒臣入直，备顾问而已。至仁宗而后，诸大学士历晋尚书、保、傅，品位益崇，地居近密，而纶言批答，裁决机宜，悉由票拟，阁权之重，俨然汉唐宰辅，特不居丞相名耳。诸辅之中，尤以首揆为重。夫治道得失，人才用舍，理乱兴衰，其贤邪忠佞，清正贪鄙，判若白黑，百世不可掩也。行迹虽见纪传，而除免免岁月，不能尽悉，故备列於表。传曰："欲知宰相贤否，视天下治乱，可以证矣。"览斯表者，可以证矣。

纪年	宰辅拜免				
	中书令	左、右丞相	平章政事	左、右丞	参知政事
太祖洪武元年 戊申	时中书及都督府议仿元制，设中书令，太子为之。太祖曰："吾子年未长，学未充，更事未多。所宜尊礼师傅，讲习经传，博通古今，识达机宜。他日军国重务，皆令启闻，何必作中书令乎？"遂不设。	李善长 正月，左丞相宣国公兼太子少师。 徐达 正月，右丞相信国公兼太子少傅，北征中原。	常遇春 鄂国公兼太子少保，录军国重事，出征。已后凡加省衔而出征者，不具录。 胡廷瑞 正月，同知詹院事。 廖永忠 正月，同知詹院事。 李伯升 正月，同知詹院事。	赵庸 左丞，正月兼詹事。 王溥 右丞，正月兼詹事。	杨宪 五月署浙东省事。 傅瓛 八月免。 汪广洋 十二月任。 刘惟敬 十二月任。
二年己		善长		杨宪 右丞，九月任。	广洋 四月迁陕西参政。

惟敬 三月迁广西参政。 蔡哲 正月任。五月迁福建参政。 陈亮 十月任。 睢稼 十月任。 侯至善 十一月任。 亮 正月赐名宁。三月出知苏州府。 稼 四月兼弘文馆学士。 至善 胡惟庸 正月任。 李谦 九月任。十二月迁广东参政。 至善 宋冕 闰三月任。六月迁江西按察司副使。	宪 正月赐名华。七月迁左丞。寻伏诛。 汪广洋 左丞。六月任。未几，未丞。复除左丞。十一月封忠勤伯。 胡惟庸 右丞，正月任。		
酉 达 十一月还京。			
三年庚戌	善长 十一月改封韩国公，晋太师。 达 正月北征。十一月还京。改封魏国公，晋太傅。		
四年辛亥	善长 正月致仕。 达 正月出征北平。十二月还京。		

年次				
五年壬子	汪广洋　右丞相,正月任。	惟庸	至善　月罢。	
六年癸丑	广洋		丁玉　六月任。	冯冕　六月任。
七年甲寅	广洋　正月左迁广东参政。胡惟庸　右丞相,七月任。	丁玉右丞,四月任。	冤善	侯善　五月任。
八年乙卯	惟庸	玉	冤善	善
九年丙辰	惟庸	玉　正月出征延安。七月还京。		
十年丁巳	惟庸九月迁左丞相,广洋右丞相,九月复。	玉　九月改御史大夫。		
十一年戊午	惟庸　广洋			

年			
十二年己未	惟庸	广洋 十二月谪海南,赐死。	殷哲 左参政,九月任。	方孝孺 左参政,九月任。
			李素 右参政,九月任。十一月降通政,寻升左丞。	殷哲 右参政,九月任。十一月降通政,寻升左丞。
十三年庚申	惟庸 正月赐死。	是年正月,革中书省左、右丞相,左、右丞,参政等官。	哲 正月罢。	殷哲 左丞,十一月任。
			素 正月罢。	李素 右丞,十一月任。
建文四年壬午秋七月,燕王即皇帝位,仍称洪武三十五年,	黄淮 编修,八月入。十一月晋侍读。			
	胡广 侍讲,九月入。十一月晋侍读。			
	杨荣 修撰,九月入。十一月晋侍讲。			
	解缙 侍读,八月入。十一月晋侍读学士。			
	杨士奇 编修,九月入。十一月晋侍讲。			
	金幼孜 检讨,九月入。十一月晋侍讲。			
	胡俨 检讨,九月入。十一月晋侍讲。			

始简翰林官直文渊阁。

永乐元年癸未

缙　四月晋学士兼右春坊大学士。

淮　四月晋左庶子。

广　四月晋右庶子。

荣　四月晋右谕德。

士奇　四月晋左中允。

俨　四月晋左谕德。九月改祭酒。

幼孜

二年甲申

缙

淮

广

俨

荣

士奇

	缙	准	广	荣	士奇	幼孜
（幼孜）						
三年乙酉						
四年丙戌						
五年丁亥	二月黜为广西布政司右参议。	十一月晋右春坊大学士。	十一月晋翰林学士兼左春坊大学士。	十二月晋右春坊右庶子。		

年	广	淮	荣	士奇	幼孜
六年戊子				十一月晋左春坊左谕德。	十一月晋右春坊右谕德。荣、士奇、幼孜仍兼侍讲。
七年己丑			六月丁忧。十月起复。		
八年庚寅	正月命扈从。	二月命辅太子监国。	正月起复，扈从。	二月命辅太子监国。	正月扈从。

九年辛卯 广 淮 荣 士奇 幼孜			
十年壬辰 广 淮 荣　十一月经略甘肃。 士奇 幼孜			
十一年癸巳 广 淮 荣 士奇 幼孜			
十二年甲午 广 淮　闰九月下狱。			

	十三年乙未	十四年丙申	十五年丁酉	十六年戊戌
	荣	广	广	广
	士奇 闰九月下狱。未几,特宥复职。	荣 四月晋文渊阁大学士,仍兼坊学。	荣	荣 五月卒。
	幼孜	士奇 四月晋翰林院学士,仍兼庶子。	幼孜	
		幼孜 四月晋翰林院学士,仍兼谕德。	士奇 二月晋翰林院学士,仍兼谕德。	

年	荣	幼孜	士奇
十七年 己亥		幼孜	士奇
十八年 庚子	荣 闰正月晋文渊阁大学士兼翰林院学士。	幼孜 闰正月晋文渊阁大学士兼翰林院学士。	士奇
十九年 辛丑	荣	幼孜 正月晋左春坊大学士。	士奇
二十年 壬寅	荣	幼孜	士奇 九月下狱。寻释，复旧职。
二十一 年癸卯	荣	幼孜	士奇

年	姓名	事
二十二年甲辰八月，仁宗即位。	士奇	八月晋礼部左侍郎兼华盖殿大学士。九月晋少保。十一月晋少傅。
	荣	八月晋太常卿，仍兼前职。九月晋太子少傅谨身殿大学士。十二月加工部尚书。
	幼孜	八月晋户部右侍郎，仍兼前职。九月晋太子少保兼武英殿大学士。
	准	八月出狱。升通政使兼武英殿大学士。
洪熙元年乙巳六月，宣宗即位。	士奇	正月晋兵部尚书。
	荣	正月晋礼部尚书。
	幼孜	正月晋少保户部尚书。
	准	正月晋少保户部尚书。
	杨溥	大常卿兼学士。闰七月同洽内阁事。
	权谨	三月以孝行由光禄丞授文华殿大学士。九月以通政司左参议致仕。
宣德元年丙午	士奇	
	荣	正月丁忧。寻起复。
	准	
	幼孜	
	溥	
	张瑛	三月晋礼部左侍郎兼华盖殿大学士。

年	名	事
二年丁未	士奇	
	准	八月致仕。
	荣	
	幼孜	
	溥	
	瑛	二月晋尚书兼华盖殿大学士。
	陈山	二月晋户部尚书兼谨身殿大学士。
三年戊申	士奇	
	荣	八月扈从北巡。
	幼孜	
	山	
	瑛	八月扈从北巡。
	溥	八月扈从北巡。
四年己酉	士奇	
	荣	
	幼孜	
	山	十月专授小内使书。

五年庚戌	六年辛亥	七年壬子	八年癸丑	九年甲
璲 十月改南京礼部尚书。				
溥 八月丁忧。寻起复。				
士奇	士奇	士奇	士奇	士奇
荣 四月晋少傅。	荣	荣	荣	
幼孜	幼孜 十二月卒。			
溥	溥	溥	溥	

年			
黄	荣	溥	八月晋礼部尚书，仍兼学士。
十年乙卯正月，英宗即位。	士奇	荣	溥
正统元年丙辰	士奇	荣	溥
二年丁巳	士奇	荣	溥
三年戊午	士奇　四月晋少师。	荣　四月晋少师。	溥　四月晋少保兼礼部尚书武英殿大学士。
四年己未	士奇	荣　二月归省。四月还朝。	

五年庚申	溥		
	士奇		
	荣 二月归省。七月还朝，卒于道。		
	溥		
	马愉 翰林院侍讲学士，二月入。		
	曹鼐 侍讲，二月入。		
六年辛酉	士奇		
	溥 二月归省。		
	愉		
	鼐		
七年壬戌	士奇		
	溥		
	愉		
	鼐		
八年癸亥	士奇		
	溥		
	愉		

九年甲子	彌	
	士奇	三月卒。
	溥	
	愉	
	彌	正月晋学士。
	陈循	学士，四月入直。
十年乙丑	溥	
	愉	十月晋礼部右侍郎。
	彌	十月晋吏部左侍郎。
	循	十月晋户部右侍郎。
	苗衷	侍读学士，十月晋兵部右侍郎入。
	高谷	侍讲学士，十月晋工部右侍郎入。
十一年丙寅	溥	七月卒。
	彌	
	循	
	愉	
	衷	三月归省。

十二年丁卯	十三年戊辰	十四年己巳 九月，景帝即皇帝位。
谷	谷	谷
彌	彌	彌
循	循	循
愉 九月卒。	衰	衰
衰	谷	谷
谷		张益　侍读学士，五月入。八月殁於土木。
		彭时　修撰，八月入。
		商辂　修撰，八月入。

八月殁於土木。

八月晋户部尚书兼学士。

八月晋工部尚书兼学士。

景泰元年庚午	徇	二月晋兵部尚书兼学士。八月致仕。
	谷	
	时	闰正月守制回籍。
	辂	九月晋学士。
	俞纲	生员。三月晋兵部右侍郎，内阁办事。疏辞，出任兵部。
	江渊	刑部侍郎兼学士，八月入。九月晋户部右侍郎。
二年辛未	徇	十二月晋户部尚书兼文渊阁大学士。
	谷	十二月晋少保工部尚书兼东阁大学士。
	渊	
	辂	
	王一宁	礼部侍郎兼学士。十二月入。
	萧镃	祭酒兼学士，十二月入。
三年壬申	徇	四月兼太子太傅。
	谷	四月兼太子太傅。
	渊	二月晋吏部左侍郎。四月兼太子少师。九月奉丧。
	一宁	四月晋太子少师。七月卒。

年	辅臣	事
四年癸酉	磬	二月晋户部右侍郎。四月晋太子少师。
	辂	四月晋兵部左侍郎兼右春坊大学士。
	王文	十月,大子大保左都御史入。
	循	
	谷	
五年甲戌	文	正月召至。二月晋吏部尚书兼学士。五月丁忧。九月起复。
	磬	四月还任。
	渊	
	循	六月晋少保兼东阁大学士。
	谷	正月抚安山东。七月召还。
	文	
	磬	
	渊	
	辂	
六年乙亥	循	
	谷	

文渊		
渊		
磁		
辂		

七年丙子	循	正月晋太子少师兼工部尚书,视部事。
	谷	五月兼华盖殿大学士。
	文	五月兼谨身殿大学士。
	磁	五月兼谨身殿大学士。
	辂	五月晋户部尚书。
		五月兼太常寺卿。
八年丁丑	循	正月兼无铁岭卫军。
	谷	正月辞保傅。二月致仕。
正月壬午,	文	正月弃市。
英宗复	磁	正月为民。
皇帝	辂	正月为民。
位,改	徐有贞	正月,兵部尚书兼学士入。三月封武功伯兼华盖殿大学士,掌文渊阁事。七月复下狱,宥死,宥云南金齿卫为民。
天顺元	六月下狱,降广东右参政。	七月复下狱,宥死,发云南金齿为民。
年。	许彬	正月晋礼部右侍郎兼学士入。七月调南京礼部左侍郎。

薛瑄　正月晋礼部右侍郎兼学士入。六月致仕。

李贤　二月,礼部侍郎兼学士入。三月晋吏部尚书。六月下狱,降福建右参政。寻留为吏部右侍郎。七月复任。

吕原　六月,通政司左参议兼翰林院侍讲入,十二月晋学士。

岳正　六月,翰林院修撰入。七月调为广东钦州同知。

时　　九月,大常寺少卿兼翰林院侍读入。十二月晋学士。

二年戊寅	贤 时 原
三年己卯	贤 时 原
四年庚辰	贤 时 原
五年辛巳	贤　八月加太子少保。　时

年	原	陈文	贤	文	时
六年壬午					十一月卒。
七年癸未					
八年甲申 正月，宪宗即位。		二月晋礼部右侍郎兼学士入。	二月晋少保吏部尚书兼华盖殿大学士。	二月晋吏部左侍郎兼学士。	二月晋吏部右侍郎兼学士。
成化元年乙酉			三月晋礼部尚书。		十月晋兵部尚书。
二年丙戌			三月丁忧。五月起复。十二月卒。		

年			
三年丁亥	时　七月归省。	刘定之　大常寺少卿兼翰林院侍读学士,十二月入。	
四年戊子	文　八月加大子大保兼文渊阁大学士。	时　二月丞任。八月加大子大保兼文渊阁大学士。	定之　八月晋工部右侍郎兼学士。 轺　三月,兵部左侍郎兼学士复入。
五年己丑	文　四月卒。	时	轺　十月晋兵部尚书。 定之　十月晋礼部左侍郎。
六年庚寅	时	轺	定之　八月卒。 万安　五月,礼部左侍郎兼学士入。
	时	轺	安

七年辛卯	时辂安			
八年壬辰	时辂安			
九年癸巳	时辂安	五月晋户部尚书。五月晋礼部尚书。		
十年甲午	时辂安			
十一年乙未	时辂安刘珝刘吉	正月晋少保。三月卒。四月兼文渊阁大学士。四月，吏部左侍郎兼学士入。四月，礼部左侍郎兼学士入。		

年	格	安	翊	吉
十二年丙申	二月晋太子少保吏部尚书。	二月晋户部尚书。		
十三年丁酉	四月兼谨身殿大学士。六月加少保,致仕。	四月加太子少保。六月晋文渊阁大学士。	四月晋吏部尚书。	四月晋礼部尚书。
十四年戊戌		二月晋吏部尚书兼谨身殿大学士。十月加太子太保。	二月加太子少保兼文渊阁大学士。	二月加太子少保兼文渊阁大学士。
十五年己亥				
十六年庚子				

年	安	珊吉	彭华
十七年辛丑	安	珊吉	
十八年壬寅	安　十二月晋太子太傅兼华盖殿大学士。	珊吉　十二月晋太子太保兼谨身殿大学士。正月丁忧。七月起复。十二月晋太子太保兼武英殿大学士。	
十九年癸卯	安	珊吉	
二十年甲辰	安	珊吉	
二十一年乙巳	安　九月致仕。	珊吉	彭华　十二月晋户部尚书兼谨身殿大学士。十二月晋吏部左侍郎兼学士入。
二十二	安　十月晋少傅兼太子太师。		

年	姓名	事
年丙午	吉	十月晋少保兼太子太傅。
	华	十月晋礼部尚书太子少保。
	尹直	九月晋户部尚书兼右侍郎兼学士入。十月晋兵部尚书兼太子少保。
二十三年丁未九月,孝宗即位。	安	七月晋少师,十月罢。
	吉	十一月晋少傅兼太子太师吏部尚书。
	华	三月致仕。
	直	十一月罢。
	徐溥	十月,吏部左侍郎兼学士入,十一月晋礼部尚书兼文渊阁大学士。
	刘健	十一月晋礼部右侍郎兼学士入。
弘治元年戊申	吉 溥 健	
二年己酉	吉 溥 健	
三年庚戌	吉 溥	

四年辛亥	健	
	吉	八月晋少师华盖殿大学士。
	溥	八月晋太子太傅户部尚书兼武英殿大学士。
	健	八月晋礼部尚书兼文渊阁大学士。
	丘濬	十月，太子太保礼部尚书入，兼文渊阁大学士。
五年壬子	吉	八月致仕。
	溥	
	濬	
	健	
六年癸丑	溥	
	濬	
	健	
七年甲寅	溥	八月加少傅吏部尚书谨身殿大学士。
	濬	八月加少保户部尚书武英殿大学士。
	健	八月晋太子太保兼礼部尚书武英殿大学士。
八年乙卯	溥	
	濬	二月卒。

年	溥	健	东阳	迁
九年丙辰		健	李东阳 二月，礼部左侍郎兼翰林院侍读学士入。	谢迁 二月，詹事府少詹事兼侍读学士入。十月服阕至京，晋詹事。
十年丁巳	溥	健	东阳	迁
十一年戊午	溥 二月加少师兼太子太师华盖殿大学士。七月致仕。	健 二月加少傅兼太子太傅谨身殿大学士。	东阳 二月晋太子少保礼部尚书兼文渊阁大学士。	迁 二月晋太子少保兵部尚书兼东阁大学士。
十二年己未		健	东阳	

年				
十三年 庚申	迁	健	东阳	迁
十四年 辛酉		健	东阳	迁
十五年 壬戌		健	东阳	迁
十六年 癸亥		健	东阳	迁 二月加少师兼太子太师吏部尚书华盖殿大学士。五月考满加特进。
十七年 甲子			东阳 二月晋太子太保户部尚书谨身殿大学士。	迁 二月晋太子太保礼部尚书兼武英殿大学士。
十八年		健	七月加左柱国。	

年	姓名	事迹
乙丑五月，武宗即位。	东阳	七月加少傅兼太子太傅。八月加柱国。
	迁	七月加少傅兼太子太傅。八月加柱国。
正德元年丙寅	健	十月致仕。
	东阳	
	迁	十月致仕。
	焦芳	十月吏部尚书兼文渊阁大学士入，命仍掌吏部印。十二月加太子太保武英殿大学士。
	王鏊	十月，吏部左侍郎兼学士入。十二月加户部尚书文渊阁大学士。
二年丁卯	东阳	
	芳	八月晋少傅兼太子太傅谨身殿大学士。
	鏊	八月晋少傅兼太子太傅武英殿大学士。
三年戊辰	杨廷和	八月，南京户部尚书入。十月改户部尚书兼文渊阁大学士。
	东阳	
	芳	
	鏊	

年	姓名	记事
四年己巳	廷阳	
	东阳	八月晋少保兼太子太保。
	芳	五月晋少师兼太子太师华盖殿大学士。
	鏊	四月致仕。
	廷和	
	刘宇	六月，吏部尚书兼文渊阁大学士，即予告。逾年致仕。
五年庚午	东阳	
	芳	九月加左柱国。
	廷和	五月致仕。
	曹元	二月晋吏部尚书武英殿大学士。九月晋少傅兼太子太傅谨身殿大学士。寻黜为民。
	梁储	二月，太子少保吏部尚书兼兵部尚书晋吏部尚书兼文渊阁大学士入。八月致仕。
	刘忠	九月改太子少保吏部尚书兼文渊阁大学士入。寻晋少保太子太保武英殿。
六年辛未	东阳	
	廷和	
	忠	九月掌詹事府事吏部尚书兼太子太傅武英殿。寻晋少傅兼太子太傅兼文渊阁大学士。
	储	十一月致仕。

年					
七年壬申	费宏 十二月晋礼部尚书兼文渊阁大学士入。	东阳 十二月致仕。	廷和 十月晋少师兼太子太师华盖殿大学士。	储 十月晋少保兼太子太傅谨身殿大学士。	宏 十月晋太子太保武英殿大学士。
八年癸酉			廷和	储	宏
九年甲戌			廷和	储	宏 五月致仕。 靳贵 二月，礼部尚书兼文渊阁大学士入。
十年乙亥			廷和	储 三月丁忧。 贵 杨一清 闰四月，吏部尚书兼武英殿大学士入。	
十一年				储	

年				
丙子	一清 八月致仕。	贵	蒋冕 八月，礼部尚书兼文渊阁大学士入。	
十二年 丁丑	储	贵 四月致仕。	冕 七月加太子太傅兼武英殿大学士。	毛纪 五月，礼部尚书兼东阁大学士入。七月加太子太保兼文渊阁大学士。　杨廷和 七月加太子太师兼吏部尚书华盖殿大学士。十一月服阕，入。
十三年 戊寅	廷和	储	冕	纪
十四年 己卯	廷和	储	冕	纪
十五年	廷和			

庚辰					
十六年	廷和 加左柱国。				
辛巳四月，世宗即位。	储冕纪 廷和 五月致仕，加左柱国。	储冕纪 正月加少傅谨身殿大学士。	纪 正月加少保，改户部尚书兼武英殿大学士。	袁宗皋 五月升吏部左侍郎晋礼部尚书兼文渊阁大学士入。九月卒。	费宏 四月召，十月入，加柱国少保。

明史卷一一〇

表第一一

宰辅年表二

嘉靖元年壬午	廷和	冕	纪	宏
二年癸未	廷和	冕	纪	宏

年	人	事
三年甲申	廷和	二月致仕。
	冕	五月致仕。
	纪	六月晋吏部尚书谨身殿大学士。七月致仕。
	宏	
	石珤	五月，吏部尚书兼文渊阁大学士入。
	贾咏	八月晋礼部尚书兼文渊阁大学士入。
四年乙酉	宏	六月加少师兼太子太师。
	珤	六月加太子太保武英殿大学士。
	咏	六月加太子太保武英殿大学士。
	一清	十一月召。
五年丙戌	一清	五月复吏部尚书武英殿大学士，加少师，仍兼太子太傅入。七月加兼太子太师谨身殿大学士。
	宏	五月晋华盖殿大学士。
	珤	七月加少保。
	咏	七月加少保。
六年丁亥	宏	二月致仕。
	一清	八月晋左柱国华盖殿大学士。
	珤	八月致仕。

年		事
	咏	八月致仕。
	迁	二月召,少傅兼太子太傅礼部尚书武英殿大学士。十月复入。
	瞿鋆	三月,吏部左侍郎兼学士入。
	张瑢	十月,礼总尚书兼文渊阁大学士入。
七年戊子	一清 迁	三月致仕。
	瑢	正月加少保兼太子太保。六月加少傅兼太子太傅,晋吏部尚书谨身殿大学士。
	鋆	六月升礼部尚书兼文渊阁大学士。
八年己丑	一清 瑢	九月致仕。
	瑢	八月罢。九月召还。
	鋆	
	桂萼	二月,少保兼太子太傅吏部尚书武英殿大学士入。八月革散官及大学士入。十一月召复任。
		太子太傅太保兼吏部尚书武英殿大学士,以尚书致仕,仍致仕。九月复少保兼身殿大学士。
九年庚寅	瑢	
	萼	四月至京,命照旧办事。
	鋆	
十年辛	孚敬	瑢二月改名,七月致仕。十一月召复任。

年		
卯	鄠 正月以两乞归。八月卒。	
十一年 壬辰	李敬 九月,太子太傅礼部尚书兼文渊阁大学士入。	孚敬 三月至京,晋太子太师华盖殿大学士。八月致仕。
十二年 癸巳	方献夫 五月,原任太子太保吏部尚书兼学士,应召至京,晋武英殿大学士入。七月掌吏部事。	时 十一月丁忧。 鉴 正月召复任。四月赴召至京。
十三年 甲午	孚敬 正月晋少师兼太子太保吏部尚书武英殿大学士。 献夫 正月晋少保。四月致仕。 时 正月晋少保。	鉴 正月召复任。四月起召至京。
十四年 乙未	孚敬 四月致仕。 时 七月召。八月入,十月卒。	费宏 七月召。八月入,十月卒。

年	时	言（夏言）	鼎臣	鉴
十五年丙申		七月加太子太傅。九月晋少傅兼谨身殿大学士。十一月兼太子太师。闰十二月晋华盖殿大学士。		
十六年丁酉				
十七年戊戌	十二月卒。		顾鼎臣　八月，太子太保礼部尚书兼文渊阁大学士入。	
十八年己亥		正月晋特进光禄大夫上柱国少师，复少傅兼尚书致仕，未行，复少傅兼太子太傅礼部尚书武英殿大学士。五月以少保兼尚书致仕，未行，复少傅兼太子太傅礼部尚书兼武英殿大学士。大学士，复入。	鼎臣　正月晋少保兼太子太保武英殿大学士。	
十九年庚子		十一月加少保兼太子太师兼吏部尚书华盖殿大学士。	鼎臣　十月卒。	
二十年辛丑		八月落职致仕。九月谐迎和门辞，诏仍还私宅调理，以俟后命。十月复少保兼太子太师礼部尚书兼武英殿大学士。		鉴　正月，行边事竣，还京。诏以原职太子少保礼部尚书兼武英殿大学士如故。十一月加少保兼太子太傅礼部尚书兼武英殿大学士。大学士，仍赴阁办事。

年	大学士	事
二十一年壬寅	言	三月复少师吏部尚书华盖殿大学士，勋阶兼官悉如旧。七月革职闲住。
	銮	八月加少傅兼谨身殿大学士。
	严嵩	八月，少保太子太保礼部尚书兼武英殿大学士入，仍掌礼部事。
二十二年癸卯	銮	
	嵩	
二十三年甲辰	銮	八月削籍。
	嵩	八月加太子太傅。九月晋兼吏部尚书谨身殿大学士入。十二月加少傅。
	许赞	吏部尚书。九月兼文渊阁大学士入。
	张璧	礼部尚书。九月兼东阁大学士入。
二十四年乙巳	嵩	七月加太子太师。八月加少师。
	赞	七月加少傅。十一月革职闲住。
	璧	七月加太子太保。八月卒。
	言	九月复召。十二月复少师兼太子太师吏部尚书华盖殿大学士原职，起用。
二十五年丙午	言	
	嵩	
二十六年丁未	言	
	嵩	十一月晋华盖殿大学士。

年	大臣	事
二十七年戊申	言	正月削夺保傅，以尚书致仕。十月弃市。
	嵩	
二十八	嵩	
二十九年己酉	张治	二月晋礼部尚书兼文渊阁大学士入。
	李本	二月，少詹事兼学士入。
二十九年庚戌	嵩	八月加上柱国。
	治	八月加太子太保。十月卒。
	本	八月晋吏部右侍郎兼东阁大学士。
三十年辛亥	嵩	
	本	十一月晋礼部尚书。
三十一年壬子	嵩	
	本	
三十二年癸丑	徐阶	少保兼太子太保礼部尚书。三月兼东阁大学士入，仍掌部事。
	嵩	
	阶	七月晋柱国。
	本	
三十三	嵩	

	年甲寅	三十四年乙卯 嵩	三十五年丙辰 嵩	三十六年丁巳 嵩	三十七年戊午 嵩	三十八年己未 嵩
阶	八月晋太子太傅武英殿大学士。			八月加少傅。		
本	八月晋太子太保文渊阁大学士。		二月命暂管吏部事。三月晋少保兼武英殿大学士。	七月晋柱国。八月加太子太傅。		五月晋吏部尚书。

年			
三十九年庚申	嵩　八月晋太子太师。	阶　八月晋少傅。	本
四十年辛酉	本　五月丁忧。 嵩	阶　十一月加太子太保户部尚书兼武英殿大学士入。	裒炜
四十一年壬戌	嵩　五月罢。	阶　三月晋少师。	炜　三月晋少保。
四十二年癸亥		阶	炜
四十三年甲子		阶　八月晋建极殿大学士。	炜　八月晋少傅兼太子太傅建极殿大学士。
四十四年乙丑		阶	炜　三月病归。 严讷　四月，吏部尚书兼武英殿大学士入，仍暂掌吏部事。十一月病归。

年	辅臣	事迹
四十五	李春芳	四月晋礼部尚书兼武英殿大学士入。
四十五年丙寅十二月，穆宗即位。	阶	
	春芳	三月晋尚书。
	郭朴	三月晋吏部尚书兼武英殿大学士入。
	高拱	三月晋礼部尚书兼文渊阁大学士入。
隆庆元年丁卯	阶	
	春芳	二月晋少保。四月晋少傅兼太子太傅。
	朴	二月晋少傅兼太子太保。四月晋少傅兼太子太傅。九月致仕。
	拱	二月晋少傅兼太子太保。四月晋少傅兼太子太傅。五月罢。
	陈以勤	二月晋礼部尚书兼文渊阁大学士入。四月加太子太保。
	张居正	二月晋吏部左侍郎兼东阁大学士入。四月晋礼部尚书兼武英殿大学士。
二年戊辰	阶	七月致仕。
	春芳	正月加少师兼太子太师建极殿大学士。
	以勤	正月加少傅兼太子太傅。
	居正	正月加少保兼太子太保。
三年己巳	春芳	

年	宰辅	事
已	以勤	
	居正	
	赵贞吉	八月，礼部尚书兼文渊阁大学士入。
	拱	十二月召还，兼掌吏部事。
四年庚午	春芳	六月晋少师。十二月加中极殿大学士。
	拱	十二月晋少师建极殿大学士。
	以勤	七月致仕，加太子太师。
	居正	十二月晋太子太傅吏部尚书柱国，又晋少傅建极殿大学士。
	贞吉	十一月致仕。
	殷士儋	十一月，太子太保礼部尚书兼文渊阁大学士入。逾月，晋少保武英殿大学士。
五年辛未	春芳	五月致仕。
	拱	
	居正	
	士儋	十一月致仕。
六年壬申六月，神宗即	拱	正月加柱国晋中极殿大学士。六月黜。
	居正	正月加少傅兼太子太师。八月加左柱国中极殿大学士。
	高仪	四月，礼部尚书兼文渊阁大学士入。六月卒。

年	姓名	事迹
		位。
万历元年癸酉	吕调阳	六月，礼部尚书兼文渊阁大学士入。八月晋太子少保武英殿大学士。
	居正	
	调阳	十一月晋太子太保。
二年甲戌	居正	
	调阳	七月晋少保。
三年乙亥	居正	
	调阳	
	张四维	八月晋礼部尚书兼东阁大学士入。
四年丙子	居正	十月特晋左柱国太傅，仍如伯爵。
	调阳	十月晋太子太傅支部尚书。
	四维	
五年丁丑	居正	九月丁忧夺情。
	调阳	八月晋少傅。
	四维	八月晋太子太保文渊阁大学士。
六年戊寅	居正	三月归葬。六月还朝。
	调阳	二月晋建极殿大学士。七月以病回籍。
	四维	二月晋少保武英殿大学士。

年		
	马自强	三月，太子太保礼部尚书兼文渊阁大学士入。十月卒。
	申时行	三月，吏部左侍郎兼东阁大学士入。
七年己卯	居正	
	四维	十二月加礼部尚书兼文渊阁大学士。
	时行	
八年庚辰	居正	
	四维	六月晋少傅兼太子太傅。
	时行	
九年辛巳	居正	十一月晋太傅左柱国。
	四维	加柱国。
	时行	
十年壬午	居正	六月晋太师，寻卒。
	四维	六月晋太子太师。九月晋少师。
	时行	六月晋太子太保。九月晋少保。
	潘晟	礼部尚书武英殿大学士，六月命，未任，罢。
	余有丁	六月，礼部尚书兼文渊阁大学士入。九月晋太子太保。
十一年	四维	四月丁忧。

年		
癸未	时行	九月晋少傅兼太子太傅吏部尚书建极殿大学士。
	有丁	九月晋少保户部尚书武英殿大学士。
	许国	四月，礼部尚书兼东阁大学士入。九月晋太子太保文渊阁大学士。
十二年甲申	时行	九月晋太子太师中极殿大学士。
	有丁	九月晋太子太傅建极殿大学士。十一月卒。
	国	九月晋少保太子太保武英殿大学士。
	王锡爵	十二月起礼部尚书兼文渊阁大学士。
	王家屏	十二月以吏部侍郎兼东阁大学士。
十三年乙酉	时行	
	国	
	锡爵	六月入。
	家屏	
十四年丙戌	时行	
	国	八月晋柱国少傅兼太子太傅。
	锡爵	
	家屏	九月丁忧。
十五年	时行	

年	时行	国	锡爵	家屏
丁亥		二月晋吏部尚书建极殿大学士。	二月晋太子太保武英殿大学士。	
十六年 戊子	时行	四月加左柱国。	六月晋太子太保。	十二月服阕召。
十七年 己丑	时行	八月晋太子太师吏部尚书。		四月还朝，晋礼部尚书。
十八年 庚寅	时行			
十九年 辛卯	时行	三月加太傅。九月致仕。	九月致仕。	六月归省。

年		
	家屏	
	趙志皋	九月，礼部尚书兼东阁大学士入。
	張位	九月，吏部侍郎兼东阁大学士。
二十年 壬辰	家屏	
	志皋	三月致仕。
	位	四月入。
二十一年 癸巳	錫爵	正月还朝。
	志皋	四月晋太子太保文渊阁大学士。
	位	四月晋礼部尚书文渊阁大学士。
二十二年 甲午	錫爵	二月晋少傅兼太子太保吏部尚书建极殿大学士。五月致仕。
	志皋	二月晋少保兼太子太保户部尚书。
	位	二月晋太子太保。
	陈于陛	五月，礼部尚书兼东阁大学士入。
	沈一贯	五月，礼部尚书兼东阁大学士。十一月入。
二十三年 乙未	志皋	
	位	十月晋太子少保。
	于陛	十月晋太子少保。

年	一贯	志皋	位	于陛
二十四年丙申	十月晋太子少保。	三月晋少傅兼太子太傅建极殿大学士。		八月晋太子太保。十二月卒。
二十五年丁酉		五月晋少保太子太保吏部尚书武英殿大学士。	五月晋太子太保户部尚书武英殿大学士。	
二十六年戊戌	十月养病。		六月闲住。	
二十七年己亥		养病。四月晋兼太子太师中极殿大学士。	四月晋少保吏部尚书。	
二十八年庚子		养病。	五月晋少保吏部尚书。	
二十九年辛丑		养病。九月卒。	十一月晋兼太子太傅建极殿大学士。	

年	一贯	鲤	赓
		沈鲤 九月，礼部尚书召兼东阁大学士。	朱赓 九月，礼部尚书召兼东阁大学士。
三十年壬寅	一贯 七月晋少傅兼太子太傅。	鲤	赓 七月入。
三十一年癸卯	一贯 四月晋左柱国少傅中极殿大学士。	鲤 四月入。七月晋太子太保。	
三十二年甲辰	一贯	鲤 十月晋少保文渊阁大学士。	赓 十月晋太子太保文渊阁大学士。
三十三年乙巳	一贯 十月晋少师兼太子太师。	鲤 十月晋少傅兼太子太傅。	赓 十月晋少保兼太子太保。
三十四年丙午	一贯 七月致仕。	鲤	赓 七月致仕。

年	人	事
三十五年丁未	赓	三月晋户部尚书武英殿大学士。
	锡爵	六月加少保召，辞不至。
	于慎行	礼部尚书。五月加太子太保东阁大学士。十一月入，寻卒。
	李廷机	五月晋礼部尚书东阁大学士入。
	叶向高	五月晋礼部尚书兼东阁大学士。十一月入。
三十六年戊申	赓	十一月卒。
	廷机	十月杜病。以后杜门注籍，不赴阁。
	向高	
三十七年己酉	廷机	杜病。
	向高	
三十八年庚戌	廷机	杜病。
	向高	十二月晋太子太保文渊阁大学士。
三十九年辛亥	廷机	杜病。
	向高	
四十年壬子	廷机	杜病。九月晋太子太保，致仕。
	向高	
四十一	向高	十一月晋少保兼太子太保户部尚书武英殿大学士。十二月晋少傅兼太子太傅吏部尚书建极殿大

年癸丑	学士。	方从哲 九月晋礼部尚书兼东阁大学士入。	吴道南 九月晋礼部尚书兼东阁大学士入。
四十二年甲寅	向高 八月晋少师兼太子太师，致仕。	从哲	道南 未赴。
四十三年乙卯		从哲	道南 五月入。
四十四年丙辰		从哲 十二月晋太子太保文渊阁大学士。	道南
四十五年丁巳		从哲	道南 七月丁忧。
四十六年戊午		从哲	
四十七年己未		从哲	
四十八		从哲 八月晋少保户部尚书武英殿大学士。十月晋少师兼太子太师吏部尚书中极殿大学士。十二月致仕。	

年	宰辅	记事
年庚申　八月，光宗即位。九月崩，熹宗即位。八月以后，为泰昌元年。	史继偕	八月晋礼部尚书兼东阁大学士。
	沈㴶	八月晋礼部尚书兼东阁大学士。
	何宗彦	八月晋礼部尚书兼东阁大学士。
	刘一燝	八月晋礼部尚书兼东阁大学士入。十月晋太子太保户部尚书文渊阁大学士。
	韩爌	八月晋礼部尚书兼东阁大学士入。十月晋太子太保户部尚书文渊阁大学士。
	朱国祚	八月晋礼部尚书，召兼东阁大学士入。
	孙如游	礼部尚书。十月兼东阁大学士入。
	向高	八月召。
天启元年辛酉	向高	十月入。
	㴶	六月晋中极殿大学士。
	燝	六月晋少保兼太子太保吏部尚书武英殿大学士，又晋少傅兼太子太傅建极殿大学士。九月晋中极殿大学士。十月晋少师兼太子太师。
	爌	六月晋少保吏部尚书武英殿大学士，又晋少傅兼太子太傅建极殿大学士。九月晋中极殿大学士。十月晋少师兼太子太师。
	继偕	十月入。晋太子太保文渊阁大学士。
	淮	七月入。九月晋太子太保文渊阁大学士。十月晋少保武英殿大学士。
	宗彦	六月入。九月晋太子太保文渊阁大学士。十月晋少保英武殿大学士。

	国祚	六月入。九月晋太子太保文渊阁大学士。十月晋少保武英殿大学士。
二年壬戌	如游	闰二月晋太子太保文渊阁大学士，致仕。
	向高	
	一燝	三月致仕。
	炉	
	继儒	七月致仕。
	宗彦	
	国祚	
	孙承宗	二月晋兵部尚书东阁大学士入，兼掌兵部。八月晋太子太保，出镇山海关。
三年癸亥	向高	正月晋中极殿大学士。七月晋左柱国。十一月晋上柱国。十二月晋少傅。
	炉	正月晋少师太子太师中极殿大学士。七月加特进。十一月左柱国。
	继儒	正月晋太子太师文渊阁大学士。七月晋少傅兼太子太傅。寻加少保，致仕。
	宗彦	正月晋少保兼太子太保户部尚书。七月晋少傅兼太子太师。十一月晋太子太师。
	国祚	正月晋少保兼太子太保户部尚书。四月致仕。
	顾秉谦	礼部尚书。正月兼东阁大学士入。七月晋太子太保文渊阁大学士。十一月晋少保太子太保。
	朱国桢	正月晋礼部尚书兼东阁大学士。六月入。七月晋太子太保文渊阁大学士。十月晋少保兼太子太保。

年	宰辅	事迹
四年甲子	朱延禧	正月晋礼部尚书兼东阁大学士入。七月晋太子太保文渊阁大学士。
	魏广微	正月，礼部尚书兼东阁大学士。十月入。十一月晋太子太保文渊阁大学士。
	承宗	正月晋少保兼太子太保文渊阁大学士。七月晋太子少傅兼太子太保文渊阁大学士。十一月晋太子太师。
	向高	七月致仕。
	爌	十一月致仕。
	宗彦	正月卒。
	秉谦	
	国桢	十二月致仕。
	延禧	
	广微	
	承宗	出镇。
五年乙丑	秉谦	正月晋少傅兼太子太师吏部尚书建极殿大学士。九月晋左柱国少师中极殿大学士。
	延禧	正月晋少傅兼太子太师吏部尚书建极殿大学士。六月薨。
	广微	正月晋少傅兼太子太傅吏部尚书建极殿大学士。八月致仕。
	周如磬	礼部尚书。八月晋礼部尚书兼东阁大学士入，寻晋太子太保文渊阁大学士。十一月致仕。
	黄立极	八月晋礼部尚书兼东阁大学士入。九月晋太子太保文渊阁大学士。
	丁绍轼	八月晋礼部尚书兼东阁大学士入。九月加太子太保文渊阁大学士。

六年丙寅	冯铨	八月晋礼部侍郎兼东阁大学士。九月晋礼部尚书文渊阁大学士。
	承宗	出镇。正月晋少师兼太子太师。
	秉谦	四月晋太保。闰六月晋上柱国太师。九月致仕。
	立极	四月晋少保兼太子太保户部尚书武英殿大学士。十一月晋少傅兼太子太傅户部尚书建极殿大学士。
	绍轼	四月晋少保兼太子太保户部尚书武英殿大学士。寻卒。
	铨	四月晋少保兼太子太保户部尚书武英殿大学士。闰六月免。
	施凤来	七月晋礼部尚书兼东阁大学士入。十月晋太子太保文渊阁大学士。十一月晋少保兼太子太傅吏部尚书建极殿大学士。部尚书武英殿大学士。
	张瑞图	七月晋礼部尚书兼东阁大学士入。十月晋太子太保文渊阁大学士。十一月晋少保兼太子太保文渊阁大学士。尚书武英殿大学士。
	李国𣿫	七月晋礼部尚书兼东阁大学士入。十月晋太子太保文渊阁大学士。十一月晋少保兼太子太保户部尚书武英殿大学士。尚书武英殿大学士。
七年丁卯 八月，庄烈帝	立极	三月晋少傅兼太子太傅吏部尚书建极殿大学士。八月加左柱国晋少师兼太子太师中极殿大学士。十月晋太保，辞免。十一月致仕。
	凤来	三月晋少保兼太子太保户部尚书武英殿大学士。八月晋少师兼太子太师中极殿大学士。十月晋左柱国吏部尚书。

即位。

端图　三月晋少保兼太子太保户部尚书武英殿大学士。八月加少师兼太子太师中极殿大学士。十月晋左柱国吏部尚书。

国槽　三月晋少保兼太子太保户部尚书武英殿大学士。八月晋少师兼太子太师中极殿大学士。十月晋左柱国吏部尚书。

来宗道　太子太保礼部尚书。十二月兼东阁大学士入。

杨景辰　十二月晋晋礼部尚书兼东阁大学士入。

周道登　十二月晋礼部尚书兼东阁大学士入。

钱龙锡　十二月晋礼部尚书兼东阁大学士入。

李标　十二月晋礼部尚书兼东阁大学士入。

刘鸿训　十二月晋礼部尚书兼东阁大学士入。

崇祯元年戊辰

凤来　三月致仕，晋太傅。

端图　三月致仕，晋太保。

国槽　四月晋太保。五月致仕。

宗道　四月晋少保兼太子太保户部尚书文渊阁大学士。六月致仕，晋少傅兼太子太傅。

景辰　四月晋太子太保文渊阁大学士。六月致仕。

道登　六月任。七月晋太子太保文渊阁大学士，晋少保。

标　二月任。七月晋太子太保文渊阁大学士。

年	辅臣	事略
	龙锡	六月任。七月晋太子太保文渊阁大学士。
	鸿训	二月任。七月晋太子太保文渊阁大学士。十二月罢，寻遣戍。
	炌	四月召。十二月任。
二年己巳	炌	三月晋太傅。
	道登	正月任。
	标	
	龙锡	十二月罢。
	成基命	十一月晋礼部尚书兼东阁大学士入。
	周延儒	十二月晋礼部尚书兼东阁大学士入。
	何如宠	礼部尚书。十二月晋礼部尚书兼东阁大学士入。
	钱象坤	十二月晋礼部尚书兼东阁大学士入。
	承宗	十一月召，以少师兼太子太师兵部尚书中极殿大学士出镇山海关。四年十一月致仕。
三年庚午	炌	正月致仕。
	标	
	基命	二月晋少保兼太子太保户部尚书武英殿大学士。九月致仕。
	延儒	二月晋太子太保文渊阁大学士。三月致仕。
	如宠	二月晋太子太保文渊阁大学士。十一月晋少保武英殿大学士。

年	宰辅	事略
	象坤	二月晋太子太保文渊阁大学士。
	温体仁	礼部尚书。六月兼东阁大学士。十一月晋少保武英殿大学士。
	吴宗达	礼部尚书。六月兼东阁大学士。十一月晋太子太保文渊阁大学士。
四年辛未	延儒	
	如宠	八月致仕。
	象坤	六月致仕。
	体仁	
	宗达	
五年壬申	延儒	二月晋少傅兼太子太傅吏部尚书建极殿大学士。
	体仁	二月晋少保兼太子太保户部尚书武英殿大学士。
	宗达	二月晋少保兼太子太保户部尚书武英殿大学士。
	郑以伟	五月晋礼部尚书兼东阁大学士入。十月晋太子少保。
	徐光启	五月晋礼部尚书兼东阁大学士入。十月加太子少保。
六年癸酉	延儒	六月罢。
	体仁	十一月晋少傅兼太子太傅吏部尚书建极殿大学士。
	宗达	十二月晋少傅兼太子太傅吏部尚书建极殿大学士。
	以伟	六月卒。

	光启	七月晋太子太保文渊阁大学士。十月卒。
	钱士升	九月晋礼部尚书兼东阁大学士入。
	王应熊	十一月晋礼部尚书兼东阁大学士入。
	何吾驺	十一月晋礼部尚书兼东阁大学士入。
	何如宠	七月召，辞不赴。
七年甲戌	体仁	二月晋少师兼太子太师中极殿大学士。
	宗达	二月晋少师兼太子太师中极殿大学士。
	应熊	二月晋太子太保文渊阁大学士。
	吾驺	二月晋太子太保文渊阁大学士。
	士升	二月晋太子太保文渊阁大学士。
八年乙亥	体仁	
	宗达	五月致仕。
	应熊	九月罢。
	吾驺	十一月罢。
	士升	
	文震孟	七月晋礼部侍郎兼东阁大学士入。十一月闲住。
	张至发	七月晋礼部侍郎兼东阁大学士入。

年	人名	事迹
九年丙子	体仁	十月晋少师兼太子太师中极殿大学士。
	士升	四月免。
	至发	六月晋礼部尚书。十月晋太子太保文渊阁大学士。
	林钎	礼部侍郎。正月兼东阁大学士入。六月卒。
	黄士俊	礼部尚书。六月晋兼东阁大学士入。十月晋太子太保文渊阁大学士。
	孔贞运	六月晋礼部尚书兼东阁大学士入。十月晋太子太保文渊阁大学士。
	贺逢圣	礼部尚书。六月晋兼东阁大学士入。十月晋太子太保文渊阁大学士。
十年丁丑	体仁	正月晋左柱国。三月晋太保，俱辞免。六月致仕。
	至发	三月晋少傅兼太子太傅户部尚书。
	士俊	三月晋少傅兼太子太傅户部尚书。
	逢圣	三月晋少傅兼太子太傅户部尚书。
	贞运	三月晋少傅兼太子太傅户部尚书。
	刘宇亮	八月晋礼部尚书兼东阁大学士入。
	傅冠	八月晋礼部尚书兼东阁大学士入。
	薛国观	八月晋礼部侍郎即兼东阁大学士入。
十一年戊寅	至发	四月罢。
	士俊	正月罢。

逢圣	三月罢。
贞运	六月罢。
字憲	六月晋文渊阁大学士。十一月出督师。
冠	六月晋文渊阁大学士。八月罢。
国观	六月晋礼部尚书。
程国祥	六月改礼部尚书兼东阁大学士入。
杨嗣昌	六月改礼部尚书兼东阁大学士入，仍掌兵部。
方逢年	六月晋礼部尚书兼东阁大学士入。十二月闲住。
蔡国用	六月晋礼部尚书兼东阁大学士入。
范复粹	六月晋礼部侍郎即兼东阁大学士入。

十二年　己卯

字憲	二月罢。
国观	六月晋太子太保户部尚书文渊阁大学士。十一月晋少保吏部尚书武英殿大学士。
国祥	四月致仕。
嗣昌	九月督师。
国用	六月晋太子太保户部尚书文渊阁大学士。
复粹	五月晋户部尚书。六月晋太子太保户部尚书文渊阁大学士。
姚明恭	五月晋礼部尚书兼东阁大学士入。

年	姓名	事
十三年 庚辰	张四知	五月晋礼部尚书兼东阁大学士。
	魏炤乘	五月晋礼部尚书兼东阁大学士。
	国观	六月致仕。
	国用	六月卒。
	复粹	五月晋。
	明恭	五月罢。
	四知	
	炤乘	
	谢升	四月晋太子少保，改礼部尚书兼东阁大学士。八月晋少保兼太子太保吏部尚书武英殿大学士。
	陈演	礼部侍郎。四月兼东阁大学士。
	嗣昌	督师。九月晋太子少保。
十四年 辛巳	复粹	五月罢。
	四知	
	炤乘	
	升	
	演	
	延儒	二月召。九月入。十一月晋少师兼太子太师中极殿大学士。

十五年 壬午	逢圣	二月召。九月入。
	至发	二月召。辞不赴。
	嗣昌	三月卒於军。
	延儒	
	逢圣	六月晏。
	四知	五月晋太子太保。六月晏。
	焜莱	三月晏。
	升	四月晏。
	演	
	蒋德璟	六月晋礼部尚书兼东阁大学士入。
	黄景昉	六月晋礼部尚书兼东阁大学士入。
	吴甡	六月晋礼部尚书兼东阁大学士入。
	应熊	十一月召。明年九月至。未任晏。
十六年 癸未	延儒	
	演	五月晋太子太师兼礼部尚书中极殿大学士。寻晏。
	德璟	五月晋太子少保户部尚书武英殿大学士。
	景昉	五月晋太子少保户部尚书文渊阁大学士。
	甡	五月晋太子少保户部尚书文渊阁大学士。九月致仕。

十七年 甲申 三月，庄 烈帝崩。 明亡。	姓	三月督师，未行。五月晋太子少保户部尚书兼兵部尚书文渊阁大学士。寻罢。
	魏藻德	五月擢少詹事兼东阁大学士。
	李建泰	吏部右侍郎。十一月兼东阁大学士入。
	方岳贡	右副都御史。十一月兼东阁大学士入。
	演	二月免，未行，死於贼。
	德璟	三月免。
	藻德	二月晋兵部尚书文渊阁大学士，死於贼。
	建泰	正月出督师。
	岳贡	二月晋户部尚书文渊阁大学士，死於贼。
	范景文	工部尚书。二月兼东阁大学士入。三月殉节。
	丘瑜	礼部侍郎。二月兼东阁大学士入，死於贼。

明史卷一一二

表第一二

七卿年表一

　　七卿，前史无表也，曷为表？明太祖十三年罢丞相，政归六部，部权重也。洪、宣以后，阁体既尊，而权亦渐重。于是阁部相持，凡廷推考察，各骋意见，以营其私，而觉局分焉。科道同隙，乘其同隙，参奏纷挈。驯至神宗，庆其器暗，而被劾多者，其人自去。逮熹宗朝，则正论澌灭矣。正烈矫之，卒不能救。二百七十年间，七卿之正直而独立者若而人，偏邪而嫉能者若而人，贪庸而娟莘辅者若而人，备列之，可以观世变矣。作七卿表，自洪武十三年始。都御史而未备。备官自孝宗始。仁宗乃有尚书，南京止设待郎。成祖迁都，南京之专属乃兵部。宪宗后乃专属之兵部。然累世承平，履其任者，惟养清望而已，无关政本，故不具录。其权位重者日参赞机务。

纪年	七卿除罢						
	吏部尚书	户部尚书	礼部尚书	兵部尚书	刑部尚书	工部尚书	左右都御史
太祖洪武十三年庚申	偰斯正月任，二月改礼部。洪彝正月任，寻免。刘崧四月，礼部侍郎署。五月致仕。阮畯六月任。	徐铎正月任，坐党逆免。范敏五月，本部郎中署。	郑九成正月任，以后无考。偰斯二月任，六月致仕。李冕七月，侍郎试。十月为江西布政司试参政。	赵本去年十一月任，以后无考。	吕宗艺去年十一月任，以后无考。	薛祥二月任。	安然正月任，五月致仕。李善长五月署。
十四年辛酉	畯	敏正月免。徐辉二月试尚书。十二月除名。	李叔正正月任。高信十二月，郎中试。	李澂九月任。唐铎十一月任。	胡桢七月，郎中试。	祥十月杖死。	

	十五年壬戌	十六年癸亥	十七年甲子
			詹徽正月任左。汤友恭月任右。
	赵俊三月任。	俊	麦至德正月试。
	开济七月试。	济二月实授。十二月罪诛。	刘遂正月试。王惠迪十一月任。
	铎十一月改谏议大夫。赵仁十一月任。	仁	俞纶三月试。
	信二月免。刘仲质二月任。二月改大学士。任昂十一月任。	昂	昂　赵瑁十月试。
	郭允道五月任。曾泰八月任。	王时月任。	栗恕正月试。六月出为福建参政。郭桓五月试。
	畯三月致仕。李信三月任。	信正月卒。陈敬正月试。十二月致仕。	余烇正月任。

	炫	桓	瑄	温祥卿	惠迪	至德	徽友恭
十八年乙丑	炫四月，罪诛。赵瑄三月任。未几罪诛。	桓正月降侍郎。三月罪诛。徐铎正月任。茹太素九月任。十二月降御史。	瑄三月改支部。	温祥卿正月任。六月降主事。	惠迪三月罪诛。唐铎十月任。	至德正月降侍郎。三月罪诛。徐本正月任。	徽友恭
十九年丙寅					铎	本月免。	徽友恭
二十年丁卯			李原名六月试。		铎		徽友恭
二十一年戊辰			原名	唐铎六月任。	铎六月改兵部。		徽友恭月免。凌汉正月任右。八月降刑部

年							侍郎。
二十二年己巳		杨靖二月任。	原名	铎四月兼詹事。五月致仕。沈溍二月任。	赵勉二月任。	秦逵二月任。	
二十三年庚午	詹徽六月以左都御史兼。	靖五月改刑部。赵勉五月任。	原名	溍五月改工部。六月任。秦逵五月任。六月复改工部。茹瑺十一月试。	勉五月改户部。安童正月任。杨靖五月任。	逵五月改兵部。六月复任。沈溍五月任。六月复改兵部。	徽四月兼掌通政司。六月兼吏部。
二十四年辛未	徽十二月任，仍兼左都御史。	勉		溍十月免。瑺十一月实授。	靖	逵	徽十二月迁支吏部尚书，仍兼书，仍兼

二十五年壬申	徽十二月加太子少保。	勉闰十二月下狱诛。		瑺十二月加太子少保。	靖	逵九月卒。	院务。袁泰十二月任右。
二十六年癸酉	徽二月罪诛。梁焕二月以给事中署。翟善四月以主事署。	郁新六月任。		瑺	靖正月奏太子宾客，寻坐事免。	严震直六月任。十二月降御史。	徽二月解院务。泰八月卒。
二十七年甲戌	善五月升左侍郎，仍署。	新	任亨泰五月任。	瑺		王俊十月以侍郎署。	曹铭九月任右。
二十八	善闰九月	新	亨泰八月	瑺		俊二月任。	铭九月罪

年							
年乙亥	降知县。	新	使安南。				死。吴斌正月任左。王平二月任右。
二十九年丙子	杜泽正月任。	新	享泰二月还，降御史。门克新正月任。八月卒。	瑞	夏恕七月以大理丞署。	孙显六月以侍郎署。	来恭月任。八月降侍郎。邓文铨十一月以刑部主事署。
三十年丁丑	泽十月免。	新	郑沂八月任。	瑞	恕月任。	显二月任。严震直八月任。	杨靖四月任左，赐死。严震直四月任右。八月任。

三十一年戊寅闰五月，惠帝即位。	茹瑺九月任。十二月署河南布政。张紞十二月任。	新　王钝十二月任。	沂八月免。陈迪八月任。	瑺九月迁吏部尚书。齐泰五月任，参预国政。	恕　暴昭五月任。	震直　郑赐十二月任。	暴昭四月任。五月迁刑部尚书右。月改工部尚书。
建文元年己卯	紞	新钝	迪	泰十一月罢。茹瑺十一月复任。	昭七月出掌平燕布政司事。侯泰七月任。	赐　震直　月巡视河北。	景清二月任左。练子宁二月任右。
二年庚辰	紞	新钝	迪	瑺　铁铉十二月任督军。	泰　昭	赐　震直	清　子宁
三年辛	紞	新	迪二月加	齐泰正月	泰	赐	清

巳		钝	太子少保。	复，闰三月又满。璹 铉	昭	震直	子宁
四年壬午秋七月，燕王即皇帝位。	炆七月自经死。建文九月任。	新六月归附，仍任。钝六月归附。七月致仕。夏原吉九月任。郭资十一月任，仍掌北平布政事。	迪六月殉难。宋礼七月以刑部员外署，八月升右侍郎，寻迁左，仍署。李至刚十二月任。	泰六月殉难。铉八月死难。璹六月迎降。九月封忠诚伯，仍任。刘俊九月任。	泰六月殉难。昭六月殉难。郑赐七月任。雒佥十二月任，仍知保定府。	赐六月归附。七月改刑部。震直六月归附。同致仕户部尚书王钝巡视中原。九月卒。黄福九月任。	清六月殉难。子宁六月殉难。
永乐元年癸未	义	新 原吉四月	至刚 郑沂七月	璹 俊	赐 佥二月改	福	陈瑛正月任。

	义	原吉/新	复任/至刚/赐	俊/忠	赐/震/行部	福/礼	琰
二年甲申	义四月兼詹事。	治木苏、松。资二月改行部。	复任，九月致仕。	俊 金忠四月任，兼詹事。	行部。 赐	福 宋礼十二月任。	琰 吴中九月任右。
三年乙酉	义	新八月卒。原吉 月回部。	至刚四月兼左春坊大学士。	俊 忠	赐九月改礼部。吕震九月任。	福四月改行部。 礼	琰 中
四年丙戌	义	原吉	至刚八月下狱。郑赐九月任。 赐	俊七月参赞交南军务。 忠	震	礼闰七月采木四川。	琰 中
五年丁亥	义	原吉	赐 赵羾六月任。	忠	震	礼 吴中正月任。	琰 中正月改工部尚书。

	义	原吉	泓	忠	震	礼中	瑛
六年戊子	义	原吉	赐六月卒。刘观六月任。十二月改刑部。吕震十二月任。	俊五月班师。八月复出征。十二月战殁。	震十二月改礼部。刘观十二月任。	礼中	瑛
七年己丑	义辅太子居守。	原吉二月虑驾巡北京，兼署行在兵二部礼及都察院。	泓虑驾，兼署行在刑部。震	忠辅太子居守。方宾以兵部侍郎虑驾兼署行在吏部，三月任。	观	礼中虑驾。	瑛
八年庚寅	义	原吉虑驾。二月辅导皇长孙，仍	泓虑驾。震	忠宾虑驾。	观三月参赞费瑺军务，征永昌	礼中虑驾。	瑛

年							
	义	兼行在吏、户、兵三部。	矼	忠宾	叛寇。	礼	瑛
九年辛卯	义	原吉	矼九月下狱。震	忠宾	观	礼三月督漕会通河。中	瑛二月罪诛。
十年壬辰	义	原吉	震	忠宾	观	礼十二月复出采木。中 白彦芳三月以陕西参议署。	
十一年癸巳	义	原吉扈驾，巡北京。	震扈驾。	忠宾扈驾。	观	礼中	
十二年甲午	义	原吉扈驾，征瓦剌。	震扈驾。	忠宾扈驾。八月回北京。	观月谪为吏。	礼月回部。中	
十三年	义	原吉扈驾。	震扈驾。	忠四月卒	观六月改	礼中	刘观六月

年							
乙未					左都御史。二月复任。	中扈驾。	任。
十四年丙申	义	原吉扈驾。	震扈驾。金纯三月任。	宾扈驾。陈洽四月任,参赞交阯。	吴中八月任,扈驾,俱十一月回京。	礼 中扈驾。八月改刑部。	观
十五年丁酉	义	原吉扈驾,巡北京。	震扈驾。纯	宾扈驾。	中	礼	观
十六年戊戌	义	原吉扈驾。	震扈驾。纯	宾扈驾。赵羾十一月任,屯戍边塞。	中	礼	观
十七年己亥	义	原吉扈驾。	震扈驾。纯	宾扈驾。羾	中	礼九月敕回京。	观
十八年	义	原吉扈驾。	震扈驾。	宾扈驾。羾	中	礼	观

	义	郭资	震	纯	缸	中	李庆	王彰
庚子	义	郭资十二月任。		纯	缸		李庆十二月任。	王彰十二月任右。
十九年辛丑 是年设六部于北京。	义四月巡抚应天。七月还朝。	原吉十一月下狱。资	震	纯四月巡抚四川,后还朝,署刑部。	宾十一月自缢。缸督屯戌。二月督饷。	中十一月下狱。	礼 庆	观 彰四月巡抚河南。
二十年壬寅	义九月下狱。	资	震九月下狱。	纯兼署刑部。	缸督屯戌。二月督饷。		礼七月卒。庆兼署兵部。二月督运。	观 彰二月督饷。
二十一年癸卯	义二月复任。	资	震三月复任。	纯	缸		庆兼署兵部。	观 彰
二十二年甲辰 八月,仁	义八月加少保。九月晋少傅。十	资十月兼太子宾客。十一月加	震十月加太子少师。十一月晋		缸八月迁南京刑部尚书。	吴中八月出狱。十月兼詹事,寻	庆八月改兵部。金纯八月	观八月兼太子宾客。十一月晋

宗即位。	一月晋少师。	大子大师，致仕。原吉八月出狱复任。十月加大子大博。十一月晋少保。	大子大保。纯八月改工部。	李庆八月任。十月加大子少保。	改工部。金纯十月任。	任、刑部。黄福九月支阯召还。十月兼詹事。吴中十月任。十一月加大子少保。	大子少保。彰九月镇抚河南。向瑾十月任，兼詹事。
洪熙元年乙巳六月，宣宗即位。	义	原吉	震加大子大保。	庆十月改南京。张本四月任。	纯正月兼大子宾客。	福 中 李友直正月任，专管曹缮。三月改行部。	观 彰 瑾九月改南京。
宣德元	义	原吉	震四月卒。	本八月从	纯	福十二月	观

年	义	原吉	渶		纯	中／友直	彰
年丙午	义	原吉	胡渶四月任。	讨高煦,留抚乐安,寻回部。陈洽十一月,交阯战殁。		出镇交阯。中 友直	
二年丁未		原吉郭敦八月任,寻巡抚陕西。	渶	本四月抚安山西军民。	纯	福十一月还。中三月加少保。友直	观 彰四月卒。
三年戊申	义八月虑从。十月解部事,俸给如旧。	原吉八月虑从。十月解部事,俸给如旧。敕五月召还。	渶八月虑从。	本	纯五月下狱。八月致仕。	福 中六月下狱,寻释,夺少保。八月虑从。友直五月,	观六月巡视河道。十月下狱。顾佐七月任右。

年							
四年己酉	义 郭琎四月任。	原吉 敔 郭资四月召。以原官兼太子太师掌部事。	濚五月兼詹事。	本十二月加太子太师客。	福四月出督漕运。 中 友直	佐	四川采木。八月行部，改工部。
五年庚戌	义 琎	原吉正月卒。 敔 资 黄福八月任。 李昶闰十	濚	本六月兼户部。	福八月改户部。 中二月兼吏部。 友直	佐	户部。

年					中友直	佐
六年辛亥	义琔	敬四月卒。资福昶十月卒。二月任。	渶正月兼户部。	本正月卒。许廓正月任。	中友直	佐
七年壬子	义琔	资福昶八月改南京。	渶兼户部。	廓六月卒。	中友直	佐
八年癸丑	义琔闰八月兼都察院。	资昶十二月卒。	渶兼户部。		中友直	佐闰八月以疾致仕。熊概九月任右。
九年甲寅	义琔九月兼工部。		渶兼户部。	王骥三月任。	中友直	概九月兼刑部。十月卒。佐十月病痊，复任。

	珽	中敷	渶	骥	源	友直	佐／智
十年乙卯正月，英宗即位。	珽 又正月卒。		渶兼掌户部。	骥	魏源七月任。施礼七月任。九月改南京。	中七月加少保。友直正月督易州柴炭。	佐六月致仕。陈智六月任右。
正统元年丙辰	珽	刘中敷正月任。	渶	骥十二月下狱，寻释。	源	中 友直三月督京仓。	智
二年丁巳	珽	中敷	渶	骥五月出理甘肃边务。	源五月饬大同边务。	中 友直	智
三年戊午	珽	中敷七月下狱，寻释。	渶七月下狱，旋释。	骥四月回部，兼大理卿。	源四月回部。七月下狱。十二月又下狱。	中 友直九月卒。	智十二月下狱。
四年己	珽	中敷	渶	骥	源闰二月	中	智闰二月

年	琏	中敷	溁	骧	源	中	智
未							释狱。
五年庚申	琏	中敷	淡	骧四月出征陇川。柴车二月自陕西召任,即归省。	释狱。源	中	释狱。智
六年辛酉	琏	中敷十月下狱荷校,寻还职,闰十一月又下狱。王佐十二月任。	淡	车三月还朝。六月卒。骧二月总督军务。	源	中十月晋少师。	智六月劾免。王文六月任。
七年壬戌	琏 魏骧 月 以侍郎署。	佐	淡	骧三月还朝。五月封靖远伯,解部事。	释狱。源	中四月致仕。六月卒。王登七月任。	文

	直	佐	溁	晞	濂	耆	文
八年癸亥	琏正月致仕。王直正月任。		溁	徐晞五月任。	源三月致仕。王质三月任。十一月降户部侍郎。金濂八月任。	耆	文
九年甲子	直	佐	溁	晞	濂	耆	文
十年乙丑	直	佐	溁	晞十月致仕。邝埜九月任。	濂	耆黎澄安南王子。六月任,专供内府事。	文十月出抚陕西。陈镒十月自陕西召还,任右。

年	直	佐	濙	埜	濂	塈	鎰
十一年丙寅	直八月下狱,寻释。	佐三月下狱,寻释。	濙	埜	濂三月下狱,寻释。	澄七月卒。	鎰三月下狱,寻释。
十二年丁卯	直	佐	濙	埜	濂	塈	鎰
十三年戊辰	直	佐	濙	埜	濂十一月出征福建。	塈二月致仕。石璞五月任,七月出征浙陕,中宗留。	鎰
十四年己巳八月,景帝监国,九月即位。	直八月加太子太保。	佐八月殁於土木。金濂十一月任,加太子太保。	濙八月加太子太傅。	埜八月殁于土木。于谦八月任,十月加少保。	濂十一月改户部。俞士悦十一月任。	璞十二月回部。	鎰八月出抚畿内。十月改左。十一月回院。俞士悦八月任。十一月迁刑

年							部尚书
景泰元年庚午	直 何文渊七月任。	濂	浤	谦	士悦	璞十一月出巡大同。	锡 善八月改左。王文闰正月自陕西回院。杨善十二月任右。
二年辛未	直正月加少傅。四月兼太子太师。	濂	浤	谦	士悦	璞六月回部。	锡四月出抚陕西。善 文
三年壬申	直正月加少傅。四月兼太子太师。	濂二月下狱，寻释，革太子太保，调工部。三月	浤正月加少傅。四月兼太子太师。	谦四月兼太子太傅。仪铭五月任。	士悦四月加太子太保。	璞四月加太子太保。	善正月加太子太保。文正月加太子太保。

四年癸酉	直	谦	洡	谦	士悦	善	
	文渊六月下狱旋释，致仕。王翱六月任。	文渊四月复任。四月加太子太保。		铭二月兼詹事。		璞七月出治沙湾决河。	十月入阁。錤三月回院。四月加太子太保。王翱二月自陕西巡抚回院。四月加太子太保。七月出督两广。
						錤九月致仕。翱三月召还。六月迁吏部尚书。罗通七月	文渊四月加太子太保。

年						
五年甲戌	直隶	濂 濂二月卒。张凤四月任。	谦 铭七月卒。	士悦	璞四月奏夺,复任。	任右。萧维桢左。十一月丁忧。
六年乙亥	直隶	凤	谦 石璞正月任。	士悦	璞正月改兵部。江渊正月以内阁起复。	善 维桢七月起复。李实五月任右。
七年丙子	直隶	凤	谦 璞正月抚安湖广。	士悦	渊	善 维桢实 维桢实

天顺元年丁丑正月，英宗复位。	直正月夺少傅兼太子太师衔，致仕。翱正月夺太子太保衔，留任。	凤二月改南京。沈固三月任。	濙正月夺少傅兼太子太师衔，致仕。杨善三月以兴济伯管部事。	谦正月弃市。璞六月回部，旋致仕。骥二月以靖远伯管部事。六月解任。陈汝言六月任。	士悦正月请戍。轩輗二月任。七月致仕。刘广衡八月任。	渊正月请戍。赵荣正月任。	维祯二月改南京。实二月为民。耿九畴三月任右。六月下狱。改江西布政。马昂五月任，出抚山西。十一月回院。寇深七月任。
二年戊寅	翱	固	善五月卒。	汝言正月下狱。马昂二月	广衡十月予告。十二月卒。	荣	昂二月迁兵部尚书。深

年份	深	荣	瑜	昂	珇	富	翱
三年己卯	深	荣	陆瑜十月，布政升。	任。		固	翱
四年庚辰	深	荣	瑜	昂	萧暄二月，布政升任。十一月改南京。石珇十一月任。	固二月致仕。年富二月任。	翱
五年辛巳	深七月曹钦叛，被杀。李宾七月任右。	荣八月兼大理卿。	瑜	昂八月加太子少保。	珇	富	翱
六年壬午	宾	荣七月致仕。	瑜	昂	珇十二月卒。	富	翱
七年癸	宾十一月	周瑄二月	瑜十二月	昂	姚夔正月	富	翱

年	吏部	户部	礼部	兵部	刑部	工部	都御史
未			任。		下狱，寻释。	以刑部侍郎署。白圭三月任。	下狱，寻释。周瑄十一月以刑部侍郎署。
八年甲申正月，宪宗即位。	翱	富四月卒。马昂八月任。	夔	昂八月改户部。王竑八月任。	瑜	圭	宾　李秉八月任左。
成化元年乙酉	翱三月加太子大保。	昂	夔	竑九月致仕。王复十月任。	瑜	圭十二月督师荆，襄。	宾八月迁南京兵部尚书。秉
二年丙戌	翱	昂	夔	复八月整饬延绥边备。	瑜	圭五月召回。十二月丁忧，起复。	秉八月整饬大同边备。
三年丁亥	翱七月病免。十一	昂	夔	复四月改工部。	瑜	圭正月加太子少保。	林聪四月任右。

	秉三月召回。五月督师还东。十一月召回。十二月升吏部尚书。	四月改兵部。王复四月任。		白圭四月任。			月卒。李秉十二月任。
四年戊子	聪	复	瑜	圭 程信四月，四川回部。	夔	昂九月致仕。杨鼎十月任。	秉正月加太子少保。
五年己丑	聪	复	瑜	圭 信	夔六月改吏部。邹幹八月任。	鼎	秉正月免。崔恭正月任。五月沈去。姚夔六月任。
六年庚	聪	复	瑜	圭	幹	鼎	夔

	李宾九月任。	复	瑜	信九月改南京。	幹	鼎	夔
寅							
七年辛卯	聪八月出抚大同。	复	瑜	圭	幹	鼎	夔九月加太子少保。
八年壬辰	宾项忠五月回院，升左。	复	瑜	圭	幹	鼎	夔
九年癸巳	忠宾项加太子太保。董方十一月任右。	复	瑜八月致仕。王概八月任。	圭八月忧去。十二月起复。	幹	鼎	夔二月卒。尹旻三月任。
十年甲午	忠十一月迁刑部尚书。宾方二月出	复	概八月卒。项忠十月任。十二月改兵部。董方十二	圭十二月卒。项忠十二月任。	幹，	鼎	旻

年							
十一年乙未	旻	鼎	斡	忠	月任。		抚大同。十二月迁刑部尚书。
十二年丙申	旻	鼎	斡	忠	方	复	宾二月加太子少保。王越二月任左，兼提督团营。
十三年丁酉	旻	鼎	斡	忠六月除名。余子俊七月召。十月任。	方七月致仕。林聪七月任。	复	宾七月致仕。趋十二月加兵部尚书。
十四年戊戌	旻二月加太子少保。	鼎二月加太子少保。	斡二月加太子少保。	子俊十月加太子少	聪十月加太子少保。	复	趋十月加太子太保。

	旻		文质／洪谟	子俊	聪／鎣	昭	越／缙
十五年 己亥	旻正月加太子大保。	鼎十二月致仕。陈钺十二月召。	干十二月致仕。张文质十二月任。	保。 子俊	聪	复十二月致仕。刘昭十二月任。	越 月出征延绥。
十六年 庚子	旻	钺正月任。	文质	子俊	聪	昭	越三月回院,封威宁伯,仍督团营。
十七年 辛丑	旻	钺二月改兵部。翁世资二月任。	文质正月忧去。周洪谟二月任。	子俊正月忧去。陈钺二月任。	聪	昭	越五月出镇宁夏。戴缙三月任右。
十八年 壬寅	旻	世资	洪谟	钺三月为民。张鹏三月任。	聪闰八月卒。张鎣九月任。	昭	缙

年	旻	谦	洪谟	鹏	鑾	昭	
十九年癸卯	旻加柱国。	世资二月加太子少保，致仕。佘子俊三月召。七月任。					缙三月改南京工部尚书。李裕四月任右。
二十年甲辰	旻十一月晋太子太傅。	子俊二月出督大同，加太子太保。殷谦十月任，仍兼仓场。十一月加太子少保。	洪谟十一月加太子少保。	鹏十一月加太子少保。	鑾十一月加太子少保。	昭十一月加太子少保。	裕六月改南京。朱英六月任右。十一月加太子少保。
二十一年乙巳	旻	谦	洪谟	鹏闰四月致仕。	鑾	昭	英七月卒。屠滽七月任。

二十二年丙午	旻四月夺太子太傅，授太子少保，五月勃免。耿裕八月任。十月改南京礼部。李裕十月任。	谦六月致仕。刘昭八月任。十二月夺太子少保，免。	洪漠	马文升十一月任。文升九月改南京。	鉴十月忧去。杜铭十月任。	昭八月改户部。李裕八月任。谢一夔十月任。	湧九月改南京。刘敳九月召。	任右。
二十三年丁未九月，孝宗即位。	裕十一月致仕。王恕十一月任。十二月加太子	李敏正月任。	洪漠	余子俊正月召。七月任，仍加太子太保。	铭十月致仕。	一夔五月卒。贾俊六月任。	敳二月任。十一月罢。马文升十一月任左。	

	恕	敏	裕	子俊	何乔新	俊	文升
弘治元年戊申	大保。恕	敏	洪漠十月致仕。耿裕十月任。	子俊	何乔新正月任。	俊	文升
二年己酉	恕	敏	裕	子俊二月卒。马文升二月任，兼督团营。	乔新	俊	文升二月迁兵部尚书。屠滽二月任。
三年庚戌	恕	敏	裕	文升	乔新	俊	滽
四年辛亥	恕	敏正月致仕。叶淇二月任。	裕四月下狱，旋释。	文升	乔新八月致仕。彭韶九月任。	俊	滽二月病去。白昂二月任。
五年壬子	恕	淇	裕	文升五月	韶	俊五月加	昂

年							
子				加太子少保。		太子少保。	
六年癸丑	恕闰五月致仕。耿裕六月任。	淇	裕六月改吏部。倪岳六月任。	文升	韶七月致仕。白昂八月任。	俊	昂八月迁刑部尚书。屠滽七月召,任右。
七年甲寅	裕九月加太子太保。	淇九月加太子少保。	岳	文升九月晋太子太保。	昂九月加太子少保。	俊二月致仕。刘璋二月任。	滽二月迁左,加太子少保。
八年乙卯	裕	淇	岳	文升	昂	璋	滽
九年丙辰	裕正月卒。屠滽二月任。	淇四月致仕。周经四月任。	岳四月改南京吏部。徐琼四月任。	文升	昂	璋七月致仕。徐贯八月任。	滽二月迁吏部尚书。闵珪四月任。
十年丁	滽四月加	经	琼	文升九月	昂	贯	珪

	谦	经	琼	文升	昂	贯	珏
巳	太子大保。			加柱国。			
十一年戊午	谦二月晋太子大傅。	经二月加太子少保。	琼二月加太子少保。	文升二月晋少保兼太子大傅。	昂二月加太子大保。	贯二月加太子少保。	珏二月加太子少保。侣鍾十二月任右。
十二年己未	谦	经	琼	文升	昂	贯十月晋太子大保。	珏鍾
十三年庚申	谦五月加柱国，致仕。倪岳六月任。	经五月晋太子大保，致仕。侣鍾五月任。	琼五月晋太子大保，致仕。傅瀚五月任。	文升六月晋少保。	昂五月加太子大傅，致仕。闵珪五月任，七月晋太子大保。	贯五月加太子大傅，致仕。曾鉴五月任。	珏五月迁刑部尚书。鍾五月迁户部尚书。戴珊六月任左。史琳六月任右，经略紫荆关。
十四年	岳十月卒。	鍾	瀚	文升十月	珪	鉴	珊

年							
辛酉	马文升十月任。			改吏部。刘大夏十月召。			琳
十五年壬戌	文升	钟	瀚二月卒。张升二月任。	大夏	珪	镛	珊 琳
十六年癸亥	文升六月兼晋少师兼太子太师。	钟	升	大夏	珪	镛	珊 琳
十七年甲子	文升	钟五月致仕。秦纮五月命。十月致仕，未任。韩文十一月任。	升	大夏	珪加柱国。	镛	珊 琳
十八年	文升	文	升	大夏	珪	镛	珊十二月

年	吏部	户部	礼部	兵部	刑部	工部	都察院
乙丑五月，武宗即位。							卒。琳 屠勋九月任右。
正德元年丙寅	文升四月致仕。焦芳四月任。十月入阁。许进十月任。	文十一月闲住。顾佐十二月任。	升	大夏五月致仕，加太子太保。许进五月任。十月改吏部。阎仲宇十一月任。	珪	镒	张敷华正十二月致仕。琳正月卒。勋
二年丁卯	进八月加太子少保。	佐	升闰正月致仕。李杰闰正月任。十月致仕。	仲宇四月加太子太保，致仕。刘宇四月任。八月加	珪闰正月致仕。屠勋闰正月任。	镒闰正卒。李镜闰正月任。	刘宇闰正月任左。四月迁兵部尚书。屠滽四月任兵部尚书。

年							
三年戊辰	起掌院事。勋闰正月迁刑部尚书。瀚	镗十一月致仕。洪钟十二月任。	勋二月加太子少保，致仕。王鑑之二月任。	太子少保，九月晋太子太傅。	刘机十月任。	佐八月致仕。刘玑九月任。	进八月致仕。刘宇八月任。
四年己巳	瀚闰九月致仕。陈金十月任。十一月出督江西。洪钟十一	钟正月改刑部。才宽正月任。四月出督陕西。毕亨十二	鑑之正月致仕。洪钟正月任。十一月加太子少保，改左都	宇八月改吏部。曹元八月任。九月加太子少保。元	机二月丁忧。周经三月任。十月致仕。白钺十月任。钺	玑	宇加少傅。六月入阁。张缭六月任。十一月加太子少保。

					御史。		
五年庚午	综八月下狱死。刘机八月任。九月加太子少保。十二月致仕。	机八月免。杨一清八月任,加太子少保。	铖九月加太子少保,改内阁,管诰敕。十月卒。费宏九月任。	元二月入阁。胡汝砺二月升。三月卒。王敞三月任。九月加太子少保。	刘璟十二月任。璟九月加太子少保。十二月致仕。	月任。亨九月改南京。李镗九月任。	月任。钟三月督师讨湖广贼。
六年辛未	杨一清正月任。十二月晋少保兼太子太保。	一清正月改吏部。孙交二月任。	宏十二月入阁。傅珪十二月任。	敞五月致仕。何鉴五月任。十二月加太子少保。	何鉴正月任。五月改兵部。	镗	钟讨贼。王鼎五月任。

	钟	递	张子麟	镒	珪	交	一清
七年壬申	钟九月还京。十二月致仕。鼎六月罢。陆完十月任，加太子大保。李士实七月任，加太子太保，掌院。	递十二月加太子少傅。	张子麟十二月任。	镒九月晋太子太保。	珪	交	一清
八年癸酉	完十一月迁兵部尚书。士实十一月致仕。石玠十二月任。	递	子麟	镒十一月致仕。陆完十一月任。	珪六月致仕。刘春六月任。	交六月致仕。王琼六月任。	一清

			春		子麟	镒	珫
九年甲戌	一清十一月晋少傅兼太子太傅。	琼	春	完七月加太子太保。	子麟	镒	珫
十年乙亥	一清闰四月入阁。陆完闰四月任。	琼闰四月改兵部。石珫五月任。	春八月忱去。毛纪八月任。	完闰四月改支部。王琼闰四月任。	子麟	镒	珫五月迁户部尚书。彭泽五月任左，加太子太保。王琼五月任右。
十一年丙子	完七月晋太子太保。	珫七月晋太子少保。	纪九月改管诰敕。李逊学九月任。	琼	子麟七月加太子少保。	镒七月晋太子少傅。	泽璩月加太子少保。
十二年丁丑	完月加柱国。	珫	逊学五月改太子阁诰。	琼二月加少保兼太	子麟	镒月晋太子太保。	泽二月经略哈密。五

	月还,致仕。璟六月迁左。张纶六月任右。		子麟	子大保。十一月晋少傅兼太子少傅。	散。毛澄六月任。	玠	完 月加少保。
十三年戊寅	璟　纶	镠	子麟	璟 月加柱国。	澄	玠	完
十四年己卯	璟　纶	镠 月加柱国。		璟 月晋少师兼太子太师。	澄	玠四月月致仕。杨潭五月任自念场回部督事。	完
十五年庚辰	璟 月加太子太保。纶　陈金六月任。	镠	子麟 月加柱国,晋太子太保。	璟十二月改吏部。	澄	潭	完十一月下狱充军。王璟十二月任。

十六年辛巳四月，世宗即位。	琼四月下狱，谪戍。石珤五月任。七月改东阁诰敕。乔宇八月任。十一月晋少保。	潭四月累。孙交五月复任。加太子太保。	澄	王宪正月任。四月累。彭泽五月任。	子麟十月归省。	鐩四月致仕。林俊五月任。	璟四月致仕。金四月致仕。纶八月致仕。金献民六月任。

明史卷一一二

表第一三

七卿年表二

嘉靖元年壬午	宇	交	澄	泽	子麟	俊	献民
	月加柱国。		三月晋太子太傅。	月加柱国。	四月致仕。林俊四月任。	四月改刑部。陶琰四月任。十一月改南京兵部。赵璜十二月任。	

二年癸未	宇	交十月致仕。秦金十一月任。	澄二月致仕。闰四月卒。罗钦顺三月召，辞不赴。汪俊七月任。	泽十月晋少保，致仕。金献民十一月任。	俊七月加太子太保，致仕。金献民八月任。十一月改兵部。赵鉴十一月任。	璜	献民八月正刑部尚书。俞谏八月任。
三年甲申	宇七月致仕。杨旦八月命，未任免。廖纪十月任。	金	俊三月致仕。席书三月召，八月任。	献民九月督师甘肃。	鉴	璜	谏八月卒。边宪六月任。十月卒。李钺十月任。
四年乙酉	纪	金	书闰十二月加太子太保。	献民三月回京。六月致仕。	鉴	璜	钺六月迁兵部尚书。颜颐寿六月

年							
	纪七月加太子太保。	金	书七月晋少保。	李钺六月任。	鉴五月致仕。颜颐寿五月任。	黄	月任。
五年丙戌				钺九月致仕。王时中十月任。		璜三月致仕。	颐寿五月迁刑部尚书。裴贤六月任。
六年丁亥	纪四月晋柱国少保,致仕。罗钦顺五月召,又辞不赴。李承勋八月命。十月改刑部。桂萼十一	金三月致仕。邹文盛四月任。	书二月加武英殿大学士。三月卒。罗钦顺二月召,辞不赴。吴一鹏五月自诣敕回部。九月	时中三月引疾。十月复任。李承勋十二月任,加太子太保提督团营。	颐寿八月下狱,为民。桂萼八月以礼部侍郎署。李承勋十月任,加太子太保。十二月改兵部。	璜三月为民。童瑞四月任。	贤六月为民。胡世宁七月任。九月迁刑部尚书。十月又复任。十二月仍为刑部尚书。伍文定十

年							
月任。			改南京。桂萼九月任。十一月改吏部。方献夫十一月任。		胡世宁九月任。加太子少保。十二月改御史。十二月复出。	瑞	二月任右。
七年戊子	萼正月加太子大保。六月晋少保兼太子大傅。	文盛十二月致仕。梁材十二月任。	献夫六月加太子太保。	时中十月卒。承勋三月掌都察院。胡世宁十一月任,加太子大保。	世宁十一月改兵部。高友玑十一月任。	刘麟七月任。	文定三月督师云、贵。李承勋三月以京营兵部尚书兼督。
八年己丑	萼二月入阁。方献夫二月任。	材	献夫二月改吏部。李时三月任。	世宁正月致仕。承勋二月任,兼督京	友玑四月致仕。周伦五月任。九月改	麟七月致仕。章拯八月任。	承勋二月迁兵部尚书。文定二月

	献夫九月子告。						南京。许赞九月任。	召回。三月致仕。熊浹二月任。七月免。王宪八月任。十二月免。汪鋐十二月任。
								鋐十月兼督京营。
								铉七月加太子太保。
								拯十一月致仕。蒋瑶十二月任。
								瑶七月加太子少保。
					赞			
					替。	承勋		
九年庚寅	献夫七月召,未起。王琼十二月任。	材九月忧去。许赞九月任。	时七月加太子太保。九月入阁。夏言九月		赞九月改户部。王时中九月任。	承勋三月卒。时中四月复任。九月		铉七月加太子大保。
十年辛卯								瑶七月加太子少保。

年							
十一年壬辰	琼七月卒。献夫七月以内阁掌部事。汪鋐九月任,加太子太保。	赞	言十一月加太子太保。	改刑部。王宪十一月任。宪	时中	瑶月去。赵璜四月召,未赴,卒。聂贤九月召,未赴。十月改左都御史。蔡金十一月任。	铉九月迁吏部尚书。聂贤十月任。王大用九月任右,寻仍巡抚。
十二年癸巳	铉	赞	言	宪八月兼督京营。	时中二月免。聂贤四月任。	金	贤四月迁刑部尚书。王廷相四月任。

年	铙	材	言	宪	贤	金	廷相
十三年甲午	铙七月加柱国兼兵部尚书,兼督大工。	瓒八月归省。梁材九月任。	言正月晋少保。	宪正月加柱国太子大保。		金四月加太子少保。	廷相二月加兵部尚书,提督团营,仍掌院事。
十四年乙未	铙九月免。	材	言	宪三月致仕。张瓒三月任。	贤七月致仕。唐龙七月任。	金七月加太子大保,改南京兵部。林庭㭿八月任。	廷相
十五年丙申	许瓒四月命,守制未赴,闰十二月任。	材	言七月兼太子大傅。九月晋少傅。十一月兼太子大师。闰十二	瓒十一月加太子大保。	龙	庭㭿十一月加太子大保。甘为霖十月任,专督大工。	廷相四月加太子少保。

	贊	材	嵩	瓒	龙	庭相	廷相
十六年丁酉	贊十一月加太子太保。	材	月入阁。严嵩闰十二月任。嵩	瓒	龙七月加太子少保。	庭相六月致仕。为霖十二月罢。温仁和六月任。毛伯温十二月任。	廷相毛伯温五月季情，任右。迁工部尚书。
十七年戊戌	贊	材三月致仕。李廷相三月以仓场回部。	嵩	瓒毛伯温三月任，讨安南。四月罢，管右都御史事。	龙四月归养。杨志学五月任。	仁和八月改管番事府。伯温三月改兵部。杨志学四月	廷相伯温四月以兵部尚书管右。王尧封四月任右。

年									
十八年己亥	赞正月晋少保。	廷相五月致仕。梁材五月复任。十月加太子少保。	嵩正月加太子太保。	赞	志学六月致仕。周期雍六月任。	瑶正月加太子少保。甘为霖督工。闰七月复任。	月任,督工。五月改刑部。蒋瑶九月任。周叙五月任,督工。	月改仓场尚书。	廷相三月加太子太保。伯温二月巡边。四月回院。闰七月征安南。十月加太子少保。
十九年	赞	材六月闲	嵩七月晋	瓒十一月	期雍八月	瑶五月致			廷相

年	赞	如圭	嵩	樊继祖	钱如京	张润	伯温
（上年）		仕	少保。	晋柱国少保。	致仕。	仕	伯温
庚子	赞四月致仕。十月复任。	李如圭六月任。		樊继祖十二月添注协理部事。	钱如京九月任。	张润六月任。为霖七月加太子少保。	
二十年辛丑	赞	如圭	嵩	璠。继祖七月出督宣大。刘天和九月任。璠任提督团营。	如京八月致仕。吴山九月任。	润三月沈去。为霖三月回部管事，仍督大工。	廷相七月为民。伯温四月晋太子太保。八月召还，掌院。
二十一年壬寅		如圭八月致仕。王杲九月任。	嵩八月入阁，仍掌部事。	璠十月卒。天和八月致仕。毛伯温十一月任。	山十月削职。闻渊十月任。	为霖	伯温十一月迁兵部尚书。潘闿闰五月任右，出

	赞	昊	嵩	伯温	渊	为霖	采木
二十二年癸卯	赞	昊	嵩四月解部事。张璧二月任。	伯温	渊	为霖	采木。熊浃十二月任。
二十三年甲辰	赞八月加太子太傅。九月入阁。熊浃九月任。	昊	璧九月入阁。费宷三月掌詹事府。九月回部。	伯温十月为民。戴金十月任。	渊七月加太子少保。	为霖	浃 鉴十二月事竣，解任。
二十四年乙巳	浃七月加太子太保。十一月为民。唐龙十二	昊	宷七月加太子少保。	金闰正月免。唐龙正月任。七月加太子太保。	渊	为霖 晋少保兼太子太保。	浃九月正吏部尚书。周用十月任。用

					用三月加太子少保。七月迁吏部尚书。宋景七月任。	为霖五月致仕。王以旂五月任。	景正月卒。王以旂二月改左都御史。文明二月任。迁兵部尚书。屠侨九月
				渊	渊正月改吏部。屠侨二月任。九月改左都御史。喻茂坚国		
		十二月改吏部。路迎十二月任，兼团营。迎六月免。陈经六月任。	栾	呆			
二十五年丙午	龙七月墨，寻卒。周用七月任。月任。						
二十六年丁未	用正月卒。闻渊正月任。六月加太子大保。	呆五月加太子少保，九月下狱，充军。夏邦谟九月任。	栾六月加太子大保。	渊正月改吏部。屠侨二月任。九月改左都御史。喻茂坚国	经七月加太子少保，致仕。王以旂九月任。	以旂二月改左都御史。文明二月任。	景正月卒。王以旂二月改左都御史。文明二月任。迁兵部尚书。屠侨九月

年	渊	邦谟	棠	以旗	茂坚	明	侨
		邦谟	棠		九月任。茂坚	明	任。侨
二十七年戊申			八月晋少保。十二月卒。孙承恩十二月以事詹事回部。	以旗正月出督三边。刘储秀正月命，未任免。赵廷瑞正月任。			
二十八年己酉	渊九月致仕。夏邦谟九月任。	邦谟九月改支部。潘潢十月任。	承恩正月免。徐阶二月任。	廷瑞三月加太子少保。四月免。范鏸四月命，未任免。翁万达五月任。十月忧去。	茂坚九月致仕。刘讱十月任。	明十一月卒。李士翱十二月任。	侨

年							
二十九年庚戌	邦漠	漠七月调南京。李士翱七月任。八月免。孙应奎十月任。	阶八月加大子大保。	丁汝夔十月任。	切四月为民。李士翱五月任。七月改户部。顾应祥七月任。	士翱五月改刑部。胡松五月任。	侨
三十年辛亥	邦漠二月致仕。李默三月任。十月为民。万镗十月任。	应奎	阶十一月晋少保。	汝夔八月弃市。万达九月召,未至罢。王邦瑞十一月任。	应祥二月降调。万镗三月任。十月改吏部。应大猷十一月任。	松二月致仕。欧阳必进三月任。	侨七月加大子少保。
三十一	镗		阶三月入	锦十月充	大猷九月	必进	侨

年							
年壬子		改南京。韩士英五月命,未任罢。方钝六月任。	阁,仍管部事。欧阳德三月召。十月任。	军。翁万达十月召,未赴卒。	闲住。何鳌九月任。		
三十二年癸丑	镗三月加太子少保。八月为民。李默八月复任。	钝	德	聂豹正月任,加太子少保。	鳌	必进	休
三十三年甲寅	默十一月加太子少保。	钝	德三月卒。王用宾三月任。十一月加太子少保。	豹四月加太子少傅。十一月加太子太保。	鳌	必进四月加太子少保。九月忱去。吴鹏九月任。	休二月加太子太保。

年							
三十四年乙卯	㤚正月卒。周延正月任。	鹏	鏊	豹二月闲住。杨博三月任。	用宾	钝	默
三十五年丙辰	延 郑晓四月任右。	鹏三月改吏部。赵文华三月任,加太子太保。五月视师江、浙。十一月回部,进少保。	鏊十二月致仕。欧阳必进十二月任。	博正月忧去。许论正月任。	用宾四月改南京吏部。吴山四月任。	钝	默二月下狱死。吴鹏三月任。
三十六年丁巳	延	文华八月免。欧阳必进八月任。	必进八月改工部。贾应春九月任。	论	山八月加太子太保。	钝	鹏

	鹏		山	论	应春	必进	延
三十七年戊午	鹏三月加大子少保。	钝三月改南京用。贾应春三月任。	山	论三月为民。杨博三月任，视师宣大。	应春三月改户部。郑晓三月任，兼署兵部。六月，回刑部。	必进九月加大子大保。雷礼九月添注，督大工。	延十一月加大子少保。
三十八年己未	鹏	应春六月致仕。马坤六月任。	山	博十月回部。十二月晋少保。	晓	必进　礼督工。	延
三十九年庚申	鹏三月加大子少保。	坤三月为民。江东三月任。四月改南京兵部。高耀四月，仓场回部。	山八月晋少保。	博	晓四月闲住。闵煦五月任。潘恩八月任。	必进九月晋少保。礼督工。	延

年							
四十年辛酉。	鹏三月致仕。欧阳必进三月任。十一月晋柱国，致仕。郭朴十一月任，加太子少保。	耀	山三月闲住。袁炜三月任，加太子少保。十一月入阁。	博	恩三月改左都御史。冯天驭四月任。六月闲住。蔡云程七月任。	必进二月改左都御史。礼三月回部管事。	延二月卒。欧阳必进二月任。三月迁吏部尚书。潘恩三月任。
四十一年壬戌。	朴	耀八月加太子少保。	严讷正月任。	博月加柱国。	云程月致仕。张永明五月任。九月改左都御史。黄光升十月任。	礼三月加太子大保。十月加太子大傅。	恩九月致仕。张永明九月致仕。

年	朴	耀		博	光升	礼	永明
四十二年癸亥	朴月忱去。严讷三月任。	耀	讷三月改吏部。李春芳三月任。	博	光升	礼	永明
四十三年甲子	讷八月加太子大保。	耀	春芳八月加太子大保。	博	光升	礼	永明
四十四年乙丑	讷四月入阁，仍管吏部事。郭朴四月召。十一月加太子大保。	耀	春芳四月入阁。董份四月任。六月为民。高拱七月任。	博	光升	礼	永明
四十五年丙寅，穆二月，穆	朴三月入阁。胡松四月	耀三月加太子大保。	拱三月入阁。高仪四月	博十月改吏部。赵炳然闰	光升	礼三月晋少保。十月晋太傅柱	永明十月致仕。王廷十月

穆即位。	任。十月卒。杨博十月任。	耀正月闲任。葛守礼正月任。六月终养。马森六月任。	任。	十月,戎政回部,加太子少保。			国。	任。
隆庆元年丁卯	博七月晋少傅兼太子太傅。	仪	炳然四月加太子少保,告病。郭乾四月任。十月致仕。霍冀十月任。	光升四月致仕。毛恺五月任。	礼	廷
二年戊辰	博	森	仪	冀	恺	礼九月致仕。朱衡九月任。	廷
三年己巳	博十二月致仕。	森二月致仕。	仪十一月病免,加太	冀	恺	衡	廷

年							
四年庚午	廷正月致仕。赵贞吉二月以内阁兼掌。十二月解院务。葛守礼十一月任。	衡	恺二月致仕。葛守礼二月任。十一月改左都御史。刘自强十一月任。	冀二月闲住。郭乾二月任。十二月加太子少保。	子少保。殷士儋十二月任。士儋二月加太子太保。十二月入阁。潘晟十一月任。	刘体乾二月任。体乾七月闲住。张守直七月任。	高拱十二月以内阁兼署。拱兼署。
五年辛未	守礼	衡	自强	乾三月免。杨博三月起。十月任。	晟	守直	拱兼署。
六年壬申六月，神宗即位	守礼	衡正月治河。六月督陵工。	自强七月致仕。王之诰七	博六月改吏部。谭纶七月	晟三月致仕。吕调阳四	守直七月致仕。王国光七	拱六月罢。杨博六月任，加少师。

位。	兼太子太师。	月，仓场回部。	月任。六月入阁。陆树声七月任。	任。	月任。		
万历元年癸酉	博九月致仕。张瀚九月任。	国光	树声十二月致仕。万士和十二月任。	纶 月加太子少保。	之诰	衡	守礼
二年甲戌	瀚	国光	士和	纶	之诰	衡五月晋太子太保。致仕。郭朝宾六月任。	守礼
三年乙亥	瀚七月加太子少保。	国光	士和九月致仕。马自强九月任。	纶	之诰三月送亲。九月致仕。王崇古九	朝宾	守礼六月加太子少保，致仕。陈瓒六月

年							
四年丙子	璘 任左。	朝宾	崇古 月任，加柱国。	纶	自强	正茂 国光二月清告。敏正茂二月任。	瀚
五年丁丑	璘十月两免。陈炌十一月任。	朝宾十一月致仕。李幼滋十二月任。	崇古四月改兵部。刘应节四月任。闰八月致仕。吴百朋九月任。	纶四月卒。王崇古四月任。十月致仕。方逢时十月，戎改回部，加少保，兼太子太保。	自强八月加太子少保。	正茂	瀚十月免。方逢时十月以兵部兼署。王国光十月任。
六年戊寅	炌	幼滋	百朋五月卒。	逢时	自强三月入阁。	正茂六月致仕。	国光

年							
七年己卯	国光十二月加太子太保。	张学颜七月任。	潘晟三月任。	逢时 加柱国。	严清五月任。	幼滋十二月卒。	炘
八年庚辰	国光	学颜	晟十一月加太子太保。十二月致仕。徐学谟十二月任。	逢时	清	曾省吾正月任。	炘
九年辛巳	国光	学颜	学谟	逢时四月致仕。梁梦龙四月任。	清	省吾	炘
十年壬午	国光十月免。	学颜	学谟	梦龙 加太子太	清十二月改吏部。	省吾 加太子太	炘

年							
十一年癸未	梁梦龙十月任。十二月免。严清十二月任。清七月病免。杨魏七月任。	学颜四月改兵部。杨魏四月任。七月改吏部。王遴七月任。	学谟九月加太子少保。十月致仕。陈经邦十月任。	保，寻改吏部。吴兑十一月任。兑三月致仕。张学颜四月任。	潘季驯正月任。	保，十二月致仕。杨魏十二月任。	炌七月免。赵锦七月召。十一月任。
十二年甲申	魏	遴	经邦十月致仕。沈鲤十月任。	学颜二月加太子少保。九月太子太保。	季驯七月为民。舒化十一月任。	兆	锦九月加太子少保。
十三年	魏十月加	遴三月改	鲤	学颜三月	化	兆六月晋	锦四月加

乙酉	太子少保。	兵部 毕锵三月任。		病免。王遴三月任。九月致仕。张佳允闰九月任，加太子大保。		太子大保。	兵部尚书。十一月忧去。
十四年丙戌	魏	锵五月病免。宋缰五月任。	鲤	佳允十二月致仕。	化	兆	辛自修正月任。
十五年丁亥	魏	缰	鲤二月加太子少保。	严清正月召，病不赴。王一鹗四月任。	化五月病免。李世达六月任。	兆二月卒。何起鸣正月任。二月免。石星二月任。	自修 月致仕。吴时来二月任。

	魏	缥	鲤	一鹗	世达	星	时来
十六年 戊子	魏九月加太子太保。	缥	鲤九月致仕。朱廲九月任。	一鹗	世达	星九月加太子少保。曾同亨九月任,专督陵工。	时来
十七年 己丑	魏	缥	廲七月忧去。于慎行七月任。	一鹗	世达	星同亨	时来
十八年 庚寅	魏二月致仕。朱缥三月任。	缥三月改吏部。石星三月任。	慎行	一鹗	世达五月改左都御史。陆光祖五月任。	星三月改户部。同亨三月回部掌事。	时来五月致仕。李世达五月任。
十九年 辛卯	缥五月卒。陆光祖四月任。	星八月改兵部。杨俊民八月	慎行九月致仕。李长春九月	一鹗致仕。九月卒。	光祖四月改吏部。赵锦五月	同亨	世达

年							
二十年壬辰	光祖三月致仕。孙鑨三月任。	月，仓场回部。俊民　罗万化十二月掌部事回部。	月任。长春十一月致仕。	石星八月任。星	召，未赴卒。张国彦十二月任，寻致仕。孙丕扬十二月任。丕扬	同亨七月加太子少保。十二月致仕。	世达十月加太子少保。
二十一年癸巳	鑨七月致仕。陈有年八月任。	俊民	万化	星四月晋太子太保。	丕扬十一月改左都御史。赵焕十一月任。	辛自修正月任。未几卒。温纯四月任。九月终养。	世达十月致仕。孙丕扬十一月任。

二十二年甲午	二十三年乙未	二十四年丙申
丕扬八月迁吏部。衷贞吉八月任。	贞吉	贞吉卒。徐作十月署工，任右署工
衷贞吉九月任。	贞吉八月改左都御史。沈节甫八月以侍郎署。	节甫署。李戴五月任，未几忧去。徐作六月以侍郎署，寻升右都御史，仍署工部，加署御史
焕	焕四月致仕。萧大亨五月任，仍加太子太保。	大亨
星	星十月加少保。	星
万化九月致仕。范谦十月任。	谦	谦
俊民	俊民六月加太子少保。	俊民
有年七月致仕。孙丕扬八月任。	丕扬六月加太子少保。	丕扬闰八月两免。

年							部事	部事
二十五年丁酉	蔡国珍二月召。五月任。九月加太子少保。	俊民	谦十月卒。	星二月革职候勘。九月下狱。	大亨		作兼署。	作
二十六年戊戌	国珍四月病免。李戴六月召。	俊民九月晋太子太保。	余继登六月以侍郎署。	田乐六月任。十二月加太子太保。	大亨		杨一魁五月召。十二月任。	温纯五月召。十二月任。作六月免。
二十七年己亥	戴	俊民四月致仕。陈蕖五月任。	继登五月任。	乐四月晋太子太傅。九月加柱国。	大亨		一魁	纯
二十八年庚子	戴	蕖	继登七月卒。	乐	大亨		一魁五月加太子太保。	纯
二十九	戴六月加	蕖	冯琦十月	乐二月晋	大亨		一魁	纯

年	大子大保。戴	葉	任。琦	大保。	大字	一魁	纯
三十年辛丑壬寅	戴	葉三月病免。赵世卿三月，仓场回部。	琦	乐三月致仕。萧大字六月以刑部尚书兼署。	大字	一魁二月免。姚继可闰二月任。	纯
三十一年癸卯	戴十二月致仕。赵世卿十二月以户部尚书兼署。	世卿十二月兼署吏部。	琦三月卒。李廷机三月以侍郎署。	大字署。	大字四月晋少保。	继可	纯
三十二年甲辰	世卿兼署，五月辞。杨时乔五月以左侍郎署。	世卿	廷机署。	大字十月任，兼署刑部。	大字十月改兵部，仍署刑部事。	继可	纯四月加大子大保。

年						
三十三年乙巳	时乔署。	世卿	廷机署。	大亨	大亨兼署。董裕四月升尚书，仍管左侍郎事。十二月致仕。沈应文十一月署。	继可七月致仕。赵焕十二月任。	纯七月致仕。詹沂八月以副都署。
三十四年丙午	时乔署。	世卿	廷机署。	大亨	应文署。	焕正月终。刘元霖十一月以侍郎署。	沂署。
三十五年丁未	时乔署。	世卿	廷机署。五月入阁。杨道宾六月侍郎署	大亨三月晋少傅。	应文署。	元霖署。	沂署。

年							
三十六年戊申	时乔署。孙丕扬九月召。	世卿。	翰林院,回部署事。道宾署。	大李十一月致仕。李化龙十一月以戎政尚书掌部事。	应文八月任。	元霖署。	沂署。
三十七年己酉	时乔署。二月卒。丕扬四月任。	世卿。	道宾署。二月卒。吴道南二月以侍郎署。	化龙	应文	王汝训四月以侍郎署。	沂署。孙玮五月以仓场尚书兼署院事。
三十八年庚戌	丕扬十二月加太子太傅。	世卿九月请告,出城待命。	道南署。八月忧去。翁正春九月以工侍郎署。	化龙兼戎改。	应文正月致仕。刘元霖五月以工部月以工部	汝训署。五月卒。元霖五月再署部事,	玮兼署。

年							
三十九年辛亥	不扬。	李汝华六月以侍郎署。	署。	化龙八月加少傅。十二月卒。	侍郎兼署。赵焕九月召。	元霖署。	瑮兼署。许弘纲月以副都署院事。
四十年壬子	不扬二月致仕。赵焕八月任。	汝华署。	正春署。	王象乾正月任。二月加太子太保。	焕八月改吏部。许弘纲九月以副都御史兼署。	元霖。	弘纲署院事。九月兼署刑部。
四十一年癸丑	焕九月致仕。王象乾十月以兵部尚书兼署。	汝华署。	正春署。四月改吏部侍郎。孙慎行五月以侍郎	象乾十月兼署吏部。	弘纲五月乞休。七月去。魏养蒙七月以兵部	元霖六月任。十月兼署都察院。	弘纲署。七月致仕。孙玮正月任。七月出城待命。十

四十二年甲寅	象乾　郑继之二月任。九月兼署兵部。	汝华署。	署。慎行署。八月自免归。何宗彦八月以侍郎署。	象乾八月自免归。徐宗浚八月召,不赴。郑继之九月以支部尚书兼署。李德九月以侍郎署。	侍郎署。张问达三月,以侍郎署,兼署都察院事。	元霖三月卒。林如楚三月以刑部侍郎兼署。	月归。刘元霖十月以工部尚书兼署。张问达三月以刑部侍郎兼署。
四十三年乙卯	继之正月加太子少保。	汝华署。	宗彦署。	德署。八月改支部右侍郎。崔景荣四	问达署。	如楚署。	同达兼署。四月封印於库。李德八月

	继之	汝华四月任。		月以左侍郎署。九月管戎政。魏养蒙九月以侍郎署。			以吏部侍郎署。
四十四年丙辰	继之七月晋太子太保。	汝华	宗彦署。	养蒙署。黄嘉善十月召,未至。	李德正月任,兼署都察院事。	如楚署。	德正月以刑部尚书兼署。
四十五年丁巳			宗彦署。	养蒙署。四月免。崔景荣四月以侍郎署。	德	如楚署。	德署。
四十六年戊午	继之二月致仕。李汝华闰	汝华闰四月兼署吏部。	宗彦署。	景荣二月封印出城。嘉善七月	德十一月改左都御史。	如楚署。	德十一月任。

年							
四十七年己未	四月兼署。赵焕六月任。焕十一月卒。汝华署。	汝华五月兼署工部。	宗彦署。十一月乞归。	任。嘉善十一月未病。杨应聘十一月以侍郎署。	张问达以仓场尚书兼署。	如楚七月引疾。李汝华五月署。周嘉谟七月任。黄克缵十二月以戎政尚书改尚书署。	德八月致仕。张问达十二月署。
四十八年庚申 八月,光宗即位,为泰昌	周嘉谟六月任。	汝华 王纪八月任。	孙如游四月以侍郎署。八月任。十月入阁。孙慎行十	嘉善九月免。应聘三月卒。崔景荣十	张问达署。黄克缵七月任,仍加太子少保。	嘉谟六月改吏部。王佐九月任。	问达七月任。

时间							
元年。九月,熹宗即位。			二月任。	月任。			
天启元年辛酉	嘉谟九月加太子少保。十月加太子太保。十二月致仕。张问达十二月任。	汝华六月致仕,加太子太保。汪应蛟六月任。	慎行	景荣五月致仕。王象乾七月任,督师。张鹤鸣十月任。	克缵十月加太子太保。	佐九月加太子少保。十月加太子太保。	问达加太子太保。十二月迁吏部尚书。邹元标十二月任。
二年壬戌	问达	应蛟十二月致仕。	慎行七月致仕。顾秉谦八月任。	鹤鸣正月加太子太保,行边。七月回部,即乞告。孙承宗二	克缵正月改戎政。王纪二月任。七月为民。孙玮八月	佐正月加太子太博。三月致仕。姚思仁四月任。	元标十月致仕,加太子太保。赵南星十一月任。

年							
三年癸亥	问达九月加少保，致仕。赵南星十月任。	李长庚二月任，旋以忧去。陈大道三月任。七月免。李宗延九月掌场回部。	盛以弘二月命。五月致仕。林尧俞五月任。七月加太子少保。	月以内阁掌部事。八月出镇。董汉儒九月任。汉儒七月忧去。赵彦八月任。十月加太子太保。	召，未至。玮三月任。闰十月迁吏部尚书掌左都御史。乔允升十一月任。	思仁二月致仕。加太子太保。钟羽正三月任。七月致仕。王舜鼎八月任。	南星十月迁吏部尚书。孙玮闰十月以吏部尚书衔掌院事。十一月加太子太保。
四年甲子	南星十月致仕。崔景荣十月	宗延十一月掌都察院。	尧俞	彦	允升十二月致仕。	舜鼎四月卒。陈长祚二月	玮八月卒。高攀龙十月任。

年							
五年乙丑	一月任。景荣七月免。李宗延七月任。十二月免。王绍徽十二月任。	李起元十一月任。	宪前二月加太子少保。八月致仕。薛三省九月任。十二月乞休。	彦五月致仕。高第五月任。十月经略辽东。王永光十月任。	李养正十月免。周应秋十二月改左都御史。徐兆魁十二月任。	宗延七月迁吏部尚书。王绍徽八月任。十二月迁吏部尚书。周应秋十二月任。	致仕。李宗延十一月改吏部尚书掌院事。
六年丙寅	绍徽闰六月闲住。	起元七月免。十一月任。董可威正月任。五月免。	李思诚正月任。十月任。	永光七月加太子大师。	兆魁六月任。	月任。九月免。冯从吾九月召，未至。黄克缵十二月任。兑缵十二月免，复加太子大师。	应秋七月迁吏部尚书。宗延七月迁吏部尚书。徐兆魁十月任。

书。房壮丽七月任。十月加太子太保。崔呈秀十月以工部尚书兼左都御史。壮丽八月晋太子太傅。十一月迁吏部尚书。曹思诚十一月任，加	致仕。薛凤翔十月任。加太子太保。崔呈秀七月任，仍管大工。十月加太子太保。凤翔八月加少傅兼太子太傅。呈秀七月加太子太傅。少傅兼太傅。	薛贞七月任。十月加太子太保。贞十一月免。苏茂相十一月任。	保，致仕。冯嘉会七月，戎改回部。十月加太子太保。十一月加太子太傅。嘉会三月加太子太师。四月卒。王之臣正月经略回部略管事，加太子太保。	加太子太保。十二月削职。来宗道正十一月任。十月加太子太保。十二月入阁。孟绍虞十二月任。	加太子太傅。郭允厚七月任。十月加太子太保。允厚七月加太子太傅。八月加太子太师。	周应秋七月任。加太子太保。应秋八月加太子太师。十一月免。房壮丽十一月任。
						七年丁卯八月，庄烈帝即位。

崇祯元年戊辰							
							太子太保。
							子太傅，改兵部。
							四月专任，晋太子太师。七月复出经略。霍维华七月任。八月加太子太保。崔呈秀八月免。阎鸣泰十月任，晋少师。
崇祯元年戊辰	壮丽四月免。王永光五	允厚二月免。王永光三	绍庚六月免。何如宠六	鸣泰三月免。王在晋四	茂相二月免。王在晋三	凤翔正月免。刘廷元正	思诚四月免。曹于汴五

年							
	月任。	月任。五月改吏部。毕自严五月任。	月任。	月任。十月免。王洽十二月任。	月任，加太子太保。四月改兵部。乔允升五月任。	月任。五月免。李长庚五月任。十二月忧去。	月任。
二年己巳	永光	自严	如宠十二月入阁。	洽十一月下狱死。申用懋十一月任。十二月致仕。	允升十二月下狱。	凤翔正月任。十一月下狱。南居益十二月任。	于汴
三年庚午	永光三月加少保。	自严八月加太子太保。	李腾芳正月任。十二月加太子少保。	梁廷栋正月任。七月加太子少保。	韩继思正月任。三月削职。胡应台三月任。	居益六月削职。刘遵义六月任。曹珖八月任。	于汴二月免。闵洪学三月任。
四年辛	永光三月	自严	腾芳五月	廷栋五月	应台	珖	洪学三月

未	迁吏部尚书。陈于廷四月任。			闲任。熊明遇六月任。	致仕。黄汝良五月任。		免。闵洪学三月任。
五年壬申	于廷三月加太子少保。九月免。张延登十月任。	珫二月加太子少保。五月免。张延登六月召。十月改左都御史。周士朴十月任。	应台	明遇七月免。张凤翼九月任。	汝良	自严	洪学八月免。李长庚八月召。十二月任。
六年癸酉	延登	士朴	应台	凤翼	汝良三月致仕。李康先五月任。	自严三月下狱。侯恂五月任。	长庚

	长庚	恂	康先	凤翼	应台	土朴	延登
七年甲戌	长庚八月削职。谢升八月任。	恂	康先	凤翼二月加太子少保。	应台闰八月免。冯英九月任。	土朴十月削职。刘遵宪十一月复任。	延登八月免。唐世济八月任。
八年乙亥	升三月加太子少保。	恂	康先正月免。黄士俊二月任。	凤翼	英	遵宪	世济
九年丙子	升	恂十一月削职。	士俊六月入阁。姜逢元七月任。	凤翼七月督师。九月卒。杨嗣昌十月夺情任。	英	遵宪	世济十一月下狱。
十年丁丑	升二月免。田维嘉三月任。	程国祥正月任。	逢元十二月免。	嗣昌	英四月削职充军。郑三俊闰四月任,加	遵宪	商周祚四月任。

						太子太保		
十一年戊寅	维嘉四月免。商周祚五月任。十一月削职。	国祥六月入阁。李待问七月任。	林欲楫正月掌詹事回部。	嗣昌六月入阁，仍掌部事。	三俊三月下狱。刘之凤四月任。	遵宪	周祚五月迁吏部尚书。钟炌六月任。
十二年己卯	庄钦邻正月召。七月未至墨。谢升八月复任。	待问	欲楫	嗣昌九月督师讨贼。傅宗龙五月任。十二月下狱。	甄淑正月任。	遵宪十一月加太子少保。	炌月削职。傅永淳七月任。
十三年庚辰	升四月入阁。傅永淳五月任。九月免。李日宣九月	待问	欲楫	陈新甲正月任。	淑七月免。李觉斯七月任。十二月削职。刘泽深十二月任。	遵宪	永淳五月迁吏部尚书。王道直八月任。

	日宣	待问	钦植	新甲	泽深	遵渑	道直
	月任。						
十四年 辛巳							
十五年 壬午	日宣六月充军。郑三俊八月任。	待问二月免。傅淑训二月任。	钦植八月加太子太保。	新甲八月下狱，弃市。张国维九月任。	泽深十二月卒。郑三俊正月任。八月改吏部。范景文八月召，未任，改工部。徐石麒十一月任。	遵渑四月加太子太保。范景文十月任。	道直七月免。刘宗周八月任。十二月削职。李邦华十二月任。
十六年 癸未	三俊五月免。李遇知五月任。	淑训三月削职。倪元璐五月任。十月兼署礼部。	钦植十月致仕。倪元璐十月以户部尚书兼署。	国维五月免。冯元飏五月任。十一月告病。张缙彦十一月任。	石麒正月削职。张忻八月任。	景文	邦华

十七年甲申三月，庄烈帝崩，明亡。	遇知三月病去。	元璐二月解职。三月殉难。	王铎三月召，未起。	缙彦三月降贼。	忻三月降贼。	景文二月入阁。三月殉难。陈必谦三月任。	邦华三月殉难。
				月任。			

明史卷一一三
列传第一

后妃一

> 太祖孝慈高皇后　　孙贵妃
> 李淑妃　　郭宁妃　　惠帝马皇后
> 成祖仁孝徐皇后　　王贵妃　　权贤妃
> 仁宗诚孝张皇后　　宣宗恭让胡皇后
> 孝恭孙皇后　　吴贤妃　　郭嫔
> 英宗孝庄钱皇后　　孝肃周太后
> 景帝汪废后 肃孝杭皇后　宪宗吴废后
> 孝贞王皇后　　孝穆纪太后
> 孝惠邵太后　　万贵妃

　　明太祖鉴前代女祸，立纲陈纪，首严内教。洪武元年命儒臣修女诫，谕翰林学士朱升曰：“治天下者，正家为先。正家之道，始于谨夫妇。后妃虽母仪天下，然不可俾预政事。至于嫔嫱之属，不过备职事，侍巾栉；恩宠或过，则骄恣犯分，上下失序。历代宫闱，政由内出，鲜不为祸。惟明主能察于未然，下此多为所惑。卿等其纂女诫及古贤妃事可为法者，使后世子孙知所持守。”升等乃编录上之。

五年六月命礼臣议宫官女职之制。礼臣上言："周制，后宫设内官以赞内治。汉设内宫一十四等，凡数百人。唐设六局二十四司，官凡一百九十人，女史五十余人，皆选良家女充之。"帝以所设过多，命重加裁定。于是折衷曩制，立六局一司。局曰尚宫、尚仪、尚服、尚食、尚寝、尚功，司曰宫正，秩皆正六品。每局领四司，其属二十有四，而尚宫总行六局之事。戒令责罚，则宫正掌之。官七十五人，女史十八人，视唐减百四十余人，凡以服劳宫寝、祗勤典守而已。诸妃位号亦惟取贤、淑、庄、敬、惠、顺、康、宁为称，闺房雍肃，旨寓深远。

又命工部制红牌，镌戒谕后妃之词，悬于宫中。牌用铁，字饰以金。复著令典，自后妃以下至嫔御女史，巨细衣食之费，金银币帛、器用百物之供，皆自尚宫取旨，牒内使监覆奏，移部臣取给焉。若尚宫不及奏，内使监不覆奏，而辄领于部者，论死。或以私书出外，罪亦如之。宫嫔以下有疾，医者不得入宫，以证取药。何其慎也。是以终明之代，宫壸肃清，论者谓其家法之善，超轶汉、唐。

爰自孝慈以迄愍后，考厥族里，次其世代，虽所遇不齐，显晦异致，而凡居正号者并列于篇。其妃嫔有事实者，亦附见焉。

太祖孝慈高皇后马氏，宿州人。父马公，母郑媪，早卒。马公素善郭子兴，遂以后托子兴。马公卒，子兴育之如己女。子兴奇太祖，以后归焉。

后仁慈有智鉴，好书史。太祖有札记，辄命后掌之，仓卒未尝忘。子兴尝信谗，疑太祖。后善事其妻，嫌隙得释。太祖既克太平，后率将士妻妾渡江。及居江宁，吴、汉接境，战无虚日，亲缉甲士衣鞋佐军。陈友谅寇龙湾，太祖率师御之，后尽发宫中金帛犒士。尝语太祖，定天下以不杀人为本。太祖善之。

洪武元年正月，太祖即帝位，册为皇后。初，后从帝军中，值岁大歉，帝又为郭氏所疑，尝乏食。后窃炊饼，怀以进，肉为焦。居常贮糗糒脯脩供帝，无所乏绝，而己不宿饱。及贵，帝比之"芜蒌豆粥"，"潭沱麦饭"，每对群臣述后贤，同于唐长孙皇后。退以语后。后曰："妾闻夫妇相保易，君臣相保难。陛下不忘妾同贫贱，顾无忘群臣同艰难。且妾何敢比长孙皇后也。"

后勤于内治，暇则讲求古训。告六宫，以宋多贤后，命女史录其家法，朝夕省览。或言宋过仁厚，后曰："过仁厚，不愈于刻薄乎。"一日，问女史："黄老何教也，而窦太后好之？"女史曰："清净无为为本。若绝仁弃义，民复孝慈，是其教矣。"后曰："孝慈即仁义也，讵有绝仁义而为孝慈者哉。"后尝诵《小学》，求帝表章焉。

帝前殿决事，或震怒，后伺帝还宫，辄随事微谏。虽帝性严，然为缓刑戮者数矣。参军郭景祥守和州，人言其子持槊欲杀父，帝将诛之。后曰："景祥止一子，人言或不实，杀之恐绝其后。"帝廉之，果枉。李文忠守严州，杨宪诬其不法，帝欲召还。后曰："严，敌境也，轻易将不宜。且文忠素贤，宪言讵可信。"帝遂已。文忠后卒有功。学士宋濂坐孙慎罪，逮至，论死，后谏曰："民家为子弟延师，尚以礼全终始，况天子乎？且濂家居，必不知情。"帝不听。会后侍帝食，不御酒肉。帝问故。对曰："妾为宋先生作福事也。"帝恻然，投箸起。明日赦濂，安置茂州。吴兴富民沈秀者，助筑都城三之一，又请犒军。帝怒曰："匹夫犒天子军，乱民也，宜诛。后谏曰：妾闻法者，诛不法也，非以诛不祥。民富敌国，民自不祥。不祥之民，天将灾之，陛下何诛焉。"乃释秀，戍云南。帝尝令重囚筑城。后曰："赎罪罚役，国家至恩。但疲囚加役，恐仍不免死亡。"帝乃悉赦之。帝尝怒责宫人，后亦佯怒，令执付宫正司议罪。帝曰："何为？"后曰："帝王不以喜怒加刑赏。当陛下怒时，恐有畸重。付宫正，则酌其平矣。即陛下论人罪亦诏有司耳。"

一日，问帝："今天下民安乎？"帝曰："此非尔所宜问也。"后曰："陛下天下父，妾辱天下母，子之安否，何可不问。"遇岁旱，辄率宫人蔬食，助祈祷；岁凶，则设麦饭野羹。帝或告以振恤。后曰："振恤不如蓄积之先备也。"奏事官朝散，会食廷中，后命中官取饮食亲尝之。味弗甘，遂启帝曰："人主自奉欲薄，养贤宜厚。"帝为饬光禄官。

帝幸太学还，后问生徒几何，帝曰："数千。"后曰："人才众矣。诸生
有廪食，妻子将何所仰给?"于是立红板仓，积粮赐其家。太学生家
粮自后始。诸将克元都，俘宝玉至。后曰："元有是而不能守，意者
帝王自有宝欤。"帝曰："朕知后谓得贤为宝耳。"后拜谢曰："诚如陛
下言。妾与陛下起贫贱，至今日。恒恐骄纵生于奢侈，危亡起于细
微，故愿得贤人共理天下。"又曰："法屡更必弊，法弊则奸生；民数
扰必困，民困则乱生。"帝叹曰："至言也。"命女史书之册。其规正，
类如此。

　　帝每御膳，后皆躬自省视。平居服大练浣濯之衣，虽敝不忍易。
闻元世祖后煮故弓弦事，亦命取练织为衾裯，以赐高年茕独。余帛
颣丝，缉成衣裳，赐诸王妃公主，使知蚕桑艰难。妃嫔宫人被宠有子
者，厚待之。命妇入朝，待之如家人礼。帝欲访后族人官之，后谢曰：
"爵禄私外家，非法。"力辞而止。然言及父母早卒，辄悲哀流涕。帝
封马公徐王，郑媪为王夫人，修墓置庙焉。

　　洪武十五年八月寝疾。群臣请祷祀，求良医。后谓帝曰："死生，
命也，祷祀何益。且医何能活人。使服药不效，得毋以妾故而罪诸
医乎。"疾亟，帝问所欲言。曰："愿陛下求贤纳谏，慎终如始，子孙皆
贤，臣民得所而已。"是月丙戌崩，年五十一。帝恸哭，遂不复立后。
是年九月庚午葬孝陵，谥曰孝慈皇后。宫人思之，作歌曰："我后圣
慈，化行家帮。抚我育我，怀德难忘。怀德难忘，于万斯年。毖彼下
泉，悠悠苍天。"永乐元年上尊谥曰孝慈昭宪至仁文德承天顺圣高
皇后。嘉靖十七年加上尊谥曰孝慈贞化哲顺仁徽成天育圣至德高
皇后。

　　成穆贵妃孙氏，陈州人。元末兵乱，妃父母俱亡，从仲兄蕃避兵
扬州。青军陷城，元帅马世熊得之，育为义女。年十八，太祖纳焉。
及即位，册封贵妃，位众妃上。洪武七年九月薨，年三十有二。帝以
妃无子，命周王橚行慈母服三年，东宫诸王皆期。敕儒臣作《孝慈
录》。庶子为生母服三年，众子为庶母期，自妃始。葬褚冈。赐兄瑛

田租三百石，岁供祀。后附葬孝陵。

淑妃李氏，寿州人。父杰，洪武初，以广武卫指挥北征，卒于阵。十七年九月，孝慈皇后服除，册封淑妃，摄六宫事。未几，薨。

宁妃郭氏，濠人。郭山甫女。山甫善相人。太祖微时过其家，山甫相之，大惊曰："公相贵不可言。"因谓诸子兴、英曰："吾相汝曹皆可封侯以此。"亟遣从渡江，并遣妃侍太祖。后封宁妃。李淑妃薨，妃摄六宫事。山甫累赠营国公，兴、英皆以功封侯，自有传。

惠帝皇后马氏，光禄少卿全女也。洪武二十八年册为皇太孙妃。建文元年二月册为皇后。四年六月，城陷，崩于火。

成祖仁孝皇后徐氏，中山王达长女也。幼贞静，好读书，称女诸生。太祖闻后贤淑，召达谓曰："朕与卿，布衣交也。古君臣相契者，率为婚姻。卿有令女，其以朕子棣配焉。"达顿首谢。

洪武九年册为燕王妃。高皇后深爱之。从王之藩，居孝慈高皇后丧三年，蔬食如礼。高皇后遗言可诵者，后一一举之不遗。

靖难兵起，王袭大宁，李景隆乘间进围北平。时仁宗以世子居守，凡部分备御，多禀命于后。景隆攻城急，城中兵少，后激劝将校士民妻，皆授甲登陴拒守，城卒以全。

王即帝位，册为皇后。言："南北每年战斗，兵民疲敝，宜与休息。"又言："当世贤才皆高皇帝所遗，陛下不宜以新旧间。"又言："帝尧施仁自亲始。"帝辄嘉纳焉。初，后弟增寿常以国情输之燕，为惠帝所诛，至是欲赠爵，后力言不可。帝不听，竟封定国公，命其子景昌袭，乃以告后。后曰："非妾志也。"终弗谢。尝言汉、赵二王性不顺，官僚宜择廷臣兼署之。一日，问："陛下谁与图治者?"帝曰："六卿理政务，翰林职论思。"后因请悉召见其命妇，赐冠服钞币。谕曰："妇之事夫，岂止馈食衣服而已，必有助焉。朋友之言，有从有违,夫妇之言,婉顺易入。吾旦夕侍上,惟以生民为念,汝曹勉之。"
尝采《女宪》、《女诫》作《内训》二十篇,又类编古人嘉言善行,作《劝
善书》,颁行天下。

永乐五年七月,疾革,惟劝帝爱惜百姓,广求贤才,恩礼宗室,
毋骄畜外家。又告皇太子:曩者北平将校妻为我荷戈城守,恨未获
随皇帝北巡,一一赉恤之也。是月乙卯崩,年四十有六。帝悲恸,为
荐大斋于灵谷、天禧二寺,听君臣致祭,光禄为具物。十月甲午,谥
曰仁孝皇后。七年营寿陵于昌平之天寿山,又四年而陵成,以后葬
焉,即长陵也。帝亦不复立后。仁宗即位,上尊谥曰仁孝慈懿诚明
庄献配天齐圣文皇后,祔太庙。

昭献贵妃王氏,苏州人。永乐七年封贵妃。妃有贤德,事仁孝
皇后恭谨,为帝所重。帝晚年多急怒。妃曲为调护,自太子诸王公
主以下皆倚赖焉。十八年七月薨,礼视太祖成穆孙贵妃。

恭献贤妃权氏,朝鲜人。永乐时,朝鲜贡女充掖庭,妃与焉。姿
质秾粹,善吹玉箫。帝爱怜之。七年封贤妃,命其父永均为光禄卿。
明年十月侍帝北征。凯还,薨于临城,葬峄县。

仁宗诚孝皇后张氏,永城人。父麒以女贵,追封彭城伯,具《外
戚传》。洪武二十八年封燕世子妃。永乐二年封皇太子妃。仁宗立,
册为皇后。宣宗即位,尊为皇太后。英宗即位,尊为太皇太后。

后始为太子妃,操妇道至谨,雅得成祖及仁孝皇后欢。太子数
为汉、赵二王所间,体肥硕,不能骑射。成祖恚,至减太子宫膳,濒易
者屡矣,卒以后故得不废。及立为后,中外政事,莫不周知。

宣德初,军国大议多禀听裁决。是时海内宁泰,帝入奉起居,出
奉游宴,四方贡献,虽微物必先上皇太后。两宫慈孝闻天下。三年,
太后游西苑,皇后皇妃侍,帝亲掖舆登万岁山,奉觞上寿,献诗颂
德。又明年,谒长、献二陵,帝亲囊鞬骑导。至河桥,下马扶辇。畿

民夹道拜观,陵旁老稚皆山呼拜迎,太后顾曰:"百姓戴君,以能安之耳,皇帝宜重念。"及还,过农家,召老妇问生业,赐钞币。有献蔬食酒浆者,取以赐帝,曰:"此田家味也。"从臣英国公张辅,尚书蹇义,大学士杨士奇、杨荣、金幼孜、杨溥请见行殿。太后慰劳之。且曰:"尔等先朝旧人,勉辅嗣君。"他日,帝谓士奇曰:"皇太后谒陵还,道汝辈行事甚习。言辅,武臣也,达大义。义重厚小心,第寡断。汝克正,言无避忤,先帝或数不乐,然终从汝,以不败事。又有三事,时悔不从也。"太后遇外家严,弟升至淳谨,然不许预议国事。

宣宗崩,英宗方九岁,宫中讹言将召立襄王矣。太后趣召诸大臣至乾清宫,指太子泣曰:"此新天子也。"群臣呼万岁,浮言乃息。大臣请太后垂帘听政,太后曰:"毋坏祖宗法。第悉罢一切不急务,时时勖帝向学,委任股肱。"以故王振虽宠于帝,终太后世不敢专大政。

正统七年十月崩。当大渐,召士奇、溥入,命中官问国家尚有何大事未辨者,士奇举三事。一谓建庶人虽亡,当修实录。一谓太宗诏有收方孝孺诸臣遗书者死,宜弛其禁。其三未及奏上,而太后已崩。遗诏勉大臣佐帝惇行仁政,语甚谆笃。上尊谥曰诚孝恭肃明德弘仁顺天启圣诏皇后,合葬献陵,祔太庙。

宣宗恭让皇后胡氏,名善祥,济宁人。永乐十五年选为皇太孙妃。已,为皇太子妃。宣宗即位,立为皇后。时孙贵妃有宠,后未有子,又善病。三年春,帝令后上表辞位,乃退居长安宫,赐号静慈仙师,而册贵妃为后。诸大臣张辅、蹇义、夏原吉、杨士奇、杨荣等不能争。张太后悯后贤,常召居清宁宫。内廷朝宴,命居孙后上。孙后常怏怏。正统七年十月,太皇太后崩,后痛哭不已,逾年亦崩,用嫔御礼葬金山。

后无过被废,天下闻而怜之。宣宗后亦悔。尝自解曰:"此朕少年事。"天顺六年,孙太后崩,钱皇后为英宗言:"后贤而无罪,废为仙师。其没也,人畏太后,殓葬皆不如礼。"因劝复其位号。英宗问大学士李贤。贤对曰:"陛下此心,天地鬼神实临之。然臣以陵寝、享殿、神主俱宜如奉先殿式,庶称陛下明孝。"七年闰七月,上尊谥曰恭让诚顺康穆静慈章皇后,修陵寝,不祔庙。

宣宗孝恭皇后孙氏,邹平人。幼有美色。父忠,永城县主簿也。诚孝皇后母彭城伯夫人,故永城人,时时入禁中,言忠有贤女,遂得入宫。方十余岁,成祖命诚孝后育之。已而宣宗婚,诏选济宁胡氏为妃,而以孙氏为嫔。宣宗即位,封贵妃。故事,皇后金宝金册,贵妃以下,有册无宝。妃有宠,宣德元年五月,帝请于太后,制金宝赐焉。贵妃有宝自此始。

妃亦无子,阴取宫人子为己子,即英宗也,由是眷宠益重。胡后上表逊位,请早定国本。妃伪辞曰:"后病痊自有子,吾子敢先后子耶?"三年三月,胡后废,遂册为皇后。英宗立,尊为皇太后。

英宗北狩,太后命郕王监国。景帝即位,尊为上圣皇太后。时英宗在迤北,数寄御寒衣裘。及还,幽南宫,太后数入省视。石亨等谋夺门,先密白太后。许之。英宗复辟,上徽号曰圣烈慈寿皇太后。明兴,宫闱徽号亦自此始。天顺六年九月崩,上尊谥曰孝恭懿宪慈仁壮烈齐天配圣章皇后,合葬景陵,祔太庙。而英宗生母,人卒无知之者。

吴太后,景帝母也,丹徒人。宣宗为太子时,选入宫。宣德三年封贤妃。景帝即位,尊为皇太后。英宗复辟,复称宣庙贤妃。成化中薨。

郭嫔,名爱,字善理,凤阳人。贤而有文,入宫二旬而卒。自知死期,书楚声以自哀。词曰:"修短有数兮,不足较也。生而如梦兮,死则觉也。先吾亲而归兮,惭予之失孝也。心凄凄而不能已兮,是则可悼也。"

正统元年八月追赠皇庶母惠妃何氏为贵妃,谥端静;赵氏为贤妃,谥纯静;吴氏为惠妃,谥贞顺;焦氏为淑妃,谥庄静;曹氏为敬妃,谥庄顺;徐氏为顺妃,谥贞惠;袁氏为丽妃,谥恭定;诸氏为淑妃,谥贞静;李氏为充妃,谥恭顺;何氏为成妃,谥肃僖。册文曰:"兹委身而蹈义,随龙驭以上宾,宜荐徽称,用彰节行。"盖宣宗殉葬宫妃也。

初,太祖崩,宫人多从死者。建文、永乐时,相继优恤。若张凤、李衡、赵福、张璧、汪宾诸家,皆自锦衣卫所试百户、散骑带刀舍人进千百户,带俸世袭,人谓之"太祖朝天女户"。历成祖,仁、宣二宗亦皆用殉。景帝以郕王薨,犹用其制,盖当时王府皆然。至英宗遗诏,始罢之。

英宗孝庄皇后钱氏,海州人。正统七年立为后。帝悯后族单微,欲侯之,后辄逊谢。故后家独无封。英宗北狩,倾中宫赀佐迎驾。夜哀泣吁天,倦即卧地,损一股。以哭泣复损一目。英宗在南宫,不自得,后曲为慰解。后无子,周贵妃有子,立为皇太子。英宗大渐,遗命曰:"钱皇后千秋万岁后,与朕同葬。"大学士李贤退而书之册。

宪宗立,上两宫徽号,下廷臣议。太监夏时希贵妃意,传谕独尊贵妃为皇太后。大学士李贤、彭时力争,乃两宫并尊,而称后为慈懿皇太后。及营裕陵,贤、时请营三圹,下廷议。夏时复言不可,事竟寝。

成化四年六月,太后崩,周太后不欲后合葬。帝使夏时、怀恩召大臣议。彭时首对曰:"合葬裕陵,主祔庙,定礼也。"翼日,帝召问,时对如前。帝曰:"朕岂不知,虑他日妨母后耳。"时曰:"皇上孝事两宫,圣德彰闻。礼之所合,孝之所归也。商辂亦言:"不祔葬,损圣德。"刘定之曰:"孝从义,不从命。"帝默然久之,曰:"不从命尚得为孝耶!"时力请合葬裕陵左,而虚右以待周太后。已,复与大臣疏争,帝再下廷议。吏部尚书李秉、礼部尚书姚夔集廷臣九十九人议,皆请如时言。帝曰:"卿等言是,顾朕屡请太后未得命。乖礼非孝,违亲亦非孝。"明日,詹事柯潜、给事中魏元等上疏,又明日,夔等合疏上,皆执议如初。中旨犹谕别择葬地。于是百官伏哭文华门外。帝命群臣退。众叩头,不得旨不敢退。自巳至申,乃得允。众呼万岁出。事详《时》、《夔传》中。是年七月上尊谥曰孝庄献穆弘惠显仁恭天钦圣睿皇后,祔太庙。九月合葬裕陵,异隧,距英宗玄堂数丈许,中窒之,虚右圹以待周太后,其隧独通,而奉先殿祭,亦不设后主。

弘治十七年,周太后崩。孝宗御便殿,出裕陵图,示大学士刘健、谢迁、李东阳曰:"陵有二隧,若者窒,若者可通往来,皆先朝内臣所为,此未合礼。昨见成化间彭时、姚夔等章奏,先朝大臣为国如此,先帝亦不得已耳。钦天监言通隧上干先帝陵堂,恐动地脉,朕已面折之。窒则天地闭塞,通则风气流行。"健等因力赞。帝复问祔庙礼,健等言:"祔二后,自唐始也。祔三后,自宋始也,汉以前一帝一后。曩者定议合祔,孝庄太后居左,今大行太皇太后居右,且引唐、宋故事为证,臣等以此不敢复论。"帝曰:"二后已非,况复三后。"迁曰:"宋祔三后,一继立,一生母也。"帝曰:"事须师古,太皇太后鞠育朕躬,朕岂敢忘,顾私情耳。祖宗来,一帝一后。今并附,坏礼自朕始。且奉先殿祭皇祖,特座一饭一匙而已。夫孝穆皇太后,朕生母也,别祀之奉慈殿。今仁寿宫前殿稍宽,朕欲奉太皇太后于此,他日奉孝穆皇太后于后,岁时祭享,如太庙。"于是命群臣详议。议上,将建新庙,钦天监奏年方有碍。廷议请暂祀周太后于奉慈殿,称孝肃太皇太后。殿在奉先殿西,帝以祀孝穆,至是中奉孝肃而徙孝穆居左焉。帝始欲通隧,亦以阴阳家言不果行。

孝肃周太后,英宗妃,宪宗生母也,昌平人。天顺元年封贵妃。宪宗即位,尊为皇太后。其年十月,太后诞日,帝令僧道建斋祭。礼部尚书姚夔帅群臣诣斋所,为太后祈福。给事中张宁等劾之。帝是其言,令自後僧道斋醮,百官不得行香。二十三年四月上徽号曰圣慈仁寿皇太后。孝宗立,尊为太皇太后。

先是,宪宗在位,事太后至孝,五日一朝,燕享必亲。太后意所欲,惟恐不欢。至钱太后合葬裕陵,太后殊难之。宪宗委曲宽譬,乃得请。孝宗生西宫,母妃纪氏薨,太后育之宫中,省视万方。及孝宗即位,事太后亦至孝。太后病疡,久之愈,诰谕群臣曰:"自英皇厌代,予正位长乐,宪宗皇帝以天下养,二十四年犹一日。兹予偶患疡,皇帝夜吁天,为予请命,春郊罢宴,问视惟勤,俾老年疾体,获厎康宁。以昔视今,父子两世,孝同一揆,予甚嘉焉。"

弘治十一年冬,清宁宫灾,太后移居仁寿宫。明年,清宁宫成,乃还居焉。太后弟长宁伯彧家有赐田,有司请厘正之,帝未许也,太后曰:"奈何以我故斁皇帝法。"使归地于官。

弘治十七年三月崩,谥孝肃贞顺康懿光烈辅天承圣睿皇后,合葬裕陵。以大学士刘健、谢迁、李东阳议,别祀于奉慈殿,不祔庙,仍称太皇太后。嘉靖十五年,与纪、邵二太后并移祀陵殿,题主曰皇后,不系帝谥,以别嫡庶。其後穆宗母孝恪、神宗母孝定、光宗母孝靖、熹宗母孝和、庄烈帝母孝纯,咸遵用其制。

景帝废后汪氏,顺天人。正统十年册为郕王妃。十四年冬,王即皇帝位,册为皇后。后有贤德,尝念京师诸死事及老弱遇害者暴骨原野,令官校掩埋之。生二女,无子。景泰三年,妃杭氏生子见济,景帝欲立为太子,而废宪宗,后执不可。以是忤帝意,遂废后,立杭氏为皇后。七年,杭后崩,谥肃孝。英宗复位,削皇后号,毁所葬陵,而后仍称郕王妃。景帝崩,英宗以其后宫唐氏等殉,议及后。李贤曰:"妃已幽废,况两女幼,尤可悯。"帝乃已。

宪宗复立为太子,雅知后不欲废立,事之甚恭。因为帝言,迁之外王府,得尽携宫中所有而出。与周太后相得甚欢,岁时入宫,叙家人礼。然性刚执。一日,英宗问太监刘桓曰:"记有玉玲珑系腰,今何在?"桓言当在妃所。英宗命索之。后投诸井,对使者曰:"无之。"已而告人曰:"七年天子,不堪消受此数片玉耶!"已,有言后出所携巨万计,英宗遣使检取之,遂立尽。正德元年十二月薨,议祭葬礼。大学士王鏊曰:"葬以妃,祭以后。"遂合葬金山。明年上尊谥曰贞惠安和景皇后。

宪宗废后吴氏,顺天人。天顺八年七月立为皇后。先是,宪宗居东宫,万贵妃已擅宠。后既立,摘其过,杖之。帝怒,下诏曰:"先帝为朕简求贤淑,已定王氏,育于别宫待期。太监牛玉辄以选退吴氏于太后前复选。册立礼成之后,朕见举动轻佻,礼度率略,德不称位,因察其实,始知非预立者。用是不得已,请命太后,废吴氏别宫。"立甫逾月耳。后父俊,先授都督同知,至是下狱戍边。谪玉孝陵种菜,玉从子太常少卿纶、甥吏部员外郎杨琮并除名,姻家怀宁侯孙镗闲住。于是南京给事中王徽、王渊、朱宽、李翔、李钧等合疏言玉罪重罚轻,因并劾大学士李贤。帝怒,徽等皆贬边州判官。

后孝宗生于西宫,后保抱惟谨。孝宗即位,念后恩,命服膳皆如母后礼,官其侄锦衣百户。正德元年薨。刘瑾欲焚之。大学士王鏊持不可,乃以妃礼葬。

孝贞皇后王氏,上元人。宪宗在东宫,英宗为择配,得十二人,选后及吴氏、柏氏留宫中。吴氏既立而废,遂册为皇后,天顺八年十月也。万贵妃宠冠后宫,后处之淡如。孝宗即位,尊为皇太后。武宗即位,尊为太皇太后。正德五年十二月上尊号曰慈圣康寿。十三年二月崩,上尊谥曰孝贞庄懿恭靖仁慈钦天辅圣纯皇后,合葬茂陵,祔太庙。

孝穆纪太后,孝宗生母也,贺县人。本蛮土官女。成化中征蛮,俘入掖庭,授女史,警敏通文字,命守内藏。时万贵妃专宠而妒,后宫有娠者皆治使堕。柏贤妃生悼恭太子,亦为所害。帝偶行内藏,应对称旨,悦,幸之,遂有身。万贵妃知而恚甚,令婢钩治之。婢谬报曰病痞。乃谪居安乐堂。久之,生孝宗,使门监张敏溺焉。敏惊曰:"上未有子,奈何弃之。"稍哺粉饵饴蜜,藏之他室,贵妃日伺无所得。至五六岁,未敢剪胎发。时吴后废居西内,近安乐堂,密知其事,往来哺养,帝不知也。

帝自悼恭太子薨后,久无嗣,中外皆以为忧。成化十一年,帝召张敏栉发,照镜叹曰:"老将至而无子。"敏伏地曰:"死罪,万岁已有子也。"帝愕然,问安在。对曰:"奴言即死,万岁当为皇子主。"于是太监怀恩顿首曰:"敏言是。皇子潜养西内,今已六岁矣,匿不敢闻。"帝大喜,即日幸西内,遣使往迎皇子。使至,妃抱皇子泣曰:"儿去,吾不得生。儿见黄袍有须者,即儿父也。"衣以小绯袍,乘小舆,拥至阶下,发披地,走投帝怀。帝置之膝,抚视久之,悲喜泣下曰:"我子也,类我。"使怀恩赴内阁具道其故,群臣皆大喜。明日,入贺,颁诏天下。移妃居永寿宫,数召见。万贵妃日夜怨泣曰:"群小绐我。"其年六月,妃暴薨。或曰贵妃致之死,或曰自缢也。谥恭恪庄僖淑妃。敏惧,亦吞金死。敏,同安人。

孝宗既立为皇太子,时孝肃皇太后居仁寿宫,语帝曰:"以儿付我。"太子遂居仁寿。一日,贵妃召太子食,孝肃谓太子曰:"儿去,无食也。"太子至,贵妃赐食,曰:"已饱。"进羹,曰:"疑有毒。"贵妃大恚曰:"是儿数岁即如是,他日鱼肉我矣。"因恚而成疾。

孝宗即位,追谥淑妃为孝穆慈慧恭恪庄僖崇天承圣纯皇后,迁葬茂陵,别祀奉慈殿。帝悲念太后,特遣太监蔡用求太后家,得纪父贵、纪祖旺兄弟以闻。帝大喜,诏改父贵为贵,授锦衣卫指挥同知,祖旺为旺,授锦衣卫指挥佥事,赐予第宅、金帛、庄田、奴婢不可胜计。追赠太后父为中军都督府左都督,母为夫人,其曾祖、祖父亦如之。遣修太后先茔之在贺者,置守坟户,复其家。

先是,太后在宫中,尝自言家贺县,姓纪,幼不能知亲族也,太监郭镛闻而识之。太监陆恺者,亦广西人,故姓李,蛮中纪、李同音,因妄称太后兄,令人访其族人诣京师。恺女兄夫韦父成者出冒之,有司待以戚畹,名所居里曰迎恩里。贵、旺曰:"韦犹冒李,况我实李氏。"因诈为宗系上有司,有司莫辨也。二人既骤贵,父成亦诣阙争辨。帝命郭镛按之。镛逐父成,犹令驰驿归。及帝使治后先茔,蛮中李姓者数辈,皆称太后家,自言于使者。使者还,奏贵、旺不实。复

遣给事中孙珪、御史滕祐间行连、贺间,微服入瑶、僮中访之,尽得
其状,归奏。帝谪罚镛等有差,戍贵、旺边海。自此帝数求太后家,
竟不得。

弘治三年,礼部尚书耿裕奏曰:"粤西当大征之后,兵燹饥荒,
人民奔窜,岁月悠远,踪迹难明。昔孝慈高皇后与高皇帝同起艰难,
化家为国,徐王亲高皇后父,当后之身,寻求家族,尚不克获,然后
立庙宿州,春秋祭祀。今纪太后幼离西粤,入侍先帝,连、贺非徐、宿
中原之地,嫔宫无母后正位之年,陛下访寻虽切,安从得其实哉。臣
愚谓可仿徐王故事,定拟太后父母封号,立祠桂林致祭。"帝曰:"孝
穆皇太后早弃朕躬,每一思念,怒焉如割。初谓宗亲尚可旁求,宁受
百欺,冀获一是。卿等谓岁久无从物色,请加封立庙,以慰圣母之
灵。皇祖既有故事,朕心虽不忍,又奚敢违。"于是封后父推诚宣力
武臣特进光禄大夫柱国庆元伯,谥端僖,后母伯夫人,立庙桂林府,
有司岁时祀。大学士尹直撰哀册有云:"睹汉家尧母之门,增宋室仁
宗之恸。"帝燕闲念诵,辄欷歔流涕也。

孝惠邵太后,宪宗妃,兴献帝母也。父林,昌化人,贫甚,鬻女于
杭州镇守太监,妃由此入宫。知书,有容色。成化十二年封宸妃,寻
进封贵妃。兴王之藩,妃不得从。世宗入继大统,妃已老,目眚矣,
喜孙为皇帝,摸世身,自顶至踵。已,尊为皇太后。嘉靖元年上尊
号曰寿安。十一月崩。帝欲明年二月迁葬茂陵,大学士杨廷和等言:
"祖陵不当数兴工作,惊动神灵。"不从。谥曰孝惠康肃温仁懿顺协
天祐圣皇太后,别祀奉慈殿。七年七月改称太皇太后。十五年迁主
陵殿,称皇后,与孝肃、孝穆等。

恭肃贵妃万氏,诸城人。四岁选入掖廷,为孙太后宫女。及长,
侍宪宗于东宫。宪宗年十六即位,妃已三十有五,机警,善迎帝意,
遂谗废皇后吴氏,六宫希得进御。帝每游幸,妃戎服前驱。成化二
年正月生皇第一子,帝大喜,遣中使祀诸山川,遂封贵妃。皇子未期

薨,妃亦自是不复娠矣。

当是时,帝未有子,中外以为忧,言者每请溥恩泽以广继嗣。给事中李森、魏元,御史康永韶等先后言尤切。四年秋,彗星屡见。大学士彭时、尚书姚夔亦以为言。帝曰:"内事也,朕自主之。"然不能用。妃益骄。中官用事者,一忤意,立见斥逐。掖廷御幸有身,饮药伤坠者无数。孝宗之生,顶寸许无发,或曰药所中也。纪淑妃之死,实妃为之。佞幸钱能、覃勤、汪直、梁芳、韦兴辈皆假贡献,苛敛民财,倾竭府库,以结贵妃欢。奇技淫巧,祷祠宫观,糜费无算。久之,帝后宫生子渐多,芳等惧太子年长,他日立,将治己罪,同导妃劝帝易储。会泰山震,占者谓应在东宫。帝心惧,事乃寝。

二十三年春,暴疾薨,帝辍朝七日。谥曰恭肃端慎荣靖皇贵妃,葬天寿山。弘治初,御史曹璘请削妃谥号。鱼台县丞徐顼请逮治诊视纪太后诸医,捕万氏家属,究问当时薨状。孝宗以重违先帝意,已之。

明史卷一一四
列传第二

后妃二

孝宗孝康张皇后　　武宗孝静夏皇后
世宗孝洁陈皇后　　张废后
孝烈方皇后　　孝恪杜太后
穆宗孝懿李皇后　　孝安陈皇后
孝定李太后　　神宗孝端王皇后
刘昭妃　孝靖王太后　　郑贵妃
光宗孝元郭皇后　　孝和王太后
孝纯刘太后　　李康妃　　李庄妃
赵选侍　　熹宗懿安张皇后　　张裕妃
庄烈帝愍周皇后　　田贵妃

　　孝宗孝康皇后张氏，兴济人。父峦，以乡贡入太学。母金氏，梦月入怀而生后。成化二十三年选为太子妃。是年，孝宗即位，册立为皇后。帝颇优礼外家，追封峦昌国公，封后弟鹤龄寿宁侯，延龄建昌伯，为后立家庙于兴济，工作壮丽，数年始毕。鹤龄、延龄并注籍宫禁，纵家人为奸利，中外诸臣多以为言，帝以后故不问。

武宗即位，尊为皇太后。五年十二月，以寰镨平，上尊号曰慈寿皇太后。世宗入继，称圣母，加上尊号曰昭圣慈寿。嘉靖三年加上昭圣康惠慈寿。已，改称伯母。十五年复加上昭圣恭安康惠慈寿。二十年八月崩，谥曰孝康靖肃庄慈哲懿翊天赞圣敬皇后，合葬泰陵，祔庙。

武宗之崩也，江彬等怀不轨。赖后与大学士杨廷和定策禁中，迎立世宗，而世宗事后顾日益薄。元年大婚，初传昭圣懿旨，既复改寿安太后。寿安者，宪宗妃，兴献帝生母也。廷和争之，乃止。三年，兴国太后诞节，敕命妇朝贺，燕赉倍常。及后诞日，敕免贺。修撰舒芬疏谏，夺俸。御史朱淛、马明衡、陈逅、季本，员外郎林惟聪等先后言，皆得罪。竟罢朝贺。

初，兴国太后以藩妃入，太后犹以故事遇之，帝颇不悦。及帝朝，太后待之又倨。会太后弟延龄为人所告，帝坐延龄谋逆论死，太后窘迫无所出。哀冲太子生，请入贺，帝谢不见。使人请，不许。大学士张孚敬亦为延龄请，帝手敕曰：“天下者，高皇帝之天下，孝宗皇帝守高皇帝法。卿虑伤伯母心，岂不虑伤高、孝二庙心耶？”孚敬复奏曰：“陛下嗣位时，用臣言，称伯母皇太后，朝臣归过陛下，至今未已。兹者大小臣工默无一言，诚幸太后不得令终，以重陛下过耳。夫谋逆之罪，狱成当坐族诛，昭圣独非张氏乎，陛下何以处此！”冬月虑囚，帝又欲杀延龄，复以孚敬言而止。亡何，奸人刘东山者告变，并逮鹤龄下诏狱。太后至衣敝襦席藁为请，亦不听。久之，鹤龄瘐死。及太后崩，帝竟杀延龄，事详《外戚传》。

武宗孝静皇后夏氏，上元人。正德元年册立为皇后。嘉靖元年上尊称曰庄肃皇后。十四年正月崩，合葬康陵，祔庙。初，礼臣上丧仪，帝曰：“嫂叔无服，且两宫在上，朕服青，臣民如母后服。”礼部尚书夏言曰：“皇上以嫂叔绝服，则群臣不敢素服见皇上，请暂罢朝参。”许之。已而议谥，大学士张孚敬曰：“大行皇后，上嫂也，与累朝元后异，宜用二字或四字。”李时曰：“宜用八。”左都御史王廷相、吏部侍郎霍韬等曰:"均帝后也,何殊。"言集众议。因奏曰:"古人尚质,谥法简,称其行,后人增加,臣子情也。生今世,宜行今制。大行皇后宜如列圣元后谥,二四及八,于礼无据。"帝不从,命再议。群臣请如孚敬言。帝曰:"用六,合阴数焉。"于是上谥孝静庄惠安肃毅皇后。十五年,帝觉孚敬言非是,敕曰:"孝静皇后谥不备,不称配武宗。"乃改谥孝静庄惠安肃温诚顺天偕圣毅皇后。

世宗孝洁皇后陈氏,元城人。嘉靖元年册立为皇后。帝性严厉。一日,与后同坐,张、方二妃进茗,帝循视其手。后恚,投杯起。帝大怒。后惊悸,堕娠崩,七年十月也。丧礼从杀。帝素服御西角门十日,即玄冠玄裳御奉天门,谥曰悼灵,葬襖儿峪。葬之日,梓宫出王门,百官一日临。给事中王汝梅谏。不听。十五年,礼部尚书夏言议请改谥。时帝意久释矣,乃改谥曰孝洁。穆宗即位,礼臣议:"孝洁皇后,大行皇帝元配,宜合葬祔庙。若遵遗制祔孝烈,则舍元配也,若同祔,则二后也。大行皇帝升祔时,宜奉孝洁配,迁葬永陵,孝烈主宜别祀。"报可。隆庆元年二月,上尊谥曰孝洁恭懿慈睿安庄相天翊圣肃皇后。

废后张氏,世宗第二后也。初封顺妃。七年,陈皇后崩,遂立为后。是时,帝方追古礼,令后率嫔御亲蚕北郊,又日率六宫听讲章圣《女训》于宫中。十三年正月废居别宫。十五年薨,丧葬仪视宣宗胡废后。

孝烈皇后方氏,世宗第三后也,江宁人。帝即位且十年,未有子。大学士张孚敬言:"古者天子立后,并建六宫、三夫人、九嫔、二十七世妇、八十一御妻,所以广嗣也。陛下春秋鼎盛,宜博求淑女,为子嗣计。"从之。十年三月,后与郑氏、王氏、阎氏、韦氏、沈氏、卢氏、沈氏、杜氏同册为九嫔,冠九翟冠,大采鞠衣,圭用次玉,谷文,册黄金涂,视皇后杀五分之一。至期,帝衰冕告太庙,还服皮弁,御华盖殿，传制，遣大臣行册礼。既册，从皇后朝奉先殿。礼成，帝服皮弁，受百官贺，盖创礼也。张后废，遂立为后，而封沈氏为宸妃，阎氏为丽妃。旧制，立后，竭内庙而已，至是，下礼臣议庙见礼。于是群臣以天子立三宫以承宗庙，《礼经》有庙见之文，乃考据《礼经》，参稽《大明集礼》，拟仪注以上。至期，帝率后谒太庙及世庙。越三日，颁诏天下。明日，受命妇朝

　　二十一年，宫婢杨金英等谋弑逆，帝赖后救得免，乃进后父泰和伯锐爵为侯。初，曹妃有色，帝爱之，册为端妃。是夕，帝宿端妃宫。金英等伺帝熟寝，以组缢帝项，误为死结，得不绝。同事张金莲知事不就，走告后，后驰至，解组，帝苏。后命内监张佐等捕宫人杂治，言金英等弑逆，王宁嫔首谋。又曰：曹端妃虽不与，亦知谋。时帝病悸不能言，后传帝命，收端妃、宁嫔及金英等悉磔于市，并诛其族属十余人，然妃实不知也。久之，市始知其冤。

　　二十六年十一月乙未，后崩。诏曰：“皇后比救朕危，奉天济难，其以元后礼葬。”预名葬地曰永陵，谥孝烈，亲定谥礼，视昔加隆焉。礼成，颁诏天下。及大祥，礼臣请安主奉先殿东夹室，帝曰：“奉先殿夹室，非正也，可即祔太庙。”于是大学士严嵩等请设位于太庙东，皇妣睿皇后之次，后寝藏主则设幄于祋庙皇祖妣之右，以从祔于祖姑之义。帝曰：“祔礼至重，岂可权就。后非帝，乃配帝者，自有一定之序，安有享从此而主藏彼之礼。其祧仁宗，祔以新序，即朕位次，勿得乱礼。”嵩曰：“祔新序，非臣下所敢言，且阴不可当阳位。”乃命姑藏主睿皇后侧。

　　二十九年十月，帝终欲祔后太庙，命再议。尚书徐阶言不可，给事中杨思忠是阶议，余无言者。帝觇知状。及议疏入，谓：“后正位中宫，礼宜祔享，但遽及庙次，则臣子之情，不唯不敢，实不忍也。宜设位奉先殿。”帝震怒。阶、思忠惶恐言：“周建九庙，三昭三穆。国朝庙制，同堂异室，与《周礼》不同。今太庙九室皆满，若以圣躬论，仁宗当祧，固不待言，但此乃异日圣子神孙之事。臣闻夏人之庙五，商以七，周以九。礼由义起，五可七，七可九，九之外亦可加也。请

于太庙及奉先殿各增二室，以祔孝烈，则仁宗可不必祧，孝烈皇后可速正南面之位，陛下亦无预祧以俟之嫌。"帝曰："臣子之谊，当祧当祔，力请可也。苟礼得其正，何避豫为。"于是阶等复会廷臣上言："唐、虞、夏五庙，其祀皆止四世。周九庙，三昭三穆，然而兄弟相及，亦不能尽足六世。今仁宗为皇上五世祖，以圣躬论，仁宗于礼当祧，孝烈皇后于礼当祔。请祧仁宗，祔孝烈皇后于太庙第九室。"因上祧祔仪注。

已而请忌日祭，帝犹衔前议，报曰："孝烈继后，所奉者又入继之君，忌不祭亦可。"阶等请益力，帝曰："非天子不议礼。后当祔庙，居朕室次，礼官顾谓今日未宜，徒饰说以惑众听。"因谕严嵩等曰："礼官从朕言，勉强耳。即不忍祧仁宗，且置后主别庙，将来由臣下议处。忌日令奠一卮酒，不至伤情。"于是礼臣不敢复言，第请如敕行，乃许之。后二年杨思忠为贺表觸忌，予杖削籍。隆庆初，与孝洁皇后同日上尊谥曰孝烈端顺敏惠恭诚祗天卫圣皇后，移主弘孝殿。

孝恪杜太后，穆宗生母也，大兴人。嘉靖十年封康嫔。十五年进封妃。三十三年正月薨。是时，穆宗以裕王居邸，礼部尚书欧阳德奏丧仪，请辍朝五日，裕王主丧事，遵高皇帝《孝慈录》，斩衰三年。帝谓当避君父之尊。大学士严嵩言："高帝命周王橚为孙贵妃服慈母服，斩衰三年。是年，《孝慈录》成，遂为定制，自后久无是事。及兹当作则垂训于后。"帝命比贤妃郑氏故事，辍朝二日，赐谥荣淑，葬金山。穆宗立，上谥曰孝恪渊纯慈懿恭顺赞天开圣皇太后，迁葬永陵，祀主神霄殿。追封后父林为庆都伯，命其子继宗嗣。

穆宗孝懿皇后李氏，昌平人。穆宗为裕王，选为妃，生宪怀太子。嘉靖三十七年四月薨。帝以部疏称薨非制，命改称故，葬金山。穆宗即位，谥曰孝懿皇后，封后父铭德平伯。神宗即位，上尊谥曰孝懿贞惠顺哲恭仁俪天襄圣庄皇后，合葬昭陵，祔太庙。

孝安皇后陈氏,通州人。嘉靖三十七年九月选为裕王继妃。隆庆元年册为皇后。后无子多病,居别宫。神宗即位,上尊号曰仁圣皇太后,六年加上贞懿,十年加康静。初,神宗在东宫,每晨谒奉先殿、朝帝及生母毕,必之后所问安,后闻履声辄喜。既嗣位,孝事两宫无间。二十四年七月崩,谥曰孝安贞懿恭纯温惠佐天弘圣皇后,祀奉先殿别室。

孝定李太后,神宗生母也,漷县人。侍穆宗于裕邸。隆庆元年三月封贵妃。生神宗。即位,上尊号曰慈圣皇太后。旧制,天子立,尊皇后为皇太后,若有生母称太后者,则加徽号以别之。是时,太监冯保欲媚贵妃,因以并尊风大学士张居正下廷臣议,尊皇后曰仁圣皇太后,贵妃曰慈圣皇太后,始无别矣。仁圣居慈庆宫,慈圣居慈宁宫。居正请太后视帝起居,乃徙居乾清宫。

太后教帝颇严。帝或不读书,即召使长跪。每御讲筵入,尝令效讲臣进讲于前。遇朝期,五更至帝寝所,呼曰:“帝起”,敕左右掖帝坐,取水为盥面,挈之登辇以出。帝事太后惟谨,而诸内臣奉太后旨者,往往挟持太过。帝在尝西城曲宴被酒,令内侍歌新声,辞不能,取剑击之。左右劝解,乃戏割其发。翼日,太后闻,传语居正具疏切谏,令为帝草罪己御札。又召帝长跪,数其过。帝涕泣请改乃已。六年,帝大婚,太后将返慈宁宫,敕居正曰:“吾不能视皇帝朝夕,先生亲受先帝付托,其朝夕纳诲,终先帝凭几之谊。”三月加尊号曰宣文。十年加明肃。十二年同仁圣太后谒山陵。二十九年加贞寿端献。三十四年加恭熹。四十二年二月崩,上尊谥曰孝定贞纯钦仁端肃弼天祚圣皇太后,合葬昭陵,别祀崇先殿。

后性严明。万历初政,委任张居正,综核名实,几于富强,后之力居多。光宗之未册立也,给事中姜应麟等疏请被谪,太后闻之弗善。一日,帝入侍,太后问故。帝曰:“彼都人子也。”太后大怒曰:“尔亦都人子!”帝惶恐,伏地不敢起。盖内廷呼宫人曰“都人”,太后亦由宫人进,故云。光宗由是得立。群臣请福王之藩,行有日矣,郑贵妃欲迟之明年,以祝太后诞为解。太后曰:"吾潞王亦可来上寿乎!"贵妃乃不敢留福王。御史曹学程以建言论死。太后怜其母老,言于帝,释之。后父伟封武清伯。家人尝有过,命中使出数之,而抵其家人于法。顾好佛,京师内外多置梵刹,动费钜万,帝亦助施无算。居正在日,尝以为言,未能用也。

神宗孝端皇后王氏,余姚人,生京师。万历六年册立为皇后。性端谨,事孝定太后得其欢心。光宗在东宫,危疑者数矣,调护备至。郑贵妃颛宠,后不较也。正位中宫者四十二年,以慈孝称。四十八年四月崩,谥孝端。光宗即位,上尊谥曰孝端贞恪庄惠仁明媲天毓圣显皇后。会帝崩,熹宗立,始上册宝,合葬定陵,主祔庙。

与后同日册封者有昭妃刘氏。天启、崇祯时,尝居慈宁宫,掌太后玺。性谨厚,抚爱诸王。庄烈帝礼事之如大母。尝以岁朝朝见,帝就便坐,俄假寐。太后戒勿惊,命尚衣谨护之。顷之,帝觉,摄衣冠起谢曰:"神祖时海内少事。今苦多难,两夜省文书,未尝交睫,在太妃前,困不自持如此。"太妃为之泣下。崇祯十五年薨,年八十有六。

孝靖王太后,光宗生母也。初为慈宁宫宫人。年长矣,帝过慈宁,私幸之,有身。故事,宫中承宠,必有赏赉,文书房内侍记年月及所赐以为验。时帝讳之,故左右无言者。一日,侍慈圣宴,语及之。帝不应。慈圣命取内起居注示帝,且好语曰:"吾老矣,犹未有孙。果男者,宗社福也。母以子贵,宁分差等耶?"十年四月封恭妃。八月,光宗生,是为皇长子。既而郑贵妃生皇三子,进封皇贵妃,而恭妃不进封。二十九年册立皇长子为皇太子,仍不封如故。三十四年,元孙生,加慈圣徽号,始进封皇贵妃。三十九年病革,光宗请旨得往省,宫门犹闭,抉钥而入。妃目眚,手光宗衣而泣曰:"儿长大如此,我死何恨。"遂薨。大学士叶向高言:"皇太子母妃薨,礼宜从厚。"不报。复请,乃得允。谥温肃端靖纯懿皇贵妃,葬天寿山。

光宗即位，下诏曰："朕嗣承基绪，抚临万方，溯厥庆源，则我生母温肃端靖纯懿皇贵妃恩莫大焉。朕昔在青宫，莫亲温清，今居禁闼，徒痛桮棬，欲伸罔极之深惊，惟有肇称乎殷礼。其准皇祖穆宗皇帝尊生母荣淑康妃故事，礼部详议以闻。"会崩，熹宗即位，上尊谥曰孝靖温懿敬让贞慈参天胤圣皇太后，迁葬定陵，祀奉慈殿。后父天瑞，封永宁伯。

恭恪贵妃郑氏，大兴人。万历初入宫，封贵妃，生皇三子，进皇贵妃。帝宠之。外廷疑妃有立己子谋。群臣争言立储事，章奏累数千百，皆指斥宫闱，攻击执政。帝概置不问。由是门户之祸大起。万历二十九年春，皇长子移迎禧宫，十月立为皇太子，而疑者仍未已。

先是，侍郎吕坤为按察使时，尝集《闺范图说》。太监陈矩见之，持以进帝。帝赐妃，妃重刻之，坤无与也。二十六年秋，或撰《闺范图说》跋，名曰《忧危竑议》，匿其名，盛传京师，谓坤书首载汉明德马后由宫人进位中宫，意以指妃，而妃之刊刻，实藉此为立己子之据。其文托"朱东吉"为问答。"东吉"者，东朝也。其名《忧危》，以坤曾有《忧危》一疏。因借其名以讽，盖言妖也。妃兄国泰、侄承恩以给事中戴士衡尝纠坤，全椒知县樊玉衡并纠贵妃，疑出自二人手。帝重谪二人，而置妖言不问。逾五年，《续忧危竑议》复出。是时太子已立，大学士朱赓得是书以闻。书托"郑福成"为问答。郑福成者，谓郑之福王当成也。大略言："帝于东宫不得已而立，他日必易。其特用朱赓内阁者，实寓更易之义。"词尤诡妄，时皆谓之妖书。帝大怒，敕锦衣卫搜捕甚急。久之，乃得皦生光者，坐极刑，语详《郭正域》、《沈鲤传》。

四十一年，百户王曰乾又告变，言奸人孔学等为巫蛊，将不利于圣母及太子，语亦及妃。赖大学士叶向高劝帝以静处之，而速福王之藩，以息群言。事乃寝。其后"梃击"事起，主事王之采疏言张差狱情，词连贵妃宫内侍庞保、刘成等，朝议汹汹。贵妃闻之，对帝

泣，帝曰："外廷语不易解，若须自求太子。"贵妃向太子号诉。贵妃
拜，太子亦拜。帝又于慈宁宫太后几筵前召见群臣，令太子降谕禁
株连，于是张差狱乃定。神宗崩，遗命封妃皇后。礼部侍郎孙如游
争之，乃止。及光宗崩，有言妃与李选侍同居乾清宫谋垂帘听政者，
久之始息。

崇祯三年七月薨，谥恭恪惠荣和靖皇贵妃，葬银泉山。

光宗孝元皇后郭氏，顺天人。父维城以女贵，封博平伯，进侯。
卒，兄振明嗣。后于万历二十九年册为皇太子妃。四十一年十一月
薨，谥恭靖。熹宗即位，上尊谥曰孝元昭懿哲惠庄仁合天弼圣贞皇
后，迁葬庆陵，祔庙。

孝和王太后，熹宗生母也，顺天人。侍光宗东宫，为选侍。万历
三十二年进才人。四十七年三月薨。熹宗即位，上尊谥曰孝和恭献
温穆徽慈谐天鞠圣皇太后，迁葬庆陵，祀奉先殿。崇祯十一年三月
以加上孝纯太后尊谥，于御用监得后及孝靖太后玉册玉宝，始命有
司献于庙。忠贤党王体乾坐息玩，论死。盖距上谥时十有八年矣。

孝纯刘太后，庄烈帝生母也，海州人，后籍宛平。初入宫为淑
女。万历三十八年十二月生庄烈皇帝。已，失光宗意，被谴，薨。光
宗中悔，恐神宗知之，戒掖庭勿言，葬于西山。及庄烈帝长，封信王，
追进贤妃。时庄烈帝居勖勤宫，问近侍曰："西山有申懿王坟乎？"
曰："有。""傍有刘娘娘坟乎？"曰："有。"每密付金钱往祭。及即位，
上尊谥曰孝纯恭懿淑穆庄静毗天毓圣皇太后，迁葬庆陵。

帝五岁失太后，问左右遗像，莫能得。傅懿妃者，旧与太后同为
淑女，比宫居，自称习太后，言宫人中状貌相类者，命后母瀛国太夫
人指示画工，可意得也。画成，由正阳门具法驾迎入。帝跪迎于午
门，悬之宫中，呼老宫婢视之，或曰似，或曰否。帝雨泣，六宫皆泣。

故事，生母忌日不设祭，不服青。十五年六月，帝以太后故，欲

追前代生继七后，同建一庙，以展孝思。乃御德政殿，召大学士及礼臣入，问曰："太庙之制，一帝一后，祧庙亦然，历朝继后及生母凡七位皆不得与，即宫中奉先殿亦尚无祭，奈何？"礼部侍郎蒋德璟曰："奉先殿外尚有奉慈殿，所以奉继后及生母者，虽废可举也。"帝曰："奉慈殿外，尚有弘孝、神霄、本恩诸殿。"德璟曰："内廷规制，臣等未悉。孝宗建奉慈殿，嘉靖间废之，今未知尚有旧基否？"帝曰："奉慈已撤，惟奉先尚可拓也。"于是别置一殿，祀孝纯及七后云。

康妃李氏，光宗选侍也。时宫中有二李选侍，人称东、西李。康妃者，西李也，最有宠，尝抚视熹宗及庄烈帝。光宗即位，不豫，召大臣入，帝御暖阁，凭几，命封选侍为皇贵妃。选侍趣熹宗出曰："欲封后。"帝不应。礼部侍郎孙如游奏曰："今两太后及元妃、才人谥号俱未上，俟四大礼举行后未晚。"既而帝崩，选侍尚居乾清宫，外廷恟惧，疑选侍欲听政。大学士刘一燝、吏部尚书周嘉谟、兵科都给事中杨涟、御史左光斗等上疏力争，选侍移居仁寿殿。事详《一燝》、《涟传》。

熹宗即位，降敕暴选侍凌殴圣母因致崩逝及妄觊垂帘状。而御史贾继春进安选侍揭，与周朝瑞争驳不已。帝复降敕曰："九月一日，皇考宾天，大臣入宫哭临毕，因请朝见。选侍阻朕暖阁，司礼监官固请，乃得出。既许复悔，又使李进忠等再三趣回。及朕至乾清丹陛，进忠等犹牵朕衣不释。甫至前宫门，又数数遣人令朕还，毋御文华殿也。此诸臣所目睹。察选侍行事，明欲要挟朕躬，垂帘听政。朕蒙皇考令选侍抚视，饮膳衣服皆皇祖、皇考赐也。选侍侮慢凌虐，朕昼夜涕泣。皇考自知其误，时加劝慰。若避宫不早，则爪牙成列，朕且不知若何矣。选侍因殴崩圣母，自忖有罪，每使宫人窃伺，不令朕与圣母旧侍言，有辄捕去。朕之苦衷，外廷岂能尽悉。乃诸臣不念圣母，惟党选侍，妄生谤议，轻重失伦，理法焉在！朕今停选侍封号，以慰圣母在天之灵；厚养选侍及皇八妹，以敬遵皇考之意。尔诸臣可以仰体朕心矣。"已，复屡旨诘责继春，继春遂削籍去。

是时，熹宗初即位，委任司礼太监王安，故敕谕如此。久之，魏忠贤乱政。四年封选侍为康妃。五年修《三朝要典》，涟、光斗等皆得罪死，复召继春，与前旨大异矣。久之，始卒。

庄妃李氏，即所称东李者也。仁慈寡言笑，位居西李前，而宠不及。庄烈帝幼失母，育于西李。既而西李生女，光宗改命东李抚视。天启元年二月封庄妃。魏忠贤、客氏用事，恶妃持正，宫中礼数多被裁损，愤郁薨。崇祯初，诏赐妃弟成栋田产。

选侍赵氏者，光宗时，未有封号。熹宗即位，忠贤、客氏恶之，矫旨赐自尽。选侍以光宗赐物列案上，西向礼佛，痛哭自经死。

熹宗懿安皇后张氏，祥符人。父国纪，以女贵，封太康伯。天启元年四月册为皇后。性严正，数于帝前言客氏、魏忠贤过失。尝召客氏至，欲绳以法。客、魏交恨，遂诬后非国纪女，几惑帝听。三年，后有娠，客、魏尽逐宫人异己者，而以其私人承奉，竟损元子。帝尝至后宫，后方读书。帝问何书。对曰：“《赵高传》也。”帝默然。时宫门有匿名书列忠贤逆状者，忠贤疑出国纪及被逐诸臣手。其党邵辅忠、孙杰等，欲因此兴大狱，尽杀东林诸臣，而借国纪以摇动中宫，冀事成则立魏良卿女为后。顺天府丞刘志选侦知之，首上疏劾国纪，御史梁梦环继之，会有沮者乃已。及熹宗大渐，折忠贤逆谋、传位信王者，后力也。庄烈帝上尊号曰懿安皇后。十七年三月，李自成陷都城，后自缢。顺治元年，世祖章皇帝命合葬熹宗陵。

裕妃张氏，熹宗妃也。性直烈。客、魏患其异己，幽于别宫，绝其饮食。天雨，妃匍匐饮檐溜而死。又慧妃范氏者，生悼怀太子不育，复失宠。李成妃侍寝，密为慧妃乞怜。客、魏知之，怒，亦幽成妃于别宫。妃预藏食物檐瓦间，闭宫中半月不死，斥为宫人。崇祯初，皆复位号。

　　庄烈帝愍皇后周氏，其先苏州人，徙居大兴。天启中，选入信邸。时神宗刘昭妃摄太后宝，宫中之政悉禀成于熹宗张皇后。故事，宫中选大婚，一后以二贵人陪。中选，则皇太后幂以青纱帕，取金玉跳脱击其臂。不中，即以年月帖子纳淑女袖，侑以银币遣还。懿安疑后弱，昭妃曰："今虽弱，后必长大。"因册为信王妃。帝即位，立为皇后。

　　后性严慎。尝以寇急，微言曰："吾南中尚有一家居。"帝问之，遂不语，盖意在南迁也。至他政事，则未尝预。田贵妃有宠而骄，后裁之以礼。岁元日，寒甚，田妃来朝，翟车止庑下。后良久方御坐，受其拜，拜已遽下，无他言。而袁贵妃之朝也，相见甚欢，语移时。田妃闻而大恨，向帝泣。帝尝在交泰殿与后语不合，推仆仆地，后愤不食。帝悔，使中使持貂裯赐后，且问起居。妃寻以过斥居启祥宫，三月不召。一日，后侍帝于永和门看花，请召妃。帝不应。后遽令以车迎之，乃相见如初。帝以寇乱茹蔬。后见帝容体日瘁，具馔将进，而瀛国夫人奏适至，曰："夜梦孝纯太后归，语帝瘁而泣，且曰：'为我语帝，食毋过苦。'"帝持奏入宫，后适进馔。帝追念孝纯，且感后意，因出奏示后，再拜举匕箸，相向而泣，泪盈盈沾案。

　　崇祯十七年三月十八日暝，都城陷，帝泣语后曰："大事去矣。"后顿首曰："妾事陛下十有八年，卒不听一语，至有今日。"乃抚太子、二王恸哭，遣之出宫。帝令后自裁。后入室阖户，宫人出奏，犹云"皇后领旨"。后遂先帝崩。帝又命袁贵妃自缢，系绝，久之苏。帝拔剑斫其肩，又斫所御妃嫔数人，袁妃卒不殊。世祖章皇帝定鼎，谥后曰庄烈愍皇后，与帝同葬田贵妃寝园，名曰思陵。下所司给袁妃居宅，赡养终其身。

　　有宫人魏氏者，当贼入宫，大呼曰："我辈必遭贼污，有志者早为计。"遂跃入御河死，顷间从死者一二百人。宫人费氏，年十六，自投眢井中。贼钩出，见其姿容，争夺之。费氏绐曰："我长公主也。"群贼不敢逼，拥见李自成。自成命中官审视之，非是，以赏部校罗某者。费氏复绐罗曰:"我实天潢,义难苟合,将军宜择吉成礼。"。罗喜,置酒极欢。费氏怀利刃,俟罗醉,断其喉立死。因自诧曰:"我一弱女子,杀一贼帅足矣。"遂自刎死。自成闻大惊,令收葬之。

恭淑贵妃田氏,陕西人,后家扬州。父弘遇以女贵,官左都督,好佚游,为轻侠。妃生而纤妍,性寡言,多才艺,侍庄烈帝于信邸。崇祯元年封礼妃,进皇贵妃。宫中有夹道,暑月驾行幸,御盖行日中。妃命作蓬篨覆之,从者皆得休息。又易小黄门之舁舆者以宫婢。帝闻,以为知礼。尝有过,谪别宫省愆。所生皇五子,薨于别宫,妃遂病。十五年七月薨。谥恭淑端惠静怀皇贵妃,葬昌平天寿山,即思陵也。

赞曰:高皇后从太祖备历艰难,赞成大业,母仪天下,慈德昭彰。继以文皇后仁孝宽和,化行宫壸,后世承其遗范,内治肃雍。论者称有明家法,远过汉、唐,信不诬矣。万、郑两贵妃,亦非有阴鸷之谋、干政夺嫡之事,徒以恃宠溺爱,遂滋谤讪。《易》曰:"闲有家,悔亡。"苟越其闲,悔将无及。圣人之垂戒远矣哉。

明史卷一一五
列传第三

兴宗孝康皇帝 孝康皇后 吕太后
睿宗献皇帝 献皇后

兴宗孝康皇帝标，太祖长子也。母高皇后。元至正十五年生于太平陈迪家。太祖为吴王，立为王世子，从宋濂受经。

吴元年，年十三矣，命省临濠墓，谕曰："商高宗旧劳于外，周成王早闻《无逸》之训，皆知小民疾苦，故在位勤俭，为守成令主。儿生长富贵，习于晏安。今出旁近郡县，游览山川，经历田野，其因道途险易以知鞍马勤劳，观闾阎生业以知衣食艰难，察民情好恶以知风俗美恶，即祖宗所居，访求父老，问吾起兵渡江时事，识之于心，以知吾创业不易。"又命中书省择官辅行。凡所过郡邑城隍山川之神，皆祭以少牢。过太平访迪家，赐白金五十两。至泗、濠告祭诸祖墓。是冬从太祖观郊坛，令左右导之农家，遍观服食器具，又指道旁荆楚曰："古用此为扑刑，以其能去风，虽伤不杀人。古人用心仁厚如此，儿念之。"

洪武元年正月立为皇太子。带刀舍人周宗上书乞教太子。帝嘉纳。中书省都督府请仿元制，以太子为中书令。帝以元制不足法，令詹同考历代东宫官制，选勋德老成及新进贤者，兼领东宫官。于是左丞相李善长兼太子少师，右丞相徐达兼太子太傅，中书平章录军国重事常遇春兼太子少保，右都督冯宗异兼右詹事，中书平章政事胡廷瑞、廖永忠、李伯升兼同知詹事院事，中书左、右丞赵庸、王溥兼副詹事,中书参政杨宪兼詹事丞,傅瓛兼詹事,同知大都督康茂才、张兴祖兼左右率府使,大都督府副使顾时、孙兴祖同知左右率府事,金大都督府事吴桢、耿炳文兼左右率府副使,御史大夫邓愈、汤和兼谕德,御史中丞刘基、章溢兼赞善大夫,治书侍御史文原吉、范显祖兼太子宾客。谕之曰:"朕于东宫不别设府僚,而以卿等兼领者,盖军旅未息,朕若有事于外,必太子监国。若设府僚,卿等在内,事当启闻,太子或听断不明,与卿等意见不合,卿等必谓府僚导之,嫌隙易生。又所以特置宾客谕德等官者,欲辅成太子德性,且选名儒为之,职此故也。昔周公教成王克诘戎兵,召公教康王张皇六师,此居安虑危,不忘武备。盖继世之君,生长富贵,昵于安逸,不谙军旅,一有缓急,罔知所措。二公之言,其并识之。"

是年,命选国子生国琦、王璞、张杰等十余人,侍太子读书禁中。琦等人对谨身殿,仪状明秀,应对详雅。帝喜,因谓殿中侍御史郭渊友等曰:"诸生于文艺习矣,然与太子处,当端其心术,不流浮靡,庶储德亦获裨助。"因厚赐之。未几,以梁贞、王仪为太子宾客,秦庸、卢德明、张昌为太子谕德。

先是,建大本堂,取古今图籍充其中,征四方名儒教太子诸王,分番夜直,选才俊之士充伴读。帝时时赐宴赋诗,商搉古今,评论文字无虚日。命诸儒作《钟山龙蟠赋》。置酒欢甚,自作《时雪赋》,赐东宫官。令三师、谕德朝贺东宫,东宫答拜。又命东宫及王府官编辑古人行事可为鉴戒者,训谕太子诸王。四年春制《大本堂玉图记》,赐太子。

十年令自今政事并启太子处分,然后奏闻。谕曰:"自古创业之君,历涉勤劳,达人情,周物理,故处事咸当。守成之君,生长富贵,若非平昔练达,少有不谬者。故吾特命尔日临群臣,听断诸司启事,以练习国政。惟仁不失于疏暴,惟明不惑于邪佞,惟勤不溺于安逸,惟断不牵于文法。凡此皆心为权度。吾自有天下以来,未尝暇逸,于诸事务惟恐毫发失当,以负上天付托之意。戴星而朝,夜分而寝,尔所亲见。尔能体而行之,天下之福也。"时令儒臣为太子讲《大学衍义》。二十二年置詹事院。

二十四年八月敕太子巡抚陕西。先是,帝以应天、开封为南北京,临濠为中都。御史胡子祺上书曰:"天下形胜地可都者四。河东地势高,控制西北,尧尝都之,然其地苦寒。汴梁襟带河、淮,宋尝都之,然其地平旷,无险可凭。洛阳周公卜之,周、汉迁之,然嵩、邙非有淆函、终南之阻,涧、瀍、伊、洛非有泾、渭、灞、浐之雄。夫据百二河山之胜,可以耸诸侯之望,举天下莫关中若也。"帝称善。至是,谕太子曰:"天下山川惟秦地号为险固,汝往以省观风俗,慰劳秦父老子弟。"于是择文武诸臣扈太子行。既行,使谕曰:"尔昨渡江,震雷忽起于东南,导尔前行,是威震之兆也。然一旬久阴不雨,占有阴谋,宜慎举动,严宿卫,施仁布惠,以回天意。"仍申谕从行诸臣以宿顿闻。

比还,献陕西地图,遂病。病中上言经略建都事。明年四月丙子薨,帝恸哭。礼官议期丧,请以日易。及当除服,帝不忍。礼官请之,始释服视朝。八月庚申祔葬孝陵东,谥曰懿文。

太子为人友爱。秦、周诸王数有过,辄调护之,得返国。有告晋王异谋者,太子为涕泣请,帝乃感悟。帝初抚兄子文正、姊子李文忠及沐英等为子,高后视如已出。帝或以事督过之,太子辄告高后为慰解,其仁慈天性然也。太子元妃常氏,继妃吕氏。生子五,长雄英,次建文皇帝,次允熥,次允熞,次允熙。建文元年追尊为孝康皇帝,庙号兴宗。燕王即帝位,复称懿文皇太子。

孝康皇后常氏,开平王遇春女。洪武四年四月册为皇太子妃。十一年十一月薨,谥敬懿。太祖为辍朝三日。建文元年追尊为孝康皇后。永乐元年复称敬懿皇太子妃。

皇太后吕氏,寿州人。父本,累官太常卿。惠帝即位,尊为皇太后。燕兵至金川门,迓太后至军中,述不得已起兵之故。太后还,未至,宫中已火。既而随其子允熙居懿文陵。永乐元年复称皇嫂懿文太子妃。

初,太祖册常妃,继册吕妃。常氏薨,吕氏始独居东宫。而其时秦王樉亦纳王保保妹为妃,又以邓愈女为配,皆前代故事所无也。

睿宗兴献皇帝祐杬,宪宗第四子。母邵贵妃。成化二十三年封兴王。弘治四年建邸德安。已,改安陆。七年之藩,舟次龙江,有慈乌数万绕舟,至黄州复然,人以为瑞。谢疏陈五事。孝宗嘉之,赐予异诸弟。

王嗜诗书,绝珍玩,不畜女乐,非公宴不设牲醴。楚俗尚巫觋而轻医药,乃选布良方,设药饵以济病者。长史张景明献所著《六益》于王,赐之金帛,曰:“吾以此悬宫门矣。”邸旁有台曰阳春,数与群臣宾从登临赋诗。正德十四年薨,谥曰献。

王薨二年而武宗崩,召王世子入嗣大统,是为世宗。礼臣毛澄等援汉定陶、宋濮王故事,考孝宗,改称王为“皇叔父兴献大王”,王妃为“皇叔母”。帝命廷臣集议,未决。进士张璁上书请考兴献王,帝大悦。会母妃至自安陆,止通州不入。帝启张太后,欲避天子位,奉母妃归藩。群臣惶惧。太后命进王为兴献帝,妃为兴献后。璁更为《大礼或问》以进,而主事霍韬、桂萼,给事中熊浃议与璁合。帝因谕辅臣杨廷和、蒋冕、毛纪,帝、后加称“皇”。廷和等合廷臣争之,未决。嘉靖元年,禁中火,廷和及给事中邓继曾、朱鸣阳引五行五事,为废礼之证。乃辍称“皇”,加称本生父兴献帝,尊园曰陵,黄屋监卫如制,设祠署安陆,岁时享祀用十二笾豆,乐用八佾。帝心终未慊。三年加称为本生皇考恭穆献皇帝,兴国太后为本生圣母章圣皇太后,建庙奉先殿西,曰观德殿,祭如太庙。七月谕去本生号。九月,诏称孝宗皇伯考,称献皇帝曰皇考。

璁、萼等既骤贵,干进者争以言礼希上意。百户随全、录事钱子勋言献皇帝宜迁葬天寿山。礼部尚书席书议:“高皇帝不迁祖陵,太宗不迁孝陵,盖其慎也。小臣妄议山陵,宜罪。”工部尚书赵璜亦言不可。乃止。尊陵名曰显陵。

明年修《献皇帝实录》,建世庙于太庙左。六年,以观德殿狭隘,改建崇先殿。七年,命璁等集明伦大典成,加上尊谥曰恭睿渊仁宽穆纯圣献皇帝。亲制《显陵碑》，封松林山为纯德山，从祀方泽，次五镇，改安陆州为承天府。

十七年，通州同知丰坊请加尊皇考庙号，称宗以配上帝。九月加上尊谥知天守道洪德渊仁宽穆纯圣恭俭敬文献皇帝，庙号睿宗，袝太庙，位次武宗上。明堂大享奉主配天，罢世庙之祭。四十四年，芝生世庙柱，复作玉芝宫祀焉。穆宗立，乃罢明堂配享。

初，杨廷和等议封益王次子崇仁王厚炫为兴王，奉献帝祀。不允。兴国封除。献帝有长子厚熙，生五日而殇。嘉靖四年赠岳王，谥曰怀献。

皇后蒋氏，世宗母也。父斅，大兴人，追封玉田伯。弘治五年册为兴王妃。世宗入承大统，即位三日，遣使诣安陆奉迎，而令廷臣议推尊礼。咸谓宜考孝宗，而称兴王为皇叔父，妃为皇叔母。议三上，未决。会妃将至，礼臣上入宫仪，由崇文门入东安门，皇帝迎于东华门。不许。再议由正阳门入大明、承天、端门，从王门入宫。又不许。王门，诸王所出入门也。敕曰："圣母至，御太后车服，从御道入，朝太庙。"故事，后妃无谒庙礼，礼臣难之。时妃至通州，闻考孝宗，恚曰："安得以吾子为他人子。"留不进。帝涕泣愿避位。群臣以慈寿太后命，改称兴献后，乃入。以太后仪谒奉先、奉慈二殿，不庙见。元年改称兴国太后。三年乃上尊号曰本生章圣皇太后。是年秋，用张璁等言，尊为圣母章圣皇太后。五年，献帝世庙成，奉太后入谒。七年上尊号曰慈仁。九年颁太后所制《女训》于天下。十五年奉太后谒天寿山陵，命诸臣进贺行殿。是年加上尊号曰康静贞寿。

十七年十二月崩，谕礼、工二部将改葬献皇帝于大峪山，以驸马都尉京山侯崔元为奉迎行礼使，兵部尚书张瓒为礼仪护行使，指挥赵俊为吉凶仪仗官，翊国公郭勋知圣母山陵事。已，帝亲幸大峪相视，令议奉太后南诣合葬。而礼部尚书严嵩等言："灵驾北来，慈宫南诣，共一举耳。大峪可朝发夕至，显陵远在承天，恐陛下春秋念之。臣谓如初议便。"帝曰："成祖岂不思皇祖耶，何以南孝陵？"因止崔元等毋行,而令赵俊往,且启视幽宫。是年上尊谥曰慈孝贞顺仁敬诚一安天诞圣献皇后。明年,俊归,谓显陵不吉,遂议南巡。九卿大臣许赞等谏。不听。左都御史王廷相又谏。帝曰:"朕岂空行哉,为吾母耳。"已而侍御吕楠、给事中会婬、御史刘贤、郎中岳伦等复相继疏谏。不听。三月,帝至承天,谒显陵,作新宫焉,曰:"待合葬也。"归过庆都,御史谢少南言:"庆都有尧母墓,佚于祀典,请祀之。"帝曰:"帝尧父母异陵,可知合葬非古。"即拜少南左春坊左司直兼翰林院检讨,定议葬大峪山。四月,帝谒长陵,谕严嵩曰:"大峪不如纯德。"仍命崔元护梓宫南祔。闰七月,合葬显陵,主祔睿宗庙。

　　赞曰:兴宗、睿宗虽未尝身为天子,而尊号徽称典礼具备,其实有不容泯者。史者所以记事也,记事必核其名与实。曰宗曰帝者,当时已定之名,名定而实著焉矣。爰据《元史》裕宗、睿宗列传之例,别为一卷如右,而各以后附焉。

明史卷一一六
列传第四

太祖诸子一

秦王樉 汧阳王诚泖 **晋王棡** 庆成王济炫

西河王奇溯 新堞 **周王橚** 镇平王有㸅

博平王安㳄 南陵王睦㮮 镇国中尉睸椝

镇南将军安泒 镇国中尉勤熨 **楚王桢**

武冈王显槐 **齐王榑** **潭王梓** **赵王杞**

鲁王檀 归善王当沍 辅国将军当潢

奉国将军健根 安邱王当溆 寿钵

　　明制,皇子封亲王,授金册金宝,岁禄万石,府置官属。护卫甲士少者三千人,多者至万九千人,隶籍兵部。冕服车旗邸第,下天子一等。公侯大臣伏而拜谒,无敢钧礼。亲王嫡长子,年及十岁,则授金册金宝,立为王世子,长孙立为世孙,冠服视一品。诸子年十岁,则授涂金银册银宝,封为郡王。嫡长子为郡王世子,嫡长孙则授长孙,冠服视二品。诸子授镇国将军,孙辅国将军,曾孙奉国将军,四世孙镇国中尉,五世孙辅国中尉,六世以下皆奉国中尉。其生也请名,其长也请婚,禄之终身,丧葬予费,亲亲之谊笃矣。考二百余年之间,宗姓实繁,贤愚杂出。今据所纪载,自太祖时追封祔庙十五王以及列朝所封者,著于篇。而郡王以下有行义事实可采者,世系亦得附见焉。

　　熙祖，二子。长仁祖，次寿春王，俱王太后生。寿春王四子，长霍邱王，次下蔡王，次安丰王，次蒙城王。霍邱王一子，宝应王。安丰王四子，六安王、来安王、都梁王、英山王。下蔡、蒙城及宝应、六安诸王先卒，皆无后。洪武元年追封，二年定从祀礼，祔享祖庙东西庑。寿春、霍丘、安丰、蒙城四王，皆以王妃配食。蒙城王妃田氏早寡，有节行，太祖甚重之。十王、四妃墓在凤阳白塔祠，官岁祀焉。

　　仁祖，四子。长南昌王，次盱眙王，次临淮王，次太祖，俱陈太后生。南昌王二子，长山阳王，无后，次文正。盱眙王一子，昭信王，无后。临淮王无子。太祖起兵时，诸王皆前卒，独文正在。洪武初，诸王皆追封从祀。文正以罪谪死。子守谦，封靖江王，自有传。正德十一年，御史徐文华言：“宋儒程颐曰：‘成人而无后者，祭终兄弟之孙之身。’盖从祖而祔，亦从祖而毁，未有祖祧而祔食之孙独存者。今懿、僖二祖既祧，太庙祔享诸王亦宜罢祀。”廷议不可，文华竟以妄言下狱。嘉靖中建九庙，东西庑如故。九庙灾，复同堂异室之制，祔十五王于两序。盱眙、临淮王二妃配食。南昌王妃王氏，后薨，祔葬皇陵，不配食。

　　太祖，二十六子。高皇后生太子标、秦王樉、晋王棡、成祖、周王橚。胡充妃生楚王桢。达定妃生齐王榑、潭王梓。郭宁妃生鲁王檀。郭惠妃生蜀王椿、代王桂、谷王橞。胡顺妃生湘王柏。韩妃生辽王植。余妃生庆王㮵。杨妃生宁王权。周妃生岷王楩、韩王松。赵贵妃生沈王模。李贤妃生唐王柽。刘惠妃生郢王栋。葛丽妃生伊王㰘。而肃王楧母郜无名号。赵王杞、安王楹、皇子楠皆未详所生母。

　　秦愍王樉，太祖第二子。洪武三年封。十一年就藩西安。其年五月赐玺书曰：“关内之民，自元氏失政，不胜其敝。今吾定天下，又有转输之劳，民未休息。尔之国，若宫室已完，其不急之务悉已之。”
十五年八月，高皇后崩，与晋、燕诸王奔丧京师，十月还国。十七年，
皇后大祥，复来朝，寻遣还。二十二年改大宗正院为宗人府，以樉为
宗人令。二十四年，以樉多过失，召还京师，令皇太子巡视关陕。太
子还，为之解。明年命归藩。

二十八年正月命帅平羌将军甯正征叛番于洮州，番惧而降。帝
悦，赍予甚厚。其年三月薨，赐谥册曰：“哀痛者，父子之情；追谥者，
天下之公。朕封建诸子，以尔年长，首封于秦，期永绥禄位，以藩屏
帝室。夫何不良于德，竟殒厥身，其谥曰愍。”樉妃，元河南王王保保
女弟。次妃，宁河王邓愈女。樉薨，王妃殉。

子隐王尚炳嗣。沔人高福兴等为乱，尚炳巡边境上捕盗。永乐
九年，使者至西安，尚炳称疾不出迎，见使者又傲慢。帝逮治王府官
吏，赐尚炳书曰：“齐王拜胙，遂以国霸；晋侯惰玉，见讥无后。王勉
之。”尚炳惧，来朝谢罪。明年三月薨。子僖王志堩嗣，二十二年薨。
无子，庶兄怀王志均由渭南王嗣，宣德元年薨。妃张氏，未婚，入宫
守服。

弟康王志㙳嗣。好古嗜学。四年，护卫军张嵩等讦其府中事。
志㙳不安，辞三护卫。宣宗答书奖谕，予一护卫。志㙳顾数听细人，
正统十年诬奏镇守都御史陈镒，按问皆虚，而审理正秦弘等又交章
奏王凌辱府僚，箠死军役。帝再以书戒饬之。景泰六年薨。子惠王
公锡嗣，以贤闻。成化二十二年薨。

子简王诚泳嗣。性孝友恭谨，尝铭冠服以自警。秦川多赐地，
军民佃以为业，供租税，岁歉辄蠲之。长安有鲁齐书院，久废，故址
半为民居，诚泳别易地建正学书院。又旁建小学，择军校子弟秀慧
者，延儒生教之，亲临课试。王府护卫得入学，自诚泳始。所著有
《经进小鸣集》。弘治十一年薨，无子。

从弟临潼王诚澯子昭王秉欆嗣，十四年薨。子定王惟焯嗣，有
贤行，有司以闻。嘉靖十九年，敕表以绰楔。献金助太庙工，益岁禄
二百石，赐玉带袭衣。惟焯尝奏请潼关以西、凤翔以东河堨地，曰：

"皇祖所赐先臣楳也。"户部尚书梁材执奏:"陕西外供三镇,内给四王,民困已极。岂得复夺堧地,滥给宗藩。"诏如材言。二十三年薨,无子。

再从子宣王怀埢由中尉嗣。奏以本禄千石赡诸宗,赐敕奖谕。四十五年薨。子靖王敬镕嗣,万历四年薨。子敬王谊澀嗣,十四年薨。无子,弟谊澺由紫阳王嗣。薨,子存枢嗣。李自成破西安,存枢降于贼,伪授权将军,妃刘氏死之。

汧阳王诚洌,康王诸孙也,事父及继母以孝闻。父疾,经月不解带。及薨,醯酱盐酪不入口。明年,墓生嘉禾,一本双穗,嘉瓜二实并蒂,慈乌异鸟环集。以母马妃早卒,不逮养,追服衰食蔬者三年。雪中萱草生华,咸谓孝感所致。弘治十五年赐敕嘉奖。

时有辅国将军秉桦,亦好学笃行。父病,祷于神,乞以身代,疾竟愈。母丧庐墓,有双鹤集庭中。定王以闻。世宗表其门。

晋恭王桐,太祖第三子也。学文于宋濂,学书于杜环,洪武三年封。十一年就藩太原,中道笞膳夫。帝驰谕曰:"吾帅群英平祸乱,不为姑息。独膳夫徐兴祖,事吾二十三年未尝折辱。怨不在大,小子识之。"桐修目美髯,顾盼有威,多智数。然性骄,在国多不法。或告桐有异谋。帝大怒,欲罪之,太子力救得免。二十四年,太子巡陕西归,桐随来朝,敕归藩。自是折节,待官属皆有礼,更以恭慎闻。是时,帝念边防甚,且欲诸子习兵事,诸王封并塞居者皆预军务。而晋、燕二王,尤被重寄,数命将兵出塞及筑城屯田。大将如宋国公冯胜、颍国公傅友德皆受节制。又诏二王,军中事大者方以闻。三十一年三月薨,子定王济熺嗣。

永乐初,帝以济熺纵下,黜其长史龙潭。济熺惧,欲上护卫。不许。弟平阳王济熿,幼狠戾,失爱于父。及长,太祖召秦、晋、燕、周四世子及庶子之长者,教于京师。济熿与燕王子高煦、周王子有烔邪诡相比,不为太祖所爱。济熺既嗣王,成祖封济熿平阳王。济熿追憾父,并憾济熺不为解,嗾其弟庆成王济炫等日诉济熺过于朝,又诱府中官校,文致其罪,历年不已。十二年,帝夺济熺爵,及世子美圭皆为庶人,俾守恭王园,而立济熿为晋王。

济熿既立,益横暴,至进毒弑嫡母谢氏,逼丞恭王侍儿吉祥,幽济熺父子,蔬食不给。父兄故侍从宫人多为所害,莫敢言。恭王宫中老媪走诉成祖,乃即狱中召晋府故承奉左微问之,尽得济熿搆济熺状。立命微驰召济熺父子,济熺幽空室已十年矣。左微者,故因济熺牵连系狱,或传微死已久。及至,一府大惊。微入空室,释济熺父子,相抱持大恸。时帝北征,驻跸沙城,济熺父子谒行在所。帝见济熺病,恻然,封美圭平阳王,使奉父居平阳,予以恭王故连伯滩田。会帝崩,济熿遂不与美圭田。仁宗连以书谕,卒不听。又闻朝廷赐济熺王者冠服及他赉予,益怨望。成祖、仁宗之崩,不为服,使寺人代临,幕中广致妖巫为诅咒不辍。

宣宗即位,济熿密遣人结高煦谋不轨,宁化王济焕告变。比擒高煦,又得济熿交通书,帝未之问也,而济熿所遣使高煦人惧罪及,走京师首实。内使刘信等数十人告济熿擅取屯粮十万余石,欲应高煦,并发其宫中诅咒事。济焕亦至是始知嫡母被弑,驰奏。遣人察实,召至京,示以诸所发奸逆状,废为庶人,幽凤阳。同谋官属及诸巫悉论死。时宣德二年四月也。

晋国绝封凡八年,至英宗即位之二月,乃进封美圭为晋王,还居太原。正统六年薨。子庄王钟铉嗣,弘治十五年薨。世子奇源及其子表荣皆前卒,表荣子端王知烊嗣。知烊七岁而孤,能尽哀,居母丧呕血,芝生寝宫。嘉靖十二年薨。无子,再从子简王新㙉嗣。新化王表㭶、荥泽王表槏者,端王诸父也。表㭶先卒,子知炟嗣为新化王,亦前卒,二子新㙉、新垎。端王请新㙉嗣新化王,未封而端王薨,表槏谋摄府事。端王妃王氏曰:"王无后,次及新化王,新化父子卒,有孙新㙉在。"即召入府,拜几筵为丧主。表槏忿曰:"我尊行,顾不得王。"上疏言:"新㙉故新化王长子,不得为人后,新㙉宜嗣新化王,新垎宜嗣晋王。"礼部议新㙉宜嗣,是为简王。新㙉母太妃尚氏严，教子以礼。太妃疾，新坱叩头露祷。长史有敷陈，辄拜受教。其老也，以弟镇国将军新埗子慎镜摄藩事。万历三年薨，慎镜亦卒。弟惠王慎鋷嗣，七年薨。子穆王敏淳嗣，三十八年薨，子求桂嗣。李自成陷山西，求桂与秦王存枢并为贼所执，入北京，不知所终。

庆成王济炫，晋恭王子。其生也，太祖方御庆成宴，因以为封。永乐元年徙居潞州，坐擅发驿马，纵军人为盗，被责，召还太原。十年徙汾州，薨，谥庄惠。曾孙端顺王奇浈，正德中，以贤孝闻，赐敕褒将。生子七十人，嘉靖初，尚书王琼闻于朝。嗣王表栾朴茂寡言，孝友好文学。嘉靖三十年寿八十，诏书嘉奖，赉以金币。辅国将军奇添，端顺王弟也，早卒。夫人王氏守节奉姑六十余年，世宗时以节孝旌。又温穆王曾孙中尉知熄病笃，淑人贺氏欲先死以殉，取澒一勺咽之，左右救夺，遂绝饮食，与知熄同时卒。表栾以闻。礼官言《会典》无旌命妇例，世宗特命旌之，谥曰贞烈。

西河王奇溯，定王曾孙。三岁而孤。问父所在，即恸哭。长，刻栴檀为父顺简王像，祀之。母病渴，中夜稽颡祷天，俄有甘泉自地涌出。母饮泉，病良已。及卒，哀毁骨立。子表相嗣，亦以仁孝闻，与宁河王表楠、河东嗣王奇淮并为人所称。

新堞，恭王七世孙，家汾州。崇祯十四年由宗贡生为中部知县。有事他邑，土寇乘间陷其城，坐免官。已而复任。署事者闻贼且至，亟欲解印去，新堞毅然曰："此我致命之秋也。"即受之。得贼所传伪檄，怒而碎之，议拒守。邑新遭寇，无应者，乃属父老速去，而已誓必死。妻卢氏，妾薛氏、冯氏，请先死。许之。有女数岁，拊其背而勉之缢。左右皆泣下。乃书表封印，使人驰送京师，冠带望阙拜，又望拜其母，遂自经。士民葬之社坛侧，以妻女祔。先是，土寇薄城，县丞光先与战不胜，自焚死。新堞哭之恸，为之诔曰："杀身成仁，虽死犹生。"至是，新堞亦死难。

周定王橚，太祖第五子。洪武三年封吴王。七年，有司请置护卫于杭州。帝曰："钱塘财赋地，不可。"十一年改封周王，命与燕、楚、齐三王驻凤阳。十四年就藩开封,即宋故宫地为府。二十二年,橚弃其国来凤阳。帝怒,将徙之云南,寻止,使居京师,世子有燉理藩事。二十四年十二月敕归藩。建文初,以橚燕王母弟,颇疑惮之。橚亦时有异谋,长史王翰数谏不纳,佯狂去。橚次子汝南王有爋告变。帝使李景隆备边,道出汴,猝围王宫,执橚,窜蒙化,诸子并别徙。已,复召还京,锢之。成祖入南京,复爵,加禄五千石。永乐元年正月诏归其旧封,献颂九章及俳舞。明年来朝,献驺虞。帝悦,宴赐甚厚。以汴梁有河患,将改封洛阳。橚言汴堤固,无重劳民力。乃止。十四年疏辞所赐在城税课。十八年十月有告橚反者。帝察之有验。明年二月召至京,示以所告词。橚顿首谢死罪。帝怜之,不复问。橚归国,献还三护卫。仁宗即位,加岁禄至二万石。橚好学,能词赋,尝作《元宫词》百章。以国土夷旷,庶草蕃庑,考核其可佐饥馑者四百余种,绘图疏之,名《救荒本草》。辟东书堂以教世子,长史刘淳为之师。洪熙元年薨。

子宪王有燉嗣,博学善书。弟有爋数讦有燉,宣宗书谕之。有爋与弟有熺诈为祥符王有爝与赵王书,系箭上,置彰德城外,词甚悖。都指挥王友得书以闻。宣宗逮友,讯无迹。召有熺至,曰:"必有爋所为。"讯之具服,并得有熺掠食生人肝脑诸不法事,于是并免为庶人。有燉,正统四年薨,无子。帝赐书有爝曰:"周王在日,尝奏身后务从俭约,以省民力。妃夫人以下不必从死。年少有父母者遣归。"既而妃巩氏、夫人施氏、欧氏、陈氏、张氏、韩氏、李氏皆殉死,诏谥妃贞烈,六夫人贞顺。

弟简王有爝嗣,景泰三年薨。子靖王子埅嗣,七年薨。弟懿王子墲嗣,成化二十一年薨。子惠王同镳嗣,弘治十一年薨。世子安瀍未袭封而卒,孙恭王睦㰌嗣,谥安瀍悼王。

初,安瀍为世子,与弟平乐王安泛、义宁王安渼争渔利,置囹圄刑具,集亡赖为私人。惠王戒安瀍,不从,王怒。安泛因而倾之,安瀍亦持安泛不法事。惠王薨,群小交搆,安瀍奏安泛私坏社稷坛,营私第,安泛亦诬奏安瀍诸阴事。下镇、巡官按验。顷之,安瀍死,其子睦槿立而幼。安泛侵陵世子妃,安㳻亦讦妃出不正,其子不可嗣。十三年,帝命太监魏忠、刑部侍郎何鑑按治。安泛惧,益诬世子毒杀惠王并世子妃淫乱,所连逮千人。鑑等奏其妄,废安泛为庶人,幽凤阳,安㳻亦革爵。

嘉靖十七年,睦槿薨。子勤熄先卒,孙庄王朝坦嗣,三十年薨。子敬王在铤嗣,万历十年薨。子端王肃溱嗣,薨。子恭枵嗣。崇祯十四年冬,李自成攻开封,恭枵出库金五十万,饷守陴者,悬赏格,殪一贼予五十金。贼穴城,守者投以火,贼被熱死,不可胜计,乃解围去。明年正月,帝下诏褒奖,且加劳曰:“此高皇帝神灵悯宗室子孙维城莫固,启王心而降之福也。”其年四月,自成再围汴,筑长围,城中樵采路绝。九月,贼决河灌城,城圮,恭枵从后山登城楼,率宫妃及宁乡、安乡、永寿、仁和诸王露栖雨中数日。援军驻河北,以舟来迎,始获免。事闻,赐书慰劳,并赐帑金文绮,命寄居彰德。汴城之陷也,死者数十万,诸宗皆没,府中分器宝藏尽沦于巨浸。逾年,乃从水中得所奉高帝、高后金容,迎至彰德奉焉。久之,王薨,赠谥未行,国亡。其孙南走,死于广州。

镇平王有炉,定王第八子。嗜学,工诗,作《道统论》数万言。又采历代公族贤者,自夏五子迄元太子真金百余人,作《贤王传》若干卷。

博平王安㳻,惠王第十三子。惠王有子二十五人,而安㳻独贤,尝辑《贻后录》、《养正录》诸书。勤于治生,田园僮奴车马甚具。宾客造门,倾己纳之。其时称名德者,必曰博平。

南陵王睦㭿,悼王第九子,敏达有识。嘉靖四十一年,御史林润言:“天下财赋,岁供京师米四百万石,而各蕃禄岁至八百五十三万石。山西、河南存留米二百三十六万三千石,而宗室禄米五百四万石。即无灾伤蠲免,岁输亦不足供禄米之半。年复一年,愈加蕃衍,势穷弊极,将何以支。”事下诸王议。明年,睦㭿条上七议:请立宗学以崇德教,设科选以励人才,严保勘以杜冒滥,革冗职以除素餐,戒奔竞以息饕贪,制拜扫以广孝思,立忧制以省禄费。诏下廷臣参酌之。其后诸蕃遂稍稍陈说利弊，尚书李春芳集而上焉。及颁《宗藩条例》，多采睦㮮议云。

镇国中尉睦㮮，字灌甫，镇平王诸孙。父奉国将军安河以孝行闻于朝，玺书旌赉。既没，周王及宗室数百人请建祠。诏赐祠额曰："崇孝"。睦㮮幼端颖，郡人李梦阳奇之。及长，被服儒素，覃精经学，从河、洛间宿儒游。年二十通《五经》，尤邃于《易》、《春秋》。谓本朝经学一禀宋儒，古人经解残阙放失，乃访求海内通儒，缮写藏弆，若李鼎祚《易解》、张洽《春秋传》，皆叙而传之。吕柟尝与论《易》，叹服而去。益访购古书图籍，得江都葛氏、章丘李氏书万卷，丹铅历然，论者以方汉之刘向。筑室东坡，延招学者，通怀好士，而内行修洁。事亲晨昏不离侧，丧三年居外舍。有弟五人，亲为教督，尽推遗产与之。万历五年举文行卓异，为周藩宗正，领宗学。约宗生以三、六、九日午前讲《易》、《诗》、《书》，午后讲《春秋》、《礼记》，虽盛寒暑不辍。所撰有《五经稽疑》六卷，《授经图传》四卷，《韵谱》五卷，又作《明帝世表》、《周国世系表》、《建文逊国褒忠录》、《河南通志》、《开封郡志》诸书。巡抚御史褚铁议稍减郡王以下岁禄，均给贫宗，帝遣给事中万象春就周王议。新会王睦楧号于众曰："裁禄之谋起于睦㮮。"聚宗室千余人击之，裂其衣冠，上书抗诏。帝怒，废睦楧为庶人。睦㮮屡疏引疾乞休，诏勉起之。又三年卒，年七十。宗人颂功德者五百人，诏赐辅国将军，礼葬之，异数也。学者称为西亭先生。

时有将军安渓者，一岁丧母，事其父以孝闻。父病革，刲臂为汤饮父，父良已。年七十，追念母不逮养，服衰庐墓三年，诏旌其门。素精理，声誉大著，人称睦㮮为"大山"，安渓为"小山"云。

又勤熨者，镇国中尉也，嘉靖中，上书曰："陛下躬上圣之资，不法古帝王兢业万几，择政任人，乃溺意长生，屡修斋醮，兴作频仍。数年来朝仪久旷，委任非人，遂至贿赂公行，刑罚倒置，奔竞成风，公私殚竭，脱有意外变，臣不知所终。"帝览疏怒，坐诽谤，降庶人，幽凤阳。子朝埨已赐名，以罪人子无敢为请封者，上书请释父罪，且陈中兴四事，诏并禁锢。穆宗登极，释归，命有司存恤。

楚昭王桢，太祖第六子。始生时，平武昌报适至，太祖喜曰："子长，以楚封之。"洪武三年封楚王。十四年就藩武昌。尝录《御注洪范》及《大宝箴》置座右。十八年四月，铜鼓、思州诸蛮乱，命桢与信国公汤和、江夏侯周德兴师往讨。和等分屯诸洞，立栅与蛮人杂耕作。久之，擒其渠魁，余党悉溃。三十年，古州蛮叛，帝命桢帅师，湘王柏为副，往征。桢请饷三十万，又不亲莅军。帝诘责之，命城铜鼓卫而还。是年，荧惑入太微，诏谕桢戒慎，桢书十事以自警。未几，桢子巴陵王卒，帝复与敕曰："旧岁荧惑入太微，太微天庭，居翼轸，楚分也。五星无故入，灾必甚焉。尔子疾逝，恐灾不止此，尚省慎以回天意。"至冬，王妃薨。时初设宗人府，以桢为右宗人。永乐初，进宗正。二十二年薨。

子庄王孟烷嗣，敬慎好学。宣德中，平江伯陈瑄密奏："湖广，东南大藩，襟带湖、湘，控引蛮越，人民蕃庶，商贾辐聚。楚设三护卫，自始封至今，生齿日繁，兵强国富，小人行险，或生邪心。请选其精锐，以转漕为名，俟至京师，因而留之，可无后患。"帝曰："楚无过，不可。"孟烷闻之惧。五年上书请纳两护卫，自留其一。帝劳而听之。正统四年薨。

子宪王季坦嗣，事母邓妃至孝。英宗赐书奖谕。著《东平河间图赞》，为士林所诵。八年薨。弟康王季塾嗣，天顺六年薨。再从子靖王均釱嗣，正德五年薨。子端王荣㴐嗣，以仁孝著称，武宗表曰："彰孝之坊。"嘉靖十三年薨。子愍王显榕嗣，居丧哀痛，遇庆礼却贺。端王堉仪宾沈宝与显榕有隙，使人诬奏显榕左右呼显榕万岁，且诱显榕设水戏以习水军。世宗下其章，抚臣具言显榕居丧能守礼。宝坐诬，削为民。

显榕妃吴氏，生世子英燿，性淫恶，尝烝显榕宫人。显榕知之，杖杀其所使陶元儿。英燿又使卒刘金纳妓宋么儿于别馆。显榕欲罪金，金遂诱英燿谋为逆。嘉靖二十四年正月十八日，张灯置酒飨显榕，别宴显榕弟武冈王显槐于西室。酒半，金等从座后出，以铜瓜击显榕脑,立毙。显槐惊救,被伤,奔免。英燿徙显榕尸宫中,命长史孙立以中风报。王从者朱贵抉门出告变,抚、按官以闻。英燿惧,具疏奏辨,且逼崇阳王显休为保奏。通山王英炊不从,直奏英燿弑逆状。诏遣中官及驸马都尉邬景和、侍郎喻茂坚往讯。英燿辞服。诏逮入京。是年九月,告太庙,伏诛,焚尸扬灰。悉诛其党,革显休禄十之三。显槐、英炊皆赍金币,而以显榕次子恭王英㷿嗣。隆庆五年薨。

子华奎幼,万历八年,始嗣爵。卫官王守仁上告曰:"远祖定远侯弼,楚王桢妃父也,遗瑰宝数十万寄楚邸,为嗣王侵匿。"诏遣中官清核。华奎奏辨,且请避宫搜掘。皆不报。久之,系鞫王府承奉等,无所得。时诸珰方以搜括希上意,不欲暴守仁罪。帝颇悟,罢其事。华奎乃奏上二万金助三殿工。

三十一年,楚宗人华越等言:"华奎与弟宣化王华壁皆非恭王子。华奎乃恭王妃兄王如言子,抱养宫中。华壁则王如绰家人王玉子也。华越妻,即如言女,知之悉。"礼部侍郎郭正域请行勘。大学士沈一贯右华奎,委抚、按讯,皆言伪王事无左验。而华越妻持其说甚坚,不能决,廷议令覆勘。中旨以楚王袭封已二十余年,宜治华越等诬罔。御史钱梦皋为一贯劾正域,正域发华奎行贿一贯事。华奎遂讼言正域主使,正域罢去。东安王英㷿、武冈王华增、江夏王华堳等皆言伪迹昭著,行贿有据。诸宗人赴都投揭。奉旨切责,罚禄、削爵有差。华越坐诬告,降庶人,锢凤阳。未几,华奎输赂入都,宗人遮夺之。巡抚赵可怀属有司捕治。宗人蕴珍等方恨可怀治楚狱不平,遂大哄,殴可怀死。巡按吴楷以楚叛告。一贯拟发兵会剿。命未下,诸宗人悉就缚。于是斩二人,勒四人自尽,锢高墙及禁间宅者复四十五人。三十三年四月也。自是无敢言楚事者。久之,禁锢诸人以恩诏得释,而华奎之真伪竟不白。其后,张献忠掠湖广,华奎募卒自卫,以张其在为帅。献忠兵至武昌,其在为内应,执华奎沉之江,诸宗无得免者。

　　武冈王显槐,端王第三子也。嘉靖四十三年上书条藩政,请"设宗学,择立宗正、宗表,督课亲郡王以下子弟。十岁入学,月饩米一石,三载督学使者考绩,陟其中程式者全禄之,五试不中课则黜之,给以本禄三之二。其庶人暨妻女,月饩六石,庶女勿加恩。"其后廷臣集议,多采其意。

　　齐王榑,太祖第七子。洪武三年封。十五年就藩青州。二十三年命王帅护卫及山东徐、邳诸军从燕王北征。二十四年复帅护卫骑士出开平。时已令颍国公傅友德调发山东都司各卫军出塞,谕王遇敌当自为队,奏凯之时勿与诸将争功。榑数历塞上,以武略自喜,然性凶暴,多行不法。建文初,有告变者。召至京,废为庶人,与周王同禁锢。

　　燕兵入金川门,急遣兵护二王,二王卒不知所以,大怖,伏地哭。已知之,乃大喜。成祖令王齐如故,榑益骄纵。帝与书召来朝,面谕王无忘患难时。榑不悛,阴畜刺客,招异人术士为咒诅,辄用护卫兵守青州城,并城筑苑墙断往来,守吏不得登城夜巡。李拱、曾名深等上急变,榑拘匿以灭口。永乐三年诏索拱,谕榑改过。是时,周王橚亦中浮言,上书谢罪,帝封其书示榑。明年五月来朝,廷臣劾榑罪。榑厉声曰:"奸臣喋喋,又欲效建文时耶!会尽斩此辈。"帝闻之不怿,留之京邸。削官属护卫,诛指挥柴直等,尽出榑系囚及所造不法器械。群臣请罪教授叶垣等,帝曰:"王性凶悖,朕温诏开谕至六七,犹不悟,教授辈如王何。垣等先自归发其事,可勿问。"榑既被留,益有怨言。是年八月,召其子至京师,并废为庶人。

　　宣德三年,福建妄男子楼濂诡称七府小齐王,谋不轨。事觉,械至京,诛其党数百人。榑及三子皆暴卒,幼子贤赫安置庐州。景泰五年徙齐庶人、谷庶人置南京,敕守臣慎防。后谷庶人绝,齐庶人请得谷庶人第。嘉靖十三年释高墙庶人长鉴,榑曾孙也。万历中有承彩者,亦榑裔。齐宗人多凶狡,独承彩颇好学云。

潭王梓,太祖第八子。洪武三年封。十八年就藩长沙。梓英敏好学,善属文。尝召府中儒臣,设醴赋诗,亲品其高下,赍以金币。妃于氏,都督显女也。显子琥,初为宁夏指挥。二十三年坐胡惟庸党,显与琥俱坐诛。梓不自安。帝遣使慰谕,且召入见。梓大惧,与妃俱焚死。无子,除其封。

赵王杞,太祖第九子。洪武二年生。次年受封,明年殇。

鲁荒王檀,太祖第十子。洪武三年生,生两月而封。十八年就藩兖州。好文礼士,善诗歌。饵金石药,毒发伤目。帝恶之。二十二年薨,谥曰荒。

子靖王肇辉,甫弥月。母妃汤,信国公和女,抚育教诲有度。永乐元年三月始得嗣。成祖爱重之。车驾北巡过兖,锡以诗币。宣德初,上言:“国长史郑昭、纪善王贞,奉职三十年矣,宜以礼致其事。”帝谓蹇义曰:“皇祖称王礼贤敬士,不虚也。”许之。成化二年薨。子惠王泰堪嗣,九年薨。子庄王阳铸嗣,嘉靖二年薨。庄王在位久,世子当漎,当漎子健杙皆前卒,健杙子端王观𤊟嗣。狎典膳秦信等,游戏无度,挟娼乐,裸男女杂坐。左右有忤者,锥斧立毙,或加以炮烙。信等乘势残杀人。馆陶王当𣵠亦淫暴,与观𤊟交恶,相讦奏。帝念观𤊟尚幼,革其禄三之二,逮诛信等,亦革当𣵠禄三之一。二十八年,观𤊟薨。子恭王颐坦嗣,有孝行,捐邸中田湖,赡贫民,辞常禄,给贫宗。前后七赐玺书嘉劳。万历二十二年薨。世子寿镛先卒,弟敬王寿鏳嗣,二十八年薨。弟宪王寿铉嗣,崇祯九年薨。弟肃王寿镛嗣,薨。子以派嗣,十二年,大清兵克兖州,被执死。弟以海转徙台州,张国维等迎居于绍兴,号鲁监国。顺治三年六月,大兵克绍兴,以海遁入海。久之,居金门,郑成功礼待颇恭。既而懈,以海不能平,将往南澳。成功使人沉之海中。

归善王当沍,庄王幼子也。正德中,贼攻兖州,帅家众乘城,取护卫弓弩射却贼。降敕奖谕,遂以健武闻。时有卒袁质与舍人赵严俱家东平,武断为乡人所恶。吏部主事梁谷,亦东平人,少不检,倚恶少为助,既贵,颇厌苦之,又与千户高乾有怨。正德九年,谷邑人西凤竹、屈昂诳谷云:“质、严且为乱。”谷心动,因并指乾等,告变于尚书杨一清。兵部议以大兵驻济南伺变。先是,当㴶数与质、严校射。至是当㴶父庄王听长史马魁谮言当㴶结质、严欲反,虞祸及,奏于朝。帝遣司礼太监温祥、大理少卿王纯、锦衣卫指挥韩端往按问。祥等至,围当㴶第,执之。祥等谳谷所指皆平人。魁惧事败,乃讽所厚陈环及术士李秀佐症之,复以书及贿抵镇守太监毕真,使逮二人诘问。已而二人以实对,书贿事亦为真所发。于是御史李翰臣劾谷报怨邀功,长史魁惑王罔奏,宜即讯。诏下翰臣狱,谪广德州判官,免谷罪不问。御史程启充等疏言:“谷、魁鼓煽流言,死不蔽罪,纵首祸而谪言者,非国体。”不报。廷臣议当㴶罪,卒无所坐。以藏护卫兵器违祖制,废为庶人。戍质等于肃州。所连逮多瘐死,魁坐诬奏斩。凤竹、昂流口外。中官送当㴶之高墙,当㴶大恸曰:“冤乎?”觸墙死。闻者伤之。

　　辅国将军当㳶,钜野王泰塎诸孙也,慷慨有志节。嘉靖三年上书请停郡县主、郡县君恤典,以苏民困。七年奏辞辅国将军并子奉国将军禄,佐疏运河。赐敕褒谕。又上书言:“各蕃郡县主、郡县君先仪宾没者,故事仪宾得支半禄。今四方灾伤,边陲多事,民究财尽,而各仪宾暴横侈肆,多不法,请勿论品级,减其月给。”明年又请以父子应得禄米佐振。因劝帝法祖宗,重国本,裁不急之费,息土木之工。词甚恺切。帝嘉其意,特敕褒之,不听辞禄。时东瓯王健楸无子,上书言:“宗室所以蕃,由诈以媵子为嫡,糜费县官。今臣无嫡嗣,请以所受府第屯厂尽归鲁府,待给新封,省民财万一,乞著为例。”报可。

　　奉国将军健根,钜野王阳蕋诸孙。博通经术,年七十,犹纵谈名理,亹亹不倦。嘉靖中,诏褒其贤孝。子镇国中尉观烶,字中立,居母丧,蔬食逾年,哀毁骨立。尝绘《太平图》上献。世宗嘉奖之,赐承训书院名额并《五经》诸书。弟观鞢以诗画著名。同时钜野中尉颐塽、安丘将军颐埔，声诗清拔。乐陵王颐㙮亦喜称诗。

安丘王当遂，靖王曾孙，少孤，事祖父母以孝闻。曾孙颐堀好学秉礼，尤谙练典故。藩邸中有大疑，辄就决。一意韬晦，监司守令希见其面。年七十余，犹手不废书。

鲁府宗室寿锹，家兖州。崇祯中为云南通判，有声绩。永明王由榔在广西，以为右佥都御史，使募兵。值沙定州乱，兵不能集。孙可望兵至，寿锹知不免，张麾盖往见之，行三揖礼曰："谢将军不杀不掠之恩。"可望胁之降，不从。系他所，使人诱以官，终不从。从容题诗于壁，或以诗报可望，遂遇害。

明史卷一一七

列传第五

太祖诸子二

蜀王椿　　湘王柏　　代王桂 _{襄垣王逊煓}

灵邱王逊炓　成鍇　廷鄳　肃王楧　辽王植

庆王㮵　宁王权

蜀献王椿,太祖第十一子,洪武十一年封。十八年命驻凤阳。二
十三年就藩成都。性孝友慈祥,博综典籍,容止都雅,帝尝呼为"蜀
秀才"。在凤阳时,辟西堂,延李叔荆、苏伯衡商榷文史。既至蜀,聘
方孝孺为世子傅,表其居曰:"正学",以风蜀人。诣讲郡学,知诸博
士贫,分禄饩之,月一石,后为定制。造安车赐长史陈南宾。闻义乌
王绅贤,聘至,待以客礼。绅父祎死云南,往求遗骼,资给之。

时诸王皆备边练士卒,椿独以礼教守西陲。番人入寇,烧黑崖
关。椿请于朝,遣都指挥瞿能随凉国公蓝玉出大渡河邀击之。自是
番人詟伏。前代两川之乱,皆因内地不逞者钩致为患。有司私市蛮
中物,或需索启争端。椿请缯锦香扇之属,从王邸定为常贡,此外悉
免宣索。蜀人由此安业,日益殷富。川中二百年不被兵革,椿力也。

成祖即位,来朝。赐予倍诸藩。谷王橞,椿母弟也,图不轨。椿
子悦爠,获咎于椿,走橞所,橞称为故建文君以诡众。永乐十四年,
椿暴其罪。帝报曰:"王此举,周公安王室之心也。"入朝,赉金银缯

彩钜万，二十一年薨。

世子悦熑先卒，孙靖王友堉嗣。初，华阳王悦燿谋夺嫡，椿觉之，会有他过，仗之百，将械于朝。友堉为力请，得释。椿之薨，友堉方在京师，悦燿窃王帑，友堉归不问。悦燿更诬奏友堉怨诽。成祖召入讯之，会崩。仁宗察其诬，命归藩。召悦耀，悦耀犹执奏，仁宗抵其章于地，迁之武冈，复迁澧州。宣德五年，总兵官陈怀奏都司私遗蜀邸炮，用以警夜，非制。诏逮都司首领官。明年献还二护卫。从之。是年薨。妃李、侍姬黄皆自经以殉。无子，弟僖王友壏由罗江王嗣，九年薨。献王第五子和王悦𪻺由保宁王嗣，天顺五年薨。继妃徐氏，年二十六，不食死，谥静节。子定王友垓嗣，七年薨。子怀王申钛嗣，成化七年薨。弟惠王申凿嗣，弘治六年薨。子昭王宾瀚嗣，正德三年薨。子成王让栩嗣。

自椿以下四世七王，几百五十年，皆检饬守礼法，好学能文。孝宗恒称蜀多贤王，举献王家范为诸宗法。让栩尤贤明，喜儒雅，不迩声伎，创义学，修水利，振灾恤荒。嘉请十五年，巡抚都御史吴山、巡按御史金粲以闻。赐敕嘉奖，署坊表曰："忠孝贤良。"二十年建太庙，献黄金六十斤，白金六百斤。酬以玉带币帛。二十六年薨。子康王承爚嗣，三十七年薨。子端王宣圻嗣，万历四十年薨。子恭王奉铨嗣，四十三年薨。子至澍嗣。崇祯末，京师陷，蜀尚无恙。未几，张献忠陷成都，合宗被害，至澍率妃妾投于井。

湘献王柏，太祖第十二子。洪武十一年封。十八年就藩荆州。性嗜学，读书每至夜分。开景元阁，招纳俊乂，日事校雠，志在经国。喜谈兵，膂力过人，善弓矢刀槊，驰马若飞。三十年五月，同楚王桢讨古州蛮，每出入，缥囊载书以随，遇山水胜境，辄徘徊终日。尤善道家言，自号紫虚子。建文初，有告柏反者，帝遣使即讯。柏惧，无以自明，阖宫焚死。谥曰戾。王无子，封除。永乐初，改谥献，置祠官守其园。

代简王桂，太祖第十三子。洪武十一年封豫王，二十五年改封代。是年就藩大同。粮饷艰远，令立卫屯田以省转运。明年诏帅护卫兵出塞，受晋王节制。桂性暴，建文时，以罪废为庶人。

成祖即位，复爵。永乐元年正月还旧封。十一月赐玺书曰："闻弟纵戮取财，国人甚苦，告者数矣，且王独不记建文时耶？"寻命有司，自今王府不得擅役军民、敛财物，听者治之。已复有告其不轨者，赐敕列其三十二罪，召入朝，不至。再召，至中途，遣还，革其三护卫及官属。王妃中山王徐达女，仁孝文皇后妹也，骄妒，尝漆桂二侍女为癞。事闻，帝以中山王故，不罪。桂移怒世子逊煓，出其母子居外舍。桂已老，尚时时与诸子逊炌、逊熮窄衣秃帽，游行市中，袖锤斧伤人。王府教授杨普上言："逊炌狎军人武亮，与博戏，致篡杀军人。"朝廷杖治亮，降敕责戒，稍敛戢。十六年四月复护卫及官属。

正统十一年，桂薨。世子逊煓先卒，孙隐王仕㙻嗣。景泰中，尝上言总兵官郭登守城功，朝廷为劳登。天顺七年薨。子惠王成鍊嗣，弘治二年薨。子聪沬先封武邑王，以肆酒革爵。已，居惠王丧，益淫酗，废为庶人，迁太原。久之，惠王妃为疏理，复封武邑王，卒。子懿王俊杖袭封代王。

嘉靖三年，大同军叛，围王宫，俊杖走免。事平，赐书慰问。六年薨。子昭王充燿嗣。十二年，大同军又叛，充燿走宣府，再赐慰问。事平，返国，奏："乱贼既除，军民交困，乞遣大臣振抚"诏允行。二十四年，和川奉国将军充灼坐罪夺禄，怨充燿不为解，乃与襄垣中尉充㷍谋引敌入大同杀王。会应州人罗廷玺等以白莲教惑众，见充灼为妖言，因画策，约奉小王子入塞，藉其兵攻雁门，取平阳，立充灼为主，事定，即计杀小王子。充灼然之。先遣人阴持火箭，焚大同草场五六所，而令通蒙古语者卫奉阄出边，为总兵周尚文逻卒所获，并得其所献小王子表，鞫实以闻。逮充灼等至京，赐死，焚其尸，王府长史等官皆逮治。总督侍郎翁万达疏言："大同狭瘠，禄饷不支，代宗日繁衍，众聚而贫。且地近边，易生反侧。请量移和川、昌化诸郡王于山、陕隙地。"诏改迁于山西。先是,景泰间,昌化王仕壜乞移封,景帝不许,至是乃迁。代宗自简至懿,封郡王者凡二十有三,而外徙者十王。

二十六年,充燿薨。子恭王廷埼嗣。饶阳王充竎数以事侵廷埼,恐得罪,乃以陈边事为名,三十一年奏镇、巡官之罪。世宗为黜巡抚都御史何思,逮总兵官徐仁等。充竎益骄,遂与廷埼互讦,前后勘官莫能判。巡抚都御史侯钺奏夺其禄,充竎怒不承。三十三年诏遣司礼少监王臻即讯,充竎乃伏,下法司,锢高墙。万历元年,廷埼薨。子定王鼐铉嗣,二十二年薨。无子,弟新宁王鼐钧嗣,薨。子康王鼎渭嗣,崇祯二年薨。再传至孙传炍。崇祯十七年三月,李自成入大同,阖门遇害。

襄垣王逊燁,简王第五子,分封蒲州。诸王就藩后,非请命不得岁时定省。逊燁念大同不置,作《思亲篇》,词甚悲切。其后,宗人聪瀺、聪泠、俊橪、俊榲、俊暤、俊杓、俊𣚴、充焞,皆娴于文章。俊𣚴,字若讷,尤博学,有盛名,不慕荣利。姊陵川县君,适裴禹卿,地震城崩,禹卿死。县君以首触棺,呕血卒。年二十有一。诏谥贞节。

灵邱王逊烇,简王第六子宣宗时封。好学工诗,尤善医,尝施药治瘟疫,全活无算。子仕𪣻、孙成钺、曾孙聪溷,三王皆以孝旌。聪溷子俊格,能文善书。嘉靖时,献《皇储明堂二颂》、《兴献帝后挽歌》,赐金帛。聪溷必乞封其孙廷址为曾长孙,礼官奏无故事。帝以王寿考,特许之。已而复封廷址子鼐镰为玄长孙。聪溷薨,年八十三。鼐镰袭高祖爵。聪溷之从父成镤亦有孝行,聪溷闻于朝,赐金币奖谕。诏礼官自今宗室中孝行卓异如成镤者,抚、按疏闻。

又成镇者,隰川王诸孙。父仕墂,坐罪幽凤阳,病死。成镇微服走凤阳视丧,上疏自劾越禁,乞负父骨归葬泽州,即不得,愿为庶人,止墓侧,岁时省视。诏许归葬。弟成镰亦好学,有志概。嘉靖十三年上言:"云中叛卒之变幸获销弭。究其衅端,实贪酷官吏激成之。臣虑天下之祸隐于民心,异日不独云中而已。"指陈切直,帝下廷臣饬行。时以其兄弟为二难焉。万历二十年,西夏弗宁,山阴王俊栅奏诗八章,寓规讽之旨。代处塞上,诸宗涉经祸乱,其言皆忧深思远,有中朝士大夫所不及者。

廷郭,代府宗室也。崇祯中,为巩昌府通判,署秦州事,有廉直声。十六年冬,贼陷秦州,被执。使之跪,叱曰:“我天朝宗姓,头可断,膝不可屈。”贼欲活之,大呼曰:“今日惟求一死。”坐自若,遂见害。

肃庄王楧,太祖第十四子。洪武十一年封汉王。二十四年命偕卫、谷、庆、宁、岷五王练兵临清。明年改封肃。又明年,诏之国,以陕西各卫兵未集,命驻平凉。二十八年始就藩甘州。诏王理陕西行都司甘州五卫军务。三十年令督军屯粮,遇征伐以长兴侯耿炳文从。建文元年乞内徙,遂移兰州。永乐六年,以捶杀卫卒三人及受哈密进马,逮其长史官属。已,又听百户刘成言,罪平凉卫军,敕械成等京师。十七年薨。

子康王瞻焰嗣。宣德七年上一护卫。府中被盗,为榜募告捕者。御史言非制,罪其长史杨威。瞻焰又请加岁禄。敕曰:“洪武、永乐间,岁禄不过五百石,庄王不言者,以朝廷念远地转输难故也。仁考即位,加五百石矣。朕守祖制不敢违。”正统元年上言:“甘州旧邸改都司,而先王坟园尚在,乞禁近邸樵采。”从之。天顺三年上马五百匹备边,予直不受。帝强予之。八年薨。

子简王禄埤嗣,成化十五年薨。子恭王贡錝嗣,嘉靖十五年薨。世子真淤、长孙弼桓皆早卒,次孙定王弼栻嗣,四十一年薨。子缙炯先卒,孙怀王绅堵嗣,逾二年薨。无子,靖王第四子弼柿子辅国将军缙燧,以属近宜嗣。礼官言,缙燧,怀王从父,不宜袭。诏以本职理府事,上册宝,罢诸官属。穆宗即位,定王妃吴氏及延长王真浇等先后上言:“圣祖刈群雄,定天下,报功之典有隆无替。臣祖庄王受封边境,操练征戍,屏卫天家。不幸大宗中绝,反拘于昭穆之次,不及勋武继绝之典,非所以崇本支、厚藩卫也。”下部议,议以郡王理藩政。帝不许。隆庆五年,特命缙燧嗣肃王,设官属之半。万历十六年薨,谥曰懿。子宪王绅尧嗣,四十六年薨。子识𫔮嗣。崇祯十六年冬,李自成破兰州,被执,宗人皆死。

辽简王植,太祖第十五子。洪武十一年封卫王,二十五年改封辽。明年就藩广宁。以宫室未成,蹔驻大凌河北,树栅为营。帝命武定侯郭英为筑城郭宫室。英,王妃父也,督工峻急。会高丽自国中至鸭绿江皆积粟,帝虑其有阴谋,而役作军士艰苦,令辍役。至三十年,始命都督杨文督辽东诸卫士缮治之,增其雉堞,以严边卫。复图西北沿边要害,示植与宁王权,谕之曰:"自东胜以西至宁夏、河西、察罕脑儿,东胜以东至大同、宣府、开平,又东南至大宁,又东至辽东,抵鸭绿江,北至大漠,又自雁门关外,西抵黄河,渡河至察罕脑儿,又东至紫荆关,又东至居庸关及古北口,又东至山海卫,凡军民屯种地,毋纵畜牧。其荒旷地及山场,听诸王驸马牧放樵采,东西往来营驻,因以时练兵防寇。违者论之。"植在边,习军旅,屡树军功。建文中,"靖难"兵起,召植及宁王权还京。植渡海归朝,改封荆州。永乐元年入朝,帝以植初贰于己,嫌之。十年削其护卫,留军校厨役三百人,备使令。二十二年薨。子长阳王贵㷂嗣。

初,植庶子远安王贵𤫊、巴东王贵煊尝告其父有异谋。及父死,又不奔丧。仁宗即位,皆废为庶人。正统元年,府僚乞加王禄。敕曰:"简王得罪朝廷,成祖特厚待,仁宗朝加禄,得支二千石。宣宗又给旗军三百人,亲亲已至。王素乖礼度,府臣不匡正,顾为王请乎!"不许。三年,巡抚侍郎吴政奏王不友诸弟,待庶母寡恩,捶死长史杜述,居国多过。召讯京师,尽得其淫秽斁伦、凶暴诸不法事。明年四月废为庶人,守简王园。弟肃王贵㷂嗣,成化七年薨。子靖王豪壏嗣,十四年薨。子惠王恩𬭶嗣。

弘治五年,松滋王府诸宗人恩𬭶等阑人荆州府支岁禄,恩𬭶禁之,皆怨。已,仪宾袁镛复诱恩𬭶等招群小,夺军民商贾利。恩𬭶发其事,恩𬭶等愈怨,谋杀王。朝廷遣官按实,幽恩𬭶等凤阳,谪戍其党有差。恩𬭶阴使送者刑梏之,毙八十余人。不数日,世子暴卒。八年，恩镯疽发背薨。子恭王宠浸嗣，与弟光泽王宠瀼友爱，饮食服御必俱。宠瀼有令德，宠浸有事必咨之后行。正德十六年薨。子庄王致格嗣，病不视事。妃毛氏明书史，沉毅有断，中外肃然，贤声闻天下。

嘉靖十六年，致格薨。子宪烨嗣，以奉道为世宗所宠，赐号清微忠教真人，予金印。隆庆元年，御史陈省劾宪烨诸不法事，诏夺真人号及印。明年，巡按御史郜光先复劾其大罪十三，命刑部侍郎洪朝选往勘，具得其淫虐僭拟诸罪状。帝以宪烨宜诛，念宗亲免死，废为庶人，锢高墙。初，副使施笃臣憾宪烨甚，朝选至湖广，笃臣诈为宪烨书馈朝选，因劫持之。宪烨建白纛，曰："讼冤之纛"。笃臣惊曰："王反矣。"使卒五百围王宫。朝选还朝，实王罪，不言王反。大学士张居正家荆州，故与宪烨有隙，嫌朝选不坐宪烨反。久之，属巡抚都御史劳堪罗织朝选，死狱中。其后居正死，宪烨论冤，籍居正家，而笃臣亦死。辽国除，诸宗隶楚藩，以广元王术堨为宗理。

庆靖王栴，太祖第十六子。洪武二十四年封。二十六年就藩宁夏。以饷未敷，令驻庆阳北古韦州城，就延安、绥、宁租赋。二十八年诏王理庆阳、宁夏、延安、绥德诸卫军务。三十年始建邸。王好学有文，忠孝出天性。成祖善之，令岁一至韦州度夏。宣德初，言宁夏卑湿，水泉恶，乞仍居韦。不许，令岁一往来，如成祖时。正统初，宁夏总兵官史昭奏王沮边务，占灵州草场畜牧，遣使由绥德草地往还，煽惑土民。章未下，或告王阅兵，造戎器，购天文书。栴疑皆昭为之。三年上书，请徙国避昭。英宗不可，贻书慰谕。其年薨，子康王秩煃嗣。景泰元年以宁夏屡被兵，乞徙内地，不许。成化五年薨。子怀王邃墏嗣，十五年薨。弟庄王邃㙷嗣，弘治四年薨。子恭王寘鐅嗣，十一年薨。子定王台浤嗣。

正德五年，安化王寘𫓧反，台浤稽首行君臣礼。诏削护卫，革禄三之一，戍其承奉、长史。嘉靖三年，台浤贿镇守太监李昕、总兵官种勋，求为奏请复禄。昕、勋不纳，台浤衔之。会宁夏卫指挥杨钦等得罪于巡抚都御史张璿，谋藉王杀璿及勋。事觉，下都司、按察司按治，钦等诬台浤不轨，璿以闻。帝使太监扶安、副都御史王时中等复按，上言："台浤他罪有之，无谋不轨事。"诏廷臣定议，坐前屈事寘鐇，蒙恩不悛，煽构群小，谋害守臣，废为庶人，留邸，岁与米三百石，以其叔父巩昌王寘铏摄府事。

寘铏裁庆邸宫妃薪米，取邸中金帛万计。台浤子鼒柩幼失爱于父，逃寘铏所。寘铏造台浤谋逆谣语，使寺人诱鼒柩吟诵，图陷台浤自立。怀王妃王氏奏置寘铏裁减衣食，至不能自存。丰林王台瀚亦欲陷寘铏，遂发其渎乱人伦诸罪。验实，废为庶人，幽高墙。廷议谓台浤父子乖离，徙台浤西安，而封鼒柩世子，视府事，十一年十月也。十五年以两宫徽号恩复台浤冠带，薨。

鼒柩先卒，弟惠王鼒枋嗣。好学乐善，以礼饬诸宗。世宗赐之敕，建坊表之。宁夏筑边墙，鼒枋出银米佐工。万历二年薨。子端王倪㸅嗣，十六年薨。子宪王伸域嗣，十九年薨。明年，宁夏贼哱拜反，王妃方氏匿其子帅锌地窖中，自经死。时寿阳嗣王倪炌，哱拜胁降之，不屈，为所囚。镇原王伸埴理府事，谋袭贼弗克，府中人皆被杀。贼平，御史刘芳誉言："诸宗死节者俱应恤录，方妃宜建祠旌表。"诏从之，给银一万五千两，分振诸宗人。帅锌嗣，薨。子倬漼嗣。崇祯十六年，流贼破宁夏，被执。

安塞王秩炅，靖王季子也，十二而孤，母位氏诲之。性通敏，过目不忘，善古文。遇缙绅学士，质难辨惑，移日不倦。所著有《随笔》二十卷。

庶人寘鐇，祖秩炵，靖王第四子也。封安化王。父邃塂，镇国将军，以寘鐇袭王爵。性狂诞，相者言其当大贵，巫王九儿教鹦鹉妄言祸福，寘鐇遂觊望非分。宁夏指挥周昂，千户何锦、丁广，卫学诸生孙景文、孟彬、史连辈，皆往来寘鐇所。正德五年，帝遣大理少卿周东度宁夏屯田。东希刘瑾意，以五十亩为一顷，又亩敛银为瑾贿，敲扑惨酷，戍将卫卒皆愤怨。而巡抚都御史安惟学数杖辱将士妻，将士衔刺骨。寘鐇知众怒，令景文饮诸武臣酒，以言激之，诸武臣多愿从寘鐇者,又令人结平虏城戍将及素所厚张钦等。会有边警,参将仇钺、副总兵杨英帅兵出同防御。总兵官姜汉简锐卒六十人为牙兵,令周昂领之,遂与何锦定约。四月五日,寘鐇设宴,邀抚、镇官饮于第,惟学、东不至。锦、昂帅牙兵直入,杀姜汉及太监李增、邓广于坐,分遣卒杀惟学、东及都指挥杨忠于公署。遂焚官府,释囚系,撤黄河渡船于西岸以绝渡者。遣人招杨英、仇钺,皆佯许之。英率众保王宏堡,众溃,英奔灵州。钺引还,寘鐇夺其军,出金帛犒将士。伪署何锦大将军,周昂、丁广副将军,张钦先锋,魏镇、杨泰等总兵都护。令孙景文作檄,以讨刘瑾为名。

陕西总兵官曹雄闻变,遣指挥黄正驻灵州,檄杨英督灵州兵防黄河。都指挥韩斌、总兵官侯勋、参将时源各以兵会。英密使苍头报仇钺为内应,令史塘浮渡夺西岸船,营河东,焚大、小二坝草。寘鐇惧,令锦等出御,独留昂守城,使使召钺。称病,昂来问疾,钺刺昂死。令亲兵驰寘鐇第,击杀景文、连等十余人,遂擒寘鐇,迎英众入。寘鐇反十有八日而擒。锦、广、泰、钦先后皆获,械送伏诛。寘鐇赐死,诸子弟皆论死。有孙萧材逃出,削发为僧,居永宁山中。未几,为土僧所凌,诣官言状。传至京,安化宫人左宝瓶在浣衣局,使验之,咤曰:“此萧材殿下也。”帝念其自归,免死,安置凤阳。

宁献王权,太祖第十七子。洪武二十四年封。逾二年,就藩大宁。大宁在喜峰口外,古会州地,东连辽左,西接宣府,为巨镇。带甲八万,革车六千,所属朵颜三卫骑兵皆骁勇善战。权数会诸王出塞,以善谋称。燕王初起兵,与诸将议曰:“曩余巡塞上,见大宁诸军剽悍。吾得大宁,断辽东,取边骑助战,大事济矣。”建文元年,朝议恐权与燕合,使人召权,权不至,坐削三护卫。其年九月,江阴侯吴高攻永平,燕王往救。高退,燕王遂自刘家口间道趋大宁,诡言穷蹙来求救。权邀燕王单骑入城,执手大恸,具言不得已起兵故,求代草表谢罪。居数日,款洽不为备。北平锐卒伏城外,吏士稍稍入城,阴结三卫部长及诸戍卒。燕王辞去,权祖之郊,伏兵起,拥权行。三卫彍骑及诸戍卒，一呼毕集。守将朱鉴不能御，战殁。王府妃姜世子皆随入松亭关，归北平，大宁城为空。权入燕军，时时为燕王草檄。燕王谓权，事成，当中分天下。比即位，王乞改南土。请苏州，曰："畿内也。"请钱塘，曰："皇考以予五弟，竟不果。建文无道，以王其弟，亦不克享。建宁、重庆、荆州、东昌皆善地，惟弟择焉。"

永乐元年二月改封南昌，帝亲制诗送之，诏即布政司为邸，甋瓶规制无所更。已而人告权巫蛊诽谤事，密探无验，得已。自是日韬晦，搆精庐一区，鼓琴读书其间，终成祖世得无患。

仁宗时，法禁稍解，乃上书言南昌非其封国。帝答书曰："南昌，叔父受之皇考已二十余年，非封国而何？"宣德三年请乞近郭灌城乡土田。明年又论宗室不应定品级。帝怒，颇有所诘责。权上书谢过。时年已老，有司多觝龁以示威重。权日与文学士相往还，托志翀举，自号臞仙。尝奉敕辑《通鉴博论》二卷，又作《家训》六篇，《宁国仪范》七十四章，《汉唐秘史》二卷，《史断》一卷，《文谱》八卷，《诗谱》一卷，其他注纂数十种。正统十三年薨。

世子盘烒先卒，孙靖王奠培嗣。奠培善文辞，而性卞急，多嫌猜。景泰七年，弟弋阳王奠壏讦其反逆，巡抚韩雍以闻。帝遣官往讞，不实。时军民连逮者六七百人，会英宗复辟，俱赦释，惟谪戍其教授游坚。奠培由是憾守土官，不为礼。布政使崔恭积不平，王府事多持不行。奠培遂劾奏恭不法。恭与按察使原杰亦奏奠培私献、惠二王宫人，逼内官熊璧自尽。按问皆实，遂夺护卫。逾三年，而奠壏以有罪赐死。初，锦衣卫指挥逯杲听诇事者言，诬奠壏烝母。帝令奠培具实以闻，复遣驸马都尉薛桓与杲按问。奠培奏无是事，杲按亦无实。帝怒，责问杲。杲惧，仍以为实，遂赐奠壏母子自尽，焚其尸。是日雷雨大作，平地水深数尺，众咸冤之。

弘治四年，奠培薨。子康王觐钧嗣，十年薨。子上高王宸濠嗣。其母，故娼也。始生，靖王梦蛇啖其室，旦日鸱鸣，恶之。及长，轻佻无威仪，而善以文行自饰。术士李自然、李日芳妄言其有异表，又谓城东南有天子气。宸濠喜，时时诇中朝事，闻谤言辄喜。或言帝明

圣，朝廷治，即怒。武宗末年无子，群臣数请召宗室子子之。宸濠属
疏，顾深结左右，于帝前称其贤。初，宸濠贿刘瑾，复所夺护卫。瑾
诛，仍论夺。及陆完为兵部尚书，宸濠结嬖人钱宁、臧贤为内主，欲
奏复，大学士费宏执不可。诸嬖人乘宏读廷试卷，取中旨行之。宸
濠益恣，擅杀都指挥戴宣，逐布政使郑岳、御史范辂，幽知府郑巚、
宋以方。尽夺诸附王府民庐，责民间子钱，强夺田宅子女，养群盗，
劫财江、湖间，有司不敢问。日与致仕都御史李士实、举人刘养正等
谋不轨。副使胡世宁请朝廷早裁抑之。宸濠连奏世宁罪，世宁坐谪
戍，自是无敢言者。

　　正德十二年，典仪阎顺，内官陈宣、刘良间行诣阙上变。宁、贤
等庇之，不问。宸濠疑出承奉周仪，杀仪家及典仗查武等数百人。巡
抚都御史孙燧列其事，中道为所邀，不得达。宸濠又贿钱宁，求取中
旨，召其子司香太庙。宁言于帝，用异色龙笺，加金报赐。异色龙笺
者，故事所赐监国书笺也。宸濠大喜，列仗受贺。复勒诸生、父老奏
阙下，称其孝且勤。时边将江彬新得幸，太监张忠附彬，欲倾宁、贤，
乘间为帝言：“宁、贤盛称宁王，陛下以为何如？”帝曰：“荐文武百执
事，可任使也。荐藩王何为者？”忠曰：“贤称宁王孝，讥陛下不孝耳。
称宁王勤，讥陛下不勤耳。”帝曰：“然。”下诏逐王府人，毋留阙下。
是时宸濠与士实、养正日夜谋，益遣奸人卢孔章等分布水陆孔道，
万里传报，浃旬往返，踪迹大露，朝野皆知其必反。巡抚都御史孙燧
七上章言之，皆为所邀沮。诸权奸多得宸濠金钱，匿其事不以闻。

　　十四年，御史萧淮疏言宸濠诸罪，谓不早制，将来之患有不可
胜言者。疏下内阁，大学士杨廷和谓宜如宣宗处赵府事，遣勋戚大
臣宣谕，令王自新。帝命驸马都尉崔元、都御史颜颐寿、太监赖义持
谕往，收其护卫，令还所夺官民田。宸濠闻元等且至，乃定计，以己
生辰日宴诸守土官。诘旦皆入谢。宸濠命甲士环之，称奉太后密旨，
令起兵入朝。孙燧及副使许逵不从，缚出斩之。执御史王金，主事
马思聪、金山，参议黄宏、许效廉，布政使胡廉，参政陈杲、刘棐，佥
事赖凤，指挥许金、白昂等下狱。参政王纶、季敩，佥事潘鹏、师夔，

布政使梁宸,按察使杨璋,副使唐锦皆从逆。以李士实、刘养正为左、右丞相,王纶为兵部尚书,集兵号十万。命其承奉涂钦与素所蓄群盗闵念四等,略九江、南康,破之。驰檄指斥朝廷。七月壬辰朔,宸濠出江西,留其党宜春王拱樤;内官万锐等守城,自帅舟师蔽江下,攻安庆。

汀赣巡抚佥都御史王守仁闻变,与吉安知府伍文定等檄诸郡兵先后至。乃使奉新知县刘守绪破其坟厂伏兵。戊申,直攻南昌。辛亥,城破,拱樤、锐等皆就擒,宫人自焚死。宸濠方攻安庆不克,闻南昌破,大恐,解围还,守仁逆击之。乙卯,遇于黄家渡,贼兵乘风进薄,气骄甚。文定及指挥余恩佯北,诱贼趋利,前后不相及。知府邢珣、徐琏、戴德孺从后急击,文定还兵乘之,贼溃,斩溺万计。又别遣知府陈槐、林城、曾玙、周朝佐复九江、南康。明日,复战,官兵稍却,文定帅士卒殊死斗,擒斩二千余级,宸濠乃退保樵舍。明日,官军以火攻之,宸濠大败。诸妃嫔皆赴水死,将士焚溺死者三万余人。宸濠及其世子、郡王、仪宾并李士实、刘养正、涂钦、王纶等俱就擒。宸濠自举事至败,盖四十有三日。

时帝闻宸濠反,下诏暴其罪,告宗庙,废为庶人。逮系尚书陆完,嬖人钱宁、臧贤等,籍其家。江彬、张忠从臾帝亲征,至良乡,守仁捷奏至,檄止之。守仁已械系宸濠等,取道浙江。帝留南京,遣许泰、朱晖及内臣张永、张忠搜捕江西余党,民不胜其扰。檄守仁还江西。守仁至杭州,遇张永,以俘付之,使送行在。十五年十二月,帝受所献俘回銮,至通州诛之,封除。初,宸濠谋逆,其妃娄氏尝谏。及败,叹曰:“昔纣用妇言亡,我以不用妇言亡,悔何及。”

嘉靖四年,弋阳王拱樻等言:“献王、惠王四服子孙所共祀,非宸濠一人所自出,如臣等皆得甄别,守职业如故,而二王不获庙享,臣窃痛之。”疏三上,帝命弋阳王以郡王奉祀,乐舞斋郎之属半给之。宁藩既废,诸郡王势颉颃,莫能一,帝命拱樻摄府事。卒,乐安王拱櫂摄。拱櫂奏以建安、乐安、弋杨三王分治八支,著为令。

石城王奠堵,惠王第四子。性庄毅,家法甚严。靖王奠培与诸王交恶,临川、弋杨皆被构得罪,奠堵独谨约,不能坐以过失。子觐镐,孝友有令誉,早卒。孙宸浮嗣,与母弟宸浦、庶兄宸润、弟宸湎皆淫纵杀人。弘治十二年互讦奏,宸浮、宸浦并革为庶人,宸闵、宸润夺禄。宸湎遂从宸濠反,雷震死。嘉靖二十四年,复宸浮、宸浦冠带,宸润子拱梃上书为父澡雪,亦还爵。

宸湎弟宸浑素方正,宸濠欲屈之,不得,数使人火其居,而讽诸宗资给之以示惠,宸浑辞不受。宸濠败,宸浑得免。子辅国将军拱概,孙奉国将军多熿,曾孙镇国中尉谋㙔,三世皆端谨自好,而谋㙔尤贯串群籍,通晓朝廷典敌。诸王子孙好学敦行,自周潘中尉睦楔而外,莫及谋㙔者。万历二十二年,廷议增设石城、宜春管理,命谋㙔以中尉理石城王府事,得劾治不法者典。藩政三十年,宗人咸就约束。暇则闭户读书,著《易象通》、《诗故》、《春秋戴记鲁论笺》及他书,凡百十有二种,皆手自缮写。黄汝亨为进贤令,投谒抗礼,剧谈久之,逡巡改席。次日,北面称弟子,人两称之。病革,犹与诸子说《易》。子八人,皆贤而好学。从弟谋晋筑室龙沙,躬耕赋诗以终。

奉国将军拱橘,瑞昌王奠埠四世孙也。父宸渠为宸濠累,逮系中都。兄拱枘请以身代,拱橘佐之,卒得白。嘉靖九年上书请建宗学,令宗室设坛埠,行耕桑礼,谨祀典,加意恤刑,皆得旨俞允。捐田白鹿洞赡学者。其后以议礼称旨,拱枘上《大礼颂》,并赐敕褒谕。诸子群从多知名者。多熿、多燉以孝友著。多熄、多炉以秉礼严重称。多熿、多煋、多炘以善词赋名。而多熿与从兄多熯独杜门却扫,多购异书,校雠以为乐。万历中,督抚荐理瑞昌王府事,谢不起。多熄父拱㭽以宸濠事被逮,多熄甫十余龄,哭走军门,乞以身代,王守仁见而异之。嘉靖二年疏讼父冤,得释归,复爵。时诸郡王统于弋杨,而瑞昌始王不祀。多熄自谓小宗宜典宗祐,请于朝,特敕许焉。乃益祭田,修饬家政,俨若朝典。四子皆庄谨嗜学。

奉国将军多熿,惠王第五子,弋阳王奠塩五世孙也。孝友嗜学。弋阳五传而绝,宗人举多熿贤能,敕摄府事,瑞昌诸宗皆属焉。性廉静寡欲,淑人熊氏早卒,不再娶,独处斋阁者二十六年。万历四十一年,抚、按以行谊闻。诏褒之。会病卒,诏守臣加祭一坛。又多疠者,亦奉国将军,颖敏善诗歌,尝变姓名出游,踪迹遍吴、楚。晚病嬴,犹不废吟诵。卒,门人私谥曰清敏先生。子谋㙔亦有父风。时乐安辅国将军多煣有诗癖,与谋㙔等放志文酒,终其世。

明史卷一一八
列传第六

太祖诸子三

岷王楩　　谷王橞　　韩王松

沈王模　沁水王珵堦　清源王幼㙉　　安王楹

唐王桱　三城王芝城　文城王弥钳　弥锧

辅国将军宇浃　　郢王栋　　伊王㰂

皇子楠　　靖江王守谦

兴宗诸子

虞王雄英　　吴王允熥　　衡王允熞

徐王允𤌹

惠帝诸子

太子文奎　　少子文圭

成祖诸子

高煦　赵王高燧　高燨

岷庄王楩，太祖第十八子。洪武二十四年封国岷州。二十八年以云南新附，宜亲王镇抚，改云南。有司请营宫殿，帝令暂居棕亭，俟民力稍纾后作。建文元年，西平侯沐晟奏其过，废为庶人，徙漳州。永乐初复王，与晟交恶。帝赐书谕楩，而诏戒晟。楩沉湎废礼，擅收诸司印信，杀戮吏民。帝怒，夺册宝。寻念王建文中久幽系，复予之，而楩不悛。六年，削其护卫，罢官属。仁忠即位，徙武冈，寄居州治。久之，始建王邸。景泰元年薨。子恭王徽㸅嗣。

初，世子徽焲，宣德初，讦其弟镇南王徽煣诽谤仁庙。宣宗疑其诈，并召至京，及所连阉监面质，事果诬，斩阉竖而遣徽煣等归。徽煣嗣位。弟广通王徽煠有勇力，家人段友洪以技得宠。致仕后军都事于利宾言徽煠有异相，当主天下，遂谋乱。作伪敕，分遣友洪及蒙能、陈添行入苗中，诱诸苗以银印金币，使发兵攻武冈。苗首杨文伯等不敢受。事觉，友洪为徽煠所执。都御史李实以闻，遣驸马都尉焦敬、中官李琮征徽煠入京师。湖广总督王来、总兵官梁珤复发阳宗王徽焓通谋状，亦征入。皆除爵，幽高墙。时景泰二年十月也。

天顺七年，徽㸅薨。子顺王音垕嗣，病疯痹，屡年不起。次子安昌王膺铺侍医药，晨夕不去左右。宪宗闻之，赐敕嘉奖。成化十六年，音垕薨。世子膺钰居丧，饮博无度，承奉刘忠禁制之，遂杀忠。事闻，验实，革冠带停封。居四年，乃嗣。弘治十三年薨，谥曰简。子靖王彦汰嗣。嘉靖四年，与弟南安王彦泚讦阴事，彦泚废为庶人，彦汰亦坐抗制擅权，革爵。八年令世子誉荣摄府事。誉荣上疏恳辞，谓："臣坐享尊荣，而父困苦寂寞，臣心何安。且前曾举臣弟善化王誉桔,廷议以子无制父理,奏寝不行。臣亦人子也,独不愧臣弟乎!"帝览疏怜之,下部议。十二年赐彦汰冠带,理府事。十五年,以两宫徽号恩复王。又八年始薨。子康王誉荣嗣,三十一年薨。子宪王燿嗣,三十四年薨。曾孙禋洪,天启二年嗣,崇祯元年薨。无子,从父企镭嗣。十六年,流贼陷武冈遇害。

谷王橞,太祖第十九子。洪武二十四年封。二十八年三月就藩宣府。宣府,上谷地,故曰谷王。燕兵起,橞走还京师。及燕师渡江,橞奉命守金川门,登城望见成祖麾盖,开门迎降。成祖德之,即位,赐橞乐七奏,卫士三百,赍予甚厚。改封长沙,增岁禄二千石。

橞居国横甚,忠诚伯茹瑺过长沙不谒橞,橞白之帝,瑺得罪死。遂益骄肆,夺民田,侵公税,杀无罪人。长史虞廷纲数谏,诬廷纲诽谤,磔杀之。招匿亡命,习兵法战阵,造战舰弓弩器械。大创佛寺,度僧千人,为咒诅。日与都指挥张成,宦者吴智、刘信谋,呼成"师尚父",智、信"国老令公"。伪引谶书,云:"我高皇帝十八子,与谶合。"橞行次十九,以赵王杞早卒,故云。谋于元夕献灯,选壮士教之音乐,同入禁中,伺隙为变。又致书蜀王为隐语,欲结蜀为援。蜀王贻书切责。不听。已而蜀王子崇宁王悦熠得罪,逃橞所。橞因诡众:"往年我开金川门出建文君,今在邸中。我将为申大义,事发有日矣。"蜀王闻之,上变告。

初,护卫都督佥事张兴见橞为不法,惧祸及,因奏事北京,白其状。帝不信。兴过南京,复启于太子,且曰:"乞他日无连坐。"至是,帝叹曰:"朕待橞厚,张兴常为朕言,不忍信,今果然。"立命中官持敕谕橞归悦熠于蜀,且召橞入朝。橞至,帝示以蜀王章,伏地请死。诸大臣廷劾橞曰:"周戮管、蔡,汉辟濞、长,皆大义灭亲,陛下纵念橞,奈天下何?"帝曰:"橞,朕弟,朕且令诸兄弟议。"永乐十五年正月,周王橚、楚王桢、蜀王椿等各上议:"橞违祖训,谋不轨,踪迹甚著,大逆不道,诛无赦。"帝曰:"诸王群臣奉大义,国法固尔,吾宁生橞。"于是及二子皆废为庶人,官属多诛死,兴以先发不坐。

韩宪王松，太祖第二十子。洪武二十四年封国开原。性英敏，通古今，恭谨无过。永乐五年薨。以未之国，命葬安德门外。十年，子恭王冲𬭚嗣。时弃大宁三卫地，开原逼塞不可居。二十二年改封平凉。仁宗即位，召冲𬭚与弟襄陵王冲炑、乐平王冲㷆入朝，各献诗颂。帝嘉悦，赐金币有差。宣宗初，请徙江南。不许。请镯护卫屯租，建邸第。许之。遣主事毛俊经度，并建襄陵、乐平二邸及岷州广福寺。陕西守臣言岁歉，请辍工。帝令缮王宫，罢建寺役。平凉接边徼，间谍充斥，冲𬭚习边鄙利弊，正统元年上书极言边事。赐书褒答。五年薨。子怀王范圯嗣，九年薨。弟靖王范𡐛嗣，景泰元年薨。子惠王征钋嗣。初，土木之变，冲炑赴京师勤王，会解严。下书慰劳。及成化六年，寇入河套，冲炑复请率子埥击贼。宪宗止之。冲𬭚兄弟并急王事，以藩禁严不用。自是宗臣无预兵事者。

成化五年，征钋薨。子悼王偕㳶嗣，十年薨。弟康王偕灂嗣，弘治十四年薨。子昭王旭櫏嗣。性忠孝，工诗，居藩有惠政。韩土瘠禄薄，弟建宁王旭楢至，以所受金册质于宗室偕泆，事闻，废为庶人。诸贫宗往往凌劫有司，平凉知府吴世良、酈衍、任守德、王松先后被窘辱。嘉靖十三年，旭櫏薨。子定王融燧嗣，征宗室之横，颇绳以法。不逞者怨之。三十二年，襄陵王融焚及诸宗二百余人讦奏王奸利事。勘无实，革融焚等禄。四十四年，融燧薨。子谟墲先卒。世宗末年，以宗禄不足，诏身不及王者，许其嫡长子继王，余子如故秩。谟墲以世子不及王，王其长子朗锜，余子止镇国将军。万历三十四年，朗锜薨，谥曰端。子孙皆早卒，曾孙亶堵嗣。崇祯十六年，贼陷平凉，被执。

襄陵王冲炑，宪王第二子，有至性。母病，刮股和药，病良已。及卒，终丧毁瘠。每展墓，必率子孙躬畚锸培冢。先后玺书褒美者六。子范𡓋服其教，母荆罹危疾，亦刮股进之，愈。其后五世同居，门内雍肃。嘉靖十一年赍以羊酒文币。韩诸王以襄陵家法为第一。王孙征镶病卒，聘杜氏女，未婚，归王家，志操甚厉，诏赐旌表。

　　沈简王模，太祖第二十一子。洪武二十四封。永乐六年就藩潞州。宣德六年薨。子康王佶焞嗣。景泰中，数与州官置酒大会，巡抚朱鑑以闻。帝令诸王，非时令寿节，不得辄与有司宴饮，著为令。天顺元年薨。子庄王幼㙾嗣，正德十一年薨。子恭王诠钲嗣，嘉靖六年薨。孙允橙摄府事，九年卒。无子，再从弟宪王允栘摄府事，凡十年乃嗣封。当是时，沈府诸郡王勋渭、诠镨并争袭，帝皆切责之，而令允栘嗣。二十八年薨。子宣王恬烄嗣，好学，工古文词，审声律。弟安庆王恬烑、镇康王恬焯，穆宗时皆以孝义旌。万历十年，恬烄薨。子定王珵尧嗣，仁孝恭慎。弟六人，封郡王者二。余例不得封，朝廷奖王恭，皆封郡王而不与禄。薨，子效镛嗣，明亡，国除。

　　沈水王珵堦、简王七世孙也，工诗喜士，名誉藉甚。前此，有德平王允楗负儁才，与衡府新乐王载玺，周宗人睦橪、俊噤等齐名。

　　又清源王幼㙔，康王第三子，博学能文词。其后，辅国将军勋涟，从子允杉、允柠、允析，及镇国将军恬烷与诸子珵圻等，并以能诗名，时称沈藩多才焉。

　　安惠王楹，太祖第二十二子。洪武二十四年封。永乐六年就藩平凉。十五年薨。无子，封除。府僚及乐户悉罢，留典仗校尉百人守园。洪熙初，韩恭王改封平凉，就安王邸。英宗令官校隶韩，长史供安王祀，暇日给韩王子襄陵王冲烁使令。景泰五年，冲烁遂乞承安王祀。正德十二年嗣襄陵王征钤，请乐户祀安王。明年，乐平王征铟援征钤例以请。礼部言：“亲王有乐户。郡王别城居者，有事假鼓吹于有司。其附亲王国者，假乐户于长史司。”因并革安王供祀乐户。嘉靖二年，韩王旭櫏梃复为代请。帝以安王故，报可之。征钤卒，韩王融燧令长史革之。征钤长孙旭橦上言：“礼乐自天子出，韩王不宜擅予夺。”融燧亦言：“亲王、郡王礼乐宜有降杀。”帝曰：“乐户为安王祀也。”给如故。

　　唐定王桱，太祖第二十三子。洪武二十四年封。永乐六年就藩南阳。十三年薨。子靖王琼烃嗣。综核有矩矱,为成祖所喜。入朝,五日三召见。宣德元年薨。妃高氏未册,自经以殉,诏封靖王妃。无子,弟宪王琼烟嗣,成化十一年薨。子庄王芝址嗣,诸弟三城王芝垸、荡阴王芝坄并好学,有令誉。而承休王芝垠,宪王继妃焦氏子也,妃爱之。遇节旦,召乐妇入宫。芝址诘之,语不逊。焦妃怒,持铁锤击宫门,芝址闭不敢出。芝垠与妃弟璟诬王晋继母。按验不实,得芝垠慢母誓兄状,革爵。久之始复。

二十一年,芝址薨。子成王弥镝嗣。弘治中,疏言:"朝廷待亲藩,生爵殁谥,亲亲至矣。间有恶未败闻,殁获美谥,是使善者怠,恶者肆也。自今宜勘实,用寓彰瘅。"礼臣请降敕奖谕,勉厉诸王。诏可。武宗喜游幸,弥镝作《忧国诗》,且上疏以用贤图治为言。弟文城王弥钳有学行,孝友笃至。嘉靖二年,弥镝薨。无子,弥钳子敬王宇温嗣。二十一年,献金助太庙工,赐玉带,益禄二百石。时承休王芝垠子弥锒以父与庄王交讦,失令名,折节盖前愆。宇温上其事。玺书褒奖。三十九年,宇温薨。子顺王宙栐嗣。四十三年薨。子端王硕熿嗣。惑于嬖人,囚世子器𡎴及其子聿键于承奉司,器𡎴中毒死。

崇祯五年,硕熿薨,聿键嗣。七年,流贼大炽,蹂金筑南阳城,又援潞藩例,乞增兵三千人。不许。九年秋八月,京师戒严,倡义勤王。诏切责,勒还国。事定,下部议,废为庶人,幽之凤阳。弟聿镆嗣。十四年,李自成陷南阳,聿镆遇害。十七年,京师陷,福王由崧立于南京,乃赦聿键出。大清顺治二年五月,南都降。聿键行至杭,遇镇江总兵官郑鸿逵、户部郎中苏观生,遂奉入闽。南安伯郑芝龙、巡抚都御史张肯堂与礼部尚书黄道周等定议,奉王称监国。闰六月丁未,遂立于福洲,号隆武,改福洲为天兴府。进芝龙、鸿达为侯,封郑芝豹,郑彩为伯,观生、道周俱大学士,肯堂为兵部尚书,余拜官有差。

聿键好学,通典故,然权在郑氏,不能有所为。是年八月,芝龙议简战守兵二十余万,计饷不支其半。请预借两税一年,令群下捐俸,劝绅士输助,征府县银谷未解者。官吏督迫,闾里骚然。又广开事例,犹苦不足。仙霞岭守关兵仅数百人,皆不堪用。聿键屡促芝尤出兵，辄以饷诎辞。久之，芝龙知众论不平，乃请以鸿逵出浙东，彩出江西，各拥兵数千，号数万。既行，托候饷，皆行百里而还。先是，黄道周知芝龙无意出师，自请行，从广信趋婺源，兵溃死，事详《道周传》。

是时，李自成兵败，走死通山。其兄子李锦师众降于湖广总督何腾蛟，一时增兵十余万。侍郎杨廷麟、祭酒刘同升起兵复吉安、临江。于是廷麟等请聿键出江右，腾蛟请出湖南。原任知州金堡言腾蛟可恃，芝龙不可恃，宜弃闽就楚。聿键大喜，授堡给事中，遣观生先行募兵。

先是，靖江王亨嘉僭称监国，不奉聿键命，为巡抚瞿式耜等所擒，以捷闻。而鲁王以海又称监国于绍兴，拒聿键使者，故聿键决意出江西、湖广。十二月发福州，驻建宁。广东布政汤来贺运饷十万由海道至。明年二月驻延平。三月，大清兵取吉安、抚州，围杨廷麟于赣州。尚书郭维经出闽，募兵援赣。六月，大兵克绍兴，鲁王以海遁入海，闽中大震。芝龙假言海寇至，撤兵回安平镇，航海去。守关将士皆随之，仙霞岭空无一人。七月，何腾蛟遣使迎聿键，将至韶州。唯时我兵已抵闽关，守浦城御史郑为虹、给事中黄大鹏、延平知府王士和死焉。八月聿键出走，数日方至汀州。大兵奄至，从官奔散，与妃曾氏俱被执。妃至九泷投于水，聿键死于福州。给事中熊纬’尚书曹学佺、通政使马思礼等自缢死。

郢靖王栋，太祖第二十四子。洪武二十四年封。永乐六年之藩安陆。十二年薨。无子，封除。留内外官校守园。王妃郭氏，武定侯英女。王薨逾月，妃恸哭曰：“未亡人无子，尚谁恃？”引镜写容付宫人，曰：“俟诸女长，令识母。”遂自经。妃四女，一天，其三女封光化、谷城、南漳郡主，岁禄各八百石。宣德四年，以郢故邸封梁王瞻垍，移郢宫人居南京。

伊厉王㰘，太祖第二十五子。洪武二十一年生，生四年封。永乐六年之藩洛阳,岁禄仅二千石。王好武,不乐居宫中,时时挟弹露剑,驰逐郊外。奔避不及者,手击之。髡裸男女以为笑乐。十二年薨。礼臣请追削封爵,不许。

二十二年,子简王颙炔始得嗣。纵中官扰民,洛阳人苦之。河南知府李骥稍持以法。诬奏,骥被逮治。已而得白,罪王左右。英宗时上表,文不恭,屡被谯让。天顺六年薨。世孙悼王谌钒嗣,成化十一年薨。弟定王谌铬嗣,好学崇礼,居丧哀毁,岁时祀先,致斋于外。郡王、诸将军、中尉非庆贺不亵见。民间高年者,礼下之。正德三年薨。子庄王讦渊嗣,嘉靖五年薨。弟敬王讦淳嗣,居母丧,以孝闻。以禄薄上言:"先朝以河南课钞万七千七百贯,准禄米八千石。八年革诸王请乞租税,伊府课钞亦在革中,乞补禄。"户部言:"课钞本成、弘间请乞,非永乐时钦赐比。河南一省缺禄者八十余万,宜不许。"帝从部议。二十一年薨。

世子典楧嗣,贪而愎,多持官吏短长。不如指,必搆之去,既去复折辱之。御史行部过北邙山外,典楧要笞之。缙绅往来,率纡途取他境。经郭外者,府中人辄迫挽其车,詈其不朝,入朝者复辱以非礼。府墙坏,请更筑,乃夺取民舍以广其宫。郎中陈大壮与邸邻,索其居不与,使数十人从大壮卧起,夺其饮食,竟至馁死。所为宫,崇台连城,拟帝阙。有锦衣官校之陕者,经洛阳,典楧忽召官属迎诏,鼓吹拥锦衣入,捧一黄卷入宫。众请开读,曰:"密诏也。"遂趣锦衣去。锦衣谓王厚待之,不知所以。其夜大张乐,至曙,府中皆呼千岁,诈谓"天子特亲我也"。闭河南府城,大选民间子女七百余,留其姝丽者九十人。不中选者令以金赎。都御史张永明、御史林润、给事中邱岳相继言其罪状。再遣使往勘,革禄三之二,令坏所僭造宫城,归民间女,执群小付有司。典楧不奉诏。部牒促之,布政使持牒入见。典楧曰:"牒何为者,可用障椐耳!"四十三年二月,抚、按官以闻。诏礼部会三法司议。佥谓:"典楧淫暴,无藩臣礼,陛下曲赦再四,终不湔改,奸回日甚。宜如徽王载坮故事,禁锢高墙,削除世封。"诏从其议,与子褒炻俱安置开封。

皇子楠，太祖第二十六子。洪武二十六年生，逾月殇。

靖江王守谦，太祖从孙。父文正，南昌王子也。当太祖起兵时，南昌王前死，妻王氏携文正依太祖。太祖、高后抚如己子。比长，涉猎传记，饶勇略，随渡江取集庆路。已，有功，授枢密院同金。太祖从容问：“若欲何官？”文正对曰：“叔父成大业，何患不富贵。爵赏先私亲，何以服众。”太祖喜其言，益爱之。

太祖为吴王，命为大都督，节制中外诸军事。及再定江西，以洪都重镇，屏翰西南，非骨肉重臣莫能守。乃命文正统元帅赵得胜等镇其地，儒士郭之章、刘仲服为参谋。文正增城浚池，招集山寨未附者，号令明肃，远近震慑。居无何，友谅帅舟师六十万围洪都。文正数摧其锋，坚守八十有五日，城坏复完者数十丈。友谅旁掠吉安、临江，俘其守将徇城下，不为动。太祖亲帅兵来援，友谅乃解去，与太祖相拒于彭蠡。友谅掠粮都昌，文正遣方亮焚其舟。粮道绝，友谅遂败。复遣何文辉等讨平未附州县。江西之平，文正功居多。

太祖还京，告庙饮至，赐常遇春、廖永忠及诸将士金帛甚厚。念文正前言知大体，锡功尚有待也，而文正不能无少望。性素卞急，至是暴怒，遂失常度，任椽吏卫可达夺部中子女。按察使李饮冰奏其骄侈觖望，太祖遣使诘责。文正惧，饮冰益言其有异志。太祖即日登舟至城下，遣人召之。文正仓卒出迎，太祖数曰：“汝何为者？”遂载与俱归，欲竟其事。高后力解之曰：“儿特性刚耳，无他也。”免官安置桐城，未几卒。饮冰亦以他事伏诛。

文正之被谪也，守谦甫四岁，太祖抚其顶曰：“儿无恐，尔父倍训教，贻我忧，我终不以尔父故废尔。”育之宫中。守谦幼名铁柱，吴元年以诸子命名告庙，更名炜。洪武三年更名守谦，封靖江王。禄视郡王，官属亲王之半，命者儒赵壎为长史傅之。既长，之藩桂林。桂林有元顺帝潜邸，改为王宫，上表谢。太祖敕其从臣曰：“从孙幼而远镇西南，其善导之。”守谦知书，而好比群小，粤人怨咨。召还，戒谕之。守谦作诗怨望。帝怒,废为庶人。居凤阳七年,复其爵。徙镇云南,使其妃弟徐溥同往,赐书戒饬,语机挚切。守谦暴横如故。召还,使再居凤阳。复以强取牧马,锢之京师。二十五年卒。

子赞仪幼,命为世子。

三十年春遣省晋、燕、周、楚、齐、蜀、湘、代、肃、辽、庆、谷、秦十三王,自湘、楚入蜀,历陕西,抵河南、山西、北平,东至大宁、辽阳,还自山东,使知亲亲之义,熟山川险易,习劳苦。赞仪恭慎好学。永乐元年复之国桂林,使萧用道为长史。用道善辅导,赞仪亦敬礼之。六年薨,谥曰悼僖。

子庄简王佐敬嗣。初给银印,宣德中,改用金涂。正统初,与其弟奉国将军佐敏相讦奏,语连大学士杨荣。帝怒,戍其使人。成化五年薨。子相承先卒,孙昭和王规裕嗣,弘治二年薨。子端懿王约麒嗣,以孝谨闻。正德十一年薨。子安肃王经扶嗣,好学有俭德,尝为《敬义箴》。嘉靖四年薨。子恭惠王邦苎嗣,与巡按御史徐南金相讦奏。夺禄米,罪其官校。隆庆六年薨。子康僖王任昌嗣,万历十年薨。子温裕王履焘嗣,二十年薨。无子,从父宪定王任晟嗣,三十八年薨。子荣穆王履祜嗣,薨。子亨嘉嗣。李自成陷京师后,自称监国于广西,为巡抚瞿式耜所诛。时唐王聿键在福建,奏捷焉。

兴宗五子。后常氏生虞怀王雄英、吴王允熥。吕后生惠帝、衡王允熞、徐王允熙。

虞怀王雄英,兴宗长子,太祖嫡长孙也。洪武十五年五月薨。年八岁。追加封谥。

吴王允熥,兴宗第三子。建文元年封国杭州,未之藩。成祖即位,降为广泽王,居漳州。未几,召还京,废为庶人,锢凤阳。永乐十五年卒。

衡王允熞，兴宗第四子，建文元年封。成祖降为怀恩王，居建昌。与允熥俱召还，锢凤阳，先后卒。

徐王允㷄，兴宗第五子，建文元年封。成祖降为敷惠王，随母吕太后居懿文陵。永乐二年下诏改瓯宁王，奉太子祀。四年十二月，邸中火，暴薨。谥曰哀简。

惠帝二子。俱马后生。

太子文奎。建文元年立为皇太子。燕师入，七岁矣，莫知所终。

少子文圭。年二岁，成祖入，幽之中都广安宫，号为建庶人。英宗复辟，怜庶人无罪久系，欲释之，左右或以为不可。帝曰：“有天命者，任自为之。”大学士李贤赞曰：“此尧、舜之心也。”遂请于太后，命内臣牛玉往出之。听居凤阳，婚娶出入使自便。与阍者二十人，婢妾十余人，给使令。文圭孩提被幽，至是年五十七矣。未几卒。

成祖四子。仁宗、汉王高煦、赵王高燧俱文皇后生。高燧未详所生母。

汉王高煦，成祖第二子。性凶悍。洪武时，召诸王子学于京师。高煦不肯学，言动轻佻，为太祖所恶。及太祖崩，成祖遣仁宗及高煦入临京师。舅徐辉祖以其无赖，密戒之。不听，盗辉祖善马，径渡江驰归。途中辄杀民吏，至涿州，又击杀驿丞，于是朝臣举以责燕。成祖起兵，仁宗居守，高煦从，尝为军锋。白沟河之战，成祖几为瞿能所及，高煦帅精骑数千，直前决战，斩能父子于阵。及成祖东昌之败，张玉战死，成祖只身走，适高煦引师至，击退南军。徐辉祖败燕兵于浦子口，高煦引蕃骑来。成祖大喜，曰：“吾力疲矣，儿当鼓勇再战。”高煦麾蕃骑力战，南军遂却。成祖屡濒于危而转败为功者，高煦力为多。成祖以为类己，高煦亦以此自负，恃功骄恣，多不法。

成祖即位，命将兵往开平备边。时议建储，淇国公丘福、驸马王宁善高煦，时时称高煦功高，几夺嫡。成祖卒以元子仁贤，且太祖所立，而高煦又多过失，不果。永乐二年，仁宗立为太子，封高煦汉王，国云南。高煦曰："我何罪，斥万里。"不肯行。从成祖巡北京，力请并其子归南京。成祖不得已，听之。请得天策卫为护卫，辄以唐太宗自比。已，复乘间请益两护卫，所为益恣。成祖尝命同仁宗谒孝陵。仁宗体肥重，且足疾，两中使掖之行，恒失足。高煦从后言曰："前人蹉跌，后人知警。"时宣宗为皇太孙，在后应声曰："更有后人知警也。"高煦回顾失色。高煦长七尺余，轻趫善骑射，两腋若龙鳞者数片。既负其雄武，又每从北征，在成祖左右，时媒蘖东宫事，潜解缙至死，黄淮等皆系狱。

十三年五月改封青州，又不欲行。成祖始疑之，赐敕曰："既受藩，岂可常居京邸。前以云南远惮行，今封青州，又托故欲留侍，前后殆非实意，兹命更不可辞。"然高煦迁延自如。私选各卫健士，又募兵三千人，不隶籍兵部，纵使劫掠。兵马指挥徐野驴擒治之。高煦怒，手铁瓜挝杀野驴，众莫敢言。遂僭用乘舆器物。成祖闻之怒。十四年十月还南京，尽得其不法数十事，切责之，褫冠服，囚系西华门内，将废为庶人。仁宗涕泣力救，乃削两护卫，诛其左右狎昵诸人。明年三月徙封乐安州，趣即日行。高煦至乐安，怨望，异谋益急。仁宗数以书戒，不悛。

成祖北征晏驾。高煦子瞻圻在北京，觇朝延事驰报，一昼夜六七行。高煦亦日遣人潜伺京师，幸有变。仁宗知之，顾益厚遇。遗书召至，增岁禄，赐赍万计，仍命归藩。封其长子为世子，余皆郡王。先是，瞻圻怨父杀其母，屡发父过恶。成祖曰："尔父子何忍也。"至是高煦入朝，悉上瞻圻前后觇报中朝事。仁宗召示瞻圻曰："汝处父子兄弟间，谗构至此，稚子不足诛。"遣守凤阳皇陵。

未几，仁宗崩，宣宗自南京奔丧。高煦谋伏兵邀于路，仓卒不果。及帝即位，赐高煦及赵王视他府特厚。高煦日有请，并陈利国安民四事。帝命有司施行，仍复书谢之。因语群臣曰："皇祖尝谕皇考，谓叔有异志，宜备之。然皇考待之极厚。如今所言，果出于诚，则是旧心已革，可不顺从。"凡有求请，皆曲徇其意。高煦益自肆。

宣德元年八月，遂反。遣其亲信枚青等潜至京师，约旧功臣为应。英国公张辅执之以闻。时高煦已约山东都指挥靳荣等，又散弓刀旗帜于卫所，尽夺傍郡县畜马。立五军指挥王斌领前军，韦达左军，千户盛坚右军，知州朱恒后军，诸子各监一军，高煦自将中军。世子瞻坦居守，指挥韦弘、韦兴，千户王玉、李智领四哨。部署已定，伪授王斌、朱恒等太师、都督、尚书等官。御史李浚以父丧家居，高煦招之，不从，变姓名，间道诣京师上变。帝犹不忍加兵，遣中官侯泰赐高煦书。泰至，高煦盛兵见泰，南面坐，大言曰："永乐中信谗，削我护卫，徙我乐安。仁宗徒以金帛饵我，我岂能郁郁居此。汝归报，急缚奸臣夏原吉等来，徐议我所欲。"泰惧，唯唯而已。比还，帝问汉王何言，治兵何如，泰皆不敢以实对。

是月，高煦遣百户陈刚进疏，更为书与公侯大臣，多所指斥。帝叹曰："汉王果反。"乃议遣阳武侯薛禄将兵往讨。大学士杨荣等劝帝亲征。帝是之。张辅奏曰："高煦素懦，愿假臣兵二万，擒献阙下。"帝曰："卿诚足擒贼，顾朕初即位，小人或怀二心，不亲行，不足安反侧。"于是车驾发京师，过杨村，马上顾从臣曰："度高煦计安出？"或对曰："必先取济南为巢窟。"或对曰："彼暴不肯离南京，今必引兵南下。"帝曰："不然。济南虽近，未易攻，闻大军至，亦不暇攻。护卫军家乐安，必内顾，不肯径趋南京。高煦外夸诈，内实怯，临事狐疑不能断。今敢反者，轻朕年少新立，众心未附，不能亲征耳。今闻朕行，已胆落，敢出战乎。至即擒矣。"

高煦初闻禄等将兵，攘臂大喜，以为易与。及闻亲征，始惧。时有从乐安来归者，帝厚赏之，令还谕其众。仍遗书高煦曰："张敖失国，始于贯高；淮南被诛，成于伍被。今六师压境，王即出倡谋者，朕与王除过，恩礼如初。不然，一战成擒，或以王为奇货，缚以来献，悔无及矣。"前锋至乐安，高煦约诘旦出战。帝令大军蓐食兼行，驻跸乐安城北,壁其四门。贼乘城守,王师发神机铳箭,声震如雷。诸将请即攻城。帝不许。再敕谕高煦,皆不答。城中人多欲执献高煦者,高煦大惧。乃密遣人诣行幄,愿假今夕诀妻子,即出归罪。帝许之。是夜,高煦尽焚兵器及通逆谋书。明日,帝移跸乐安城南。高煦将出城,王斌等力止曰:"宁一战死,无为人擒。"高煦绐斌等复入宫,遂潜从间道出见帝。群臣请正典刑。不允。以劾章示之,高煦顿首言:"臣罪万万死,惟陛下命。"帝令高煦为书召诸子,余党悉就擒。赦城中罪,胁从者不问。命薛禄及尚书张本镇抚乐安,改曰武定州,遂班师。废高煦父子为庶人,筑室西安门内锢之。王斌等皆伏诛,惟长史李默以尝谏免死,谪口北为民。天津、青州、沧州、山西诸都督指挥约举城应者,事觉相继诛,凡六百四十余人,其故纵与藏匿坐死戍边者一千五百余人,编边氓者七百二十人。帝制《东征记》以示群臣。高煦及诸子相继皆死。

赵简王高燧,成祖第三子。永乐二年封。寻命居北京,诏有司,政务皆启王后行。岁时朝京师,辞归,太子辄送之江东驿。高燧恃宠,多行不法,又与汉王高煦谋夺嫡,时时潜太子。于是太子宫寮多得罪。七年,帝闻其不法事,大怒,诛其长史顾晟,褫高燧冠服,以太子力解,得免。择国子司业赵亨道、董子庄为长史辅导之,高燧稍改行。

二十一年五月,帝不豫。护卫指挥孟贤等结钦天监官王射成及内侍杨庆养子造伪诏,谋进毒于帝,俟晏驾,诏从中下,废太子,立赵王。总旗王瑜姻家高以正者,为贤等画谋,谋定告瑜。瑜上变。帝曰:"岂应有此!"立捕贤,得为伪诏。贤等皆伏诛,升瑜辽海卫千户。帝顾高燧曰:"尔为之耶?"高燧大惧,不能言。太子力为之解曰:"此下人所为,高燧必不与知。"自是益敛戢。

仁宗即位,加汉、赵二王岁禄二万石。明年,之国彰德,辞常山左右二护卫。宣宗即位,赐田园八十顷。帝擒高煦归,至单桥,尚书陈山迎驾,言曰:"赵王与高煦共谋逆久矣,宜移兵彰德,擒赵王。否则赵王反侧不自安,异日复劳圣虑。"帝未决。时惟杨士奇以为不可。山复邀尚书蹇义、夏原吉共请。帝曰:"先帝友爱二叔甚。汉王自绝于天,朕不敢赦。赵王反形未著,朕不忍负先帝也。"及高煦至京,亦言尝遣人与赵通谋。户部主事李仪请削其护卫,尚书张本亦以为言。帝不听。既而言者益众。明年,帝以其词及群臣章遣驸马都尉广平侯袁容持示高燧。高燧大惧,乃请还常山中护卫及群牧所、仪卫司官校。帝命收其所还护卫,而与仪卫司。宣德六年薨。

　　子惠王瞻塙嗣,景泰五年薨。子悼王祈镃嗣,天顺四年薨。子靖王见潾嗣。惠王、悼王皆颇有过失,至见潾恶尤甚,屡贼杀人,又尝乘醉欲杀其叔父。成化十二年,事闻,诏夺禄米三之二,去冠服,戴民巾,读书习礼。其后二年,见潾母妃李氏为之请,得冠服如故。见潾卒不能改。爱幼子祐枳,遂诬长子祐楪以大逆,复被诏诮让。弘治十五年薨。子庄王祐楪嗣,正德十三年薨。

　　子康王厚煜嗣,事祖母杨妃以孝闻。嘉靖七年六月,玺书褒予。明年冬,境内大饥。厚煜上疏,请辞禄一千石以佐振。帝嘉王忧国,诏有司发粟,不允所辞。及帝南巡,厚煜远出迎,命益禄三百石。厚煜性和厚,构一楼名"思训",尝独居读书,文藻赡丽。宗人辅国将军祐椋等数犯法,与有司为难。厚煜庇祐椋。祐椋卒得罪,并见责让。其后有司益务以事裁抑诸宗。洛川王翊鏴奴与通判田时雨之隶争瓜而殴,时雨捕王奴。厚煜请解不得,竟论奴充军。未几,宗室数十人索禄,时雨以宗室殴府官,白于上官。知府傅汝砺尽捕各府人。厚煜由是忿恚,竟自缢死。三十九年十月也。厚煜子成皋王载垸疏闻于朝,下法司按问。时雨斩河南市,汝砺戍极边。厚煜子载培及载培子翊锱皆前卒。翊锱子穆王常清嗣,以善行见旌。万历四十二年薨。世子由松前卒,弟寿光王由桂子慈憼嗣,薨。无子,穆王弟常澳嗣。崇祯十七年,彰德陷,被执。

明史卷一一九
列传第七

仁宗诸子

郑王瞻埈　庐江王载堜　越王瞻墉

蕲王瞻垠　襄王瞻墡　枣阳王祐楒

荆王瞻堈　淮王瞻墺　滕王瞻垲

梁王瞻垍　卫王瞻埏

英宗诸子

德王见潾　许王见淳　秀王见澍

崇王见泽　吉王见浚　忻王见治

徽王见沛

景帝子

怀献太子见济

宪宗诸子

悼恭太子祐极　　岐王祐棆
益王祐槟　　衡王祐楎 _{新乐王载玺}
雍王祐橒　　寿王祐楎　　汝王祐梈
泾王祐橓　　荣王祐枢　　申王祐楷

孝宗子

蔚王厚炜

　　仁宗十子,昭皇后生宣宗、越王瞻墉、襄王瞻墡。李贤妃生郑王瞻埈、蕲王瞻垠、淮王瞻墺。张顺妃生荆王瞻堈。郭贵妃生滕王瞻垲、梁王瞻垍、卫王瞻埏。

　　郑靖王瞻埈,仁宗第二子。永乐二十二年九月封。仁宗崩,皇后命与襄王监国,以待宣宗。宣德元年,帝征乐安,仍命与襄王居守。四年就藩凤翔。正统八年诏迁怀庆,留京邸,明年之国。瞻埈暴厉,数毙人杖下。英宗以御史周瑛为长史,稍戢。成化二年薨。子简王祁锳嗣。祁锳之为世子也,襄王朝京师,经新乡,祁锳不请命,遣长史往迎。英宗闻之不悦,赐书责让。及嗣王,多不法,又待世子寡恩。长史江万程谏,被责辱,万程以闻。帝遣英国公张懋、太监王允中赍敕往谕,始上书谢罪。弘治八年薨。世子见滋母韩妃不为祁镆所礼,见滋悒悒先卒。子康王祐枔嗣,正德二年薨。无子,从弟懿王祐橒嗣,十六年薨。子恭王厚烷嗣。

世宗幸承天,厚烷迎谒于新乡,加禄三百石。疏奏母阎太妃贞孝事迹。诏付史馆。其后帝修斋醮,诸王争遣使进香,厚烷独不遣。嘉靖二十七年七月上书,请帝修德讲学,进《居敬》、《穷理》、《克己》、《存诚》四箴,《演连珠》十章,以神仙、土木为规谏。语切直。帝怒,下其使者于狱。诏曰:“前宗室有谤讪者置不治,兹复效尤。王,今之西伯也,欲为为之。”后二年而有祐橒之事,厚烷遂获罪。

初,祁镆有子十人,世子见滋,次盟津王见澎,次东垣王见氵贳。见澎母有宠于祁镆,规夺嫡,不得,窃世子金册以去。祁镆索之急,因怨不复朝,所为益不法。祁镆言之宪宗,革为庶人。及康王薨,无子,见澎子祐橒应及,以前罪废,乃立东垣王子祐橒。至是祐橒求复郡王爵,怨厚烷不为奏,乘帝怒,摭厚烷四十罪,以叛逆告。诏驸马中官即讯。还报反无验,治宫室名号拟乘舆则有之。帝怒曰:“厚烷讪朕躬,在国骄傲无礼,大不道。”削爵,锢之凤阳。隆庆元年复王爵,增禄四百石。厚烷自少至老,布衣蔬食。

世子载堉笃学有至性,痛父非罪见系,筑土室宫门外,席藁独处者十九年。厚烷还邸,始入宫。万历十九年,厚烷薨。载堉曰:“郑宗之序,盟津为长。前王见澎,既锡谥复爵矣,爵宜归盟津。”后累疏恳辞。礼臣言:“载堉虽深执让节,然嗣郑王已三世,无中更理,宜以载堉子翊锡嗣。”载堉执奏如初,乃以祐橒之孙载玺嗣,而令载堉及翊锡以世子、世孙禄终其身,子孙仍封东垣王。二十二年正月,载堉上疏,请宗室皆得儒服就试,毋论中外职,中式者视才品器使。诏允行。明年又上历算岁差之法,及所著《乐律书》,考辨详确,识者称之。卒谥端清。崇祯中,载玺子翊钟以罪赐死,国除。

庐江王载埁,简王元孙也。崇祯十七年二月,贼陷怀庆,载埁整冠服,端坐堂上,贼至,被执,欲屈之。厉声曰:“吾天朝藩王,肯降汝逆贼耶!”诟骂不屈,遇害。贼执其长子翊椺,拥之北行。三月过定兴,于旅店作绝命词,遂不食死。

越靖王瞻墉,仁宗第三子。永乐二十二年封衢州。未之藩,宣宗赐以昌平庄田。正统四年薨。妃吴氏殉,谥贞惠。无后。

蕲献王瞻垠,仁宗第四子。初封静乐王。永乐十九年薨,谥壮献。仁宗即位,追加封谥。无后。

襄献王瞻墡,仁宗第五子。永乐二十二年封。庄敬有令誉。宣德四年就藩长沙。正统元年徙襄阳。英宗北狩,诸王中,瞻墡最长且贤,众望颇属。太后命取襄国金符入宫,不果召。瞻墡上书,请立皇长子,令郕王监国,慕勇智士迎车驾。书至,景帝立数日矣。英宗还京师,居南内,又上书景帝宜旦夕省膳问安,率群臣朔望见,无忘恭顺。

英宗复辟,石亨等诬于谦、王文有迎立外藩语,帝颇疑瞻墡。久之,从宫中得瞻墡所上二书,而襄国金符固在太后阁中。乃赐书召瞻墡,比二书于《金縢》。入朝,宴便殿,避席请曰:"臣过汴,汴父老遮道,言按察使王槩贤,以诬逮诏狱,愿皇上加察。"帝立出槩,命为大理卿。诏设襄阳护卫,命有司为王营寿藏。及归,帝亲送至午门外,握手泣别。瞻墡逡巡再拜,帝曰:"叔父欲何言?"顿首曰:"万方望治如饥渴,愿省刑薄敛。"帝拱谢曰:"敬受教。"目送出端门乃还。四年复入朝。命百官朝王于邸,诏王诣昌平谒三陵。及辞归,礼送加隆,且敕王岁时与诸子得出城游猎,盖异数也。六年又召,以老辞。岁时存问,礼遇之隆,诸藩所未有。成化十四年薨。

子定王祁镛嗣,弘治元年薨。子简王见淑嗣,三年薨。子怀王祐材嗣。好鹰犬,蓄善马,往返南阳八百里,日犹未晡。妃父井海诱使杀人。孝宗戒谕,戍海及其左右。祐材好道术,赐予无节,又尝与兴邸争地,连逮七十余家,狱久不决。大理卿汪纶两解之,乃得已。十七年薨。弟康王祐楬嗣,亦好道术。嘉靖二十九年薨。无子,从子庄王厚颎由阳山王嗣,定王曾孙也。

时王邸灾，先世蓄积一空。厚颎折节为恭俭，节禄以饷边，进金助三殿工。两赐书币。事嫡母王太妃及生母潘太妃，以孝闻。潘卒，殡之东偏。王太妃曰："汝母有子，社稷是赖，无以我故避正寝。"厚颎泣曰："臣不敢以非礼加臣母。"及葬，跣足扶榇五十里。士大夫过襄者，皆为韦布交。四十五年薨。子靖王载尧嗣，万历二十三年薨。子翊铭嗣。崇祯十四年，张献忠陷襄阳，遇害。

初，大学士杨嗣昌之视师也，以襄阳为军府，增堞浚隍，贮五省饷金及弓刀火器。是年二月，献忠邀杀嗣昌使于道，夺其符验，以数十骑绐入襄城。夜半火作，迟明，贼大至，执翊铭南城楼，属卮酒曰："王无罪，王死，嗣昌得以死偿王。"遂杀王及贵阳王常法，火城楼，焚其尸。贼去，仅拾颅骨数寸，妃妾辈死者四十三人。福清王常澄、进贤王常淤走免。事闻，帝震悼，命所司备丧礼，谥曰忠王。嗣昌朝惠王于荆州，谒者谢之曰："先生惠顾寡人，愿先之襄阳。"谓襄城之破，罪在嗣昌也。十七年以常澄嗣襄王，寄居九江，后徙汀州，不知所终。

枣阳王祐楒，宪王曾孙也，材武善文章，博涉星历医卜之书。嘉靖初上书，请考兴献帝。世宗以其议发自宗人，足厌服群心，褒之。更请除宗人禄，使以四民业自为生，贤者用射策应科第。寝不行。时襄王祐槟病废不事事，承奉邵亨挟权自恣，至捶死镇宁王舅。祐楒诱致之，抉其目。帝遣大理少卿袁宗儒偕中官、锦衣往讯。亨论死，祐楒坐夺爵。帝幸承天，念祐楒前疏，复之。

荆宪王瞻堈，仁宗第六子。永乐二十二年封。宣德四年就藩建昌。宫中有巨蛇，蜿蜒自梁垂地，或凭王座。瞻堈大惧，请徙。正统十年徙蕲州。景泰二年上书请朝上皇。不许。四年薨。子靖王祁镐嗣，天顺五年薨。子见潚嗣。

靖王三子，长见潚，次都梁王见溥、樊山王见澋。见潚与见溥同母，怨母之昵见溥也，锢母，夺其衣食，竟死，出柩于窦。召见溥入后园，篝杀之。给其妃何氏入宫，逼淫之。从弟都昌王见潭妻苟氏美，求通焉。见潭母马氏防之严,见溥尝马氏鞭之,囊土压见潭死,械系茆妃入宫。尝集恶少年,轻骑微服,涉汉水,掠人妻女。见濠惧其及也,密闻于孝宗,召至京。帝御文华门,命廷臣会鞫。见溥引伏,废为庶人,锢西内。居二年,见溥从西内擿奏见濠罪,诬其与楚府永安王谋不轨。帝遣使往按问,不实。见濠更奏见溥尝私造弓弩,与子祐柄有异谋。验之实,赐见溥死,废祐柄,而以见溥子祐橺嗣为荆王。时弘治七年也。十七年薨,谥曰和。

子端王厚烇嗣。性谦和,锐意典籍。嘉靖中病,辞禄。不允,令富顺王厚焜摄朝谒。厚焜,和王第二子,与弟永新王厚熿以能诗善画名。厚烇子永定王载墦长,厚烇即谢摄事,人尤以为贤。嘉靖三十二年,厚烇薨。载墦已前卒,其子恭王翊钜嗣。

荆自靖王诸子交恶,失令誉。及厚烇兄弟感先世家难,以礼让训饬宗人。见濠曾孙载垱尤折节恭谨,以文行称。郡王女例请禄于朝,载垱四女皆妻士人,不请封。尝上《应诏》、《正礼》二疏。不报。读《易》穷理,著《大隐山人集》。子翊钑、翊壓、翊塑皆工诗,兄弟尝共处一楼,号花萼社。翊钜表载垱贤以训诸子。诸子不率教,世子常泠尤残恣。翊钜言于朝,革为庶人。

隆庆四年,翊钜薨。次子常湆嗣,万历四年薨。无子,弟康王常盉安城王嗣,万历二十五年薨。子定王由樊嗣,天启二年薨。子慈煃嗣。崇祯时,流贼革裹眼、左金王诡降于楚帅。慈煃欲与为好,召宴,盛陈女乐。十六年正月,张献忠陷蕲州,慈煃先一月薨。贼围王宫,尽掠其所见妓乐去。

淮靖王瞻墺,仁宗第七子。永乐二十二年封。宣德四年就藩韶州。英宗即位之十月,以韶多瘴疠,正统元年徙饶州。正统十一年薨。子康王祁铨嗣,弘治十五年薨。世子见濂早卒,无子,从子定王祐榮嗣。游戏无度,左右倚势暴横,境内苦之。长史庄典以辅导失职自免。诏不许。推官汪文盛数持王府事。有顾蒿者病狂,持刀斧入王门,官校执诘之,谬言出汪指使。典白之守臣。镇守太监黎安尝以事至饶，从骑入端礼门，被挞，衔祐橺甚。先是，祐橺有名琴曰"天风环珮"，宁王宸濠求之，不得。又求滨湖地，不与。至是嗾安奏祐橺过失及文盛被诬事。诏下抚、按讯。安与宸濠谋，不待报，遽系典及府中官校鞫之。典辞倔，宸濠篓之，毙狱中，他所连坐甚众。于是祐橺奏安挟仇杀典庇嵩。帝遣都御史金献民、太监张钦往按治。祐橺畏宸濠，不能自明。钦等复言祐橺信奸徒为暴，请严戒之。军校坐戍者二十余人，典冤竟不白。

嘉靖三年，祐橺薨。无子，弟庄王祐楎嗣，十六年薨。子宪王厚煮嗣，四十二年薨。子恭王载坔嗣，万历五年薨。弟顺王载坚嗣，二十三年薨。子翊銉嗣。翊銉之未王也，与妓王爱狎，冒妾额入宫，且令抚庶子常洪为子，陈妃与世子常清俱失爱，潜谋易嫡。御史陈王道以理谕王，出之外舍。常洪遂与宗人翊铟等谋，夜入王宫，盗册宝、资货以出。守臣上其事，王爱论死，勒常洪自尽，翊铟等削属籍永锢，夺翊銉四岁禄。久之，薨。子常清嗣，国亡，不知所终。

滕怀王瞻垲，仁宗第八子。永乐二十二年封云南，未之国，洪熙元年薨。无后。

梁庄王瞻垍，仁宗第九子。永乐二十二年封。宣德初，诏郑、越、襄、荆、淮五王岁给钞五万贯，惟梁倍之。四年就藩安陆，故郢邸也。襄王瞻墡自长沙徙襄阳，道安陆，与瞻垍留连不忍去。濒别，瞻垍怮曰："兄弟不复更相见，奈何！"左右皆泣下。正统元年言府卑湿，乞更爽垲地。帝诏郢中岁歉，俟有秋理之。竟不果。六年薨。无子，封除。梁故得郢田宅园湖，后皆赐襄王。及睿宗封安陆，尽得郢、梁邸田，供二王祠祀。

卫恭王瞻埏，仁宗第十子。永乐二十二年封怀庆。幼善病，宣宗抚爱之，未就藩。岁时谒陵，皆命摄祀。孝谨好学，以贤闻。正统三年薨。妃杨氏殉，赐谥贞烈。无子，封除。

英宗九子。周太后生宪宗、崇王见泽。万宸妃生德王见潾及皇子见湜、吉王见浚、忻王见治。王惠妃生许王见淳。高淑妃生秀王见澍。韦德妃生徽王见沛。

德庄王见潾,英宗第二子。初名见清。景泰三年封荣王。天顺元年三月复东宫,同日封德、秀、崇、吉四王,岁禄各万石。初国德州,改济南。成化三年就藩。请得齐、汉二庶人所遗东昌、兖州闲田及白云、景阳、广平三湖地。宪宗悉予之。复请业南旺湖,以漕渠故不许。又请汉庶人旧牧马地,知府赵璜言地归民间,供税赋已久,不宜夺。帝从之。正德初,诏王府庄田亩征银三分,岁为常。见潾奏:"初年,兖州庄田岁亩二十升,独清河一县,成化中用少卿宋旻议,岁亩五升。若如新诏,臣将无以自给。"户部执山东水旱相仍,百姓凋敝,宜如诏。帝曰:"王何患贫,其勿许。"十二年薨。子懿王祐榕嗣。

嘉靖中,户部议核王府所请山场湖坡,断自宣德以后者皆还官。诏允行。于是山东巡抚都御史邵锡奏德府庄田俱在革中,与祐榕相讦奏,锡持之益急。仪卫司军额千七百人,逃绝者以余丁补。锡谓非制,檄济南知府杨抚籍诸补充者勿与饷。军校大诟,毁府门。诏逮问长史杨谷、杨孟法,戍仪卫副薛宁及军校陶荣。谕王守侯度,毋徇群小滋多事。议者谓锡故激致其罪,不尽祐榕过云。此十一年八月事。至十八年,泾、徽二王复请得所革庄田,祐榕援以为请。诏仍与三湖地,使自征其课。其年薨。孙恭王载墱嗣,万历二年薨。子定王翊馆嗣,十六年薨。子常澍嗣,崇祯五年薨。世子由枢嗣,十二年正月,大清兵克济南,见执。

见湜,英宗第三子。早卒。复辟后,不复追赠。

许悼王见淳,英宗第四子。景泰三年封。明年薨。礼臣请用亲王礼葬。帝以王幼,杀其制。

秀怀王见澍，英宗第五子。生于南宫，天顺元年封。成化六年就藩汝宁。长史刘诚献《千秋日鉴录》，见澍朝夕诵之。就藩时，虑途中扰民，令并日行。王居临，左右请迁文庙广之。见澍不听，曰："居近学宫，时闻弦颂声，顾不美乎！"论《书》至《西伯戡黎》，长史诚主吴氏说，曰："戡黎者，武王也。"右长史赵锐主孔氏说，曰："实文王事。"争之失色，见澍曰："经义未有定论，不嫌往复。今若此，非先皇帝简二先生意也。"成化八年薨。无子，封除。

崇简王见泽，英宗第六子。生于南宫，天顺元年封。成化十年就藩汝宁，故秀邸也。弘治八年七月，皇太后春秋高，思一见王，帝特敕召之。礼部尚书倪岳言："数年来三王之国，道路供亿，民力殚竭。今召王复来，往返劳费，兼水溢旱蝗，舟车所经，恐有他虞。亲王入朝，虽有故事，自宣德来，已鲜举行。英宗复辟，襄王奉诏来朝，虽笃敦叙之恩，实塞疑谗之隙，非故事也。"大学士徐溥亦以为言。帝重违太后意，不允。既而言官交章及之，乃已。十八年薨。子靖王祐橚嗣，正德六年薨。子恭王厚燿嗣。三王并有贤名，而靖王尤孝友。嘉靖十六年，厚燿薨。子庄王载境嗣，三十六年薨。子端王翊镨嗣，万历三十八年薨。孙由樻嗣。崇祯十五年闰十一月，李自成陷汝宁，执由樻去，伪封襄阳伯，令谕降州县之未下者。由樻不从，杀之于泌阳城。弟河阳王由材、世子慈辉等皆遇害。

吉简王见浚，英宗第七子。生于南宫，天顺元年封，时甫二岁。成化十三年就藩长沙，刻《先圣图》及《尚书》于岳麓书院，以授学者。嘉靖六年薨。孙定王厚熜嗣。请湘潭商税益邸租，不许。十八年薨。子端王载均由光化王嗣，四十年薨。子庄王翊镇嗣，隆庆四年薨。无子，庶兄宣王翊銮由龙阳王嗣，万历四十六年薨。孙由栋嗣，崇祯九年薨。子慈煃嗣。十六年，张献忠入湖南，同惠王走衡州随入粤。国亡后，死于缅甸。

　　忻穆王见治,英宗第八子。成化二年封。未就藩,八年薨。无后。

　　徽庄王见沛,英宗第九子。成化二年封。十七年就藩钧州。承奉司自置吏,左布政使徐恪革之,见沛以闻。宪宗书谕王:"置吏,非制也,恪无罪。"正德元年薨。子简王祐台嗣,嘉靖四年薨。子恭王厚爝嗣,二十九年薨。子浦城王载坅嗣。

　　初,厚爝好琴,骖琴者与知州陈吉交恶,厚爝庇之,劾吉,逮诏狱。都御史骆昂、御史王三聘白吉冤。帝怒,并逮之,昂杖死,三聘、吉俱戍边。议者不直厚爝。时方士陶仲文有宠于世宗,厚爝厚结之。仲文具言王忠敬奉道。帝喜封厚爝太清辅元宣化真人,予金印。及载坅嗣王,益以奉道自媚于帝,命绲其父真人印。南阳人梁高辅自言能导引服食,载坅用其术和药,命高辅因仲文以进帝。封高辅通妙散人,载坅清微翊教辅化忠孝真人。载坅遂益恣,坏民屋,作台榭苑囿。库官王章谏,杖杀之。尝微服之扬州、凤阳,为逻者所获,羁留三月,走归。

　　时高辅被上宠,不复亲载坅,载坅衔之。已而为帝取药不得,求载坅旧所蓄者,载坅不与,而与仲文。高辅大恨,乘间言载坅私往南中,与他过失。帝疑之,夺真人印。仲文知衅已成,不复敢言。三十五年有民耿安者,奏载坅夺其女,下按治。有司因发其诸不法事。狱成,降为庶人,锢高墙。时载坅居宫中,所司防守严,狱词不得闻。及帝遣内臣同抚、按至,始大惧。登楼,望龙亭后有红板舆,叹曰:"吾不能自明,徒生奚为!"遂自缢死。妃沈氏、次妃林氏争取帛自缢。子字阳王翊锜、万善王翊钫并革爵,及未封子女,皆迁开封,听周王约束,国除。

　　景皇帝一子,怀献太子见济。母杭妃。始为郕王世子。英宗北狩。皇太后命立宪宗为皇太子,而以郕王监国。及郕王即位,心欲以见济代太子,而难于发,皇后汪氏又力以为不可,迟回久之。太监王诚、舒良为帝谋,先赐大学士陈循、高谷百金,侍郎江渊、王一宁、萧镃,学士商辂半之,用以缄其口,然犹未发也。会广西土官都指挥使黄玹以私怨戕其弟思明知府玭,灭其家,所司闻于朝。玹惧罪,急遣千户袁洪走京师,上疏劝帝早与亲信大臣密定大计,易建东宫,以一中外之心,绝觊觎之望。疏入,景帝大喜,亟下廷臣会议,且令释玹罪,进阶都督。时景泰三年四月也。

疏下之明日,礼部尚书胡濙,侍郎萨琦、邹干集文武群臣廷议。众相顾,莫敢发言。惟都给事中李侃、林聪,御史朱英以为不可。吏部尚书王直亦有难色。司礼太监兴安厉声曰:"此事不可已,即以为不可者,勿署名,无持两端。"群臣皆唯唯署议。于是濙等暨魏国公徐承宗,宁阳侯陈懋,安远侯柳溥,石清侯石亨,成安侯郭晟,定西侯蒋琬,驸马都尉薛桓,襄城伯李瑾,武进伯朱瑛,平乡伯陈辅,安乡伯张宁,都督孙镗、张轨、杨俊,都督同知田礼、范广、过兴、卫颖,都督佥事张锐、刘深、张通、郭瑛、刘镔、张义,锦衣卫指挥同知毕旺、曹敬,指挥佥事林福,吏部尚书王直,户部尚书文渊阁大学士陈循,工部尚书东阁大学士高谷,吏部尚书何文渊,户部尚书金濂,兵部尚书于谦,刑部尚书俞士悦,左都御史王文、王翱、杨善,吏部侍郎江渊、俞山、项文耀,户部侍郎刘中敷、沈翼、萧镃,礼部侍郎王一宁,兵部侍郎李贤,刑部侍郎周瑄,工部侍郎赵荣、张敏,通政使李锡,通政栾恽、王复,参议冯贯,诸寺卿萧维祯、许彬、蒋守约、齐整、李宾,少卿张固、习嘉言、李宗周、蔚能、陈诚、黄士俊、张翔、齐政,寺丞李茂、李希安、柴望、郦镛、杨询、王溢,翰林学士商辂,六科都给事中李赞、李侃、李春、苏霖、林聪、张文质,十三道御史王震、朱英、涂谦、丁泰亨、强弘、刘琚、陆厚、原杰、严枢、沈义、杨宜、王骥、左鼎上言:"陛下膺天明命,中兴邦家,统绪之传宜归圣子,黄玹奏是。"制曰:"可。礼部具仪,择日以闻。"即日,简置东宫官,公孤詹事僚属悉备。

五月,废汪后,立杭妃为皇后,更封太子为沂王,立见济为太子。诏曰:"天祐下民作之君,实遗安于四海;父有天下传之子,斯本固于万年。"大赦天下。令百官朔望朝太子,赐诸亲王、公主、边镇、文武内外群臣,又加赐陈循、高谷、江渊、王一宁、萧镃、商辂各黄金五十两。四年二月乙未,太子冠。十一月,以御史张鹏言,简东宫师傅讲读官。越四日,太子薨,谥曰怀献,葬西山。天顺元年,降称怀献世子,诸建议易储者皆得罪。

宪宗十四子。万贵妃生皇第一子。柏贤妃生悼恭太子祐极。纪太后生孝宗。邵太后生兴献帝祐杬、岐王祐棆、雍王祐橒。张德妃生益王祐槟、衡王祐楎、汝王祐梈。姚安妃生寿王祐楮。杨恭妃生泾王祐橓、申王祐楷、潘端妃生荣王祐枢。王敬妃生皇第十子。第一子、第十子皆未名殇。

悼恭太子祐极,宪宗次子。成化七年立为皇太子,薨。

岐惠王祐棆,宪宗第五子。成化二十三年与益、衡、雍三王同日封。弘治八年之藩德安。十四年薨。无子,封除。

益端王祐槟,宪宗第六子。弘治八年之藩建昌,故荆邸也。性俭约,巾服浣至再,日一素食。好书史,爱民重士,无所侵扰。嘉靖十八年薨。子庄王厚烨嗣,性朴素,外物无所嗜。三十五年薨。无子,弟恭王厚炫嗣,自奉益俭,辞禄二千石。万历五年薨。孙宣王翊鈏嗣,嗜结客,厚炫所积府藏,悉斥以招宾从,通聘问于诸藩,不数年顿尽。三十一年薨。子敬王常遷嗣,四十三年薨。子由本嗣,国亡窜闽中。

衡恭王祐楎,宪宗第七子。弘治十二年之藩青州。嘉靖十七年薨。子庄王厚烆嗣,尝辞禄五千石以赡宗室,宗人德之。隆庆六年薨。子康王载圭嗣,万历七年薨。无子,弟安王载封嗣,十四年薨。子定王翊镬嗣,二十年薨。子常㴆嗣。新乐王载玺,恭王孙也。博雅善文辞,索诸藩所纂述,得数十种,梓而行之。又撰《洪武圣政颂》《皇明政要》诸书,多可传者。从父高唐王厚煐、齐东王厚炳皆以博学笃行闻。嘉靖中,赐敕奖谕者再。

雍靖王祐橒,宪宗第八子。初封保宁,弘治十二年之藩衡州。地卑湿,宫殿朽败不可居,邸中数有异,乞移山东东平州。廷臣以择地别建,劳民伤财,四川叙州有申王故府,宜徙居之。诏可。既而以道远不可徙。正德二年,地裂,宫室坏,王薨。无子,封除。

寿定王祐楮,宪宗第九子。弘治四年与汝、泾、荣、申四王同日封。十一年就藩保宁。正德元年以岐王世绝,改就岐邸于德安。校尉横搜市民,知府李重抑之,奏逮重。安陆民刘鹏随重诣大理对簿,重未之识也,讶之。鹏曰:"太守仁,为民受过,民皆得效死,岂待识乎!"重卒得白。祐楮闻而悔之,后以贤闻。嘉靖二十四年薨。无子,除封。

汝安王祐梈,宪宗第十一子。弘治十四年之藩卫辉。正德十五年靖预支食盐十年为婚费。诏别给长芦盐二千引,食盐如故。世宗南巡,迓于途,甚恭。加禄五百石,锡金币。嘉靖二十年薨。无子,封除。

泾简王祐橓,宪宗第十二子。弘治十五年之藩沂州。嘉靖十六年薨。子厚焌未封而卒。无子,封除。

荣庄王祐枢,宪宗第十三子。正德初尚留京邸,乞霸州信安镇田,故牧地也。部臣言:"永乐中,设立草场,蕃育马匹,以资武备。至成化中,近幸始陈乞为庄。后岐、寿二府相沿,莫之改正。暨孝宗皇帝留神戎务,清理还屯,不以私废公也。今荣王就国有期,所请宜勿与。"三年之藩常德。祐枢状貌类高帝,居国稍骄纵。世宗诏以沅江

酉港、天心、团坪河泊税入王邸。嘉靖十八年薨。孙恭王载壥嗣,万
历二十三年薨。子翊鈴嗣,四十年薨。子常淲嗣,薨。子宪王由枵
嗣,薨。子慈炤嗣。张献忠入湖南,奉母妃姚氏走辰溪,不知所终。

　　申懿王祐楷,宪宗第十四子。封叙州,未就藩。弘治十六年薨。
无子,封除。

　　孝宗二子。武宗、蔚王厚炜,俱张皇后生。

　　蔚悼王厚炜,孝宗次子,生三岁薨。追加封谥。

明史卷一二〇
列传第八

世宗诸子

哀冲太子载基　　庄敬太子载壑
景王载圳　颍王载壑　戚王载壑
蓟王载㙋　均王载𡑞

穆宗诸子

宪怀太子翊钺　靖王翊铃
潞王翊镠

神宗诸子

邠王常溆　福王常洵　沅王常治
瑞王常浩　惠王常润　桂王常瀛

光宗诸子

　　简王由𣚴　　齐王由楫　　怀王由模
　　湘王由栩　　惠王由橏

熹宗诸子

　　怀冲太子慈然　　悼怀太子慈焴
　　献怀太子慈炅

庄烈帝诸子

　　太子慈烺　　怀王慈烜　　定王慈炯
　　永王慈炤　　悼灵王慈焕　　悼怀王

　　世宗八子。阎贵妃生哀冲太子载基。王贵妃生庄敬太子载壑。杜太后生穆宗。卢靖妃生景王载圳。江肃妃生颖王载𡐛。赵懿妃生戚王载𡎊。陈雍妃生蓟王载𡑡。赵荣妃生均王载𡎵。

　　哀冲太子载基,世宗第一子。生二月而殇。

　　壮敬太子载壑,世宗第二子。嘉靖八年,世宗将南巡,立为皇太子,甫四岁,命监国,以大学士夏言为傅。尚书霍韬、郎中邹守益献

《东宫圣学图册》，疑为谤讪，几获罪。帝既得方士段朝用，思习修摄术，谕礼部，具皇太子监国仪。太仆卿杨最谏，杖死，监国之议亦罢。赞善罗洪先、赵时春、唐顺之请太子出阁，讲学文华殿，皆削籍。太庙成，命太子摄祀。二十八年三月行冠礼。越二日薨。帝命与哀冲太子并建寝园，岁时祭祀，从诸陵后。

景恭王载圳，世宗第四子。嘉靖十八年册立太子，同日封穆宗裕王、载圳景王。其后太子薨，廷臣言裕王次当立。帝以前太子不永，迟之。晚信方士语，二王皆不得见。载圳既与裕王并出邸，居处衣服无别。载圳年少，左右怀窥觊，语渐闻中外，颇有异论。四十年之国德安。居四年薨。帝谓大学士徐阶曰："此子素谋夺嫡，今死矣。"初，载圳之藩，多请庄田。部议给之。荆州沙市不在请中。中使责市租，知府徐学谟执不与，又取薪税于汉阳之刘家埚，推官吴宗周持之，皆获谴。其他土田湖陂侵入者数万顷。王无子，归葬西山，妃妾皆还居京邸，封除。

颖殇王载塆，世宗第五子。生未逾月殇

戚怀王载坖，世宗第六子。

蓟哀王载㙣，世宗第七子。

均思王载𡊊，世宗第八子。三王俱未逾岁殇，追加封谥。

穆宗四子。李皇后生宪怀太子翊釴。孝定太后生神宗、潞王翊镠。其靖王翊铃，母氏无考。

宪怀太子翊釴，穆宗长子。生五岁殇，赠裕世子。隆庆元年追谥。

靖悼王翊铃,穆宗第二子。生未逾年殇,赠蓝田王。隆庆元年追加封谥。

潞简王翊镠,穆宗第四子。隆庆二年生,生四岁而封。万历十七年之藩卫辉。初,翊镠以帝母弟居京邸,王店、王庄遍畿内。比之藩,悉以还官,遂以内臣司之。皇店、皇庄自此益侈。翊镠居藩,多请赡田、食盐,无不应者。其后福藩遂缘为故事。明初,亲王岁禄外,量给草场牧地,间有以废壤河滩请者,多不及千顷。部臣得执奏,不尽从也。景王就藩时,赐予概裁省。楚地旷,多闲田,诏悉予之。景蕃除,潞得景故籍田,多至四万顷,部臣无以难。至福王常洵之国,版籍更定,民力益绌,尺寸皆夺之民间,海内骚然。论者推原事始,颇以翊镠为口实云。翊镠好文,性勤饬,恒以岁入输之朝,助工助边无所惜,帝益善之。四十二年,皇太后哀问至,翊镠悲恸废寝食,未几薨。

世子常淓幼,母妃李氏理藩事。时福王奏请,辄取中旨,帝于王妃奏,亦从中下,示无异同。部臣言:"王妃奏陈四事,如军校月粮之当给发,义和店之预防侵夺,义所当许;至岁禄之欲先给,王庄之欲更设,则不当许。且于王无丝毫益,徒令邸中人日鱼肉小民,饱私囊。将来本支千亿,请索日频,尽天府之版章,给王邸而不足也。"不报。四十六年,常淓嗣。崇祯中,流贼扰秦、晋、河北。常淓疏告急,言:"卫辉城卑土恶,请选护卫三千人助守,捐岁入万金资饷,不烦司农。"朝廷嘉之。盗发王妃塚,常淓上言:"贼延蔓渐及江北,凤、泗陵寝可虞,宜早行剿灭。"时诸藩中能急国难者,惟周、潞二王云。后贼蹂中州,常淓流寓于杭。顺治二年六月降于我大清。

神宗八子。王太后生光宗。郑贵妃生福王常洵、沅王常治。周端妃生瑞王常浩。李贵妃生惠王常润桂王常瀛。其邠王常溆、永思王常溥,母氏无考。

　　邠哀王常溆，神宗第二子。生一岁殇。

　　福恭王常洵，神宗第三子。初，王皇后无子，王妃生长子，是为光宗。常洵次之，母郑贵妃最幸。帝久不立太子，中外疑贵妃谋立己子，交章言其事，窜谪相踵，而言者不止。帝深厌苦之。二十九年始立光宗为太子，而封常洵福王，婚费至三十万，营洛阳邸第至二十八万，十倍常制。廷臣请王之藩者数十百奏。不报。至四十二年，始令就藩。

　　先是，海内全盛，帝所遣税使、矿使遍天下，月有进奉，明珠异宝文罴锦绮山积，他搜括赢羡亿万计。至是多以资常洵。临行出宫门，召还数四，期以三岁一入朝。下诏赐庄田四万顷。所司力争，常洵亦奏辞，得减半。中州腴土不足，取山东、湖广田益之。又奏乞故大学士张居正所没产，及江都至太平沿江荻洲杂税，并四川盐井榷茶银以自益。伴读、承奉诸官，假履亩为名，乘传出入河南北、齐、楚间，所至骚动。又请淮盐千三百引，设店洛阳与民市。中使至淮、扬支盐，乾没要求辄数倍。而中州旧食河东盐，以改食淮盐故，禁非王肆所出不得鬻，河东引遏不行，边饷由此绌。廷臣请改给王盐于河东，且无与民市。弗听。帝深居久，群臣章奏率不省。独福藩使通籍中左门，一日数请，朝上夕报可。四方奸人亡命，探风旨，走利如鹜。如是者终万历之世。

　　及崇祯时，常洵地近属尊，朝廷尊礼之。常洵日闭阁饮醇酒，所好惟妇女倡乐。秦中流贼起，河南大旱蝗，人相食，民间藉藉，谓先帝耗天下以肥王，洛阳富于大内。援兵过洛者，喧言："王府金钱百万，而令吾辈枵腹死贼手。"南京兵部尚书吕维祺方家居，闻之惧，以利害告常洵，不为意。十三年冬，李自成连陷永宁、宜阳。明年正月，参政王胤昌帅众警备，总兵官王绍禹，副将刘见义、罗泰各引兵至。常洵召三将入，赐宴加礼。越数日，贼大至，攻城。常洵出千金募勇士，縋而出，用矛入贼营，贼稍却。夜半，绍禹亲军从城上呼贼相笑语,挥刀杀守堞者,烧城楼,开北门纳贼。常洵缒城出,匿迎恩寺。翌日,贼迹而执之,遂遇害。两承奉伏尸哭,贼捽之去。承奉呼曰:"王死某不愿生,乞一棺收王骨,虀粉无所恨。"贼义而许之。桐棺一寸,载以断车,两人即其旁自缢死。王妃邹氏及世子由崧走怀庆。贼火王宫,三日不绝。事闻,帝震悼,辍朝三日,令河南有司改殡。

十六年秋七月,由崧袭封,帝亲择宫中宝玉带赐之。明年三月,京师失守,由崧与潞王常淓俱避贼至淮安。四月,凤阳总督马士英等迎由崧入南京。五月庚寅,称监国。以兵部尚书史可法、户部尚书高弘图及士英俱为大学士,士英仍督凤阳军务。壬寅,自立于南京,伪号弘光。史可法督师江北。召士英入,分淮、扬、凤、庐为四镇,以总兵官黄得功、刘良佐、刘泽清、高杰领之。

由崧性暗弱,湛于酒色声伎,委任士英及士英党阮大铖,擢至兵部尚书,巡阅江防。二人日以鬻官爵、报私憾为事。事详诸臣传中。未几,有王之明者,诈称庄烈帝太子,下之狱。又有妇童氏,自称由崧妃,亦下狱。于是中外哗然。明年三月,南宁侯左良玉举兵武昌,以救太子诛士英为名,顺流东下。阮大铖、黄得功等帅师御之。而我大清兵以是年五月己丑渡江。辛卯夜,由崧走太平,盖趋得功军也。壬辰,士英挟由崧母妃奔杭州。癸巳,由崧至芜湖。丙申,大兵至南京城北,文武官出降。丙午,执由崧至南京。九月甲寅,以归京师。

沅怀王常治,神宗第四子。生一岁殇。

瑞王常浩,神宗第五子。初,太子未立,有三王并封之旨,盖谓光宗、福王及常浩也。寻以群臣争,遂寝。二十九年,东宫立,与福、惠、桂三王同日封。常洵以长,先之藩。常浩年已二十有五,尚未选婚。群臣交章言,率不报,而日索部帑为婚费,赢十八万,藏宫中,且言冠服不能备。天启七年之藩汉中。崇祯时,流寇剧,封地当贼冲。

七年上书言："臣托先帝骨肉,获奉西藩,未几年而寇至。比西贼再渡河,阑入汉兴,破洵阳,逼兴安,紫阳、平利、白河相继陷没。督臣洪承畴单骑裹甲出入万山,贼始败遁。臣捐犒军振饥银七千余两。此时抚臣练国事移兵商、洛,按臣范复粹驰赴汉中,近境稍宁。既而凤县再陷,蜀贼入秦州,楚贼上兴安。六月遂犯郡界,幸诸将凭江力拒,贼方稍退。臣在万山绝谷中,贼四面至,覆亡无日。臣肺腑至亲,藩封最僻,而于寇盗至迫,惟陛下哀怜。"常浩在宫中,衣服礼秩降等,好佛不近女色。及寇逼秦中,将吏不能救,乞师于蜀。总兵官侯良柱援之,遂奔重庆。陇西士大夫多挈家以从。十七年,张献忠陷重庆,被执,遇害。时天无云而雷者三,从死者甚众。

惠王常润,神宗第六子。福王之藩,内廷蓄积为空。中官藉诸王冠婚,索部帑以实宫中,所需辄数十万,珠宝称是。户部不能给。常润与弟常瀛年二十,皆未选婚。其后兵事亟,始减杀成礼。天启七年之藩荆州。崇祯十五年十二月,李自成再破彝陵、荆门,常润走湘潭,自成入荆州据之。常润之渡湘也,遇风于陵阳矶,宫人多漂没,身谨以免,就吉王于长沙。十六年八月,张献忠陷长沙,常润走衡州,就桂王。衡州继陷,与吉王、桂王走永州。巡按御史刘熙祚遣人护三王入广西,以身当贼。永州陷,熙祚死之。

桂端王常瀛,神宗第七子。天启七年之藩衡州。崇祯十六年,衡州陷,与吉、惠二王同走广西,居梧州。

大清顺治二年,大兵平江南,福王就擒。在籍尚书陈子壮等将奉常瀛监国,会唐王自立于福建,遂寝。是年,薨于苍梧。

世子已先卒,次子安仁王由𣚊亦未几卒。次由榔,崇祯时,封永明王。三年八月,大兵取汀州,执唐王聿键。于是两广总督丁魁楚、广西巡抚瞿式耜、巡按王化澄与旧臣吕大器等共推由榔监国。母妃王氏曰:"吾儿不胜此,愿更择可者。"魁楚等意益坚,合谋迎于梧。十月十四日监国肇庆,以魁楚、大器、式耜为大学士,余授官有差。

是月大兵取赣州，内侍王坤仓卒奉由榔仍走梧州，式耜等力争，乃回肇庆。十一月，唐王弟聿鐭自闽浮海至粤。时闽旧臣苏观生撤兵奔广州，与布政使顾元镜、总兵官林察等谋立聿鐭，伪号绍武，与由榔相拒。是月由榔亦自立于肇庆，伪号永历，遣兵部侍郎林佳鼎讨聿鐭。会大兵由福建取广州，执聿鐭，观生自缢。祭酒梁朝钟、太仆卿霍子衡等俱死。肇庆大震，王坤复奉由榔走梧州。

明年二月，由平乐、浔州走桂林。魁楚弃由榔，走岑溪，降于大军。既而平乐不守，由榔大恐。会武冈总兵官刘承胤以兵至全州，坤刊请赴之。式耜力谏。不听，乃以式耜及总兵官焦琏留守桂林，封陈邦傅为思恩侯，守昭平，遂趋承胤军中。三月封承胤安国公，锦衣指挥马吉翔等为伯。承胤挟由榔归武冈，改曰奉天府，政事皆决焉。

是时，长沙、衡、永皆不守，湖广总督何腾蛟与侍郎严起恒走白牙市。六月，由榔遣官召腾蛟至，密使除承胤，顾承胤势盛，腾蛟复还白牙。大兵由宝庆趋武冈，马吉翔等挟由榔走靖州，承胤举城降。由榔又奔柳州。道出古泥，总兵官侯性、太监庞天寿帅舟师来迎。会天雨饥饿，性供帐甚备。九月，土舍覃鸣珂作乱，大掠城中，矢及由榔舟。先是，大兵趋桂林，焦琏拒守甚力，又广州有警，大兵东向，桂林稍安。既而湖南十三镇将郝永忠、卢鼎等俱奔赴桂林，腾蛟亦至，与式耜议分地给诸将，使各自为守。琏已先复阳朔、平乐，陈邦傅复浔州，合兵复梧州，广西全省略定。十二月，由榔返桂林。

五年二月，大兵至灵川，郝永忠溃于兴安，奔还，挟由榔走柳州。大兵攻桂林，式耜、腾蛟拒战。时南昌金声桓等叛，降于由榔。八月，由榔至肇庆。六年春，大兵下湘潭，何腾蛟死。明年，由榔走梧州。是年十二月，大兵入桂林，瞿式耜及总督张同敞死焉。由榔闻报大惧，自梧州奔南宁。时孙可望已据滇、黔，受封为秦王。八年三月，遣兵来卫，杀严起恒等。

九年二月，可望迎由榔入安隆所，改曰安龙府。久之，日益穷促，闻李定国与可望有隙，遣使密召定国，以兵来迎。马吉翔党于可望,侦知之,大学士吴贞毓以下十余人皆被杀。事详《贞毓传》。后二年,李定国败于新会,将由安隆入滇。可望患之,促由榔移贵阳就己。由榔故迟行。定国至,遂奉由榔由安南卫走云南,居可望署中,封定国晋王。可望以妻子在滇,未敢动。明年,由榔送其妻子还黔,遂举兵与定国战于三岔。可望将白文选单骑奔定国军。可望败,挈妻子赴长沙大军前降。

十五年三月,大兵三路入云南。定国厄鸡公背,断贵州道,别将守七星关,抵生界立营,以牵蜀师。大兵出遵义,由水西取乌撒,守将弃关走,李定国连败于安隆,由榔走永昌。明年正月三日,大兵入云南,由榔走腾越。定国败于潞江,又走南甸。二十六日,抵囊木河,是为缅境。缅勒从官尽弃兵仗,始启关,至蛮莫。二月,缅以四舟来迎,从官自觅舟,随行者六百四十余人,陆行者自故岷王子而下九百余人,期会于缅甸。十八日至井亘。黔国公沐天波等谋奉由榔走户、猎二河,不果。五月四日,缅复以舟来迎。明日,发井亘,行三日,至阿瓦。阿瓦者,缅酋所居城也。又五日至赭硈。陆行者缅人悉掠为奴,多自杀。惟岷王子八十余人流入暹罗。缅人于赭硈置草屋居由榔,遣兵防之。

十七年,定国、文选与缅战,索其主,连败缅兵,缅终不肯出由榔。十八年五月,缅酋弟莽猛白代立,绐从官渡河盟。既至,以兵围之,杀沐天波、马吉翔、王维恭、魏豹等四十又二人,详《任国玺传》。存者由榔与其属二十五人。十二月,大兵临缅,白文选自木邦降,定国走景线,缅人以由榔父子送军前。明年四月,死于云南。六月,李定国卒,其子嗣兴等降。

永思王常溥,神宗第八子。生二岁殇。

光宗七子。王太后生熹宗、简王由㰒。王选侍生齐王由楫。李选侍生怀王由模。刘太后生壮烈皇帝。定懿妃生湘王由栩。敬妃生惠王由橏。

简怀王由㰒,光宗第二子。生四岁殇。齐思王由楫,光宗第三子。生八岁殇。怀惠王由模,光宗第四子。生五岁殇。湘怀王由栩栩,光宗第六子。惠昭王由橏,光宗第七子。俱早殇。五王皆追加封谥。

熹宗三子。怀冲太子慈然,不详其所生母。皇贵妃范氏生悼怀太子慈焴。容妃任氏生献怀太子慈炅。

怀冲太子慈然,熹宗第一子。悼怀太子慈焴,熹宗第二子。献怀太子慈炅,熹宗第三子。与怀冲、悼怀皆殇。

庄烈帝七子。周皇后生太子慈烺、怀隐王慈烜、定王慈炯。田贵妃生永王慈昭、悼灵王慈焕、悼怀王及皇七子。

太子慈烺,庄烈帝第一子。崇祯二年二月生,九月立为皇太子。十年预择东宫侍班讲读官,命礼部尚书姜逢元,詹事姚明恭,少詹王铎、屈可伸侍班;礼部侍郎方逢年,谕德项煜,修撰刘理顺,编修吴伟业、杨廷麟、林曾志讲读、编修胡守恒、杨士聪校书。十一年二月,太子出阁。十五年正月开讲,阁臣条上讲仪。七月改慈庆宫为端本宫。慈庆,懿安皇后所居也。时太子年十四,议明岁选婚,故先为置宫,而移懿安后于仁寿殿。既而以寇警暂停。京师陷,贼获太子,伪封宋王。及贼败西走,太子不知所终。由崧时,有自北来称太子者,验之,以为驸马都尉王昺孙王之明者伪为之,系狱中,南京士民哗然不平。袁继咸及刘良佐、黄得功辈皆上疏争。左良玉起兵亦以救太子为名。一时真伪莫能知也。由崧既奔太平,南京乱兵拥王之明立之。越五日,降于我大清。

怀隐王慈烜,庄烈帝第二子。殇。

定王慈炯，庄烈帝第三子。崇祯十四年六月谕礼臣："朕第三子，年已十龄，敬遵祖制，宜加王号。但既受册封，必具冕服，而《会典》开载，年十二或十五始行冠礼。十龄受封加冠，二礼可并行乎？"于是礼臣历考经传及本朝典故以奏。定于是岁册封，越二年行冠礼。九月封为定王。十一月选新进士为检讨，国子助教等官为待诏，充王讲读官，以两殿中书充侍书。十七年，京师陷，不知所终。

永王慈昭，庄烈帝第四子。崇祯十五年三月封永王。贼陷京师，不知所终。

悼灵王慈焕，庄烈帝第五子。生五岁而病，帝视之，忽云："九莲菩萨言，帝待外戚薄，将尽殇诸子。"遂薨。九莲菩萨者，神宗母，孝定李太后也。太后好佛，宫中像作九莲座，故云。帝念王灵异，封为孺孝悼灵王元机慈应真君，命礼臣议孝和皇太后、庄妃、懿妃道号。礼科给事中李焻言："诸后妃，祀奉先殿，不可崇邪教以乱徽称。"不听。十六年十二月，改封宣显慈应悼灵王，去"真君"号。

悼怀王，庄烈帝第六子，生二岁殇。第七子，生三岁殇。名俱无考。

赞曰：有明诸藩，分封而不锡土，列爵而不临民，食禄而不治事。盖矫枉鉴覆，所以杜汉、晋末大之祸，意固善矣。然徒拥虚名，坐糜厚禄，贤才不克自见，知勇无所设施。防闲过峻，法制日增。出城省墓，请而后许，二王不得相见。藩禁严密，一至于此。当太祖时，宗藩备边，军戎受制，赞仪疏属，且令遍历各国，使通亲亲。然则法网之繁，起自中叶，岂太祖众建屏藩初计哉！

明史卷一二一
列传第九

公　主

仁祖二女　　太祖十六女

福成庆阳二主附　兴宗四女　成祖五女

仁宗七女　宣宗二女　英宗八女

景帝一女　宪宗五女　孝宗三女

睿宗二女　世宗五女　穆宗六女

神宗十女　光宗九女　熹宗二女

庄烈帝六女

明制，皇姑曰大长公主，皇姊妹曰长公主，皇女曰公主，俱授金册，禄二千石，婿曰驸马都尉。亲王女曰郡主，郡王女曰县主，孙女曰郡君，曾孙女曰县君，玄孙女曰乡君，婿皆仪宾。郡主禄八百石，余递减有差。郡主以下，恩礼既杀，无足书者。今依前史例，作《公主传》，而驸马都尉附焉。

太原长公主，淳皇后所生，嫁王七一，早卒。洪武三年追册，并赠七一荣禄大夫驸马都尉，遣使具衣冠改葬于盱眙。

曹国长公主，太原主母妹，嫁李贞。主性纯孝，助贞理家尤勤俭，早卒。贞携子文忠避兵，依太祖于滁阳。洪武元年二月追册主为孝亲公主，封贞恩亲侯驸马都尉。先是，兵乱，主未葬，命有司具礼葬于李氏先墓。诏曰："公主祠堂碑亭，其制悉视功臣之赠爵为王者。"三年改册主陇西长公主。五年，以文忠贵，加册曹国长公主，并进贞右柱国曹国公。贞性孝友恭谨。初，文忠守严州，屡以征伐事出，皆委贞权掌军务。文忠克桐庐，以所俘卒送严。严城空虚，俘卒谋叛去。贞飨其众，醉而缚之，以归应天。太祖嘉之，累授官如子爵，赐甲第西华门玄津桥之西。帝数临幸，太子诸王时往起居，亲重无与比。晚岁尤折节谦抑，尝曰："富贵而忘贫贱，君子不为也。"十二年冬卒。赠陇西王，谥恭献。文忠自有传。

太祖十六女。

临安公主，洪武九年下嫁李祺，韩国公善长子也。是时始定公主婚礼，先期赐驸马冠诰并朝服，仪从甚盛。主执妇道甚备。祺，功臣子，帝长婿，颇委任之。四方水旱，每命祺往赈济。二十三年，善长坐事死。祺已前卒，主至永乐十九年薨。

宁国公主，孝慈皇后生。洪武十一年下嫁梅殷。殷，字伯殷，汝南侯思祖从子也，天性恭谨，有谋略，便弓马。太祖十六女诸驸马中，尤爱殷。时李文忠以上公典国学，而殷视山东学政，赐敕褒美，谓殷精通经史，堪为儒宗。当世皆荣之。

帝春秋高，诸王强盛。殷尝受密命辅皇太孙。及燕师日逼，惠帝命殷充总兵官，镇守淮安，悉心防御，号令严明。燕兵破何福军。执诸将平安等，遣使假道于殷，以进香为名。殷答曰："进香，皇考有禁，不遵者为不孝。"王大怒，复书言："今兴兵诛君侧恶，天命有归，非人所能阻。"殷割使者耳鼻纵之，曰："留汝口为殿下言君臣大义。"王为气沮。而凤阳守徐安亦拆浮桥，绝舟楫以遏燕。燕兵乃涉泗，出天长，取道扬州。王即帝位，殷尚拥兵淮上，帝迫公主啮血为书役殷。殷得书恸哭，乃还京。既入见，帝迎劳曰："驸马劳苦。"殷曰："劳而无功耳。"帝默然。

永乐二年，都御史陈瑛奏殷蓄养亡命，与女秀才刘氏朋邪诅咒。帝曰："朕自处之。"因谕户部考定公、侯、驸马、伯仪仗从人之数，而别命锦衣卫执殷家人送辽东。明年冬十月殷入朝，前军都督佥事谭深、锦衣卫指挥赵曦挤殷笪桥下，溺死，以殷自投水闻。都督同知许成发其事。帝怒，命法司治深、曦罪，斩之，籍其家。遣官为殷治丧，谥荣定，而封许成为永新伯。

初，公主闻殷死，谓上果杀殷，牵衣大哭，问驸马安在。帝曰："为主迹贼，无自苦。"寻官殷二子，顺昌为中府都督同知，景福为旗手卫指挥使，赐公主书曰："驸马殷虽有过失，兄以至亲不问。比闻溺死，兄甚疑之。都督许成来首，已加爵赏，谋害之人悉置重法，特报妹知之。"瓦剌灰者，降人也，事殷久，谓深、曦实杀殷，请于帝，断二人手足，剖其肠祭殷，遂自经死。十二月进封公主为宁国长公主。宣德九年八月薨，年七十一。

初，主闻成祖举兵，贻书责以大义。不答。成祖至淮北，贻主书，命迁居太平门外，勿罹兵祸。主亦不答。然成祖故重主，即位后，岁时赐与无算，诸王莫敢望。殷孙纯，成化中举进士，知定远县，忤上官，弃归。袭武阶，为中都副留守。

崇宁公主，洪武十七年下嫁牛城，未几薨。

安庆公主，宁国主母妹。洪武十四年下嫁欧阳伦。伦颇不法。洪武末，茶禁方严，数遣私人贩茶出境，所至绎骚，虽大吏不敢问。有家奴周保者尤横，辄呼有司科民车至数十辆。过河桥巡检司，擅捶辱司吏。吏不堪，以闻。帝大怒，赐伦死，保等皆伏诛。

汝宁公主，洪武十五年与怀庆、大名二主先后下嫁，而主下嫁陆贾，吉安侯仲亨子也。

怀庆公主，母成穆孙贵妃。下嫁王宁。宁，寿州人，既尚主，掌后军都督府事。建文中，尝泄中朝事于燕，籍其家，系锦衣卫狱。成祖即位，称宁孝于太祖，忠于国家，正直不阿，横遭诬构，封永春侯，予世券。宁能诗，颇好佛。尝侍帝燕语，劝帝诵佛经饭僧，为太祖资福。帝不怿，自是恩礼渐衰。久之，坐事下狱，见原，卒。子贞亮，官羽林前卫金事，先宁卒。宣德十年，贞亮子彝援诏书言公主嫡孙当嗣侯，不许，命以卫金事带俸，奉主祀。宁又有子贞庆，工诗，与刘溥等称"十才子"。

大名公主，下嫁李坚。坚，武陟人。父英，洪武初为骁骑右卫指挥金事。从征云南阵没，赠指挥使。坚有才勇，既尚主，掌前军都督府事。建文初，以左副将军从伐燕。及战，胜负略相当，封滦城侯，予世券。滹沱河之战，燕卒薛禄刺坚堕马被擒，械送北平，道卒。子庄年七岁，嗣侯。成祖即位，庄父姓名在奸党中，以主故获宥。主惧祸，遂纳侯诰券。宣德元年，主薨。庄在南京师事刘溥，放浪诗酒，以寿终。

福清公主，母郑安妃。洪武十八年下嫁张麟，凤翔侯龙子也。麟未嗣侯卒。永乐十五年，主薨。

寿春公主，洪武十九年下嫁傅忠，颖国公友德子也。先是，九年二月定制：公主未受封者，岁给纻丝纱绢布线；已封，赐庄田一区，岁征租一千五百石，钞二千贯。主为太祖所爱，赐吴江县田一百二十余顷，皆上腴，岁入八千石，逾他主数倍。二十一年薨，赐明器仪杖以葬。

十公主，早薨。

南康公主，洪武二十一年下嫁胡观，东川侯海子也。海尝以罪夺禄田。及观尚主，诏给田如故。观初在选中，帝命黄岩，徐宗实教之。既婚，督课益严，又为书数千言，引古义相戒劝。观执弟子礼甚恭。太祖为大喜。建文三年，观从李景隆北征，为燕兵所执。永乐初，奉使晋府还，科道官劾观僭乘晋王所赐棕舆。诏姑宥之。已，都御史陈瑛等劾观强取民间子女，又娶娼为妾，且言："预知李景隆逆谋，陛下曲加宽宥，绝无悛心，宜正其罪。"遂罢观朝请，寻自经死。宣德中，主为子忠乞嗣，诏授孝陵卫指挥金事，进同知。正统三年，主薨。

　　永嘉公主,母郭惠妃。洪武二十二年下嫁郭镇,武定侯英子也。英卒,镇不得嗣。宣德十年,主乞以子珍嗣,语在《英传》。景泰六年,主薨。世宗即位,元孙勋有宠,为主乞追谥,特赐谥贞懿。

　　十三公主,早薨。

　　含山公主,母高丽妃韩氏。洪武二十七年下嫁尹清。建文初,清掌后府都督事,先主卒。主至天顺六年始薨,年八十又二。

　　汝阳公主,永嘉主同母妹,与含山主同年下嫁谢达。达父彦,凤阳人,少育于孙氏,冒其姓。数从征讨有功,累官前军都督佥事,诏复谢姓,选其子尚主。仁宗即位,主以属尊,与宁国、怀庆、大名、南康、永嘉、含山、宝庆七主皆进称大长公主。自后诸帝即位,公主进封长公主、大长公主皆如制。

　　宝庆公主,太祖最幼女,下嫁赵辉。辉父和以千户从征安南阵没,辉袭父官。先是,成祖即位,主甫八岁,命仁孝皇后抚之如女。永乐十一年,辉以千户守金川门,年二十余,状貌伟丽,遂选以尚主。主即为后所抚,装赍视他主倍渥,婚夕特诏皇太子送入邸。主性纯淑,宣德八年薨。辉至成化十二年始卒。凡事六朝,历掌南京都督及宗人府事。家故豪侈,姬妾至百余人,享有富贵者六十余年,寿九十。

　　福成公主,南昌王女,母王氏,嫁王克恭。克恭尝为福建行省参政,后改福州卫指挥使。

　　庆阳公主,蒙城王女,嫁黄琛。琛本名宝,武昌人,以帐前参随舍人擢兵马副指挥。太祖爱其谨厚,配以王女。累从征讨,积功至龙江翼守御千户。洪武元年册两王女为公主,授克恭、琛为驸马都尉,迁琛淮安指挥使。四年三月,礼官上言:“皇侄女宜改封郡主,克恭、琛当上驸马都尉诰。”帝曰:“朕惟侄女二人,不忍遽加降夺,其称公主驸马如故。”公主岁给禄米五百石,视他主减三之二,驸马只食本官俸。擢琛中都留守,卒官。子铉至都督佥事。主至建文时,改封庆成郡主。燕师南下,主尝诣军中议和,盖成祖从姊。或谓福成、庆阳皆太祖从姊者,误也。

兴宗四女。

江都公主,洪武二十七年下嫁耿璿,长兴侯炳文子也。累官前军都督佥事。主为懿文太子长女。初称江都郡主,建文元年进公主,璿为驸马都尉。炳文之伐燕也,璿尝劝直捣北平。会炳文罢归,谋不用。永乐初,称疾不出,坐罪死。主复降为郡主,忧卒。

宜伦郡主,永乐十五年下嫁于礼。

三女,无考。

南平郡主,未下嫁,永乐十年薨,追册。

成祖五女。

永安公主,下嫁袁容,容,寿州人,父洪以开国功,官都督。洪武二十八年选容为燕府仪宾,配永安郡主。燕兵起,有战守功。永乐元年进郡主为公主,容驸马都尉;再论功,封广平侯,禄一千五百石,予世券。凡车驾巡幸,皆命容居守。

初,都指挥款台乘马过容门,容怒其不下,箠之几死。帝闻之,赐赵王高燧书曰:"自洪武来,往来驸马门者,未闻令下马也。昔晋王敦为驸马,纵恣暴横,卒以灭亡。汝其以书示容,令械辱款台之人送京师。"容由是敛戢。

十五年,主薨,停容侯禄。宣宗即位,复故。卒,赠沂国公,谥忠穆。子祯嗣,卒,无子。庶弟瑄,正统初乞嗣。帝曰:"容封以公主恩,祯嗣以公主子。瑄庶子,可长陵卫指挥佥事。"天顺元年诏复侯爵,卒。弟琇,成化十五年嗣,卒。侄辂乞嗣侯,言官持不可。帝曰:"诏书许子孙嗣。辂,容孙也,辂后毋嗣,仍世卫佥事。"辂卒,子夔,弘治间乞嗣侯。不许。

永平公主,下嫁李让。让,舒城人,与袁容同岁选为燕府仪宾。燕兵起,帅府兵执谢贵等,取大宁,战白沟河有功,署掌北平布政司事,佐仁宗居守。其父申,官留守左卫指挥同知。惠帝欲诱致让,曰:"让来,吾宥尔父。"让不从,力战破平安兵。帝遂杀申,籍其家,姻族皆坐死或徙边。永乐元年,进让驸马都尉,封富阳侯,食禄千石,掌北京行部事。卒,赠景国公,谥恭敏。子茂芳嗣侯。仁宗即位,以茂芳母子在先帝时有逆谋,废为庶人,追夺其父让并三代诰券毁之。是年,茂芳死。正统九年,主薨。天顺元年诏与茂芳子舆伯爵,卒。成化间,授舆子钦长陵卫指挥佥事。

安成公主,文皇后生。成祖即位,下嫁宋琥,西宁侯晟子也。正统八年,主薨。

咸宁公主,安成主同母妹。永乐九年下嫁宋瑛,琥弟也。袭西宁侯。正统五年,主薨。十四年,瑛与武进伯朱冕御也先于阳和,战死。

常宁公主,下嫁沐昕,西平侯英子。主恭慎有礼,通《孝经》、《女则》。永乐六年薨,年二十二。

仁宗七女。

嘉兴公主,昭皇后生。宣德三年下嫁井源。正统四年薨。后十年,源死土木之难。

庆都公主,宣德三年下嫁焦敬。正统五年薨。

清河公主,宣德四年下嫁李铭。八年薨。

真定公主,母李贤妃,与清河主同年下嫁王谊。景泰元年薨。

德安公主,早薨。仁宗即位之十月,与蕲王瞻垠同日追封,谥悼简。册辞谓第四女,盖早殇,名次未定也。又五女延平公主,六女德庆公主,俱未下嫁薨。

宣宗二女。

顺德公主,正统二年下嫁石璟。璟,昌黎人。天顺五年,曹钦反,璟帅众杀贼,擒其党脱脱。诏奖劳。成化十四年奉祀南京,逾年卒。

常德公主，章皇后生。正统五年下嫁薛桓。成化六年薨。

英宗八女。

重庆公主，与宪宗同母。天顺五年下嫁周景。景，字德彰，安阳人，好学能书。英宗爱之，间燕游幸多从。宪宗立，命掌宗人府事。居官廉慎，诗书之外无所好。主事舅姑甚孝，衣履多手制，岁时拜谒如家人礼。景每早朝，主必亲起视饮食。主之贤，近世未有也。弘治八年，景卒。又四年，主薨，年五十四。子贤历官都指挥佥事，有声。

嘉善公主，母王惠妃。成化二年下嫁王增，兵部尚书骥孙也。弘治十二年薨。

淳安公主，成化二年下嫁蔡震。震行醇谨。正德中，刘瑾下狱，诏廷讯。有问者，瑾辄指其人附己，廷臣无敢诘。震厉声曰："我皇家至戚，应不附尔！趣狱卒考掠之，瑾乃服罪，以是知名。嘉靖中卒，赠太保，谥康僖。

崇德公主，母杨安妃。成化二年下嫁杨伟，兴济伯善孙也。弘治二年薨。

广德公主，母万宸妃。成化八年下嫁樊凯。二十年八月薨。

宜兴公主，母魏德妃。成化九年下嫁马诚。正德九年薨。

隆庆公主，母高淑妃。成化九年下嫁游泰。十五年薨。

嘉祥公主，母妃刘氏。成化十三年下嫁黄镛。后六年薨。

景帝一女。

固安公主，英宗复辟，降称郡主。成化时，年已长，宪宗以阁臣奏，五年十一月下嫁王宪。礼仪视公主，以故尚书骞义赐第赐之。

宪宗五女。

仁和公主，弘治二年下嫁齐世美。嘉靖二十三年薨。

永康公主，弘治六年下嫁崔元。元，代州人，世宗入继，以迎立功封京山侯,给诰券。礼部言:"奉迎乃臣子之分,遽膺封爵,无故事。"帝曰:"永乐初年,太宗入继大统,驸马都尉王宁以翊戴功封永春侯,何得言无故事。"给事中底蕴、御史高越等连章论其不可。皆不听。已,坐张延龄事下诏狱,寻释。元好交文士,播声誉,宠幸优渥,勋臣戚畹莫敢望焉。嘉靖二十八年卒。赠左柱国太傅兼太子太傅,谥荣恭。驸马封侯赠官不以军功自元始。主先元薨。

德清公主,弘治九年下嫁林岳。岳字镇卿,应天人,少习举子业,奉母孝,抚弟峦极友爱。主亦有贤行,事姑如齐民礼。岳卒于正德十三年,主孀居三十一年始薨。

长泰公主,成化二十三年薨,追册。

仙游公主,弘治五年薨,追册。

孝宗三女。

太康公主,弘治十一年薨,未下嫁。

永福公主,嘉靖二年下嫁邬景和。景和,昆山人,尝奉旨直西苑,撰玄文,以不谙玄理辞。帝不悦。时有事清馥殿,在直诸臣俱行祝厘礼,景和不俟礼成而出。已而赏赉诸臣,景和与焉。疏言:"无功受赏,惧增罪戾。乞容辞免,俾洗心涤虑,以效他日马革裹尸、衔环结草之报。帝大怒,谓诅咒失人臣礼,削职归原籍,时主已薨矣。三十五年入贺圣诞毕,因言:"臣自五世祖寄籍锦衣卫,世居北地。今被罪南徙,不胜犬马恋主之私。扶服入贺,退而私省公主坟墓,丘封翳然,荆棘不剪。臣切自念,狐死尚正首丘,臣托命贵主,独与逝者魂魄相吊于数千里外,不得春秋祭扫,拊心伤悔,五内崩裂。臣之罪重,不敢祈恩,惟陛下幸哀故主,使得寄籍原卫,长与相依,死无所恨。"帝怜而许之。隆庆二年复官。卒,赠少保,谥荣简。

永淳公主,下嫁谢诏。

睿宗二女。

长宁公主,早薨。善化公主,早薨。嘉靖四年,二主同日追册。

世宗五女。

常安公主，未下嫁。嘉靖二十八年薨，追册。

思柔公主，后常安主二月薨，年十二，追册。

宁安公主，嘉靖三十四年下嫁李和。

归善公主，嘉靖二十三年薨，追册，葬祭视太康主。

嘉善公主，嘉靖三十六年下嫁许从诚。四十三年薨。

穆宗六女。

蓬莱公主，早薨。

太和公主，早薨。隆庆元年与蓬莱主同日追册。

寿阳公主，万历九年下嫁侯拱辰。国本议起，拱辰掌宗人府，亦具疏力争。卒赠太傅，谥荣康。

永宁公主，下嫁梁邦瑞。万历三十五年薨。

瑞安公主，神宗同母妹。万历十三年下嫁万炜。崇祯时，主累加大长公主。所产子及庶子长祚、弘祚皆官都督。炜官至太傅，管宗人府印。尝以亲臣侍经筵，每文华进讲，佩刀入直。李建泰西征，命炜以太牢告庙，年七十余矣。国变，同子长祚死于贼。弘祚投水死，长祚妻李氏亦赴井死。

延庆公主，万历十五年下嫁王昺。昺尝救御史刘光复，触帝怒，削职。光宗立，复官。

神宗十女。

荣昌公主，万历二十四年下嫁杨春元。四十四年，春元卒。久之，主薨。

寿宁公主，二十七年下嫁冉兴让。主为神宗所爱，命五日一来朝，恩泽异他主。崇祯时，洛阳失守，庄烈帝命兴让同太监王裕民、给事中叶高标往慰福世子于河北。都城陷，兴让死于贼。

静乐、云和、云梦、灵丘、仙居、泰顺、香山、天台八公主，皆早世,追册。

光宗九女。

怀淑公主,七岁而薨,追册。余五女皆早世,未封。

宁德公主,下嫁刘有福。

遂平公主,天启七年下嫁齐赞元。崇祯末,赞元奔南京,主前薨。

乐安公主,下嫁巩永固。永固,字洪图,宛平人,好读书,负才气。崇祯十六年二月,帝召公、侯、伯于德政殿,言:"祖制,勋臣驸马入监读书,习武经弓马。诸臣各有子弟否?"成国公朱纯臣、定国公徐允祯等皆以幼对。而永固独上疏,请肄业太学。帝褒答之。总督赵光抃以边事系狱,特疏申救。又请复建文皇帝庙谥。事虽未行,时论韪焉。甲申春,贼破宣、大,李邦华请太子南迁,为异议所格。及事急,帝密召永固及新乐侯刘文炳护行。叩头言:"亲臣不藏甲,臣等难以空手搏贼。"皆相向涕泣。十九日,都城陷。时公主已薨,未葬,永固以黄绳缚子女五人,系柩旁,曰:"此帝甥也,不可污贼手。"举剑自刎,阖室自焚死。

熹宗二女。皆早世。

庄烈帝六女。

坤仪公主,周皇后生。追谥。

长平公主,年十六,帝选周显尚主。将婚,以寇警暂停。城陷,帝入寿宁宫,主牵帝衣哭。帝曰:"汝何故生我家!"以剑挥斫之,断左臂;又斫昭仁公主于昭仁殿。越五日,长平主复苏。大清顺治二年上书言:"九死臣妾,踽踽高天,愿髡缁空王,稍申罔极。"诏不许,命显复尚故主,土田邸第金钱车马锡予有加。主涕泣。逾年病卒。赐葬广宁门外。

余三女,皆早世,无考。

明史卷一二二
列传第一○

郭子兴　韩林儿

　　郭子兴，其先曹州人。父郭公，少以日者术游定远，言祸福辄中。邑富人有瞽女无所归，郭公乃娶之。家日益饶。生三子，子兴其仲也。始生，郭公卜之吉。及长，任侠，喜宾客。会元政乱，子兴散家资，椎牛酾酒，与壮士结纳。至正十二年春，集少年数千人，袭据濠州。太祖往从之。门者疑其谍，执以告子兴。子兴奇太祖状貌，解缚与语，收帐下，为十夫长，数从战有功。子兴喜，其次妻小张夫人亦指目太祖曰："此异人也。"乃妻以所抚马公女，是为孝慈高皇后。

　　始，子兴同起事者孙德崖等四人，与子兴而五，各称元帅不相下。四人者粗而戆，日剽掠，子兴意轻之。四人不悦，合谋倾子兴。子兴以是多家居不视事。太祖乘间说曰："彼日益合，我益离，久之必为所制。"子兴不能从也。

　　元师破徐州，徐帅彭大、赵均用帅余众奔濠。德崖等以其故盗魁有名，乃共推奉之，使居己上。大有智数，子兴与相厚而薄均用。于是德崖等潜诸均用曰："子兴知有彭将军耳，不知有将军也。"均用怒，乘间执子兴，幽诸德崖家。太祖自他部归，大惊，急帅子兴二子诉于大。大曰："吾在，孰敢鱼肉尔翁者。"与太祖偕诣德崖家，破械出子兴，挟之归。元师围濠州，乃释故憾，共城守五阅月。围解，大、均用皆自称王，而子兴及德崖等为元帅如故。未几，大死，子早住领其众。均用专狠益甚,挟子兴攻盱眙、泗州,将害之。太祖已取滁,乃遣人说均用曰:"大王穷迫时,郭公开门延纳,德至厚也。大王不能报,反听细人言图之,自剪羽翼,失豪杰心,窃为大王不取。且其部曲犹众,杀之得无悔乎。"均用闻太祖兵甚盛,心惮之,太祖又使人赂其左右,子兴用是得免,乃将其所部万余就太祖于滁。

子兴为人枭悍善斗,而性悻直少容。方事急,辄从太祖谋议,亲信如左右手。事解,即信谗疏太祖。太祖左右任事者悉召之去,稍夺太祖兵柄。太祖事子兴愈谨。将士有所献,孝慈皇后辄以贻子兴妻。子兴至滁,欲据以自王。太祖曰:"滁四面皆山,舟楫商旅不通,非可旦夕安者也。"子兴乃已。及取和州,子兴命太祖统诸将守其地。德崖饥,就食和境,求驻军城中,太祖纳之。有谗于子兴者。子兴夜至和,太祖来谒,子兴怒甚,不与语。太祖曰:"德崖尝困公,宜为备。"子兴默然。德崖闻子兴至,谋引去。前营已发,德崖方留视后军,而其军与子兴军斗,多死者。子兴执德崖,太祖亦为德崖军所执。子兴闻之,大惊,立遣徐达往代太祖,纵德崖还。德崖军释太祖,达亦脱归。子兴憾德崖甚,将甘心焉,以太祖故强释之,邑邑不乐。未几,发病卒,归葬滁州。

子兴三子。长子前战死,次天叙、天爵。子兴死,韩林儿檄天叙为都元帅,张天祐及太祖副之。天祐,子兴妇弟也。太祖渡江,天叙、天祐引兵攻集庆,陈野先叛,俱被杀。林儿复以天爵为中书右丞。已而太祖为平章政事。天爵失职怨望,久之谋不利于太祖,诛死,子兴后遂绝。有一女,小张夫人出者,事太祖为惠妃,生蜀、谷、代三王。

洪武三年追封子兴为滁阳王,诏有司建庙,用中牢祀,复其邻宥氏,世世守王墓。十六年,太祖手书子兴事迹,命太常丞张来仪文其碑。滁人郭老舍者,宣德中以滁阳王亲,朝京师。弘治中,有郭琥自言四世祖老舍,滁阳王第四子,予冠带奉祀。已,为宥氏所讦。礼官言:"滁阳王祀典,太祖所定,曰无后,庙碑昭然,老舍非滁阳王子。"夺奉祀。

　　韩林儿,栾城人,或言李氏子也。其先世以白莲会烧香惑众,谪徙永年。元末,林儿父山童鼓妖言,谓:"天下当大乱,弥勒佛下生"。河南、江、淮间愚民多信之。颍州人刘福通与其党杜遵道、罗文素、盛文郁等复言"山童,宋徽宗八世孙,当主中国"。乃杀白马黑牛,誓告天地,谋起兵,以红巾为号。至正十一年五月,事觉,福通等遽入颍州反,而山童为吏所捕诛。林儿与母杨氏逃武安山中。福通据朱皋,破罗山、上蔡、真阳、确山,犯叶、舞阳,陷汝宁、光、息,众至十余万,元兵不能御。时徐寿辉等起蕲、黄,布王三、孟海马等起湘、汉,芝麻李起丰、沛,而郭子兴亦据濠应之。时皆谓之"红军",亦称"香军"。

　　十五年二月,福通物色林儿,得诸砀山夹河;迎至亳,僭称皇帝,又号小明王,建国曰宋,建元龙凤。拆鹿邑太清宫材,治宫阙于亳。尊杨氏为皇太后,遵道、文郁为丞相,福通、文素平章政事,刘六知枢密院事。刘六者,福通弟也。遵道宠用事。福通嫉之,阴命甲士挝杀遵道,自为丞相,加太保,事权一归福通。既而元师大败福通于太康,进围亳,福通挟林儿走安丰。未几,兵复盛,遣其党分道略地。

　　十七年,李武、崔德陷商州,遂破武关以图关中,而毛贵陷胶、莱、益都、滨州,山东郡邑多下。是年六月,福通帅众攻汴梁,且分军三道:关先生、破头潘、冯长舅、沙刘二、王士诚趋晋、冀;白不信、大刀敖、李喜喜趋关中;毛贵出山东北犯。势锐甚。田丰者,元镇守黄河义兵万户也,叛附福通,陷济宁,寻败走。其秋,福通兵陷大名,遂自曹、濮陷卫辉。白不信、大刀敖、李喜喜陷兴元,遂入凤翔,屡为察罕帖木儿、李思齐所破,走入蜀。

　　十八年,田丰复陷东平、济宁、东昌、益都、广平、顺德。毛贵亦数败元兵,陷清、沧,据长芦镇,寻陷济南;益引兵北,杀宣慰使董搏霄于南皮,陷蓟州,犯漷州,略柳林以逼大都。顺帝征四方兵入卫,议欲迁都避其锋,大臣谏乃止。贵旋被元兵击败,还据济南。而福通出没河南北,五月攻下汴梁,守将竹贞遁去,遂迎林儿都焉。关先生、破头潘等又分其军为二,一出绛州,一出沁州。逾太行,破辽、潞,遂陷冀宁;攻保定不克,陷完州,掠大同、兴和塞外诸郡,至陷上都,毁诸宫殿,转掠辽阳,抵高丽。十九年陷辽阳,杀懿州路总管吕震。顺帝以上都宫阙尽废,自此复北巡。李喜喜余党复陷宁夏,略灵武诸边地。

是时承平久,州郡皆无守备。长吏闻贼来,辄弃城遁,以故所至无不摧破。然林儿本起盗贼,无大志,又听命福通,徒拥虚名。诸将在外者率不遵约束,所过焚劫,至啖老弱为粮,且皆福通故等夷,福通亦不能制。兵虽盛,威令不行。数攻下城邑,元兵亦数从其后复之,不能守。惟毛贵稍有智略。其破济南也,立宾兴院,选用元故官姬宗周等分守诸路。又于莱州立屯田三百六十所,每屯相距三十里,造挽运大车百辆,凡官民田十取其二。多所规划,故得据山东者三年。及察罕帖木儿数破贼,尽复关、陇,是年五月大发秦、晋之师会汴城下,屯杏花营,诸军环城而垒。林儿兵出战辄败,婴城守百余日,食将尽。福通计无所出,挟林儿从百骑开东门遁还安丰,后宫官属子女及符玺印章宝货尽没于察罕。时毛贵已为其党赵均用所杀,有续继祖者,又杀均用,所部自相攻击。独田丰据东平,势稍强。

二十年,关先生等陷大宁,复犯上都。田丰陷保定,元遣使招之,被杀。王士诚又蹦晋、冀。元将孛罗败之于台州,遂入东平与丰合。福通尝责李武、崔德逗挠,将罪之。二十一年夏,两人叛去,降于李思齐。时李喜喜、关先生等东西转战,已多走死,余党自高丽还寇上都,孛罗复击降之。而察罕既取汴梁,遂遣子扩廓讨东平,胁降田丰、王士诚,乘胜定山东。惟陈猱头者,独守益都不下,与福通遥为声援。

二十二年六月,丰、士诚乘间刺杀察罕,入益都。元以兵柄付扩廓,围城数重,猱头等告急。福通自安丰引兵赴援,遇元师于火星埠,大败走还。元兵急攻益都,穴地道以入,杀丰、士诚,而槛送猱头于京师,林儿势大蹙。明年,张士诚将吕珍围安丰,林儿告急于太祖。太祖曰:“安丰破则士诚益强。”遂亲帅师往救,而珍已入城杀福通。太祖击走珍,以林儿归,居之滁州。明年,太祖为吴王。又二年,林儿卒。或曰太祖命廖永忠迎林儿归应天,至瓜步,覆舟沉于江云。

初,太祖驻和阳,郭子兴卒,林儿牒子兴子天叙为都元帅,张天祐为右副元帅,太祖为左副元帅。时太祖以孤军保一城,而林儿称宋后,四方响应,遂用其年号以令军中。林儿殁,始以明年为吴元年。其年,遣大将军定中原,顺帝北走,距林儿亡仅岁余。林儿僭号凡十二年。

赞曰:元之末季,群雄蜂起。子兴据有濠州,地偏势弱。然有明基业,实肇于滁阳一旅。子兴之封王祀庙,食报久长,良有以也。林儿横据中原,纵兵蹂躏,蔽遮江、淮十有余年。太祖得以从容缔造者,借其力焉。帝王之兴,必有先驱者资之以成其业,夫岂偶然哉。

明史卷一二三
列传第一一

陈友谅　　张士诚　方国珍
明玉珍

陈友谅,沔阳渔家子也。本谢氏,祖赘于陈,因从其姓。少读书,略通文义。有术者相其先世墓地,曰:"法当贵",友谅心窃喜。尝为县小吏,非其好也。徐寿辉兵起,友谅往从之,依其将倪文俊为簿掾。

寿辉,罗田人,又名真一,业贩布。元末盗起,袁州僧彭莹玉以妖术与麻城邹普胜聚众为乱,用红巾为号,奇寿辉状貌,遂推为主。至正十一年九月陷蕲水及黄州路,败元威顺王宽彻不花。遂即蕲水为都,称皇帝,国号天完,建元治平,以普胜为太师。未几,陷饶、信。明年分兵四出,连陷湖广、江西诸郡县。遂破昱岭关,陷杭州。别将赵普胜等陷太平诸路。势大振。然无远志,所得不能守。前年为元师所破,寿辉走免。已而复炽,迁都汉阳,为其丞相倪文俊所制。

十七年九月,文俊谋弑寿辉,不克,奔黄州。时友谅隶文俊麾下,数有功,为领兵元帅。遂乘衅杀文俊,并其兵,自称宣慰使,寻称平章政事。

明年陷安庆,又破龙兴、瑞州,分兵取邵武、吉安,而自以兵入抚州。已,又破建昌、赣、汀、信、衢。

当是时,江以南惟友谅兵最强。太祖之取太平也,与为邻。友谅陷元池州,太祖遣常遇春击取之,由是数相攻击。赵普胜者,故骁将,号"双刀赵"。初与俞通海等屯巢湖,同归太祖,叛去归寿辉。至是为友谅守安庆,数引兵争池州、太平,往来掠境上。太祖患之,啖普胜客,使潜入友谅军间普胜。普胜不之觉,见友谅使者辄诉功,悻悻有德色。友谅衔之,疑其贰于己,以会师为名,自江州猝至。普胜以烧羊逆于雁汊。甫登舟,友谅即杀普胜,并其军。乃以轻兵袭池州,为徐达等击败,师尽覆。

始友谅破龙兴,寿辉欲徙都之,友谅不可。未几,寿辉遽发汉阳,次江州。江州,友谅治所也,伏兵郭外,迎寿辉入,即闭城门,悉杀其所部。即江州为都,奉寿辉以居,而自称汉王,置王府官属。遂挟寿辉东下,攻太平。太平城坚不可拔,乃引巨舟薄城西南。士卒缘舟尾攀堞而登,遂克之。志益骄。进驻采石矶,遣部将阳白事寿辉前,戒壮士挟铁挝击碎其首。寿辉既死,以采石五通庙为行殿,即皇帝位,国号汉,改元大义,太师邹普胜以下皆仍故官。会大风雨,群臣班沙岸称贺,不能成礼。

友谅性雄猜,好以权术驭下。既僭号,尽有江西、湖广之地,恃其兵强,欲东取应天。太祖患友谅与张士诚合,乃设计令其故人康茂才为书诱之,令速来。友谅果引舟师东下,至江东桥,呼茂才不应,始知为所绐。战于龙湾,大败。潮落舟胶,死者无算,亡战舰数百,乘轻舸走。张德胜追败之慈湖,焚其舟。冯国胜以五翼军蹙之,友谅出皂旗军迎战,又大败。遂弃太平,走江州。太祖兵乘胜取安庆,其将于光、欧普祥皆降。明年,友谅遣兵复陷安庆。太祖自将伐之,复安庆,长驱至江州。友谅战败,夜挈妻子奔武昌。其将吴宏以饶降,王溥以建昌降,胡廷瑞以龙兴降。

友谅忿疆土日蹙,乃大治楼船数百艘,皆高数丈,饰以丹漆,每船三重,置走马棚,上下人语声不相闻,橹箱皆裹以铁。载家属百官,尽锐攻南昌,飞梯冲车,百道并进。太祖从子文正及邓愈坚守,三月不能下,太祖自将救之。友谅闻太祖至,撤围,东出鄱阳湖,遇于康郎山。友谅集巨舰,连锁为阵,太祖兵不能仰攻,连战三日,几殆。已,东北风起,乃纵火焚友谅舟,其弟友仁等皆烧死。友仁,号

五王，眇一目，有勇略，既死，友谅气沮。是战也，太祖舟虽小，然轻
驶，友谅军俱艨艟巨舰，不利进退，以是败。

太祖所乘舟樯白，友谅约军士明日并力攻白樯舟。太祖知之，
令舟樯尽白。翌日复战，自辰至午，友谅军大败。友谅欲退保鞋山，
太祖已先扼湖口，邀其归路。持数日，友谅谋于众。右金吾将军曰：
"出湖难，宜焚舟登陆，直趋湖南图再举。"左金吾将军曰："此示弱
也，彼以步骑蹑我，进退失所据，大事去矣。"友谅不能决，既而曰：
"右金吾言是也。"左金吾以言不用，举所部来降。右金吾知之，亦
降。友谅益困。太祖凡再移友谅书，其略曰："吾欲与公约从，各安
一方，以俟天命。公失计，肆毒于我。我轻师间出，奄有公龙兴十一
郡，犹不自悔祸，复构兵端。一困于洪都，再败于康郎，骨肉将士重
罹涂炭。公即幸生还，亦宜却帝号，坐待真主，不则丧家灭姓，悔晚
矣。"友谅得书忿恚，不报。久之乏食，突围出湖口。诸将自上流邀
击之，大战泾江口。汉军且斗且走，日暮犹不解。友谅从舟中引首
出，有所指挥，骤中流矢，贯睛及颅死。军大溃，太子善儿被执。太
尉张定边夜挟友谅次子理，载其尸遁还武昌。友谅豪侈，尝造镂金
床甚工，宫中器物类是。既亡，江西行省以床进。太祖叹曰："此与
孟昶七宝溺器何异！命有司毁之。友谅僭号凡四年。

子理既还武昌，嗣伪位，改元德寿。是冬，太祖亲征武昌。明年
二月再亲征。其丞相张必先自岳州来援，次洪山。常遇春击擒之，
徇于城下。必先，骁将也，军中号"泼张"，倚为重。及被擒，城中大
惧，由是欲降者众。太祖乃遣其故臣罗复仁入城招理。理遂降，入
军门，俯伏不敢视。"太祖见理幼弱，掖之起，握其手曰："吾不汝罪
也。"府库财物恣理取，旋应天，授爵归德侯。

友谅之从徐寿辉也，其父普才止之。不听。及贵，往迎之。普
才曰："汝违吾命，吾不知死所矣。"普才五子：长友富，次友直，又次
友谅，又次友仁、友贵。友仁、友贵前死鄱阳。太祖平武昌，封普才
承恩侯，友富归仁伯，友直怀恩伯，赠友仁康山王，命所司立庙祀
之，以友贵祔。理居京师，邑邑出怨望语。帝曰："此童孺小过耳，恐

细人蛊惑,不克全朕恩,宜处之远方。"洪武五年,理及归义侯明升并徙高丽,遣元降臣枢密使延安答理护行。赐高丽王罗绮,俾善视之。亦徙普才等滁阳。

　　熊天瑞者,本荆州乐工,从徐寿辉抄略江、湘间。后受陈友谅命,攻陷临江、吉安,又陷赣州。友谅俾以参知政事,守赣,兼统吉安、南安、南雄、韶州诸路。久之,阳言东下,署其帜曰:"无敌",自称金紫光禄大夫、司徒、平章军国重事。友谅不能制。阴图取广东,造战舰于南雄,帅数万众趋广州。元将何真以兵迎于胥江。会天大雷雨,震其舰樯折,天瑞惧而还。太祖兵克临江,遣常遇春等攻赣,天瑞拒守五越月。至正二十五年正月,乃帅其养子元震肉袒诣军门降。太祖宥之,授指挥使。明年从攻浙西,叛降于张士诚,教士诚飞炮击外军。城中木石俱尽,外军多伤者。士诚灭,天瑞伏诛。

　　有周时中者,龙泉人,尝为寿辉平章。后帅所部降,策天瑞必叛。后果如其言。时中累官吏部尚书,出为镇江知府,历福建盐运副使。

　　元震本姓田氏,善战有名。遇春之围赣也,元震窃出觇兵,遇春亦引数骑出,猝与遇。元震不知为遇春也,过之。及遇春还,始觉,遂单骑前袭遇春。遇春遣从骑挥刀击之,元震奋铁挝且斗且走。遇春曰:"壮男子也。"舍之。由是喜其才勇。既从天瑞降,荐以为指挥使。天瑞诛,复故姓云。

　　张士诚,小字九四,泰州白驹场亭人。有弟三人,并以操舟运盐为业,缘私作奸利。颇轻财好施,得群辈心。常鬻盐诸富家,富家多凌侮之,或负其值不酬。而弓手丘义尤窘辱士诚甚。士诚忿,即帅诸弟及壮士李伯升等十八人杀义,并灭诸富家,纵火焚其居。入旁郡场,招少年起兵。盐丁方苦重役,遂共推为主,陷泰州。高邮守李齐谕降之,复叛。杀行省参政赵琏,并陷兴化,结寨德胜湖,有众万余。元以万户告身招之。不受。绐杀李齐,袭据高邮,自称诚王,僭号大周,建元天祐。是岁至正十三年也。

明年,元右丞相脱脱总大军出讨,数败士诚,围高邮,隳其外城。城且下,顺帝信谗,解脱脱兵柄,削官爵,以他将代之。士诚乘间奋击,元兵溃去,由是复振。逾年,淮东饥,士诚乃遣弟士德由通州渡江入常熟。

十六年二月陷平江,并陷湖州、松江及常州诸路。改平江为隆平府,士诚自高邮来都之。即承天寺为府第,踞坐大殿中,射三矢于栋以识。是岁,太祖亦下集庆,遣杨宪通好于士诚。其书曰:"昔隗器称雄于天水,今足下亦擅号于姑苏,事势相等,吾深为足下喜。睦邻守境,古人所贵,窃甚慕焉。自今信使往来,毋惑谗言,以生边衅。"士诚得书,留宪不报。已,遣舟师攻镇江。徐达败之于龙潭。太祖遣达及汤和攻常州。士诚兵来援,大败,失张、汤二将,乃以书求和,请岁输粟二十万石,黄金五百两,白金三百斤。太祖答书,责其归杨宪,岁输五十万石。士诚复不报。

初,士诚既得平江,即以兵攻嘉兴。元守将苗帅杨完者数败其兵。乃遣士德间道破杭州。完者还救,复败归。明年,耿炳文取长兴,徐达取常州,吴良等取江阴,士诚兵不得四出,势渐蹙。无何,徐达兵徇宜兴,攻常熟。士德迎战败,为前锋赵德胜所擒。士德,小字九六,善战有谋,能得士心,浙西地皆其所略定。既被擒,士诚大沮。太祖欲留士德以招士诚。士德间道贻士诚书,俾降元。士诚遂决计请降。江浙右丞相达识帖睦迩为言于朝,授士诚太尉,官其将吏有差。士德在金陵竟不食死。士诚虽去伪号,擅甲兵,土地如故。达识帖睦迩在杭与杨完者有隙,阴召士诚兵。士诚遣史文炳袭杀完者,遂有杭州。顺帝遣使征粮,赐之龙衣御酒。士诚自海道输粮十一万石于大都,岁以为常。即而益骄,令其下颂功德,邀王爵。不许。

二十三年九月,士诚复自立为吴王,尊其母曹氏为王太妃,置官属,别治府第于城中,以士信为浙江行省左丞相,幽达识帖睦迩于嘉兴。元征粮不复与。参军俞思齐者,字中孚,泰州人,谏士诚曰:"向为贼,可无贡;今为臣,不贡可乎!"士诚怒,抵案仆地,思齐即引疾去。当是时，士诚所据，南抵绍兴，北逾徐州，达于济宁之金沟，西距汝、颍、濠、泗，东薄海，二千余里，带甲数十万。以士信及女夫潘元绍为腹心，左丞徐义、李伯升、吕珍为爪牙，参军黄敬夫、蔡彦文、叶德新主谋议，元学士陈基、右丞饶介典文章。又好招延宾客，所赠遗舆马、居室、什器甚具。诸侨寓贫无籍者争趋之。

士诚为人，外迟重寡言，似有器量，而实无远图。既据有吴中，吴承平久，户口殷盛，士诚渐奢纵，怠于政事。士信、元绍尤好聚敛，金玉珍宝及古法书名画，无不充牣。日夜歌舞自娱。将帅亦偃蹇不用命，每有攻战，辄称疾，邀官爵田宅然后起。甫至军，所载婢妾乐器踵相接不绝，或大会游谈之士，樗蒲蹴鞠，皆不以军务为意。及丧师失地还，士诚，概置不问。已，复用为将。上下嬉娱，以至于亡。

太祖与士诚接境。士诚数以兵攻常州、江阴、建德、长兴、诸全，辄不利去。而太祖遣邵荣攻湖州，胡大海攻绍兴，常遇春攻杭州，亦皆不能下。廖永安被执，谢再兴叛降士诚，会太祖与陈友谅相持，未暇及也。友谅亦遣使约士诚夹攻太祖，而士诚欲守境观变，许使者，卒不行。太祖既平武昌，师还，即命徐达等规取淮东，克泰州、通州，围高邮。士诚以舟师溯江来援，太祖自将击走之。达等遂拔高邮，到淮安，悉定淮北地。于是移檄平江，数士诚八罪。徐达、常遇春帅兵自太湖趋湖州，吴人战于毗山，又战于七里桥，皆败，遂围湖州。士诚遣朱暹、五太子等以六万众来援，屯于旧馆，筑五寨自固。达、遇春筑十垒以遮之，断其粮道。士诚知事急，亲督兵来战，败于皂林。其将徐志坚败于东迁，潘元绍败于乌镇，升山水陆寨皆破，旧馆援绝，五太子、朱暹、吕珍皆降。五太子者，士诚养子，短小精悍，能平地跃丈余，又善没水，珍、暹皆宿将善战，至是降。达等以徇于湖州。守将李伯升等以城降，嘉兴、松江相继降。潘原明亦以杭州降于李文忠。

二十六年十一月，大军进攻平江，筑长围困之。士诚距守数月。太祖贻书招之曰："古之豪杰，以畏天顺民为贤，以全身保族为智，汉窦融、宋钱俶是也。尔宜三思，勿自取夷灭，为天下笑。"士诚不报，数突围决战，不利。李伯升知士诚困甚，遣所善客逾城说士诚曰："初公所恃者，湖州、嘉兴、杭州耳，今皆失矣。独守此城，恐变从中起，公虽欲死，不可得也。莫若顺天命，遣使金陵，称公所以归义救民之意，开城门，幅巾待命，当不失万户侯。且公之地，譬如博者，得人之物而复失之，于公何损。"士诚仰观良久曰："吾将思之。"乃谢客，竟不降。士诚故有勇胜军号"十条龙"者，皆骁猛善斗，每披银铠锦衣出入阵中，至是亦悉败，溺万里桥下死。最后丞相士信中炮死，城中汹汹无固志。二十七年九月，城破，士诚收余众战于万寿寺东街，众散走。仓皇归府第，拒户自缢。故部将赵世雄解之。大将军达数遣李伯升、潘元绍等谕意，士诚瞑目不答。舁出葑门，入舟，不复食。至金陵，竟自缢死，年四十七。命具棺葬之。

　　方士诚之被围也，语其妻刘曰："吾败且死矣，若曹何为"刘答曰："君无忧，妾必不负君。"积薪齐云楼下。城破，驱群妾登楼，令养子辰保纵火焚之，亦自缢。有二幼子匿民间，不知所终。先是，黄敬夫等三人用事，吴人知士诚必败，有"黄菜叶"十七字之谣，其后卒验云。

　　莫天祐者，元末聚众保无锡州，士诚招之，不从。以兵攻之，亦不克。士诚既受元官，天祐乃降。士诚累表为同金枢密院事。及平江既围，他城皆下，惟天祐坚守。士诚破，胡廷瑞急攻之，乃降。太祖以其多伤我兵，诛之。

　　李伯升仕士诚至司徒，既降，命仍故官，进中书平章同知詹事府事。尝将兵讨平湖广慈利蛮，又为征南右副将军，同吴良讨靖州蛮。后坐胡党死。潘元明以平章守杭州降，仍为行省平章，与伯升俱岁食禄七百五十石，不治事。云南平，以元明署布政司事，卒官。

　　士诚自起至亡，凡十四年。

　　方国珍，黄岩人。长身黑面，体白如瓠，力逐奔马。世以贩盐浮海为业。元至正八年，有蔡乱头者，行剽海上，有司发兵捕之。国珍怨家告其通寇。国珍杀怨家，遂与兄国璋、弟国瑛、国珉亡入海，聚众数千人,动运艘,梗海道。行省参政朵儿只班讨之,兵败,为所执,胁使请于朝,授定海尉。寻叛,寇温州。元以孛罗帖木儿为行省左丞,督兵往讨,复败,被执。乃遣大司农达识帖睦迩招之降。已而汝、颍兵起,元募舟师守江。国珍疑惧,复叛。诱杀台州路达鲁花赤泰不华,亡入海。使人潜至京师,赂诸权贵,仍许降,授徽州路治中。国珍不听命,陷台州,焚苏之太仓。元复以海道漕运万户招之,乃受官。寻进行省参政,俾以兵攻张士诚,士诚遣将御之昆山。国珍七战七捷。会士诚亦降,乃罢兵。

先是,天下承平,国珍兄弟始倡乱海上,有司惮于用兵,一意招抚。惟都事刘基以国珍首逆,数降数叛,不可赦。朝议不听。国珍既授官,据有庆元、温、台之地,益强不可制。国珍之初作乱也,元出空名宣敕数十道募人击贼。海滨壮士多应募立功。所司邀重贿,不辄与,有一家数人死事卒不得官者。而国珍之徒,一再招谕,皆至大官。由是民慕为盗,从国珍者益众。元既失江、淮,资国珍舟以通海运,重以官爵羁縻之,而无以难也。有张子善者,好纵横术,说国珍以师溯江窥江东,北略青、徐、辽海。国珍曰:"吾始志不及此。"谢之去。

太祖已取婺州,使主薄蔡元刚使庆元。国珍谋于其下曰:"江左号令严明,恐不能与抗。产况为我敌者,西有吴,南有闽。莫若姑示顺从,借为声援以观变。"众以为然。于是遣使奉书进黄金五十斤,白金百斤,文绮百匹。太祖复遣镇抚孙养浩报之。国珍请以温、台、庆元三郡献,且遣次子关为质。太祖却其质,厚赐而遣之;复使博士夏煜往,拜国珍福建行省平章事,弟国瑛参知政事,国珉枢密分院金事。国珍名献三郡实阴持两端。煜既至,乃诈称疾,自言老不任职,惟受平章印诰而已。太祖察其情,以书谕曰:"吾始以汝豪杰识时务,故命汝专制一方。汝顾中怀叵测,欲觇我虚实则遣侍子,欲却我官爵则称老病。夫智者转败为功,贤者因祸成福,汝审图之。"是时国珍岁岁治海舟,为元漕张士诚粟十余万石于京师,元累进国珍官至江浙行省左丞相衢国公,分省庆元。国珍受之如故,特以甘言谢太祖,绝无内附意。及得所谕书,竟不省。太祖复以书谕曰:"福基于至诚,祸生于反复,隗嚣、公孙述故辙可鉴。大军一出,不可虚辞解也。"国珍诈穷,复阳为惶惧谢罪,以金宝饰鞍马献。太祖复却之。

已而苗帅蒋英等叛,杀胡大海,持首奔国珍,国珍不受,自台州奔福建。国璋守台,邀击之,为所败,被杀,太祖遣使吊祭。逾年,温人周宗道以平阳来降。国珍从子明善守温以兵争。参军胡深击败之,遂下瑞安,进兵温州。国珍恐,请岁输白金三万两给军。俟杭州下,即纳土来归。太祖诏深班师。

吴元年克杭州。国珍据境自如,遣间谍假贡献名觇胜负,又数通好于扩廓帖木儿及陈友定,图为犄角。太祖闻之怒,贻书数其十二罪,复责军粮二十万石。国珍集众议,郎中张仁本、左丞刘庸等皆言不可从。有丘楠者,独争曰:"彼所言均非公福也。惟智可以决事,惟信可以守国,惟直可以用兵。公经营浙东十余年矣,迁延犹豫,计不早定,不可谓智。既许之降,抑又倍焉,不可谓信。彼之征师,则有词矣,我实负彼,不可谓直。幸而扶服请命,庶几可视钱俶乎。"国珍不听,惟日夜运珍宝,治舟楫,为航海计。

九月,太祖已破平江,命参政朱亮祖攻台州,国瑛迎战败走。进克温州。征南将军汤和以大军长驱抵庆元。国珍帅所部遁入海。追败之盘屿,其部将相次降。和数令人示以顺逆,国珍乃遣子关奉表乞降曰:"臣闻天无所不覆,地无所不载。王者体天法地,于人无所不容。臣荷主上覆载之德旧矣,不敢自绝于天地,故一陈愚衷。臣本庸才,遭时多故,起身海岛,非有父兄相借之力,又非有帝制自为之心。方主上霆击电掣,至于婺州,臣愚即遣子入侍,固已知主上有今日矣,将以依日月之末光,望雨露之余润。而主上推诚布公,俾守乡郡,如故吴越事。臣遵奉条约,不敢妄生节目。子姓不戒,潜构衅端,猥劳问罪之师,私心战兢,用是俾守者出迎。然而未免浮海,何也?孝子之于亲,小杖则受,大杖则走,臣之情事适与此类。即欲面缚待罪阙廷,复恐婴斧钺之诛,使天下后世不知臣得罪之深,将谓主上不能容臣，岂不累天地大德哉。"盖幕下士詹鼎词也。

太祖览而怜之，赐书曰："汝违吾谕，不即敛手归命，次且海外，负恩实多。今者穷蹙无聊，情词哀恳，吾当以汝此诚为诚，不以前过为过，汝勿自疑。"遂促国珍入朝，面让之曰："若来得毋晚乎！"国珍顿首谢。授广州西行省左丞，食禄不之官。数岁，卒于京师。

子礼，官广洋卫指挥佥事；关，虎贲卫千户所镇抚。关弟行，字明敏，善诗，承旨宋濂尝称之。

刘仁本，安德元，国珍同县人。元末进士乙科，历官浙江行省郎中，与张本仁俱入国珍幕。数从名士赵俶、谢理、朱右等赋诗，有称于时。国珍海运输元，实仁本司其事。朱亮祖之下温州也，获仁本。太祖数其罪，鞭背溃烂死。余官属从国珍降者皆徙滁州，独赦丘楠，以为韶州知府。

詹鼎者，宁海人，有才学。为国珍府都事，判上虞，有治声。既至京，未见用，草封事万言，候驾出献之。帝为立马受读，命丞相官鼎。杨宪忌其才，沮之。宪败，除留守经历，迁刑部郎中，坐累死。

明玉珍，随州人。身长八尺余，目重瞳子。徐寿辉起，玉珍与里中父老团结千余人，屯青山。及寿辉称帝，使人招玉珍曰："来则共富贵，不来举兵屠之。"玉珍引众降，以元帅守沔阳。与元将哈麻秃战湖中，飞矢中右目，遂眇。久之，玉珍帅斗船五十艘掠粮川、峡间，将引还。时元右丞完者都募兵重庆，义兵元帅杨汉应募至，欲杀之而并其军，不克。汉走出峡，遇玉珍为言："重庆无重兵，完者都与右丞哈麻秃不相能，若回船出不意袭之，可取而有也。"玉珍意未决，部将戴寿曰："机不可失也。可分船为二，半贮粮归沔阳，半因汉兵攻重庆，不济则掠财物而还。"玉珍从其策，袭重庆，走完者都，执哈麻秃献寿辉。寿辉授玉珍陇蜀行省右丞。至正十七年也。

已而完者都自果州来，会平章朗革歹、参政赵资，谋复重庆，屯嘉定之大佛寺，玉珍遣万胜御之。胜，黄陂人，有智勇，玉珍宠爱之，使从己姓,众呼为明二,后乃复姓名。胜攻嘉定,半年不下。玉珍帅众围之,遣胜以轻兵袭陷成都,虏朗革歹及资妻子。朗革歹妻自沉于江。以资妻子徇嘉定,招资降。资引弓射杀妻。俄城破,执资及完者都、朗革歹归于重庆,馆诸治平寺,欲使为己用。三人者执不可,乃斩于市,以礼葬之,蜀人谓之"三忠"。于是诸郡县相次来附。

二十年,陈友谅弑徐寿辉自立。玉珍曰:"与友谅俱臣徐氏,顾悖逆如此。"命以兵塞瞿塘,绝不与通。立寿辉庙于城南隅,岁时致祀。自立为陇蜀王,以刘桢为参谋。

桢,字维周,泸州人。元进士。尝为大名路经历,弃官家居。玉珍之攻重庆也,道泸,部将刘泽民荐之。玉珍往见,与语大悦,即日延至舟中,尊礼备至。次年,桢屏人说曰:"西蜀形胜地,大王抚而有之,休养伤残,用贤治兵,可以立不世业。不于此时称大号以系人心,一旦将士思乡土,瓦解星散,大王孰与建国乎。"玉珍善之,乃谋于众,以二十二年春僭即皇帝位于重庆,国号夏,建元天统。立妻彭氏为皇后,子升为太子。效周制,设六卿,以刘桢为宗伯。分蜀地为八道,更置府州县官名。蜀兵诸国为弱,胜兵不满万人。玉珍素无远略,然性节俭,颇好学,折节下士。既即位,设国子监,教公卿子弟,设提举司教授,建社稷宗庙,求雅乐,开进士科,定赋税,以十分取一。蜀人悉便安之。皆刘桢为之谋也。

明年,遣万胜由界首,邹兴由建昌,又指挥李某者由八番。分道攻云南。两路皆不至,惟胜兵深入,元梁王走营金马山。逾年,王挟大理兵击胜,胜以孤军无继引还。复遣兴取巴州。久之,复更六卿为中书省枢密院,改冢宰戴寿、司马万胜为左、右丞相,司寇向大亨、司空张文炳知枢密院事,司徒邹兴镇成都,吴友仁镇保宁,司寇莫仁寿镇夔关,皆平章事。

是岁,遣胜取兴元,使参政江俨通好于太祖。太祖遣都事孙养浩报聘,遗玉珍书曰:"足下处西蜀,予处江左,盖与汉季孙、刘相类。近者王保保以铁骑劲兵,虎踞中原,其志殆不在曹操下,使有谋臣如攸、彧,猛将如辽、郃,予两人能高枕无忧乎。予与足下实唇齿邦,愿以孙、刘相吞噬为鉴。"自后信使往返不绝。

二十六年春,玉珍病革,召寿等谕曰:"西蜀险固,若协力同心,左右嗣子,则可以自守。不然,后事非所知也。"遂卒。凡立五年,年三十六。

子升嗣,改元开熙,葬玉珍于江水之北,号永昌陵,庙号太祖。尊母彭氏为太后,同听政。升甫十岁,诸大臣皆粗暴,不肯相下。而万胜与张文炳有隙,胜密遣人杀之。文炳所善玉珍养子明昭,复矫彭氏旨缢杀胜。胜于明氏功最多,其死,蜀人多怜之。吴友仁自保宁移檄,以清君侧为名。升命戴寿讨之。友仁遗寿书谓:"不诛昭,则国必不安,众必不服。昭朝诛,吾当夕至。"寿乃奏诛昭,友仁入朝谢罪。于是诸大臣用事,而友仁尤专恣,国柄旁落,遂益不振。万胜既死,刘桢为右丞相,后三年卒。是岁,升遣使告哀于太祖,已,又遣使入聘。太祖亦遣侍御史蔡哲报之。

洪武元年,太祖克元都,升奉书称贺。明年,太祖遣使求大木。升遂并献方物。帝答以玺书。其冬,遣平章杨璟谕升归命。升不从。璟复遗升书曰:

古之为国者,同力度德,同德度义,故能身家两全,流誉无穷,反是者辄败。足下幼冲,席先人业,据有巴、蜀,不咨至计,而听群下之议,以瞿塘、剑阁之险,一夫负戈,万人无如之何。此皆不达时变以误足下之言也。昔据蜀最盛者,莫如汉昭烈。且以诸葛武侯佐之,综核官守,训练士卒,财用不足,皆取之南诏。然犹朝不谋夕,仅能自保。今足下疆场,南不过播州,北不过汉中,以此准彼,相去万万,而欲借一隅之地,延命顷刻,可谓智乎?

我主上仁圣威武,神明响应,顺附者无不加恩,负固者然后致讨。以足下先人通好之故,不忍加师,数使使谕意。又以足下年幼,未历事变,恐惑于狂瞽,失远大计,故复遣璟面谕祸福。深仁厚德,所以待明氏者不浅,足下可不深念乎?

　　且向者如陈、张之属，窃据吴、楚，造舟塞江河，积粮过山岳，强将劲兵，自谓无敌。然鄱阳一战，友谅授首，旋师东讨，张氏面缚。此非人力，实天命也。足下视此何如？

　　友谅子窜归江夏，王师致伐，势穷衔璧。主上宥其罪愆，剖符锡爵，恩荣之盛，天下所知。足下无彼之过，而能翻然觉悟，自求多福，则必享茅土之封，保先人之祀，世世不绝，岂不贤智矣哉？若必欲崛强一隅，假息顷刻，鱼游沸鼎，燕巢危幕，祸害将至，恬不自知。璟恐天兵一临，凡今为足下谋者，他日或各自为身计，以取富贵。当此之时，老母弱子，将安所归？祸福利害，了然可睹，在足下审之而已。

升终不听。

又明年，兴元守将以城降。吴友仁数往攻之，不克。是岁，太祖遣使假道征云南，升不奉诏。

四年正月，命征西将军汤和帅副将军廖永忠等以舟师由瞿塘趋重庆，前将军傅友德帅副将军顾时等以步骑由秦、陇趋成都，伐蜀。初，寿言于升曰："以王保保、李思齐之强，犹莫能与明抗，况吾属乎！一旦有警，计安出？"友仁曰："不然，吾蜀襟山带江，非中原比，莫若外交好而内修备。"升以为然，遣莫仁寿以铁索横断瞿塘峡口。至是又遣寿、友仁、邹兴等益兵为助。北倚羊角山，南倚南城寨，凿两岸石壁，引铁索为飞桥，用木板置炮以拒敌。和军至，不能进。傅友德觇阶、文无备，进破之，又破绵州。寿乃留兴等守瞿塘，而自与友仁还，会向大亨之师以援汉州。数战皆大败，寿、大亨走成都，友仁走保宁。时永忠亦破瞿塘关。飞桥铁索皆烧断，兴中矢死，夏兵皆溃。遂下夔州，师次铜罗峡。升大惧，右丞刘仁劝奔成都。升母彭泣曰："成都可到，亦仅延旦夕命。大军所过，势如破竹，不如早降以活民命。"于是遣使赍表乞降。升面缚衔璧舆榇，与母彭及官属降于军门。和受璧，永忠解缚，承旨抚慰，下令诸将不得有所侵扰。而寿、大亨亦以成都降于友德。升等悉送京师，礼臣奏言："皇帝御奉天殿，明升等俯伏待罪午门外，有司宣制赦，如孟昶降宋故事。"

帝曰："升幼弱,事由臣下,与孟昶异,宜免其伏地上表待罪之仪。"是日授升爵归义侯,赐第京师。

冬十月,和等悉定川、蜀诸郡县,执友仁于保宁,遂班师。寿、大亨、仁寿皆凿舟自沉死。

丁世贞者,文州守将也,友德攻文州,据险力战,汪兴祖死焉。文州破,遁去。已复以兵破文州,杀朱显忠,友德击走之。夏亡,复集余众围秦州五十日。兵败,夜宿梓潼庙,为其下所杀。友仁至京师,帝以其寇汉中,首造兵端,令明氏失国,戮于市。戍他将校于徐州。明年,徙升于高丽。

赞曰:友谅、士诚起刀笔负贩,因乱僭窃,恃其富强,而卒皆败于其所恃。迹其始终成败之故,太祖料之审矣。国珍首乱,反复无信,然竟获良死,玉珍乘势,割据一隅,僭号二世,皆不可谓非幸也。国珍又名谷珍,盖降后避明讳云。

明史卷一二四
列传第一二

扩廓帖木儿 <small>蔡子英</small>　陈友定
伯颜子中等　把匝剌瓦尔密

　　扩廓帖木儿，沈丘人。本王姓，小字保保，元平章察罕帖木儿甥也。察罕养为子，顺帝赐名扩廓帖木儿。汝、颍盗起，中原大乱，元师久无功。至正十二年，察罕起义兵，战河南、北，击贼关中、河东，复汴梁，走刘福通，平山东，降田丰，灭贼几尽。既而总大军围益都，田丰叛，察罕为王士诚所刺，事具《元史》。察罕既死，顺帝即军中拜扩廓太尉、中书平章政事、知枢密院事，如察罕官。帅兵围益都，穴地而入，克之。执丰、士诚，剖其心以祭察罕，缚陈猱头等二十余人献阙下。东取莒州，山东地悉定。至正二十二年也。

　　初，察罕定晋、冀，孛罗帖木儿在大同，以兵争其地，数相攻，朝廷下诏和解，终不听。扩廓既平齐地，引军还，驻太原，与孛罗构难如故。会朝臣老的沙、秃坚获罪于太子，出奔孛罗，孛罗匿之。诏削孛罗官，解其兵柄。孛罗遂举兵反，犯京师，杀丞相搠思监，自为左丞相，老的沙为平章，秃坚知枢密院。太子求援于扩廓，扩廓遣其将白锁住以万骑入卫，战不利，奉太子奔太原。逾年，扩廓以太子令举兵讨孛罗，入大同，进薄大都。顺帝乃袭杀孛罗于朝。扩廓从太子入觐，以为太傅、左丞相。当是时，微扩廓，太子几殆。扩廓功虽高，起行间，骤至相位，中朝旧臣多忌之者。而扩廓久典军，亦不乐在内，居两月，即请出治兵，南平江、淮。诏许之，封河南王，俾总天下兵，代皇太子出征，分省中官属之半以自随。卤簿甲仗亘数十里，军容甚盛。时太祖已灭陈友谅，尽有江、楚地，张士诚扰淮东、浙西。扩廓知南军强，未可轻进，乃驻军河南，檄关中四将军会师大举。四将军者，李思齐、张思道、孔兴、脱列伯也。

思齐，罗山人，与察罕同起义兵，齿位略相埒。得檄大怒曰："吾与若父交，若发未燥，敢檄我耶！"令其下一甲不得出武关。思道等亦皆不听调。扩廓叹曰："吾奉诏总天下兵，而镇将不受节制，何讨贼为！"乃遣其弟脱因帖木儿以一军屯济南，防遏南军，而自引兵西入关，攻思齐等。思齐等会兵长安，盟于含元殿旧基，并力拒扩廓。相持经年，数百战未能决。顺帝使使谕令罢兵，专事江、淮。扩廓欲遂定思齐等，然后引军东。乃遣其骁将貊高趋河中，欲出不意捣凤翔，覆思齐巢穴。貊高所将多孛罗旧部曲，行至卫辉，军变，胁貊高叛扩郭，袭卫辉、彰德据之，罪状扩廓于朝。

初，太子之奔太原也，欲用唐肃宗灵武故事自立。扩廓不可。及还京师，皇后谕指令以重兵拥太子入城，胁顺帝禅位。扩廓未至京三十里，留其军，以数骑入朝。由是太子衔之，而顺帝亦心忌扩廓。廷臣哗言扩廓受命平江、淮，乃西攻关中，今罢兵不奉诏，跋扈有状。及貊高奏至，顺帝乃削扩廓太傅、中书左丞相，令以河南王就食邑汝南，分其军隶诸将；而以貊高知枢密院事兼平章，总河北军。赐其军号"忠义功臣"。太子开抚军院于京师，总制天下兵马，专备扩廓。

扩廓既受诏，退军泽州，其部将关保亦归于朝。朝廷知扩廓势孤，乃诏李思齐等东出关，与貊高合攻扩廓，而令关保以兵戍太原。扩廓愤甚，引军据太原，尽杀朝廷所置官吏。于是顺帝下诏尽削扩廓官爵，令诸军四面讨之。是时明兵已下山东，收大梁。梁王阿鲁温，察罕父也，以河南降。脱因帖木儿败走，余皆望风降遁，无一人抗者。既迫潼关，思齐等仓皇解兵西归，而貊高、关保皆为扩廓所擒杀。顺帝大恐，下诏归罪于太子，罢抚军院，悉复扩廓官，令与思齐等分道南讨。诏下一月，明兵已逼大都，顺帝北走。扩郭入援不及，大都遂陷,距察罕死时仅六年云。

明兵已定元都,将军汤和等自泽州徇山西。扩廓遣将御之,战于韩店,明师大败。会顺帝自开平命扩廓复大都,扩廓乃北出雁门,将由保安径居庸以攻北平。徐达、常遇春乘虚捣太原,扩廓还救。部将豁鼻马潜约降于明。明兵夜劫营,营中惊溃。扩廓仓卒以十八骑北走,明兵遂西入关。思齐以临洮降。思道走宁夏,其弟良臣以庆阳降,既而复叛,明兵破诛之。于是元臣皆入于明,唯扩廓拥兵塞上,西北边苦之。

洪武三年,太祖命大将军徐达总大兵出西安,捣定西。扩廓方围兰州,趋赴之。战于沈儿峪,大岁,尽亡其众,独与妻子数人北走,至黄河,得流木以渡,遂奔和林。时顺帝崩,太子嗣立,复任以国事。逾年,太祖复遣大将军徐达、左副将军李文忠、征西将军冯胜将十五万众,分道出塞取扩廓。大将军至岭北,与扩廓遇,大败,死者数万人。刘基尝言于太祖曰:“扩廓未可轻也。”至是帝思其言,谓晋王曰:“吾用兵未尝败北。今诸将自请深入,败于和林,轻信无谋,致多杀士卒,不可不戒。”明年,扩廓复攻雁门,命诸将严为之备,自是明兵希出塞矣。其后,扩廓从其主徙金山,卒于哈剌那海之衙庭,其妻毛氏亦自经死,盖洪武八年也。

初,察罕破山东,江、淮震动。太祖遣使通好。元遣户部尚书张昶、郎中马合谋浮海如江东,授太祖荣禄大夫、江西等处行中书省平章政事,赐以龙衣御酒。甫至而察罕被刺,太祖遂不受,杀马合谋,以张昶才,留官之。及扩廓视师河南,太祖乃复遣使通好,扩廓辄留使者不遣。凡七致书,皆不答。既出塞,复遣人招谕,亦不应。最后使李思齐往。始至,则待以礼。寻使骑士送归,至塞下,辞曰:“主帅有命,请公留一物为别。”思齐曰:“吾远来无所赍”骑士曰:“愿得公一臂。”思齐知不免,遂断与之。还,未几死。太祖以是心敬扩廓。一日,大会诸将,问曰:“天下奇男子谁也。”皆对曰:“常遇春将不过万人,横行无敌,真奇男子。”太祖笑曰:“遇春虽人杰,吾得而臣之。吾不能臣王保保,其人奇男子也。”竟册其妹为秦王妃。

张昶仕明，累官中书省参知政事，有才辩，明习故事，裁决如流，甚见信任。自以故元臣，心尝恋恋。会太祖纵降人北还，昶附私书访其子存亡。杨宪得书稿以闻，下吏按问。昶大书牍背曰："身在江南，心思塞北。"太祖乃杀之。而扩廓幕下士不屈节纵出塞者，有蔡子英。

子英，永宁人，元至正中进士。察罕开府河南，辟参军事，累荐至行省参政。元亡，从扩廓走定西。明兵克定西，扩廓军败，子英单骑走关中，亡入南山。太祖闻其名，使人绘形求得之，传诣京师。至江滨，亡去，变姓名，赁舂。久之，复被获。械过洛阳，见汤和，长揖不拜。抑之跪，不肯。和怒，爇火焚其须，不动。其妻适在洛，请与相见，子英避不肯见。至京，太祖命脱械以礼遇之，授以官，不受。退而上书曰："陛下乘时应运，削平群雄，薄海内外，莫不宾贡。臣鼎鱼漏网，假息南山。曩者见获，复得脱亡。七年之久，重烦有司追迹。而陛下以万乘之尊，全匹夫之节，不降天诛，反疗其疾，易冠裳，赐酒馔，授以官爵，陛下之量包乎天地矣。臣感恩无极，非不欲自竭犬马，但名义所存，不敢辄渝初志。自惟身本韦布，智识浅陋，过蒙主将知荐，仕至七命，跃马食肉十有五年，愧无尺寸以报国士之遇。及国家破亡，又复失节，何面目见天下士。管子曰：'礼义廉耻，国之四维。'今陛下创业垂统，正当挈持大经大法，垂示子孙臣民。奈何欲以无礼义、寡廉耻之俘囚，而厕诸维新之朝、贤士大夫之列哉！臣日夜思维，咎往昔之不死，至于今日，分宜自裁。陛下待臣以恩礼，臣固不敢卖死立名，亦不敢偷生苟禄。若察臣之愚，全臣之志，禁锢海南，皆其余命，则虽死之日，犹生之年。昔王蠋闭户以自缢，李芾阖门以自屠，彼非恶荣利而乐死亡，顾义之所在，虽汤镬有不得避也。渺焉之躯，上愧古人，死有余恨，惟陛下裁察。"帝览其书，益重之，馆之仪曹。忽一夜大哭不止。人问其故，曰："无他，思旧君耳。"帝知不可夺，洪武九年十二月命有司送出塞，令从故主于和林。

陈友定，一名有定，字安国，福清人徙居汀之清流。世业农。为人沉勇，喜游侠。乡里皆畏服。至正中，汀州府判蔡公安至清流募民兵讨贼，友定应募。公安与语，奇之，使掌所募兵，署为黄土寨巡检。以讨平诸山寨功，迁清流县尹。陈友谅遣其将邓克明等陷汀、邵，略杉关。行省授友定汀州路总管御之。战于黄土，大捷，走克明。逾年，克明复取汀州，急攻建宁。守将完者帖木儿檄友定入援，连破贼，悉复所失郡县。行省上其功第一，进参知政事。已，置分省于延平，以友定为平章，于是友定尽有福建八郡之地。

友定以农家子起佣伍，目不知书。及据八郡，数招致文学知名士，如闽县郑定、庐州王翰之属，留置幕下。粗涉文史，习为五字小诗，皆有意理。然颇任威福，所属违令者辄承制诛窜不绝。漳州守将罗良不平，以书责之曰："郡县者，国家之土地。官司者，人主之臣役。而荫廪者，朝廷之外府也。今足下视郡县如室家，驱官僚如圉仆，擅廥廪如私藏，名虽报国，实有鹰扬跋扈之心。不知足下欲为郭子仪乎，抑为曹孟德乎？"友定怒，意以兵诛良。而福清宣慰使陈瑞孙、崇安令孔楷、建阳人詹翰拒友定不从，皆被杀。于是友定威震八闽，然事元未尝失臣节。是时张士诚据浙西，方国珍据浙东，名为附元，岁漕粟大都辄不至。而友定岁输粟数十万石，海道辽远，至者尝十三四。顺帝嘉之，下诏褒美。

太祖既定婺州，与友定接境。友定侵处州。参政胡深击走之，遂下浦城，克松溪，获友定将张子玉，与朱亮祖进攻建宁，破其二栅。友定遣阮德柔以兵四万屯锦江，绕出深后，断其归路，而自帅牙将赖政等以锐师搏战，德柔自后夹击。深兵败，被执死。太祖既平方国珍，即发兵伐友定。将军胡廷美、何文辉由江西趋杉关，汤和、廖永忠由明州海道取福州，李文忠由浦城取建宁，而别遣使至延平，招谕友定。友定置酒大会诸将及宾客，杀明使者，沥其血酒瓮中，与众酌饮之。酒酣，誓于众曰："吾曹并受元厚恩，有不以死拒者，身磔，妻子戮。"遂往视福州，环城作垒。距垒五十步，辄巩一台，严兵为拒守计。已而闻杉关破，急分军为二，以一军守福，而自帅一军守延平,以相掎角。及汤和等舟师抵福之五虎门,平章曲出引兵逆战败,明兵缘南台蚁附登城。守将遁去,参政尹克仁、宣政使朵耳麻不屈死,金院柏帖木儿积薪楼下,杀妻妾及二女,纵火自焚死。

廷美克建宁,汤和进攻延平。友定欲以持久困之,诸将请出战,不许。数请不已,友定疑所部将叛,杀萧院判。军士多出降者。会军器局灾,城中炮声震地,明师知有变,急攻城。友定呼其属诀曰:"大事已去,吾一死报国,诸君努力。"因退入省堂,衣冠北面再拜,仰药死。所部争开城门纳明师。师入,趋视之,犹未绝也。舁出水东门,适天大雷雨,友定复苏。械送京师。入见,帝诘之。友定厉声曰:"国破家亡,死耳,尚何言。"遂并其子海杀之。

海,一名宗海,工骑射,亦喜礼文士。友定既被执,自将乐归于军门,至是从死。

元末,所在盗起,民间起义兵保障乡里,称元帅者不可胜数,元辄因而官之。其后或去为盗,或事元不终,惟友定父子死义,时人称完节焉。友定既死,兴化、泉州皆望风纳款。独漳州路达鲁花赤迭里弥实具公服,北面再拜,引斧斫印章,以佩刀刺喉而死。时云"闽有三忠",谓友定、柏帖木儿、迭里弥实也。

郑定,字孟宣。好击剑,为友定记室。及败,浮海入交、广间。久之,还居长乐。洪武末,累官至国子助教。

王翰,字用文,仕元为潮州路总管。友定败,为黄冠,栖永泰山中者十载。太祖闻其贤,强起之,自刭死,有子称知名。

为友定所辟者,又有伯颜子中。子中,其先西域人,后仕江西,因家焉。子中明《春秋》,五举有司不第,行省辟授东湖书院山长,迁建昌教授。子中虽儒生,慷慨喜谈兵。江西盗起,授分省都事,使守赣州,而陈友谅兵已破赣。子中仓卒募吏民,与斗城下,不胜,脱身间道走闽。陈友定素知之,辟授行省员外郎。出奇计,以友定兵复建昌,浮海如元都献捷。累迁吏部侍郎。持节发广东何真兵救闽,至则真已降于廖永忠。子中跳堕马,折一足,致军前。永忠欲胁降之，不屈。永忠义而舍之。乃变姓名，冠黄冠，游行江湖间。太祖求之不得，簿录其妻子，子中竟不出。尝赍鸩自随，久之事寝解，乃还乡里。洪武十二年诏郡县举元遗民。布政使沈立本密言子中于朝，以币聘。使者至，子中太息曰："死晚矣。"为歌七章，哭其祖父师友，饮鸩而死。

当元亡时，守土臣仗节死者甚众。明兵克太平，总管靳义赴水死。攻集庆，行台御史大夫福寿战败，婴城固守。城破，犹督兵巷战，坐伏龟楼指挥。左右或劝之遁，福寿叱而射之，遂死于兵。参政伯家奴、达鲁花赤达尼达思等皆战死。克镇江，守将段武、平章定定战死。克宁国，百户张文贵杀妻妾自刎死。克徽州，万户吴讷战败自杀。克婺州，浙东廉访使杨惠、婺州达鲁花赤僧住战死。克衢州，总管马浩赴水死。石抹宜孙守处州，其母与弟厚孙先为明兵所获，令为书招之。不听。比克处，宜孙战败，走建宁，收集士卒，欲复处州。攻庆元，为耿再成所败，还走建宁。半道遇乡兵，被杀，部将李彦文葬之龙泉。太祖嘉其忠，遣使致祭，复其处州生祠，又祠福寿于应天，余阙于安庆，李黼于江州。阙、黼事具《元史》。

其后大军北克益都，平章普颜不花不屈死。克东昌，平章申荣自经死。真定路达鲁花赤钑纳锡彰闻王师取元都，朝服登城西崖，北面再拜，投崖死。克奉元，西台御史桑哥失里与妻子俱投崖死，左丞拜泰古逃入终南山，郎中王可仰药死，检校阿失不花自经死。三原县尹朱春谓其妻曰："吾当死以报国。"妻曰："君能尽忠，妾岂不能尽节。"亦俱投缳死。又大军攻永州，右丞邓祖胜固守，食尽力穷，仰药死。克梧州，吏部尚书普颜帖木儿战死，张翱赴水死。克靖江，都事赵元隆、陈瑜、刘永锡，廉访使佥事帖木儿不花，元帅元秃蛮，万户董丑汉，府判赵世杰皆自杀。至如刘福通、徐寿辉、陈友谅等所破郡县，守吏将帅多死节者，已见《元史》，不具载，载其见《明实录》者。

又有刘谌，江西人，为仁寿教官。明玉珍入蜀，弃官隐泸州。玉珍欲官之，不就。凤山赵善璞隐深山，明玉珍聘为学士，亦不就。而张士诚破平江时,参军杨椿挺身战,刃交于胸,瞋目怒骂死,妻亦自经。士诚又以书币征故左司员外郎杨乘于松江,乘具酒醴告祖祢,顾西日睛明,曰:"人生晚节,如是足矣。"夜分自经死。其亲藩死事最烈者,有云南梁王。

梁王把匝剌瓦尔密,元世祖第五子云南王忽哥赤之裔也。封梁王,仍镇云南。顺帝之世,天下多故,云南僻远,王抚治有威惠。至正二十九年,明玉珍僭号于蜀,遣兵三道来攻,王走营金马山。明年以大理兵迎战,玉珍兵败退。久之,顺帝北去,大都不守,中国无元尺寸地,而王守云南自若;岁遣使自塞外达元帝行在,执臣节如故。

未几,明师平四川,天下大定。太祖以云南险僻,不欲用兵。明年正月,北平守将以所得王遣往漠北使者苏成来献,太祖乃命待制王祎赍诏偕成往招谕。王待祎以礼。会元嗣君遣使脱脱来征饷,脱脱疑王有他意,因胁以危语。王遂杀祎而以礼敛之。逾三年,太祖复遣湖广参政吴云偕大军所获云南使臣铁知院等往。知院以已奉使被执,诱云改制书给王。云不从,被杀。王闻云死,收其骨,送蜀给孤寺。

太祖知王终不可以谕降,乃命傅友德为征南将军,蓝玉、沐英为副,帅师征之。洪武十四年十二月下普定。王遣司徒平章达里麻率兵驻曲靖。沐英引军疾趋,乘雾抵白石江。雾解,达里麻望见大惊。友德等率兵进击,达里麻兵溃被擒。先是,王以女妻大理酋段得功,尝倚其兵力,后以疑杀之,遂失大理援。至是达里麻败,失精甲十余万。王知事不可为,走普宁州之忽纳寨,焚其龙衣,驱妻子赴滇池死。遂与左丞达的、右丞驴儿夜入草舍,俱自经。太祖迁其家属于耽罗。

赞曰:洪武九年,方谷珍死,宋濂奉敕撰墓碑,于一时群雄,皆直书其名,独至察罕,曰齐国李忠襄王,顺逆之理昭然可见矣。扩廓百战不屈,欲断先志,而赍恨以死。友定不作何真之偷生,梁王耻为纳哈出之背国，要皆元之忠臣也。《诗》曰："其仪一兮，心如结兮"，《易》曰："苦节悔亡"，其伯颜子中、蔡子英之谓欤。尝谓元归塞外，一时从臣必有赋《式微》之章于沙漠之表者，惜其姓字湮没，不得见于人间。然则若子英者，又岂非厚幸哉！

明史卷一二五
列传第一三

徐达 常遇春

徐达,字天德,濠人,世业农。达少有大志,长身高颧,刚毅武勇。太祖之为郭子兴部帅也,达时年二十二,往从之,一见语合。及太祖南略定远,帅二十四人往,达首与焉。寻从破元兵于滁州涧,从取和州,子兴授达镇抚。子兴执孙德崖,德崖军亦执太祖,达挺身诣德崖军请代,太祖乃得归,达亦获免。从渡江,拔采石,取太平,与常遇春皆为军锋冠。从破擒元将陈野先,别将兵取溧阳、溧水,从下集庆。太祖身居守,而命达为大将,帅诸军东攻镇江,拔之。号令明肃,城中宴然。授淮兴翼统军元帅。

时张士诚已据常州,挟江东叛将陈保二以舟师攻镇江。达败之于龙潭,遂请益兵以围常州。士诚遣将来援。达以敌狡而锐,未易力取,乃离城设二伏以待,别遣将王均用为奇兵,而自督军战。敌退走遇伏,大败之,获其张、汤二将,进围常州。明年克之。进金枢密院事。继克宁国,徇宣兴,使前锋赵德胜下常熟,擒士诚弟士德。明年复攻宜兴,克之。太祖自将攻婺州,命达留守应天,别遣兵袭破天完将赵普胜,复池州。迁奉国上将军、同知枢密院事。进攻安庆,自无为陆行,夜掩浮山寨,破普胜部将于青山,遂克潜山。还镇池州,与遇春设伏,败陈友谅军于九华山下,斩首万人,生擒三千人。遇春曰:"此劲旅也,不杀为后患。"达不可,乃以状闻。而遇春先以夜坑其人过半,太祖不怿,悉纵遣余众。于是始命达尽护诸将。陈友谅犯龙江,达军南门外,与诸将力战破之,追及之慈湖,焚其舟。

明年,从伐汉,取江州。友谅走武昌,达追之。友谅出战舰沔阳,达营汉阳沌口以遏之。进中书右丞。明年,太祖定南昌,降将祝宗、康泰叛。达以沌口军讨平之。从援安丰,破吴将吕珍,遂围庐州。会汉人寇南昌,太祖召达自庐州来会师,遇于鄱阳湖。友谅军甚盛,达身先诸将力战,败其前锋,杀千五百人,获一巨舟。太祖知敌可破,而虑士诚内犯,即夜遣达还守应天,自帅诸将鏖战,竟毙友谅。

明年,太祖称吴王,以达为左相国。复引兵围庐州,克其城。略下江陵、辰州、衡州、宝庆诸路,湖、湘平。召还,帅遇春等徇淮东,克泰州。吴人陷宜兴,达还救复之。复引兵渡江,克高邮,俘吴将士千余人。会遇春攻淮安,破吴军于马骡港,守将梅思祖以城降。进破安丰,获元将忻都,走左君弼,尽得其运舰,元兵侵徐州,迎击,大破之,俘斩万计。淮南、北悉平。

师还,太祖议征吴。右相国李善长请缓之。达曰:“张氏汏而苛,大将李伯升辈徒拥子女玉帛,易与耳。用事者,黄、蔡、叶三参军,书生不知大计。臣奉主上威德,以大军蹙之,三吴可计日定。”太祖大悦,拜达大将军,平章遇春为副将军,帅舟师二十万人薄湖州。敌三道出战,达亦分三军应之,别遣兵扼其归路。敌战败返走,不得入城。还战,大破之,擒将吏二百入,围其城。士诚遣吕珍等以兵六万赴救,屯旧馆,筑五寨自固。达使遇春等为十垒以遮之。士诚自以精兵来援,大破之于皂林。士诚走,遂拔升山水陆寨。五太子、朱暹、吕珍等皆降,以徇于城下,湖州降。遂下吴江州,从太湖进围平江。达军葑门,遇春军虎丘,郭子兴军娄门,华云龙军胥门,汤和军阊门,王弼军盘门,张温军西门,康茂才军北门,耿炳文军城东北,仇成军城西南,何文辉军城西北,筑长围困之。架木塔与城中浮屠等。别筑台三成,瞰城中,置弓弩火筒。台上又置巨炮,所击辄糜碎。城中大震。达遣使请事,太祖敕劳之曰:“将军谋勇绝伦,故能遏乱略,削群雄。今事必禀命,此将军之忠,吾甚嘉之。然将在外,君不御。军中缓急,将军其便宜行之,吾不中制。”既而平江破,执士诚,传送应天,得胜兵二十五万人。城之将破也,达与遇春约曰:"师入,我营其左,公营其右。"又令将士曰:"掠民财者死,毁民居者死,离营二十里者死。"既入,吴人安堵如故。师还,封信国公。

寻拜征虏大将军,以遇春为副,帅步骑二十五万人,北取中原,太祖亲祃于龙江。是时称名将,必推达、遇春。两人才勇相类,皆太祖所倚重。遇春剽疾敢深入,而达尤长于谋略。遇春下城邑不能无诛戮,达所至不扰,即获壮士与谍,结以恩义,俾为己用。由此,多乐附大将军者。至是,太祖谕诸将御军持重有纪律,战胜攻取得为将之体者,莫如大将军达。又谓达,进取方略,宜自山东始。师行,克沂州,降守将王宣。进克峄州,王宣复叛,击斩之。莒、密、海诸州悉下。乃使韩政分兵扼河,张兴祖取东平、济宁,而自帅大军拔益都,徇下潍、胶诸州县。济南降,分兵取登、莱。齐地悉定。

洪武元年,太祖即帝位,以达为右丞相。册立皇太子,以达兼太子少傅。副将军遇春克东昌,会师济南,击斩乐安反者。还军济宁,引舟师溯河,趋汴梁,守将李克彝走,左君弼、竹贞等降。遂自牢虎关入洛阳,与元将脱因帖木儿大战洛水北,破走之。梁王阿鲁温以河南降,略定嵩、陕、陈、汝诸州,遂捣潼关。李思齐奔凤翔,张思道奔鄜城,遂入关,西至华州。

捷闻,太祖幸汴梁,召达诣行在所,置酒劳之,且谋北伐。达曰:"大军平齐鲁,扫河洛,王保保逡巡观望;潼关既克,思齐辈狼狈西奔。元声援已绝,今乘势直捣元都,可不战有也。"帝曰:"善。"达复进曰:"元都克,而其主北走,将穷追之乎?"帝曰:"元运衰矣,行自澌灭,不烦穷兵。出塞之后,固守封疆,防其侵轶可也。"达顿首受命。遂与副将军会师河阴,遣裨将分道徇河北地,连下卫辉、彰德、广平。师次临清,使傅友德开陆道通步骑,顾时浚河通舟师,遂引而北。遇春已克德州,合兵取长芦,扼直沽,作浮桥以济师。水陆并进,大败元军于河西务,进克通州。顺帝帅后妃太子北去。逾日,达陈兵齐化门,填濠登城。监国淮王帖木儿不花,左丞相庆童,平章迭儿必失、朴赛因不花,右丞张康伯,御史中丞满川等不降,斩之,其余不戮一人。封府库，籍图书宝物，令指挥张胜以兵千人守宫殿门，使宦者护视诸宫人、妃、主，禁士卒毋所侵暴。吏民安居，市不易肆。

捷闻，诏以元都为北平府，置六卫，留孙兴祖等守之，而命达与遇春进取山西。遇春先下保定、中山、真定，冯胜、汤和下怀庆，度太行，取泽、潞，达以大军继之。时扩廓帖木儿方引兵出雁门，将由居庸以攻北平。达闻之，与诸将谋曰："扩廓远出，太原必虚。北平有孙都督在，足以御之。今乘敌不备，直捣太原，使进不得战，退无所守，所谓批亢捣虚者也。彼若西还自救，此成擒耳。"诸将皆曰："善。"乃引兵趋太原。扩廓至保安，果还救。达选精兵夜袭其营。扩廓以十八骑遁去。尽降其众，遂克太原。乘势收大同，分兵徇未下州县。山西悉平。

二年引兵西渡河。至鹿台，张思道遁，遂克奉元。时遇春下凤翔，李思齐走临洮，达会诸将议所向。皆曰："张思道之才不如李思齐，而庆阳易于临洮，请先庆阳。"达曰："不然，庆阳城险而兵精，猝未易拔也。临洮北界河、湟，西控羌、戎，得之，其人足备战斗，物产足佐军储。蹙以大兵，思齐不走，则束手缚矣。临洮既克，于旁郡何有。"遂渡陇，克秦州，下伏羌、宁远，入巩昌，遣右副将军冯胜逼临洮，思齐果不战降。分兵克兰州，袭走豫王，尽收其部落辎重。还出萧关，下平凉。思道走宁夏，为扩廓所执，其弟良臣以庆阳降。达遣薛显受之。良臣复叛，夜出兵袭伤显。达督军围之。扩廓遣将来援，逆击败去，遂拔庆阳。良臣父子投于井，引出斩之。尽定陕西地。诏达班师，赐白金文绮甚厚。

将论功大封，会扩廓攻兰州，杀指挥使，副将军遇春已卒，三年春帝复以达为大将军，平章李文忠为副将军，分道出兵。达自潼关出西道，捣定西，取扩廓。文忠自居庸出东道，绝大漠，追元嗣主。达至定西，扩廓退屯沈儿峪，进军薄之。隔沟而垒，日数交。扩廓遣精兵从间道劫东南垒，左丞胡德济仓卒失措，军惊扰，达帅兵击却之。德济，大海子也，达以其功臣子，械送之京师，而斩其下指挥等数人以徇。明日，整兵夺沟，殊死战，大破扩廓兵。擒郯王、文济王及国公、平章以下文武僚属千八百六十余人,将士八万四千五百余人,马驼杂畜以巨万计。扩郭仅挟妻子数人奔和林。德济至京,帝释之,而以书谕达:"将军效卫青不斩苏建耳,独不见穰苴之待庄贾乎?将军诛之,则已。今下廷议,吾且念其信州、诸暨功,不忍加诛。继自今,将军毋事姑息。"

达既破扩廓,即帅师自徽州南一百八渡至略阳,克沔州,入连云栈,攻兴元,取之。而副将军文忠亦克应昌,获元嫡孙妃主将相。先后露布闻,诏振旅还京师。帝迎劳于龙江。乃下诏大封功臣,授达开国辅运推诚宣力武臣,特进光禄大夫、左柱国、太傅、中书右丞相参军国事,改封魏国公,岁禄五千石,予世券。明年帅盛熙等赴北平练军马,修城池,徙山后军民实诸卫府,置二百五十四屯,垦田一千三百余顷。其冬,召还。

五年复大发兵征扩廓。达以征虏大将军出中道,左副将军李文忠出东道,征西将军冯胜出西道,各将五万骑出塞。达遣都督蓝玉击败扩廓于土剌河。扩廓与贺宗哲合兵力拒,达战不利,死者数万人。帝以达功大,不问也。时文忠军亦不利,引还。独胜至西凉,获全胜,坐匿驼马,赏不行,事具《文忠》、《胜传》。明年,达复帅诸将行边,破敌于答刺海,还军北平,留三年而归。十四年,复帅汤和等讨乃儿不花。已,复还镇。

每岁春出,冬暮召还,以为常。还辄上将印,赐休沐,宴见欢饮,有布衣兄弟称,而达愈恭慎。帝尝从容言:"徐兄功大,未有宁居,可赐以旧邸。"旧邸者,太祖为吴王时所居也。达固辞。一日,帝与达之邸,强饮之醉,而蒙之被,异卧正寝。达醒,惊趋下阶,俯伏呼死罪。帝觇之,大悦。乃命有司即旧邸前治甲第,表其坊曰"大功"。胡惟庸为丞相,欲结好于达,达薄其人,不答,则赂达阍者福寿使图达。福寿发之,达亦不问;惟时时为帝言惟庸不任相。后果败,帝益重达。十七年,太阴犯上将,帝心恶之。达在北平病背疽,稍愈,帝遣达长子辉祖赍敕往劳,寻召还。明年二月,病笃,遂卒,年五十四。帝为辍朝,临丧悲恸不已。追封中山王,谥武宁,赠三世皆王爵。赐葬钟山之阴,御制神道碑文。配享太庙,肖像功臣庙,位皆第一。

达言简虑精。在军,令出不二。诸将奉持凛凛,而帝前恭谨如不能言。善拊循,与下同甘苦,士无不感恩效死,以故所向克捷。尤严戢部伍,所平大都二,省会三,郡邑百数,闾井晏然,民不苦兵。归朝之日,单车就舍,延礼儒生,谈议终日,雍雍如也。帝尝称之曰:"受命而出,成功而旋,不矜不伐,妇女无所爱,财宝无所取,中正无疵,昭明乎日月,大将军一人而已。"

子四:辉祖、添福、膺绪、增寿。长女为文皇帝后,次代王妃,次安王妃。

辉祖,初名允恭,长八尺五寸,有才气,以勋卫署左军都督府事。达薨,嗣爵。以避皇太孙讳,赐今名。数出练兵陕西、北平、山东、河南。元将阿鲁帖木儿隶燕府,有异志,捕诛之。还领中军都督府。建文初,加太子太傅。燕王子高煦,辉祖甥也。王将起兵,高煦方留京师,窃其善马而逃。辉祖大惊,遣人追之,不及,乃以闻,遂见亲信。久之,命帅师援山东,败燕兵于齐眉山。燕人大惧。俄被诏还,诸将势孤,遂相次败绩。及燕兵渡江,辉祖犹引兵力战。成祖入京师,辉祖独守父祠弗迎。于是下吏命供罪状,惟书其父开国勋及券中免死语。成祖大怒,削爵幽之私第。永乐五年卒。万历中录建文忠臣,庙祀南都,以辉祖居首。后追赠太师,谥忠贞。

辉祖死逾月,成祖诏群臣:"辉祖与齐、黄辈谋危社稷。朕念中山王有大功,曲赦之。今辉祖死,中山王不可无后。"遂命辉祖长子钦嗣。九年,钦与成国公勇、定国公景昌、永康侯忠等,俱以纵恣为言官所劾。帝宥勇等,而令钦归就学。十九年来朝,遽辞归。帝怒,罢为民。仁宗即位,复故爵,传子显宗、承宗。承宗,天顺初,守备南京,兼领中军府,公廉恤士有贤声。卒,子俌嗣。俌字公辅,持重,善容止。南京守备体最隆,怀柔伯施鉴以协同守备位俌上。俌不平,言于朝,诏以爵为序,著为令。弘治十二年,给事中胡易、御史胡献以灾异陈言下狱,俌上章救之。正德中,上书谏游畋,语切直。尝与无锡民争田,贿刘瑾,为时所讥。俌嗣五十二年而卒,赠太傅,谥庄靖。孙鹏举嗣,嬖其妾,冒封夫人,欲立其子为嫡,坐夺禄。俌子邦瑞,孙维志,曾孙弘基。自承宗至弘基六世,皆守备南京,领军府事。弘基累加太傅,卒,谥庄武,子文爵嗣。明亡,爵除。

增寿以父任仕至左都督。建文帝疑燕王反,尝以问增寿。增寿顿首曰:"燕王先帝同气,富贵已极,何故反。"及燕师起,数以京师虚实输于燕。帝觉之,未及问。比燕兵渡江,帝召增寿诘之,不对,手剑斩之殿庑下。王入,抚尸哭。即位,追封武阳侯,谥忠愍。寻进封定国公,禄二千五百石。以其子景昌嗣。骄纵,数被劾,成祖辄宥之。成祖崩,景昌坐居丧不出宿,夺冠服岁禄,已而复之。三传至玄孙光祚,累典军府,加太师,嗣四十五年卒,谥荣僖。传子至孙文璧,万历中,领后军府。以小心谨畏见亲于帝,数代郊天,加太师。累上书请建储,罢矿税,释逮系。嗣三十五年卒,谥康惠。再传至曾孙允祯,崇祯末为流贼所杀。

洪武诸功臣,惟达子孙有二公,分居两京。魏国之后多贤,而累朝恩数,定国常倍之。嘉靖中诏裁恩泽世封,有言定国功弗称者,竟弗夺也。

添福早卒。膺绪,授尚宝司卿,累千中军都督金事,奉朝请,世袭指挥使。

常遇春,字伯仁,怀远人。貌奇伟,勇力绝人,猿臂善射。初从刘聚为盗,察聚终无成,归太祖于和阳。未至,困卧田间,梦神人披甲拥盾呼曰:"起起,主君来。"惊寤,而太祖适至,即迎拜。时至正十五年四月也。无何,自请为前锋。太祖曰:"汝特饥来就食耳,吾安得汝留也。"遇春固请。太祖曰:"俟渡江,事我未晚也。"及兵薄牛渚矶,元兵陈矶上,舟距岸且三丈余,莫能登。遇春飞舸至,太祖麾之前。遇春应声,奋戈直前。敌接其戈,乘势跃而上,大呼跳荡,元军披靡。诸将乘之,遂拔采石,进取太平。授总管府先锋,进总管都督。

时将士妻子辎重皆在和州,元中丞蛮子海牙复以舟师袭据采石,道中梗。太祖自将攻之,遣遇春多张疑兵分敌势。战既合,遇春操轻舸,冲海牙舟为二。左右纵击,大败之,尽得其舟。江路复通。寻命守溧阳,从攻集庆,功最。从元帅徐达取镇江,进取常州。吴兵围达于牛塘,遇春往援,破解之,擒其将,进统军大元帅。克常州,迁中翼大元帅。从达攻宁国,中流矢,裹创斗,克之。别取马驼沙,以舟师攻池州,下之,进行省都督马步水军大元帅。从取婺州,转同金枢密院事,守婺。移兵围衢州,以奇兵突入南门瓮城,毁其战具,急攻之,遂下,得甲士万人,进金枢密院事。攻杭州失利,召还应天。从达拔赵普胜之水寨,从守池州,大破汉兵于九华山下,语具《达传》。

　　友谅薄龙湾,遇春以五翼军设伏,大破之,遂复太平,功最。太祖追友谅于江州,命遇春留守,用法严,军民肃然无敢犯,进行省参知政事。从取安庆。汉军出江游徽,遇春击之,皆返走,乘胜取江州。还守龙湾,援长兴,俘杀吴兵五千余人,其将李伯升解围遁。命甓安庆城。

　　先是,太祖所任将帅最著者,平章邵荣、右丞徐达与遇春为三。而荣尤宿将善战,至是骄蹇有异志,与参政赵继祖谋伏兵为变。事觉,太祖欲宥荣死,遇春直前曰:"人臣以反名,尚何可宥,臣义不与共生。"太祖乃饮荣酒,流涕而戮之,以是益爱重遇春。

　　池州帅罗友贤据神山寨,通张士诚,遇春破斩之,从援安丰。比至,吕珍已陷其城,杀刘福通,闻大军至,盛兵拒守。太祖左右军皆败,遇春横击其阵,三战三破之,俘获士马无算。遂从达围庐州。城将下,陈友谅围洪都,召还。会师伐汉,遇于彭蠡之康郎山。汉军舟大,乘上流,锋锐甚。遇春偕诸将大战,呼声动天地,无不一当百。友谅骁将张定边直犯太祖舟,舟胶于浅,几殆。遇春射中定边,太祖舟得脱,而遇春舟复胶于浅,有败舟顺流下,触遇春舟乃脱。转战三日,纵火焚汉舟,湖水皆赤,友谅不敢复战。诸将以汉军尚强,欲纵之去,遇春独无言。比出湖口,诸将欲放舟东下,太祖命扼上流。遇春乃溯江而上,诸将从之。友谅穷蹙,以百艘突围。诸将邀击之,汉军遂大溃,友谅死。师还,第功最,赉金帛土田甚厚。从围武昌,太祖还应天,留遇春督军困之。

明年,太祖即吴王位,进遇春平章政事。太祖复视师武昌。汉丞相张必先自岳来援。遇春乘其未集,急击擒之。城中由是气夺,陈理遂降,尽取荆、湖地。从左相国达取庐州,别将兵略定临江之沙坑、麻岭、牛陂诸寨,擒伪知州邓克明,遂下吉安。围赣州,熊天瑞固守不下。太祖使使谕遇春:"克城无多杀。苟得地,无民何益?"于是遇春浚壕立栅以困之。顿兵六月,天瑞力尽乃降,遇春果不杀。太祖大喜,赐书褒勉。遇春遂因兵威谕降南雄、韶州,还定安陆、襄阳。复从徐达克泰州,败士诚援兵,督水军壁海安坝以遏之。

其秋拜副将军,伐吴。败吴军于太湖,于毗山,于三里桥,遂薄湖州。士诚遣兵来援,屯于旧馆,出大军后。遇春将奇兵由大全港营东阡,更出其后。敌出精卒搏战,奋击破之。袭其右丞徐义于平望,尽燔其赤龙船,复败之于乌镇,逐北至升山,破其水陆寨,悉俘旧馆兵,湖州遂下。进围平江,军虎丘。士诚潜师趋遇春,遇春与战北濠,破之,几获士诚。久之,诸将破葑门,遇春亦破阊门以入,吴平。进中书平章军国重事,封鄂国公

复拜副将军,与大将军达帅兵北征。帝亲谕曰:"当百万众,摧锋陷坚,莫如副将军。不虑不能战,虑轻战耳。身为大将,顾好与小校角,甚非所望也。"遇春拜谢。既行,以遇春兼太子少保,从下山东诸郡,取汴梁,进攻河南。元兵五万陈洛水北。遇春单骑突其阵,敌二十余骑攒槊刺之。遇春一矢殪其前锋,大呼驰入,麾下壮士从之。敌大溃,追奔五十余里。降梁王阿鲁温,河南郡邑以次下。谒帝于汴梁,遂与大将军下河南诸郡。先驱取德州,将舟师并河而进,破元兵于河西务,克通州,遂入元都。别下保定、潭间、真定。

与大将军攻太原,扩廓帖木儿来援。遇春言于达曰:"我骑兵虽集,步卒未至,骤与战必多杀伤,夜劫之可得志。"达曰:"善。"会扩廓部将豁鼻马来约降,且请为内应,乃选精骑夜衔枚往袭。扩廓方燃烛治军书,仓卒不知所出,跣一足,乘孱马,以十八骑走大同。豁鼻马降,得甲士四万,遂克太原。遇春追扩廓至忻州而还。诏改遇

春左副将军,居右副将军冯胜上。北取大同,转徇河东,下奉元路,与胜军合,西拔凤翔。

会元将也速攻通州,诏遇春还备,以平章李文忠副之,帅步骑九万,发北平,径会州,败敌将江文清于锦州,败也速于全宁。进攻大兴州,分千骑为八伏。守将夜遁,尽擒之,遂拔开平。元帝北走,追奔数百里。获其宗王庆生及平章鼎住等将士万人,车万辆,马三千匹,牛五万头,子女宝货称是。师还,次柳河川,暴疾卒,年仅四十。太祖闻之,大震悼。丧至龙江,亲出奠,命礼官议天子为大臣发哀礼。议上,用宋太宗丧韩王赵普故事。制曰:"可"。赐葬钟山原,给明器九十事纳墓中。赠翊运推诚宣德靖远功臣、开府仪同三司、上柱国、太保、中书右丞相,追封开平王,谥忠武。配享太庙,肖像功臣庙,位皆第二。

遇春沉鸷果敢,善抚士卒,摧锋陷阵,未尝败北。虽不习书史,用兵辄与古合。长于大将军达二岁,数从征伐,听约束惟谨,一时名将称徐、常。遇春尝自言能将十万众,横行天下,军中又称"常十万"云。

遇春从弟荣,积功为指挥同知,从李文忠出塞,战死胪朐河。遇春二子,茂、升。

茂以遇春功,封郑国公,食禄二千石,予世券,骄稚不习事。洪武二十年命从大将军冯胜征纳哈出于金山。胜,茂妇翁也。茂多不奉胜约束,胜数诮责之。茂应之慢,胜益怒,未有以发也。会纳哈出请降,诣右副将军蓝玉营,酒次,与玉相失,纳哈出取酒浇地,顾其下咄咄语。茂方在座,麾下赵指挥者,解蒙古语,密告茂:"纳哈出将遁矣。"茂因出不意,直前搏之。纳哈出大惊,起欲就马。茂拔刀,砍其臂伤。纳哈出所部闻之,有惊溃者。胜故怒茂,增饰其状,奏茂激变,遂械系至京。茂亦言胜诸不法事。帝收胜总兵印,而安置茂于龙州,二十四年卒。初,龙州土官赵贴坚死,从子宗寿当袭。贴坚妻黄以爱女予茂为小妻,擅州事。茂既死,黄与宗寿争州印,相告讦。

或构蜚语,谓茂实不死,宗寿知状。帝怒,责令献茂自赎,命杨文、韩观出师讨龙州。已而知茂果死,宗寿亦输款,乃罢兵。

茂无子,弟升,改封开国公,数出练军,加太子太保。升之殁,《实录》不载。其他书纪传谓,建文末,升及魏国公辉祖力战浦子口,死于永乐初。或谓升洪武中坐蓝玉党,有告其聚兵三山者,诛死。常氏为兴宗外戚,建文时恩礼宜厚,事遭革除,无可考,其死亦遂传闻异词。升子继祖,永乐元年迁云南之临安卫,时甫七岁。继祖子宁,宁子复。弘治五年诏曰:"太庙配享诸功臣,其赠王者,皆佐皇祖平定天下,有大功。而子孙或不沾寸禄,沦于氓隶。朕不忍,所司可求其世嫡,量授一官,奉先祀。"乃自云南召复,授南京锦衣卫世指挥使。嘉靖十一年诏封四王后,封复孙元振为怀远侯,传至曾孙延龄,有贤行。崇祯十六年,全楚沦陷,延龄请统京兵赴九江协守。又言江都有地名常家沙,族丁数千皆其始祖远裔,请鼓以忠义,练为亲兵。帝嘉之,不果行。南都诸勋戚多恣睢自肆,独延龄以守职称。国亡,身自灌园,萧然布衣终老。

赞曰:明太祖奋自滁阳,戡定四方,虽曰天授,盖二王之力多焉。中山持重有谋,功高不伐,自古名世之佐无以过之。开平摧锋陷阵,所向必克,智勇不在中山下;而公忠谦逊,善持其功名,允为元勋之冠。身依日月,剖符锡土,若二王者,可谓极盛矣。顾中山赏延后裔,世叨荣宠;而开平天不假年,子孙亦复衰替。贵匹勋齐,而食报或爽,其故何也?太祖尝语诸将曰:"为将不妄杀人,岂惟国家之利,尔子孙实受其福。"信哉,可为为将帅者鉴矣。

明史卷一二六
列传第一四

李文忠　邓愈　汤和　沐英

　　李文忠，字思本，小字保儿，盱眙人，太祖姊子也。年十二而母死，父贞携之转侧乱军中，濒死者数矣。逾二年乃谒太祖于滁阳。太祖见保儿，喜甚，抚以为子，令从己姓。读书颖敏如素习。年十九，以舍人将亲军，从援池州，破天完军，骁勇冠诸将。别攻青阳、石埭、太平、旌德，皆下之。败元院判阿鲁灰于万年街，复败苗军于潜、昌化。进攻淳安，夜袭洪元帅，降其众千余，授帐前左副都指挥兼领元帅府事。寻会邓愈、胡大海之师，取建德，以为严州府，守之。

　　苗帅杨完者，以苗、僚数万水陆奄至。文忠将轻兵破其陆军，取所馘首，浮巨筏上。水军见之亦遁。完者复来犯，与邓愈击却之。进克浦江，禁焚掠，示恩信。义门郑氏避兵山谷，招之还，以兵护之。民大悦。完者死，其部将乞降，抚之，得三万余人。

　　与胡大海拔诸暨。张士诚寇严州，御之东门，使别将出小北门，间道袭其后，夹击大破之。逾月，复来攻，又破之大浪滩，乘胜克分水。士诚遣将据三溪，复击败之，斩陆元帅，焚其垒。士诚自是不敢窥严州。进同佥行枢密院事。

　　胡大海得汉将李明道、王汉二，送文忠所，释而礼之，使招建昌守将王溥。溥降。苗将蒋英、刘震杀大海，以金华叛。文忠遣将击走之，亲抚定其众。处州苗军亦杀耿再成叛。文忠遣将屯缙云以图之。拜浙东行省左丞，总制严、衢、信、处、诸全军事。

吴兵十万方急攻诸全，守将谢再兴告急，遣同佥胡德济往援。再兴复请益兵，文忠兵少无以应。会太祖使邵荣讨处州乱卒，文忠乃扬言徐右丞、邵平章将大军刻日进。吴军闻之惧，谋夜遁。德济与再兴帅死士夜半开门突击，大破之，诸全遂完。

明年，再兴叛降于吴，以吴军犯东阳。文忠与胡深迎战于义乌，将千骑横突其阵，大败之。已，用深策去诸全五十里别筑一城，以相犄角。士诚遣司徒李伯升以十六万众来攻，不克。逾年，复以二十万众攻新城。文忠帅朱亮祖等驰救，去新城十里而军。德济使人告贼势盛，宜稍驻以俟大军。文忠曰："兵在谋不在众。"乃下令曰："彼众而骄，我少而锐，以锐遇骄，必克之矣。彼军辎重山积，此天以富汝曹也。勉之。"会有白气自东北来覆军上，占之曰："必胜"。诘朝会战，天大雾晦冥，文忠集诸将仰天誓曰："国家之事在此一举，文忠不敢爱死以后三军。"乃使元帅徐大兴、汤克明等将左军，严德、王德等将右军，而自以中军当敌冲。会处州援兵亦至，奋前搏击。雾稍开，文忠横槊引铁骑数十，乘高驰下，冲其中坚。敌以精骑围文忠数重。文忠手所格杀甚众，纵骑驰突，所向皆披靡。大军乘之，城中兵亦鼓噪出，敌遂大溃。逐北数十里，斩首数万级，溪水尽赤，获将校六百，甲士三千，铠仗刍粟收数日不尽，伯升仅以身免。捷闻，太祖大喜，召归，宴劳弥日，赐御衣名马，遣还镇。

明年秋，大军伐吴，令攻杭州以牵制之。文忠帅亮祖等克桐庐、新城、富阳，遂攻余杭。守将谢五，再兴弟也，谕之降，许以不死。五与再兴子五人出降。诸将请戮之，文忠不可。遂趋杭州，守将潘元明亦降，整军入。元明以女乐迎，麾去之。营于丽谯，下令曰："擅入民居者死。"一卒借民釜，斩以徇，城中帖然。得兵三万，粮二十万。就加荣禄大夫、浙江行省平章事，复姓李氏。大军征闽，文忠别引军屯浦城以逼之。师还，余寇金子隆等聚众剽掠，文忠复讨擒之，遂定建、延、汀三州。命军中收养道上弃儿，所全活无算。

洪武二年春，以偏将军从右副将军常遇春出塞，薄上都，走元帝，语具《遇春传》。遇春卒，命文忠代将其军，奉诏会大将军徐达攻庆阳。行将太原，闻大同围急，谓左丞赵庸曰："我等受命而来，阃外之事苟利于国，专之可也。今大同甚急，援之便。"遂出雁门，次马邑，败元游兵，擒平章刘帖木，进至白杨门。天雨雪，已驻营，文忠令移前五里，阻水自固。元兵乘夜来劫，文忠坚壁不动。质明，敌大至。以二营委之，殊死战，度敌疲，乃出精兵左右击，大破之，擒其将脱列伯，俘斩万余人，穷追至莽哥仓而还。

明年拜征虏左副将军。与大将军分道北征，以十万人出野狐岭，至兴和，降其守将。进兵察罕脑儿，擒平章竹真。次骆驼山，走平章沙不丁。次开平，降平章上都罕等。时元帝已崩，太子爱猷识里达腊新立。文忠谍知之，兼程趋应昌。元嗣君北走，获其嫡子买的立八剌暨后妃宫人诸王将相官属数百人，及宋、元玉玺金宝十五，玉册二，镇圭、大圭、玉带、玉斧各一。出精骑穷追至北庆州而还。道兴州，擒国公江文清等，降三万七千人。至红罗山，又降杨思祖之众万六千余人。献捷京师，帝御奉天门受朝贺。大封功臣，文忠功最，授开国辅运推诚宣力武臣，特进荣禄大夫、右柱国、大都督府左都督，封曹国公，同知军国事，食禄三千石，予世券。

四年秋，傅友德等平蜀，令文忠往拊循之。筑成都新城，发军戍诸郡要害，乃还。明年复以左副将军由东道北征，出居庸，趋和林，至口温，元人遁。进至胪朐河，令部将韩政等守辎重，而自帅大军，人赍二十日粮，疾驰至土剌河。元太师蛮子哈剌章悉众渡河，列骑以待。文忠引军薄之，敌稍却。至阿鲁浑河，敌来益众。文忠马中流矢，下马持短兵斗。指挥李荣以所乘马授文忠，而自夺敌马乘之。文忠得马，益殊死战，遂破敌，虏获万计。追奔至称海，敌兵复大集。文忠乃敛兵据险，椎牛飨士，纵所获马畜于野。敌疑有伏，稍稍引去。文忠亦引还，失故道。至桑哥儿麻，乏水，渴甚，祷于天。所乘马跑地，泉涌出，三军皆给，乃刑牲以祭，遂还。是役也，两军胜负相当，而宣宁侯曹良臣，指挥使周显、常荣、张耀俱战死，以故赏不行。

六年行北平、山西边，败敌于三角村。七年遣部将分道出塞。至三不剌川，俘平章陈安礼。至顺宁、杨门，斩真珠驴。至白登，擒太尉不花。其秋帅师攻大宁、高州，克之，斩宗王朵朵失里，擒承旨百家奴。追奔至毡帽山，击斩鲁王，获其妃及司徒答海等。进师丰州，擒元故官十二人，马驼牛羊甚众，穷追至百千儿乃还。是后屡出备边。

十年命与韩国公李善长议军国重事。十二年，洮州十八番族叛，与西平侯沐英合兵讨平之，筑城东笼山南川，置洮州卫。还言西安城中水咸卤不可饮，请凿地引龙首渠入城以便汲，从之。还掌大都督府兼领国子监事。

文忠器量沉宏，人莫测其际。临阵踔厉风发，遇大敌益壮。颇好学问，常师事金华范祖干、胡翰，通晓经义，为诗歌雄骏可观。初，太祖定应天，以军兴不给，增民田租，文忠请之，得减额。其释兵家居，恂恂若儒者，帝雅重爱之。家故多客，尝以客言，劝帝少诛戮，又谏帝征日本，及言宦者过盛，非天子不近刑人之义。以是积忤旨，不免谴责。十六年冬遂得疾。帝亲临视，使淮安侯华中护医药。明年三月卒，年四十六。帝疑中毒之，贬中爵，放其家属于建昌卫，诸医并妻子皆斩。亲为文致祭，追封岐阳王，谥武靖。配享太庙，肖像功臣庙，位皆第三。父贞前卒，赠陇西王，谥恭献。

文忠三子，长景隆，次增枝、芳英，皆帝赐名。增枝初授勋卫，擢前军左都督。芳英官至中都正留守。

景隆，小字九江。读书通典故。长身，眉目疏秀，顾盼伟然。每朝会，进止雍容甚都，太祖数目瞩之。十九年袭爵，屡出练军湖广、陕西、河南，市马西番。进掌左军都督府事，加太子太傅。

建文帝即位，景隆以肺腑见亲任，尝被命执周王橚。及燕兵起，长兴侯耿炳文讨燕失利，齐泰、黄子澄等共荐景隆。乃以景隆代炳文为大将军，将兵五十万北伐。赐通天犀带，帝亲为推轮，饯之江浒，令一切便宜行事。景隆贵公子，不知兵，惟自尊大，诸宿将多怏怏不为用。景隆驰至德州，会兵进营河间。燕王闻之喜，语诸将曰："李九江，纨绮少年耳，易与也。"遂命世子居守，戒勿出战，而自引兵援永平,直趋大宁。景隆闻之,进围北平。都督瞿能攻张掖门,垂破。景隆忌能功,止之。及燕师破大宁,还军击景隆。景隆屡大败,奔德州,诸军皆溃。明年正月,燕王攻大同,景隆引军出紫荆关往救,无功而还。帝虑景隆权尚轻,遣中官赍玺书赐黄钺弓矢,专征伐。方渡江,风雨舟坏,赐物尽失,乃更制以赐。四月,景隆大誓师于德州,会武定侯郭英、安陆侯吴杰等于真定,合军六十万,进营白沟河。与燕军连战,复大败,玺书斧钺皆委弃,走德州,复走济南。斯役也,王师死者数十万人,南遂不支,帝始诏景隆还。黄子澄惭愤,执景隆于朝班,请诛之以谢天下。燕师渡江,帝旁皇甚,方孝孺复请诛景隆。帝皆不问。使景隆及尚书茹瑺、都督王佐如燕军,割地请和。燕兵屯金川门,景隆与谷王橞开门迎降。

燕王即帝位,授景隆奉天辅运推诚宣力武臣、特进光禄大夫、左柱国,增岁禄千石。朝廷有大事,景隆犹以班首主议,诸功臣咸不平。永乐二年,周王发其建文时至邸受赂事,刑部尚书郑赐等亦劾景隆包藏祸心,蓄养亡命,谋为不轨。诏勿问。已,成国公朱能、吏部尚书蹇义与文武群臣,廷劾景隆及弟增枝逆谋有状,六科给事中张信等复劾之。诏削勋号,绝朝请,以公归第,奉长公主祀。无何,礼部尚书李至刚等复言:“景隆在家,坐受阍人伏谒如君臣礼,大不道;增枝多立庄田,蓄僮仆无虑千百,意叵测。”于是夺景隆爵,并增枝及妻子数十人锢私第,没其财产。景隆尝绝食旬日不死,至永乐末乃卒。

正统十三年始下诏令增枝等启门第,得自便。弘治初,录文忠后,以景隆曾孙璿为南京锦衣卫世指挥使。卒,子濂嗣。卒,子性嗣。嘉靖十一年诏封性为临淮侯,禄千石。逾年卒,无子,复以濂弟沂绍封。卒,子庭竹嗣。屡典军府,提督操江,佩平蛮将军印,镇湖广。卒,子言恭嗣。守备南京,入督京营,累加少保。言恭,字惟寅,好学能诗,折节寒素。子宗城,少以文学知名。万历中,倭犯朝鲜,兵部尚书石星主封贡,荐宗城才,授都督佥事,充正使,持节往,指挥杨方亨副之。宗城至朝鲜釜山,倭来益众,道路籍籍,言且劫二使。宗城恐,变服逃归。而方亨渡海,为倭所辱。宗城下狱论戍,以其子邦镇嗣侯。明亡,爵绝。

邓愈,虹人。初名友德,太祖为赐名。父顺兴据临濠,与元兵战死,兄友隆代之,复病死,众推愈领军事。愈年甫十六,每战必先登陷阵,军中咸服其勇。太祖起滁阳,愈自盱眙来归,授管军总管。从渡江。克太平,破擒陈野先,略定溧阳、溧水,下集庆,取镇江,皆有功。进广兴翼元帅,出守广德州,破长枪帅谢国玺于城下,俘其总管武世荣,获甲士千人。移镇宣州,以其兵取绩溪,与胡大海克徽州,迁行枢密院判官守之。

苗帅杨完者以十万众来攻,守御单弱,愈激励将士,与大海合击,破走之。进拔休宁、婺源,获卒三千,徇下高河垒。与李文忠、胡大海攻建德,道遂安,破长枪帅余子贞,逐北至淳安,又破其援兵,遂克建德。杨完者来攻,破擒其将李副枢,降溪洞兵三万。逾月,复破完者于乌龙岭。再迁佥行枢密院事。

略临安,李伯升来援,败之闲林寨。遣使说降饶州守将于光,遂移守饶。饶滨彭蠡湖,与友谅接境,数来侵,辄击却之。进江南行省参政,总制各翼军马。取浮梁,徇乐平,余干、建昌皆下。

友谅抚州守将邓克明为吴宏所攻,遣使伪降以缓师。愈知其情,卷甲夜驰二百里,比明入其城。克明出不意,单骑走。愈号令严肃,秋毫不犯,遂定抚州。克明不得已降。会友谅丞相胡廷瑞献龙兴路,改洪都府,以愈为江西行省参政守之,而命降将祝宗、康泰以所部从。二人初不欲降,及奉命从徐达攻武昌,遂反。舟次女儿港,趋还,乘夜破新城门而入。愈仓卒闻变,以数十骑走,数与贼遇。从骑死且尽,窘甚。连易三马,马辄踣。最后得养子马乘之,始得夺抚州门以出,奔还应天。太祖不之罪也。既而徐达还师复洪都,复命愈佐大都督朱文正镇之。其明年,友谅众六十万入寇,楼船高与城等,乘涨直抵城下,围数百重。愈分守抚州门,当要冲。友谅亲督众来攻,城坏且三十余丈,愈且筑且战。敌攻益急,昼夜不解甲者三月。太祖自将来援，围始解，论功与克敌等。太祖已平武昌，使愈帅兵徇江西未附州县。邓克明之弟志清据永丰，有卒二万。愈击破之，擒其大帅五十余人。从常遇春平沙坑、麻岭诸寨，进兵取吉安，围赣州，五月乃克之。进江西行省右丞，时年二十八。兵兴，诸将早贵未有如愈与李文忠者。

愈为人简重慎密，不惮危苦，将军严，善抚降附。其徇安福也，部卒有虏掠者，判官潘枢入谒，面责之。愈惊起谢，趣下令掠民者斩，索军中所得子女尽出之。枢因闭置空舍中，自坐舍外，作糜食之。卒有谋乘夜劫取者，愈鞭之以徇。枢悉护遣还其家，民大悦。已而遇春克襄阳，以愈为湖广行省平章镇其地，赐以书曰："尔戍襄阳，宜谨守法度。山寨来归者，兵民悉仍故籍，小校以下悉令屯种，且耕且战。尔所戍地邻扩廓，若尔爱加于民，法行于军，则彼所部皆将慕义来归，如脱虎口就慈母。我赖尔如长城，尔其勉之。"愈披荆棘，立军府营屯，拊循招徕，威惠甚著。

吴元年建御史台，召为右御史大夫，领台事。洪武元年兼太子谕德。大军经略中原，愈为征戍将军，帅襄、汉兵取唐阳以北未附州郡。遂克唐州，进攻南阳，败元兵于瓦店，逐北抵城下，遂克之，擒史国公等二十六人。随、叶、舞阳、鲁山诸州县相继降。攻下牛心、光石、洪山诸山寨，均、房、金、商之地悉定。三年，以征房左副副将军从大将军出定西。扩廓屯车道岘，愈直抵其垒，立栅逼之，扩廓败走。分兵自临洮进克河州，招谕吐蕃诸酋长，宣慰何锁南普等皆纳印请降。追豫王至西黄河，抵黑松林，破斩其大将。河州以西朵甘、乌斯藏诸部悉归附。出甘肃西北数千里而还。论功授开国辅运推诚宣力武臣、特进荣禄大夫、右柱国，封卫国公，同参军国事，岁禄三千石，予世券。

四年伐蜀，命愈赴襄阳练军马，运粮给军士。五年，辰、澧诸蛮作乱，以愈为征南将军，江夏侯周德兴、江阴侯吴良为副，讨之。愈帅杨璟、黄彬出澧州，克四十八洞，又捕斩房州反者。六年，以右副将军从徐达巡西北边。十年，吐番川藏为梗，剽贡使，愈以征西将军偕副将军沐英讨之。分兵为三道,穷追至昆仑山,俘斩万计,获马牛羊十余万,留兵戍诸要害乃还。道病,至寿春卒,年四十一。追封宁河王,谥武顺。

长子镇嗣,改封中国公,以征南副将军平永新龙泉山寇。再出塞,有功。其妻,李善长外孙也,善长败,坐奸党诛。弟铭锦衣卫指挥佥事,征蛮,卒于军。有子源为镇后。弘治中,授源孙炳为南京锦衣卫世指挥使。嘉靖十一年诏封炳子继坤定远侯。五传至文明,崇祯末,死流贼之难。

汤和,字鼎臣,濠人,与太祖同里闬。幼有奇志,嬉戏尝习骑射,部勒群儿。及长,身长七尺,倜傥多计略。郭子兴初起,和帅壮士十余人归之,以功授千户。从太祖攻大洪山,克滁州,授管军总管。从取和州。时诸将多太祖等夷,莫肯为下。和长太祖三岁,独奉约束甚谨,太祖甚悦之。从定太平,获马三百。从击陈野先,流矢中左股,拔矢复斗,卒与诸将破擒野先。别下溧水、句容,从定集庆。从徐达取镇江,进统军元帅。徇奔牛、吕城,降陈保二。取金坛、常州,以和为枢密院同佥守之。

常与吴接境,张士诚间谍百出,和防御严密,敌莫能窥。再寇,再击却之,俘斩千计。进攻无锡,大破吴军于锡山,走莫天祐,获其妻子,进中书左丞。以舟师徇黄杨山,败吴水军,获千户四十九人,拜平章政事。援长兴,与张士信战城下。城中兵出夹击,大败之,俘卒八千,解围而还。讨平江西诸山寨。永新守将周安叛,进击败之,连破其十七寨,围城三月,克之,执安以献,还守常州。从大军伐士诚,克太湖水寨,下吴江州,围平江,战于阊门,飞炮伤左臂,召还应天,创愈复往,攻克之,论功赐金帛。

初建御史台,以和为左御史大夫兼太子谕德。寻拜征南将军,与副将军吴祯帅常州、长兴、江阴诸军,讨方国珍。渡曹娥江,下余姚、上虞,取庆元。国珍走入海,追击败之,获其大帅二人、海舟二十五艘,斩馘无算,还定诸属城。遣使招国珍,国珍诣军门降,得卒二万四千,海舟四百余艘。浙东悉定。遂与副将军廖永忠伐陈友定,自明州由海道乘风抵福州之五虎门,驻师南台,使人谕降。不应,遂围之。败平章曲出于城下。参政袁仁请降,遂乘城入。分兵徇兴化、漳、泉及福宁诸州县。进拔延平,执友定送京师。时洪武元年正月也。

大军方北伐,命造舟明州,运粮输直沽。海多飓风,输镇江而还。拜偏将军。从大将军西征,与右副将军冯胜自怀庆逾太行,取泽、潞、绛诸州郡。从大将军拔河中。明年渡河入潼关,分兵趋泾州,使部将招降张良臣,既而叛去。会大军围庆阳,执斩之。又明年,复以右副副将军从大将军败扩廓于定西,遂定宁夏,逐北至察罕脑儿,擒猛将虎陈,获马牛羊十余万。徇东胜、大同、宣府皆有功。还,授开国辅运推诚宣力武臣、荣禄大夫、柱国,封中山侯,岁禄千五百石,予世券。

四年拜征西将军,与副将军廖永忠帅舟师溯江伐夏。夏人以兵扼险,攻不克。江水暴涨,驻师大溪口,久不进,而傅友德已自秦、陇深入,取汉中。永忠先驱破瞿塘关,入夔州。和乃引军继之,入重庆,降明升。师还,友德、永忠受上赏,而和不及。明年从大将军北伐,遇敌于断头山,战败,亡一指挥,帝不问。寻与李善长营中都宫阙。镇北平,甓彰德城。征察罕脑儿,大捷。九年,伯颜帖木儿为边患,以征西将军防延安。伯颜乞和,乃还。十一年春,进封信国公,岁禄三千石,议军国事。数出中都、临清、北平练军伍,完城郭。十四年以左副将军出塞,征乃儿不花,破敌灰山营,获平章别里哥、枢密使久通而还。十八年,思州蛮叛,以征虏将军从楚王讨平之,俘获四万,擒其酋以归。

和沉敏多智数,颇有酒过。守常州时,尝请事于太祖,不得,醉出怨言曰:“吾镇此城,如坐屋脊,左顾则左,右顾则右。”太祖闻而衔之。平中原师还论功,以和征闽时放遣陈友定余孽,八郡复扰,师还,为秀兰山贼所袭,失二指挥,故不得封公。伐蜀还,面数其逗挠罪。顿首谢,乃已。其封信国公也。犹数其常州时过失,镌之券。于时,帝春秋浸高,天下无事,魏国、曹国皆前卒,意不欲诸将久典兵,未有以发也。和以间从容言:"臣犬马齿长,不堪复任驱策,愿得归故乡,为容棺之墟,以待骸骨。"帝大悦,立赐钞,治第中都,并为诸公、侯治第。

既而倭寇上海,帝患之,顾谓和曰:"卿虽老,强为朕一行。"和请与方鸣谦俱。鸣谦,国珍从子也,习海事,常访以御倭策。鸣谦曰:"倭海上来,则海上御之耳。请量地远近,置卫所,陆聚步兵,水具战舰,则倭不得入,入亦不得傅岸。近海民四丁籍一以为军,戍守之,可无烦客兵也。"帝以为然。和乃度地浙西东,并海设卫所城五十有九,选丁壮三万五千人筑之,尽发州县钱及籍罪人赏给役。役夫往往过望,而民不能无扰,浙人颇苦之。或谓和曰:"民讟矣,奈何?"和曰:"成远算者不恤近怨,任大事者不顾细谨,复在讟者,齿吾剑。"逾年而城成。稽军次,定考格,立赏令。浙东民四丁以上者,户取一丁戍之,凡得五万八千七百余人。明年,闽中并海城工竣,和还报命,中都新第亦成。和帅妻子陛辞,赐黄金三百两、白金二千两、钞三千锭、彩币四十有副,夫人胡氏赐亦称是。并降玺书褒谕,诸功臣莫得比焉。自是和岁一朝京师。

二十三年朝正旦,感疾失音。帝即日临视,怆叹久之,遣还里。疾小间,复命其子迎至都,俾以安车入内殿,宴劳备至,赐金帛御膳法酒相属。二十七年,病浸笃不能兴。帝思见之,诏以安车入觐,手拊摩之,与叙里闬故旧及兵兴艰难事甚悉。和不能对,稽首而已。帝为流涕,厚赐金帛为葬费。明年八月卒,年七十,追封东瓯王,谥襄武。

和晚年益为恭慎,入闻国论,一语不敢外泄。媵妾百余,病后悉资遣之。所得赏赐,多分遗乡曲,见布衣时故交遗老,欢如也。当时公、侯诸宿将坐奸党,先后丽法,稀得免者,而和独享寿考,以功名终。嘉靖间,东南苦倭患,和所筑沿海城戍,皆坚致,久且不圮,浙人赖以自保,多歌思之。巡按御史请于朝,立庙以祀。

和五子。长子鼎为前军都督佥事,从征云南,道卒。少子醴,积功至左军都督同知，征五开，卒于军。鼎子晟，晟子文瑜，皆早世，不得嗣。英宗时，文瑜子杰乞嗣爵，竟以历四十余年未袭，罢之。杰无子，以弟伦之子绍宗为后。孝宗禄功臣后，授绍宗南京锦衣卫世指挥使。嘉靖十一年封灵璧侯，食禄千石。传子至孙世隆，隆庆中协守南京，兼领后府，改提督漕运，历四十余年，以劳加太子太保，进少保。卒，谥僖敏。传爵至明亡乃绝。

和曾孙胤勋，字公让。为诸生，工诗，负才使气。巡抚尚书周忱使作启事，即席具数万言。忱荐之朝。少保于谦召询古今将略及兵事，胤勋应对如响。累授锦衣千户。偕中书舍人赵荣通问英宗于沙漠，脱脱不花问中朝事，慷慨酬答不少屈。景泰中，用尚书胡濙荐，署指挥佥事。天顺中，锦衣侦事者摭胤勋旧事以闻，谪为民。成化初，复故官。三年擢署都指挥佥事，为延绥东路参将，分守孤山堡。孤山最当寇冲，胤勋奏请筑城聚粮，增兵戍守。未报，寇大至。胤勋病，力疾上马，陷伏死。事闻，赠祭如例。

沐英，字文英，定远人。少孤，从母避兵，母又死。太祖与孝慈皇后怜之，抚为子，从朱姓。年十八，授帐前都尉，守镇江。稍迁指挥使，守广信。已，从大军征福建，破分水关，略崇安，别破闵溪十八寨，缚冯谷保。始命复姓。移镇建宁，节制邵武、延平、汀州三卫。寻迁大都督府佥事，进同知。府中机务繁积，英年少明敏，剖决无滞。后数称其才，帝亦器重之。

洪武九年命乘传诣关、陕，抵熙河，问民疾苦，事有不便，更置以闻。明年充征西副将军，从卫国公邓愈讨吐番，西略川、藏，耀兵昆仑。功多，封开国辅运推诚宣力武臣、荣禄大夫、柱国、西平侯，食禄二千五百石，予世券。明年拜征西将军，讨西番，败之土门峡。径洮州，获其长阿昌失纳，筑城东笼山，击擒酋长三副使瘿嗉子等，平朵甘纳儿七站，拓地数千里，俘男女二万，杂畜二十余万，乃班师。元国公脱火赤等屯和林，数扰边。十三年命英总陕西兵出塞，略亦集乃路，渡黄河，登贺兰山，涉流沙，七日至其境。分四翼夜击之，而自以骁骑冲其中坚。擒脱火赤及知院爱足等，获其全部以归。明年，又从大将军北征，异道出塞，略公主山长寨，克全宁四部，度胪朐河，执知院李宣，尽俘其众。

寻拜征南右副将军，同永昌侯蓝玉从将军傅友德取云南。元梁王遣平章达里麻以兵十余万拒于曲靖。英乘雾趋白石江。雾霁，两军相望，达里麻大惊。友德欲渡江，英曰："我兵罢，惧为所扼。"乃帅诸军严阵，若将渡者。而奇兵从下流济，出其阵后，张疑帜山谷间，人吹一铜角。元兵惊扰。英急麾军渡江，以善泅者先之，长刀斫其军。军却，师毕济。鏖战良久，复纵铁骑，遂大败之，生擒达里麻，僵尸十余里。长驱入云南，梁王走死，右丞观音保以城降，属郡皆下。独大理倚点苍山、洱海，扼龙首、龙尾二关。关故南诏筑，土酋段世守之。英自将抵下关，遣王弼由洱水东趋上关，胡海由石门间道渡河，扳点苍山而上，立旗帜。英乱流斩关进，山上军亦驰下，夹击，擒段世，遂拔大理。分兵收未附诸蛮，设官立卫守之。回军，与友德会滇池，分道平乌撒、东川、建昌、芒部诸蛮，立乌撒、毕节二卫。土酋杨苴等复煽诸蛮二十余万围云南城。英驰救，蛮溃窜山谷中，分兵捕灭之，斩级六万。明年诏友德及玉班师，而留英镇滇中。

十七年，曲靖亦佐酋作乱，讨降之。因定普定、广南诸蛮，通田州粮道。二十年平浪穹蛮，奉诏自永宁至大理，六十里设一堡，留军屯田。明年，百夷思伦发叛，诱群蛮入寇摩沙勒寨，遣都督宁正击破之。二十二年，思伦发复寇定边，众号三十万。英选骑三万驰救，置火炮劲弩为三行。蛮驱百象，披甲荷栏楯，左右挟大竹为筒，筒置标枪，锐甚。英分军为三，都督冯诚将前军，宁正将左，都指挥同知汤昭将右。将战，令曰："今日之事，有进无退。"因乘风大呼，炮弩并发，象皆反走。昔剌亦者，寇枭将也，殊死斗，左军小却。英登高望之，取佩刀，命左右斩帅首来。左帅见一人握刀驰下，恐，奋呼突阵。大军乘之，斩馘四万余人，生获三十七象，余象尽殪。贼渠帅各被百余矢，伏象背以死。思伦发遁去，诸蛮震慑，麓川始不复梗。已，会颍国公傅友德讨平东川蛮,又平越州酋阿资及广西阿赤部。是年冬,入朝,赐宴奉天殿,赍黄金二百两、白金五千两、钞五百锭、彩币百匹,遣还。陛辞,帝亲拊之曰:"使我高枕无南顾忧者,汝英也。"还镇,再败百夷于景东。思伦发乞降,贡方物。阿资又叛,击降之。南中悉定。使使以兵威谕降诸番,番部有重译入贡者。

二十五年六月,闻皇太子薨,哭极哀。初,高皇后崩,英哭,至呕血。至是感疾,卒于镇,年四十八。军民巷哭,远夷皆为流涕。归葬京师,追封黔宁王,谥昭靖,侑享太庙。

英沉毅寡言笑,好贤礼士,抚卒伍有恩,未尝妄杀。在滇,百务具举,简守令,课农桑,岁较屯田增损以为赏罚,垦田至百万余亩。滇池隘,浚而广之,无复水患。通盐井之利以来商旅,辨方物以定贡税,视民数以均力役。疏节阔目,民以便安。居常读书不释卷,暇则延诸儒生讲说经史。太祖初起时,数养他姓为子,攻下郡邑,辄遣之出守,多至二十余人,惟英在西南勋最大。子春、晟、昂皆镇云南。昕驸马都尉,尚成祖女常宁公主。

春,字景春,才武有父风。年十七,从英征西番,又从征云南,从平江西寇,皆先登。积功授后军都督府佥事。群臣请试职,帝曰:"儿,我家人,勿试也。"遂予实授。尝命录烈山囚,又命鞫叛党于蔚州,所开释各数百人。英卒,命嗣爵,镇云南。洪武二十六年,维摩十一寨乱,遣瞿能讨平之。明年平越巂蛮,立澜沧卫。其冬,阿资复叛,与何福讨之。春曰:"此贼积年逋诛者,以与诸土酋姻娅,辗转亡匿。今悉发诸酋从军,縻系之,而多设营堡,制其出入,授首必矣。"遂趋越州,分道逼其城,仗精兵道左,以羸卒诱贼,纵击大败之。阿资亡山谷中,春阴结旁近土官,诇知所在,树垒断其粮道。贼困甚。已,出不意捣其巢,遂擒阿资,并诛其党二百四十人。越州遂平。广南酋侬贞祐纠党蛮拒官军,破擒之,俘斩千计。宁远酋刀拜烂依交址不顺命,遣何福讨降之。

三十年,麓川宣慰使思伦发为其属刀干孟所逐,来奔。春挟与俱朝,受上方略,遂拜春为征虏前将军,帅何福、徐凯讨之。先以兵送思伦发于金齿,檄干孟来迎。不应。乃选卒五千,令福与瞿能将,逾高良公山,直捣南甸,大破之,斩其酋刀名孟。回军击景罕寨。贼乘高坚守,官军粮且尽,福告急。春帅五百骑救之,夜渡怒江,旦抵寨,下令骑骋,扬尘蔽天。贼大惊溃。乘胜击崆峒寨,亦溃。前后降者七万人。将士欲屠之,春不可。干孟乞降,帝不许,命春总滇、黔、蜀兵攻之。未发而春卒,年三十六,谥惠襄。

春在镇七年,大修屯政,辟田三十余万亩,　凿铁池河,灌宜良涸田数万亩,民复业者五千余户,为立祠祀之。无子,弟晟嗣。

晟,字景茂,少凝重,寡言笑,喜读书。太祖爱之。历官后军左都督。建文元年嗣侯。比就镇,而何福已破擒刀干孟,归思伦发。无何,思伦发死,诸蛮分据其地,晟讨平之。以其地为三府二州五长官司,又于怒江西置屯卫千户所戍之,麓川遂定。初,岷王封云南,不法,为建文帝所囚。成祖即位,遣归藩,益骄恣。晟稍持之。王怒,潜晟。帝以王故诏诫晟,贻书岷王,称其父功,毋督过。

永乐三年,八百大甸寇边,遏贡使,晟会车里、木邦讨定之。明年大发兵讨交址,拜晟征夷左副将军,与大将军张辅异道自云南入。遂由蒙自径野蒲斩木通道,夺猛烈、掤华诸关隘。异舟夜出洮水,渡富良江,与辅会师。共破多邦城,捣其东西二都,荡诸巢,擒伪王黎季犛,语在《辅传》。论功封黔国公,岁禄三千石,予世券。

交址简定复叛,命晟佩征夷将军印讨之,战生厥江,败绩。辅再出帅师合讨,擒定送京师。辅还,晟留捕陈季扩,连战不能下。辅复出帅师会晟,穷追至占城,获季扩,乃班师,晟亦受上赏。十七年,富州蛮叛,晟引兵临之,不攻,使人譬晓,竟下之。

仁宗立,加太傅,铸征南将军印给之。沐氏继镇者,辄予印以为常。宣德元年,交址黎利势炽,诏晟会安远侯柳升讨。升败死,晟亦退兵。群臣交劾晟,帝封其章示之。正统三年,麓川思任发反。晟抵金齿,与弟昂及都督方政会兵。政为前锋,破贼沿江诸寨,大军逐北至高黎共山下,再破之。明年复破其旧寨。政中伏死,官军败绩。晟引还,惭惧发病,至楚雄卒。赠定远王,谥忠敬。

晟席父兄业,用兵非所长,战数不利。朝廷以其绝远,且世将,宽假之。而滇人慑晟父子威信,庄事如朝廷。片楮下,土酋具威仪出郭迎,盥而后启,曰:"此令旨也。"晟久镇,置田园三百六十区,资财充牣,善事朝贵,赂遗不绝,以故得中外声。晟有子斌,字文辉,幼嗣公爵,居京师,而以昂代镇。

昂,字景高,初为府军左卫指挥佥事。成祖将使晟南讨,乃擢昂都指挥同知,领云南都司,累迁至右都督。正统四年佩将印,讨麓川,抵金齿。畏贼盛,迁延者久之。参将张荣前驱至芒部败,昂不救,引还,贬秩二级。已,思任发入寇,击却之,又捕斩师宗反者。六年,兵部尚书王骥、定西伯蒋贵将大军讨思任发,昂主馈运。贼破,复昂职,命督军捕思任发,不能得。十年,昂卒。赠定边伯,谥武襄。

斌始之镇,会缅甸执思任发送京师,其子思机发来袭,斌击却之。思机发复据孟养。十三年复大发兵,使骥等讨之,而斌为后拒,督饷无乏。卒,赠太傅,谥荣康。

子琮幼,景泰初,命昂孙璘以都督同知代镇。璘字廷章,素儒雅,滇人易之,既而号令肃然不可犯,天顺初卒。琮犹幼,擢璘弟锦衣副千户瓒为都督同知,往代。居七年,先后讨平沾禄诸寨及土官之构兵者,降思卜发,勒远诸蛮侵地。功多,然颇黩货。

成化三年春,琮始之镇,而以瓒为副总兵,移镇金齿。琮字廷芳,通经义,能词章,属夷馈赆无所受。寻甸酋杀兄子,求为守,琮捕诛之。广西土官虐,所部为乱,琮请更设流官,民大便。以次讨平马龙、丽江、剑川、顺宁、罗雄诸叛蛮,捕擒桥甸、南窝反者。卒,赠太师,谥武僖。无子,以瓒孙昆嗣。

昆字元中,初袭锦衣指挥佥事。琮抚为子,朝议以昆西平侯裔孙当嗣侯,而守臣争之,谓滇人知黔国公不知西平侯也,侯之恐所轻。孝宗以为然,令嗣公,佩印如故。弘治十二年平龟山、竹箐诸蛮,又平普安贼,再益岁禄。正德二年,师宗民阿本作乱,与都御史吴文度督兵分三道进。一出师宗,一出罗雄,一出弥勒,而别遣一军伏盘江,截贼巢,遂大破之。七年,安南长官司那代争袭,杀土官,复与都御史顾源讨擒之,再加太子太傅。昆初喜文学,自矜厉,其后通赂权近,所请无不得。浸骄,凌三司,使从角门入。诸言官论劾者,辄得罪去。卒,赠太师,谥庄襄。

子绍勋嗣。寻甸土舍安铨叛,都御史傅习讨之,败绩。武定土舍凤朝文亦叛,与铨连兵攻云南,大扰。世宗遣尚书伍文定将大军征之。未至,而绍勋督所部先进,告土官子弟当袭者先予冠带,破贼后当为请。众多奋战,贼大败。朝文绝普渡河走,追斩之东川。铨还寻甸,列寨数十,官军攻破之,擒铨于芒部。先后擒贼党千余人,俘斩无算。时嘉靖七年也。捷闻,加太子太傅,益岁禄。而是时老挝、木邦、孟养、缅甸、孟密相仇杀,师宗、纳楼、思陀、八寨皆乱,久不解。绍勋使使者遍历诸蛮,讽以武定、寻甸事,皆慑伏,愿还侵地,而本邦、孟养俱贡方物谢罪。南中悉定。绍勋有勇略,用兵辄胜。卒,赠太师,谥敏靖。

子朝辅嗣。都御史刘渠索赂,朝辅与之,因上章言:“臣家世守兹土,上下相承。今有司纷更典制,关臣职守,率不与闻,接见不循故例。臣疏远孤危,动作掣肘,无以弹厌蛮方。乞申敕诸臣,悉如其旧。”诏许之。给事中万虞恺劾朝辅,并论渠。诏罢渠而令朝辅治事如故。卒,赠太保,谥恭僖。

二子融、巩皆幼。诏视琮、璘故事,令融嗣公,给半禄,而授朝辅弟朝弼都督金事,佩印代镇。居三年,融卒,巩当嗣,朝弼心害之,于是朝弼嫡母李请护巩居京师,待其长而还镇。报可。巩未至京卒,朝弼遂得嗣。嘉靖三十年,元江土舍那鉴叛。诏朝弼与都御史石简讨之,分五军薄其城。城垂拔,以瘴发引还。诏罢简,将再出师。鉴惧仰药死,乃已。四十四年讨擒叛蛮阿方李向阳。隆庆初,平武定叛酋凤继祖,破贼巢三十余。朝弼素骄,事母嫂不如礼,夺兄田宅,匿罪人蒋旭等,用调兵火符遣人诇京师。乃罢朝弼,以其子昌祚嗣,给半禄。朝弼怏怏，益放纵。葬母至南京，都御史请留之。诏许还滇，毋得预滇事。朝弼恚，欲杀昌祚。抚、按交章言状，并发其杀人通番诸不法事，逮系诏狱论死。援功，锢之南京，卒。

昌祚初以都督佥事总兵官镇守，久之嗣公爵。万历元年，姚安蛮罗思等叛，杀郡守。昌祚与都御史邹应龙发土、汉兵讨之，破向宁、鲊摩等十余寨，犁其巢，尽得思等。十一年，陇川贼岳凤叛附缅甸，挟其兵侵旁近土司。昌祚壁洱海，督裨将邓子龙、刘綎等斩木邦叛酋罕虔，以暑瘴退师。明年复攻罕虔故巢，三道并入，擒其酋罕招等，又破缅兵于猛脸。岳凤降。论功加太子太保，悉食故禄。复以次平罗雄诸叛蛮，再赐银币。缅兵攻猛广，昌祚会师壁永昌，缅人遁，追击至那莫江，瘴作而还。二十一年，缅人复入寇，昌祚逐之。连战俱捷，遂傅于缅，会群蛮内乱乃还。

沐氏在滇久，威权日盛，尊重拟亲王。昌祚出，佥事杨寅秋不避道，昌祚笞其舆人。寅秋诉于朝，下诏切责。已，以病，命子睿代镇。武定土酋阿克叛，攻会城，胁府印去。睿被逮下狱，昌祚复理镇事。卒，孙启元嗣。卒，子天波嗣。十余年而土司沙定洲作乱，天波奔永昌。乱定，复归于滇。永明王由榔入滇，天波任职如故。已，从奔缅甸。缅人欲劫之，不屈死。初，沙定洲之乱，天波母陈氏、妻焦氏自焚死。后天波奔缅，妾夏氏不及从，自缢死。逾数十日收葬，肢体不坏，人以为节义所感焉。

赞曰：明兴诸将，以六王为称首。非独功茂，亦由其忠诚有以契主知焉。亲莫如岐阳，旧莫如东瓯，而宁河、黔宁皆以英年膺腹心之寄。汗马宣劳，纯勤不二，旗常炳耀，洵无愧矣。岐阳敦诗说礼，以儒雅见重，东瓯乞身归第，以明哲自全，皆卓然非人所能及。独黔宁威震遐荒，剖符弈世，勋名与明相始终。而宁河尽瘁驰驱，功高龄促，后嗣亦少所表现。论者谓诸王之遗泽，隆替有殊，然而中山有增寿，与岐阳之有景隆，追溯先烈，不无遗憾。荣遇之不齐，亦安见其有幸有不幸哉。

明史卷一二七
列传第一五

李善长　汪广洋

　　李善长,字百室,定远人。少读书有智计,习法家言,策事多中。太祖略地滁阳,善长迎谒。知其为里中长者,礼之,留掌书记。尝从容问曰:"四方战斗,何时定乎?"对曰:"秦乱,汉高起布衣,豁达大度,知人善任,不嗜杀人,五载成帝业。今元纲既紊,天下土崩瓦解。公濠产,距沛不远。山川王气,公当受之。法其所为,天下不足定也。"太祖称善。从下滁州,为参谋,预机划,主馈饷,甚见亲信。太祖威名日盛,诸将来归者,善长察其才,言之太祖。复为太祖布款诚,使皆得自安。有以事力相龃龉者,委曲为调护。郭子兴中流言,疑太祖,稍夺其兵柄。又欲夺善长自辅,善长固谢弗往。太祖深倚之。太祖军和阳,自将击鸡笼山寨,少留兵佐善长居守。元将谍知来袭,设伏败之,太祖以为能。

　　太祖得巢湖水师,善长力赞渡江。既拔采石,趋太平,善长预书榜禁戢士卒,城下,即揭之通衢,肃然无敢犯者。太祖为太平兴国翼大元帅,以为帅府都事。从克集庆。将取镇江,太祖虑诸将不戢下,乃佯怒欲置诸法,善长力救得解。镇江下,民不知有兵。太祖为江南行中书省平章,以为参议。时宋思颜、李梦庚、郭景祥等俱为省僚,而军机进退,赏罚章程,多决于善长。改枢密院为大都督府,命兼领府司马,进行省参知政事。

　　太祖为吴王,拜右相国。善长明习故事,裁决如流,又娴于辞命。太祖有所招纳,辄令为书。前后自将征讨,皆命居守,将吏帖服,居民安堵,转调兵饷无乏。尝请榷两淮盐,立茶法,皆斟酌元制,去其弊政。既复制钱法,开铁冶,定鱼税,国用益饶,而民不困。吴元年九月论平吴功,封善长宣国公。改官制,尚左,以为左相国。太祖初渡江,颇用重典,一日,谓善长:“法有连坐三条,不已甚乎?”善长因请自大逆而外皆除之,遂命与中丞刘基等裁定律令,颁示中外。

　　太祖即帝位,追帝祖考及册立后妃太子诸王,皆以善长充大礼使。置东宫官属,以善长兼太子少师,授银青荣禄大夫、上柱国、录军国重事,余如故。已,帅礼官定郊社宗庙礼。帝幸汴梁,善长留守,一切听便宜行事。寻奏定六部官制,议官民丧服及朝贺东宫仪。奉命监修《元史》,编《祖训录》、《大明集礼》诸书。定天下狱渎神祇封号,封建诸王,爵赏功臣,事无巨细,悉委善长与诸儒臣谋议行之。

　　洪武三年大封功臣。帝谓:“善长虽无汗马劳,然事朕久,给军食,功甚大,宜进封大国。”乃授开国辅运推诚守正文臣、特进光禄大夫、左柱国、太师、中书左丞相,封韩国公,岁禄四千石,子孙世袭。予铁券,免二死,子免一死。时封公者,徐达、常遇春子茂、李文忠、冯胜、邓愈及善长六人。而善长位第一,制词比之萧何,褒称甚至。

　　善长外宽和,内多忮刻。参议李饮冰、杨希圣,稍侵善长权,即按其罪奏黜之。与中丞刘基争法而诟。基不自安,请告归。太祖所任张昶、杨宪、汪广洋、胡惟庸皆获罪,善长事寄如故。贵富极,意稍骄,帝始微厌之。四年以疾致仕,赐临濠地若干顷,置守冢户百五十,给佃户千五百家,仪仗士二十家。逾年,病愈,命董建临濠宫殿。徙江南富民十四万田濠州,以善长经理之,留濠者数年。七年擢善长弟存义为太仆丞,存义子伸、祐皆为群牧所官。九年以临安公主归其子祺,拜驸马都尉。初定婚礼,公主修妇道甚肃。光宠赫奕,时人艳之。祺尚主后一月,御史大夫汪广洋、陈宁疏言:“善长狎宠自恣,陛下病不视朝几及旬,不问侯。驸马都尉祺六日不朝,宣至殿前,又不引罪,大不敬。”坐削岁禄千八百石。寻命与曹国公李文忠总中书省大都督府御史台，同议军国大事，督圆丘工。

丞相胡惟庸初为宁国知县，以善长荐，擢太常少卿，后为丞相，因相往来。而善长弟存义子祐，惟庸从女婿也。十三年，惟庸谋反伏诛，坐党死者甚众，善长如故。御史台缺中丞，以善长理台事，数有所建白。十八年，有人告存义父子实惟庸党者，诏免死，安置崇明。善长不谢，帝衔之。又五年，善长年已七十有七，耄不检下。尝欲营第，从信国公汤和假卫卒三百人，和密以闻。四月，京民坐罪应徙边者，善长数请免其私亲丁斌等。帝怒按斌，斌故给事惟庸家，因言存义等往时交通惟庸状。命逮存义父子鞫之，词连善长，云："惟庸有反谋，使存义阴说善长。善长惊叱曰：'尔言何为者！审尔，九族皆灭。'已，又使善长故人杨文裕说之云：'事成当以淮西地封为王。'善长惊不许，然颇心动。惟庸乃自往说善长，犹不许。居久之，惟庸复遣存义进说，善长叹曰：'吾老矣。吾死，汝等自为之。'"或又告善长云："将军蓝玉出塞，至捕鱼儿海，获惟庸通沙漠使者封绩，善长匿不以闻。"于是御史交章劾善长。而善长奴卢仲谦等，亦告善长与惟庸通赂遗，交私语。狱具，谓善长元勋国戚，知逆谋不发举，狐疑观望怀两端，大逆不道。会有言星变，其占当移大臣。遂并其妻女弟侄家口七十余人诛之。而吉安侯陆仲亨、延安侯唐胜宗、平凉侯费聚、南雄侯赵庸、荥阳侯郑遇春、宜春侯黄彬、河南侯陆聚等，皆同时坐惟庸党死，而已故营阳侯杨璟、济宁侯顾时等追坐者又若干人。帝手诏条列其罪，傅著狱辞，为《昭示奸党三录》，布告天下。善长子祺与主徙江浦，久之卒。祺子芳、茂，以公主恩得不坐。芝为留守中卫指挥，茂为旗手卫镇抚，罢世袭。

善长死之明年，虞部郎中王国用上言："善长与陛下同心，出万死以取天下，勋臣第一，生封公，死封王，男尚公主，亲戚拜官，人臣之分极矣。藉令欲自图不轨，尚未可知，而今谓其欲佐胡惟庸者，则大谬不然。人情爱其子，必甚于兄弟之子，安享万全之富贵者，必不侥幸万一之富贵。善长与惟庸，犹子之亲耳，于陛下则亲子女也。使善长佐惟庸成，不过勋臣第一而已矣，太师国公封王而已矣，尚主纳妃而已矣，宁复有加于今日？且善长岂不知天下之不可幸取。当元之季，欲为此者何限，莫不身为齑粉，覆宗绝祀，能保首领者几何人哉？善长胡乃身见之，而以衰倦之年身蹈之也。凡为此者，必有深仇激变，大不得已，父子之间或至相挟以求脱祸。今善长之子祺备陛下骨肉亲，无纤芥嫌，何苦而忽为此。若谓天象告变，大臣当灾，杀之以应天象，则尤不可。臣恐天下闻之，谓功如善长且如此，四方因之解体也。今善长已死，言之无益，所愿陛下作戒将来耳。"太祖得书，竟亦不罪也。

汪广洋，字朝宗，高邮人，流寓太平。太祖渡江，召为元帅府令史，江南行省提控。置正军都谏司，擢谏官，迁行省都事，累进中书右司郎中。寻知骁骑卫事，参常遇春军务。下赣州，遂居守，拜江西参政。

洪武元年，山东平，以广洋廉明持重，命理行省，抚纳新附，民甚安之。是年召入为中书省参政。明年出参政陕西。三年，李善长病，中书无官，召广洋为左丞。时右丞杨宪专决事。广洋依违之，犹为所忌，嗾御史劾广洋奉母无状。帝切责，放还乡。宪再奏，徙海南。宪诛，召还。其冬，封忠勤伯，食禄三百六十石。诰词称其划繁治剧，屡献忠谋，比之子房、孔明。及善长以病去位，遂以广洋为右丞相，参政惟庸为左丞。广洋无所建白，久之，左迁广东行省参政，而帝心终善广洋，复召为左御史大夫。十年复拜右丞相。广洋颇耽酒，与惟庸同相，浮沉守位而已。帝数诚谕之。

十二年十二月，中丞涂节言刘基为惟庸毒死，广洋宜知状。帝问之，对曰："无有。"帝怒，责广洋朋欺，贬广南。舟次太平，帝追怒其在江西曲庇文正，在中书不发杨宪奸，赐敕诛之。

广洋少师余阙，淹通经史，善篆隶，工为歌诗。为人宽和自守，与奸人同位而不能去，故及于祸。

赞曰：明初设中书省，置左右丞相，管领枢要，率以勋臣领其事。然徐达、李文忠等数受命征讨,未尝专理省事。其从容丞弼之任者,李善长、汪广洋、胡惟庸三人而已。惟庸败后,丞相之官遂废不设。故终明之世,惟善长、广洋得称丞相。独惜善长以布衣徒步,能择主于草昧之初,委身戮力,赞成鸿业,遂得剖符开国,列爵上公,乃至富极贵溢,于衰暮之年自取覆灭。广洋谨厚自守,亦不能发奸远祸。俱致重谴,不亦大负爰立之初心,而有愧置诸左右之职业也夫。

明史卷一二八
列传第一六

刘基 子琏 璟　宋濂 叶琛
章溢 子存道

　　刘基,字伯温,青田人。曾祖濠,仕宋为翰林掌书。宋亡,邑子林融倡义旅。事败,元遣使簿录其党,多连染。使道宿濠家,濠醉使者而焚其庐,籍悉毁。使者计无所出,乃为更其籍,连染者皆得免。基幼颖异,其师郑复初谓其父爚曰:"君祖德厚,此子必大君之门矣。"元至顺间,举进士,除高安丞,有廉直声。行省辟之,谢去。起为江浙儒学副提举,论御史失职,为台臣所阻,再投劾归。基博通经史,于书无不窥,尤精象纬之学。西蜀赵天泽论江左人物,首称基,以为诸葛孔明俦也。

　　方国珍起海上,掠郡县,有司不能制。行省复辟基为元帅府都事。基议筑庆元诸城以逼贼,国珍气沮。及左丞帖里帖木儿招谕国珍,基言方氏兄弟首乱,不诛无以惩后。国珍惧,厚赂基。基不受。国珍乃使人浮海至京,贿用事者。遂诏抚国珍,授以官,而责基擅威福,羁管绍兴,方氏遂愈横。无何,山寇蜂起,行省复辟基剿捕,与行院判石抹宜孙守处州。经略使李国凤上其功,执政以方氏故抑之,授总管府判,不与兵事。基遂弃官还青田,著《郁离子》以见志。时避方氏者争依基,基稍为部署,寇不敢犯。

　　及太祖下金华,定括苍,闻基及宋濂等名,以币聘。基未应,总制孙炎再致书固邀之，基始出。既至，陈时务十八策。太祖大喜，筑礼贤馆以处基等，宠礼甚至。初，太祖以韩林儿称宋后，遥奉之。岁首，中书省设御座行礼，基独不拜，曰："牧竖耳，奉之何为！"因见太祖，陈天命所在。太祖问征取计，基曰："士诚自守虏，不足虑。友谅劫主胁下，名号不正，地据上流，其心无日忘我，宜先图之。陈氏灭，张氏势孤，一举可定。然后北向中原，王业可成也。"太祖大悦曰："先生有至计，忽惜尽言。"会陈友谅陷太平，谋东下，势张甚，诸将或议降，或议奔据钟山，基张目不言。太祖召入内，基奋曰："主降及奔者，可斩也。"太祖曰："先生计安出？"基曰："贼骄矣，待其深入，伏兵邀取之，易耳。天道后举者胜，取威制敌以成王业，在此举矣。"太祖用其策，诱友谅至，大破之，以克敌赏赏基。基辞。友谅兵复陷安庆，太祖欲自将讨之，以问基。基力赞，遂出师攻安庆。自旦及暮不下，基请迳趋江州，捣友谅巢穴，遂悉军西上。友谅出不意，帅妻子奔武昌，江州降。其龙兴守将胡美遣子通款，请勿散其部曲。太祖有难色。基从后蹋胡床。太祖悟，许之。美降，江西诸郡皆下。

　　基丧母，值兵事未敢言，至是请还葬。会苗军反，杀金、处守将胡大海、耿再成等，浙东摇动。基至衢，为守将夏毅谕安诸属邑，复与平章邵荣等谋复处州，乱遂定。国珍素畏基，致书喑。基答书，宣示太祖威德，国珍遂入贡。太祖数以书即家访军国事，基条答悉中机宜。寻赴京，太祖方亲援安丰。基曰："汉、吴伺隙，未可动也。"不听。友谅闻之，乘间围洪都。太祖曰："不听君言，几失计。"遂自将救洪都，与友谅大战鄱阳湖，一日数十接。太祖坐胡床督战，基侍侧，忽跃起大呼，趣太祖更舟。太祖仓卒徙别舸，坐未定，飞炮击旧所御舟立碎。友谅乘高见之，大喜。而太祖舟更进，汉军皆失色。时湖中相持，三日未决，基请移军湖口扼之，以金木相犯日决胜，友谅走死。其后太祖取士诚，北伐中原，遂成帝业，略如基谋。

　　吴元年以基为太史令，上《戊申大统历》。荧惑守心，请下诏罪己。大旱，请决滞狱。即命基平反，雨随注。因请立法定制，以止滥杀。太祖方欲刑人，基请其故，太祖语之以梦。基曰："此得土得众之象,宜停刑以待。"后三日,海宁降。太祖喜,悉以囚付基纵之。寻拜御史中丞兼太史令。

太祖即皇帝位,基奏立军卫法。初定处州税粮,视宋制亩加五合,惟青田命毋加,曰:"令伯温乡里世世为美谈也。"帝幸汴梁,基与左丞相善长居守。基谓宋、元宽纵失天下,今宜肃纪纲。令御史纠劾无所避,宿卫宦侍有过者,皆启皇太子置之法,人惮其严。中书省都事李彬坐贪纵抵罪,善长素昵之,请缓其狱。基不听,驰奏。报可。方祈雨,即斩之。由是与善长忤。帝归,诉基戮人坛壝下,不敬。诸怨基者亦交谮之。会以旱求言,基奏:"士卒物故者,其妻悉处别营,凡数万人,阴气郁结。工匠死,胔骸暴露,吴将吏降者皆编军户,足干和气。"帝纳其言,旬日乃不雨,帝怒。会基有妻丧,遂请告归。时帝方营中都,又锐意灭扩廓。基濒行,奏曰:"凤阳虽帝乡,非建都地。王保保未可轻也。"已而定西失利,扩廓竟走沙漠,迄为边患。其冬,帝手诏叙基勋伐,召赴京,赐赍甚厚,追赠基祖、父皆永嘉郡公。累欲进基爵,基固辞不受。

初,太祖以事责丞相李善长,基言:"善长勋旧,能调和诸将。"太祖曰:"是数欲害君,君乃为之地耶?吾行相君矣。"基顿首曰:"是如易柱,须得大木。若束小木为之,且立覆。"及善长罢,帝欲相杨宪,宪素善基,基力言不可,曰:"宪有相才无相器。夫宰相者,持心如水,以义理为权衡,而己无与者也,宪则不然。"帝问汪广洋,曰:"此褊浅殆甚于宪。"又问胡惟庸,曰:"譬之驾,惧其偾辕也。"帝曰:"吾之相,诚无逾先生。"基曰:"臣疾恶太甚,又不耐繁剧,为之且孤上恩。天下何患无才,惟明主悉心求之,目前诸人诚未见其可也。"后宪、广洋、惟庸皆败。三年授弘文馆学士。十一月大封功臣,授基开国翊运守正文臣、资善大夫、上护军,封诚意伯,禄二百四十石。明年赐归老于乡。

帝尝手书问天象。基条答甚悉而焚其草。大要言霜雪之后,必有阳春,今国威已立,宜稍济以宽大。基佐定天下,料事如神。性刚嫉恶,与物多忤。至是还隐山中,惟饮酒弈棋,口不言功。邑令求见不得，微服为野人谒基。基方濯足，令从子引入茅舍，炊黍饭令。令告曰："某青田知县也。"基惊起称民，谢去，终不复见。其韬迹如此，然究为惟庸所中。

初，基言瓯、括间有隙地曰谈洋，南抵闽界，为盐盗薮，方氏所由乱，请设巡检司守之。奸民不便也。合茗洋逃军反，吏匿不以闻。基令长子琏奏其事，不先白中书省。胡惟庸方以左丞掌省事，挟前憾，使吏讦基，谓谈洋地有王气，基图为墓，民不与，则请立巡检逐民。帝虽不罪基，然颇为所动，遂夺基禄。基惧入谢，乃留京，不敢归。未几，惟庸相，基大戚曰："使吾言不验，苍生福也。"忧愤疾作。八年三月，帝亲制文赐之，遣使护归。抵家，疾笃，以《天文书》授子琏曰："亟上之，毋令后人习也。"又谓次子璟曰："夫为政，宽猛如循环。当今之务在修德省刑，祈天永命。诸形胜要害之地，宜与京师声势联络。我欲为遗表，惟庸在，无益也。惟庸败后，上必思我，有所问，以是密奏之。"居一月而卒，年六十五。基在京病时，惟庸以医来，饮其药，有物积腹中如拳石。其后中丞涂节首惟庸逆谋，并谓其毒基致死云。

基虬髯，貌修伟，慷慨有大节，论天下安危，义形于色。帝察其至诚，任以心膂。每召基，辄屏人密语移时。基亦自谓不世遇，知无不言。遇急难，勇气奋发，计划立定，人莫能测。暇则敷陈王道。帝每恭己以听，常呼为老先生而不名，曰："吾子房也。"又曰："数以孔子之言导予。"顾帷幄语秘莫能详，而世所传为神奇，多阴阳风角之说，非其至也。所为文章，气昌而奇，与宋濂并为一代之宗。所著有《覆瓿集》,《犁眉公集》传于世。子琏、璟。

琏，字孟藻，有文行。洪武十年授考功监丞，试监察御史，出为江西参政。太祖常欲大用之，为惟庸党所胁，堕井死。琏子廌，字士端，洪武二十四年三月嗣伯，食禄五百石。初，基爵止及身，至是帝追念基功，又悯基父子皆为惟庸所厄，命增其禄，予世袭。明年坐事贬秩归里。洪武末，坐事戍甘肃，寻赦还。建文帝及成祖皆欲用之，以奉亲守墓力辞。永乐间卒，子法停袭。景泰三年命录基后，授法曾孙禄世袭《五经》博士。弘治十三年以给事中吴士伟言，乃命禄孙瑜为处州卫指挥使。

正德八年加赠基太师，谥文成。嘉靖十年，刑部郎中李瑜言，基宜侑享高庙，封世爵，如中山王达。下廷臣议，佥言："高帝收揽贤豪，一时佐命功臣并轨宣猷。而帷幄奇谋，中原大计，往往属基，故在军有子房之称，剖符发诸葛之喻。基亡之后，孙廌实嗣，太祖召谕再三，铁券丹书，誓言世禄，廌嗣未几，旋即陨世，褫圭裳于末裔，委带砺于空言。或谓后嗣孤贫，不克负荷；或谓长陵绍统，遂至猜嫌。虽一辱泥涂，传闻多谬，而载书盟府，绩效具存。昔武王兴灭，天下归心，成季无后，君子所叹。基宜侑享太庙，其九世孙瑜宜嗣伯爵，与世袭。"制曰："可。"瑜卒，孙世延嗣。嘉靖末，南京振武营兵变，世延掌右军都督府事，抚定之。数上封事，不报，忿而恣横。万历三十四年，坐罪论死，卒。适孙莱臣年幼，庶兄荩臣借袭。荩臣卒，莱臣当袭，荩臣子孔昭复据之。崇祯时，出督南京操江，福王之立，与马士英、阮大铖比，后航海不知所终。

璟，字仲璟，基次子，弱冠通诸经。太祖念基，每岁召璟同章溢子允载、叶琛子永道、胡深子伯机，入见便殿，燕语如家人。洪武二十三年命袭父爵。璟言有长兄子廌在。帝大喜，命廌袭封，以璟为阁门使，且谕之曰："考宋制，阁门使即仪礼司。朕欲汝日夕左右，以宣达为职，不特礼仪也。"帝临朝，出侍班，百官奏事有缺遗者，随时纠正。都御史袁泰奏车牛事失实，帝宥之，泰忘引谢。璟纠之，服罪。帝因谕璟："凡似此者，即面纠，朕虽不之罪，要令知朝廷纲纪。"已，复令同法司录狱囚冤滞。谷王就封，擢为左长史。

璟论说英侃，喜谈兵。初，温州贼叶丁香叛，延安侯唐胜宗讨之，决策于璟。破贼还，称璟才略。帝喜曰："璟真伯温儿矣。"尝与成祖弈，成祖曰："卿不稍让耶？"璟正色曰："可让处则让，不可让不敢让也。"成祖默然。靖难兵起，璟随谷王归京师，献十六策，不听。令参李景隆军事。景隆败，璟夜渡卢沟河，冰裂马陷，冒雪行三十里。子貊自大同赴难，遇之良乡，与俱归。上《闻见录》，不省，遂归里。成祖即位，召璟，称疾不至。逮入京，犹称殿下。且云："殿下百世后，逃不得一'篡'字。"下狱，自经死。法官希旨，缘坐其家。成祖以基故，不许。宣德二年授貊刑部照磨。

宋濂，字景濂，其先金华之潜溪人，至濂乃迁浦江。幼英敏强记，就学于闻人梦吉，通《五经》，复往从吴莱学。已，游柳贯、黄溍之门，两人皆亟逊濂，自谓不如。元至正中，荐授翰林编修，以亲老辞不行，入龙门山著书。

逾十余年，太祖取婺州，召见濂。时已改宁越府，命知府王显宗开郡学，因以濂及叶仪为《五经》师。明年三月，以李善长荐，与刘基、章溢、叶琛并征至应天，除江南儒学提举，命授太子经，寻改起居注。濂长基一岁，皆起东南，负重名。基雄迈有奇气，而濂自命儒者。基佐军中谋议，濂亦首用文学受知，恒侍左右，备顾问。尝召讲《春秋左氏传》，濂进曰："《春秋》乃孔子褒善贬恶之书，苟能遵行，则赏罚适中，天下可定也。"太祖御端门，口释黄石公《三略》。濂曰："《尚书》二《典》三《谟》帝王大经大法毕具，愿留意讲明之。"已，论赏赉，复曰："得天下以人心为本。人心不固，虽金帛充牣，将焉用之。"太祖悉称善。乙巳三月，乞归省。太祖与太子并加劳赐。濂上笺谢，并奉书太子，勉以孝友敬恭、进德修业。太祖鉴书大悦，召太子，为语书意，赐札褒答，并令太子致书报焉。寻丁父忧。服除，召还。

洪武二年诏修元史，命充总裁官。是年八月史成，除翰林院学士。明年二月，儒士欧阳祐等采故元元统以后事迹还朝，仍命濂等续修，六越月再成，赐金帛。是月，以失朝参，降编修。四年迁国子司业，坐考祀孔子礼不以时奏，谪安远知县，旋召为礼部主事。明年迁赞善大夫。是时，帝留意文治，征召四方儒士张唯等数十人，择其年少俊异者，皆擢编修，令入禁中文华堂肄业，命濂为之师。濂傅太子先后十余年，凡一言动，皆以礼法讽劝，使归于道，至有关政教及前代兴亡事，必拱手曰："当如是，不当如彼。"皇太子每敛容嘉纳，言必称师父云。

帝剖符封功臣，召濂议五等封爵。宿大本堂，讨论达旦，历据汉、唐故实，量其中而奏之。甘露屡降，帝问灾祥之故。对曰："受命不于天，于其人，休符不于祥，于其仁。《春秋》书异不书祥，为是故也。"皇从子文正得罪，濂曰："文正固当死，陛下体亲亲之谊，置诸远地则善矣。"车驾祀方丘，患心不宁，濂从容言曰："养心莫善于寡欲，审能行之，则心清而身泰矣。"帝称善者良久。尝问以帝王之学，何书为要。濂举《大学衍义》。乃命大书揭之殿两庑壁。顷之御西庑，诸大臣毕在，帝指《衍义》中司马迁论黄、老事，命濂讲析。讲毕，因曰："汉武溺方技谬悠之学，改文、景恭俭之风，民力既敝，然后严刑督之。人主诚以礼义治心，则邪说不入，以学校治民，则祸乱不兴，刑罚非所先也。"问三代历数及封疆广狭，既备陈之，复曰："三代治天下以仁义，故多历年所。"又问："三代以上，所读何书？"对曰："上古载籍未立，人不专讲诵。君人者兼治教之责，率以躬行，则众自化。"尝奉制咏鹰，令七举足即成，有："自古戒禽荒"之言。帝忻然曰："卿可谓善陈矣。"濂之随事纳忠，皆此类也。

六年七月迁侍讲学士，知制诰，同修国史，兼赞善大夫。命与詹同、乐韶凤修日历，又与吴伯宗等修宝训。九月定散官资阶，给濂中顺大夫，欲任以政事。辞曰："臣无他长，待罪禁近足矣。"帝益重之。八年九月，从太子及秦、晋、楚、靖江四王讲武中都。帝得舆图《濠梁古迹》一卷，遣使赐太子，题其外，令濂询访，随处言之。太子以示濂，因历历举陈，随事进说，甚有规益。

濂性诚谨，官内庭久，未尝讦人过。所居室，署曰："温树"。客问禁中语，即指示之。尝与客饮，帝密使人侦视。翼日，问濂昨饮酒否，坐客为谁，馈何物。濂具以实对。笑曰："诚然，卿不朕欺。"间召问群臣臧否，濂惟举其善者曰："善者与臣友，臣知之；其不善者，不能知也。"主事茹太素上书万余言。帝怒，问廷臣。或指其书曰："此不敬,此诽谤非法。"问濂,对曰:"彼尽忠于陛下耳。陛下方开言路,恶可深罪。"既而帝览其书,有足采者。悉召廷臣诘责,因呼濂字曰:"微景濂几误罪言者。"于是帝廷誉之曰:"朕闻太上为圣,其次为贤,其次为君子。宋景濂事朕十九年,未尝有一言之伪,诮一人之短,始终无二,非止君子,抑可谓贤矣。"每燕见,尝设坐命茶,每旦必令侍膳,往复咨询,常夜分乃罢。濂不能饮,帝尝强之至三觞,行不成步。帝大欢乐。御制《楚辞》一章,命词臣赋《醉学士诗》。又尝调甘露于汤,手酌以饮濂曰:"此能愈疾延年,愿与卿共之。"又诏太子赐濂良马,复为制《白马歌》一章,亦命侍臣和焉。其宠待如此。九年进学士承旨知制诰,兼赞善如故。其明年致仕,赐《御制文集》及绮帛,问濂年几何,曰:"六十有八。"帝乃曰:"藏此绮三十二年,作百岁衣可也。"濂顿首谢。又明年,来朝。十三年,长孙慎坐胡惟庸党,帝欲置濂死。皇后太子力救,乃安置茂州。

濂状貌丰伟,美须髯,视近而明,一黍上能作数字。自少至老,未尝一日去书卷,于学无所不通。为文醇深演迤,与古作者并。在朝,郊社宗庙山川百神之典,朝会宴享律历衣冠之制,四裔贡赋赏劳之仪,旁及元勋巨卿碑记刻石之辞,咸以委濂,屡推为开国文臣之首。士大夫造门乞文者,后先相踵。外国贡使亦知其名,数问宋先生起居无恙否。高丽、安南、日本至出兼金购文集。四方学者悉称为:"太史公",不以姓氏。虽白首侍从,其勋业爵位不逮基,而一代礼乐制作,濂所裁定者居多。

其明年,卒于夔,年七十二。知事叶以从葬之莲花山下。蜀献王慕濂名,复移茔华阳城东。弘治九年,四川巡抚马俊奏:"濂真儒翊运,述作可师,黼黻多功,辅导著绩。久死远戍,幽壤沉沦,乞加恤录。"下礼部议,复其官,春秋祭葬所。正德中,追谥文宪。

仲子璲最知名,字仲珩,善诗,尤工书法。洪武九年,以濂故,召为中书舍人。其兄子慎亦为仪礼序班。帝数试璲与慎,并教诫之。笑语濂曰:"卿为朕教太子诸王,朕亦教卿子孙矣。"濂行步艰,帝必命璲、慎扶掖之。祖孙父子,共官内庭,众以为荣。慎坐罪,璲亦连坐,并死,家属悉徙茂州。建文帝即位,追念濂兴宗旧学,召璲怿官翰林。永乐十年,濂孙坐奸党郑公智外亲,诏特宥之。

叶琛,字景渊,丽水人。博学有才藻。元末从石抹宜孙守处州,为划策,捕诛山寇,授行省元帅。王师下处州,琛避走建宁。以荐征至应天,授营田司金事。寻迁洪都知府,佐邓俞镇守。祝宗、康泰叛,愈脱走,琛被执,不屈,大骂,死之。追封南阳郡侯,塑像耿再成祠,后祀功臣庙。

章溢,字三益,龙泉人。始生,声如钟。弱冠,与胡深同师王毅。毅,字叔刚,许谦门人也,教授乡里,讲解经义,闻者多感悟。溢从之游,同志圣贤学,天性孝友。改游金华,元宪使秃坚不花礼之,改官秦中,要与俱行。至虎林,心动,辞归。归八日而父殁,未葬,火焚其庐。溢搏颡吁天,火至柩所而灭。

蕲、黄寇犯龙泉,溢从子存仁被执,溢挺身告贼曰:“吾兄止一子,宁我代。”贼素闻其名,欲降之,缚于柱,溢不为屈。至夜绐守者脱归,集里民为义兵,击破贼。俄府官以兵来,欲尽诛诖误者。溢走说石抹宜孙曰:“贫民迫冻馁,诛之何为。”宜孙然其言,檄止兵,留溢幕下。从平庆元、浦城盗。授龙泉主簿,不受归。宜孙守台州,为贼所围。溢以乡兵赴援,却贼。已而贼陷龙泉,监县宝忽丁遁去,溢与其师王毅帅壮士击走贼。宝忽丁还,内惭,杀毅以反。溢时在宜孙幕府,闻之驰归,偕胡深执戮首恶,因引兵平松阳、丽水诸寇。长枪军攻婺,闻溢兵至,解去。论功累授浙东都元帅府金事。溢曰:“吾所将皆乡里子弟,肝脑涂地,而吾独取功名,不忍也。”辞不受。以义兵属其子存道,退隐匡山。

明兵克处州,避入闽。太祖聘之,与刘基、叶琛、宋濂同至应天。太祖劳基等曰:“我为天下屈四先生,今天下纷纷,何时定乎?”溢对曰:“天道无常,惟德是辅,惟不嗜杀人者能一之耳。”太祖伟其言,授金营田司事。巡行江东、两淮田,分籍定税,民甚便之。以病久在告,太祖知其念母也。厚赐遣归省,而留其子存厚于京师。浙东设提刑按察使,命溢为佥事。胡深出师温州,令溢守处州,馈饷供亿,民不知劳。山贼来寇,败走之。迁湖广按察佥事。时荆、襄初平,多废地,议分兵屯田,且以控制北方。从之。会浙东按察使宋思颜、孔克仁等以职事被逮,词连溢。太祖遣太史令刘基谕之曰:"素知溢守法,毋疑也。"

会胡深入闽陷没,处州动摇,命溢为浙东按察副使往镇之。溢以获罪蒙宥,不应迁秩,辞副使,仍为佥事。既至,宣布诏旨,诛首叛者,余党悉定。召旧部义兵分布要害。贼寇庆元、龙泉,溢列木栅为屯,贼不敢犯。浦城戍卒乏食,李文忠欲运处州粮饷之。溢以舟车不通,而军中所掠粮多,请入官均给之,食遂足。温州茗洋贼为患,溢命子存道捕斩之。朱亮祖取温州,军中颇掠子女,溢悉籍还其家。吴平,诏存道守处,而召溢入朝。太祖谕群臣曰:"溢虽儒臣,父子宣力一方,寇盗尽平,功不在诸将后。"复问溢征闽诸将如何。对曰:"汤和由海道,胡美由江西,必胜。然闽中尤服李文忠威信。若令文忠从浦城取建宁,此万全计也。"太祖立诏文忠出师如溢策。处州粮旧额一万三千石,军兴加至十倍。溢言之丞相,奏复其旧。浙东造海舶,征巨材于处。溢曰:"处、婺之交,山严峻险,纵有木,从何道出?"白行省罢之。

洪武元年与刘基并拜御史中丞兼赞善大夫。时廷臣伺帝意,多严苛,溢独持大体。或以为言。溢曰:"宪台百司仪表,当养人廉耻,岂特搏击为能哉。"帝亲祀社稷,会大风雨,还坐外朝,怒仪礼不合,致天变,溢委曲明其无罪,乃贳之。文忠之征闽也,存道以所部乡兵万五千人从。闽平,诏存道以所部从海道北征。溢持不可,曰:"乡兵皆农民,许以事平归农,今复调之,是不信也。"帝不怿。既而奏曰:"兵已入闽者,俾还乡里。昔尝叛逆之民,宜籍为军,使北上,一举而恩威著矣。"帝喜曰:"孰谓儒者迂阔哉!然非先生一行,无能办者。"溢行至处州,遭母丧,乞守制。不许。乡兵既集,命存道由永嘉浮海而北,再上章乞终制。诏可。溢悲戚过度,营葬亲负土石,感疾卒，年五十六。帝痛悼，亲撰文，即其家祭之。

存道，溢长子。溢应太祖聘，存道帅义兵归总管孙炎。炎令守上游，屡却陈友定兵。及以功授处州翼元帅副使，戍浦城。总制胡深死，命代领其众，为游击。溢即处城坐镇之。溢谓父子相统，于律不宜，奏罢存道官。不允。旋分兵征闽，而诏存道守处，复部乡兵，从李文忠入闽。及还，浮海至京师。帝褒谕之，命从冯胜北征。积功授处州卫指挥副使。洪武三年从徐达西征，留守兴元，败蜀将吴友仁，再守平阳，转左卫指挥同知。五年从汤和出塞征阳和，遇敌于断头山，力战死焉。

赞曰：太祖既下集庆，所至收揽豪俊，征聘名贤，一时韬光韫德之士幡然就道。若四先生者，尤为杰出。基、濂学术醇深，文章古茂，同为一代宗工。而基则运筹帷幄，濂则从容辅道，于开国之初，敷陈王道，忠诚恪慎，卓哉佐命臣也。至溢之宜力封疆，琛之致命遂志，宏才大节，建竖伟然，洵不负弓旌之德意矣。基以儒者有用之学，辅翊治平，而好事者多以谶纬术数妄为傅会。其语近诞，非深知基者，故不录云。

明史卷一二九
列传第一七

冯胜 <small>兄国用</small>　傅友德　廖永忠
<small>赵庸</small> 杨璟　胡美

　　冯胜，定远人。初名国胜，又名宗异，最后名胜。生时黑气满室，经日不散。及长，雄勇多智略，与兄国用俱喜读书，通兵法，元末结寨自保。太祖略地至妙山，国用偕胜来归，甚见亲信。太祖尝从容询天下大计，国用对曰："金陵龙蟠虎踞，帝王之都，先拔之以为根本。然后四出征伐，倡仁义，收人心，勿贪子女玉帛，天下不足定也。"太祖大悦，俾居幕府，从克滁、和，战三叉河、板门寨、鸡笼山，皆有功。从渡江，取太平，遂命国用典亲兵，委以心腹。太祖既擒陈野先，释之，令招其部曲。国用策其必叛，不如不遣。寻果叛，为其下所杀，其从子兆先复拥众屯方山。蛮子海牙扼采石，国用与诸将攻破海牙水寨，又破擒兆先，尽降其众三万余人。众疑惧，太祖择骁勇者五百人为亲军，宿卫帐中。悉屏旧人，独留国用侍榻侧，五百人者始安。即命国用将之，以攻集庆，争效死先登。与诸将下镇江、丹阳、宁国、泰兴、宜兴，从征金华，攻绍兴，累擢亲军都指挥使。卒于军，年三十六。太祖哭之恸。洪武三年追封郢国公，肖像功臣庙，位第八。

　　国用之卒，子诚幼，胜先已积功为元帅，遂命袭兄职，典亲军。

　　陈友谅逼龙弯。太祖御之，战石灰山。胜攻其中坚，大破之，又追破之采石，遂复太平。从征友谅，破安庆水寨，长驱至江州，走友谅。进亲军都护。从解安丰围，迁同知枢密院事。从战鄱阳，下武昌，克庐州，移兵取江西诸路。与诸将收淮东，克海安坝，取泰州。徐达围高邮未下，还师援宜兴，以胜督军。高邮守将诈降，胜令指挥康泰帅数百人先入城，敌闭门尽杀之。太祖怒，召胜决大杖十，令步诣高邮。胜惭愤，攻甚力。达亦自宜兴还，益兵攻克之，遂取淮安。安丰破，擒吴将吕珍于旧馆。下湖州，克平江，功次平章常遇春，再迁右都督。从大将军达北征，下山东诸州郡。

洪武元年兼太子右詹事。坐小法贬一官，为都督同知。引兵溯河，取汴、洛，下陕州，趋潼关。守将宵遁，遂夺关，取华州。还汴，谒帝行在。授征虏右副将军，留守汴梁。寻从大将军征山西，由武陟取怀庆，逾太行，克碗子城，取泽、潞，擒元右丞贾成于猗氏。克平阳、绛州，擒元左丞田保保等，获将士五百余人。帝悦，诏右副将军胜居常遇春下，偏将军汤和居胜下，偏将军杨璟居和下。

二年渡河趋陕西，克凤翔。遂渡陇，取巩昌，进逼临洮，降李思齐。还从大将军围庆阳。扩廓遣将攻原州，为庆阳声援。胜扼驿马关，败其将，遂克庆阳，执张良臣。陕西悉平。

九月，帝召大将军还，命胜驻庆阳，节制诸军。胜以关、陕既定，辄引兵还。帝怒，切责之。念其功大，赦勿治。而赏赉金币，不能半大将军。

明年正月复以右副将军同大将军出西安，捣定西，破扩廓帖木儿，获士马数万。分兵自徽州南出一百八渡，徇略阳，擒元平章蔡琳，遂入沔州。遣别将自连云栈取兴元，移兵吐番，征哨极于西北。凯旋，论功授开国辅运推诚宣力武臣、特进荣禄大夫、右柱国、同参军国事，封宋国公，食禄三千石，予世券。诰词谓胜兄弟亲同骨肉，十余年间，除肘腋之患，建爪牙之功，平定中原，佐成混一。所以称扬之者甚至。五年，以胜宣力四方，与魏国公达、曹国公文忠各赐彤弓。

扩廓在和林，数扰边。帝患之，大发兵三道出塞。命胜为征西将军，帅副将军陈德、傅友德等出西道，取甘肃。至兰州，友德以骁骑前驱，再败元兵，胜复败之扫林山。至甘肃，元将上都驴迎降。至亦集乃路，守将卜颜帖木儿亦降。次别笃山，岐王朵儿只班遁去，追获其平章长加奴等二十七人及马驼牛羊十余万。是役也，大将军达军不利，左副将军文忠杀伤相当，独胜斩获甚众，全师而还。会有言其私匿驼马者，赏不行。自后数出练兵临清、北平，出大同，征元遗众，镇陕西及河南。册其女为周王妃。

久之，大将军达、左副将军文忠皆卒，而元太尉纳哈出拥众数十万屯金山，数为辽东边害。二十年命胜为征虏大将军，颍国公傅友德、永昌侯蓝玉为左右副将军，帅南雄侯赵庸等以步骑二十万征之。郑国公常茂、曹国公李景隆、申国公邓镇等皆从。帝复遣故所获纳哈出部将乃剌吾者奉玺书往谕降。胜出松亭关，分筑大宁、宽河、会州、富峪四城。驻大宁逾两月，留兵五万守之，而以全师压金山。纳哈出见乃剌吾惊曰："尔尚存乎！"乃剌吾述帝恩德。纳哈出喜，遣其左丞探马赤等献马，且觇胜军。胜已深入，逾金山，至女直苦屯，降纳哈出之将全国公观童。大军奄至，纳哈出度不敌，因乃剌吾请降。胜使蓝玉轻骑受之。玉饮纳哈出酒，欢甚，解衣衣之。纳哈出不肯服，顾左右咄咄语，谋遁去。胜之婿常茂在座，遽起砍其臂。都督耿忠拥以见胜。纳哈出将士妻子十余万屯松花河，闻纳哈出伤，惊溃。胜遣观童谕之乃降，得所部二十余万人，牛羊马驼辎重亘百余里。还至亦迷河，复收其残卒二万余、车马五万。而都督濮英殿后，为敌所杀。师还，以捷闻，并奏常茂激变状，尽将降众二十万人入关。帝大悦，使使者迎劳胜等，械系茂。会有言胜多匿良马，使阉者行酒于纳哈出之妻求大珠异宝，王子死二日强娶其女，失降附心，又失濮英三千骑，而茂亦讦胜过。帝怒，收胜大将军印，命就第凤阳，奉朝请，诸将士亦无赏。胜自是不复将大兵矣。

二十一年奉诏调东昌番兵征曲靖。番兵中道叛，胜镇永宁抚安之。二十五年命籍太原、平阳民为军，立卫屯田。皇太孙立，加太子太师，偕颍国公友德练军山西、河南，诸公、侯皆听节制。

时诏列勋臣望重者八人，胜居第三。太祖春秋高，多猜忌。胜功最多，数以细故失帝意。蓝玉诛之月，召还京。逾二年，赐死，诸子皆不得嗣。而国用子诚积战功云南，累官至右军左都督。

纳哈出者，元木华黎裔孙，为太平路万户。太祖克太平被执，以名臣后，待之厚。知其不忘元，资遣北归。元既亡，纳哈出聚兵金山，畜牧蕃盛。帝遣使招谕之，终不报。数犯辽东，为叶旺所败。胜等大兵临之，乃降，封海西侯。从傅友德征云南，道卒。子察罕，改封沈阳侯，坐蓝玉党死。

傅友德，其先宿州人，后徙砀山。元末从刘福通党李喜喜入蜀。喜喜败，从明玉珍，玉珍不能用。走武昌，从陈友谅，无所知名。

太祖攻江州，至小孤山，友德帅所部降。帝与语，奇之，用为将。从常遇春援安丰，略庐州。还，从战鄱阳湖，轻舟挫友谅前锋。被数创，战益力，复与诸将邀击于泾江口，友谅败死。从征武昌，城东南高冠山下瞰城中，汉兵据之，诸将相顾莫前。友德帅数百人，一鼓夺之。流矢中颊洞胁，不为沮。武昌平，授雄武卫指挥使。从徐达拔庐州，别将克彝陵、衡州、襄阳。攻安陆，被九创，破擒其将任亮。从大军下淮东，破张士诚援兵于马骡港，获战艘千，复大破元将竹贞于安丰。同陆聚守徐州，扩廓遣将李二来攻，次陵子村。友德度兵寡不敌，遂坚壁不战。诇其众方散掠，以二千人溯河至吕梁，登陆击之，单骑奋槊刺其将韩乙。敌败去。度且复至，亟还，开城门而阵于野，卧戈以待，约闻鼓即起。李二果至，鸣鼓，士腾跃搏战，破擒二。召还，进江淮行省参知政事，撤御前麾盖，鼓吹送归第。

明年从大将军北征，破沂州，下青州。元丞相也速来援，以轻骑诱敌入伏，奋击败走之。遂取莱阳、东昌。明年从定汴、洛，收诸山寨。渡河取卫辉、彰德，至临清，获元将为向导，取德州、沧州。既克元都，侦逻古北隘口，守卢沟桥，略大同，还下保定、真定，守定州。从攻山西，克太原。扩廓自保安来援，万骑突至。友德以五十骑冲却之，因夜袭其营。扩廓仓卒遁去，追至土门关，获其士马万计。复败贺宗哲于石州，败脱列伯于宣府，遂西会大将军，围庆阳，以偏师驻灵州，遏其援兵，遂克庆阳。还，赐白金文绮。

洪武三年从大将军捣定西，大破扩廓。移兵伐蜀，领前锋出一百八渡，夺略阳关，遂入沔。分兵自连云栈合攻汉中，克之。以馈饷不继，还军西安。蜀将吴友仁寇汉中，友德以三千骑救之，攻斗山寨，令军中人燃十炬布山上，蜀兵惊遁。是冬，论功授开国辅运推诚宣力武臣、荣禄大夫、柱国、同知大都督府事，封颍川侯，食禄千五百石，予世券。

明年充征虏前将军，与征西将军汤和分道伐蜀。和帅廖永忠等以舟师攻瞿塘，友德帅顾时等以步骑出秦、陇。太祖谕友德曰："蜀人闻我西伐，必悉精锐东守瞿塘，北阻金牛，以抗我师。若出不意，直捣阶、文，门户既隳，腹心自溃。兵贵神速，患不勇耳。"友德疾驰至陕，集诸军声言出金牛，而潜引兵趋陈仓，攀援岩谷，昼夜行。抵阶州，败蜀将丁世珍，克其城。蜀人断白龙江桥。友德修桥以渡，破五里关，遂拔文州。渡白水江，趋绵州。时汉江水涨，不得渡，伐木造战舰。欲以军声通瞿塘，乃削木为牌数千，书克阶、文、绵日月，投汉水，顺流下。蜀守者见之，皆解体。

初，蜀人闻大军西征，丞相戴寿等果悉众守瞿塘。及闻友德破阶、文，捣江油，始分兵援汉州，以保成都。未至，友德已破其守将向大亨于城下，谓将士曰："援师远来，闻大亨破，已胆落，无能为也。"迎击，大败之。遂拔汉州，进围成都。寿等以象战。友德令强弩火器冲之，身中流矢不退，将士殊死战。象返走，蹂藉死者甚众。寿等闻其主明升已降，乃籍府库仓廪面缚诣军门。成都平。分兵徇州邑未下者，克保宁，执吴友仁送京师，蜀地悉定。友德之攻汉州也，汤和尚屯军大溪口。既于江流得木牌，乃进师。而戴寿等撤其精兵西救汉州，留老弱守瞿塘，故永忠等得乘胜捣重庆，降明升。于是太祖制《平西蜀文》，盛称友德功为第一，廖永忠次之。师还，受上赏。

五年副征西将军冯胜征沙漠，败失剌罕于西凉，至永昌，败太尉朵儿只巴，获马牛羊十余万。略甘肃，射杀平章不花，降太尉锁纳儿等。至瓜沙州,获金银印及杂畜二万而还。是时师出三道,独友德全胜。以主将胜坐小法,赏不行。明年复出雁门,为前锋,获平章邓孛罗帖木儿。还镇北平,陈便宜五事。皆从之。召还,从太子讲武于荆山,益岁禄千石。九年破擒伯颜帖木儿于延安,降其众。帝将征云南,命友德巡行川、蜀、雅、播之境,修城郭,缮关梁,因兵威降金筑、普定诸山寨。

十四年副大将军达出塞,讨乃儿不花,渡北黄河,袭灰山,斩获甚众。其年秋充征南将军,帅左副将军蓝玉、右副将军沐英,将步骑三十万征云南。至湖广,分遣都督胡海等将兵五万由永宁趋乌撒,而自帅大军由辰、沅趋贵州。克普定、普安,降诸苗蛮。进攻曲靖,大战白石江,擒元平章达里麻,遂击乌撒,循格孤山而南,以通永宁之兵,遣两将军趋云南。元梁王走死。友德城乌撒,群蛮来争,奋击破之,得七星关以通毕节。又克可渡河,降东川、乌蒙、芒部诸蛮。乌撒诸蛮复叛,讨之,斩首三万余级,获牛马十余万,水西诸部皆降。十七年论功进封颍国公,食禄三千石,予世券。

十九年帅师讨平云南蛮。二十年副大将军冯胜,征纳哈出于金山。二十一年,东川蛮叛,复为征南将军,帅师讨平之。移兵讨越州叛酋阿资,明年破之于普安。二十三年从晋王、燕王征沙漠,擒乃儿不花,还驻开平,复征宁夏。明年为征虏将军,备边北平。复从燕王征哈者舍利,追元辽王。军甫行,遽令班师。敌不设备,因潜师深入至黑岭,大破敌众而还。再出,练兵山、陕,总屯田事。加太子太师,寻遣还乡。

友德喑哑跳荡,身冒百死。自偏裨至大将,每战必先士卒。虽被创,战益力,以故所至立功,帝屡敕奖劳。子忠,尚寿春公主,女为晋世子济熺妃。

二十五年,友德请怀远田千亩。帝不悦曰:“禄赐不薄矣,复侵民利何居?尔不闻公仪休事耶?”寻副宋国公胜分行山西,屯田于大同、东胜,立十六卫。是冬再练军山西、河南。明年,偕召还。又明年赐死。以公主故,录其孙彦名为金吾卫千户。弘治中,晋王为友德五世孙瑛援六王例,求袭封。下礼官议,不许。嘉靖元年,云南巡抚都御史何孟春请立祠祀友德。诏可,名曰"报功"。

廖永忠,巢人,楚国公永安弟也。从永安迎太祖于巢湖,年最少。太祖曰:"汝亦欲富贵乎?"永忠曰:"获事明主,扫除寇乱,垂名竹帛,是所愿耳。"太祖嘉焉。副永安将水军渡江,拔采石、太平,擒陈野先,破蛮子海牙及陈兆先,定集庆,克镇江、常州、池州,讨江阴海寇,皆有功。

永安陷于吴,以永忠袭兄职,为枢密金院,总其军。攻赵普胜栅江营,复池州。陈友谅犯龙江,大呼突阵,诸军从其后,大败之。从伐友谅,至安庆,破其水寨,遂克安庆。从攻江州,州城临江,守备甚固。永忠度城高下,造桥于船尾,名曰天桥,以船乘风倒行,桥傅于城,遂克之。进中书省右丞。

从下南昌,援安丰,战鄱阳湖,决围殊死战。敌将张定边直犯太祖舟,常遇春射走之。永忠乘飞舸追且射,定边被百余矢,汉卒多死伤。明日,复与俞通海等以七舟载苇荻,乘风纵火,焚敌楼船数百。又以六舟深入搏战,复旋绕而出,敌惊为神。又邀击之泾江口,友谅死。从征陈理,分兵栅四门,于江中连舟为长寨,绝其出入,理降。还京,太祖以漆牌书"功超群将,智迈雄师"八字赐之,悬于门。已,从徐达取淮东,张士诚遣舟师薄海安,太祖令永忠还兵水寨御之,达遂克淮东诸郡。从伐士诚,取德清,进克平江,拜中书平章政事。

寻充征南副将军,帅舟师自海道会汤和,讨降方国珍,进克福州。洪武元年兼同知詹事院事。略定闽中诸郡,至延平,破执陈友定。寻拜征南将军,以朱亮祖为副,由海道取广东。永忠先发书谕元左丞何真,晓譬利害。真即奉表请降。至东莞,真帅官属出迎。至广州,降卢左丞。擒海寇邵宗愚,数其残暴斩之。广人大悦。驰谕九真、日南、朱崖、儋耳三十余城,皆纳印请吏。进取广西,至梧州,降元达鲁花赤拜住,浔、柳诸路皆下。遣亮祖会杨璟收未下州郡。永忠引兵克南宁,降象州。两广悉平。永忠善抚绥,民怀其惠,为之立祠。明年九月还京师,帝命太子帅百官迎劳于龙江。入见,仍命太子送还第。复出,抚定泉、漳。三年从大将军徐达北征,克察罕脑儿。还,封德庆侯,食禄一千五百石,予世券。

明年,以征西副将军从汤和帅舟师伐蜀。和驻大溪口,永忠先发。及旧夔府,破守将邹兴等兵。进至瞿塘关,山峻水急,蜀人设铁锁桥,横据关口,舟不得进。永忠密遣数百人持糗粮水筒,舁小舟逾山渡关,出其上流。蜀山多草木,令将士皆衣青蓑衣,鱼贯走崖石间。度已至,帅精锐出墨叶渡,夜五鼓,分两军攻其水陆寨。水军皆以铁裹船头,置火器而前。黎明,蜀人始觉,尽锐来拒。永忠已破其陆寨,会将士舁舟出江者,一时并发,上下夹攻,大破之,邹兴死。遂焚三桥,断横江铁索,擒同金蒋达等八十余人。尽天张、铁头张等皆遁去,遂入夔府。明日,和始至,乃与和分道进,期会于重庆。永忠帅舟师直捣重庆,次铜锣峡。蜀主明升请降,永忠以和未至辞。俟和至,乃受降,承制抚慰。下令禁侵掠。卒取民七茄,立斩之。慰安戴寿、向大亨等家,令其子弟持书往成都招谕。寿等已为傅友德所败,及得书,遂降。蜀地悉平。帝制《平蜀文》旌其功,有“傅一廖二”之语,褒赉甚厚。明年北征,至和林。六年督舟师出海捕倭,寻还京。

初,韩林儿在滁州,太祖遣永忠。迎归应天,至瓜步覆其舟死,帝以咎永忠,及大封功臣,谕诸将曰:“永忠战鄱阳时,忘躯拒敌,可谓奇男子。然使所善儒生窥朕意,微封爵,故只封侯而不公。”及杨宪为相,永忠与相比。宪诛,永忠以功大得免。八年三月坐僭用龙凤诸不法事,赐死,年五十三。

子权,十三年嗣侯,从傅友德征云南,守毕节及泸州,召还。十七年卒。子镛不得嗣,以嫡子为散骑舍人,累官都督。建文时与议兵事,宿卫殿廷。与弟铭皆尝受学于方孝孺。孝孺死,镛、铭收其遗骸,葬聚宝门外山上。甫毕,亦见收,论死。弟钺及从父指挥佥事升俱戍边。

初,廖永忠等之归太祖也,赵庸兄弟亦俱降,后亦有过不得封公，与永忠类。

庸，庐州人，与兄仲中聚众结水寨，屯巢湖，归太祖。仲中累功为行枢密院佥事，守安庆。陈友谅陷安庆，仲中弃城走还龙江，法当诛。常遇春请原之。太祖不许，曰："法不行，无以惩后。"遂诛仲中，而以其官授庸。从复安庆，徇江西诸路，进参知政事。从战康郎山，与俞通海、廖永忠等以六舟深入败敌。平武昌，克庐州，援安丰，皆有功。大军取淮东，庸与华高帅舟师克海安、泰州，进围平江。吴平，擢中书左丞。从大将军取山东。洪武元年命兼太子副詹事。河南平，命庸留守。复分兵渡河，徇下河北州县，进克河间，守之。寻移守保定，并收未复山寨。又从大军克太原，下关、陕。从常遇春北追元帝。师还，遇春卒，命庸为副将军，同李文忠攻庆阳。行至太原，元兵攻大同急，文忠与庸谋，以便宜援大同，再败元兵于马邑，擒其将脱列伯。论功，赏赉亚于大将军。三年复从文忠北伐，出野狐岭，克应昌。师还，论功最，以在应昌私纳奴婢，不得封公，封南雄侯，食禄一千五百石，予世券。已。从伐蜀，中途还。

十四年，闽、粤盗起，命庸讨之。逾年悉平诸盗及阳山、归善叛蛮，戮其魁，散遣余众，民得复业。奏籍蜑户万人为水军。又平广东盗号铲平王者，获贼党万七千八百余人，斩首八千八百余级，降其民万三千余户。还，赐彩币、上樽、良马。其冬出理山西军务，巡抚北边。二十年，以左参将从傅友德讨纳哈出。二十三年，以左副将军从燕王出古北口，降乃儿不花。还，坐胡惟庸党死。爵除。

杨璟，合肥人。本儒家子。以管军万户从太祖下集庆，进总管。下常州，进亲军副都指挥使。从下婺州，迁枢密院判官。再从伐汉，以功擢湖广行省参政，移镇江陵。进攻湖南蛮寇，驻师三江口。复以招讨功迁行省平章政事。帅左丞周德兴、参政张彬将武昌诸卫军，取广西。

洪武元年春进攻永州。守将邓祖胜迎战败，敛兵固守。璟进围之。元兵来援，驻东乡，倚湘水列七营，军势甚盛。璟击败之，俘获千余人。全州守将平章阿思兰及周文贵再以兵来援，辄遣德兴击败之。遣千户王廷取宝庆，德兴、彬取全州，略定道州、蓝山、桂阳、武冈诸州县。而永州久不下，令裨将分营诸门，筑垒困之，造浮桥西江上，急攻之。祖胜力尽，仰药死。百户夏升约降。璟兵逾城入，参政张子贤巷战，军溃被执，遂克永州。而征南将军廖永忠、参政朱亮祖亦自广东取梧州，定浔、贵、郁林。亮祖以兵来会。进攻靖江不下，璟谓诸将曰："彼所恃西濠水耳。决其堤岸，破之必矣。"乃遣指挥丘广攻闸口关，杀守堤兵，尽决濠水，筑土堤五道，傅于城。城中犹固守。急攻二月，克之，执平章也儿吉尼。先是张彬攻南关，为守城者所诟，怒欲屠其民。璟甫入，立下令禁止之，民乃安。复移师徇郴州，降两江土官黄英岑、伯颜等，而永忠亦定南宁、象州。广西悉平。

还，与偏将军汤和从徐达取山西，至泽州及元平章韩扎儿战于韩店，败绩。还，捕唐州乱卒，留镇南阳。未几，诏璟往使于夏。是时夏主升幼，母彭及诸大臣用事。璟既至，数谕升以祸福，俾从入觐。升集其下共议。而诸大臣方专恣，不利升归朝，皆持不可，升亦莫能决。璟还，再以书谕升，终不听。逾二年而夏亡。璟迁湖广行省平章。

慈利土官覃垕构诸洞蛮为乱，命帅师往讨，连败之。垕诈降，璟使部卒往报，为所执。太祖遣使让璟。璟督战士力攻，贼乃遁。

三年大封功臣，封璟营阳侯，禄千五百石，予世券。

四年从汤和伐夏，战于瞿塘，不利。明年充副将军，从邓愈讨定辰、沅蛮寇。再从大将军徐达镇北平，练兵辽东。十五年八月卒，追封芮国公，谥武信。子通嗣，二十年帅降军戍云南，多道亡，降普定指挥使。二十三年，诏书坐璟胡惟庸党，谓以瞿塘之败被责，有异谋云。

胡美，沔阳人。初名廷瑞，避太祖字，易名美。初仕陈友谅，为江西行省丞相，守龙兴。太祖既下江州，遣使招谕美。美遣使郑仁杰诣九江请降，且请无散部曲。太祖初难之，刘基蹴所坐胡床。太祖悟，赐书报曰："郑仁杰至，言足下有效顺之诚，此足下明达也；又恐分散所部，此足下过虑也。吾起兵十年，奇才英士，得之四方多矣。有能审天时，料事机，不待交兵，挺然委身来者，尝推赤心以待，随其才任使之，兵少则益之以兵，位卑则隆之以爵，财乏则厚之以赏，安肯散其部曲，使人自危疑，负来归之心哉。且以陈氏诸将观之，如赵普胜骁勇善战，以疑见戮。猜忌若此，竟何所成。近建康龙湾之役，予所获长张、梁铉、彭指挥诸人，用之如故，视吾诸将，恩均义一。长张破安庆水寨，梁铉等攻江北，并膺厚赏。此数人者，其自视无复生理，尚待之如此，况如足下不劳一卒，以完城来归者耶？得失之机，间不容发，足下当早为计。"美得书，乃遣康泰至九江来降。太祖遂如龙兴，至樵舍。美以陈氏所授丞相印及军民粮储之数来献，迎谒于新城门。太祖慰劳之，俾仍旧官。

美之降也，同金康泰、平章祝宗不欲从，美微言于太祖。太祖命将其兵，从徐达征武昌。二人果叛，攻陷洪都。达等还兵击定之。祝宗走死，执康泰归于建康。太祖以泰为美甥，赦勿诛。美从征武昌，复与达等帅马步舟师取淮东，进伐张士诚，下湖州，围平江，别将取无锡，降莫天祐。师还，加荣禄大夫。

其冬，命为征南将军，帅师由江西取福建，谕之曰："汝以陈氏丞相来归，事吾数年，忠实无过，故命汝总兵取闽。左丞何文辉为尔副，参政戴德听调发，二人虽皆吾亲近，勿以其故废军法。闻汝尝攻闽中，宜深知其地利险易。今总大军攻围城邑，必择便宜可否为进退，无失机宜。"美遂渡杉关，下光泽，邵武守将李宗茂以城降。次建阳，守将曹复畴亦降。进围建宁，守将同金达里麻、参政陈子琦谋坚守以老我师。美数挑战，不出，急攻之，乃降。整军入城，秋毫无所犯。执子琦等送京师，获将士九千七百余人，粮糗马畜称是。会汤和等亦取福州、延平、兴化，美遂遣降将谕降汀、泉诸郡。福建悉平。美留守其地。寻召还，从幸汴梁。

太祖即位，以美为中书平章、同知詹事院事。洪武三年命赴河南，招集扩廓故部曲。是年冬论功，封豫章侯，食禄千五百石，予世券,诰词以窦融归汉为比。十三年改封临川侯,董建潭府于长沙。太祖榜列勋臣,谓持兵两雄间,可观望而不观望来归者七人。七人者,韩政、曹良臣、杨璟、陆聚、梅思祖、黄彬及美,皆封侯。美与璟有方面勋,帝遇之尤厚。

十七年坐法死。二十三年,李善长败,帝手诏条列奸党,言美因长女为贵妃,偕其子婿入乱宫禁,事觉,子婿刑死,美赐自尽云。

赞曰:冯胜、傅友德,百战骁将也。考当日功臣位次,与太祖褒美之词,岂在汤和、邓愈下哉。廖永忠智勇超迈,功亚宋、颍,皆不得以功名终,身死爵除,为可慨矣。江夏侯周德兴之得罪也,太祖宥之,因诫谕公、侯,谓多粗暴无礼,自取败亡。又谓永忠数犯法,屡宥不悛。然则洪武功臣之不获保全者,或亦有以自取欤。杨璟、胡美功虽不逮,然尝别将,各著方面勋,故次列之云。

明史卷一三〇
列传第一八

吴良　康茂才　丁德兴
耿炳文　郭英　华云龙
韩政　仇成　张龙　吴复
_{周武}胡海　张赫　华高
张铨　何真

　　吴良，定远人。初名国兴，赐名良。雄伟刚直，与弟祯俱以勇略闻。从太祖起濠梁，并为帐前先锋。良能没水侦探，祯每易服为间谍。祯别有传。良从取滁、和，战采石，克太平，下溧水、溧阳，定集庆，功多。又从徐达克镇江，下常州，进镇抚，守丹阳。与赵继祖等取江阴。张士诚兵据秦望山，良攻夺之，遂克江阴。即命为指挥使守之。

　　时士诚全据吴，跨淮东、浙西，兵食足。江阴当其要冲，枕大江，扼南北襟喉，士诚数以金帛啗将士，窥衅。太祖谕良曰：“江阴我东南屏蔽，汝约束士卒，毋外交，毋纳逋逃，毋贪小利，毋与争锋，惟保境安民而已。”良奉命惟谨，备御修饬。以败敌功进枢密院判官。士诚大举兵来寇，艨艟蔽江，其将苏同金驻君山，指画进兵。良遣弟祯出北门与战，而潜遣元帅王子明帅壮士驰出南门，合击，大败之，俘斩甚众，敌宵遁。寻复寇常州，良遣兵从间道歼其援兵于无锡。当是时，太祖数自将争江、楚上流，与陈友谅角，大军屡出，金陵空虚，士诚不敢北出侵尺寸地，以良在江阴为屏蔽也。

良仁恕俭约，声色货利无所好。夜宿城楼，枕戈达旦，训将练兵，常如寇至。暇则延儒生讲论经史，新学宫，立社学，大开屯田，均徭省赋。在境十年，封疆宴然，太祖常召良劳曰："吴院判保障一方，我无东顾忧，功甚大，车马珠玉不足旌其劳。"命学士宋濂等为诗文美之。仍遣还镇。寻大发兵取淮东，克泰州。士诚兵复出马驮沙，侵镇江，巨舰数百，溯江而上。良戒严以待。太祖亲督大军御之。士诚兵遁。追至浮子门。良出兵夹击，获卒二千，太祖诣江阴劳军。周巡壁垒，叹曰："良，今之吴起也。"吴平，加昭勇大将军、苏州卫指挥使，移镇苏州。武备益修，军民辑睦。进都督佥事，移守全州。

洪武三年进都督同知，封江阴侯，良禄千五百石，予世券。

四年讨靖州、绥宁诸蛮。五年广西蛮叛，副征南将军邓愈帅平章李伯升出靖州讨之。数月尽平左右两江及五溪之地。移兵入铜鼓、五开，收潭溪，开太玉，歼清洞、崖山之众于铜关铁寨。诸蛮皆震慑内附，粤西遂平，八年督田凤阳。十二年，齐王封青州。王妃，良女也，遂命良往建王府。十四年卒于青，年五十八。赠江国公，谥襄烈。

子高嗣侯，屡出山西、北平、河南练兵，从北征，帅蕃军讨百夷。二十八年，有罪调广西，从征赵宗寿。燕师起，高守辽东，与杨文数出师攻永平。燕王谋去高，曰："高虽怯，差密，文勇而无谋。去高，文无能为也。"乃遗二书，盛誉高，极诋文，故易其函授之。二人得书，并以闻。建文帝果疑高，削爵从广西，独文守辽东，竟败。永乐初，复召高镇守大同，上言备边方略。八年，帝北征班师，高称疾不朝。被劾，废为庶人，夺券。洪熙元年，帝见高名，曰："高往年多行无礼，其谪戍海南。"高已死。徙其家。会赦得释。宣德十年，子升乞嗣，不许。

康茂才，字寿卿，蕲人。通经史大义。事母孝。元末寇乱陷蕲，结义兵保乡里。立功。自长官累迁淮西宣慰司、都元帅。

太祖既渡江，将士家属留和州。时茂才移戍采石，扼江渡。太祖遣兵数攻之。茂才力守。常遇春设伏歼其精锐。茂才复立寨天宁洲，又破之。奔集庆。太祖克集庆，乃帅所部兵降。太祖释之。命统所部从征，明年授秦淮翼水军元帅，守龙湾。取江阴马驮沙，败张士诚兵，获其楼船。从廖永字攻池州，取枞阳，太祖以军兴，民失农业。命茂才为都水营田使，仍兼帐前总制亲兵左副指挥使。

陈友谅既陷太平，谋约张士诚合攻应天。太祖欲其速来，破之。知茂才与友谅有旧，命遣仆持书，给为内应。友谅大喜，问康公安在。曰：“守江东木桥。”使归，太祖易桥以石。友谅至，见桥愕然，连呼“老康”，莫应，退至龙湾。伏兵四起，茂才合诸将奋击，大破之。太祖嘉茂才功。赐赉甚厚。明年，太祖亲征支谅，茂才以舟师从克安庆，破江州，友谅西遁。遂下蕲州、兴国、汉阳，沿流克黄梅寨，取瑞昌，败友谅八指挥，降士卒二万人。迁帐前亲兵副都指挥使。攻左君弼卢州，未下。从援南昌，战彭蠡，友谅败死，从征武昌，皆有功。进金吾侍卫亲军都护。从大将军徐达再攻卢州，克之。取江陵及湖南诸路。改神武卫指挥使，进大都督府副使。

士诚攻江阴，太祖自将击之。比至镇江，士诚已焚瓜洲遁。茂才追北至浮子门，吴军遮海口，乘潮来薄。茂才力战，大败之。捣淮安马骡港。拨其水寨，淮安平，寻拨湖州，进逼平江，士诚遣锐卒迎斗，大战尹山桥。茂才持大戟督战，尽覆敌众。与诸将合围其城，军齐门。平江下，还取无锡，迁同知大都督府事兼太子右率府使。

洪武元年从大将军经略中原，取汴、洛，留守陕州。规运馈饷，造浮桥渡师，招来绛、解诸州，扼潼关，秦兵不敢东向。茂才善抚绥，民立石颂德焉。是年复从大将军征定西，取兴元。还军，道卒。追封蕲国公，谥武康。

子铎，年十岁，八侍皇太子读书大本堂。以父功封蕲春侯，食禄一千五百石，予世券。督民垦田凤阳，帅兵征辰州蛮，平施、叠诸州。

从大将军达北征。又从征南将军傅友德征云南,克普定,破华楚山诸寨。卒于军,年二十三。追封蕲国公,谥忠愍。子渊幼未袭,授散骑舍人。已,坐事革冠服,勒居山西,遂不得嗣。弘治末,录茂才,后为世袭千户。

丁德兴,定远人。归太祖于濠。伟其状貌,以"黑丁"呼之。从取洪山寨,以百骑破贼数千,尽降其众。从克滁、和,败青山盗。从渡江,拔采石,取太平,分兵取溧水、溧阳,皆先登。从破蛮子海牙水寨,捣方山营,擒陈兆先,下集庆,取镇江,以功进管军总管。下金坛、广德、宁国,从平常州,擢左翼元帅。宁国复叛,从胡大海复之。分兵下江阴,取徽州、石埭、池州、枞阳,攻江州,移兵击安庆,所向皆捷。复援江阴,略江西傍近州县,攻双刀赵,挫其锋。时徐达、邵荣攻宜兴,久不下,太祖遣使谓曰:"宜兴城西通太湖口,士诚饷道所由,断其饷则必破。"达乃遣德兴绝太湖口,而并力急攻,城遂拔。论功,授凤翔卫指挥使。

陈友谅犯龙江,德兴军于石灰山,力战击败之。遂从征友谅,捣安庆,克九江,援安丰,败吕珍,走左君弼。从战鄱阳,平武昌,克庐州,略定湖南衡州诸郡。又从大将军收淮东,征浙西,败士诚兵于旧馆,下湖州,围平江。卒于军。赠都指挥使。洪武元年追封济国公,列祀功臣庙。子忠,龙江卫指挥使,予世袭。

耿炳文,濠人,父君用,从太祖渡江,积功为管军总管。援宜兴,与张士诚兵争栅,力战死。炳文袭职,领其军。取广德,进攻长兴,败士诚将赵打虎,获战船三百余艘,擒其守将李福安等,遂克长兴。长兴据太湖口,陆通广德,与宣、歙接壤,为江、浙门户,太祖既得其地,大喜,改为长安州,立永兴翼元帅府,以炳文为总兵都元帅守之。温祥卿者,多智数。避乱来归,炳文引入幕府,画守御计甚悉。张士诚左丞潘元明、元帅严再兴帅师来争。炳文奋击,大败去。久之,士诚复遣司徒李伯升帅众十万,水陆进攻。城中兵七千,太祖患之。命陈德、华高、费聚往援。伯升夜劫营。诸将皆溃。炳文婴城固守，攻甚急，随方御之，不解甲者月余。常遇春复帅援兵至，伯升弃营遁，追斩五千余人。其明年，改永兴翼元帅府为永兴卫亲军指挥使司，以炳文为使。已而士诚大发兵，遣其弟士信复来争。炳文又败之，获其元帅宋兴祖。士信愤甚，益兵围城。炳文与费聚出战，又大败之。长兴为士诚必争地，炳文拒守凡十年，以寡御众，大小数十战，战无不胜，士诚迄不得逞。大军伐士诚，炳文将所部克湖州，围平江。吴平，进大都督府佥事。

从征中原，克山东沂、峄诸州，下汴梁，徇河南，扈驾北巡。已，又从常遇春取大同，克晋、冀。从大将军徐达征陕西，走李思齐、张思道，即镇其地。浚泾阳洪渠十万余丈，民赖其利。寻拜秦王左相都督佥事。

洪武三年，封长兴侯，食禄千五百石，予世券。

十四年从大将军出塞，破元平章乃儿不花于北黄河。十九年从颍国公傅友德征云南，讨平曲靖蛮。二十一年从永昌侯蓝玉北征至捕鱼儿海。二十五年帅兵平陕西徽州妖人之乱。三十年，以征西将军擒蜀寇高福兴，俘三千人。

始炳文守长兴，功最高，太祖榜列功臣，以炳文附大将军达为一等。及洪武末年，诸公、侯且尽，存者惟炳文及武定侯郭英二人，而炳文以元功宿将，为朝廷所倚重。

建文元年，燕王兵起，帝命炳为大将军，帅副将军李坚、宁忠北伐，时年六十有五矣。兵号三十万，至者惟十三万。八月次真定，分营滹沱河南北。都督徐凯军河间，潘忠、杨松驻鄚州，先锋九千人驻雄县。值中秋，不设备，为燕王所袭。九千人皆死。忠等来援，过月漾桥，伏发水中。忠、松俱被执，不屈死，鄚州陷。而炳文部将张保者降燕，备告南军虚实。燕王纵保归，使张雄鄚败状，谓北军且至。于是炳文移军尽渡河，并力当敌。军甫移，燕兵骤至，循城蹴击。炳文军不得成列，败入城。争门，门塞，蹈藉死者不可数计。燕兵遂围城。炳文众尚十万，坚守不出，燕王知炳文老将，未易下，越三日，解围还。而帝骤闻炳文败，忧甚。太常卿黄子澄遂荐李景隆为大将军，乘传代炳文。比至军，燕师已先一日去。炳文归，景隆代将，竟至于败。燕王称帝之明年，刑部尚书郑赐、都御史陈瑛劾炳文衣服器皿有龙凤饰，玉带用红鞓，僭妄不道。炳文惧，自杀。

子璇，前军都督金事，尚懿文太子长女江都公主。炳文北伐，璇尝劝直捣北平。炳文受代归，不复用，璇愤甚。永乐初，杜门称疾，坐罪死。璇弟瓛，后军都督金事，与江阴侯吴高、都指挥杨文，帅辽东兵围永平，不克，退保山海关。高被间，徙广西。文守辽东，瓛数请攻永平以动北平，文不听。后与弟尚宝司卿瑄，皆坐罪死。

郭英，巩昌侯兴弟也。年十八，与兴同事太祖。亲信，令值宿帐中，呼为郭四。从克滁、和、采石、太平，征陈友谅，战鄱阳湖，皆与有功。从征武昌，陈氏骁将陈同金持槊突入，太祖呼英杀之，衣以战袍。攻岳州，败其援兵，还克庐州、襄阳，授骁骑卫千户。克淮安、濠州、安丰，进指挥金事。从徐达定中原，又从常遇春攻太原，走扩廓，下兴州、大同。至沙净州渡河，取西安、凤翔、巩昌、庆阳，追败贺宗哲于乱山，迁本卫指挥副使。进克定西。讨察罕脑儿，克登宁州，斩首二千级，进河南都指挥使。时英女弟为宁妃，英将赴镇，命妃饯英于第，赐白金二十罂，厩马二十匹。在镇绥辑流亡，申明约束，境内大治。九年移镇北平，十三年召还，进前军都督府金事。

十四年从颍川侯傅友德征云南，与陈桓、胡海分道进攻赤水河路。久雨，河水暴涨。英斩木为筏，乘夜济。比晓，抵贼营。贼大惊溃。擒乌撒并阿容等。攻克曲靖、陆凉、越州、关索岭、椅子寨，降大理、金齿、广南，平诸山寨。十六年复从友德平蒙化、邓川，济金沙，取北胜、丽江。前后斩首一万三千余级。生擒二千余人，收精甲数万，船千余艘。

十七年论平云南功，封武定侯，食禄二千五百石，予世券。十八年加靖海将军，镇守辽东。二十年从大将军冯胜出金山，纳哈出降，进征房右副将军。从蓝玉至捕鱼儿海。师还，赏赉甚厚，遣还乡。明年召入京，命典禁兵。三十年副征西将军耿炳文备边陕西，平沔县贼高福兴，及还，御史裴承祖劾英私养家奴百五十余人，又擅杀男女五人。帝弗问。佥都御史张春等执奏不已，乃命诸戚里大臣议其罪。议上，竟宥之。

建文时，从耿炳文、李景隆伐燕，无功。靖难后，罢归第。永乐元年卒，年六十七。赠营国公，谥威襄。

英孝友，通书史，行师有纪律，以忠谨见亲于太祖。又以宁妃故，恩宠尤渥，诸功臣莫敢望焉。

子十二人。镇，尚永嘉公主。铭，辽府典宝。镛，中军右都督。女九人，二为辽郢王妃。女孙为仁宗贵妃，铭出也，以故铭子玹得嗣侯。宣德中，玹署宗人府事，夺河间民田庐，又夺天津屯田千亩，罪其奴而宥玹。英宗初，永嘉公主乞以其子珍嗣侯。珍，英嫡孙也，授锦衣卫指挥佥事。玹卒，子聪与珍争嗣，遂并停袭，亦授聪如珍官。天顺元年，珍子昌以诏恩得袭。聪争之不得。昌卒，子良当嗣，聪又言良非昌子，复停嗣，授指挥佥事，以屡乞嗣下狱，寻释复官。既而郭宗人共乞择英孙一人嗣英爵。廷臣皆言良本英嫡孙，宜嗣侯，诏可。正德初卒，子勋嗣。

勋桀黠有智数，颇涉书史。正德中，镇两广，入掌三千营。世宗初，掌团营。大礼议起，勋知上意，首右张璁，世宗大爱幸之。勋怙宠，颇骄恣，大学士杨一清恶之。因其赇请事觉，罢营务，夺保傅官阶。一清罢，仍总五军营，董四郊兴造。明年督团营。十八年兼领后府，从幸承天，请以五世祖英侑享太庙。廷臣持不可，侍郎唐胄争尤力。帝不听，英竟得侑享。其明年，献皇称宗，入太庙，进勋翊国公，加太师。

先是妖人李福达自言能化药物为金银。勋与相暱。福达败，力持其狱，廷臣多得罪者。至是复进方士段朝用，云以其所化金银为饮食器，可不死。帝益以为忠，给事中戚贤劾勋擅作威福、网利虐民诸事，李凤来等复以为言。下有司勘，勋京师店舍多至千余区。副都御史胡守中又劾勋以族叔郭宪理刑东厂，肆虐无辜。帝置勿治。

会帝用言官言,给勋敕,与兵部尚书王廷相、遂安伯陈谦同清军役。敕具,勋不领。言官劾其作威植党。勋疏辩,有"何必更劳赐敕"语。帝乃大怒,责其强悍无人臣礼。于是给事中高时尽发勋奸利事,且言交通张延龄。帝益怒,下勋锦衣狱。二十年九月也,寻谕镇抚司勿加刑讯。奏上,当勋死罪。帝令法司覆勘。而给事中刘大直复勘勋乱政十二罪,请并治。法司乃尽实诸疏中罪状,当勋罪绞。帝令详议。法司更当勋不轨罪斩,没入妻奴田宅。奏上,留中不下。帝意欲宽勋,屡示意指。而廷臣恶勋甚,谬为不喻者,更坐勋重辟。明年考察言官,特旨贬高时二级以风廷臣,廷臣终莫为勋请。其冬,勋死狱中。帝怜之。责法司淹系,褫刑部尚书吴山职,侍郎都御史以下镌降有差,而免勋籍没,仅夺诰券而已。

自明兴以来,勋臣不与政事。惟勋以挟恩宠,擅朝权,恣为奸匿致败。勋死数年。其子守乾嗣侯,传至曾孙培民,崇祯末,死于贼。

华云龙,定远人。聚众居韭山,太祖起兵,来归。从克滁、和,为千夫长。从渡江,破采石水寨及方山营,下集庆路,生擒元将,得兵万人,克镇江,迁总管。攻拨广德,战旧馆,擒汤元帅,进右副元帅。龙江之役,云龙伏石灰山,接战,杀伤相当。云龙跃马大呼,捣其中坚,遂大败友谅兵,乘胜复太平,从下九江、南昌,分兵攻下瑞州、临江、吉安。从援安丰,战彭蠡,平武昌,累功至豹韬卫指挥使。从徐达帅兵取高邮,进克淮安,遂命守之,改淮安卫指挥使。寻攻嘉兴,降吴将宋兴,围平江,军于胥门。从大军北往,徇下山东郡县,与徐达会师通州,进克元都。擢大都督府金事,总六卫兵留守兼北平行省参知政事。逾年,攻下云州,获平章火儿忽答、右丞哈海,进都督同知,兼燕王左相。

洪武三年冬,论功封淮安侯,禄一千五百石。予世券。云龙上言:"北平边塞,东自永平、蓟州,西至灰岭下,隘口一百二十一,相去可二千二百里。其王平口至官坐岭,隘口九,相去五百余里。俱冲要,宜设兵。紫荆关及芦花山岭尤要害,宜设千户守御所。"又言:

"前大兵克永平，留故元八翼军士千六百人屯田，人月支粮五斗，所得不偿费，宜入燕山诸卫，补伍操练。"俱从之。行边至云州，袭元平章僧家奴营于牙头，突入其帐，擒之，尽俘其众。至上都大石崖，攻克刘学士诸寨，驴儿国公奔漠北。自是无内犯者，威名大著。建燕邸，增筑北平城，皆其经画。

洪武七年，有言云龙据元相脱脱第宅，僭用故元宫中物。召还，命何文辉往代。未至京，道卒。子中袭。李文忠之卒也，中侍疾进药，坐贬死。二十三年追论中胡党，爵除。

韩政，睢人。尝为义兵元帅，帅众归太祖，授江淮行省平章政事。李济据濠州，名为张士诚守，实观望。太祖使右相国李善长以书招之，不报。太祖叹曰："濠，吾家也，济如此，我有国无家可乎！"乃命政帅指挥顾时以云梯炮石四面攻濠。济度不能支，始出降。政归济于应天。太祖大悦，以时守濠州。

政从徐达攻安丰，扼其四门，潜穴城东龙尾坝，入其城二十余丈。城坏，遂破之。元将忻都、竹贞、左君弼皆走。追奔四十余里，擒都。俄而贞引兵来援，与战城南门，再破走之。淮东、西悉平。已，从大军平吴，又从北伐，降梁城守将卢斌，分兵扼黄河，断山东援军，遂取益都、济宁、济南，皆有功。克东平，功尤多，改山东行省平章政事。以师会大将军于颐清，檄政守东昌。既下大都，命政分兵守广平。政遂谕降白土诸寨。移守彰德，下蚁尖寨。蚁尖者，在林虑西北二十里，为元右丞吴庸、王居义、小锁儿所据。大将军之北伐也，遣将士收复诸山寨，降者相继，蚁尖独恃险不下。至是兵逼之，庸诱杀居义及小锁儿以降，得士卒万余人。寻调征陕西，还兵守御河北。

洪武三年封东平侯，禄千五百石，予世券。移镇山东。未几，复移河北。招抚流民，复业甚众。从左副将军李文忠搗应昌，至胪朐河。文忠深入，令政守辎重。还，命巡河南、陕西。再从信国公汤和练兵于临清。十一年二月卒，帝亲临其丧。追封郓国公，子勋袭。二十六年坐蓝党诛,爵除。

仇成,含山人。初从军充万户。屡迁至秦淮翼副元帅。太祖攻安庆,敌固守不战。廖永忠、张志雄破其水寨。成以陆兵乘之,遂克安庆。初,元左丞余阙守安庆,陈友谅将赵普胜陷之。友谅既杀普胜,元帅余某者袭取之。张定边复来犯,余帅走死。至是以成为横海指挥同知,守其地。时左君弼据庐州,罗友贤以池州叛,无为知州董曾陷死,四面皆贼境。成抚集军民,守御严密,汉兵不敢东下。从征鄱阳,歼敌泾江口,功最。征平江,败张士诚兵于城西南。

洪武三年,金大都督府事,镇辽东。久之,以屯戍无功。降永昌卫指挥使,寻复官。

十二年论蓝玉等征西功,当封。帝念成旧勋,先封为安庆侯,岁禄二千石。二十年充征南副将军。讨平容美诸峒。复从大军征云南,功多,予世券,加禄五百石。

二十一年七月有疾。赐内酝,手诏存问。卒,赠皖国公,谥壮襄。子正袭爵。

张龙,濠人。从渡江,定常州、宁国、婺州,皆有功。从征江州,为都先锋。平武昌,授花枪所千户。从平淮东,守御海安,与张士诚将战于海口,擒彭元帅,俘其卒数百。进攻通州,击斩贼将,擢威武卫指挥佥事。从平山东、河南。大兵克潼关,以龙为副留守。

洪武三年调守凤翔,改凤翔卫指挥。贺宗哲悉众围城,龙固守。宗哲攻北门,龙出兵搏战,矢伤右胁,不为动,遂大败之。进克凤州,擒李参政等二十余人。大将军达入沔州,遣龙别将一军,由凤翔入连云栈,攻兴元,降其守将刘思忠。蜀将吴友仁来犯,龙击却之。友仁复悉兵薄城,大治攻具。龙从北门突出,绕友仁军后,敌尽弃甲仗走,自是不复窥兴元。召金大都督府事。

十一年副李文忠征西番洮州。论功,封凤翔侯,禄二千石,世指挥使。复从傅友德征云南,镇七星关,破大理、鹤庆,平诸洞蛮,加禄五百石,予世券。二十年从冯胜出金山,降纳哈出。明年,胜调降军征云南,次常德,叛去。龙追至重庆,收捕之。二十三年春同延安侯唐胜宗督屯田于平越、镇远、贵州,议置龙里卫。都匀乱,佐蓝玉讨玉之。以老疾请告。三十年卒。

子麟尚福清公主,授驸马都尉。孙杰侍公主京师。永乐初,失侯。杰子嗣,宣德十年,援诏恩乞嗣。吏部言龙侯不嗣者四十年,不许。

吴复,字伯起,合肥人。少负勇略。元末,集众保乡里。归太祖于濠,从克泗、滁、和、采石、太平,累官万户。从破蛮子海牙水寨,定集庆。从徐达攻镇江,斩元平章定定,下丹阳、金坛,克常州,进统军元帅。徇江阴、无锡,还守常州。张士诚兵奄至,力战败之,追奔至长兴,连败之于高桥、太湖及忠节门,士诚夺气。从援安丰,平武昌。从徐达克庐州,下汉、沔、荆诸郡县,授镇武卫指挥同知,守沔阳。从常遇春下襄阳,别将破安陆,擒元同金任亮,遂守之。克汝州、鲁山。

洪武元年授怀远将军、安陆卫指挥使,悉平郧、均、房、竹诸山寨之不附者。三年从大将军陕西,败扩廓,擒其将。又败扩廓于秦州。征土番,克和州,援汉中,拨南郑。明年从傅友德平蜀。又明年从邓愈平九溪、辰州诸蛮,克四十八洞,还守安陆。七年进大都督府金事。巡北平还,授世袭指挥使。十一年从沐英再征西番。擒三副使,得纳邻哈七站之地。明年,师还,论功封安陆侯,食禄二千石。

十四年,从傅友德征云南,克普定,城水西。充总兵官。剿捕诸蛮。遂由关索岭开箐道,取广西。十六年克墨定苗,至吉剌堡,筑安庄、新城,平七百房诸寨。斩获万计,转饷盘江。是年十月,金疮发,卒于普定,追封黔国公。谥威毅,加禄五百石,予世券。

复临阵奋发。冲犯矢石,体无完肤。平居恂恂,口不言征伐事。在普定买妾杨氏,年十七,复死,视殓毕,沐浴更衣自经死。封贞烈淑人。子杰嗣,屡出山、陕、河南、北平,练兵从征。二十八年,有罪,从征龙州,建功自赎。建文中,帅师援真定,战白沟河,失律,谪南宁卫指挥使，永乐元年，子璟乞嗣，正德间，再三乞，皆不许。弘治六年，璟孙铎援诏乞嗣，亦不许。十八年录复子孙世职千户。

初，与复以征西番功侯者，又有周武。武，开州人，从定江东，灭汉，收淮东，平吴，称功为指挥金事。从定中原，进都督金事。洪武十一年以参将从沐英讨西番朵甘，功多。师还，封雄武侯，禄二千石，世指挥使，出理河南军务，巡抚北边。二十三年卒，赠汝国公，谥勇襄。

　

胡海，字海洋，定远人。尝入土豪赤塘王总管营，自拔来归，授百户。从败无将贾鲁兵，克泗、滁，进万户。从渡江，拔蛮子海牙水寨，破陈埜先兵，从取集庆、镇江。败元将谢国玺于宁国，选充先锋。从大军围湖州，堕其东南门月城。从攻宜兴，下婺州，鏖战绍兴，生得贼四百余人，进都先锋。又从战龙江，克安庆，与汉人相持，八战皆大捷，遂入江州。从徐达攻庐州，皆有功。

海骁勇，屡战屡伤，手足胸腹间金痍皆遍，而斗益力。士卒从之者无不激励自效。太祖壮之，授花枪上千户。

复从大军克荆、沣、衡、潭，擢宝庆卫指挥金使。迁指挥使，命镇益阳。从平章杨璟征湖南、广西，未下郡县。由祁阳进围永州，与守兵战于东乡桥，生得千、万户四人，以夜半先登拔之。抵靖江，战南门，生得万户二人。夜四鼓，自北门八角亭先登，功最，命为左副总兵。剿平左江上思蛮。调征蜀，克龙伏隘、天门山及温汤关，予世袭指挥使，仍镇益阳。武冈、靖州、五开诸苗蛮先后作乱，悉捕诛首乱而抚其余众，迁都督金事。

十四年从征云南，由永宁越乌撒，进克可渡河。与副将军沐英会师攻大理，敌悉众扼上、下关。定远侯王弼自洱水东趋上关，英帅大军趋下关，而遣海以夜四鼓取石门。间道渡河，绕点苍山后，攀大树缘崖而上，立旗帜。英士卒望见，皆踊跃大呼。敌众惊忧。英遂斩关入，海亦摩山上军驰下，前后夹攻，敌悉溃走。

十七年论功封东川侯，禄二千五百石，予世券。

逾三年,以左参将从征金山。又二年,以征南将军讨平沣州九溪诸蛮寇。师还,乞归乡里,厚赉金帛以行。二十四年七月,病疽卒,年六十三。

长子斌,龙虎卫指挥使,从征云南。过曲靖,猝遇寇,中飞矢卒。赠都督同知。次玉,坐蓝党死。次观,尚南康公主,为驸马都尉,未嗣卒。宣德中,公主乞以子忠嗣。诏授孝陵卫指挥佥事,子世袭。

张赫,欧淮人。江、淮大乱,团义兵以捍乡里。嘉山缪把头招之,不住。闻太祖起,帅众来附。授千户,以功进万户。从渡江,所至攻伐皆预,以攻擢常春翼元帅,守御常州。寻从战鄱阳,攻武昌。已,又从大将军伐张士诚,进围平江。诸将分门而军,赫军阊门。士诚屡出兵突战,屡挫其锋。又从大军克庆元,并下温、台。

洪武元年,擢福州卫都指挥副使,进本卫同知,复命署都指挥使司事。是时,倭寇出没海岛中,乘间辄傅岸剽掠,沿海居民患苦之。帝数遣使赍诏书谕日本国王,又数绝日本贡使,然竟不得倭人要领。赫在海上久,所捕倭不可胜计。最后追寇至琉球大洋,与战,擒其魁十八人,斩首数十级,获倭般十余艘,收弓刀器械无算。帝伟赫功,命掌都指挥印。寻调兴化卫。召还,擢大都督府佥事。会辽东漕运艰,军食后期,帝深以为虑。以赫习海道,命督海运事。

久之,封航海侯,予世券。前后往来辽东十二年,凡督十运,劳勚备至,军中赖以无乏。病卒,追封恩国公,谥壮简。

子荣,从征云南有功,为水军右卫指挥使。孙鉴,福建都指挥使。永乐中,留镇交址。

华高,和州人。与俞通海等以巢湖水师来附。从克太平,授总管。从破采石、方山兵,下集庆、镇江,迁秦淮翼元帅。与邓愈徇广德。守将严兵城下,高以数骑挑战,元兵坚壁不动。高冲击大破之,遂取其城,得兵万人,粮数千斛。从平常州,进金行枢密院事。副俞通海击破赵普胜栅江营。再败陈友谅,援长兴,克武昌,授湖广行省左丞。帅舟师从克淮东，收浙西，进行省平章政事。洪武三年封广德侯，岁禄六百石。

高性怯，且无子，请得宿卫。有所征讨，辄称疾不行。令练水师，复以不习辞。帝以故旧优容之。时诸勋臣多出行边，惟高不遣。最后善广东边海城堡，高请行。帝曰："卿复自力，甚善。"四年四月事竣，至琼州卒。初有言高殖利者，故岁禄独薄。至是贫不能葬。帝怜之，命补支禄三百石。以无子，纳诰券墓中。赠巢国公，谥武庄。授从子岳指挥佥事。

张铨，定远人。从取太平，定集庆、镇江、常州。婺州。捣江州，战鄱阳湖，取鄂渚。收淮东，平吴。累功为指挥佥事。从取中原、燕、晋、秦、蜀，进都督佥事。使建齐王府，事竣，副江夏侯周德兴征五溪蛮。已而，水尽源、通塔平、散毛诸洞酋作乱，复副德兴讨平之。从征云南，则永宁克乌撒。久之，复从傅友德平乌撒及曲靖、普定、龙海、孟定诸蛮。洪武二十三年，封永定侯，食禄千五百石，世指挥使。

何真，字邦佐，东莞人。少英伟，好书剑。元至正初，为河源县务副使，转淡水场管勾，弃官归。元末盗起，真聚众保乡里。十四年，县人王成、陈仲玉作乱，真赴告元帅府。帅受赂，反捕真。逃居泥冈，举兵攻成，不克。久之，惠州人王仲刚与叛将黄常据惠。真击走常，杀仲刚。以功授惠阳路同知、广东都元帅，守惠州。海寇赵宗愚陷广州，真以兵破走之，复其城。擢广东分省参政，寻擢右丞。赣州熊天瑞引舟师数万欲图真，真迎之胥江。天大雷雨，折天瑞舟樯，击走之，广人赖以完。先是，真再攻成，诛仲玉而成卒固守。二十六年，复围成，募擒成者予钞十千。成奴缚成以出，真予之钞，命具汤镬，趣烹奴，号于众曰："奴叛主者视此。"缘海叛者皆降。时中原大乱，岭表隔绝，有劝真效尉佗故事者，不听。屡遣使由海道贡方物于朝，累进资德大夫、行省左丞。

洪武元年，太祖命廖永忠为征南将军，帅舟师取广东。永忠至福州,以书谕真,遂航海趋潮州。师既至,真遣都事刘克佐诣军门上印章,籍所部郡县户口兵粮,奉表以降。永忠闻于朝,赐诏褒真曰:"朕惟古之豪杰,保境安全,以待有德。若窦融、李勣之属,拥兵据险,角立群雄间,非真主不屈,此汉、唐名臣,于今未见。尔真连数郡之众,乃不烦一兵,保境来归。虽窦、李奚让焉。"永忠抵东莞,真帅官属迎劳,遂奉诏入朝,擢江西行省参知政事,且谕之曰:"天下分争,所谓豪杰有三,易乱为治者,上也。保民达变,知所归者,次也。负固偷安,身死不悔,斯其下矣。卿输诚纳土,不逆颜行,可谓识时务者。"真顿首谢。在官颇著声望,尤喜儒术,读书缀文。

已,转山东参政。四年,命还广东,收集旧卒。事竣,仍莅山东。九年,致仕。

大军征云南,命真偕其子兵马指挥贵往规画军饷,置邮驿。迁山西右布政使。再与贵勾军广东,擢贵镇南卫指挥佥事。寻命真为浙江布政使,改湖广。

二十年复致仕,封东莞伯,禄一千五百石,予世券,卒。

子荣嗣。与弟贵及尚宝司丞宏皆坐蓝党死。真弟迪,疑祸及己,遂作乱,击杀南海官军三百余人,遁入海岛。广东都司发兵讨擒之,伏诛。

赞曰:陈友谅之克太平也,其锋甚锐,微茂才则金陵之安危未可知矣。吴良守江阴,耿炳文守长兴,而吴人不得肆其志,缔造之基,其力为多。至若华云龙、张赫、吴复、胡海之属,或威著边疆,或功存海运,搴旗陷阵,所向皆摧,揆之前代功臣,何多让焉。而又皆能保守禄位,以恩礼令终,斯其尤足嘉美者欤!

明史卷一三一
列传第一九

顾时　吴祯　薛显　郭兴
陈德　王志　梅思祖
金朝兴　唐胜宗　陆仲亨
费聚　陆聚　郑遇春　黄彬
叶昇

　　顾时，字时举，濠人。偶傥好奇略。从太祖渡江，积功由百夫长授元帅。取安庆、南昌、庐州、泰州，擢天策卫指挥同知。李济据濠州，时从平章韩政讨降之。攻张士诚升山水寨，引小舫绕敌舟，舟中多俯视而笑。时乘其懈，帅壮士数人，大呼跃入舟，众大乱，余舟竞进。五太子来援，薛显又败之，五太子等降。遂从大将军平吴。旋师取山东。

　　洪武元年，拜大都督府副使兼同知率府事。从大将军定河南北，浚闸以通舟师，自临清至通州，下元都，与诸将分逻古北诸隘口。从大军取平阳，克嶂州，获逃将王信等四十六人。取兰州，围庆阳。张良臣耀兵城下，击败之，获其劲将九人。良臣乃不敢复出。庆阳平。徐达还京，令时将骑兵略静宁州，走贺宗哲。西边悉平。三年，进大都督同知，封济宁侯。禄千五百石，予世券。

　　四年，为左副将军，副傅友德帅河南、陕西步骑伐蜀。自兴元进克阶、文,败蜀兵于汉川,遂克成都。明年,副李文忠北征,分道入沙漠。迷失道,粮且尽,遇寇,士疲不能战。时帅麾下数百人,跃马冲击。敌众引去,获其辎重粮畜以归,军声大振。六年,从徐达镇北平。逾年,召还。八年,复出镇。十二年,卒,年四十六,葬钟山,追封滕国公,谥襄靖,附祭功臣庙。

时能以少击众,沉鸷不伐,帝甚重之。子敬,金吾卫镇抚。十五年,嗣侯,为左副将军。平龙泉山寇有功。二十三年,追论胡惟庸党,榜列诸臣,以时为首,敬坐死爵除。

吴祯,江国襄烈公良弟也。初名国宝,赐名祯。与良俱从克滁、和,渡江克采石,从定集庆,下镇江、广德、常州、宣城、江阴,皆有功。又从常遇春自铜陵取池州,以舟师毁其北门入城。敌舰百余至,复大败之,遂克池州。积功由帐前都先锋累迁为天兴翼副元帅,以千人助良守江阴,数败吴兵,破士诚水寨。擒其骁将朱定,授英武卫亲军指挥使。又大破吴兵于浮子门。从大将军徐达帅马步舟师取湖州,勒奇兵出旧馆,大捷。湖州平,遂戍之。从围平江,破封、胥二门,进金大都督府事,抚平江。寻副征南将军汤和讨方国珍,乘潮入曹娥江,毁坝通道,出不意直抵军厩。国珍亡入海,追及之盘屿合战,自申至戌,败之,尽获其战舰士卒辎重,国珍降。复自海道进取福州,围其西、南、水部三门,一鼓克之。

洪武元年,进兵破延平,擒陈友定,闽海悉平。还次昌国。会海寇劫兰秀山,剿平之。兼率府副使,寻为吴王左相兼金大都督府事。二年,大将军平陕西还,祯与副将军冯胜驻庆阳。三年,讨平沂州答山贼。命为靖海将军,练军海上。其冬,封靖海侯,食禄千五百石,予世券。与秦、晋二王传金朝兴、汪兴祖并专传王,解都督府事。

仇成戍辽阳,命祯总舟师数万,由登州饷之。海道险远,经理有方,兵食无乏。完城练卒,尽收辽海未附之地,降平章高家奴等。坐事谪定辽卫指挥使,寻召还。七年,海上有警,复充总兵官,同都督佥事于显总江阴四卫舟师同捕倭。至琉球大洋,获其兵船,献俘京师。自是常往来海道,总理军务,数年海上无寇。

十一年,奉诏出定辽,得疾,舆还京师。明年卒。追封海国公,谥襄毅,与良俱肖像功臣庙。子忠,嗣侯。二十三年,追论祯胡惟庸党,爵除。

薛显,萧人。赵均用据徐州,以显为元帅,守泗州。均用死,以泗州来降,授亲军指挥,从征伐。南昌平,命显从大都督朱文正守之。阿友谅寇南昌,显守章江、新城二门。友谅攻甚急。显随方御之,间出锐卒博战,斩其平章刘进昭,擒副枢赵祥。固守三月,乃解。武昌既平,邓仲谦据新淦不下,显讨斩之,因徇下未附诸郡县。以功擢江西行省参政。从徐达等收淮东,遂伐张士诚。与常遇春攻湖州,别将游军取德清,攻升山水寨。士诚遣其五太子盛兵来援,遇春与战小却。显帅舟师奋击,烧其船,众大溃,五太子及朱暹、吕珍等以旧馆降,得兵六万人。遇春谓显曰:“今日之战,将军功,遇春弗如也。”五太子等既降,吴人震恐,湖州遂下。进围平江,与诸将分门而军。吴平,进行省右丞。

命从大将军徐达取中原。濒行,太祖谕诸将,谓薛显、傅友德勇略冠军,可当一面。进克兖、沂、青、济,取东昌、棣州、乐安。还收河南,捣关、陕。渡河,取卫辉、彰德、广平、临清,帅马步舟师取德州、长芦,败元兵于河西务,又败之通州,遂克元都。分兵逻古北诸隘口,略大同,获乔右丞等三十四人。进征山西,次保定。取七垛寨,追败脱因帖木儿。与友德将铁骑三千略平定西,取太原,走扩廓,降豁鼻马。邀击贺宗哲于石州,拔白崖、桃花诸山寨。与大将军达会平阳,以降将杜旺等十一人见,遂从入关中,抵临洮。别将攻马鞍山西番寨,大获其畜产,袭走元豫王,败扩廓于宁夏,复与达会师,取平凉。张良臣伪以庆阳降,显往纳之。良臣蒲伏道迎,夜劫显营,突围免。良臣据城叛,达进围之。扩廓遣韩扎儿攻原州,以挠明师。显驻兵灵州,遏之。良臣援绝,遂败。追贺宗哲于六盘山,逐扩廓出塞外,陕西悉平。

洪武三年冬，大封功臣。以显擅杀胥吏、兽医、火者、马军及千户吴富，面数其罪。封永城侯，勿予券。谪居海南。分其禄为三。一以赡所杀吴富及马军之家，一以给其母妻，令功过无相掩。显居海南逾年，帝念之，召还，予世券，食禄一千五百石。复从大将军征漠北，数奉命巡视河南，屯田北平，练军山西。从魏国公巡北边，从宋国公出金山。二十年冬，召还，次山海卫，卒，赠永国公。谥桓襄。无子，弟纲幼。二十三年，追坐显胡惟庸党，以死不问，爵除。

郭兴，一名子兴。濠人。滁阳王郭子兴据濠称元帅，兴隶麾下。太祖在甥馆，兴归心焉。军行，尝备宿卫。累功授管军总管，进统军元帅。围常州，昼夜不解甲者七月。城下受上赏。从攻宁国、江阴、宜兴、婺州、安庆、衢州，皆下之。战于鄱阳，陈友谅连巨舰以进，我师屡却，兴献计以火攻之，友谅死。从征武昌，斩获多，进鹰扬卫指挥使。从徐达取庐州，援安丰，大败张士诚兵。平襄阳、衡、沣，还克高邮、淮安，转战湖州，围平江，军于娄门。吴平，擢镇国将军、大都督府佥事。

洪武元年，从达取中原，克汴梁，守御河南。冯胜取陕州，请益兵守潼关。达曰：“无如兴者。”遂调守之。潼关，三秦门户，时哈麻图据奉元，李思齐、张思道等与为犄角，日窥伺欲东向，兴悉力捍御。王左丞来攻，大败之。从徐达帅轻骑直捣奉元，大军继进，遂克之。移镇巩昌，边境帖然。

三年为秦王武傅，兼陕西行都督府佥事。其冬，封功臣，兴以不守纪律，止封巩昌侯，食禄一千五百石，予世券。四年，伐蜀，克汉川、成都。六年，从徐达镇北平，同陈德败元兵于答剌海口。十一年，练兵临清。十六年，巡北边。召还，逾年卒，赠陕国公，谥宣武。二十三年，追坐胡惟庸党，爵除。

兴女弟为宁妃，弟英武定侯。

季弟德成，性通敏，嗜酒。两兄积功至列侯，而德成止骁骑舍人。太祖以宁妃故，欲贵显之。德成辞。帝不悦，顿首谢曰：“臣性

耽曲蘖，庸闇不能事事。位高禄重，必任职司，事不治，上殆杀我。人
生贵适意，但多得钱，饮醇酒足矣，余非所望。"帝称善，赐酒百罍，
金币称之，宠遇益厚。尝侍宴后苑醉，匍匐脱冠谢。帝顾见德成发
种种，笑曰："醉风汉发如此，非酒过耶？"德成仰首曰："臣犹厌之。
尽剃始快。"帝默然。既醒，大惧，佯狂自放，剃发衣僧衣，唱佛不已。
帝谓宁妃曰："始以汝兄戏言，今实为之，真风汉也。"后党事起，坐
死者相属，德成竟得免。

　　陈德，字至善，濠人。世农家，有勇力。从太祖于定远，以万夫
长从战皆有功，为帐前都先锋。同诸将取宁、徽、衢、婺诸城，擢元
帅。李伯升寇长兴，德往援，击走之。从援南昌，大战翻阳湖，擒水
寨姚平章。太祖舟胶浅，德力战，身被九矢，不退。从平武昌，大败
张士诚兵于旧馆，擢天策卫亲军指挥使。吴平，进金大都督府事。从
大将军北取中原，克元汴梁。立河南行都督府，以德署府事，讨平群
盗。征山西，破泽州磨盘寨，获参政喻仁，遂会大军克平阳、太原、大
同。渡河取奉元、凤翔，至秦州。元守将吕国公遒，追擒之。徐达围
张良臣于庆阳，良臣恃其兄思道为外援，间使往来，德悉擒获，庆阳
遂下。又大破扩廓于古城，降其卒八万。

　　洪武三年，封临江侯，食禄一千五百石，予世券。明年，从颍川
侯傅友德伐蜀，分道入绵州，破龙德，大败吴友仁之众，乘胜拔汉
州。向大亨、戴寿等走成都，追败之，遂与友德围成都。蜀平，赐白
金彩币。复还汴。五年，为左副将军，与冯胜征漠北，破敌于别笃山，
俘斩万计。克甘肃，取亦集乃路，留兵扼关而还。明年，复总兵出朔
方，败敌三岔山，擒其副枢失剌罕等七十余人。其秋，再出，战于答
剌海口，斩首六百级。获其同金忻都等五十四人。凡三战三捷。七
年，练兵北平。十年，还凤阳。十一年，卒。追封杞国公，谥定襄。

　　子镛袭封。十六年，为征南左副将军，讨平龙泉诸山寇，练兵汴
梁。十九年，与靖海侯吴祯城会州。二十年，从冯胜纳哈出，将至金
山，与大军异道相失，败没。二十三年，追坐德胡惟庸党，诏书言其

征西时有过被镌责，遂与惟庸通谋。爵除。

王志，临淮人。以乡兵从太祖于濠，下滁、和。从渡江，屡腾栅先登，身冒矢石。授右副元帅。从取常州、宁国、江阴，复宜兴，攻高邮，捣九江，下黄梅，鏖战鄱阳。从平武昌，还克庐州，败张士诚兵，追奔四十里。以亲军卫指挥使改六安卫，宁六安。从幸汴梁，渡河，取怀庆、泽、潞，留守平阳。大将军徐达西伐，会师克兴元。

洪武三年，进同知都督府事，封六字侯，岁禄九百石，予世券。移守汉中，帅兵出察罕脑儿塞，还镇平阳。复从大将军征沙漠。其后用兵西南，皆以偏将军从，虽无首功，然持重，未尝败衄。其攻合肥败楼儿张，擒吴副使，为战功第一。领山西都司卫所军务。帝称其处置得宜。十六年，督兵往云南品甸，善城池，立屯堡。置驿传，安辑其民。十九年，卒。追封许国公，谥襄简。

子威，二十二年，嗣侯。明年，从事谪安南卫指挥使。卒，无子。弟璛嗣。改清平卫，世袭。志亦追坐胡惟庸党，以死不问。

梅思祖，夏邑人。初为元义兵元帅，叛从刘福通。扩廓醢其父。寻弃福通，归张士诚，为中书左丞，守淮安。徐达兵至，迎降，并献四州。士诚杀其兄弟数人。太祖擢思祖大都督府副使。从大军伐吴，克升山水寨，下湖州，围平江，皆有功。吴平，迁浙江行省右丞。从大将军伐中原，克山东，取汴、洛，破陕州，下潼关。旋师徇河北，至卫辉。元平章龙二弃城走彰德，师从之。龙二复出走，遂降其城，守之。略定北平未下州郡。从大军平晋、冀，复从平陕西，别将克邠州，获元参政毛贵等三十人。从大将军破扩廓于定西。还自秦州，破略阳，入沔州，取兴元。

洪武三年，论功封汝南侯，食禄九百石，予世券。四年，伐蜀。五年，征甘肃。还，命巡视山、陕、辽东城池。十四年，四川水尽源、通塔平、散毛诸洞长官作乱，命思祖为征南副将军与江夏侯周德兴帅兵讨平之。十五年，复与傅友德平云南，置贵州都司，以思祖署都指挥使。寻署云南布政司事,与平章潘元明同守云南。

思祖善抚辑,远人安之。是年卒,赐葬钟山之阴。

子义,辽东都指挥使。二十三年,追坐思祖胡惟庸党,灭其家。思祖从子殷,为驸马都尉,别有传。

金朝兴,巢人。淮西乱。聚众结寨自保。俞通海等既归太祖,朝兴亦帅众来附。从渡江,征伐皆预,有功。克常州,为都先锋。复宜兴,为左翼副元帅。平武昌,进龙骧卫指挥同知。平吴,改镇武卫指挥使。克大同,改大同卫指挥便。取东胜州,获元平章刘麟等十八人。

洪武三年,论功为都督佥事兼秦王左相。未几,解都督府事,专傅王。四年从大军伐蜀。七年,帅师至黑城,获元太尉卢伯颜、平章帖儿不花并省院等官二十五人。遂从李文忠分领东道兵。取和林,语具《文忠传》。

朝兴沉勇有智略,所至以偏师取胜,虽未为大帅,而功出诸将上。十一年,从沐英西征,收纳邻七站地。明年,论功封宣德侯,禄二千石,世袭指挥使。十五年,从傅友德征云南,驻师临安,元右丞兀卜台、元帅完者都、土酋杨政等俱降。朝兴抚辑有方,军民咸悦。进次会川卒,追封沂国公,谥武毅。十七年,论平云南功,改锡世侯卷,增禄五百石。

长子镇,嗣封。二十三年,追坐朝兴胡惟庸党,降镇平坝卫指挥使。从征有功,进都指挥使。其后世袭卫指挥使。嘉靖元年,命立傅友德、梅思祖及朝兴庙于云南,额曰“报功”。

唐胜宗,濠人。太祖起兵,胜宗年十八,来归。从渡江,称功为中翼元帅。从徐达克常州,进围宁国,扼险力战,败其援兵,城遂降。从征婺州,克之。从征池州,力战,败陈友谅兵,擢龙骧卫指挥佥事。从征友谅,至安庆,敌固守,胜宗为陆兵疑之,出不意捣克其水寨。从下南昌,略定江西诸郡。援安丰,攻庐州,战鄱阳,邀击泾江口,皆有功,擢骠骑卫指挥同知。从定武昌,徇长沙、沅陵、沣阳。从徐达取江陵,还定淮东,穴城克安丰,追获元将忻,都为安丰卫指挥使,守之。从大将军伐中原,克汴梁、归德、许州,辄留守。从大军克延安,进都督府同知。

洪武三年冬,封延安侯,食禄千五百石,予世券。坐擅驰驿骑,夺爵。降指挥。捕代县反者,久之复爵。十四年,浙东山寇叶丁香等作乱,命总兵讨之,擒贼首并其党三千余人。分兵平安福贼,至临安,降元右丞兀卜台等。十五年,巡视陕西,督屯田,简军士。明年,镇辽东,奉敕勿通高丽。高丽使至,察其奸,表闻。赐敕褒美,比魏田豫却乌桓赂,称名臣。在镇七年,威信大著。召还,帅师讨平贵州蛮,练兵黄平。二十三年,坐胡惟庸党诛,爵除。

陆仲亨,濠人。归太祖,从征滁州,取大柳树诸寨。克和阳,击败元兵,逐青山群盗。从渡江,取太平,定集庆。从徐达下诸郡县,授左翼统军元帅。从征陈友谅,功多,进骠骑卫指挥使。从常遇春讨赣州,降熊天瑞,为赣州卫指挥使,节制岭南北新附诸郡。调兵克梅州、会昌、湘乡,悉平诸山寨。

洪武元年,帅卫军与廖永忠等征广东,略定诸郡县,会永忠于广州,降元将卢左丞。广东平。改美东卫指挥使,擢江西行省平章。代邓愈镇襄阳,改同知都督府事。

三年冬,封吉安侯,禄千五百石,予世券。与唐胜宗同坐事降指挥使,捕寇雁门,同复爵。十二年,与周德兴、黄彬等从汤和练兵临清。未几,即军中逮三人至京,既而释之。移镇成都,平巨津州叛蛮。乌撒诸蛮复叛,从傅友德讨平之。

二十三年,治胡惟庸逆党,家奴封帖木告仲亨与胜宗、费聚、赵庸皆与通谋,下吏讯。狱具,帝曰:"朕每怪其居贵位有忧色。"遂诛仲亨,籍其家。

初,仲亨年十七为乱兵所掠,父母兄弟俱亡,持一升麦伏草间。帝见之,呼曰:"来",遂从征伐,至封侯。帝尝曰:"此我初起时腹心股肱也。"竟诛死。

费聚,字子英,五河人。父德兴,以材勇为游徼卒。聚少习技击,太祖遇于濠,伟其貌,深相结纳。定远张家堡有民兵无所属,郭子兴欲招之,念无可使者,太祖力疾请行,偕聚骑而往,步卒九人俱。至宝公河,望其营甚整,弓弩皆外向。步卒惧,欲走,太祖曰:"彼以骑蹴我,走将安往?"遂前抵其营。招谕已定,约三日,太祖先归,留聚俟之。其帅欲他属,聚还报。太祖复偕聚以三百人往,计缚其帅,收卒三千人。豁鼻山有秦把头八百余人,聚复抬降之。遂从取灵壁,克泗、滁、和州。授承信校尉。

既定江东,克长兴,立永兴翼元帅府,以聚副耿炳文为元帅。张士诚入寇,击败之。召领宿卫。援安丰,两定江西,克武昌,皆从。改永兴翼元帅府为永兴亲军指挥司,仍副炳文为指挥同知。士诚复入寇,获其帅宋兴祖,再败之。士诚夺气,不敢复窥长兴。随征淮安、湖州、平江,皆有功,进指挥使。汤和讨方国珍,聚以舟师从海道邀击,浙东平。复由海道取福州,破延平。归次昌国,剿海寇叶、陈二姓于兰秀山,至是聚始独将。

洪武二年,会大军取西安,改西安卫指挥使,进都督府金事,镇守平凉。三年,封平凉侯,岁禄千五百石,予世券。时诸将在边屯田募伍,岁有常课。聚颇耽酒色,无所事事。又以招降无功,召还,切责之。明年,从傅友德征云南,大战白石江,擒达里麻。云南平,进取大理。未几,诸蛮复叛,命副安陆侯吴复为总兵,授以方略,分攻关索岭及阿咱等寨,悉下之,蛮地始定。置贵州都指挥使司,以聚署司事。十八年,命为总兵官,帅指挥丁忠等征广南,擒火立达,俘其众万人。还镇云南。二十三年召还。李善长败,语连聚。帝曰:"聚曩使姑苏不称旨,朕尝晋责,遂欲反耶!"竟坐党死,爵除。

子超,征方国珍没于阵。璇,以人材举,官江西参政。孙宏,从征云南,积功为右卫指挥使,坐奏对不实,戍金齿。

　　陆聚，不知何许人，元枢密院同知脱脱败芝麻李于徐州，彭大等奔濠，聚抚揖流亡，缮城保境，寇不敢犯。徐达经理江、淮，聚以徐、宿二州降。太祖尝诏谕："二州吾桑梓地，未忍加兵。"及归附，大悦，以聚为江南行省参政，仍守徐州。遣兵略定沛、鱼台、邳、萧、宿迁、睢宁。扩廓遣李左丞侵徐，驻陵子村。聚遣指挥傅友德击之，俘其众，擒李左丞。又败元兵于宿州，擒金院邢端等。从定山东，平汴梁。还镇，改山东行省参政。从平元都，略大同、保定、真定，攻克车子山及凤山、城山、铁山诸寨，分守井陉故关，会师陕西，克承天寨。聚所部皆淮北劲卒，虽燕、赵精骑不及也。北征，沂、邳山民乘间作乱，召聚还，讨平之。

　　洪武三年，封河南侯，岁禄九百石，予世券。八年，同卫国公愈屯田陕西，置卫戍守。十二年，同信国公和练兵临清。寻理福建军务。召还，赐第凤阳。二十三年，坐胡惟庸党死，爵除。

　　郑遇春，濠人。与兄遇霖俱以勇力闻。遇霖与里人有隙，欲杀之，遇春力护得解。众皆畏遇霖，而以遇春为贤。太祖下滁州，遇霖为先锋，取铁佛冈、三汊河、大柳等寨，遇春亦累功至总管。攻芜湖，遇霖战死，遇春领其众。时诸将所部不过千人，遇春兼两队，而所部尤骁果，累战功多，授左翼元帅。从平陈友谅，身先士卒，未尝自言功。太祖异之。取六安，为六安卫指挥佥事。从大将军定山东、河南。北克朔州，改朔州卫指挥副使。

　　洪武三年，进同知大都督府事，封荥阳侯，岁禄九百石，予世券。明年，命驻临濠，开行大都督府，坐累夺爵。寻复之，复守朔州。从傅友德平云南，帅杨文等经略城池屯堡。还京，督金吾诸卫，造海船百八十艘，运饷辽东，籍陕西岷州诸卫官马。二十三年，坐胡惟庸党死，爵除。

　　黄彬，江夏人。从欧普祥攻陷袁、吉属县，徐寿辉以普祥守袁州。及陈友谅杀寿辉，僭伪号，彬言于普祥曰："公与友谅比肩，奈何下之？友谅骄恣，非江东敌也，保境候东师，当不失富贵。”普祥遂遣使纳款。友谅遣弟友仁攻之，彬与普祥败其众，获友仁。友谅惧，约分界不相犯，乃释友仁。时江、楚诸郡皆为陈氏有，袁扼其要害，潭、岳、赣兵不得出，友谅势大蹶。太祖兵临之，遂弃江州，彬力也。

太祖至龙兴，令普祥仍守袁州，而以彬为江西行省参政。未几，普祥死，林领其众。普祥故残暴，彬尽反所为，民甚安之。从常遇春征赣州。饶鼎臣据吉安，为熊天瑞声援，遇春兵至，鼎臣走安福，彬以兵蹑之，鼎臣走茶陵，天瑞乃降。永新守将周安叛，彬从汤和执安，鼎臣亦毙。移镇袁州，招集诸山寨，江西悉定。进江、淮行省中书左丞。

洪武三年，封宜春侯，岁禄九百石，予世券。四年，赣州上犹山寇叛，讨平之。五年，古州等洞蛮叛，以邓愈为征南将军，三道出师，彬与营阳侯璟出沣州。师还，赐第中都。明年从徐达镇北平，出练兵沂州、临清。二十三年，坐胡惟庸党死，爵除。

叶昇，合肥人。左君弼据卢，昇自拔来归。以右翼元帅从征江州，以指挥佥事从取吴，以府军卫指挥使从定明州。洪武三年，论功佥大都督府事。明年，从征西将汤和以舟师取蜀。越二年，出为都指挥使，镇守西安，讨平庆阳叛寇。十二年，复佥大都督府事。西番叛，与都督王弼征之，降乞失迦，平其部落。复讨平延安伯颜帖木儿，擒洮州番酋。论功封靖宁侯，岁禄二千石，世指挥使。镇辽东，修海、益、复三城。在镇六年，边备修举，外寇不敢犯。发高丽赂遗，帝屡赐敕，与唐胜宗同褒。

二十年，命同普定侯陈桓总制诸军于云南定边、姚安，立营屯田，经理毕节卫。明年，东川、龙海诸蛮叛，昇以参将从沐英讨平之。已而，湖广安福所千户夏德忠诱九溪洞蛮为寇，昇同胡海等讨之。潜兵出贼后掩击，擒德忠，立永定、九溪二卫，因留屯襄阳。赣州山贼复结湖广峒蛮为寇，昇为副将军，同胡海等讨平之，俘获万七千人。昇凡三平叛蛮，再出练兵甘肃、河南。二十五年八月，坐交通胡惟庸事觉，诛死。凉国公蓝玉，升姻也，玉败，复连及升，以故名隶两党云。

　　赞曰：诸将当草昧之际，上观天命，委心明主，战胜攻取，克建殊勋，皆一时之智勇也。及海内宁谧，乃名隶党籍，或追论，或身坐，鲜有能自全者。圭裳之锡，固足酬功，而砺带之盟不克再世，亦可慨矣夫！

明史卷一三二

列传第二〇

朱亮祖　　周德兴　　王弼

蓝玉 曹震　张翼　张温　陈桓　朱寿　曹兴

谢成　李新

　　朱亮祖,六安人,元授义兵元帅。太祖克宁国,擒亮祖,喜其勇悍,赐金币,仍旧官。居数月,叛归于元,数与我兵战,为所获者六千余人,遂入宣城据之。太祖方取建康,未暇讨也。已,遣徐达等围之。亮祖突围战,常遇春被创而还,诸将莫敢前。太祖亲往督战,获之,缚以见。问曰:"尔将何如?"对曰:"生则尽力,死则死耳。"太祖壮而释之。累功授枢密院判。从下南昌、九江,战鄱阳湖,下武昌,进广信卫指挥使。李文忠破李伯升于新城,亮祖乘胜燔其营落数十,获同金元帅等六百余人,军士三千、马八百匹,辎重铠甲无算,伯升仅以数骑遁。太祖嘉其功,赐赉甚厚。胡深请会兵攻陈友定,亮祖由铅山进取浦城,克崇安、建阳,功最多。会攻桐庐、围余杭,迁浙江行省参政,副李文忠守杭州。帅马步舟师数万讨方国瑛,下天台,进攻台州。国瑛出走,追至黄岩。降其守将哈儿鲁,徇下仙居诸县。进兵温州。方明善拒战,击败之,克其城。徇下瑞安,复败明善于盘屿,追至楚门。国瑛及明善诣军降。

　　洪武元年副征南将军廖永忠由海道取广东。何真降,悉定其地。进取广西,克梧州,元尚书普贤帖木儿战死,遂定郁林、浔、贵诸郡。与平章杨璟会师，攻克靖江，同廖永忠克南宁、象州，广西平。班师，太子帅百官迎劳龙湾。三年封永嘉侯，食禄千五百石，予世券。四年伐蜀，帝以诸将久无功，命亮祖为征虏右副将军，济师至蜀，而明升已降。徇下未附州县。师还，以擅杀军校不预赏。八年，同傅友德镇北平，还又同李善长督理屯田，巡海道。十二年，出镇广东。

亮祖勇悍善战，而不知学，所为多不法，番禺知县道同以闻。亮祖诬奏同，同死，事见同传。帝寻悟，明年九月召亮祖至，与其子府军卫指挥使暹俱鞭死。御制圹志，仍以侯礼葬。二十三年追论亮祖胡惟庸党，次子昱亦坐诛。

周德兴，濠人。与太祖同里，少相得，从定滁、和。渡江累战，皆有功，迁左翼大元帅。从取金华、安庆、高邮，援安丰，征庐州，进指挥使。从讨赣州、安福、永新，拔吉安，再进湖广行省左丞。同杨璟讨广西，攻永州。元平章阿思兰及周文贵自全州来援，德兴再击败之，斩朱院判，追奔至全州，遂克之。道州、宁州、蓝山皆下。进克武冈州。分兵据险，绝靖江声援。广西平，功多。

洪武三年封江夏侯，岁禄千五百石，予世券。是岁慈利土酋覃垕连茅冈诸寨为乱，长沙洞苗俱煽动。太祖命德兴为征蛮将军，帅师讨平之。明年伐蜀，副汤和为征西左将军，克保宁。先是傅友德已克阶文，而和所帅舟师未进。及保宁下，两路军始合。蜀平，论功，帝以和功由德兴，赏德兴而面责和。且追数征蛮事，谓覃垕之役，杨璟不能克。赵庸中道返，功无与德兴比者。复副邓愈为征南左将军，帅赵庸、左君弼出南宁，平婪凤、安田诸州蛮，克泗城州，功复出诸将上。赏倍于大将，命署中立府，行大都督府事。德兴功既盛，且恃帝故人，营第宅逾制。有司列其罪，诏特宥之。

十三年，命理福建军务，旋召还。明年，五溪蛮乱，德兴已老，力请行，帝壮而遣之，赐手书曰：“赵充国图征西羌，马援请讨交址，朕常嘉其事，谓今人所难。卿忠勤不息，何忝前贤，靖乱安民，在此行也。”至五溪，蛮悉散走。会四川水尽源、通塔平诸洞作乱，仍命德兴讨平之。十八年，楚王桢讨思州五开蛮，复以德兴为副将军。

德兴在楚久，所用皆楚卒，威震蛮中。定武昌等十五卫，岁练军士四万四千八百人。决荆山狱山坝以溉田，岁增官租四千三百石。楚人德之。还乡，赐黄金二百两，白金二千两，文绮百匹。居无何，帝谓德兴：“福建功未竟，卿虽老，尚勉为朕行。”德兴至闽，按籍金练，得民兵十万余人。相视要害，筑城一十六，置巡司四十有五，防海之策始备。逾三年，归第，复令节制凤阳留守司，并训练属卫军士。诸勋臣存者，德兴年最高，岁时入朝，赐予不绝。二十五年八月，以其子骥乱宫，并坐诛死。

王弼，其先定远人，后徙临淮。善用双刀，号双刀王。初结乡里，依三台山树栅自保，逾年帅所部来归。太祖知其才，使备宿卫。破张士诚兵于湖州，取池州石埭，攻婺源州，斩守将铁木儿不花，拔其城，获甲三千。擢元帅。下兰溪、金华、诸暨，援池州，复太平，下龙兴、吉安。大战鄱阳，邀击陈友谅于泾江口。从平武昌，还克庐州，拔安丰，破襄阳、安陆。取淮东，砂旧馆，降士诚将朱暹，遂取湖州。迁骁骑右卫亲军指挥使。

进围平江，弼军盘门。士诚亲帅锐士突围，出西门搏战，将奔常遇春军。遇春分兵北濠截其后，而别遣兵与战。士诚军殊死斗，遇春拊弼臂曰：“军中皆称尔健将，能为我取此乎？”弼应曰：“诺。”驰骑挥双刀奋击，敌小却。遇春帅众乘之，吴兵大败，人马溺死沙盆潭者甚众。士诚马逸堕水，几不救，肩舆入城，自是不敢复出。吴平，赏赉甚厚。

从大军征中原，下山东，略定河南北，遂取元都。克山西，走扩廓，自河中渡河，克陕西，进征察罕脑儿，师还。洪武三年，授大都督府佥事，世袭指挥使。十一年副西平侯沐英征西番，降朵甘诸酋及洮州十八族，杀获甚众。论功，封定远侯，食禄二千石。十四年，从傅友德征云南，至大理，土酋段世扼龙尾关。弼以兵由洱水趋上关，与沐英兵夹击之，拔其城，擒段世，鹤庆、丽江诸郡以次悉平。加禄五百石，予世券。

二十年，以副将军从冯胜北伐，降纳哈出。明年，复以副将军从蓝玉出塞。深入不见敌，玉欲引还。弼持不可，玉从之。进至捕鱼儿海，以弼为前锋，直薄敌营，走元嗣主脱古思帖木儿，尽获其辎重，语在《玉传》。二十三年奉诏还乡。二十五年从冯胜、傅友德练军山西、河南。明年，同召还，先后赐死。爵除。弼子六人，女为楚王妃。

蓝玉，定远人。开平王常遇春妇弟也。初隶遇春帐下，临敌勇敢，所向皆捷。遇春数称于太祖，由管军镇抚积功至大都督府金事。洪武四年，从傅友德伐蜀，克绵州。五年，从徐达北征，先出雁门，败元兵于乱山，再败之于土剌河。七年，帅兵拔兴和，获其国公帖里密赤等五十九人。十一年，同西平侯沐英讨西番。擒其酋三副使，斩获千计。明年，师还，封永昌侯，食禄二千五百石，予世券。十四年，以征南右副将军从颍川侯傅友德征云南，擒元平章达里麻于曲靖，梁王走死。滇地悉平，玉功为多。益禄五百石，册其女为蜀王妃。

二十年，以征虏左副将军从大将军冯胜征纳哈出，次通州。闻元兵有屯庆州者，玉乘大雪，帅轻骑袭破之，杀平章果来，擒其子不兰溪还。会大军进至金山，纳哈出遣使诣大将军营纳款，玉往受降。纳哈出以数百骑至，玉大喜，饮以酒。纳哈出酌酒酬玉，玉解衣衣之，曰："请服此而饮。"纳哈出不肯服，玉亦不饮，争让久之。纳哈出覆酒于地，顾其下咄咄语，将脱去。郑国公常茂在坐，直前砍伤之，都督耿忠拥以见胜。其众惊溃，遣降将观童谕降之。还至亦迷河，悉降其余众。会冯胜有罪，收大将军印，命玉行总兵官事。寻即军中拜玉为大将军，移屯苏州。

时顺帝孙脱古思帖木儿嗣立，扰塞上。二十一年三月命玉帅师十五万征之。出大宁，至庆州，谍知元主在捕鱼儿海，间道兼程进至百眼井。去海四十里，不见敌，欲引还。定远侯王弼曰："吾辈提十余万众，深入漠北，无所得，遽班师，何以复命？"玉曰："然。"令军士穴地而爨，毋见烟火，乘夜至海南。敌营尚至海南。敌营尚在海东北八十余里。玉令弼为前锋，疾驰薄其营。敌谓我军乏水草，不能深入，不设备。又大风扬沙，昼晦。军行，敌无所觉。猝至前，大惊，迎战，败之。杀太尉蛮子等，降其众。元主与太子天保奴数十骑遁去。玉以精骑追之，不及。获其次子地保奴、妃公主以下百余人。又追获吴王朵儿只、代王达里麻及平章以下官属三千人，男女七万七千余人。并宝玺符敕金牌金银印诸物、马驼牛羊十五万余，焚其甲仗蓄积无算。奏捷京师，帝大喜，赐敕褒劳，比之卫青、李靖。又破哈敕章营，获人畜六万。师还，进凉国公。

明年，命督修四川城池。二十三年，施南、忠建二宣抚司蛮叛，命玉讨平之。又平都匀安抚司散毛诸洞，益禄五百石，召还乡。二十四年，命玉理兰州、庄浪等七卫兵，以追逃寇祁者孙，遂略西番罕东之地。土酋哈咎等遁去。会建昌指挥使月鲁帖木儿叛，诏移兵讨之。至则都指挥瞿能等已大破其众，月鲁走柏兴州，玉遣百户毛海诱缚其父子，送京师诛之，而尽降其众，因请增置屯卫，报可。复请籍民为兵，讨朵甘、百夷。诏不许，遂班师。

玉长身赤面，饶勇略，有大将才。中山、开平既没，数总大军，多立功。太祖遇之厚。浸骄蹇自恣，多蓄庄奴、假子，乘势暴横。尝佔东昌民田，御史按问。玉怒，逐御史。北征还，夜扣喜峰关。关吏不时纳，纵兵毁关入。帝闻之不乐。又人言其私元主妃，妃惭自经死，帝切责玉。初，帝欲封玉梁国公，以过改为凉，仍镌其过于券。玉犹不悛，侍宴语傲慢，在军擅黜陟将校，进止自专，帝数谯让。西征还，命为太子太傅。玉不乐居宋、颍两公下，曰："我不堪太师耶！"比奏事多不听，益怏怏。

二十六年二月，锦衣卫指挥蒋瓛告玉谋反，下吏鞫讯。狱辞云："玉同景川侯曹震、鹤庆侯张翼、舳舻侯朱寿、东莞伯何荣及吏部尚书詹徽、户部侍郎傅友文等谋为变，将伺帝出耤田举事。"狱具，族诛之。列侯以下坐党夷灭者不可胜数。手诏布告天下，条列爰书为《逆臣禄》。至九月，乃下诏曰："蓝贼为乱，谋泄，族诛者万五千人。

自今胡党、蓝党概赦不问。"胡谓丞相惟庸也。于是元功宿将相继尽矣。凡列名《逆臣禄》者,一公、十三侯、二伯。叶升前坐事诛,胡玉等诸小侯皆别见。其曹震、张翼、张温、陈桓、朱寿、曹兴六侯附著左方。

曹震,濠人。从太祖起兵,累官指挥使。洪武十二年,以征西番功封景川侯,禄二千石。从蓝玉征云南,分道取临安诸路,至威楚,降元平章阎乃马歹等。云南平,因请讨容美、散毛诸洞蛮及西番朵甘、思曩日诸族。诏不许。又请以贵州、四川二都司所易番马,分给陕西、河南将士。又言:"四川至建昌驿,道经大渡河,往来者多死瘴疠。询父老,自眉州峨眉至建昌有古驿道,平易无瘴毒,已令军民修治。请以泸州至建昌驿马,移置峨眉新驿。"从之。二十一年与靖宁侯叶升分道讨平东川叛蛮,俘获五千余人。寻复命理四川军务,同蓝玉核征南军士。

会永宁宣慰司言,所辖地有百九十滩,其八十余滩道梗不利,诏震疏治之。震至泸州按视,有支河通永宁,乃凿石削崖令深广,以通漕运。又辟陆路,作驿舍邮亭,贺桥立栈,自茂州,一道至松潘,一道至贵州,以达保宁。先是行人许穆言:"松州地硗瘠,不宜屯种,戍卒三千,粮运不给,请移戍茂州,俾就近屯田。"帝以松州控制西番,不可动。至是运道既通,松潘遂为重镇,帝嘉其劳。逾年复奏四事。一、请于云南大宁境就井煮盐,募商输粟以赡边。一、令商入粟云南建昌,给以重庆、綦江市马之引。一、请蠲马湖逋租。一、施州卫军储仰给湖广,溯江险远,请以重庆粟顺流输之。皆报可。

震在蜀久,诸所规画,并极周详。蜀人德之。蓝玉败,谓与震及朱寿诱指挥庄成等谋不轨。论逆党,以震为首,并其子炳诛之。

张翼,临淮人。父聚,以前翼元帅从平江南、淮东,积功为大同卫指挥同知,致仕。翼随父军中,骁勇善战,以副千户嗣父职。从征陕西,擒叛寇。擢都指挥佥事,进金都督府事。从蓝玉征云南,克普定、曲靖,取鹤庆、丽江,剿七百房山寨,捣剑川,击石门。十七年论功封鹤庆侯,禄二千五百石,予世券。二十六年,坐玉党死。

张温,不详何许人。从太祖渡江,授千户,积功至天策卫指挥佥事。从大军收中原,克陕西,攻下兰州守之。元将扩廓侦大将军南还,自甘肃帅步骑奄至。诸将请固守以待援。温曰:"彼远来,未知我虚实,乘暮击之,可挫其锐。倘彼不退。固守未为晚也。"于是整兵出战,元兵少却。已而围城数重,温敛兵固守,敌攻不能下,乃引去。太祖称为奇功,擢大都督府佥事。已又命兼陕西行都督府佥事。

当兰州之受围也,元兵乘夜梯城而登。千户郭祐被酒卧,他将巡城者击退之。围既解,温将斩祐,天策卫知事朱有闻争曰:"当贼犯城时,将军斩祐以令众,军法也。贼既退,始追戮之,无及于事,且有擅杀名。"温谢曰:"非君不闻是言。"遂杖祐释之。帝闻而两善焉,并赏有闻绮帛。

其明年,以参将从傅友德伐蜀,功多。十一年,以副将会王弼等讨西羌。明年,论功封会宁侯,禄二千石。又明年命往理河南军务。十四年,从傅友德征云南。二十年秋,帅师讨纳哈出余众,从北伐,皆有功。后以居室器用僭上,获罪,遂坐玉党死。

陈桓,濠人。从克滁、和。渡江,克集庆先登。从取宁国、金华,战龙江、彭蠡,收淮东、浙西,平中原。累功授都督佥事。洪武四年,从伐蜀。十四年,从征云南,与胡海、郭英帅兵五万,由永宁趋乌撒。道险隘,自赤河进师,与乌撒诸蛮大战,败走之。再破芒部土酋,走元右丞实卜,遂城乌撒,降东川乌蒙诸蛮,进克大理,略定汝宁、靖宁诸州邑。十七年封普定侯,禄二千五百石,予世券。二十年,同靖宁侯叶升征东川,俘获甚众。就令总制云南诸军。再平九溪洞蛮。立营堡,屯田。还,坐玉党死。

朱寿,未详何许人。以万户从渡江,下江东郡邑,进总管。收常、婺,克武昌,平苏、湖,转战南北,积功为横海卫指挥,进都督佥事。与张赫督漕运,有功。洪武二十年,封舳舻侯,禄二千石,予世券。坐玉党死。

曹兴,一名兴才,未详何许人。从平武昌,授指挥佥事。取平江,进指挥使。克苏九畴炭山寨。进都督佥事,兼太原卫指挥。进山西行省参政,领卫事,为晋王相。洪武十一年,从沐英讨洮州羌,降朵甘酋,擒三副使等。师还,封怀远侯,世袭指挥使。理军务山西,从北征有功。后数年,坐玉党死。

同时以党连坐者,都督则有黄辂、汤泉、马俊、王诚、聂纬、王铭、许亮、谢熊、汪信、萧用、杨春、张政、祝哲、陶文、茆鼎凡十余人,多玉部下偏裨。于是勇力武健之士芟夷略尽,罕有存者。

谢成,濠人。从克滁、和。渡江,定集庆,授总管。克宁国、婺州,进管军千户。战鄱阳,平武昌,下苏、胡,进指挥佥事。从大军征中原,克元都,攻庆阳,捣定西,为都督佥事、晋王府相,从沐英征朵甘,降乞失迦,平洮州十八族。洪武十二年,封永平侯,禄二千石,世指挥使。二十年,同张温追讨纳哈出余众,召还。二十七年,坐事死,没其田宅。

李新,濠州人。从渡江,数立功。战龙湾,授管军副千户。取江陵,进龙骧卫正千户。克平江,迁神武卫指挥佥事,调守茶陵卫,屡迁至中军都督府佥事。十五年,以营孝陵,封崇山侯,岁禄千五百石。二十二年,命改建帝王庙于鸡鸣山。新有心计,将作官吏视成画而已。明年遣还乡,颁赐金帛田宅。

时诸勋贵稍僭肆,帝颇嫉之,以党事缘坐者众。新首建言,公、侯家人及仪从户各有常数,余者宜归有司。帝是之,悉发凤阳隶籍为民,命礼部纂《稽制录》,严公侯奢侈逾越之禁。于是武定侯英还佃户输税,信国公和还仪从户,曹国公景隆还庄田,皆自新发之。二十六年，督有司开胭脂河于溧水，西达大江，东通两浙，以济漕运。河成，民甚便之。二十八年，以事诛。

赞曰：治天下不可以无法，而草昧之时法尚疏，承平之日法渐密，固事势使然。论者每致慨于鸟尽弓藏，谓出于英主之猜谋。殊非通达治体之言也。夫当天下大定，势如磐石之安，指麾万里，奔走恐后，复何所疑忌而芟薙之不遗余力哉？亦以介胄之士桀骜难驯，乘其锋锐，皆能竖尺寸于疆埸，迨身处富贵，志满气溢，近之则以骄恣启危机，远之则以怨望捍文网。人主不能废法而曲全之，亦出于不得已，而非以剪除为私计也。亮祖以下诸人既昧明哲保身之几，又违制节谨度之道，骈首就戮，亦其自取焉尔。

明史卷一三三
列传第二一

廖永安　俞通海 弟通源 渊

胡大海 养子德济 栾凤　耿再成

张德胜 汪兴祖　赵德胜

南昌康郎山两庙忠臣附　桑世杰 刘成

茅成 杨国兴　胡深　孙兴祖

曹良臣 周显 常荣 张耀　濮英
于光等

　　廖永安,字彦敬,德庆侯永忠兄也。太祖初起,永安兄弟偕俞通
海等以舟师自巢湖来归。太祖亲往收其军,遂以舟师攻元中丞蛮子
海牙于马场河。元人驾楼船,不利进退,而永安辈操舟若飞,再战再
破元兵,始定渡江策,顷之,发江口。永字举帆,请所向,命直指牛
渚。西北风方骤,顷刻达岸。太祖急挥甲士鼓勇以登,采石镇兵皆
溃,遂乘胜取太平。授管军总管。以舟师破海牙水栅,擒陈兆先,入
集庆。擢建康翼统军元帅。

　　以舟师从取镇江,克常州,擢同佥江南行枢密院事。又以舟师
同常遇春自铜陵趋池州,合攻,破其北门,执徐寿辉守将,遂克池
州。偕俞通海拔江阴之石牌戍,降张士诚守将栾瑞,擢同知枢密院

事。又以舟师破士诚兵于常熟之福山港,再破之通州之狼山,获其战舰以归。遂从徐达复宜兴,乘胜深入太湖。遇吴将吕珍,与战,后军不继,舟胶浅,被执。永字长水战,所至辄有功。士诚爱其才勇,欲降之,不可,为所囚。太祖壮永安不屈,遥授行省平章政事,封楚国公。永安被囚凡八年,竟死于吴。吴平,丧还,太祖迎祭于郊。

洪武六年,帝念天下大定,诸功臣如永安及俞通海、张德胜、耿再成、胡大海、赵德胜、桑世杰皆已前没,犹未有谥号,乃下礼部定议。议曰:“有元失驭,四海糜沸。英杰之士,或起义旅,或保一方,泯泯棼棼,莫知所属。真人奋兴,不期自至,龙行而云,虎啸而风。若楚国公臣永安等,皆熊罴之士,膂力之才,非陷坚没阵,即罹变捐躯,义与忠俱,名耀天壤。陛下混一天下,追维旧劳,爵禄及子孙,佥尝著祀典,易名定谥,于礼为宜。臣谨按谥法,以赴敌逢难,谥臣永安武闵;杀身克戎,谥臣通海忠烈;奉上致果,谥臣张德胜忠毅;胜敌致强,谥臣大海武庄;辟土斥境,武而不遂,谥臣再成武壮;折冲御侮,壮而有力,谥臣赵德胜武桓。臣世杰,业封永义侯,与汉世祖封寇恂、景丹相类,当即以为谥。”诏曰:“可。”九年,皆加赠开国辅运推诚宣力武臣、光禄大夫、柱国。已,又改封永安郧国公。无子,授其从子升为指挥佥事。

俞通海,字碧泉,其先濠人也。父廷玉徙巢,子三人:通海、通源、渊。元末,盗起汝、颍。廷玉父子与赵普胜、廖永安等结寨巢湖,有水军千艘,数为庐州左君弼所窘,遣通海间道归太祖。太祖方驻师和阳,谋渡江,无舟楫。通海至,大喜曰:“天赞我也。”亲往拔其军,而赵普胜叛去。元兵以楼船扼马场河等口,濒湖惟一港可通。亦久涸。会天大雨。水深丈余,乃引舟出江,至和阳。

通海为人沉毅,治军严而有恩,士乐为用。巢湖诸将皆长于水战,而通海为最。从破海牙诸水寨,授万户。从渡江,克采石,取太平,徇下诸属县。海牙复以战舰截采石,而陈兆先合淮兵二十万屯方山,相犄角。通海与廖永安等击之,大败其众,海牙遁。进破兆先,取集庆路。从汤和拔镇江，迁秦淮翼元帅。偕诸将取丹阳、金坛、常州，迁行枢密院判官。从克宁国，下水阳，因以舟师略太湖，降张士诚守将于马迹山，舣舟胥口。吕珍兵暴至，诸将欲退。通海曰："不可，彼众我寡，退则情见，不如击之。"乃身先疾斗，矢下如雨，中右目，不能战，命帐下士被已甲督战。敌以为通海也，不敢逼，徐解去。由是一目遂眇。已，偕永安等克石牌戍，夺马驮沙而还。普胜既判归永谅，陷池州，遣别将守。而自据枞阳水寨。太祖方征浙东，以枞阳为忧。通海往攻，大破之。普胜陆走，尽获其舟，遂复池州。迁金枢密院事。陈友谅犯龙湾，偕诸将击走之，追焚其舟于慈湖，擒七帅，逐北至采石。功最，进枢密院同知。

从攻友谅，下铜陵，克九江，掠蕲、黄。从徐达击叛将祝宗、康泰，复南昌。从援安丰，败士诚兵，还攻庐州。友谅大举围南昌，从太祖击之。遇于康郎山，舟小不能仰攻，力战几不支。通海乘风纵火焚其舟二十余，敌少挫。太祖舟胶，友谅骁将张定边直前犯太祖舟。常遇春射中定边，通海飞舸来援。舟骤进水涌，太祖舟得脱。而通海舟复为敌巨舰所压，兵皆以头抵舰，兜鍪尽裂，仅免。明日复战，偕廖永忠等以七舟置火药，焚敌舟数百。逾二日，复以六舟深入。敌连大舰力拒。太祖登舵楼望，久之无所见，意已没。有顷，六舟绕敌舰出，飘摇若游龙，军士欢噪，勇气百倍，战益力。友谅兵大败。师次左蠡，通海进曰："湖有浅，舟能回旋。莫若入江，据敌上流。彼舟入，即成擒矣。"遂移师出湖，水陆结栅。友谅不敢出，居湖中一月，食尽，引兵突走，竟败死。是役也，通海功最多。师还，赐良田金帛。

明年从平武昌。拜中书省平章政事。总兵略刘家港，进逼通州，败士诚兵，擒其将朱琼、陈胜。进摄江淮行中书省事，镇庐州。从徐达平安丰。又从克湖州，略太仓，秋毫不犯，民大悦。围平江，战灭渡桥，捣桃花坞，中流矢，创甚，归金陵。太祖幸其第，问曰："平章知予来问疾乎？"通海不能语，太祖挥涕而出。翼日卒，年三十八。太祖临哭甚哀，从官卫士皆感涕。追封豫国公，侑享太庙，肖像功臣

庙。洪武三年,改封虢国公,谥忠烈。通海父廷玉,官金枢密院事,
先卒,追封河间郡公。通海无子,弟通源嗣其官。

通源,字百川。从大将军征中原,偕副将军冯胜等会兵太原,定
河中,渡河,克鹿台。取凤翔、巩昌、泾州,守开城。会张良臣据庆阳
再叛,大将军命诸将分兵蹙之。通源自临洮疾趋至泾,略其西,顾时
略其北,傅友德略其东,陈德略其南,大将军逼城下。良臣援绝粮
尽,败死,遂克庆阳。征定西,克兴元,皆先登。洪武三年,封南安侯,
岁禄千五百石,予世券。四年,从廖永忠伐蜀,又从徐达出塞,抚甘
肃,有功。徙江南豪民十四万田凤阳。又攻云南,征广南蛮,俘斩数
万。二十二年诏还乡,赐钞五万,置第于巢,未行卒。子祖,病不能
嗣。逾年,追论胡党,以通源死不问,爵除。

渊以父兄故,充参侍舍人。从征积功,授都督佥事。通源既坐
党,太祖念廷玉、通海功。二十五年封渊越巂侯,岁禄二千五百石,
予世券。帅师讨建昌叛贼,城越巂。明年,坐累失侯,遣还里。建文
元年,召复爵。随大军征燕,战没于白沟河。次子靖嗣官。

胡大海,字通甫,虹人。长身铁面,智力过人。太祖初起,大海
走谒滁阳,命为前锋。从渡江,与诸将略地,以功授右翼统军元帅,
宿卫帐下。从破宁国,副院判邓愈戍之,遂拔徽州,略定其境内。元
将杨完者以十万众来攻,大海战城下,大破走之。遂与邓愈、李文忠
自昱岭关攻建德。败元师于淳安,遂克建德。再败杨完者,降溪洞
兵三万人。进枢密院判官,克兰溪,从取婺州,迁金枢密院事。

下诸暨,守将宵遁,万户沈胜既降复判。大海击败之,生擒四千
余人。改诸暨为诸全州。移兵攻绍兴,再破张士诚兵。太祖以宁、
越重地,召大海使守之。士诚将吕珍围诸全,大海救之。珍堰水灌
城,大海夺堰反灌珍营。珍势蹙,于马上折矢誓,请各解兵。许之。
郎中王恺曰:"珍猾贼不可信,不如因击之。"大海曰:"言出而背之,

不信。既纵而击之,不武。"师还,人皆服其威信。寻攻处州,走元将石抹宜孙,遂定处州七邑。

陈友谅寇龙江,命分军捣信州以牵制敌。大海用王恺言,亲引兵往,遂克信州,以为广信府。信方绝粮,或劝还师。大海曰:"此闽、楚襟喉地也,可弃之乎?"筑城浚隍以守之。先是,军粮少,所得郡县,将士皆征粮于民,名曰寨粮,民甚病之。大海以为言,始命罢去。进江南行省参知政事,镇金华。

初,严州既下,苗将蒋英、刘震、李福皆自桐庐来归。大海喜其骁勇,留置麾下。至是,三人者谋作乱,晨入分省署,请大海观弩于八咏楼。大海出,英遣其党跪马前,诈诉英过。大海未及答,反顾英。英出袖中槌击大海,中脑仆地,并其子关住、郎中王恺皆遇害。英等大掠城中,奔于吴。其后李文忠攻杭州,杭人执英以降。太祖命诛英,刺其血以祭大海。

大海善用兵,每自诵曰:"吾武人不知书,惟知三事而已:不杀人,不掠妇女,不焚毁庐舍。"以是军行远近争附。及死,闻者无不流涕。又好士,所至辄访求豪隽。刘基、宋濂、叶琛、章溢之见聘也,大海实荐之。追封越国公,谥武庄,肖像功臣庙,配享太庙。初,太祖克婺州,禁酿酒,大海子首犯之。太祖怒,欲行法。时大海方征越,都事王恺请勿诛,以字大海心。太祖曰:"宁可使大海叛我,不可使我法不行。"竟手刃之。及关住复被杀,大海遂无后。

养子德济,字世美,不知何许人,大海帅以归太祖。从攻婺州,为诱兵,大契元兵于梅花门外,擒其将季弥章,由是知名。既下信州,太祖以德济为行枢密院同金,使守之。陈友谅将李明道来寇,德济与力战。大海来援,夹击之,擒明道及其宣慰王汉二。及大海为蒋英所害,处州降将李祐之亦杀院判耿再成以叛。张士诚闻浙东乱,遣其弟士信寇诸全。德济自信州往救,乘懈得入城,与知州栾凤、院判谢再兴分门守。夜半,出敌不意,砍士信营,破走之。擢浙江行省参知政事,移守新城。士诚将李伯升帅步骑大入寇。德济固守,乞师于李文忠。文忠驰救,德济出兵夹击,大破之,详《文忠传》。

时德济所部有潜移家入新城者,文忠疑德济使然,诛其都事罗彦敬,欲微戒德济。将士皆怒,走告德济。德济怡然曰:"右丞杀彦敬,自为广信作战衣有弊耳,再言者斩。"于是太祖召德济褒谕之,而责文忠失将士心,且曰:"胡德济之量,汝不及也。"擢浙江行省右丞,赐骏马。未几,改左丞,移镇杭州。从大将军徐达出定西。德济军失利,达斩其部将数人,械至京师。帝念旧功。释之。复以为都指挥使,镇陕西,卒。

栾凤,高邮人。知诸全,有能声。方士信来攻,与谢再兴力守,数出奇兵挫敌。再兴使部校鬻货于杭,太祖虑其输我军虚实,召再兴还,而以参军李梦庚总制诸全军马。既而念再兴功。为兄子文正娶其长女,命徐达娶其幼女,复遣守诸全。再兴忿梦庚出己上,凤复以细故绳之,遂叛,杀凤。凤妻王氏以身蔽凤,并杀之。执梦庚降于士诚,梦庚亦死之。太祖以再兴数有功,叛非其志,故凤与梦庚皆不得恤云。

耿再成,字德甫,五河人。从太祖于濠,克泗、滁州。元兵围六合。太祖救之,与再成军瓦梁垒,力战,度不敌,引还。元兵尾至,太祖设伏涧侧,令再成诱敌,大败之。以镇抚从渡江,下集庆。以元帅守镇江,以行枢密院判官守长兴,再守扬州。从取金华,为前锋,屯缙云之黄龙山以遏敌冲。与胡大海破石抹宜孙于处州,克其城,守之。宜孙来攻,又败之庆元。

再成持军严。士卒出入民间,蔬果无所捐。金华苗帅蒋英等叛,杀胡大海。处州苗帅李祐之等闻之,亦作乱。再成方对客饭,闻变上马,收战卒不满二十人,迎贼骂曰:"贼奴!国家何负汝,乃反。"贼攒槊刺再成。再成挥剑连断数槊,中伤坠马,大骂不绝口,死。胡深等收其尸,藁葬之。后改葬金陵聚宝山,追封高阳郡公,侑享太庙,肖像功臣庙。洪武三年,加赠泗国公,谥武壮。

子天璧,闻父难,纠部曲杀贼。比至,李文忠已破贼斩之。遂以天璧守处州,拒方国珍、张士诚皆有功,擢指挥副使。克浦城,捣建宁,走陈友定,征襄阳,进至西安,招谕河州、临洮,皆下。改杭州指挥同知。七年,出海捕倭,深入外洋,溺死。

张德胜,字仕辅,合肥人。才略雄迈。与俞通海等以舟师自巢来归。从渡江,克采石、太平。陈野先来攻,与汤和等破擒之,授太平兴国翼总管。破蛮子海牙水寨,擒陈兆先。下集庆,克镇江,授秦淮翼元帅。取常州,擢枢密院判。克宁国,收长枪兵。下太湖,略马迹山。攻宜兴,取马驮沙及石牌寨。进金枢密院事。赵普胜陷池州,德胜往援,弗及,还从徐达拔宜兴。普胜复掠青阳、石埭。德胜与战栅江口,破走之。已,复同通海击败其众,遂复池州。引兵自无为趋浮山,走普胜将胡总管。追败之青山,遂北至潜山。陈友谅将郭泰逆战沙河,破斩之,遂克潜山。友谅犯龙江,德胜总舟师迎战,杀伤相当。德胜大呼,麾诸将奋击。友谅军披靡,遂大败。与诸将追及之慈湖,纵火焚其舟。至采石,大战,没于阵。追封蔡国公,谥忠毅,肖像功臣庙,侑享太庙。子宣幼,养子兴祖嗣职。

兴祖,巢人。本汪姓。既嗣职,从破安庆,克江州,拔蕲、黄,取南昌。从援安丰,大败张士诚兵。鄱阳之战,与廖永忠等以六舟深入,又邀击友谅于泾江口,功最,擢湖广行省参政。从平武昌,遂克庐州,略地至通州而还。进大都督府佥事。从徐达取淮东,下浙西。进同知大都督府事。大军北征,别将卫军由徐州克沂、青、东平,乘胜至东阿,降元参政陈璧及所部五万余人。孔子五十六世孙衍圣公希学帅曲阜知县希举、邹县主簿孟思谅等迎谒于军门,兴祖礼之。兖东州县闻风皆下,遂取济宁、济南。

洪武元年,以都督兼右率府使,从攻乐安,克汴梁、河、洛,还守济宁。与大将军会师德州,帅舟师并河进,遂克元都。徇下永平,西取大同,将三卫卒守之。再败元兵,斩获无算。时德胜子宣已长,命为宣武卫指挥同知。而兴祖复姓为汪。三年，进克武、朔二州，获元知院马广等。帅兵至大同北口，大败元兵，获扩廓弟金刚奴等四百余人。未几，命为晋王武傅兼山西行都督府佥事。四年，从前将军傅友德合兵伐蜀，克阶、文，胜至五里关，中飞石死。蜀平，诏都督兴祖殁于王事，优赏其子，追封东胜侯，予世券。兴祖子幼，命与宣同居，以疾卒，爵除。

赵德胜，濠人。为元义兵长，善马槊，每战先登。隶王忙哥麾下，察其必败，太祖取滁阳，德胜母在军中，乃弃其妻来从。太祖喜，赐之名，为帐前先锋。从取铁佛冈，攻三汊河，破张家寨，克全椒、后河诸寨。援六合，中流矢，几殆。击鸡笼山，捣乌江，下和州、含山，夜袭陈野先营，拔板门、铁长官二寨，遂取仪真。授总管府先锋。从渡江，下太平，克芜湖、句容、溧水、溧阳，皆有功。从常遇春败蛮子海牙于采石，破陈兆先营于方山，下集庆，功最。从徐达取镇江，破苗军水寨。下丹阳、金坛，平宁国。转领军先锋。取广德，破张士诚水寨。复从遇春攻常州，解牛塘围，复广德、宁国。取江阴，攻常熟，擒张士德。从攻湖州。宜兴叛，还兵定之。擢中翼左副元帅。陈友谅犯龙江。龙江第一关曰虎口城，太祖以属德胜。友谅至，力战。伏兵起，友谅大败，遂复太平。下铜陵临山寨，略黄山桥及马驮沙，征高邮有功。进后翼统军元帅。

从太祖西征，破安庆水寨，乘风溯小孤山。距九江五里，友谅始知，仓皇遁去。遂克九江，徇黄梅、广济，克瑞昌、临江、吉安，还下安庆，进克抚州，取新淦。讨南昌叛将，复其城，炮伤肩。授金江南行枢密院事。与朱文正、邓愈共守南昌。平罗友贤于池州，破友谅将于西山，复临江、吉安、抚州。未几，友谅大举兵围南昌，德胜帅所部数千背城逆战，射杀其将，敌大沮。明日复合，环城数匝。友谅亲督战，昼夜攻城且坏。德胜帅诸将死战，且战且筑，城坏复完。暮坐城门楼，指挥士卒，弩中腰膂，镞入六寸，拔出之，叹曰："吾自壮岁从军。伤矢石屡矣，无重此者，丈夫死不恨，恨不能扫清中原耳。"言毕而绝,年三十九,追封梁国公,谥武桓,列祀功臣庙,配享太庙。

德胜刚直沉鸷,驭下严肃。未尝读书,临机应变,动合古法。平居笃孝友如修士。

友谅围南昌八十五日,先后战死者凡十四人。

张子明者,领兵千户也。洪都围久,内外隔绝,朱文正遣子明告急于应天。以东湖小渔舟从水关潜出,夜行昼止,半月始得达。太祖问友谅兵势?对曰:“兵虽盛,战斗死者不少。今江水日涸,贼巨舰将不利,援至可破也。”太祖谓子明:“归语而帅,坚守一月,吾自取之。”还至湖口,为友谅所获,令诱城中降,子明佯诺。至城下,大呼:“我张大舍。已见主上,令诸公坚守,救且至。”贼怒,攒槊杀之。追封忠节侯。

友谅攻抚州,枢密院判李继先乘城战死;左翼元帅牛海龙突围死;左副元帅赵国旺引兵烧战舰,敌追至,投桥下死;百户徐明跃马出射贼,贼知明名,并力攻,被执死;军士张德山夜半潜出城,焚贼舟,贼觉,死;夏茂成守城楼,中飞炮死;右翼元帅同知朱潜、统军元帅许珪俱战死。蒋必胜陷吉安,参政刘齐、知府朱文华被执,不屈死。赵天麟守临江,友谅攻之,城陷不屈死。祝宗、康泰叛,陷洪都,知府叶琛与行省都事万思诚迎战,皆死。事平,皆赠爵侯伯以下有差。立忠臣庙于豫章,并祠十四人,以德胜为首。而康郎山战死者三十五人,首丁普郎。

普郎,初为陈友谅将,守小孤山,偕傅友德来降,授行枢密院同知,数有功。及援南昌,大战鄱阳湖,自辰至午,普郎身被十余创,首脱犹直立,执兵作斗状,敌惊为神。时七月己丑也。追赠济阳郡公。

张志雄亦友谅将,素骁勇,号长张。从赵普胜守安应。友谅杀普胜,志雄怨来降,为枢密院判。至是舟樯折,敌攒刺之,知不能脱,遂自刎。

元帅余昶、右元帅陈弼、徐公辅,皆以其日战没。先一日,左副指挥韩成，元帅宋贵、陈兆先战没。兆先者，野先从子，既被擒，太祖以其兵备宿卫。感帝大度，效死力，至是战死。韩成子观至都督，别有传。越四日，辛卯，复大战，副元帅昌文贵、左元帅李信、王胜、刘义死。八月壬戌，扼敌泾江口，同知元帅李志高、副使王咬住亦战死。其他偏裨死事者，千户姜润、王凤显、石明、王德、朱鼎、王清、常德胜、袁华、陈冲、王喜仙、汪泽、丁宇、史德胜、裴轸、王理、王仁、镇抚常惟德、郑兴、逯德山、罗世荣、曹信。凡赠公一人、侯十二人、伯二人、子十五人、男六人，肖像康郎山忠臣庙，有司岁致祭。

又程国胜者，徽人。以义兵元帅来归，败杨完者，累功至万户，守南昌。与牛海龙夜劫友谅营。海龙中流矢死，国胜泅水得脱，抵金陵。从太祖战鄱阳。张定边直前犯太祖舟。国胜与韩成、陈兆先驾舸左右奋击。太祖舟脱，国胜等绕出敌舰后，援绝力战死。而南昌城中谓国胜已前死，故豫章、康山两庙俱得预祀云。

桑世杰，无为人，亦自巢湖来归。赵普胜有异志，世杰发其谋，普胜逸去。从渡江，以舟师破元水军。授秦淮翼元帅。下镇江，徇金坛、丹阳，攻宁国长枪诸军。克水阳，平常州。判行枢密院事。略地江阴、宜兴。

初，石牌民朱定贩盐无赖，与富民赵氏有隙，遂告变，灭赵氏，授江阴判官。寻复为盗，元遣兵捕之。定闻张士诚据高邮，乃导士诚由通州渡江，遂陷平江，以定为参政，而遣元帅栾瑞戍石牌。及大兵既取江阴，瑞尚据石牌，导舟师往来。太祖命永安及世杰击之，世杰力战死，瑞亦降，张氏窥江路绝。太祖念其功，赠安远大将军、轻车都尉、永义侯，侑享太庙。

子敬以父死事，累官都督府佥事。洪武二十三年，封徽先伯，岁禄千七百石，予世券。明年同徐辉祖等防边，寻令屯军平阳，坐蓝玉党死。

又刘成者，灵璧人。以统兵总管从耿炳文定长兴。为永兴翼左副元帅,数佐炳文败士诚兵。李伯升以十万众来攻,城中兵仅七千。太祖遣兵援之,未至,炳文婴城守。成引数十骑出西门,击败伯升兵,擒其将宋元帅,转至东门。敌悉兵围之,遂战死。赠怀远将军,立庙长兴。

茅成,定远人。自和州从军,隶常遇春麾下,克太平,始授万户。从定常州、宁国,进总管。克衢州,授副元帅。守金华,改太平兴国翼元帅。从克安庆,援安丰,战鄱阳,克武昌,授武德卫千户。寻进指挥副使。取赣州、安陆、襄阳、泰州,皆有功。从徐达攻平江,焚张士诚战船,筑长围困之。达攻娄门,士诚出兵战,成击败之,突至外郛,中矢死。赠东海郡公,祀功臣庙。

同时死者,有杨国兴,亦定远人,以右翼元帅守宜兴。初,常州人陈保二聚众号“黄包军”,既降复叛,诱执詹、李二将,国兴执斩之。授神武卫指挥使。至是攻阊门战死,以其子益袭指挥使。

胡深,字仲渊,处州龙泉人。颖异有智略,通经史百家之学。元末兵乱,叹曰:“浙东地气尽白,祸将及矣。”乃集里中子弟自保。石抹宜孙以万户镇处州,辟参军事,募兵数千,收捕诸山寇。温州韩虎等杀主将叛,深往谕之。军民感泣,杀虎以城降。已,偕章溢讨龙泉之乱,搜旁县盗,以次平之。宜孙时已进行省参政,承制命深为元帅。戊戌十二月,太祖亲征婺州,深帅兵车数百辆往援,至松溪不能救,败去,婺遂下。明年,耿再成侵处州,宜孙分遣元帅叶琛、参谋林彬祖、镇抚陈中真及深帅兵拒战。会胡大海兵至,与再成合,大破之。进抵城下。宜孙战败,与叶琛、章溢走建宁,处州遂下。深以龙泉、庆元、松阳、遂昌四县降。

太祖素知深名,召见,授左司员外郎,遣还处州。招集部曲。从征江西,既定,命以亲军指挥守吉安。处州苗军叛,杀守将耿再成,深从平章邵荣讨诛之。会改中书分省为浙东行中书省,遂以深为行省左右司郎中,总制处州军民事。时山寇窃发,人情未固。深募兵万余人,捕诛渠帅。沿海军素骁,诛其尤横者数人,患遂息。癸卯九月,诸全叛将谢再兴以张士诚兵犯东阳。左丞李文忠令深引兵为前锋,再兴败走。深建议以诸全为浙东藩屏,乃度地去诸全五十里并五指山筑新城,分兵戍守。太祖初闻再兴叛,急驰使诣文忠,别为城守计,至则工已竣。后士诚李伯升大举来侵,顿新城下,不能拔,败去。太祖嘉深功,赐以名马。

太祖称吴王,以深为王府参军。仍守处州。温州豪周宗道聚众据平阳,数为方国珍从子明善所逼,以城来归,明善怒攻之。深遣兵击走明善,遂下瑞安,进兵温州。方氏惧,请岁输银三万充军实。乃命深班师,复还镇。陈友定兵至,破之,追至浦城,又败其守兵,城遂下。进拔松溪,获其守将张子玉。因请发广信、抚州、建昌三路兵,规取八闽。太祖喜曰:"子玉骁将,擒之则友定破胆,乘势攻之,理无不克。"因命广信指挥朱亮祖由铅山、建昌,左丞王溥由杉关,会深齐进。

已,亮祖等克崇安,进攻建宁。友定将阮德柔固守。深视氛祲不利,欲缓之。亮祖曰:"师已至此,庸可缓乎?且天道幽远,山泽之气变态无常,何足征也。"时德柔兵屯锦江,逼深阵后,亮祖督战益急。深引兵还,击破其二栅。德柔军力战,友定自以锐师夹击。日已暮,深突围走,马蹶被执,遂遇害,年五十二,追封缙云郡伯。

太祖尝问宋濂曰:"胡深何如人?"对曰:"文武才也。"太祖曰:"诚然。浙东一障,吾方赖之。"而深以久任乡郡,志图平闽以报效,竟以死徇。深驭众宽厚,用兵十余年,未尝妄戮一人。守处州,兴学造士。缙云田税重,以新没入田租偿其数。盐税什一,请半取之,以通商贾。军民皆怀其惠云。

孙兴祖,濠人。从太祖渡江,积功为都先锋。战龙江,迁统军元帅。破瑞昌八阵营,擢天策卫指挥使。兴祖沉毅有谋,大将军徐达雅重之。克泰州,以达请,命守海陵。海陵,士诚兵入淮要地也,兴祖整军令,练士伍,防御甚严。吴兵自海口来侵,击败之,擒彭元帅。

平江既下,命兴祖取通州,士诚守将已诣徐达降。进大都督府副使,移镇彭城。达既定关陕,旋师北向,檄兴祖会东昌。从克元都,置燕山六卫,留兵三万人,命兴祖守之。领大都督分府事。大兵西征,扩廓由居庸窥北平,达谓诸将"北平有孙都督,不足虑",遂直捣太原,语详达传。洪武三年,帅六卫卒从达山塞,次三不剌川,遇敌力战死,年三十五。太祖悼惜之,追封燕山侯,谥忠愍,配享通州常遇春祠。

未几,中书省以都督同知江兴祖兼俸事入奏。帝闻奏兴祖名,叹息,命以月俸给故燕山侯兴祖家。以其长子恪袭武德卫指挥使。久之,历都督佥事。二十一年,以右参将从蓝玉北征,至捕鱼儿海,论功封全宁侯,岁禄二千石,予世券。恪谨敏有儒将风。从征楚、蜀,还驻沔阳,简阅各卫所军士备边。二十五年,进兼太子太保。未几,籍兵山西,从宋国公胜练兵。旋召还,赐第中都。后坐蓝玉党死。

曹良臣,安丰人。颍寇起,聚乡里筑堡自固。归太祖于应天,为江淮行省参政。从取淮东,收浙西,进行省左丞。从大军取元都,略地至泽、潞。进山西行省平章,还守通州。时大兵出山西,通州守备单弱,所部不满千人。元丞相也速将万骑营白河。良臣曰:"吾兵少不可与战,彼众虽多,亡国之余,败气不振,当以计走之。"乃密遣指挥仵勇等于潞河舟中多立赤帜,亘三十余里,钲鼓声相闻。也速大骇,遁去。良臣出精骑逐北百余里,元兵自是不敢窥北平,复从大将军达击扩廓帖木儿于定西,败之。

洪武三年,封宣宁侯,岁禄九百石,予世券。明年,从伐蜀,克归州山寨,取容美诸土司。会周德兴拔茅冈覃垕寨,自白盐山伐木开道,出纸坊溪趋夔州,进克重庆。明年从副将军文忠北征,至胪朐河,收其部落。文忠帅良臣持二十日粮,兼程进至土剌河。哈剌章渡河拒战,少却。追至阿鲁浑河,敌骑大集。将士皆殊死战。敌大败走,而良臣与指挥周显、常荣、张耀皆战死。事闻,赠良臣安国公,谥忠壮,列祀功臣庙。子泰袭侯,坐蓝玉党死,爵除。

显，合肥人。从渡江，累功至指挥同知。洪武三年，以收应昌红罗山寨，迁指挥使。

荣，开平王遇春再从弟，历指挥佥事。遇春卒于军，荣护丧还。从朱亮祖平蜀，累官至振武卫指挥同知。

耀，寿州人，初从陈野先。建康下，始归附。累功为守御福建指挥使，守兴化。至是俱战没，帝厚恤诸臣家，命有司各表其墓。

濮英，庐州人。初以勇力为百夫长，积功至西安卫指挥，坐军政不修，召还诘责，遣叶升代之。升更言其贤，令还卫。洪武十九年，太祖命耿炳文选陕西都司卫所卒备边，惟英所练称劲旅，加都督佥事。明年，命帅所部随大将军冯胜北征，抵金山，降纳哈出，遂班师，而以英将奇兵三千人为殿。纳哈出余众窜匿者尚数十万，闻师旋，设伏余途，谋俟大军过窜取之，未发。英后至，猝为所乘，冲突不能出，马踣遂见执。敌既得英，思挟为质。英绝食不言，乘间引佩刀剖腹死。事闻，赠金山侯，谥忠襄。明年，进赠乐浪公。封其子玙为西凉侯，禄二千五百石，予世券。二十三年，命练兵东昌，又令驻临清，训练士卒。二十五年，召还，同宋国公胜等简阅山西士马。玙能修父职，帝甚嘉之。复令籍山西民兵，所籍州县最多，事集而不扰。明年，坐蓝玉党，戍五开死。

洪武中指挥使死事者，又有于光、严德、孙虎。

光，都昌人。初事徐寿辉，镇浮梁。陈友谅弑寿辉，光以浮梁来降，授枢密院判，积功为鹰扬卫指挥，镇巩昌。扩廓围兰州，光赴援，至马兰滩，战败被执，以徇城下。光大呼曰："公等但坚守，徐将军大军旦夕至矣。"贼怒，批其颊，遂被杀，祀功臣庙。

严德，太平人。从起兵，积功为海宁卫指挥。从朱亮祖讨方国珍，战殒于台州。追封天水郡公。

孙虎，不知何许人。从援池州，下于潜、昌化，定建德、诸全，皆有功。授千户。克新城、桐、庐，进海宁卫指挥使。平嘉兴盗。从副将军李文忠北征，由东道入应昌，至落马河与元兵战死。追封康安郡伯。

又指挥佥事刘广，戍永平，御寇战死。凉州卫百户刘林戍凉州，也先帖木儿叛，战死。边人壮之，名其所居窦融台为刘林台。钱塘卫千户袁兴，全椒人，从征云南，自请为前锋，陷阵死。并褒赠有差。

赞曰：明祖之兴，自决策渡江，始力争于东南数千里之内，摧友谅，灭士诚，然后北定中原，南图闽、粤，则廖永安胡大海以下诸人，厥功岂细哉！计不旋踵，效命疆场，虽勋业未竟，然褒崇庙祀，竹帛烂然。以视功成命爵、终罹党籍者，其犹幸也夫。

明史卷一三四
列传第二二

何文辉 _{徐司马}　叶旺 _{马云}

缪大亨 _{武德}　蔡迁 _{陈文}　王铭

宁正 _{袁义}　金兴旺 _{费子贤}

花茂　丁玉　郭云 _{王溥}

　　何文辉，字德明，滁人。太祖下滁州，得文辉，得十四，抚为己子，赐姓朱氏。太祖初起，多蓄义子。及长，命偕诸将分守诸路。周合守镇江，道舍守宁国，马儿守婺州，柴舍、真童守处州，金刚奴守衢州，皆义子也，金刚奴，后无考。周舍即沐英，军中又呼沐舍。柴舍者，朱文刚，与耿再成死处州难。又有朱文逊，史不传其小字，亦以义子死太平。自沐英外，最著者唯道舍、马儿。马儿即徐司马，而道舍即文辉也。

　　文辉以天宁翼元帅守宁国，进江西行省参政。数攻江西未下州县，讨新淦邓仲廉，斩之。援安福，走饶鼎臣，平山尖寨。从徐达取淮东，复从下平江。赐文绮，进行省左丞，复其姓。以征南副将军与平章胡美由江西取福建，度杉关，入光泽，徇邵武、建阳，直趋建宁。元同金达里麻、参政陈子琦闭门拒守。文辉与美环攻之。逾十日，达里麻不能支，夜潜至文辉营乞降。诘旦，总管翟也先不花亦以众降于文辉。美怒两人不诣已，欲屠其城。文辉驰告美曰："与公同受命至此,为安百姓耳。今既降,奈何以私忿杀人。"美乃止。师入城,秋毫无所犯。汀、泉诸州县闻之,皆相次归附。会车驾幸汴梁,召文辉扈从,因命为河南卫指挥使,定汝州余寇。从大将军取陕西,留守潼关,洪武三年授大都督府都督佥事,予世袭指挥使。复以参将从傅友德等平蜀,赐金币,留守成都。

文辉号令明肃,军民皆德之。帝尝称其谋略威望。迁大都督府同知。五年命帅山东兵从李文忠出应昌。明年移镇北平。文忠北征,文辉督兵巡居庸关,以疾召还。九年六月卒,年三十六。遣官营葬滁州东沙河上,恤赉甚厚。子环,成都护卫指挥使,征迤北阵殁。

徐司马,字从政,扬州人。元末兵乱,年九岁,无所依。太祖得之,养为子,亦赐姓。既长,出入侍左右。及取婺州,除总制,命助元帅常遇春守婺。吴元年授金华卫指挥同知。洪武元年,从副将军李文忠北征,擒元宗王庆生。擢杭州卫指挥使。寻进都指挥使。诏复姓。

九年迁镇河南。进新建北京于汴梁,号重地,帝素贤司马,特委任之。宋国公冯胜方练兵河南。会有星变,占在大梁。帝使使密敕胜,且曰:"并以此语马儿知之。"既复敕二人曰:"天象屡见,大梁军民错处,尤宜慎防。今秦、晋二王还京,当严兵宿卫。王抵汴时,若宋国公出迓,则都指挥居守;都指挥出迓,则宋国公亦然。"敕书官而不名,倚重与宋公等。十九年入觐,遂擢中军都督府佥事。二十五年,以左副总兵从蓝玉征建昌,讨越嶲。明年正月,还至成都卒。追坐蓝玉党,二子皆获罪。

司马好文学,性谦厚,所至抚循士卒,甚得众心。在河南久,尤有惠政。公暇退居,一室萧然如寒素。虽战功不及文辉,而雅量过之,并称贤将云。

叶旺,六安人。与合肥人马云同隶长枪军谢再兴为千户。再兴叛,二人自拔归。数从征,积功并授指挥佥事。洪武四年,偕镇辽东。

初，元主北走，其辽阳行省参政刘益屯盖州，与平章高家奴相为声援，保金、复等州。帝遣断事黄俦赍诏谕益。益籍所部兵马、钱粮、舆地之数来归。乃立辽阳指挥使司，以益为指挥同知。未几，元平章洪保保、马彦翚合谋杀益。右丞张良佐、左丞商皓擒彦翚杀之。保保挟俦走纳哈出营。良佐因权卫事，以状闻。且言："辽东僻处海隅，肘腋皆敌境。平章高家奴守辽阳山寨，知院哈剌章屯沈阳古城，开元则右丞也先不花，金山则太尉纳哈出，彼此相依，时谋入犯。今保保逃往，衅必起，乞留断事吴立镇抚军民，而以所擒平章八丹知院僧孺等械送京师。"帝命立良佐、皓俱为盖州卫指挥佥事。既念辽阳重地，复设都指挥使司统辖诸卫，以旺及云并为都指挥使往镇之。已，知俦被杀，纳哈出将内犯，敕旺等预为备。

未几，纳哈出果以众至，见备御严，不敢攻，越盖至金州。金州城未完，指挥韦富、王胜等督士卒分守诸门。乃剌吾者，敌骁将也，率精骑数百挑战城下，中伏弩仆，为我兵所获。敌大沮。富等纵兵击，敌引退，不敢由故道，从盖城南十里沿柞河遁。旺先以兵扼柞河。自连云岛至窟驼寨十余里，缘河垒冰为墙，沃以水，经宿凝冱如城。布钉板沙中，旁设坑井，伏兵以伺。云及指挥周鹗、吴立等建大旗城中。严兵不动，寂若无人。已，寇至城南，伏四起，两山旌旗蔽空，矢石雨下。纳哈出仓皇趋连云岛，遇冰城，旁走，悉陷于井，遂大溃。云自城中出，合兵追击至将军山、毕栗河，斩获及冻死者无算，乘胜追至猪儿峪。纳哈出仅以身免。第功，进旺、云俱都督佥事。时洪武八年也。

十二年，命云征大宁。捷闻，受赏，召还京。后数年卒。旺留镇如故。会高丽遣使致书及礼物，而龙州郑白等请内附。旺以闻。帝谓人臣无外交，此间谍之渐，勿轻信，彼特示弱于我，以窥边衅，还之，使无所藉口。明年，旺复送高丽使者周谊入京，帝以其国中弑逆，又诡杀朝使，反覆不可信，切责旺等绝之，而留谊不遣。十九年，召旺为后军都督府佥事。居三月，辽东有警，复命还镇。二十一年三月卒。

旺与云之镇辽也，剪荆棘，立军府，抚辑军民，垦田万余顷，遂为永利。旺尤久，先后凡十七年，辽人德之。嘉靖初，以二人有功于辽，命有司立祠，春秋祀之。

缪大亨，定远人。初纠义兵为元功濠，不克，元兵溃，大亨独以众二万人与张知院屯横涧山，固守月余。太祖以计夜袭其营，破之，大亨与子走免。比明，复收散卒，列阵以待。太祖遣其叔贞谕降之，命将所部从征，数有功，擢元帅。总兵取扬州，克之。降青军元帅张明鉴。

初，明鉴聚众淮西，以青布为号，称"青军"，又以善长枪，称"长枪军"。由含山转掠扬州，元镇南王孛罗普化招降之，以为濠、泗义兵元帅。逾年，食尽，谋拥王作乱。王走死淮安，明鉴遂据城，屠居民以食。大亨言于太祖，贼饥困，若掠食四出则难制矣，且骁鸷可用，无为他人得。太祖命大亨亟攻，明鉴降，得众数万马二千余匹，悉送其将校妻子至应天。改淮海翼元帅府为江南分枢密院，以大亨为同佥枢密院事，总制扬州、镇江。

大亨有治略，宽厚不扰，而治军严肃，禁暴除残，民甚悦之。未几卒。太祖过镇江，叹曰："缪将军生平端直，未尝有过，惜不见矣。"遣使祭其墓。

武德，安丰人。元至正中为义兵千户。知元将亡，言于其帅张鉴曰："吾辈才雄万夫，今东岨西挫，事势可知，不如早择所依。"鉴然其言，相率归太祖。隶李文忠，从赴池州，力战，流矢中右股，拔去，战自若。取于潜、昌化，克严州，皆预，进万户。苗帅杨完者军乌龙岭，德请曰："此可袭而取也。"文忠问故？对曰："乘高舰之，其部曲徙举不安而声嚣。"文忠曰："善。"即袭完者，覆其营。取兰溪，克诸暨，攻绍兴，皆先登陷阵，伤右臂不顾。文忠叹曰："将士人人如此，何战不捷哉。"

蒋英、贺仁德之叛，浙东大震。从文忠定金华，又从攻处州，遇仁德于刘山，戈中右股，德引刀断戈，追击之。仁德再战，再败走。遂为其下所杀。德还师守严。后二年定官制，改管军百户。从文忠破张士诚兵于诸暨，与诸将援浦城，所过山寨皆下。复从文忠下建、延、汀三州，悉定闽溪诸寨，进管军千户，移守衢，予世袭。最后从靖海侯吴祯巡海上。祯以德可任，令守平阳。在任八年。致仕。及征云南，帝以德宿将，命与诸大帅偕行。

张鉴，又名明鉴，淮西人。既归太祖，每攻伐必与德俱，先德卒。官至江淮行枢密院副使。

蔡迁，不详其乡里，元末从芝麻李据徐州。李败，归太祖，为先锋。从渡江，下采石，克太平，取溧水，破蛮子海牙水寨及陈野先，皆有功。定集庆，授千户，从徐达取广德、宁国，迁万户。进攻常州，获黄元帅，遂为都先锋。从征马驮沙，克池州，攻枞阳，从征衢、婺二州，授帐前左翼元帅。败陈友谅于龙江，进复太平，取安庆水寨。收九江，败友谅八阵指挥于寿昌，遂克南昌。从援安丰，攻合肥，战鄱阳，从征武昌，进指挥同知。从常遇春讨平邓克明余党，进攻赣州，取南安、南雄诸郡，还兵追饶鼎臣于茶陵，迁龙骧卫同知。从徐达克高邮，破马港，授武德卫指挥使，守淮安，移守黄州。从下湘潭、辰、全、道、永诸州，转荆州卫指挥。进克广西，迁广西行省参政，兼靖江王相，讨平诸叛蛮。洪武三年九月卒。诏归葬京师，赠安远侯，谥武襄。

迁为将十五年，未尝独任，多从诸将征讨。身经数十战，辄奋勇突出，横刀左右击，敌皆披靡不敢近。既还，金疮满体，人视之不可堪，而迁略不为意，为太祖所爱重。及卒，尤痛惜之，亲制文祭焉。

合肥陈文者，南北征伐，累立战功。亦迁亚也。文少孤，奉母至孝，元季挈家归太祖，积官都督佥事。卒，追封东海侯，谥孝勇。明臣得谥孝者，文一人而已。

王铭，字子敬，和州人。初隶元帅俞通海麾下，从攻蛮子海牙于采石。以铭骁勇，选充奇兵。战方合，帅敢死士大噪突之，拔其水寨，自是数有功。与吴军战太湖，流矢中右臂，引佩刀出其镞，复战，通海劳之。复拔通州之黄桥、鹅项诸寨，赐白金文绮。龙湾之战，逐北至采石，铭独突敌阵。敌兵攒槊刺铭，伤颊。铭三出三入，所杀伤过当。赐文绮银碗，选充宿卫。从取江州，战康郎山及泾江口，复克英山诸寨，擢管军百户。从副将军常遇春战湖州之升山，再战旧馆，已，又战乌镇。前后数十战，功多，命守松江。移太仓，捕斩倭寇千余人，再赐金币。

洪武四年，都试百户诸善用枪者，率莫能与铭抗。累官至长淮卫指挥佥事，移守温州。上疏曰："臣所领镇，外控岛夷，城池楼橹仍陋袭简，非独不足壮国威，猝有风潮之变，捍御无所，势须改为。"帝报可。于是缮城浚濠，悉倍于旧。加筑外垣，起海神山属郭公山，首尾二千余丈，宏敞壮丽，屹然东浙巨镇。帝甚嘉之，予世袭。铭尝请告暂还和州，温士女遮道送迎。长吏皆相顾叹曰："吾属为天子牧民，民视吾属去来漠然，愧王指挥多矣。"历右军都督佥事，二十六年，坐蓝玉党死。

宁正，字正卿，寿州人。幼为韦德成养子，冒韦姓。元末随德成来归，从渡江。德成战殁宣州，以正领其众，积功授凤翔卫指挥副使。从定中原，入元都，招降元将士八千余人。傅友德自真定略平定州，以正守真定。已，从大军取陕西。冯胜克临洮，留正守之。大军围庆阳，正驻邠州，绝敌声援。庆阳下，还守临洮。从邓愈破定西，克河州。

洪武三年，授河州卫指挥使。上言："西民转粟饷军甚劳，而茶布可易粟。请以茶布给军，令自相贸易，省辇运之苦。"诏从之。正初至卫，城邑空虚，勤于劳徕。不数年，河州遂为乐土。玺书嘉劳，始复宁姓。兼领宁夏卫事，修筑汉、唐旧渠，引河水溉田，开屯数万顷。兵食饶足。

十三年,从沐英北征,擒元平章脱火赤、知院爱足,取全宁四部。十五年,迁四川都指挥使,讨平松、茂诸州。云南初定,命正与冯诚共守之。思伦发作乱,正破之于摩沙勒寨,斩首千五百。已,敌众大集,围定边。沐英分兵三队,正将左军,鏖战,大败之,语在《英传》。土酋阿资叛,复从英讨降之。英卒,诏授正左都督代镇。已,复命为平羌将军。总川、陕兵讨平阶、文叛寇张者。二十八年,从秦王讨平洮州番,还京。明年卒。

又袁义,庐江人,本张姓,德胜族弟也。初为双刀赵总管,守安庆,败赵同金、丁普郎于沙子港,左君弼招之,弗从。德胜战死,始来附,为帐前亲军元帅,赐姓名。数从征伐,积功为兴武卫指挥佥事。从大将军北征,败元平章俺普达等于通州,走贺宗哲、詹同于泽、潞,功最。复从定陕西,败元豫王兵。与诸将合攻庆阳。张良臣兵骤薄义营,义坚壁不为动。俟其懈,力击破之。走扩廓军于定西,南取兴元,进本卫同知,调羽林卫,移镇辽东。

已,从沐英征云南,克普定诸城,留镇楚雄。蛮人屡叛,义积粮高垒,且守且战,以功迁楚雄卫指挥使。尝入朝,帝厚加慰劳。以其老,命医为染须鬓,俾还任以威远人,且特赐银印宠异之。历二十年,垦田筑堰,治城郭桥梁,规画甚备。军民德之。建文元年征还,为右军都督府佥事,进同知,卒官。

金兴旺,不详所始。为威武卫指挥佥事,进同知。洪武元年,大将军徐达自河南至陕西,请益兵守潼关,以兴旺副郭兴守之,进指挥使。明年攻临洮,移兴旺守凤翔,转军饷。未几,贺宗哲攻凤翔,兴旺与知府周焕婴城守。敌编荆为大箕,形如半舫。每箕五人,负之攻城,矢石不能入。投藁焚之。辄飏起。乃置钩藁中,掷著其隙,火遂炽,敌弃箕走。复为地道薄城,城中以矛迎刺,敌死甚众,而攻不已。兴旺与焕谋曰:"彼谓我援师不至,必不敢出。乘其不意击之,可败也。"潜出西北门,奋战,敌少却。会百户王辂自临洮收李思齐降卒东还,即以其众入城共守。敌拔营去,众欲追之。辂曰:"未败而退,诱我也。"遣骑侦之,至五里坡,伏果发,还师复围城。众议欲走,兴旺叱曰:"天子以城畀我,宁可去耶!"以辂所将皆新附,虑生变,乃括城中赀畜积庭中,令曰:"敌少缓,当大犒新兵。"新兵喜,协力固守。相持十五日,敌闻庆阳下,乃引去。帝遣使以金绮劳兴旺等。

明年,达入沔州,遣兴旺与张龙由凤翔入连云栈,合攻兴元。守将降,以兴旺守之,擢大都督府佥事。蜀将吴友仁帅众三万寇兴元,兴旺悉城中兵三千御敌,面中流矢,拔矢复战,斩数百人。敌益众,乃敛兵入城。友仁决濠填堑,为必克计。达闻之。令傅友德夜袭木槽关,攻斗山寨,人持十炬,连亘山上。友仁惊遁。兴旺出兵蹑之,坠崖石死者无算,友仁自是气夺。时兴旺威镇陇、蜀。而国初诸都督中,城守功,兴旺外尤推费子贤。

子贤,亦不详所始。从渡江,为广德翼元帅,数有功。取武康,又取安吉,筑城守之。张士诚兵数来犯,辄败去。最后张左丞以兵八万来攻,子贤所部仅三千人,而守甚固。设车弩城上,射杀其枭将二人,敌乃解去。以功进指挥同知。取福建,克元都、定西俱有功,授大都督府佥事,世指挥使。

花茂,巢县人。初从陈野先,已而来归。从定江左,灭陈友谅,平中原、山西、陕西,积功授武昌卫副千户。征西蜀,克瞿唐关,入重庆,下左、右两江及田州,进神策卫指挥佥事,调广州左卫。平阳春、清远、英德、翁源、博罗诸山寨叛蛮及东莞、龙川诸县乱民,进指挥同知。平电白、归善贼,再迁都指挥同知。世袭指挥使。数剿连州、广西、湖广诸猺贼。上言:"广东南边大海,奸宄出没,东莞、笋冈诸县逋逃蜑户,附居海岛,遇官军则诡称捕鱼,遇番贼则同为寇盗。飘忽不常,难于讯诘。不若籍以为兵,庶便约束。"又请设沿海依山广海、碣石、神电等二十四卫所,筑城浚池,收集海岛隐料无籍等军,仍于山海要害地立堡屯军,以备不虞,皆报可。进都指挥使。久之,卒,赐葬安德门。

长子荣袭职。次子英果毅有父风,亦以军功为广东都指挥使,有声永乐中。

丁玉,初名国珍,河中人。仕韩林儿为御史,才辨有时誉。吕珍破安丰,玉来归,随征彭蠡,为九江知府。大兵还建康,彭泽山民叛,玉聚乡兵讨平之。太祖嘉其武略,命兼指挥,更名玉。从傅友德克衡州,以指挥同知镇其地,复调守永州。玉有文武才,抚辑新附,威望甚著。

洪武元年,进都指挥使,寻兼行省参政,镇广西。十年,召为右御史大夫。四川威茂土酋董贴里叛,以玉为平羌将军讨之。至威州,贴里降。承制设威州千户所。十二年,平松州,玉遣指挥高显等城之,请立军卫。帝谓松州山多田少,耕种不能赡军,守之非策。玉言松州为西羌要地,军卫不可罢,逐设官筑戍如玉议。会四川妖人彭普贵为乱,焚掠十四州县,指挥普亮等不能克,命玉移军讨灭之。帝手敕褒美,转左御史大夫。师还,拜大都督府左都督。十三年坐胡惟庸姻诛。

郭云,南阳人,长八尺余,状貌魁伟。元季聚义兵保裕州白泉寨,累官湖广行省平章政事。元主北奔,河南郡县皆下,云独坚守,大将军徐达遣指挥曹谅围之,云出战被执,大将军呵之跪。云植立,谩骂求死。胁以刃,不动。大将军壮之,系送京师。太祖奇其状貌,释之。时帝方阅《汉书》,问识字否?对曰“识”。因以书授之。云诵其书甚习,帝大喜,厚加赏赐,用为溧水知县,有政声,帝益以为贤。特擢南阳卫指挥金事,使还乡收故部曲,就戍其地,凡数年卒。

长子洪,年甫十三。帝为下制曰:“云出田间,倡义旗保乡曲,崎岖累年,竭心所事。王师北伐,人神响应,而云数战不屈,势穷援绝,终无异志。朕嘉其节概,试之有司,则闾阎颂德。俾镇故乡,则军民乐业。虽无汗马之勋，倒戈之效，治绩克著，忠义凛然。子洪可入开国功臣列，授宣武将军、飞熊卫亲军指挥使司佥事，世袭。"其同时以降将予世职者有王溥。

溥，安仁人。仕陈友谅为平章，守建昌。太祖命将攻之，不克。朱亮祖击于饶之安仁港，亦失利。友谅将李明道之寇信州也，溥弟汉二在军，俱为胡大海擒，归于行省李文忠，文忠命二人招溥。是岁，太祖拔江州，友谅走武昌，溥乃遣使降，命仍守建昌。明年，太祖次龙兴，帅其众来见，数慰劳。从归建康，赐第聚宝门外，号其街曰"宰相街"，以宠异之。寻遣取抚州及江西未附郡县。从克武昌，进中书右丞。洪武元年，命兼詹事府副詹事。从大将军北征，屡有功。赐文币，擢河南行省平章，不署事。岁禄视李伯升、潘元明。

初，溥未仕时，奉母叶氏避兵贵溪，遇乱与母相失，凡十八年，尝梦母若告以所在。至是从容言于帝，请归省坟墓。许之，且命礼官具祭物，溥率士卒之贵溪，求不得，昼夜号泣。居人吴海言夫人为贼逼，投井中死矣。溥求得井，有鼠自井出，投溥怀中，旋复入井。汲井索之，母尸在焉，哀呼不自胜。乃具棺敛，即其地以葬。溥卒，子孙世袭指挥同知。

赞曰：文辉、司马任寄股肱，叶旺、马云效著边域，大亨以端直见思，郭云以政绩蒙宠。他如蔡迁、王铭、宁正、金兴旺辈，或善战，或善守，或善抚绥，要皆一时良将也。盖明运初兴，人材蔚起，铁券、丹符之外，其可称者犹如此。以视诗人《兔罝》之咏，何多让哉。

明史卷一三五
列传第二三

陈遇 秦从龙　叶兑　范常
潘庭坚　宋思颜 夏煜　郭景祥
李梦庚　王濂　毛骐 杨元杲 阮弘道
汪河 孔克仁

　　陈遇,字中行,先世曹人。高祖义甫,宋翰林学士,徙居建康,子孙因家焉。遇天资沉粹,笃学博览,精象数之学,元末为温州教授,已而弃官归隐,学者称为静诚先生。太祖渡江,以秦从龙荐,发书聘之,引伊、吕、诸葛为喻,遇至,与语大悦,遂留参密议,日见亲信。太祖为吴王,授供奉司丞,辞。即皇帝位,三授翰林学士,皆辞,乃赐肩舆一乘,卫士十人护出入,以示荣宠。

　　洪武三年,奉命至浙江廉察民隐,还赐金帛。除中书左丞,又辞。明年,召对华盖殿,赐坐,命草《平西诏》。授礼部侍郎,兼弘文馆大学士,复辞。西域进良马,遇引汉故事以谏。除太常少卿,固辞。强之,不可。最后除礼部尚书,又固辞。帝沉吟良久,从之。自是不复强以官。帝尝从容言欲官其子,遇曰:"臣三子皆幼,学未成,请俟异日。"帝亦弗强也。

　　遇自开基之始,即侍帷幄。帝尝问保国安民至计。遇对以不嗜杀人,薄敛任贤,复先王礼乐为首务。廷臣或有过被谴责,遇力为解,多得全释。其计画多秘不传,而宠礼之隆,勋戚大臣无与比者。数临幸其第,语必称先生,或呼为君子。命爵辄辞,终成其高。十七年卒,赐葬钟山。

子恭,举人,累官工部尚书,有能声。遇弟远,字中复。尝随遇侍帝。永乐初,为翰林待诏,精绘事。远子孟颙,善书。

秦从龙,字元之,洛阳人。仕元,官江南行台侍御史。兵乱,避居镇江。徐达之攻镇江也,太祖谓之曰:“闻有秦元之者,才器老成,汝当询访,致吾欲见意。”达下镇江,访得之。太祖命从子文正、甥李文忠奉金绮造其庐聘焉。从龙与妻陈偕来,太祖自迎之于龙江。

时太祖居富民家,因邀从龙与同处,朝夕访以时事。已,即元御史台为府,居从龙西华门外,事无大小悉与之谋。尝以笔书漆简,问答甚密,左右皆不能知。从龙生日,太祖与世子厚有赠遗,或亲至其家燕饮。至正二十五年冬,从龙子泽死,请告归。太祖出郊握手送之。寻病卒,年七十,太祖惊悼。时方督军至镇江,亲临哭之,厚恤其家,命有司营葬。

叶兑,字良仲,宁海人。以经济自负,尤精天文、地理、卜筮之书。元末知天运有归,以布衣献书太祖,列一纲三目,言天下大计。时太祖已定宁越,规取张士诚、方国珍,而察罕兵势甚盛,遣使至金陵招太祖,故兑书于三者筹之为详。其略曰:

　　愚闻取天下者,必有一定之规模。韩信初见高祖,画楚、汉成败,孔明卧草庐,与先主论三分形势者是也。今之规模,宜北绝李察罕,南并张九四,抚温、台,取闽、越,定都建康,拓地江、广,进则越两淮以北征,退则画长江而自守。夫金陵古称龙蟠虎踞,帝王之都,藉其兵力资财,以攻则克,以守则固,百察罕能如吾何哉。江之所备,莫急上流。今义师已克江州,足蔽全吴。况自滁、和至广陵,皆吾所有,匪直守江,兼可守淮矣。张氏倾覆可坐而待,淮东诸郡亦将来归。北略中原,李氏可并也。

今闻察罕妄自尊大，致书明公，如曹操之招孙权。窃以元运将终，人心不属，而察罕欲效操所为，事势不侔。宜如鲁肃计，鼎足江东，以观天下之衅，此其大纲也。

至其目有三。张九四之地，南包杭、绍，北跨通、泰，而以平江为巢穴。今欲攻之，莫若声言掩取杭、绍、湖、秀，而大兵直捣平江。城固难以骤拔，则以锁城法困之。于城外矢石不到之地，别筑长围，分命将卒四面立营，屯田固守，断其出入之路，分兵略定属邑，收其税粮以赡军中。彼坐守空城，安得不困？平江既下，巢穴已倾，杭、越必归余郡解体，此上计也。

张氏重镇在绍兴。绍兴悬隔江海，所以数攻而不克者，以彼粮道在三江斗门也。若一军攻平江，断其粮道，一军攻杭州，绝其援兵，绍兴必拔。所攻在苏、杭，所取在绍兴，所谓多方以误之者也。绍兴既拔，杭城势孤，湖、秀风靡，然后进攻平江，犁其心腹，江北余孽随而瓦解，此次计也。

方国珍狼子野心，不可驯狎。往年大兵取婺州，彼即奉书纳款。后遣夏煜、陈显道招谕，彼复狐疑不从。顾遣使从海道报元，谓江东委之纳款，诱令张昶赍诏而来，且遣韩叔义为说客，欲说明公奉诏。彼既降我，而反欲招我降元，其反覆狡狯如是，宜兴师问罪。然彼以水为命，一闻兵至，挈家航海，中原步骑无如之何。夫上兵攻心，彼言杭、越一平，即当纳土，不过欲款我师耳。攻之之术，宜限以日期。责其归顺。彼自方国璋之没，自知兵不可用，又叔义还称义师之盛，气已先挫。今因陈显道以自通，正可胁之而从也。事宜速不宜缓。宣谕之后，更置官吏，拘集舟舰，潜收其兵权，以消未然之变，三郡可不劳而定。

福建本浙江一道，兵脆城陋。两浙既平，必图归附，下之一辩士力耳。如复稽迟，则大兵自温、处入，奇兵自海道入，福州必不支。福州下，旁郡迎刃解矣。威声已震，然后进取两广，犹反掌也。

太祖奇其言，欲留用之，力辞去。赐银币袭衣。后数岁，削平天下，规模次第略如兑言。

范常，字子权，滁人。太祖军滁，杖策谒军门。太祖夙知其名，与语意合，留置幕下，有疑辄问，常悉以实对。诸将克和州，兵不辑。常言于太祖曰："得一城而使人肝脑涂地，何以成大事？"太祖乃切责诸将，搜军中所掠妇女，还其家，民大悦。太祖以四方割据，战争无虚日，命常为文，祷于上帝。其辞曰："今天下给纷纭，生民涂炭，不有所属，物类尽矣。倘元祚未终，则群雄当早伏其辜，某亦在群雄中，请自某始。若已厌元德，有天命者宜归之，无使斯民久贻危苦。存亡之机，验于三月。"太祖嘉其能达已意，命典文牍，授元帅府都事。取太平，命为知府，谕之曰："太平吾股肱郡，其民数困于兵，当令得所。"常以简易为治，兴学恤民。官廪有谷数千石，请给民乏种者，秋稔输官，公私皆足。居三年，民亲爱之，召入为侍仪。

洪武元年，擢翰林直学士兼太常卿。帝锐意稽古礼文。群臣集议，间有异同，常能参合众言，委曲当上意。寻以病免归。岁余，手诏征诣阙，仍故官。帝宴间，辄命儒臣列坐赋诗为乐，常每先成，语多率。帝笑曰："老范诗质朴，殊似其为人也。"迁起居注。常有足疾，数在告，赐以安车。寻乞归，帝赋诗四章送之，赐宅于太平。子祖历官云南左参政，有修洁称。

潘庭坚，字叔闻，当涂人。元末为富阳教谕，谢去。太祖驻太平，以陶安荐，征庭坚为帅府教授，慎密谦约，为太祖所称。下集庆，擢中书省博士。婺州下，改为金华府，以庭坚同知府事。时上游诸郡次第平定，择儒臣抚绥之，先后用陶安、汪广洋于江西，而庭坚与王恺守浙东。太祖为吴王，设翰林院，与安同召为学士，而庭坚已老，遂告归。洪武四年，复召至，主会试。

子黼，字章甫，有文名，官至江西按察使。会修律令，留为议律官。书成，卒。黼谨饬类父，而文采清雅过之。父子皆以乡校显，时以为荣。

宋思颜，不知何许人。太祖克太平，以思颜居幕府。及定集庆，置江南行中书省，太祖总省事，以李善长及思颜为参议。同时所设省中官李梦庚、郭景祥、侯元善、杨元杲、陶安、阮弘道、孔克仁、王恺、栾凤、夏煜等数十人，而思颜独与善长并授参议，其任较诸人为重。已，建大都督府，以思颜兼参军事。

太祖尝视事东阁，天暑，汗沾衣。左右更以衣进，皆数经浣濯者。思颜曰：“主公躬行节俭，真可示法子孙，惟愿终始如一。”太祖嘉其直，赐之币。他日又进曰：“句容虎为害，既捕获，宜除之，今豢养民间何益？”太祖欣然，即命杀虎。其随事纳忠类此，后出为河南道按察佥事，坐事死。

夏煜，字允中，江宁人。有俊才，工诗，辟为中书省博士。婺州平，调浙东分省，两使方国珍，咸称旨。太祖征陈友谅，儒臣惟刘基与煜侍。鄱阳战胜，太祖所与草檄赋诗者，煜其一也。洪武元年，使总制浙东诸府，与高见贤、杨宪、凌说四人以伺察搏击为事，后俱以不良死。

郭景祥，濠人。与凤阳李梦庚皆从渡江，典文书，佐谋议，分任行中书省左右司郎中。既同调浙东分省，寻复同入为大都督府参军。景祥性谅直，博涉书史，遇事敢言，太祖亲信之。尝曰：“景祥文吏，而有折冲御侮才，能尽忠于我，可大任也。”先是，克滁州、太平、溧阳，以城郭不完，辄命景祥董治之。既而和州守臣言州城久废，命景祥相度，即故址城之，九旬而工毕。太祖以为能，授和州总制。景祥益治城隍楼橹，广屯田，练士卒，威望肃然。和遂为重镇，玺书褒劳。仕终浙江行省参政。

谢再兴之守诸全也，部将私贩易吴境。太祖怒杀部将，召谕再兴，命梦庚往诸全总制军事。再兴还镇，忿梦庚出己上，遂叛，执梦庚降于吴，梦庚死之。其时，参佐行省，又有毛骐、王濂。

濂，字习古，定远人，李善长妇兄也。少嗜学，事亲孝。初从汝、颍贼，太祖克集庆，乃渡江来归。善长为言，得召见，除执法官，谳狱平允，迁中书省员外郎，出为浙江按察佥事，治行著闻。大风昼晦，濂应诏言民瘼，请缓征，太祖纳之。洪武三年卒。帝谓善长曰："濂有王佐才，今死，朕失一臂。"后善长坐事，帝叹曰："使王濂在，必不至是。"

骐，字国祥，与濂同里。太祖自濠引兵趋定远，骐抚县令出降。太祖喜，留与饮食，筹兵事，悉当意。取滁州，擢总管府经历，典仓廪，兼掌晨昏历，稽将帅之失伍者。从渡江，擢行省郎中。是时太祖左右，惟善长及骐，文书机密，皆两人协赞。寻授参议官。征婺州，命权理中书省事，委以心膂。俄病卒，太祖亲为文哭之，临视其葬。

子骧，管军千户，积功擢亲军指挥佥事，从定中原，进指挥使。滕州段士雄反，骧讨平之。捕倭浙东，斩获多，擢都督佥事，见亲任，尝掌锦衣卫事，典诏狱。后坐胡惟庸党死。

杨元杲、阮弘道，皆滁人，家世皆儒者。从渡江，同为行省左右司员外郎，与陶安等更番掌行机宜文字。元杲以郎中擢理军储于金华，而弘道亦于是岁以郎中从大都督文正守南昌，皆有功。二人皆于太祖最故，又皆儒雅嗜文学，练达政体，而元杲知虑尤周密。帝尝曰："文臣从渡江，掌簿书文字，勤劳十余年，无如杨元杲、阮弘道、李梦庚、侯元善、樊景昭者。"其后，元杲历应天府尹，弘道历福建、江西行省参政，皆卒官。

元杲子贲，博学强记，以词翰知名，荐授大名知县，仕至周府纪善。

元善，全椒人，历官参知政事，与樊景昭俱无所表见。

　　又汪河者，舒城人，尝师余阙，以文章名。从渡江，为行中书省掾，数陈时务。太祖高其才，进大都督府都事。使察罕，议论称旨。后奉命偕钱桢至河南，报扩廓聘，为所留。太祖前后七致扩廓书，终不报。洪武元年，大军下河、洛，扩廓走定西，河始得归，被拘凡六年。帝甚嘉之，进吏部侍郎，备陈西征方略。二年，改御史台侍御史。九年，拜晋王左相，亲御便殿谕遣之。居数岁，卒于官。

　　孔克仁，句容人。由行省都事进郎中。尝偕宋濂侍太祖，太祖数与论天下形势及前代兴亡事。陈友谅既灭，太祖志图中原，谓克仁曰：“元运既隳，豪杰互争，其衅可乘。吾欲督两淮、江南诸郡之民，及时耕种，加以训练，兵农兼资，进取退守，仍于两淮间馈运可通之处，储粮以俟。兵食既足，中原可图，卿以为何如？”克仁对曰：“积粮训兵，观衅待时，此长策也。”当是时，江左兵势日盛，太祖以汉高自期，尝谓克仁曰：“秦政暴虐，汉高帝起布衣，以宽大驭群雄，遂为天下主。今群雄蜂起，皆不知修法度以明军政，此其所以无成也。”因感叹久之。又曰：“天下用兵，河北有孛罗帖木儿，河南有扩廓帖木儿，关中有李思齐、张良弼。然有兵而无纪律者河北也，稍有纪律而兵不振者河南也，道途不通、馈饷不断者关中也。江南则惟我与张士诚耳。士诚多奸谋。尚间谍，御众无纪律。我以数十万众，修军政，任将帅，相时而动，其势有不足平者。”克仁顿首曰：“主上神武，当定天下于一矣。”尝阅《汉书》，濂与克仁侍。太祖曰：“汉治道不纯者何？”克仁对曰：“王霸杂故也。”太祖曰：“谁执其咎？”克仁曰：“责在高祖。”太祖曰：“高祖创业，遭秦灭学，民憔悴甫苏，礼乐之事固所未讲。孝文为令主，正当制礼作乐，以复三代之旧，乃逡巡未遑，使汉业终于如是。帝王之道，贵不违时。三代之王有其时而能为之，汉文有其时而不为，周世宗则无其时而为之者也。”又尝问克仁：“汉高起徒步为万乘主，所操何道？”克仁对曰：“知人善任使。”太祖曰：“项羽南面称孤，仁义不施，而自矜功伐。高祖知其然，承以柔逊，济以宽仁，卒以胜之。今豪杰非一，我守江左，任贤抚民，以观天下之变,若徒与角力,则猝难定也。”

及徐达等下淮东、西,又谓克仁曰:“壬辰之乱,生民涂炭。中原诸将,勃罗拥兵犯阙,乱伦干纪,行已夷灭。扩廓挟太子以称戈,急私仇,无敌忾之志。思齐辈碌碌,窃据一方,民受其害。士诚外假元名,反覆两端。明玉珍父子据蜀僭号,喜于自用而无远谋。观其所为,皆不能有成。予揆天时,审人事,有可定之机。今师西出襄、樊,东逾淮、泗,首尾相应,击之必胜,大事可成,天下不难定。既定之后,生息犹难,方劳思虑耳。”克仁侍帷幄最久,故获闻太祖谋略居多。洪武二年四月,命克仁等授诸子经,功臣子弟亦令入学。已,出知江州,入为参议,坐事死。

赞曰:太祖起布衣,经营天下。渡江以来,规模宏远,声教风驰。虽曰天授,抑亦左右丞弼多国士之助欤。陈遇见礼不下刘基,而超然利禄之外。叶兑于天下大计,筹之审矣,亦能抗节肥遁,其高致均非人所易及。孔克仁无可称述,以太祖之雄谋大略具其事中,故叙列于篇。

明史卷一三六

列传第二四

陶安　钱用壬　　詹同　朱升

崔亮　牛谅　答禄与权　张筹　朱梦炎　刘仲质

陶凯　曾鲁　任昂　李原名

乐诏凤

　　陶安,字主敬,当涂人。少敏悟,博涉经史,尤长于《易》。元至
正初,举江浙乡试,授明道书院山长,避乱家居。太祖取太平,安与
耆儒李习率父老出迎。太祖召与语。安进曰:"海内鼎沸,豪杰并争,
然其意在子女玉帛,非有拨乱救民安天下心。明公渡江,神武不杀,
人心悦服,应天顺人,以行吊伐,天下不足平也。"太祖问曰:"吾欲
取金陵何如?"安曰:"金陵古帝王都,取而有之,抚形胜以临四方,
何向不克?"太祖曰:"善。"留参幕府,授左司员外郎,以习为太平知
府。习字伯羽,年八十余矣,卒于官。

　　安从克集庆,进郎中。及聘刘基、宋濂、章溢、叶琛至,太祖问
安:"四人者何如?"对曰:"臣谋略不如基,学问不如濂,治民之才不
如溢、琛。"太祖多其能让。黄州初下,思得重臣镇之,无逾安者,遂
命知黄州。宽租省徭,民以乐业。坐事谪知桐城,移知饶州。陈友
定兵攻城,安召吏民谕以顺逆,婴城固守。援兵至,败去。诸将欲尽
戮民之从寇者,安不可。太祖赐诗褒美。州民建生祠事之。

吴元年，初置翰林院，首召安为学士。时征诸儒议礼，命安为总裁官。寻与李善长、刘基、周祯、滕毅、钱用壬等删定律令。洪武元年，命知制诰兼修国史。帝尝御东阁，与安及章溢等论前代兴亡本末，安言丧乱之源，由于骄侈。帝曰："居高位者易骄，处佚乐者易侈。骄则善言不入，而过不闻。侈则善道不立，而行不顾。如此者，未有不亡。卿言甚当。"又论学术。安曰："道不明，邪说害之也。"帝曰："邪说害道，犹美味之悦口，美色之眩目。邪说不去，则正道不兴，天下何从治？"安顿首曰："陛下所言，可哀深探其本矣。"安事帝十余岁，视诸儒最旧。及官侍从，宠愈渥。御制门帖子赐之曰："国朝谋略无双士，翰苑文章第一家。"时人荣之。御史或言安隐过。帝诘曰："安宁有此，且若何从知？"曰："闻之道路。"帝大怒，立黜之。

洪武元年四月，江西行省参政阙，帝以命安，谕之曰："朕渡江，卿首谒军门，敷陈王道。及参幕府，裨益良多。继入翰林，益闻谠论。江西上游地，抚绥莫如卿。"安辞，帝不许。至任，政绩益著。其年九月卒于官。疾剧，草上时务十二事。帝亲为文以祭，追封姑孰郡公。

子晟，洪武中为浙江按察使，以贪贿诛。其兄昱亦坐死，发家属四十余人为军。后死亡且尽，所司复至晟家勾补。安继妻陈诣阙诉，帝念安功，除其籍。

初，安之裁定诸礼也，广德钱用壬亦多所论建。

用壬，字成夫，元南榜进士第一，授翰林编修。出使张士诚，留之，授以官。大军下淮、扬，来归。累官御史台经历，预定律令。寻与陶安等博议郊庙、社稷诸仪，其议释奠、耕田，皆援据经文及汉、魏以来故事以定其制。诏报可，语详《礼志》。洪武元年，分建六部官，拜用壬礼部尚书。凡礼仪、祭祀、宴享、贡举诸政，皆专属礼官。又诏与儒臣议定乘舆以下冠服诸式。时儒生多习古义，而用壬考证尤详确。然其后诸典礼亦多有更定云。其年十二月，请告归。

詹同，字同文，初名书。婺源人。幼颖异，学士虞集见之曰"才子也”，以其弟盘女妻之。至正中，举茂才异等，除郴州学正。遇乱，家黄州，仕陈友谅为翰林学士承旨。太祖下武昌，召为国子博士，赐名同。时功臣子弟教习内府，诸博士治一经，不尽通贯。同学识淹博，讲《易》、《春秋》最善。应教为文，才思泉涌，一时莫与并。迁考功朗中，直起居注。会议祫禘礼，同议当，遂用之。洪武元年，与侍御史文原吉、起居注魏观等循行天下，访求贤才。还进翰林直学士，迁侍读学士。

帝御下峻，御史中丞刘基曰：“古者公卿有罪，盘水加剑，诣请室自裁，所以励廉耻，存国体也。”同时侍侧，遂取《戴记》及贾谊疏以进，复剀切言之。帝尝与侍臣言声色之害甚于鸩毒，创业之君为子孙所承式，尤不可不谨。同因举成汤不迩声色，垂裕后昆以对。其因事纳忠如此。

四年，进吏部尚书。六年，兼学士承旨，与学士乐韶凤定释奠先师乐章。又以渡江以来，征讨平定之迹，礼乐治道之详，虽有纪载，尚未成书，请编《日历》。帝从之，命同与宋濂为总裁官，吴伯宗等为纂修官。七年五月书成。自起兵临濠至洪武六年，共一百卷。同等又言，日历秘天府，人不得见，请访唐《贞观政要》，分辑圣政，宣示天下。帝从之。乃分四十类，凡五卷，名曰《皇明宝训》。嗣后，凡有政迹，史官日记录之，随类增入焉。是年赐敕致仕，语极褒美。未行，帝复命与濂议大祀分献礼。久之，起承旨，卒。

同以文章结主，知应制占对，靡勿敏赡。帝尝言文章宜明白显易，通道术，达时务，无取浮薄。同所为多称旨，而操行尤耿介，故至老眷注不衰。

子徽，字资善，洪武十五年举秀才。官至太子少保兼吏部尚书。有才智，刚决不可犯，勤于治事，为帝所奖任。然性险刻。李善长之死，徽有力焉。蓝玉下狱，语连徽及子尚宝丞绂，并坐诛。

同从孙希原，为中书舍人，善大书。宫殿城门题额，往往皆希原笔也。

朱升，字允升，休宁人。元末举乡荐，为池州学正，讲授有法。蕲、黄盗起，弃官隐石门。数避兵遭窘，卒未尝一日废学。太祖下徽州，以邓愈荐，召问时务。对曰："高筑墙，广积粮，缓称王。"太祖善之。吴元年授侍讲学士，知制诰，同修国史。以年老，特免朝谒。

洪武元年，进翰林学士，定宗庙时享斋戒之礼。寻命与诸儒修《女诫》，采古贤后妃事可法者编上之。大封功臣，制词多升撰，时称典核。逾年，请老归，卒年七十二。

升自幼力学，至老不倦，尤邃经学。所作诸经旁注，辞约义精。学者称枫林先生。子同官礼部侍郎，坐事死。

崔亮，字宗明，藁城人。元浙江行省掾。明师至旧馆，亮降，授中书省礼曹主事。迁济南知府，以母忧归。洪武元年冬，礼部尚书钱用壬请告去，起亮代之。初，亮居礼曹时，即位、大祀诸礼皆其所条画，丞相善长上之朝，由是知名。及为尚书，一切礼制用壬先所议行者，亮皆援引故实，以定其议。考证详确，逾于用壬。

二年，议上仁祖陵曰英陵，复请行祭告礼。太常博士孙吾与以汉、唐未有行者，驳之。亮曰："汉光武加先陵曰昌，宋太祖亦加高祖陵曰钦，曾祖陵曰康，祖陵曰定，考陵曰安，盖创业之君尊其祖考，则亦尊崇其陵。既尊其陵，自应祭告，礼固缘人情而起者也。"廷议是亮。顷之，亮言："《礼运》曰'礼行于郊，则百神受职'。今宜增天下神祇坛于圜丘之东，方泽之西。"又言："《郊特牲》'器用陶匏'，《周礼疏》'外祀用瓦'，今祭祀用瓷，与古意合。而盘盂之属，与古尚异，宜皆易以瓷，惟笾用竹。"又请大祀前七日，陪祀官诣中书受誓戒，戒辞如唐礼。又依《周礼》定五祀及四时荐新、裸礼、圭瓒、郁畅之制，并言旗纛月朔望致祭，烦而渎，宜止行于当祭之月。皆允行。帝尝谓亮："先贤有言'见其生不忍见其死，闻其声不忍食其肉'。今祭祀省牲于神坛甚迩，心殊未安。"亮乃奏考古省牲之仪，远神坛二百步，帝大喜。

帝虑郊社诸祭,坛而不屋,或骤雨沾服。亮引宋祥符九年南郊遇雨,于太尉厅望祭,及元《经世大典》坛垣内外建屋避风雨故事,奏之。遂诏建殿于坛南,遇雨则望祭。而灵星诸祠亦皆因亮言建坛屋焉。时仁祖已配南北郊,而祀礼成后,复诣太庙恭谢。亮言宜罢,惟先祭三日,诣太庙以配享告。诏可。帝以日中有黑子,疑祭天不顺所致,欲增郊坛从祀之神。亮执奏汉、唐烦渎,不宜取法,乃止。

帝一日问亮曰:"朕郊祀天地,拜位正中,而百官朝参则班列东西,何也?"亮对曰:"天子祭天,升自午陛,北向,答阳之义也。祭社,升自子陛,南向,答阴之义也。若群臣朝参,当避君上之尊,故升降皆由卯陛,朝班分列东西,以避驰道,其义不同。"亮仓卒占对,必传经义,多此类。

自郊庙祭祀外,朝贺山呼、百司笺奏、上下寇服、殿上坐墩诸仪及大射军礼,皆亮所酌定。惟言大祀帝亲省牲,中祀、小祀之牲当遣官代,帝命亲祭者皆亲省。又请依唐制,令郡国奏祥瑞。帝以灵异所系尤重,命有司驿闻,与亮议异焉。三年九月,卒于官。其后牛谅、答禄与权、张筹、朱梦炎、刘仲质之属,亦各有所论建。

牛谅,字士良,东平人。洪武元年举秀才,为典簿。与张以宁使安南还,称旨,三迁至礼部尚书。更定释奠及大祀分献礼,与詹同等议省牲、冠服。御史答禄与权请祀三皇。太祖下其议礼官,并命考历代帝王有功德者庙祀之。七年正月,谅奏三皇立庙京师,春秋致祭,汉、唐以下,就陵立庙。帝为更定行之,亦详《礼志》。是年忤职,降主事。未几,复官,后仍以不任职罢。谅著述甚多,为世传诵。

答禄与权,字道夫,蒙古人。仕元为河南北道廉访佥事。入明,寓河南永宁。洪武六年,用荐授秦府纪善,改御史。请重刊律令。盱眙民进瑞麦,与权请荐宗庙。帝曰:"以瑞麦为朕德所致,朕不敢当,其必归之祖宗,御史言是也。"明年,出为广西按察佥事。未行,复为御史。上书请祀三皇。下礼官议,遂并建帝王庙。且遣使者巡视历代诸陵寝,设守陵户二人,三年一祭,其制皆由此始。又请行禘礼,议格不行,改翰林修撰,坐事降典籍,寻进应奉。十一年,以年老致仕。禘礼至嘉靖中始定。

张筹,字惟中,无锡人。父翼,尝劝张士诚将莫天祐降,复请于平章胡美勿戮降人,城中人得完。以詹同荐,授翰林应奉,改礼部主事。奉诏与尚书陶凯编集汉、唐以来藩王事迹为《昭鉴录》。洪武九年,由员外郎进尚书,与学士宋濂定诸王妃丧服之制。筹记诵淹博,在礼曹久,谙于历代礼文沿革,然颇善附会。初,陶安等定圜丘、方泽、宗庙、社稷诸仪,行数年矣。洪武九年,筹为尚书,乃更议合社稷为一坛,罢勾龙、弃配位,奉仁祖配飨,以明祖社尊而亲之之道,遂以社稷与郊庙祀并列上祀。识者窃非之。已,出为湖广参政。十年,坐事罚输作。十二年,仍起礼部员外郎。后复官,以事免。

朱梦炎,字仲雅,进贤人,元进士,为金溪丞。太祖召居宾馆,命与熊鼎集古事为质直语,教公卿子弟,名曰《公子书》。洪武十一年,自礼部侍郎进尚书。帝方稽古右文,梦炎援古证今,判析源流,如指诸掌,文章详雅有根据,帝甚重之。卒于官。

刘仲质,字文质,分宜人。洪武初,以宜春训导荐入京,擢翰林典籍,奉命校正《春秋本末》。十五年拜礼部尚书,命与儒臣定释奠礼,颁行天下学校,每岁春秋仲月通祀孔子如仪。时国子学新成,帝将行释菜。侍臣有言,孔子虽圣,人臣也,礼宜一奠再拜。帝曰:"昔周太祖如孔子庙,左右谓不宜拜。周太祖曰:'孔子百世帝王师,何敢不拜。'今朕有天下,敬礼百神,于先师礼宜加崇。"乃命仲质详议。仲质请帝服皮弁执圭,诣先师位前再拜,献爵,又再拜,退易服,乃诣彝伦堂命讲,庶典礼隆重。诏曰"可"。又立学规十二条,合钦定九条,颁赐师生。已,复奉命颁刘向《说苑》、《新序》于学校,令生员讲读。是年冬,改华盖殿大学士,帝为亲制诰文。坐事贬御史,后以老致仕。仲质为人厚重笃实,博通经史,文体典确,常当帝意焉。

陶凯，字中立，临海人，领至正乡荐，除永丰教谕，不就。洪武初，以荐征入，同修《元史》。书成，授翰林应奉，教习大本堂，授楚王经。三年七月，与崔亮并为礼部尚书，各有敷奏。军礼及品官坟茔之制，凯议也。其年，亮卒，凯独任，定科举式。明年会试，以凯充主考官，取吴伯宗等百二十人程文进御，凯序其首简，遂为定例。帝尝谕凯曰：“事死如事生，朕养已不逮，宜尽追远之道。”凯以太庙已有常祀，乃请于乾清宫左，别建奉先殿以奉神御。明奉先殿之制自此始。

五年，凯言：“汉、唐、宋时皆有会要，纪载时政。今起居注虽设，其诸司所领谕旨及奏事簿籍，宜依会要，编类为书，庶可以垂法后世。下台省府者，宜各置铜柜藏之，以备稽考，俾无遗阙。”从之。明年二月，出为湖广参政。致仕。八年起为国子祭酒。明年改晋王府左相。

凯博学，工诗文。帝尝厌前代乐章多谀辞，或未雅驯，命凯与詹同更撰，甚称旨。长至侍斋宫，言宜有篇什以纪庆成，遂命凯首唱，诸臣俱和，而宋濂为之序。其后扈行陪祀，有所献，帝辄称善。一时诏令、封册、歌颂、碑志多出其手云。凯尝自号耐久道人，帝闻而恶之。坐在礼部时，朝使往高丽，主客曹误用符验，论死。

曾鲁，字得之，新淦人。年七岁，能暗诵《五经》，一字不遗。稍长，博通古今。凡数千年国体人才，制度沿革，无不能言者。以文学闻于时。元至正中，鲁帅里中豪，集少壮保乡曲。数具牛酒，为开陈顺逆。众皆遵约束，无敢为非义者。人号其里曰君子乡。

洪武初，修《元史》，召鲁为总裁官。史成，赐金帛，以鲁居首。乞还山，会编类礼书，复留之。时议礼者蜂起。鲁众中扬言曰：“某礼宜据某说则是，从某说则非。”有辨诘者，必历举传记以告。寻授礼部主事。开平王常遇春薨，高丽遣使来祭。鲁索其文视之，外袭金龙黄帕，文不署洪武年号。鲁让曰：“龙帕误耳，纳贡称藩而不奉正朔，于义何居？”使者谢过，即令易去。安南陈叔明篡立，惧讨，遣使入贡以觇朝廷意。主客曹已受其表，鲁取副封视之，白尚书诘使者曰："前王日煁，今何骤更名？"使者不敢讳，具言其实。帝曰："岛夷乃狡狯如此耶！"却其贡。由是器重鲁。

五年二月，帝问丞相："鲁何官？"对曰："主事耳。"即日超六阶，拜中顺大夫、礼部侍郎。鲁以顺字犯其父讳辞，就朝请下阶。吏部持典制，不之许。戍将捕获倭人，帝命归之。儒臣草诏，上阅鲁藁大悦曰："顷陶凯文已起人意，鲁复如此，文运其昌乎！"未几，命主京畿乡试。甘露降钟山，群臣以诗赋献，帝独褒鲁。是年十二月引疾归，道卒。淳安徐尊生尝曰："南京有博学士二人，以笔为舌者宋景濂，以舌为笔者曾得之也。"鲁属文不留藁，其徒间有所辑录，亦未成书云。

洪武中，礼部侍郎二十余人，其知名者，自曾鲁外，有刘嵩、秦约、陈思道、张衡数人。嵩自有传。

约，崇明人，字文仲。博学，工辞章，洪武初，以文学举，召试《慎独箴》，约文第一，立擢礼部侍郎。母老乞归。已，复召。入陈三事，皆切直，仍乞归，卒。

思道，山阴人，字执中。以进士授刑部主事。帝赏其执法，超拜兵部侍郎，益励风节，人莫敢干以私。改礼部，乞归。居家不殖生产，守令造门不得见。久之，卒。

衡事别载。

任昂，字伯颙，河阴人。元末举进士，除知宁晋县，不赴。洪武初，荐起为襄垣训导，擢御史。十五年，拜礼部尚书。帝加意太学，罢祭酒李敬、吴颙，命昂增定监规八条。遂以曹国公李文忠、大学士宋讷兼领国子监事。会司谏关贤上言："迩来郡邑所司非人，师道不立，岁选士多缺，甚至俊秀生员，点充承差，乖朝廷育贤意。"昂乃奏定天下岁贡士从翰林院考试，以为殿最。明年，命科举与荐举并行。昂条上科场成式，视前加详，取士制始定。广东都指挥狄崇、王臻以妾为继室乞封。下廷议，昂持不可。从之。遂命昂及翰林院定嫡妾封赠例，因诏偕吏部定文官封赠例十一，荫叙例五，颁示中外。

寻请更定冕服之制，及朝参坐次。又奏毁天下滛祠，正祀典称号。"蜀祀秦守李冰，附以汉守文翁、宋守张咏，密县祀太傅卓茂，钧州祀丞相黄霸，彭泽祀丞相狄仁杰，皆遗爱在民。李龙迁祀于隆州，谢夷甫祀于福州，皆为民捍患。吴丞相陆逊以劳定国，宜祀于吴，以子抗、从子凯配。元总管李黼立祀江州，元帅余阙立庙安庆，皆以死勤事。从阙守皖，全家殉义者，有万户李宗可，宜配享阙庙。"皆报可。明年命以乡饮酒礼颁天下，复令制大成乐器，分颁学宫。是时，以八事考课外史，及次第云南功赏，事不隶礼部，帝皆命昂主其议。寻予告归。

李原名，字资善，安州人。洪武十五年，以通经儒士举为御史。二十年，使平缅归，言："思伦发怀诈窥伺，宜严边备。靖江王以大理印行令旨，非法，为远人所轻。"称旨，擢礼部尚书。自是远方之事多咨之。高丽奏辽东文、高、和、定州皆其国旧壤，乞就铁岭屯戍。原名言："数州皆入元版图，属于辽，高丽地以鸭绿江为界。今铁岭已置卫，不宜复有陈请。"帝命谕其国守分土，无生衅。安南岁贡方物，帝念其劳民，原名以帝意谕之，令三年一贡，自是为定制。又以帝命行养老之政，申明府州县岁贡多寡之数，定官民巾服之式，皆著为令。

初，以答禄与权言，建历代帝王庙，至是原名请以风后、力牧等三十六人侑享。帝去赵普、安童、阿术而增陈平、冯异、潘美、木华黎，余悉如原名奏。鲁王薨，定丧服之制。进士王希曾请丧出母，原名谓非礼，宜禁。凡郊祀、宗庙、社稷、岳渎诸制，先后儒臣论定，时有详略，帝悉令原名更正之。诸礼臣惟原名在任久，二十三年以老致仕。

乐韶凤，字舜仪，全椒人。博学能文章。谒太祖于和阳，从渡江，参军事。洪武三年，授起居注，数迁。六年，拜兵部尚书。与中书省、御史台、都督府定教练军士法。改侍讲学士，与承旨詹同正释奠先师乐章，编集《大明日历》。七年，帝以祭祀驾还，应用乐舞前导，命诏凤等撰词，因撰《神降祥》、《神贶惠》、《醑酒》、《色荒》、《禽荒》诸曲以进，凡三十九章，曰《回銮乐歌》，皆寓规谏。礼部具《乐舞图》以上，命太常肄习之。

明年，帝以旧韵出江左，多失正，命与廷臣参考中原雅音正之。书成，名《洪武正韵》。又命考陵寝朔望祭祀及登坛脱舄诸礼仪，皆说稽故实，俱从之。寻病免，未几，复起为祭酒。奉诏定皇太子与诸王往复书札礼，考据精祥，屡被褒答。十三年，致仕归，以寿终。弟晖、礼、毅，皆知名。

赞曰：明初之议礼也，宋濂方家居，诸仪率多陶安裁定。大祀礼专用安议，其余参汇诸说，从其所长：祫禘用詹同，时享用朱升，释奠、耕耤用钱用壬，五祀用崔亮，朝会用刘基，祝祭用魏观，军礼用陶凯。皆能援据经义，酌古准今，郁然成一代休明之治。虽折中断制，裁自上心，诸臣之功亦曷可少哉。

明史卷一三七
列传第二五

刘三吾　汪叡　朱善　　安然　王本等

吴伯宗　鲍恂　任亨泰　　吴沉

桂彦良　李希颜　徐宗实　陈南宾　刘淳

董子庄　赵季通　杨黼　金实等　　宋讷　许存仁

张美和　聂铉　贝琼　　赵俶　钱宰　萧执

李叔正　刘崧　罗复仁

孙汝敬

　　刘三吾，茶陵人。初名如孙，以字行。兄耕孙、焘孙皆仕元。耕孙，宁国路推官，死长枪贼难。焘孙，常宁州学正，死僚寇。三吾避兵广西，行省承制授靖江路儒学副提举。明兵下广西，乃归茶陵。

　　洪武十八年，以茹瑺荐召至，年七十三矣，奏对称旨，授左赞善，累迁翰林学士。时天下初平，典章阙略。帝锐意制作，宿儒凋谢，得三吾晚，悦之。一切礼制及三场取士法多所刊定。三吾博学善属文。帝制《大诰》及《洪范注》成，皆命为序。敕修《省躬录》、《书传会选》、《寰宇通志》、《礼制集要》诸书，皆总其事，赐赉甚厚。帝尝曰："朕观奎壁间尝有黑气，今消矣，文运其兴乎。卿等宜有所述作，以称朕意。"帝制诗，时令属和，尝赐以朝鲜玳瑁笔。朝参，命列侍卫前。燕享,赐坐殿中。与汪睿、朱善称"三老"。既而三吾年日益老,才力日益减,往往忤意,礼遇亦渐轻。二十三年授晋世子经,吏部侍郎侯庸劾其怠职,降国子助教,寻还职。

三吾为人慷慨,不设城府,自号坦坦翁。至临大节,屹乎不可夺。懿文太子薨,帝御东阁门,召对群臣,恸哭。三吾进曰:"皇孙世嫡承统,礼也。"太孙之立由此。户部尚书赵勉者,三吾婿也,坐赃死。三吾引退,许之。未几,复为学士。三十年,偕纪善、白信蹈等主考会试。榜发,泰和宋琮第一,北士无预者。于是诸生言三吾等南人,私其乡。帝怒,命侍讲张信等覆阅,不称旨。或言信等故以陋卷呈,三吾等实属之。帝益怒,信蹈等论死,三吾以老戍边,琮亦遣戍。帝亲赐策问,更擢六十一人,皆北士,时谓之"南北榜",又曰"春夏榜"云。建文初,三吾召还,久之卒。

琮起刑部检校。乡人杨士奇辈贵显,琮无所攀援。宣德中,犹以检讨掌助教事,卒官。

汪睿,字仲鲁,婺源人。元末与弟同集众保乡邑,助复饶州,授浮梁州同知,不就。胡大海克休宁,睿兄弟来附,设星源翼分院于婺源,以同为院判。睿归田里。庚子秋,同将兵争鄱阳,不克,弃妻奴,亡之浙西。幕府疑之,檄睿入应天为质。已,闻同为张士诚所杀,乃授睿安庆税令,未几,征参赞川、蜀军事,以疾辞去。洪武十七年,复召见,命讲《西伯戡黎》篇,授左春坊左司直,常命续《薰风自南来》诗及他应制,皆称旨。请春夏停决死罪,体天地生物之仁,从之。逾年,疾作,请假归。睿敦实闲静,不妄言笑,及进讲,遇事辄言,帝尝以"善人"呼之。

朱善,字备万,丰城人。九岁通经史大义,能属文。元末兵乱,隐山中,事继母以孝闻。洪武初,为南昌教授。八年,廷对第一,授修撰。逾年,奏对失旨,改典籍,放还乡。复召为翰林待诏,上疏论婚姻律曰:"民间姑舅及两姨子女,法不得为婚。仇家诋讼,或已聘见绝,或既婚复离,甚至儿女成行,有司逼夺。按旧律,尊长卑幼相与为婚者有禁。盖谓母之姊妹，与已之身，是为姑舅两姨，不可以卑幼上匹尊属。若姑舅两姨子女，无尊卑之嫌。成周时，王朝相与为婚者，不过齐、宋、陈、杞，故称异姓大国曰伯舅，小国曰叔舅。列国齐、宋、鲁、秦、晋亦各为甥舅之国。后世晋王、谢，唐崔、卢、潘、杨之睦，朱、陈之好，皆世为婚媾。温峤以舅子娶姑女，吕荥公夫人张氏即其母申国夫人姊女。古人如此甚多，愿下群臣议，弛其禁。"帝许之。十八年，擢文渊阁大学士。尝讲《家人卦》、《心箴》，帝大悦。未几，请告归。卒年七十二。著有《诗经解颐》、《史辑》传于世。正德中，谥文恪。

安然，祥符人。徙居颍州。元季以左丞守莱州。明兵下山东，率众归附。累官山东参政。抚绥流移，俸余悉给公用，帝闻而嘉之。洪武二年，召为工部尚书，出为河南参政。历浙江布政使，入为御史台右大夫。十三年改左中丞，坐事免。未几，召为四辅官。

先是，胡惟庸谋反伏诛，帝以历代丞相多擅权，遂罢中书省，公其职于六部。既又念密勿论思不可无人，乃建四辅官，以四时为号，诏天下举贤才。户部尚书范敏荐耆儒王本、杜祐、龚敩，杜斅、赵民望、吴源等。召至，告于太庙，以本、祐、龚敩为春官，杜斅、民望、源为夏官，秋冬阙，命本等摄之。位都督次，屡赐敕谕，隆以坐论之礼，命协赞政事，均调四时。会立冬，朔风酿寒。帝以为顺冬令，乃本等功，赐敕嘉勉。又月分三旬，人各司之，以雨旸时若，验其称职与否。刑官议狱，四辅及谏院覆核奏行，有疑谳，四辅官封驳。居无何，敩等四人相继致仕，召然代之。本后坐事诛。诸人皆老儒，起田家，淳朴无他长。独然久历中外，练达庶务。眷注特隆。十四年八月卒。帝念然来归之诚，亲制文祭之。继然为四辅者，李干、何显周。干出为知府，祐、显周俱罢去，是官遂废不复设。

本，不详其籍里。祐，安邑人。尝三主本布政司乡试，称得人。龚敩，铅山人。以行谊重于乡，致仕后，复起为国子司业，历祭酒。坐放诸生假不奏闻，免。杜斅，字致道，壶关人。举元乡试第一，历官台州学正。归家教授，通《易》、《诗》、《书》三经。源，莆田人。亦再征为国子司业，卒于官。民望，藁城人。干，绛州人。显周，内黄人。

吴伯宗，名祐，以字行，金溪人。洪武四年，廷试第一。时开科之始，帝亲制策问，得伯宗甚喜，赐冠带袍笏，授礼部员外郎，与修《大明日历》。胡惟庸用事，欲人附己，伯宗不为屈。惟庸衔之，坐事谪居凤阳。上书论时政，因言惟庸专恣不法，不宜独任，久之必为国患。辞甚恺切。帝得奏召还，赐衣钞。奉使安南，称旨。除国子助教，命进讲东宫，首陈正心诚意之说，改翰林典籍。帝制十题命赋，援笔立就，词旨雅洁。赐织金锦衣，除太常寺丞，辞。改国子司业，又辞。忤旨，贬金县教谕。未至，召还为翰林检讨。十五年进武英殿大学士。明年冬，坐弟仲实为三河知县荐举不实，词连伯宗，降检讨。

伯宗为人温厚，然内刚，不苟婟阿，故屡踬。逾年，卒于官。伯宗成进士，考试官则宋濂、鲍恂也。

恂，字仲孚，崇德人。受《易》于临川吴澄，好古力行，著《大易传义》，学者称之。元至正中，以荐授温州路学正。寻召入翰林，不就。洪武四年，初科举取士，召为同考官。试已，辞去。十五年，与吉安余诠、高邮张长年、登州张绅，皆以明经老成为礼部主事。刘庸所荐，召至京。恂年八十余，长年、诠亦皆逾七十矣，赐坐顾问。翌日，并命为文华殿大学士。皆以老疾固辞，遂放还。绅后至，以为鄠县教谕，寻召为右佥都御史，终浙江左布政使。其明年以耆儒征者，曰全思诚，字希贤，上海人，亦授文华殿大学士。又明年请老，赐敕致仕。

伯宗之使安南也，以名德为交人所重。其后，襄阳任亨泰亦举洪武二十一年进士第一，以礼部尚书使安南，交人以为荣。前后安南者，并称吴、任云。

亨泰为礼部尚书时，日照民江伯儿以母病杀其三岁子祀岱岳，有司以闻。帝怒其灭绝伦理，杖百，戍海南，因命亨泰定旌表孝行事例。亨泰议曰："人子事亲，居则致其敬，养则致其乐，有疾则谨其医药。卧冰割股，事非恒经。割股不已，至于割肝，割肝不已，至于杀子，违道伤生，莫此为甚。堕宗绝祀，尤不孝之大者，宜严行戒谕。倘愚昧无知，亦听其所为，不在旌表之例。"诏曰"可"。明年，议秦王丧礼，因定凡世子袭爵之礼。会讨龙州赵宗寿，命偕御史严震直使安南，谕以谨边方，无纳逋逃。时帝以安南篡弒，绝其贡使。至是闻诏使至，震恐。亨泰为书，述朝廷用兵之故以安慰之，交人大悦。使还，以私市蛮人为仆，降御史。未几，思明土官与安南争界，词复连亨泰，坐免官。

吴沉，字浚仲，兰溪人。元国子博士师道子也，以学行闻。太祖下婺州，召沉及同郡许元、叶瓒玉、胡翰、汪仲山、李公常、金信、徐孳、童冀、戴良、吴履、孙履、张起敬会食省中，日令三人进讲经史。已，命沉为郡学训导。

洪武初，郡以儒士举，误上其名曰信仲，授翰林院待制。沉谓修撰王厘曰："名误不更，是欺罔也。"将白于朝。厘言恐触上怒，沉不从，牒请改正。帝喜曰："诚悫人也。"遂眷遇之，召侍左右。以事降编修。给事中郑相同言："故事启事东宫，惟东宫官属称臣，朝臣则否。今一体称臣，于礼未安。"沉驳之曰："东宫，国之大本。尊东宫，所以尊主上也。相同言非是。"帝从之。寻之奏对失旨，降翰林院典籍。已，擢东阁大学士。

初，帝谓沉曰："圣贤立教有三：曰敬天、曰忠君、曰孝亲。散在经卷，未易会其要领，尔等以三事编辑。"至是书成，赐名《精诚录》，命沉撰序。居一年，降翰林侍书，改国子博士，以老归。沉尝著辩，言孔子封王为非礼。后布政使夏寅、祭酒丘浚皆沿其说。至嘉靖九年，更定祀典，改称"至圣先师"，实自沉发之也。

桂彦良，名德称，以字行，慈溪人。元乡贡进士，为平江路学教授,罢归。张士诚、方国珍交辟,不就。洪武六年征诣公车。授太子正字。帝尝出御制诗文,彦良就御座前朗诵,声彻殿外,左右敬愕,帝嘉其朴直。时选国子生蒋学等为给事中,举人张唯等为编修,肄业文华堂。命彦良及宋濂、孔克表为之师。尝从容有所咨问,彦良对必以正。帝每称善,书其语揭便殿。七年冬至,词臣撰南郊祝文用"予""我"字,帝以为不敬。彦良曰:"成汤祭上帝曰'予小子履',武王祀文王之诗曰'我将我享',古有此言。"帝色霁曰:"正字言是也。"时御史台具狱,令词臣覆谳。彦良所论释者数十人。

迁晋王府右傅,帝亲为文赐之。彦良入谢,帝曰:"江南大儒,惟卿一人。"对曰:"臣不如宋濂、刘基。"帝曰:"濂,文人耳。基,峻隘,不如卿也。"彦良至晋,制《格心图》献王。后更王府官制,改左长史。朝京师,上太平十二策。帝曰:"彦良所陈,通达事体,有裨治道。世谓儒者泥古不通今,若彦良可谓通儒矣。"十八年,请告归,越二年卒。

明初,特重师傅。既命宋濂教太子,而诸王傅亦慎其选。彦良与陈南宾等皆宿儒老生,而李希颜与驸马都尉胡观傅徐宗实,尤以严见惮。

李希颜,字愚庵,郏人。隐居不仕。太祖手书征之,至京,为诸王师。规范严峻,诸王有不率教者,或击其额,帝抚而怒。高皇后曰:"乌有以圣人之道训吾子,顾怒之耶?"太祖意解,授左春坊右赞善。诸王就藩,希颜归旧隐,闾里宴集,常著绯袍戴笠往。客问故?笑曰:"笠本质,绯君赐也。"

徐宗实,名垕,以字行,黄岩人。少颖悟,笃于学。洪武中,被荐,除铜陵簿。请告迎养,忤帝意,谪戍淮阴驿。会东川侯胡海子观选尚主,帝为观择师,难其人,以命宗实。中使援他府例,置驸马位中堂南向,而布师席于西阶上东向。宗实手引驸马位使下,然后为说书。左右大惊,相顾以目。帝闻而嘉之,召宗实慰劳数四。洪武末,授苏州通判,奏发官粟二十万石以活饥民。春水暴啮堤,倡议修筑。吴人皆以为便。请旌元节妇王氏,礼部以前朝事不当允。宗实言:

"武王封比干墓,独非前朝事乎!"遂得旌。建文二年,超擢兵部右侍郎,坐事贬官,寻复职。燕事急,使两浙招义勇。成祖即位,疏乞归。逾二年,以事被逮,道卒。

陈南宾,名光裕,以字行。茶陵人。元末为全州学正。洪武三年聘至都,除无棣丞,历胶州同知,所至以经术为治。召为国子助教。尝入见,讲《洪范·九畴》。帝大喜,书姓名殿柱。后御注《洪范》,多采其说。擢蜀府长史。蜀献王好学,敬礼尤至,造安车以赐。为构第,名"安老堂"。二十九年,与方孝孺同为四川考试官。诗文清劲有法。卒年八十。其后诸王府长史刘淳、董子庄、赵季通、杨黼、金实、萧用道、宋子环之属,皆有名。

刘淳,南阳人。洪武末为原武训导,周王聘为世子师。寻言于朝,补右长史,以正辅王。端礼门槐盛夏而枯,淳陈咎徵进戒。王用其言修省,枯枝复荣。王旌其槐曰"摅忠"。致仕十余年而卒,年九十有七。

董子庄,名琰,以字行。江西乐安人。有学行。洪武中,以学官迁知茂名县。永乐时,由国子司业出为赵王府右长史,随事匡正。王多过,帝辄以责长史。子庄以能谏,得无过。十八年春,当陪祀国社,夙起,衣冠端坐而卒。

赵季通,字师道,天台人,亦由教官历知永丰、龙溪,与修《太祖实录》,累进司业。出为赵王府左长史,与子庄同心辅导,藩府贤僚首称赵、董云。

杨黼,吉水人。官御史。仁宗即位,上疏言十事,擢卫王府右长史。尽心献替,未尝苟取一钱。宣德初,卒。

金实，开化人。永乐初，上书言治道。帝嘉之。复对策称旨，除翰林典籍，与修《太祖实录》、《永乐大典》，选为东宫讲官，历左春坊左司直。仁宗立，除卫府左长史。正统初，卒。为人孝友，敦行谊，阅经史，日有程限，至老不辍。

萧用道，泰和人。建文中，举怀才抱德，诣阙试文章。擢靖江王府长史，召入翰林，修《类要》。燕师渡淮，与周是修同上书，指斥用事者。永乐时，预修《太祖实录》，改右长史，从王之藩桂林。尝为王陈八事，曰：慎起居，寡嗜欲，勤学问，养德性，简鞭扑之刑，无侵下人利，常接府僚以通群情，简择谨厚人以备差遣。又作《端礼、体仁、遵义、广智》四门箴献王。久之，以疾乞归。成祖怒，贬宣府鹞儿岭巡检，卒。子晅，由进士官湖广左布政使。天顺四年，举治行卓异，拜礼部尚书。初，两京尚书缺，多用布政使为之。自晅后，遂无拜尚书者。晅重厚廉静，而不善奏对，调南京，卒。

宋子环，庐陵人。由庶吉士历考功郎中。从师逮采木湖广，以宽厚得众心。仁宗即位，授梁府右长史，改越府。和易澹泊，所至有贤声。宣德中，卒官。自是以后，王府官不为清流，遂无足纪者矣。

宋讷，字仲敏，滑人。父寿卿，元侍御史。讷性持重，学问该博。至正中，举进士，任盐山尹，弃官归。洪武二年，征儒士十八人编《礼》、《乐》诸书，讷与焉。事竣，不仕归。久之，用四辅官杜敩荐，授国子助教，以说经为学者所宗。十五年，超迁翰林学士，命撰《宣圣庙碑》。称旨，赏赉甚厚。改文渊阁大学士。尝寒附火，燎胁下衣，至肤始觉。帝制文警之。未几，迁祭酒。时功臣子弟皆就学，及岁贡士尝数千人。讷为严立学规，终日端坐讲解无虚晷，夜恒止学舍。十八年复开进士科，取士四百七十有奇。由太学者三之二。再策士，亦如之。帝大悦。制词褒美。

助教金文征等疾讷，构之吏部尚书余熂，牒令致仕。讷陛辞，帝惊问,大怒,诛炌、文征等,留讷如故。讷尝病,帝曰:"讷有寿骨,无忧也。"寻愈。帝使画工睗讷图其像,危坐有怒色。明日入对,帝问昨何怒。讷惊对曰:"诸生有趋蹡者,碎茶器。臣愧失教,故自讼耳。且陛下何自知之?"帝出图,讷顿首谢。

长子麟,举进士,擢御史,出为望江主簿。帝念讷老,召还侍。二十三年春,讷病甚,乃止学舍。麟请归私第,叱曰:"时当丁祭,敢不敬耶!"祭毕,舁归舍而卒,年八十。帝悼惜,自为文祭之。又遣官祭于家,为治葬地。文臣四品给祭葬者,自讷始。正德中,谥文恪。

讷尝应诏陈边事,言:"海内乂安,惟沙漠尚烦圣虑。若穷追远击,未免劳费。陛下为圣子神孙计,不过谨边备而已。备边在乎实兵,实兵在乎屯田。汉赵充国将四万骑,分屯缘边九郡,而单于引却。陛下宜于诸将中选谋勇数人,以东西五百里为制,立法分屯,布列要害,远近相应,遇敌则战,寇去则耕,此长策也。"帝颇采用其言,讷既卒,帝思之,官其次子复祖为司业,诫诸生守讷学规,违者罪至死。

明开国时即重师儒官,许存仁、魏观为祭酒,老成端谨。讷稍晚进,最蒙遇。与讷定学规者,司业王嘉会、龚敩。三人年俱高,须发皓白,终日危坐,堂上肃然。而张美和、聂铉、贝琼等皆名儒,当洪武时,先后为博士、助教、学录,以故诸生多所成就,魏观事别载。

嘉会,字原礼,嘉兴人。以荐征,累官国子监司业。十六年,亦以老请归,优诏留之。年八十卒,赙恤甚厚。

许存仁,名元,以字行。金华许谦子也。太祖素闻谦名,克金华,访得存仁,与语大悦,命傅诸子。擢国子博士。尝命讲《尚书》、《洪范》休咎征之说,又尝问孟子何说为要。存仁以行王道、省刑、薄赋对。吴元年擢祭酒。存仁出入左右垂十年,自稽古礼文事,至进退人才,无不与论议,既将议即大位,而存仁告归。司业刘丞直曰:"主上方应天顺人,公宜稍待。"存仁不听,果忤旨,金事程孔昭劾其隐事，遂逮死狱中。

张美和，名九韶，以字行。清江人。能词赋。元末，累举不仕。洪武三年，以荐为县学教谕，后迁国子助教，改翰林院编修。致仕归，帝亲为文赐之。复与钱宰等并征修《书》传，既成，遣还。

聂铉，字器之，美和同邑人。洪武四年进士。为广宗丞，疏免旱灾税，秩满入观，献《南都赋》及《洪武圣德诗》。授翰林院待制，改国子助教，迁典籍，与美和同赐归。十八年复召典会试，欲留用之，乞便地自养，令食庐陵教谕俸，终其身。

贝琼，字廷琚，崇德人。性坦率，笃志好学，年四十八，始领乡荐。张士诚屡辟不就。洪武初，聘修《元史》。既成，受赐归。六年，以儒士举，除国子助教。琼尝慨古乐不作，为《大韶赋》以见志。宋濂之为司业也，建议立四学，并祀舜、禹、汤、文为先圣。太祖既绌其说，琼复为《释奠解》驳之，识者多是琼议。与美和、铉齐名，时称"成均三助"。九年改官中都国子监，教勋臣子弟。琼学行素优，将校武臣皆知礼重。十一年致仕，卒。

赵俶，字本初，山阴人。元进士。洪武六年征授国子博士。帝尝御奉天殿，召俶及钱宰、贝琼等曰："汝等一以孔子所定经书为教，慎勿杂苏秦、张仪纵横之言。"诸臣顿首受命。俶因请颁正定《十三经》于天下，屏《战国策》及阴阳谶卜诸书，勿列学宫。明年择诸生颖异者三十五人，命俶专领之，教以古文。寻擢李扩、黄义等入文华、武英二堂说书，皆见用。九年，御史台言博士俶以《诗经》教成均四年，其弟子多为方岳重臣及持节各部者，今年逾悬车，请赐骸骨。于是以翰林院待诏致仕。赐内帑钱治装。宋濂率同官暨诸生千余人送之。卒年八十一。子圭玉，兵部侍郎，出知莱州，有声。

钱宰，字子予，会稽人。吴越武肃王十四世孙。至正间中甲科，亲老不仕。洪武二年征为国子助教。作《金陵形胜论》、《历代帝王庙乐章》，皆称旨。十年乞休，进博士，赐敕遣归。至二十七年，帝观蔡氏《书传》，象纬运行，与朱子《诗传》相悖，其他注与鄱阳邹季友所论有未安者，征天下宿儒订正之。兵部尚书唐铎举宰及致仕编修张美和、助教靳权等，行人驰传征至，命刘三吾总其事。江东诸门酒楼成，赐百官钞，宴其上。宰等赋诗谢，帝大悦。谕诸儒年老愿归者，先遣之。宰年最高，请留。帝喜。书成，赐名《书传会选》，颁行天下。厚赐，令驰驿归。卒年九十六。

又萧执者，字子所，泰和人。洪武四年，乡举。为国子学录。明年夏至，帝有事北郊，召尚书吴琳、主事宋濂率文学士以从。执偕陶凯等十二人入见斋所。令赋诗，复令赋山栀花。独喜执作，遍示诸臣，宠眷倾一时。时帝留意文学，往往亲试廷臣，执与陈观知遇尤异。

观以训导入觐，试《王猛扪虱论》，立擢陕西参政。寻召还侍左右，应制作《钟山赋》，赐金币。在陕以廉谨称。或问陕产金何状？观大惊曰："吾备位藩寮，何金之问。"其卒也，妻子几无以自存。而执以亲老乞归，亲没庐墓侧。中国公邓镇剿龙泉寇，不戢下。执往责之，镇为禁止，邑人以安。两人皆笃行君子也。

李叔正，安克正，初名宗颐，靖安人。年十二能诗，长益淹博。时江西有十才子，叔正其一也。以荐授国子学正。洪武初，告归。

未几，复以荐为学正，迁渭南丞。同州蒲城人争地界，累年不决，行省以委叔正。单骑至，剖数语立决。渭南岁输粮二万，豪右与猾吏为奸，田无定额。叔正履亩丈量，立法精密，诸弊尽剔。

迁兴化知县。寻召为礼部员外郎，以年老乞归，不许，改国子助教，于是叔正三至太学矣。帝方锐意文治，于国学人材尤加意。然诸生多贵胄，不率教。叔正严立规条，旦夕端坐，督课无倦色。朝论贤之。

擢监察御史，奉命巡岭表。琼州府吏讦其守踞公座签表文，叔正鞫之。守得白，抵吏罪。太祖嘉之曰："人言老御史懦，乃明断如是耶。"累官礼部侍郎。十四年，进尚书，卒于官。叔正妻夏氏，陈友谅陷南昌时，投井死。叔正感其义，终身不复娶。

刘崧，字子高，泰和人，旧名楚。家贫力学，寒无炉火，手皲裂。而钞录不辍。元末举于乡。洪武三年，举经明行修，改今名。召见奉天殿，授兵部职方司郎中，奉命征粮镇江。镇江多勋臣田，租赋为民累，崧力请得少减。迁北平按察司副使，轻刑省事，招集流亡，民咸复业。立文天祥祠于学宫之侧，勒石学门，示府县勿以徭役累诸生。尝请减僻地驿马以益宛平，帝可其奏，顾谓侍臣曰："驿传劳逸不均久矣，崧能言之，牧民不当如是耶。"为胡惟庸所恶，坐事谪输作，寻放归。十三年，惟庸诛，征拜礼部侍郎。未几，擢吏部尚书。雷震谨身殿，帝廷谕群臣陈得失，崧顿首，以修德行仁对。寻致仕。

明年三月与前刑部尚书李敬并征，拜敬国子祭酒，而崧为司业。赐鞍马，令朝夕见，见辄燕语移时。未旬日卒。疾作，犹强坐训诸生。及革，敬问所欲言。曰："天子遣崧教国子，将责以成功，而遽死乎！"无一语及家事。帝命有司治殡殓，亲为文祭之。

崧幼博学，天性廉慎。兄弟三人共居一茅屋，有田五十亩。及贵，无所增益。十年一布被，鼠伤，始易之，仍葺以衣其子。居官未尝以家累自随。之任北平，携一童往，至则遣还。晡时吏退，孤灯读书，往往达旦。善为诗，豫章人宗之为"西江派"云。

罗复仁，吉水人。少嗜学，陈友谅辟为编修。已，知其无成，遁去。谒太祖于九江，留置左右。从战鄱阳，赍蜡书谕降江西未下诸郡，授中书咨议。从围武昌，太祖欲招陈理降，以复仁故友谅臣也。遣入城谕，且曰："理若来，不失富贵。"复仁顿首曰："如陈氏遗孤得保首领，俾臣不食言于异日，臣死不憾。"太祖曰："汝行，吾不汝误也。"复仁至城下，号恸者竟日，理缒之入。见理大哭，陈太祖意，且曰：“大兵所向皆摧，不降且屠，城中民何罪？”理听其言，遂率官属出降。

迁国子助教，以老特赐乘小车出入。每宴见，赐坐饮食。已，复使扩廓。前使多拘留，复仁议论慷慨，独得还。洪武元年擢编修，复偕主事张福往谕安南还占城侵地。安南奉诏，遗复仁金、贝、土产甚厚，悉却不受。帝闻而贤之。

三年，置弘文馆，以复仁为学士，与刘基同位。在帝前率意陈得失，尝操南音。帝顾喜其质直，呼为“老实罗”而不名。间幸其舍，负郭穷巷，复仁方垩壁，急呼其妻抱杌以坐帝。帝曰：“贤士岂宜居此。”遂赐第城中。天寿节制《水龙吟》一阕以献，帝悦，厚赐之。寻乞致仕。陛辞，赐大布衣，题诗衣襟上褒美之。已，又召至京师，奏减江西秋粮，报可。留三月，赐玉带、铁拄杖、坐墩、裘马、食具遣还，以寿终。

孙汝敬，名简，以字行。永乐二年庶吉士，就学文渊阁，诵书不称旨，即日遣戍江南，数日复之。自此刻厉为学，累迁侍讲。仁宗时，上言时政十五事，忤旨下狱。既与李时勉同改御史，直声震一时。宣宗初，上书大学士杨士奇曰：“太祖高皇帝奄有四海，太宗文皇帝再造寰区，然犹翼翼兢兢，无敢豫息。先皇帝嗣统未及期月，奄弃群臣。揆厥所由，皆恓壬小夫，献金石之方以致疾也。去冬，简以愚戆应诏上书，言涉不敬，罪当万死。先皇帝怜其孤直，宽雷霆之诛，俾居言路，抚躬循省，无可称塞。伏见今年六月，车驾幸天寿山，躬谒二陵，京师之人瞻望咨嗟，以为圣天子大孝。既而道路喧传，礼毕即较猎讲武，扈从惟也先土干与其徒数百人，风驰电掣，驰逐先后。某闻此言，必悸胆落。夫蒐苗狝狩，固有国之常经。然以谒陵出，而与降将较猎于山谷间，垂堂之戒，衔橛之虞，不可不深虑也。执事四朝旧臣，二圣元辅，于此不言，则孰得而言者？惟特加采纳，经弘靖献之思，光弼直之义。”

寻，擢工部右侍郎，两使安南。时黎利言其主陈暠已死，而张筵设女乐，汝敬叱之，利惧谢。还督两浙漕运，理陕西屯田，多所建置。坐受馈，充为事官。英宗立，遇赦，汝敬误引诏复职，复逮系。以在陕措置劳，宥死戍边。寻复职，莅故任。寒上有警，汝敬往督饷。遇敌红城子，中流矢，坠马得免。以疾告归，卒。

　　赞曰：明始建国，首以人材为务。征辟四方，宿儒群集阙下，随其所长而用之。自议礼定制外，或参列法从，或预直承明，而成均胄子之任尤多称职，彬彬乎称得人焉。夫诸臣当元之季世，穷经绩学，株守草野，几于没齿无闻。及乎泰运初平，连茹利见，乃各展所蕴，以润色鸿猷，黼黻文治。昔人谓天下不患无才，惟视上之网罗何如耳，顾不信哉！

明史卷一三八
列传第二六

陈修 　滕毅　赵好德　翟善　李仁　吴琳

杨思义 　　滕德懋　范敏　费震　张琬

周祯 　刘惟谦　周浈　端复初　李质　黎光

刘敏　杨靖　凌汉　严德珉　　单安仁

朱守仁　薛祥　秦逵　赵翥　赵俊

唐铎　沈溍　开济

　　陈修，字伯昂，上饶人。从太祖平浙东，授理官，援引律令，悉本宽厚，尽改元季弊政。擢兵部郎中，迁济南知府。时乱后比户雕残，且多卫将练兵屯田其间，修抚治有方，兵民相安，流亡复业。帝嘉之。洪武四年，拜吏部尚书。

　　六部之设，始自洪武元年。镇江滕毅首长吏部，佐省台裁定铨除考课诸法略具。至是修与侍郎李仁详考旧典，参以时宜，按地冲僻，为设官烦简，凡庶司黜陟及课功核实之法，皆清心筹画，铨法秩然。未几，卒官。其后部制屡创。令入觐官各举所知，定内外封赠荫叙之典，自浮山李信始。天下朝正官各造事迹文册图画土地人民以进，及拨用吏员法，自昆山余炝始。仿唐六典，自五府、六部、都察院以下诸司设官分职，编集为书曰《诸司职掌》，定吏役考满给由法以为司、卫、府、县首领，选监生能文章者兼除州县官及学正、教谕，自泰兴翟善始。三年一朝，考核等第，自沂水杜泽始。此洪武时铨政大略也。

六部初属中书省，权轻，多仰承相意指。毅、修及詹同、吴琳、赵好德辈，居吏部称贤，然亦无大建竖。至十三年，中书省革，部权乃专，而铨衡为尤要。顾帝用法严，炫以排宋讷诛，善贬，泽拜尚书，未数月罢。惟信历侍郎，拜尚书，几二载，卒于官云。

滕毅。字仲弘。太祖征吴，以儒士见，留徐达幕下。寻除起居注，命与杨训文集古无道之君若桀、纣、秦始皇、随炀帝行事以进，曰："吾欲观丧乱之由，以为炯戒耳。"吴元年出为湖广按察使。寻召还，擢居吏部一月，改江西行省参政，卒。

赵好德，字秉彝，汝阳人。由安庆知府入为户部侍郎。进尚书，改吏部。帝嘉其典铨平，尝召与四辅官入内殿，坐论治道，命画史图像禁中。终陕西参政。子毅，永乐中，字至工部侍郎。

翟善，字敬夫，以贡举历官吏部文选主事。二十六年，尚书詹徽、侍郎傅友文诛，命善署部事，再迁至尚书。明于经术，奏对合帝意。帝曰："善虽年少，气宇恢廓，他人莫及也。"欲为营第于乡，善辞。又欲除其家戍籍，善曰："戍卒宜增，岂可以臣破例。"帝益以为贤。二十八年坐事降宣化知县以终。

李仁，唐县人。初仕陈友谅。王师克武昌，来归。以常遇春荐，代陶安知黄州府。历官侍郎，进尚书。坐事谪青州，政最，擢户部侍郎，致仕。

吴琳，黄冈人。太祖下武昌，以詹同荐，召为国子助教，经术逾于同。吴元年除浙江按察司佥事，复入为起居注，命赍币帛求书于四方。洪武六年，自兵部尚书改吏部，尝与同迭主部事。逾年，乞归。帝尝遣使察之，使者潜至旁舍，一农人坐杌，起拔稻苗布田，貌甚端谨。使者前曰："此有吴尚书者，在否？"农人敛手对曰："琳是也。"使者以状闻。帝为嘉叹。

杨思义，不祥其籍里。太祖称吴王，授起居注。初，钱古隶中书省，吴元年始设司农卿，以思义为之。明年设六部，改为户部尚书。大乱之后，人多废业。思义请令民间皆植桑麻，四年始征其税，不种桑者输绢，不种麻者输布，如周官里布法。诏可。帝念水旱不时，缓急无所恃，命思义令天下立预备仓，以防水旱。思义首邦计，以农桑积贮为急。凡所兴设，虽本帝意，而经画详密，时称其能。调陕西行省参政，卒于官。

终洪武朝，为户部尚书者四十余人，皆不久于职，绩用罕著。惟茹太素、杨靖、滕德懋、范敏、费震之属，差有声。太素、靖自有传。

德懋，字思勉，吴人。由中书省掾历外任。洪武三年拜兵部尚书，寻改户部。为人有才辨，器量弘伟，长于奏疏，一时招徕诏谕之文多出其手。以事免官，卒。

范敏，闵乡人。洪武八年举秀才，擢户部郎中。十三年授试尚书。荐者儒王本等，皆拜四辅官。帝以徭役不均，命编造黄册。敏议百一百十户为里，丁多者十人为里长。鸠一里之事以供岁役，十年一周，余百户为十甲，后遂仍其制不废。明年以不职罢。

费震，鄱阳人。洪武初以贤良征。为吉水知州，宽惠得民，擢知汉中。岁凶盗起，发仓粟十余万斛贷民，俾秋成还仓。盗闻，皆来归。令占宅自为保伍，得数千家。帝闻而嘉之。后坐事被逮，以有善政，特释为宝钞提举。十一年，帝谓吏部曰："资格为常流设耳，有才能者当不次用之。"超擢者九十五人，而拜震户部侍郎，寻进尚书。奉命定丞相、御史大夫以下岁禄之制。出为湖广布政使，以老致仕。

　　洪武初，有张琬者，鄱阳人，以贡士试高等，授给事中，改户部主事。一日，帝问天下财赋、户口之数。口对无遗。帝悦，立擢左侍郎。谨身殿灾，上言时政。岁饥，请蠲民租百万余石。俱见嘉纳。琬才敏有心计，年二十七，卒于官。时人惜之。

　　周祯，字文典，江宁人。元末流寓湖南。太祖平武昌，用为江西行省佥事，历大理卿。太祖以唐、宋皆有成律断狱，惟元以一时行事为条格，胥吏易为奸。诏祯与李善长、刘基、陶安、滕毅等定律令，少卿刘惟谦、丞周浈与焉。书成，太祖称善。

　　洪武元年，设刑部，以祯为尚书，寻改治书侍御史。明年，出为广东行省参政。时省治初开，正官多缺，吏治鲜劝惩。香山丞冲敬有治行，以劳卒官，祯为文祭之，闻者感动。一时郡邑良吏雷州同知余骐孙、惠州知府万迪、乳源知县张安仁、清流知县李铎、揭阳县丞许德、廉州知府脱因、归善知县木寅，祯皆列其政绩以闻。寅，土司。脱因，蒙古人也。于是属益劝。三年九月召为御史中丞。寻引疾致仕。帝初即位，惩元宽纵，用法太严，奉行者重足立。律令既具，吏士始知循守。其后数有厘正，皆以祯书为权舆云。

　　刘惟谦，不祥何许人。吴元年以才学举。洪武初，历官刑部尚书。六年命详定新律，删繁损旧，轻重得宜。帝亲加裁定颁行焉。后坐事免。

　　周浈，字伯宁，鄱阳人，江西十才子之一也，官亦至刑部尚书。
　　终洪武世，为刑部者亦几四十人，杨靖最著，而端复初、李质、黎光、刘敏亦有名。

　　复初，字以善，溧水人。子贡裔也，从省文，称端氏。元末为小吏。常遇春镇金华,召致幕下。未几,辞去。太祖知其名,召为徽州府经历。令民自实田,汇为图籍,积弊尽刷。稍迁至磨勘司令。时官署新立,案牍填委,复初钩稽无遗,帝赏廷誉之。性严峭,人不敢干以私。僚属多贪败,复初独以清白免。洪武四年超拜刑部尚书,用法平。杭州飞粮事觉,逮系百余人。诏复初往治,诚伪立辨,知府以下皆服罪。明年出为湖广参政,令民来归者,复其赋一年。流亡毕集,以治办闻。坐事召还,卒。子孝文,翰林待诏;孝思,翰林侍书。先后使朝鲜,并著清节,朝鲜人为立双清馆云。

李质,字文彬,德庆人。有材略。元末居何真麾下,尝募兵平德庆乱民,旁郡多赖其保障。名士客岭南者,茶陵刘三吾、江右伯颜子中、羊城孙蕡、建安张智等,皆礼之。

洪武元年从真降,授中书断事。明年改都督府断事,强力执法。五年擢刑部侍郎,进尚书,治狱平恕。遣振饥山东,御制诗饯之。寻出为浙江行省参政。居三年,惠绩著闻。帝念质老,召还。尝入见便殿,访时政,质直言无隐。拜靖江王右相。王罪废,质竟坐死。

黎光,东莞人。以乡荐拜御史,巡苏州,请振水灾,全活甚众。巡凤阳,上封事,悉切时弊,帝嘉之。洪武九年,擢刑部侍郎,执法不阿,为御史大夫陈宁所忌,坐事死贬所。

刘敏,肃宁人。举孝廉,为中书省吏。尝暮市芦龙江,旦载于家。俾妻织席,鬻以奉母,而后入治事,性廉介,或遗之瓷瓦器,亦不受。为楚相府禄事,中书以没官女妇给文臣家。众劝其请给以事母,敏固辞曰:“事母,子妇事,何预他人。”及省臣败,吏多坐诛,敏独无所预。帝贤之,擢工部侍郎,改刑部。出为徽州府同知,有惠政,卒于官。

杨靖,字仲宁,山阳人。洪武十八年进士,选吏科庶吉士。明年擢户部侍郎。时任诸司者，率进士及太学生，然时有不法者。帝制《大诰》，举通政使蔡瑄、左通政茹瑺、工部侍郎秦逵及靖以讽厉之曰："此亦进士太学生也，能率职以称朕心。"其见称如此。

二十二年进尚书。明年五月，诏在京官三年皆迁调，著为令。乃以刑部尚书赵勉与靖换官。谕曰："愚民犯法，如啗饮食。设法防之，犯者益众。推恕行仁，或能感化。自今惟犯十恶并杀人者死，余罪皆令输粟北边。"又曰："在京狱囚，卿等覆奏，朕亲审决，犹恐有失。在外各官所拟，岂能尽当？卿等当详谳，然后遣官审决。"靖承旨研辨，多所平反，帝嘉纳之。尝鞫一武弁，门卒捡其身，得大珠，属僚惊异。靖徐曰："伪也，安有珠大如此者乎。"碎之。帝闻，叹曰："靖此举，有四善焉。不献朕求悦，一善也。不穷追投献，二善也。不奖门卒，杜小人侥幸，三善也。千金之珠卒然而至，略不动心，有过人之智，应变之才，四善也。"

二十六年兼太子宾客，并给二禄。已，坐事免。会征龙州赵宗寿，诏靖谕安南输粟饷师，以白衣往。安南相黎一元以陆运险艰，欲不奉诏。靖宣示反覆开谕，且许以水运。一元乃输粟二万至洮海江，别造浮桥以达龙州，帝大悦，拜靖左都御史。靖公忠有智略，善理繁剧，治狱明察而不事深文。宠遇最厚，同列无与比。三十年七月，坐为乡人代改诉冤状草，为御史所劾。帝怒，遂赐死，时年三十八。

时有凌汉，字斗南，原武人。以秀才举，献《乌鹊论》。授官，历任御史。巡按陕西，疏所部疾困数事。帝善之，召其子赐衣钞。汉鞫狱平允，及还京，有德汉者，邀置酒，欲厚赠以金。汉曰："酒可饮，金不可受也。"帝闻之嘉叹，擢右都御史。时詹徽为左。论议不合，每面折徽，徽衔之。左迁刑部侍郎，改礼部。后为徽所劾，降左佥都御史。帝悯其衰，令归田里。汉以徽在，有后忧，不敢去。岁余徽诛。复擢右佥都御史，寻致仕归。汉出言不检，居官屡踬，然以廉直见知于帝，故终得保全。

又吴人严德珉，由御史擢左佥都御史，以疾求归。帝怒，黥其面，谪戍南丹。遇赦放还，布衣徒步，自齿齐民，宣德中犹存。尝以事为御史所逮，德珉跪堂下，自言曾在台勾当公事，晓三尺法。御史问何官。答言："洪武中台长，所谓严德珉是也。"御史大惊，揖起之。次日往谒，则担囊徒矣。有教授与饮，见基面黥，戴敝冠，问："老人犯何法？"德珉述前事，因言"先时国法甚严，仕者不保首领，此敝冠不易戴也"。乃北面拱手，称"圣恩，圣恩"云。

单安仁，官德夫，濠人。少为府吏。元末江淮兵乱，安仁集义兵保乡里，授枢密判官。从镇南王勃罗普化守扬州。时群雄四起，安仁叹曰："此辈皆为人驱除耳。王者之兴，当自有别。"镇南王为长枪军所逐，安仁无所属，闻太祖定集庆，乃曰："此诚是已。"率众归附，太祖悦，即命将其军守镇江。严饬军伍，敌不敢犯。移守常州，其子叛降张士诚，太祖知安仁忠谨，弗疑也。久之，迁浙江副使。悍帅横敛民，名曰寨粮，安仁置于法。进按察使，征为中书左司郎中，佐李善长裁断。调瑞州守御千户，入为将作卿。

洪武元年擢工部尚书，仍领将作事。安仁清敏多智计，诸所营造，大小中程，甚称帝意。逾年改兵部尚书，请老归。赐田三千亩，牛七十角，岁给尚书半俸。六年起山东参政，恳辞，许之。家居，尝奏请浚仪真南坝至朴树湾以便官民输挽，疏转运河江都深港以防淤浅，移瓜州仓厫置扬子桥西，免大江风潮之患。帝善其言，再授兵部尚书，致仕。初，尚书阶正三品。十三年，中书省罢，始进为正二，而安仁致仕在前。帝念安仁勋旧，二十年特授资善大夫。其年十二月卒，年八十五。

徐州朱守仁者，字元夫，元末亦以保障功官枢密同知，守舒城。明兵下庐州，以城来归，历官工部侍郎，洪武四年进尚书，奉命察山东官吏，称旨。寻改北平行省参政，以馈饷不继，谪苍梧知县。初，守仁知袁州，抚安创残，民甚德之。至是连知容州、高唐州，皆有善政。十年进四川布政使，治尚简严。以年老致仕。坐事罚输作，特宥之。十五年，云南平，改威楚、开南等路宣抚司为楚雄府，遂命守仁知府事。招集流移，均徭役，建学校，境内大治。二十八年上计入朝，郡人垂涕送之。拜太仆卿。首请立牧马草场于江北滁州诸处。所辖十四监九十八群，马大蕃息。马政之修，自守仁始。久之，致仕。永乐初，入朝，遇疾卒。

薛祥，字彦祥，无为人。从俞通海来归，渡江为水寨管军镇抚，数从征有功。洪武元年转漕河南。夜半抵蔡河，贼骤至。祥不为动，好语谕散之，帝闻大喜。以方用兵，供亿艰，授京畿都转运使，分司淮安。浚河筑堤，自扬达济数百里，徭役均平，民无怨言。有劳者立奏，授以官。元都下，官民南迁，道经淮安，祥多方存恤。山阳、海州民乱，附马都尉黄琛捕治，诖误甚众。祥会鞫，无验者悉原之。治淮八年，民相劝为善。及考满还京，皆焚香祝其再来，或肖像祀之。

八年授工部尚书。时造凤阳宫殿。帝坐殿中，若有人持兵斗殿脊者。太师李善长奏诸工匠用厌镇法，帝将尽杀之。祥为分别交替不在工者，并铁石匠皆不预，活者千数。营谨身殿，有司列中匠为上匠。帝怒其罔，命弃市。祥在侧争曰："奏对不实，竟杀人，恐非法。"得旨用腐刑。祥复徐奏曰："腐，废人矣，莫若杖而使工。"帝可之。明年改天下行省为承宣布政司。以北平重地，特授祥，三年治行称第一。为胡惟庸所恶，坐营建扰民，谪知嘉兴府。惟庸诛，复召为工部尚书。帝曰："谗臣害汝，何不言？"对曰："臣不知也。"明年坐累杖死，天下哀之。子四人，谪琼州，遂为琼山人。

孙远，正统七年进士，景泰时，官户部郎中。天顺元年，擢本部右侍郎，改工部，奉诏塞开封决河。还，仍改户部。成化初，督两广军饷，位至南京兵部尚书，以忤汪直，免官。

其继祥为工部尚书有名者，有秦逵等。

逵，字文用，宣城人。洪武十八年进士。历事都察院，奉檄清理囚徒,宽严得宜。帝嘉其能,擢工部侍郎。时营缮事繁,部中缺尚书,凡兴作事皆逮领之。初,议籍四方工匠,验其丁力,定三年为班,更番赴京,三月交代,名曰"轮班匠",未及行。至是逮议量地远近为班次,置籍,为勘合付之,至期赍至部,免其家徭役,著为令。帝念逮勤勩,诏有司复其家。二十二年进尚书。明年改兵部,未几,复改工部。帝以学校为国储材,而士子巾服无异胥吏,宜更易之,命逮制式以进。凡三易,其制始定。赐监生蓝衫绦各一,以为天下先。明代士子前冠,盖创自逮云。

有赵翥者,永宁人。有志节,以学行闻。由训导举贤良,擢赞善大夫,拜工部尚书。奏定天下岁造军器之数,及议定藩王宫城制度。

赵俊者,不知何许人。自工部侍郎进尚书。帝以国子监所藏书板,岁久残剥,命诸儒考补,工部督匠修治。俊奉诏监理,古籍始备。洪武十二年,翥改署刑部,寻致仕去。俊,十七年免,而逮于二十五年九月坐事自杀。

唐铎,官振之,虹人。太祖初起兵,即侍左右。守濠州,从定江州,授西安县丞,召为中书省管勾。洪武元年,汤和克延平,以铎知府事,拊辑新附,士民安之。居三年,入为殿中侍御史,复出知绍兴府。六年十二月,召拜刑部尚书。明年,改太常卿。于母忧,特给半俸。

十四年,服阕,起兵部尚书。明年,初置谏院,以为谏议大夫。帝尝与侍臣论历代兴废曰:"使朕子孙如成、康,辅弼如周、召,则可祈天永命。"铎因进曰:"豫教元良,选左右为辅导,宗社万年福也。"帝又谓铎曰:"人有公私,故言有邪正。正言务规谏,邪言务谤讦。"铎曰:"谤近忠,讦近爱,不为所眩,则谗佞自远。"未几,左迁监察御史,请选贤能京官偏历郡县,访求贤才,体察官吏,选历练老成望隆名重者,居布政、按察之职,帝从之。既复擢为右副都御史,历刑、兵二部尚书。二十二年,置詹事院,命吏部曰:"辅导太子,必择端重之士。三代保傅，礼甚尊严。兵部尚书铎，谨厚有德量，以为詹事，食尚书俸如故。”以铎尝请豫教故也。其年，致仕。二十六年起太子宾客，进太子少保。二十八年，龙州土官赵宗寿以奏郑国公常茂死事不实，被召又不至，帝怒，命杨文统大军往讨，而命铎招谕。铎至，廉得茂实病死，宗寿亦伏罪来朝。乃诏文移兵征奉议诸州叛蛮，即以铎参议军事，逾月，诸蛮平。铎相度形势，请设奉议卫及向武、河池、怀集、武仙、贺县诸处守御千户所，镇以官军。皆报可。

铎为人长者，性慎密，不妄取予。帝以故旧遇之，尝曰：“铎自友及臣至今三十余年，其与人交，不至变色，绝亦不出恶声。”又曰：“都御史詹徽刚断嫉恶，胥吏不得肆其贪，谤讪满朝。唐铎重厚，又谓懦而无为。人心不古，有若是耶！”后徽卒坐罪诛死，而铎恩遇不替。三十年七月卒于京师，年六十九。赙赠甚厚，命有护其丧归葬。

沈溍，字尚贤，钱塘人。与铎同官兵部，以明敏称。帝尝以勋臣子弟多骩法，撰《大诰》二十二篇，谕天下武臣皆令诵习，使知儆惕。已，又以谕戒八条，颁示将士。时溍以试兵部侍郎掌部事，一切训饬事宜，皆承旨行之。寻进尚书。广西都司建谯楼，青州卫造军器，皆擅科民财。溍请凡都司卫所营作，必都督府奏准，官给物料，毋擅役民，违者治罪，仍禁武臣预民事。时干戈甫息，武臣暴横，数扞文法，至始戢，溍力也。帝尝谕致治之要，在进贤退不肖。溍因言：“君子常少，小人常多，在上风厉之耳，贤者举而不仁者远矣。”帝善其言。二十三年以溍与工部尚书秦逵换官，赐诰奖谕。寻复旧任，后以事免。

明初，卫所世籍及军卒勾补之法，皆溍所定。然名目琐细，簿籍烦多，吏易为奸，终明之世颇为民患，而军卫亦日益耗减，语详《兵志》。潮州生陈质，父在戍籍，父没，质被勾补，请归卒业，帝命除其籍。溍以缺军伍，持不可。帝曰：“国家得一卒易，得一士难。”遂除之。然此皆特恩云。

开济，字来学，洛阳人。元末为察罕帖木儿掌书记。洪武初，以明经举。授河南府训导，入为国子助教。以疾罢归。十五年七月，御史大夫安然荐济有吏治才，召试刑部尚书，逾年实授。

济以综核为己任，请天下诸司设文簿，日书所行事，课得失，又各部勘合文移，立程限，定功罪。又言，军民以细故犯罪者，宜即决遣。数月间，滞牍一清。帝大以为能。会都御史赵仁言，曩者以"贤良方正"、"孝弟力田"诸科所取士列置郡县，多不举职，宜核其去留。济条议，以"经明行修"为一科，"工习文词"为一科，"通晓书义"为一科，"人品俊秀"为一科，"练达治理"为一科，"言有条理"为一科，六科备者为上，三科以上为中，不及三科者为下。从之。

济敏慧有才辩，凡国家经制、田赋、狱讼、工役、河渠事，众莫能裁定，济一算画，即有条理品式，可为世守。以故帝甚信任，数备顾问，兼预他部事。人以是忌之，谤议滋起。然济亦深刻，好以法中伤人。尝奉命定诈伪律，济议法巧密。帝曰："张密网以罗民，可乎？"又设籍曰"寅戌之书"，以程僚属出入，帝切责曰："古人卯酉为常，今使趋事者朝寅暮戌，奉父母，会妻子，几何时耶！"又为榜戒其僚属，请揭文华殿。帝曰："告试僚属之言，欲张殿廷，岂人臣礼！"济渐谢。

寻令郎中仇衍脱囚死，为狱官所发。济与侍郎王希哲、主事王叔征执狱官毙之。其年十二月，御史陶垕仲等发其事，且言"济奏事时，置奏札怀中，或隐而不言，觇伺上意，务为两端，奸狡莫测。役甥女为婢，妹早寡，逐其姑而略其家财。"帝怒，下济狱，并希哲、衍等皆弃市。

赞曰：六部之制仿于《周官》，所以佐王理邦国，熙庶绩，任至重也。明兴，建官分职，立法秩然。又三途用人，人求贤弥广。若陈修、滕毅之典铨法，杨思义、范敏之治赋役，周祯之定律令，单安仁之领将作，以至沈潜、开济辈之所经画，皆委曲详备，细大不遗。考其规模，固一代政治之权舆者欤。

明史卷一三九
列传第二七

钱唐 程徐 　韩宜可 周观政 　欧阳韶
萧岐 门克新 　冯坚 　茹太素
曾秉正 　李仕鲁 陈汶辉 　叶伯巨
郑士利 方徵 　周敬心 　王朴

　　钱唐，字惟明，象山人。博学敦行。洪武元年，举明经。对策称旨，特授刑部尚书。二年，诏孔庙春秋释奠，止行于曲阜，天下不必通祀。唐伏阙上疏言：“孔子垂教万世，天下共尊其教，故天下得通祀孔子，报本之礼不可废。”侍郎程徐亦疏言：“古今礼典，独社稷、三皇与孔子通祀。天下民非社稷、三皇则无以生，非孔子之道则无以立。尧、舜、禹、汤、文、武、周公，皆圣人也，然发挥三纲五常之道，载之于经，仪范百王，师表万世，使世愈降而人极不坠者，孔子力也。孔子以道设教，天下祀之，非祀其人，祀其教也，祀其道也。今使天下之人，读其书，由其教，行其道，而不得举其祀，非所以维人心扶世教也。”皆不听。久之，乃用其言。帝尝览《孟子》，至“草芥”“寇仇”语，谓非臣子所宜言，议罢其配享，诏有谏者以大不敬论。唐抗疏入谏曰：“臣为孟轲死，死有余荣。”时廷臣无不为唐危。帝鉴其诚恳，不之罪，孟子配享亦旋复。然卒命儒臣修《孟子节文》云。
　　唐为人强直。尝诏讲《虞书》，唐陛立而讲。或纠唐草野不知君

臣礼，唐正色曰："以古圣帝之道陈于陛下，不跪不为倨。"又尝谏宫
中不宜揭武后图，忤旨，待罪午门外竟日。帝意解，赐之食，即命撤
图。未几，谪寿州，卒。

程徐，字仲能，鄞人。元名儒端学子也。至正中，以明《春秋》知
名。历官兵部尚书，致仕。明兵入元都，妻金抱二岁儿与女琼赴井
死。洪武二年，偕危素等自北平至京，授刑部侍郎。进尚书，卒。徐
精勤通敏，工诗文，有集传于世。

韩宜可，字伯时，浙江山阴人。元至正中，行御史台辟为掾，不
就。洪武初，荐授山阴教谕，转楚府录事。寻擢监察御史，弹劾不避
权贵。时丞相胡惟庸、御史大夫陈宁、中丞涂节方有宠于帝，尝侍
坐，从容燕语。宜可直前，出怀中弹文，劾三人险恶似忠，奸佞似直，
恃功怙宠，内怀反侧，擅置台端，擅作威福，乞斩其首以谢天下。帝
怒曰："快口御史，敢排陷大臣耶！"命下锦衣卫狱，寻释之。

九年出为陕西按察司佥事。时官吏有罪者，笞以上悉谪屯凤
阳，至万数。宜可疏争之曰："刑以禁淫慝，一民轨，宜论其情之轻
重，事之公私，罪之大小，今悉令谪屯，此小人之幸，君子殆矣，乞分
别以协众心。"帝可之。已，入朝京师。会赐诸司没官男女，宜可独
不受，且极论："罪人不孥，古之制也。有事随坐，法之滥也。况男女，
人之大伦，婚姻逾时，尚伤和气。合门连坐，岂圣朝所宜。"帝是其
言。后坐事将刑，御谨身殿亲鞫之，获免。复疏陈二十余事，皆报可。
未几，罢归。已，复征至，命撰祀钟山、大江文，谕日本、征乌蛮诏，皆
称旨，特授山西右布政使。寻以事安置云南。惠帝即位，用检讨陈
性善荐，起云南参政，入拜左副都御史，卒于官。是夜大星陨，枥马
皆惊嘶，人谓宜可当之云。

帝之建御史台也，诸御史以敢言著者，自宜可外，则称周观政。
观政亦山阴人。以荐授九江教授，擢监察御史。尝监奉天门，

有中使将女乐入，观政止之。中使曰："有命。"观政执不听，中使愠而入，顷之出报曰："御史且休，女乐已罢不用。"观政又拒曰："必面奉诏。"已而帝亲出宫，谓之曰："宫中音乐废缺，欲使内家肄习耳。朕已悔之，御史言是也。"左右无不惊异者。观政累官江西佥事。

前观政者，有欧阳韶，字子韶，永新人。荐授监察御史。有诏，日命两御史侍班。韶尝侍直，帝乘怒将戮人，他御史不敢言，韶趋跪殿廷下，仓卒不能措词，急捧手加额，呼曰："陛下不可。"帝察韶朴诚，从之。未几，致仕，卒于家。

萧岐，字尚仁，泰和人。五岁而孤，事祖父母以孝闻，有司屡举不赴。洪武十七年，诏征贤良，强起之。上十便书，大意谓帝刑罚过中，讦告风炽，请禁止实封以杜诬罔，依律科狱以信诏令，凡万余言。召见，授潭王府长史。力辞，忤旨，谪云南楚雄训导。岐即日行，遣骑追还。岁余，改授陕西平凉，再岁致仕。复召与钱宰等考定书传，赐币钞，给驿归。尝辑《五经要义》，又取《刑统八韶赋》，引律令为之解，合为一集。尝曰："天下之理本一，出乎道必入乎刑。吾合二书，使观者有所省也。"学者称正固先生。

当是时，太祖治尚刚严，中外凛凛，奉法救过不给，而岐所上书过切直，帝不为忤。厥后以言被超擢者，有门克新。

克新，巩昌人。泰州教谕也。二十六年，秩满来朝。召问经史及政治得失。克新直言无隐，授赞善。时绍兴王俊华以善文辞，亦授是职。上谕吏部曰："左克新，右俊华，重直言也。"初，教官给由至京，帝询民疾苦。岢岚吴从权、山阴张桓皆言臣职在训士，民事无所与。"帝怒曰："宋胡瑗为苏、湖教授，其教兼经义治事。汉贾谊、董仲舒皆起田里，敷陈时务。唐马周不得亲见太宗，且教武臣言事。今既集朝堂，朕亲询问，俱无以对，志圣贤之道者固如是乎！"命窜之边方，且榜谕天下学校，使为鉴戒。至是克新以亮直见重。不数年，擢礼部尚书。寻引疾，命太医给药物，不辍其俸。及卒，命有司护丧归葬。

冯坚，不知何许人，为南丰典史。二十四年，上书言九事。一曰养圣躬，请清心省事，不与细务，以为民社之福。二曰择老成，诸王年方壮盛，左右辅导，愿择取老成之臣出为王官，得直言正色以图匡救。三曰攘要荒，请务农讲武，屯戍边圉，以备不虞。四曰励有司，请得廉正有守之士，任以方面，旌别属吏，具实以闻而黜陟之，使人勇于自治。五曰褒祀典，请敕有司采历代忠烈诸臣，追加封谥，俾末俗有所兴劝。六曰省宦寺，晨夕密迩，其言易入，养成祸患而不自知。请裁去冗员，可杜异日陵替之弊。七曰易边将，假以兵柄，久在边圉，多致纵佚。请时迁岁调，不使久居其任。不惟保全勋臣，实可防将骄卒惰、内轻外重之渐。八曰访吏治，廉干之才，或为上官所忌，僚吏所嫉，上不加察，非激劝之道。请广布耳目，访察廉贪，以明黜陟。九曰增关防，诸司以帖委胥吏，俾督所部，辄加箠楚，害及于民。请增置勘合以付诸司，听其填写差遣，事讫缴报，庶所司不轻发以病民，而庶务亦不致旷废。书奏，帝嘉之。称其知时务，达事变。又谓侍臣曰：“坚言惟调易边将则未然。边将数易，则兵力勇怯，敌情出没，山川形胜，无以备知。倘者赵充国、班超者，又何取数易为哉！”乃命吏部擢坚左佥都御史，在院颇持大体。其明年，卒于任。

茹太素，泽州人。洪武三年乡举，上书称旨，授监察御史。六年擢四川按察使，以平允称。七年五月，召为刑部侍郎，上言：“自中书省内外百司，听御史、按察使检举，而御史一未有定考，宜令守院御一体察核。磨勘司官吏数少，难以检核天下钱粮，请增置若干员，各分为科。在外省卫，凡会议军民事，各不相合，致稽延，请用按察司一员纠正。”帝皆从之。明年，坐累降刑部主事，陈时务累万言。太祖令中书郎王敏诵而听之。中言才能之士，数年来幸存者百无一二，今所任率迂儒俗吏，言多忤触。帝怒，召太素面诘，杖于朝。次夕，复于宫中令人诵之，得其可行者四事，慨然曰：“为君难，为臣不易。朕所以求直言，欲其切于情事。文词太多，使至荧听。太素所陈，五百余言可尽耳。"因令中书定奏对式，俾陈得失者无繁文。摘太素疏中可行者下所司，帝自序其首，颁示中外。

十年，与同官曾秉正先后同出为参政，而太素往浙江，寻以赐还里。十六年召为刑部试郎中。居一月，迁都察院佥都御史，复降翰林院检讨。十八年九月擢户部尚书。

太素抗直不屈，屡濒于罪，帝时宥之。一日，宴便殿，赐之酒曰："金盃同汝饮，白刃不相饶。"太素叩首，即续韵对曰："丹诚图报国，不避圣心焦。"帝为恻然。未几，谪御史，复坐排陷詹徽，与同官十二人俱镣足治事。后竟坐法死。

曾秉正，南昌人。洪武初，荐授海州学正。九年，以天变诏群臣言事。秉正上疏数千言，大略曰："古之圣君不以天无灾异为喜，惟以只惧天谴为心。陛下圣文神武，统一天下，天之付与，可谓盛矣。兵动二十余年，始得休息。天之有心于太平，亦已久矣，民之思治亦切矣。创业与守成之政，大抵不同。开创之初，则行富国强兵之术，用趋事赴功之人。大统既立，邦势已固，则普天之下，水土所生，人力所成，皆邦家仓库之积，乳哺之童，垂白之叟，皆邦家休养之人。不患不富庶，惟保成业于永久为难耳。于此之时，当尽革向之所为，何者足应天心，何者足慰民望，感应之理，其效甚速。"又言既有譬，则变不虚生，极论《大易》、《春秋》之旨。帝嘉之。召为思文监丞。未几，改刑部主事。十年擢陕西参政。会初置通政司，即以秉正为使。在位数言事，帝颇优容之。寻竟以忤旨罢。贫不能归，鬻其四岁女。帝闻大怒，置腐刑，不知所终。

李仕鲁，字宗孔，濮人。少颖敏笃学，足不窥户外者三年，闻鄱阳朱公迁得宋朱熹之传，往从之游，尽受其学。太祖故知仕鲁名，洪武中，诏求能为朱氏学者，有司举仕鲁。入见，太祖喜曰："吾求子久，何相见晚也。"除黄州同知，曰："朕姑以民事试子，行召子矣。"

期年，治行闻。十四年，命命为大理为寺卿。帝自践阼后，颇好释氏教，诏征东南戒德僧，数建法会于蒋山，应对称旨者辄赐金襕袈裟衣，召入禁中，赐坐与讲论。吴印、华克勤之属，皆拔擢至大官，时时寄以耳目。由是其徒横甚，谗毁大臣，举朝莫敢言，惟仕鲁与给事中陈汶辉相继争之。汶辉疏言："古帝王以来，未闻缙绅缁流，杂居同事，可以相济者也。今勋旧耆德咸思辞禄去位，而缁流险夫乃益以谗间。如刘基、徐达之见猜，李善长、周德兴之被谤，视萧何、韩信，其危疑相去几何哉？伏望陛下于股肱心膂，悉取德行文章之彦，则太平可立致矣。"帝不听。诸僧怙宠者，遂请为释氏创立职官。于是以先所置善世院为僧录司，设左右善世、左右阐教、左右讲经觉义等官，皆高其品秩。道教亦然，度僧尼道士至逾数万。

仕鲁疏言："陛下方创业，凡意指所向，即示子孙万世法程，奈何舍圣学而崇异端乎！"章数十上，亦不听。

仕鲁性刚介，由儒术起，方欲推明朱氏学以辟佛自任，及言不见用，遽请于帝前曰："陛下深溺其教，无惑乎臣言不入也。还陛下笏，乞赐骸骨归田里。"遂置笏于地。帝大怒，命武士捽搏之，立死阶下。

陈汶辉，字耿光，诏安人。以荐授礼科给事中，累官至大理寺少卿，数言得失，皆切直。最后忤旨，惧罪，投金水桥下死。

仕鲁与汶辉死数岁，帝渐知诸僧所为多不法，有诏清理释道二教云。

叶伯巨，字居升，宁海人，通经术，以国子生授平遥训导。洪武九年星变，诏求直言。伯巨上书，略曰：

臣观当今之事，太过者三：分封太侈也，用刑太繁也，求治太速也。

先王之制，大都不过三国之一，上下等差，各有定分，所以强干弱枝，遏乱源而崇治本耳。今裂土分封，使诸王各有分地，盖征宋、元孤立,宗室不竞之弊。而秦、晋、燕、齐、梁、楚、吴、蜀诸国,无不连邑数十,城郭宫室亚于天子之都,优之以甲兵卫士之盛。臣恐数世之后,尾大不掉,然后削其地而夺之权,则必生觖望,甚者缘间而起,防之无及矣。议者曰,诸王皆天子骨肉,分地虽广,立法虽侈,岂有抗衡之理?臣窃以为不然。何不观于汉、晋之事乎?孝景,高帝之孙也,七国诸王,皆景帝之同祖父兄弟子孙也,一削其地。则遽构兵西向。晋之诸王,皆武帝亲子孙也,易世之后,迭相攻伐,遂成刘、石之患。由此言之,分封逾制,祸患立生,援古证今,昭昭然矣,此臣所以为太过者也。昔贾谊劝汉文帝,尽分诸国之地,空置之以待诸王子孙。向使文帝早从谊言,则必无七国之祸。愿及诸王未之国之先,节其都邑之制,减其卫兵,限其疆理,亦以待封诸王之子孙。此制一定,然后诸王有贤且才者入为辅相,其余世为藩屏,与国同休。割一时之恩,制万世之利,消天变而安社稷,莫先于此。

臣又观历代开国之君,未有不以任德结民心,以任刑失民心者。国祚长短,悉由于此。古者之断死刑也,天子撤乐减膳,诚以天生斯民,立之司牧,固欲其并生,非欲其即死。不幸有不率教者入于其中,则不得已而授之以刑耳。议者日,宋、元中叶,专事姑息,赏罚无章,以致亡灭。主上痛惩其弊,故制不宥之刑,权神变之法,使人知惧而莫测其端也。臣又以为不然。开基之主垂范百世,一动一静,必使子孙有所持守。况刑者,民之司命,可不慎欤!夫笞、杖、徒、流、死,今之五刑也。用此五刑,既无假贷,一出乎大公至正可也。而用刑之际,多裁自圣衷,遂使治狱之吏务趋求意旨,深刻者多功,平反者得罪,欲求治狱之平,岂易得哉!近者特旨,杂犯死罪免死充军,又删定旧律诸则,减宥有差矣。然未闻有戒敕治狱者务从平恕之条,是以法司犹循故例。虽闻宽宥之名,未见宽宥之实。所谓实者,诚在主上,不在臣下也。故必有罪疑惟轻之意,而后好生之德洽于民心,此非可以浅浅期也。

　　何以明其然也?古之为士者,以登仕为荣,以罢职为辱。今之为士者,以溷迹无闻为福,以受玷不禄为幸,以屯田工役为必获之罪,以鞭笞捶楚为寻常之辱。其始也,朝廷取天下之士,网罗捃摭,务无余逸。有司敦迫上道,如捕重囚。比到京师,而除官多以貌选,所学或非其所用,所用或非其所学。洎乎居官,一有差跌,苟免诛戮,则必在屯田工役之科,率是为常,不少顾惜,此岂陛下所乐为哉?诚欲人之惧而不敢犯也。窃见数年以来,诛杀亦可谓不少矣,而犯者相踵。良由激劝不明,善恶无别,议贤义能之法既废,人不自励,而为善者怠也。有人于此,廉如夷、齐,智如良、平,少戾于法,上将录长弃短而用之乎?将舍其所长、苟其所短而置之法乎? 苟取其长而舍其短,则中庸之材争自奋于廉智,倘苛其短而弃其长,则为善之人皆曰某廉若是、某智若是,朝廷不少贷之,吾属何所容其身乎!致使朝不谋夕,弃其廉耻,或事掊克,以备屯田工役之资者,率皆是也,若是非用刑之烦者乎?汉尝徙大族于山陵矣,未闻实之以罪人也。今凤阳皇陵所在,龙兴之地,而率以罪人居之,怨嗟愁苦之声充斥园邑,殆非所以恭承宗庙意也。

　　且夫强敌在前,出扬精鼓锐,攻之必克,擒之必获,可也,今贼突窜山谷,以计求之,庶或可得。顾劳重兵,彼方惊散,入不可从踪迹之地。捕之数年,既无其方,而乃归咎于新附户籍之细民,而迁徙之,骚动数千里之地,室家不得休居,鸡犬不得宁息。况新附之众,向者流移他所,朝廷许其复业。今附籍矣,而又复迁徙,是法不信于民也,夫户口盛而后田野辟,赋税增,今责守令年增户口,正为是也。近者已纳税粮之家,虽承旨分释还家,而其心犹不自安。已起户口,虽蒙怜恤,而犹见留开封祗候,讹言惊动,不知所出。况太原诸郡,外界边境,民心如此,甚非安边之计也。臣愿自今朝廷宜存大体,赦小过,明诏天下,修举"八义"之法,严禁深刻之吏。断狱平允者超迁之,残酷衰敛者罢黜之。凤阳屯田之制,见在居屯者,听其耕种起科。已起户口、见留开封者，悉放复业。如此则足以隆好生之德，树国祚长久之福，而兆民自安，天变自消矣。

昔者周自文、武至于成、康，而教化大行，汉自高帝至于文、景，而始称富庶。盖天下之治乱，气化之转移，人心之趋向，非一朝一夕故也，今国家纪元，九年于兹，偃兵息民，天下大定，纪纲大正，法令修明，可谓治矣。而陛下切切以民俗浇漓，人不知惧，法出而奸生，令下而诈起。故或朝信而暮猜者有之，昨日所进今日被戮者有之，乃至令下而寻改，已赦而复收，天下臣民莫之适从。臣愚谓天下之趋于治，犹坚冰之泮也，冰之泮，非太阳所能骤致，阳气发生，土脉微动，然后得以融释。圣人之治天下，亦犹是也。刑以威之，礼以导之，渐民以仁，摩民以义，而后其化熙熙。孔子曰："如有王者，必世而后仁。"此非空言也。

求治之道，莫先于正风俗。正风俗之道，莫先于守令知所务。使守令知所务，莫先于风宪知所重。使风宪知所重，莫先于朝廷知所尚。古郡守县令，以正率下，以善导民，使化成俗美。征赋期会狱讼簿书，固其末也。今之守令以户口钱粮狱讼为急务，至于农桑学校，王政之本，乃视为虚文而置之，将何以教养斯民哉？以农桑言之，方春州县下一白帖，里甲回申文状而已，守令未尝亲视种艺次第、旱涝戒备之道也。以学校言之，廪膳诸生，国家资之以取人才之地也。今四方师生，缺员甚多，纵使具员，守令亦鲜有以礼让之实，作其成器者。朝廷切切于社学，屡行取勘师生姓名，所习课业。乃今社镇城郭，或但置立门牌，远村僻处则又徒存其名，守令不过具文案，备照刷而已。上官分部按临，亦但循习故常，依纸上照刷，未尝巡行点视也。兴废之实，上下视为虚文。小民不知孝弟忠信为何物，而礼义廉耻扫地矣。风纪之司，所以代朝廷宣导德化，访察善恶。听论谳狱，其一事耳。今专以狱讼为要。忠臣孝子义夫节妇，视为末节而不暇举，所谓宣导风化者安在哉？其始但知以去一赃吏、决一狱讼为治,而不知劝民成俗,使民迁善远罪,乃治之大者。此守令风宪未审轻重之失也。

《王制》论乡秀士升于司徒曰选士,司徒论其秀士而升于太学曰俊士,大乐正又论造士之秀升之司马曰进士,司马辨论官材,论定然后官之,任官然后爵之。其考之之详若此,故成周得人为盛。今使天下诸生考于礼部,升于太学,历练众职,任之以事,可以洗历代举选之陋,上法成周。然而升于太学者,或未数月,遽选入官,间或委以民社。臣巩其人未谙时务,未熟朝廷礼法,不能宣导德化,上乖国政,而下困黎民也。开国以来,选举秀才不为不多,所任名位不为不重。自今数之,在者有几?臣恐后之视今,亦犹今之视昔,昔年所举之人,岂不深可痛惜乎!凡此皆臣所为求治太速之过也。

昔者宋有天下盖三百余年,其始以礼义教其民,当其盛时,闾阎里巷皆有忠厚之风,至于耻言人之过失。泪乎末年,忠臣义士视死如归,妇人女子羞被污辱,此皆教化之效也。元之有国,其本不立,犯礼义之分,坏廉耻之防,不数十年,弃城降敌者不可胜数。虽老儒硕臣甘心屈辱。此礼义廉耻不振之弊。遗风流俗至今未革,深可怪也。臣谓莫若敦仁义,尚廉耻,守令则责其以农桑学校为急,风宪则责其先教化、审法律,以平狱缓刑为急。如此则德泽下流,求治之道庶几得矣。郡邑诸生升于太学者,须令在学肄业,或三年,或五年,精通一经,兼习一艺,然后入选,或宿卫,或办事,以观公卿大夫之能,而后任之以政。则其学识兼懋,庶无败事。且使知禄位皆天之禄位,而可以塞觊觎之心也。治道既得,陛下端拱穆清,待以岁月,则阴阳调而风雨时,诸福吉祥莫不毕至,尚何天变之不消哉?

书上,帝大怒曰:“小子间吾骨肉,速逮来,吾手射之。”既至,丞相乘帝喜以奏,下刑部狱,死狱中。

先是,伯巨将上书,语其友曰:“今天下惟三事可患耳,其二事易见而患迟,其一事难见而患速。纵无明诏,吾犹将言之,况求言乎。"其意盖谓分封也。然是时诸王止建藩号，未曾裂土，不尽如伯巨所言。迨洪武末年，燕王屡奉命出塞，势始强。后因削夺称兵，遂有天下，人乃以伯巨为先见云。

郑士利，字好义，宁海人。兄士元，刚直有才学，由进士历官湖广按察使佥事。荆、襄卒乘乱掠妇女，吏不敢问，士元立言于将领还所掠。安陆有冤狱，御史台已谳上，士元奏其冤，得白。会考校钱谷册书，空印事觉，凡主印者论死，佐贰以下榜一百，戍远方。士元亦坐是系狱。

时帝方盛怒，以为欺罔，丞相御史莫敢谏。士利叹曰："上不知，以空印为大罪。诚得人言之，上圣明，宁有不悟。"会星变求言，士利曰"可矣"。既而读诏，有假公言私者罪，士利曰："吾所欲言，为天子杀无罪者耳。吾兄非主印者，固当出。需吾兄杖出乃言，即死不恨。"

士元出，士利乃为书数千言，言数事，而于空印事尤详。曰："陛下欲深罪空印者，恐奸吏得挟空印纸，为文移以虐民耳。夫文移必完印乃可。今考较书策，乃合两缝印，非一印一纸比。纵得之，亦不能行，况不可得乎？钱谷之数，府必合省，省必合部，数难悬决，至部乃定。省府去部远者六七千里，近亦三四千里，册成而后用印，往返非期年不可。以故先印而后书，此权宜之务，所从来久，何足深罪。且国家立法，必先明示天下而后罪犯法者，以其故犯也。自立国至今，未尝有空印之律。有司相承，不知其罪。今一旦诛之，何以使受诛者无词。朝廷求贤士，置庶位，得之甚难。位至郡守，皆数十年所成就。通达廉明之士，非如草菅然，可刈而复生也。陛下奈何以不足罪之罪，而坏足用之材乎？臣窃为陛下惜之。"

书成，闭门逆旅泣数日。兄子问曰："叔何所苦？"士利曰："吾有书欲上，触天子怒必受祸。然杀我生数百人，我何所恨。"遂入奏，帝览书大怒，下丞相御史杂问，究使者。士利笑曰："顾吾书足用否耳。吾业为国家言事，自分必死，谁为我谋？"狱具，与士元皆输作江浦，而空印者竟多不免。

　　方征，字可久，莆田人。以乡举授给事中。尝侍游后苑，与联诗句。太祖知其有母在，赐白金，驰驿归省。还改监察御史，出为怀庆知府。征志节甚伟，遇事敢直言。居郡时，因星变求言，疏言："风宪官以激浊扬清为职。今不闻旌廉拔能，专务罗织人罪，多征贼罚，此大患也，朝廷明信，乃能劝惩。去年各行省官吏以用空印罹重罪，而河南参政安然、山东参政朱芾俱有空印，反迁布政使，何以示劝惩？"帝问罗织及多征赃罚者为谁。征指河南佥事彭京以对。贬沁阳驿丞。十三年，以事逮至京，卒。

　　周敬心，山东人，太学生也。洪武二十五年诏求晓历数者，敬心上疏极谏，且及时政数事。略曰：

　　臣闻国祚长短，在德厚薄，不在历数。三代尚矣，三代而下，最久莫如汉、唐、宋，最短莫如秦、隋、五代。其久也以有道，其短也以无道。陛下膺天眷命，救乱诛暴，然神武威断则有余，宽大忠厚则不足。陛下若效两汉之宽大，唐、宋之忠厚，讲三代所以有道之长，则帝王之祚可传万世，何必问诸小道之人耶？

　　臣又闻陛下连年远征，北出沙漠，为耻不得传国玺耳。昔楚平王时，琢卞和之玉。至秦始名为玺。历代递嬗以讫后唐。治乱兴废，皆不在此。石敬瑭乱，潞王携以自焚，则秦玺固已毁矣。敬瑭入洛，更以玉制，晋亡入辽，辽亡遗于桑乾河。元世祖时，札剌尔者渔而得之。今元人所挟，石氏玺耳。昔者三代不知有玺，仁为之玺。故曰"圣人大宝曰位，何以守位曰仁。"陛下奈何忽天下之大玺，而求汉、唐、宋之小玺也？

　　方今力役过烦，赋敛过厚，教化薄而民不悦，法度严而民不从。昔汲黯言于武帝曰："陛下内多欲而外施仁义，奈何欲效唐、虞之治乎？"方今国则愿富，兵则愿强，城池则愿高深，宫室则愿壮丽，土地愿广，人民则愿众。于是多取军卒，广籍资财，征伐不休，营造无极，如之何其可治也？臣又见洪武四年录天下官吏，十三年连坐胡党，十九年逮官吏积年为民害者，二十三年罪妄言者。大戮官民，不分臧否，其中岂无忠臣烈士善人君子？于兹见陛下之薄德而任刑矣，水旱连年，夫岂无故哉！言皆激切，报闻。

王朴，同州人。洪武十八年进士。本名权，帝为改焉。除吏科给事中，以直谏忤旨罢。旋起御史，陈时事千余言。性鲠直，数与帝辨是非，不肯屈。一日，遇事争之强。帝怒，命戮之。及市，召还，谕之曰："汝其改乎？"朴对曰："陛下不以臣为不肖，擢官御史，奈何摧辱至此？使臣无罪，安得戮之？有罪，又安用生之？臣今日愿速死耳。"帝大怒，趣命行刑。过史馆，大呼曰："学士刘三吾志之：某年月日，皇帝杀无罪御史朴也！"竟戮死。帝撰《大诰》，谓朴诽谤，犹列其名。

有张衡者，万安人，朴同年进士。授礼科给事中，奏疏恺切。擢礼部侍郎。以清慎见褒，载于《大诰》。后亦以言事坐死。

赞曰：太祖英武威断，廷臣奏对，往往失辞。而钱唐、韩宜可、李仕鲁辈，抱其朴诚，力诤于堂陛间，可谓古之遗直矣。伯巨、敬心以缝掖诸生言天下至计，虽违于信而后谏之义，然原厥本心，由于忠爱，以视末季沽名卖直之流，有不可同日而语者也。

明史卷一四〇
列传第二八

魏观　陶垕仲　王祐　刘仕貆

王溥　徐均　王宗显　王兴宗　吕文燧

王兴福　苏恭让　赵庭兰　王观　杨卓　罗性

道同　欧阳铭　卢熙　兄熊　王士弘　倪孟贤

郎敏　青文胜

　　魏观,字杞山,蒲圻人。元季隐居蒲山。太祖下武昌,聘授国子
助教,再迁浙江察司佥事。吴元年迁两淮都转运使,入为起居注。奉
命偕吴琳以币帛求遗贤于四方。洪武元年建大本堂,命侍太子说
书,及授诸王经。未几,又命偕文原吉、詹同、吴辅、赵寿等分行天
下,访求遗才,所举多擢用。三年转太常卿,考订诸祀典。称旨,改
侍读学士,寻迁祭酒。明年坐考祀孔子礼不以时奏,谪知龙南县,旋
召为礼部主事。

　　五年,廷臣荐观才,出知苏州府。前守陈宁苛刻,人呼陈烙铁。
观尽改宁所为,以明教化、正风俗为治,建黉舍,聘周南老、王行、徐
用诚,与教授贡颖之定学仪,王彝、高启、张羽订经史,耆民周寿谊、
杨茂、林文友行乡饮酒礼。政化大行,课绩为天下最。明年擢四川
行省参知政事。未行,以部民乞留,命还任。

　　初,张士诚以苏州旧治为宫,迁府治于都水行司。观以其地湫

隘,还治旧基。又浚锦帆泾,兴水利。或谮观兴既灭之基,帝使御史张度廉其事,遂被诛。帝亦寻悔,命归葬。

陶垕仲,名铸。以字行,鄞人。洪武十六年,以国子生擢监察御史。纠弹不避权贵,劾刑部尚书开济至死,直声动天下。未几,擢福建按察使,诛赃吏数十人。兴学劝士,抚恤军民,帝下诏褒异。布政使薛大方贪暴,垕仲劾奏之。大方辞相连,并逮至京。讯实,坐大方罪,诏垕仲还官。垕仲言:“臣父昔为方氏部曲,以故官例徙凤阳。臣幼弱,依兄抚养,至于有成,今兄亦为凤阳军吏。臣叨圣恩,备位司宪,欲推禄养报生育恩。使父母兄弟得复聚处,实戴圣天子孝治天下至意。”帝特许迎养,去徙籍。垕仲清介自持,禄入悉以赡宾客。未几,卒官。

时广西佥事王祐,泰和人。按察使寻适尝咨以政体,祐曰:“蛮方之人渎伦伤化,不及此时明礼法,示劝惩,后难治。”适从之,广西称治,蜀平,徙祐知重庆州,招徕抚辑,甚得民和,坐事免官,卒。

刘仕貆,字伯贞,安福人。父闿,元末隐居不仕。仕貆少受父学。红巾贼乱,掠其乡,母张氏率群妇女沉茨潭死。贼械仕貆,久之得释。洪武初,以供役为安福丞张禧所辱,仕貆愤,益力学。

十五年应“贤良”举,对策称旨,授广东按察司佥事,分司琼州。琼俗善蛊,上官至,辄致所产珍货为贽。受则喜,不受则惧按治,蛊杀之,仕琼者多为所污。仕貆廉且惠,轻徭理枉,大得民和。虽却其贽,夷人不忍害也。辱仕貆者张禧,适调丞琼山,以属吏谒,大惭怖。仕貆待之与他吏等。未几,朝议省佥事官,例降东莞河泊使。渡河遇风,殁于水。同僚张仕祥葬之鸡矶。

后有王溥者,桂林人。洪武末为广东参政,亦以廉名。其弟自家来省,属吏与同舟,赠以布袍。溥命还之,曰:“一衣虽微,不可不慎，此污行辱身之渐也。"粮运由海道多漂没。溥至庚岭，相度形势，命有司凿石填堑，修治桥梁，易以车运，民甚便之。居官数年，箧无重衣，庖无兼馔。以诬逮下诏狱，僚属馈赆皆不受，曰："吾岂以患难易其心哉！"事白得归，卒。

时有徐均者，阳春主簿也，地僻，土豪得盘踞为奸。邑长至，辄饵以厚赂，从而把持之。均至，吏白应往视莫大老。莫大老者，洞主也。均曰："此非王民邪，不来且诛。"出双剑示之。大老恐，入谒。均廉得其不法事，系之狱。诘朝，以两瓜及安石榴数枚为馈，皆黄金美珠也。均不视，械送府。府官受赇纵之归，复致前馈。均怒，欲捕治之，而府檄调均摄阳江，阳江大治。以忧去官。

王宗显，和州人，侨居严州。胡大海克严，礼致幕中。太祖征婺州，大海以宗显见，太祖曰："我乡里也。"命至婺觇敌。宗显潜得城中虚实及诸将短长，还白太祖。太祖喜曰："我得婺，以尔为知府。"既而元枢密同金宁安庆与守将帖木烈思贰，遣都事缒城请降，开东门纳兵，与宗显所刺事合。改婺州为宁越府，以宗显知府事。宗显故儒者，博涉经史，开郡学，聘叶仪、宋濂为《五经》师，戴良为学正，吴沉、徐源等为训导。自兵兴，学校久废，至是始闻弦诵声。未几，卒官。

太祖之下婺也，又以王兴宗为金华知县。兴宗，故隶人也，李善长、李文忠皆以为不可，太祖曰："兴宗从我久，勤廉能断，儒生法吏莫先也。"居三年，果以治行闻。迁判南昌，改知嵩州。时方籍民为军，兴宗奏曰："元末聚民为兵，散则仍为民。今军民分矣，若籍为军，则无民，何所征赋？"帝曰："善。"迁怀庆知府。上计至京，帝以事诘诸郡守，至兴宗，独曰："是守公勤不贪，不须问。"再迁苏州，擢河南布政使。陛辞，帝曰："久不见尔，老矣，我须亦白。"宴而遣之，益勤其职。后坐累得白，卒于官。

同时有吕文燧，字用明，永康人，元末盗起，文燧散家财，募壮士得三千人，与盗连战，破走之。三授以官，皆不受。太祖定婺，置永康翼，以文燧为左副元帅兼知县事。寻召为营田司经历，擢知庐州府。浙西平，徙知嘉兴。松江民作乱，寇嘉兴，文燧栅内署，帅壮士拒守。李文忠援至，贼就擒，诸将因欲屠城，文燧曰："作乱者贼也，民何罪？"力止之。满三载，入朝，奉诏持节谕阇婆国，次兴化，疾卒。明年，嘉兴佐贰以下坐盐法死者数十人，有司以文燧尝署名公牒，请籍其家。帝曰："文燧诚信，必不为奸利，且没于使事，可念也，勿籍。"

一时郡守以治行称者，又有王兴福、苏恭让二人。

兴福，随人。初守徽州，有善政，迁杭州。杭初附，人心未安，兴福善抚辑，民甚德之。秩满当迁，郡人遮道攀留。兴福谕遣之曰："非余能惠父老，父老善守法耳。"太祖嘉之，擢吏部尚书。坐事左迁西安知府，卒官。

恭让，玉田人。举"聪明正直"。任汉阳知府，为治严明而不苛。有重役，辄诣上官反复陈说，多得减省。

而知汉阳县者赵庭兰，徐人，亦能爱民任事。朝廷尝遣使征陈氏散卒，他县多以民丁应，庭兰独言县无有。汉阳人言郡守则称恭让，言县令则称庭兰云。

王观，字尚宾，祥符人。性耿介，仪度英伟，善谈论。由乡荐入太学，擢知苏州府，公廉有威。黠吏钱英屡陷长官，观捶杀之。事闻，太祖遣行人赍敕褒之，劳以御酒。岁大侵，民多逋赋，部使者督甚急。观置酒，延诸富人，劝贷贫民偿，辞指诚恳，富人皆感动，逋赋以完。朝廷嘉其能，榜以励天下。守苏者前有季亨、魏观，后有姚善、况钟，皆贤，称"姑苏五太守"，并祀学宫。

杨卓,字自立,泰和人。洪武四年进士,授吏部主事。逾年,迁广东行省员外郎。田家妇独行山中,遇伐木卒,欲乱之。妇不从,被杀。官拷同役卒二十人,皆引服。卓曰:"卒人众,必善恶异也,可尽抵罪乎?"列二十人庭下,熟视久之,指两卒曰:"杀人者汝也。"两卒大惊,服罪。坐事谪田凤阳,复起为杭州通判。有兄弟争田者,累岁不决,卓至垂涕开谕,遂罢争。卓精吏事,吏不能欺。而治平恕,民悦服焉。病免,卒。

卓同邑罗性,字子理。洪武初举于乡,授德安同知。有大盗久不获,株连系狱者数百人。性至郡,悉出所系,约十日得贼即尽贷。众叩头愿尽力,七日果得。尝治蔬圃,得窖铁万余斤。会方赋铁造军器,民争求售。性曰:"此天所以济民也,吾何预焉。"悉以充赋。秩满赴京,坐用枣木染军衣,谪戍西安。性博学。时四方老师宿儒在西安者安数十人,吴人邹奕曰:"合吾辈所读书,庶几罗先生之半。"年七十卒。

道同,河间人。其先蒙古族也。事母以孝闻。洪武初,荐授太常司赞礼郎,出为番禺知县。番禺故号烦剧,而军卫尤横。数鞭辱县中佐吏,前令率不能堪。同执法严,非理者一切抗弗从,民赖以少安

未几,永嘉侯朱亮祖至,数以威福撼同,同不为动。土豪数十辈抑买市中珍货,稍不快意,辄巧诋以罪。同械其魁通衢,诸豪家争赂亮祖求免。亮祖置酒召同,从容言之。同厉声曰:"公大臣,奈何受小人役使!"亮祖不能屈也。他日,亮祖破械脱之,借他事笞同,富民罗氏者,纳女于亮祖,其兄弟因怙势为奸。同复按治,亮祖又夺之去。同积不平,条其事奏之。未至,亮祖先劾同讪傲无礼状。帝不知其由,遂使使诛同,会同奏亦至,帝悟,以为同职甚卑,而敢斥言大臣不法事,其人骨鲠可用,复使使宥之。两使者同日抵番禺,后使

者甫到，则同已死矣。县民悼惜之，或刻木为主祀于家，卜之辄验，遂传同为神云。

当同未死时，布政使徐本雅重同，同方笞一医未竟，而本急欲得医，遣卒语同释之。同岸然曰："徐公乃亦效永嘉侯耶？"笞竟始遣。自是上官益严惮，然同竟用此取祸。

先是有欧阳铭者，亦尝以事抗将军常遇春。

铭，字日新，泰和人。以荐除江都县丞，兵燹后，民死徙者十七八。铭招徕拊循，渐次复业。有继母告子不孝者，呼至案前，委曲开譬，母子泣谢去，卒以慈孝称。尝治廨后隙地，得白金百两，会部符征漆，即市之以输。

迁知临淄，遇春师过其境，卒入民家取酒，相殴击，一市尽哗。铭笞而遣之。卒诉令骂将军，遇春诘之。曰："卒，王师，民亦王民也，民殴且死，卒不当笞耶？铭虽愚，何至詈将军。将军大贤，奈何私一卒挠国法。"遇春意解，为责军士以谢。后大将军徐达至，军士相戒曰："是健吏，曾抗常将军者，毋犯也。"铭为治廉静平恕，暇辄进诸生讲文艺，或单骑行田间，课耕获，邑大治。秩满入觐，卒。

卢熙，字公暨，昆山人。兄熊，字公武，为兖州知府。时兵革甫定，会营鲁王府，又浚河，大役并兴。熊竭心调度，民以不扰。后坐累死。熙以荐授睢州同知，有惠爱，命行知府事，适御史奉命搜旧军。睢民滥入伍者千人，檄熙追送。熙令民自实，得尝隶尺籍者数人畀之。御史怒，系曹吏，必尽得，不则以格诏论。同官皆惧。熙曰："吾民牧也。民散，安用牧。"乃自诣御史曰："州军籍尽此矣。迫之。民且散，独有同知在耳，请以充役。"御史怒斥去，坚立不动。已，知不能夺，乃罢去。后卒于官，贫不能丧，官为具殓。丧归，吏民挽哭者塞道，大雨，无一人却者。

又王士弘者，知宁海县。靖海侯吴祯奉命收方氏故卒，无赖子诬引平民，台、温骚然。士弘上封事，辞极恳切。诏罢之，民赖以安。

倪孟贤，南昌人。知丽水县。民有卖卜者，干富室不应，遂诣京告大姓陈公望等五十七人谋乱，命锦衣卫千户周原往捕之。孟贤廉得实，谓僚属曰："朝廷命孟贤令是邑，忍坐视善良者横被荼毒耶？"即具疏闻。复令耆老四十人赴阙诉，下法司鞫实，论告密者如律。

又乐平奸民亦诣阙诉大姓五十余家谋逆，饶州知州郎敏力为奏辨。诏诛奸民，而被诬者得尽释。

青文胜，字质夫，夔州人。仕为龙阳典史。龙阳濒洞庭，岁罹水患，逋赋数十万，敲扑死者相踵。文胜慨然诣阙上疏，为民请命。再上，皆不报。叹曰："何面目归见父老！"复具疏，击登闻鼓以进，遂自经于鼓下。帝闻大惊，悯其为民杀身，诏宽龙阳租二万四千余石，定为额。邑人建祠祀之。妻子贫不能归，养以公田百庾。万历十四年诏有司春秋致祭，名其祠曰惠烈。

赞曰：太祖起闾右，疾墨吏为民害，尝以极刑处之。然每旌举贤能，以示劝勉，不专任法也。尝遣行人赍敕并钞三十锭，内酒一尊，赐平阳知县张础。又建阳知县郭伯泰、丞陆镒，为政不避权势，遣使赍以酒醴，迁其官。丹徒知县胡梦通、丞郭伯高，金坛丞李思进，坐事当逮，民诣阙，言多善政，帝并赐内尊，降敕褒劳。永州守余彦诚、齐东令郑敏等十人坐事下狱，部民列政绩以请，皆复官。宜春令沈昌等四人更擢郡守。其自下僚不次擢用者，宁远尉王尚贤为广西参政，祥符丞邹俊为大理卿，静宁州判元善为金都御史，芝阳令李行素为刑部侍郎。至如怀宁丞陈希文、宜兴簿王复春，先以善政擢，已知其贪肆，旋置重典。所以风厉激劝者甚至，以故其时吏治多可纪述云。

明史卷一四一
列传第二九

齐泰　黄子澄　方孝孺 卢原质

郑公智　林嘉猷　胡子昭　郑居贞　刘政　方法

楼琏　**练子宁** 宋徵　叶希贤

茅大芳 周璿　卓敬 郭任　卢迥

陈迪 黄魁 巨敬　景清 连楹

胡闰 高翔　王度 戴德彝　谢昇　丁志方

甘霖　董镛　陈继之　韩永　叶福

　　齐泰，溧水人。初名德。洪武十七年，举应天乡试第一。明年成进士，历礼、兵二部主事。雷震谨身殿，太祖祷郊庙，择历官九年无过者陪祀，德与焉，赐名泰。二十八年以兵部郎中擢左侍郎。太祖尝问边将姓名，泰历数无遗。又问诸图籍，出袖中手册以进，简要详密，大奇之。

　　皇太孙素重泰。及即位，命与黄子澄同参国政，寻进尚书。时遗诏诸王临国中，毋奔丧，王国吏民听朝廷节制。诸王谓泰矫皇考诏，间骨肉，皆不悦。先是，帝为太孙时，诸王多尊属，拥重兵，患之，至是因密削藩。

　　建文元年，周、代、湘、齐、岷五王相继以罪废。七月，燕王举兵反，师名"靖难"，指泰、子澄为奸臣。事闻，泰请削燕属籍，声罪致讨。或难之，泰曰："明其为贼，敌乃可克。"遂定议伐燕，布告天下。时太祖功臣存者甚少，乃拜长兴侯耿炳文为大将军，帅师分道北伐，至真定为燕所败。子澄荐曹国公李景隆代将，泰极言不可。子澄不听，卒命景隆将。当是时，帝举五十万兵畀景隆，谓燕可旦夕灭。燕王顾大喜曰："昔汉高止能将十万。景隆何才，其众适足为吾资也。"是冬，景隆果败，帝有惧色。会燕王上书极诋泰、子澄。帝乃解二人任以谢燕，而阴留之京师，仍参密议。景隆遗燕王书，言二人已窜，可息兵，燕王不听。明年，盛庸捷东昌，帝告庙，命二人任职如故。及夹河之败，复解二人官求罢兵，燕王曰："此缓我也。"进益急。

　　始削藩议起，帝入泰、子澄言，谓以天下制一隅甚易。及屡败，意中悔，是以进退失据。迨燕兵日逼，复召泰还。未至，京师已不守，泰走外郡谋兴复。时购泰急，泰墨白马走，行稍远，汁出墨脱。或曰："此齐尚书马也。"遂被执赴京，同子澄、方孝孺不屈死。泰从兄弟敬宗等皆坐死，叔时永、阳彦等谪戍。子甫六岁，免死给配，仁宗时赦还。

　　黄子澄，名湜，以字行，分宜人。洪武十八年会试第一。由编修进修撰，伴读东宫，累迁太常寺卿。

　　惠帝为皇太孙时，尝坐东角门谓子澄曰："诸王尊属拥重兵，多不法，奈何？"对曰："诸王护卫兵，才足自守，倘有变，临以六师，其谁能支？汉七国非不强，卒底亡灭。大小强弱势不同，而顺逆之理异也。"太孙是其言。比即位，命子澄兼翰林学士，与齐泰同参国政，谓曰："先生忆昔东角门之言乎？"子澄顿首曰："不敢忘。"退而与泰谋，泰欲先图燕。子澄曰："不然，周齐、湘、代、岷诸王，在先帝时，尚多不法，削之有名。今欲问罪，宜先周。周王，燕之母弟，削周是剪燕手足也。"谋定，明日入白帝。

　　会有言周王橚不法者，遂命李景隆帅兵袭执之，词连湘、代诸府。于是废橚及岷王楩为庶人，幽代王桂于大同，囚齐王榑于京师。湘王柏自焚死。下燕议周王罪，燕王上书申救。帝览书恻然，谓事宜且止。子澄与泰争之，未决，出相语曰："今事势如此，安可不断？"明日又入言曰："今所虑者独燕王耳，宜因其称病袭之。"帝犹豫曰："朕即位未久，连黜诸王，若又削燕，何以自解于天下？"子澄对曰："先人者制人，毋为人制。"帝曰："燕王智勇善用兵，虽病，恐猝难图。"乃止。且是命都督宋忠调缘边官军屯开平，选燕府护卫精壮隶忠麾下，召护卫胡骑指挥关童等入京，以弱燕。复调北平永清左、右卫官军分驻彰德、顺德，都督徐凯练兵临清，耿瓛练兵山海关，以控制北平。皆泰、子澄谋也。时燕王忧惧，以三子皆在京师，称病笃，乞三子归。泰欲遂收之，子澄曰："不若遣归，示彼不疑，乃可袭而取也。"竟遣还。未几，燕师起，王泣誓将吏曰："陷害诸王，非由天子意，乃奸臣齐泰、黄子澄所为也。"

始，帝信任子澄与泰，骤事削藩。两人本书生，兵事非其所长。当耿炳文之败也，子澄谓胜败常事，不足虑，因荐曹国公李景隆可大任，帝遂以景隆代炳文。而景隆益无能为，连败于郑村坝、白沟河，丧失军辎士马数十万。已，又败于济南城下。帝急召景隆还，赦不诛。子澄恸哭，请正其罪，帝不听。子澄拊膺曰："大事去矣，荐景隆误国，万死不足赎罪。"

及燕兵渐南，与齐泰同谪外，密令募兵。子澄微服由太湖至苏州，与知府姚善倡义勤王。善上言："子澄才足捍难，不宜弃间远以快敌人。"帝复召子澄，未至而京城陷。欲与善航海乞兵，善不可，乃就嘉兴杨任谋举事，为人告，俱被执。子澄至，成祖亲诘之。抗辩不屈，磔死。族人无少长皆斩，姻党悉戍边。一子变姓名为田经，遇赦，家湖广咸宁。正德中，进士黄表其后云。

杨任，洪武中由人材起家，历官袁州知府。时致仕，匿子澄于家，亦磔死。二子礼、益俱斩。亲属戍边。

方孝孺，字希直，一字希古，宁海人。父克勤，洪武中循吏，自有传。孝孺幼警敏，双眸炯炯，读书日盈寸，乡人目为"小韩子"。长从宋濂学,濂门下知名士皆出其下。先辈胡翰、苏伯衡亦自谓弗如。孝孺顾末视文艺,恒以明王道、致太平为己任。尝卧病,绝粮。家人以告,笑曰:“古人三旬九食,贫岂独我哉。”父克勤坐“空印”事诛,扶丧归葬,哀动行路。既免丧,复从濂卒业。

洪武十五年,以吴沉、揭枢荐,召见。太祖喜其举止端整,谓皇太子曰:“此庄士,当老其才。”礼遣还。后为仇家所连,逮至京,太祖见其名,释之。二十五年,又以荐召至。太祖曰:“今非用孝孺时。”除汉中教授,日与诸生讲学不倦。蜀献王闻其贤,聘为世子师。每见,陈说道德。王尊以殊礼,名其读书之庐曰“正学”。

及惠帝即位,召为翰林侍讲。明年迁侍讲学士,国家大政事辄咨之。帝好读书,每有疑即召使讲解。临朝奏事,臣僚面议可否,或命孝孺就扆前批答。时修《太祖实录》及《类要》诸书,孝孺皆为总裁。更定官制,孝孺改文学博士。燕兵起,廷议讨之,诏檄皆出其手。

建文三年,燕兵掠大名。王闻齐、黄已窜,上书请罢盛庸、吴杰、平安兵。孝孺建议曰:“燕兵久顿大名,天暑雨,当不战自疲。急令辽东诸将入山海关攻永平,真定诸将渡卢沟捣北平,彼必归救。我以大兵蹑其后,可成擒也。今其奏事适至,宜且与报书,往返逾月,使其将士心懈。我谋定势合,进而蹴之,不难矣。”帝以为然。命孝孺草诏,遣大理寺少卿薛嵓驰报燕,尽赦燕罪,使罢兵归藩。又为宣谕数千言授嵓,持至燕军中,密散诸将士。比至,嵓匿宣谕不敢出,燕王亦不奉诏。

五月,吴杰、平安、盛庸发兵扰燕饷道。燕王复遣指挥武胜上书伸前请,帝将许之。孝孺曰:“兵罢,不可复聚,愿毋为所惑。”帝乃诛胜以绝燕。未几,燕兵掠沛县,烧粮艘。时河北师老无功,而德州又馈饷道绝,孝孺深以为忧。以燕世子仁厚,其弟高煦狡谲,有宠于燕王,尝欲夺嫡,谋以计间之,使内乱。乃建议白帝,遣锦衣卫千户张安赍玺书往北平赐世子,世子得书不启封,并安送燕军前,间不得行。

明年五月,燕兵至江北,帝下诏征四方兵。孝孺曰:“事急矣。遣人许以割地，稽延数日，东南募兵渐集，北军不长舟楫，决战江上，胜负未可知也。"帝遣庆成郡主往燕军，陈其说，燕王不听。帝命诸将集舟师江上，而陈瑄以战舰降燕，燕兵遂渡江，时六月乙卯也。帝忧惧，或劝帝他幸，图兴复。孝孺力请守京城以待援兵，即事不济，当死社稷。乙丑，金川门启，燕兵入，帝自焚。是日，孝孺被执下狱。

先是，成祖发北平，姚广孝以孝孺为托，曰："城下之日，彼必不降，幸勿杀之。杀孝孺，天下读书种子绝矣。"成祖颔之。至是欲使草诏。召至，悲恸声彻殿陛。成祖降榻劳曰："先生毋自苦，予欲法周公辅成王耳。"孝孺曰："成王安在？"成祖曰："彼自焚死。"孝孺曰："何不立成王之子？"成祖曰："国赖长君。"孝孺曰："何不立成王之子？"成祖曰："此朕家事。"顾左右授笔札，曰："诏天下，非先生草不可。"孝孺投笔于地，且哭且骂曰："死即死耳，诏不可草。"成祖怒，命磔诸市。孝孺慨然就死，作绝命词曰："天降乱离兮孰知其由，奸臣得计兮谋国用犹。忠臣发愤兮血泪交流，以此殉君兮抑又何求。呜呼哀哉兮庶不我尤。"时年四十有六。其门人德庆侯廖永忠之孙镛与其弟铭检遗骸瘗聚宝门外山上。

孝孺有兄孝闻，力学笃行，先孝孺死。弟孝友与孝孺同就戮，亦赋诗一章而死。妻郑及二子中宪、中愈先自经死，二女投秦淮河死。

孝孺工文章，醇深雄迈。每一篇出，海内争相传诵。永乐中，藏孝孺文者罪至死。门人王稌潜录为《侯城集》，故后得行于世。

仁宗即位，谕礼部："建文诸臣，已蒙显戮，家属籍在官者，悉宥为民，还其田土。其外亲戍边者，留一人戍所，余放还。"万历十三年三月释坐孝孺谪戍者后裔，浙江、江西、福建、四川、广东凡千三百余人。而孝孺绝无后，惟克勤弟克家有子曰孝复。洪武二十五年尝上书阙下，请减信国公汤和所加宁海赋，谪戍庆远卫，以军籍获免。孝复子琬，后亦得释为民。世宗时，松江人俞斌自称孝孺后，一时士大夫信之，为纂《归宗录》。即而方氏察其伪，言于官，乃已。神宗初，有诏褒录建文忠臣，建表忠祠于南京，首徐辉祖，次孝孺云。

孝孺之死，宗族亲友前后坐诛者数百人。其门下士有以身殉者,卢原质、郑公智、林嘉猷,皆宁海人。

原质字希鲁,孝孺姑子也,由进士授编修,历官太常少卿。建文时,屡有建白。燕兵至,不屈,与弟原朴等皆被杀。

公智,字叔贞。嘉猷名升,以字行。皆师事孝孺。孝孺尝曰:"匡我者,二子也。"公智以贤良举,为御史有声。

嘉猷,洪武丙子以儒士校文四川。建文初,入史馆为编修,寻迁陕西佥事。尝以事人燕邸,知高煦谋倾世子状。孝孺间燕之谋,实嘉猷发之。

胡子昭,字仲常,初名志高,荣县人。孝孺为汉中教授时往从学,蜀献王荐为县训导。建文初,与修《太祖实录》,授检讨,累迁至刑部侍郎。

郑居贞,闽人。与孝孺友善,以明经历官巩昌通判、河南参政,所至有善绩。孝孺教授汉中,居贞作《凤雏行》勖之。诸人皆坐党诛死。

孝孺主应天乡试,所得士有长洲刘政、桐城方法。

政,字仲理。燕兵起,草平燕策,将上之,以病为家人所沮。及闻孝孺死,遂呕血卒。

法,字伯通,官四川都司断事,诸司表贺成祖登极,当署名,不肯,投笔出。被逮,次望江,瞻拜乡里曰:"得望我先人庐舍足矣。"自沉于江。

成祖既杀孝孺,以草诏属侍读楼琏。琏,金华人,尝从宋濂学,承命不敢辞。归语妻子曰："我固甘死，正恐累汝辈耳。"其夕，遂自经。或曰草诏乃括苍王景，或曰无锡王达云。

练子宁，名安，以字行，新淦人。父伯尚，工诗。洪武初，官起居注，以直言谪外任，终镇安通判。

子宁英迈不群，十八年以贡士廷试对策，力言："天之生材有限，陛下忍以区区小故，纵无穷之诛，何以为治？"太祖善其意，擢一甲第二，授翰林修撰。丁母艰，力行古礼。服阕，复官，历迁工部侍郎。

建文初，与方孝孺并见信用，改吏部左侍郎，以贤否进退为己任，多所建白。未几，拜御史大夫。燕师起，李景隆北征屡败，召还。子宁从朝中执数其罪，请诛之，不听，愤激叩首大呼曰："坏陛下事者，此贼也。臣备员执法，不能为朝廷除卖国奸，死有余罪。即陛下赦景隆，必无赦臣。"因大哭求死，帝为罢朝。宗人府经历宋征、御史叶希贤皆抗疏言景隆失律丧师，怀二心，宜诛。并不纳。燕师既渡淮，靖江府长史萧用道、衡府纪善周是修上书论大计，指斥用事者。书下廷臣议，用事者盛气以诟二人。子宁曰："国事至此，尚不能容言者耶？"诟者愧而止。

燕王即位，缚子宁至。语不逊，磔死，族其家，姻戚俱戍边。子宁从子大亨，官嘉定知县，闻变，同妻沉刘家河死。里人徐子权以进士为刑部主事，闻子宁死，恸哭赋诗自经。

子宁善文章，孝孺称其多学而文。弘治中，王佐刻其遗文曰《金川玉屑集》。提学副使李梦阳立金川书院祀子宁，名其堂曰"浩然"。

征，不知何许人。尝疏请削罪藩属籍。燕师入，不屈，并妻子俱死。

希贤，松阳人。亦坐奸党被杀。或曰去为僧，号雪庵和尚云。

茅大芳，名誧，以字行，泰兴人。博学能诗文。洪武中，为淮南学官，召对称旨。擢秦府长史，制词以董仲舒为言。大芳益奋激，尽心辅导，额其堂曰"希董"，方孝孺为之记。建文元年迁副都御史。燕师起，遗诗淮南守将梅殷，辞意激烈，闻者庄之。

周璇，洪武末以天策卫知事建言，擢左佥都御史。燕王称帝，与大芳并见收，不屈死。而大芳子顺童、道寿俱论诛，二孙死狱中。

卓敬，字惟恭，瑞安人。颖悟过人，读书十行俱下。举洪武二十一年进士。除户科给事中，鲠直无所避。时制度未备，诸王服乘拟天子。敬乘间言："京师，天下视效。陛下于诸王不早辨等威，而使服饰与太子埒，嫡庶相乱，尊卑无序，何以令天下？"帝曰："尔言是，朕虑未及此。"益器重之。他日与同官见，适八十一人，命改官为元士。寻以六科为政事本源，又改曰源士。已，复称给事中。历官户部侍郎。

建文初，敬密疏言："燕王智虑绝伦，雄才大略，酷类高帝。北平形胜地，士马精强，金、元所由兴。今宜徙封南昌，万一有变，亦易控制。夫将萌而未动者，几也；量时而可为者，势也。势非至刚莫能断，几非至明莫能察。"奏入，翌日召问。敬叩首曰："臣所言天下至计，愿陛下察之。"事竟寝。燕王即位，被执，责以建议徙燕，离间骨肉。敬厉声曰："惜先帝不用敬言耳。"帝怒，犹怜其才，命系狱，使人讽以管仲、魏徵事。敬泣曰："人臣委贽，有死无二。先皇帝曾无过举，一旦横行篡夺，恨不即死见故君地下，乃更欲臣我耶？"帝犹不忍杀。姚广孝故与敬有隙，进曰："敬言诚见用，上宁有今日？"乃斩之，诛其三族。

敬立朝慷慨，美丰姿，善谈论，凡天官、舆地、律历、兵刑诸家无不博究。成祖尝叹曰："国家养士三十年，惟得一卓敬。"万历初，用御史屠叔方言，表墓建祠。

同时户部侍郎死者,有郭任、卢迥。

任,丹徒人,一曰定远人。廉慎有能。建文初,佐户部,饮食起居,俱在公署。时方贬削诸藩,任言:"天下事先本后末则易成。今日储财粟,备军实,果何为者?乃北讨周,南讨湘,舍其本而末是图,非策也。且兵贵神速,苟旷日持久,锐气既竭,姑息随之,将坐自困耳。"燕王闻而恶之。兵起,任与同官卢迥主调兵食,京师失守,被擒,不屈,死之。子经亦论死,少子戍广西。

迥,仙居人。爽朗不拘细行。喜饮酒,饮后辄高歌,人谓迥狂。及仕,折节恭慎。建文三年,拜户部侍郎。燕兵入,不屈,缚就刑,长讴而死。台人祀之八忠祠。

陈迪,字景道,宣城人。祖宥贤,明初,从征有功,世抚州守御百户,因家焉。迪倜傥有志操。辟府学训导,为郡草贺万寿表。太祖异之。久之,以通经荐,历官侍讲。出为山东左参政,多惠政。丁内艰,起复,除云南右布政使。普定、曲靖、乌撒、乌蒙诸蛮煽乱,迪率土兵击破之,赐金币。

建文初,征为礼部尚书。时更修制度,沿革损益,迪议为多。会以水旱诏百官集议。迪请清刑狱,招流民,凡二十余事,皆从之。寻加太子少保。李景隆等数战败,迪陈大计。命督运军储。已,闻变,趋赴京师。

燕王即帝位,召迪责问,抗声不屈。命与子凤山、丹山等六人磔于市。既死,人于衣带中得诗及《五噫歌》,辞意悲烈。苍头侯来保拾其遗骸归葬。妻管缢死。幼子珠生五月,乳母潜置沟中得免。八岁,为怨家所讦,成祖宥其死,戍抚宁,寻徙登州,为蓬莱人。洪熙初,赦还乡,给田产。成化中,宁国知府涂观建祠祀迪。弘治间,裔孙鼎举进士,仕至应天府尹,刚鲠有声。

黄魁,不知何许人。为礼部侍郎,有学行,习典礼,迪及侍郎黄观皆爱敬之。燕兵入，不屈死。

有巨敬者，平凉人。为御史，改户部主事，充史官，以清慎称。与迪同不屈死，夷其族。

景清，本耿姓，讹景，真宁人。倜傥尚大节，读书一过不忘。洪武中进士，授编修，改御史。三十年春召见，命署左佥都御史。以奏疏字误，怀印更改，为给事中所劾，下诏狱。寻宥之。诏巡察川、陕私茶，除金华知府。建文初，为北平参议。燕王与语，言论明晰，大称赏。再迁御史大夫。

燕师入，诸臣死者甚众。清素预密谋，且约孝孺等同殉国，至是独诣阙自归。成祖命仍其官，委蛇班行者久之。一日早朝，清衣绯怀刃入。先是，日者奏异星赤色犯帝座，甚急。成祖故疑清。及朝，清独著绯。命搜之，得所藏刃。诘责，清奋起曰："欲为故主报仇耳。"成祖怒，磔死，族之。籍其乡，转相攀染，谓之瓜蔓抄，村里为墟。

初，金川门之启，御史连楹叩马欲刺成祖，被杀，尸植立不仆。楹，襄垣人。

胡闰，字松友，鄱阳人。太祖征陈友谅，过长沙王吴芮祠，见题壁诗，奇之，立召见帐前。洪武四年，郡举秀才，入见。帝曰："此书生故题诗鄱阳庙壁者邪？"授都督府都事，迁经历。建文初，选右补阙，寻进大理寺少卿。

燕师起，与齐、黄辈昼夜画军事。京师陷，召闰，不屈，与子传道俱死，幼子传庆戍边。四岁女郡奴入功臣家，稍长识大义，日以纍灰污面。洪熙初，赦还乡。贫甚，誓不嫁，见者竞遗以钱谷，曰："此忠臣女也。"

高翔，朝邑人。洪武中，以明经为监察御史。建文时，戮力兵事。成祖闻其名，与闰同召，欲用之。翔丧服入见，语不逊，族之。发其先冢，亲党悉戍边。诸给高氏产者皆加税，曰："令世世骂翔也。"

　　王度,字子中,归善人。少力学,工文辞,用明经荐为山东道监察御史。建文时,燕兵起,度悉心赞画。及王师屡败,度奏请募兵。小河之捷,奉命劳军徐州。还,方孝孺与度书,誓死社稷。燕王称帝,坐方党谪戍贺县,又坐语不逊,族。

　　度有智计。盛庸之代景隆,度密陈便宜,是以有东昌之捷。景隆征还,赦不诛,反用事,忌庸等功。谗间之,度亦见疏。论者以其用有未尽,惜之。

　　戴德彝,奉化人。洪武二十七年进士。累官侍讲。太祖谕之曰:“翰林虽职文学,然既列禁近,凡国家政治得失,民生利害,当知无不言。昔唐陆贽、崔群、李绛在翰林,皆能正言谠论,补益当时,汝宜以古人自期。”已,改监察御史。建文时,改左拾遗。燕王入,召见,不屈,死之。德彝死时,兄弟并从京师,嫂项家居,闻变,度祸且族,令阖舍逃去,匿德彝二子山中,毁戴氏族谱,独身留家。收者至,无所得,械项至京,榜掠终无一言,戴族获全。

　　时御史不屈死者,有诸城谢升、聊城丁志方,而怀宁甘霖从容就戮,子孙相戒不复仕。又董镛,不知何许人。诸御史有志节者,时时会镛所,誓以死报国。诸将校观望不力战,镛辄露章劾之。城破被杀,家戍极边。

　　而给事中死者,则有陈继之、韩永、叶福三人。

　　继之,莆田人,建文二年进士。时江南僧道多腴田,继之请人限五亩,余以赋民。从之。兵事亟,数条奏机宜。燕兵入,不屈,见杀,父母兄弟悉戍边。

　　永,西安人,或曰浮山。貌魁梧,音吐洪亮,每慷慨论兵事。燕王入,欲官之,抗辞不屈死。

　　福,侯官人,继之同年生。燕兵至,守金川门,城陷,死之。

赞曰:帝王成事,盖由天授。成祖之得天下,非人力所能御也。齐、黄、方、练之俦,抱谋国之忠,而乏制胜之策。然其忠愤激发,视刀锯鼎镬甘之若饴,百世而下,凛凛犹有生气。是岂泄然不恤国事而以一死自谢者所可同日道哉!由是观之,固未可以成败之常见论也。

明史卷一四二
列传第三〇

铁铉　暴昭　侯泰　陈性善　陈植

王彬　崇刚　张昺　谢贵　彭二　葛诚

余逢辰　宋忠　余瑱　马宣　曾濬　卜万

朱鉴　石撰　瞿能　庄得　楚智　皂旗张

王指挥　杨本　张伦　陈质　颜伯玮

唐子清　黄谦　向朴　郑恕　郑华　王省

姚善　钱芹　陈彦回　张彦方

　　铁铉，邓人。洪武中，由国子生授礼科给事中，调都督府断事。尝谳疑狱，立白。太祖喜，字之曰鼎石。

　　建文初，为山东参政。李景隆之北伐也，铉督饷无乏。景隆兵败白沟河，单骑走德州，城戍皆望风溃。铉与参军高巍感奋涕泣，自临邑趋济南，偕盛庸、宋参军等誓以死守。燕兵攻德州，景隆走依铉。德州陷，燕兵收其储蓄百余万，势益张，遂攻济南。景隆复大败，南奔，铉与庸等乘城守御。燕兵堤水灌城，筑长围，昼夜攻击。铉以计焚其攻具，间出兵奋击。又遣千人出城许降。燕王大喜，军中皆欢呼。铉伏壮士城上，候王入，下铁板击之，别设伏断桥。既而失约，王未入城，板骤下，王惊走。伏发，桥仓卒不可断，王鞭马驰去。愤甚，百计进攻。凡三阅月，卒固守不能下。当是时，平安统兵二十万，将复德州，以绝燕饷道。燕王惧，解围北归。

燕王自起兵以来，攻真定二日不下，即舍去。独以得济南断南北道，即画疆守，金陵不难图，故乘大破景隆之锐，尽力以攻，期于必拔，而竟为铉等所挫。帝闻大悦，遣官慰劳，赐金币，封其三世。铉入谢，赐宴，凡所建白皆采纳。擢山东布政使，寻进兵部尚书。以盛庸代景隆为平燕将军，命铉参其军务。是年冬，庸大败燕王于东昌，斩其大将张玉，燕王奔还北平。自燕兵犯顺，南北日寻干戈，而王师克捷，未有如东昌者。自是燕兵南下由徐、沛，不敢复道山东。

比燕兵渐逼，帝命辽东总兵官杨文将所部十万与铉合，绝燕后。文师至直沽，为燕将宋贵等所败，无一至济南者。四年四月，燕军南缀王师于小河，铉与诸将时有斩获。连战至灵璧，平安等师溃被擒。既而庸亦败绩。燕兵渡江，铉屯淮上，兵亦溃。

燕王即皇帝位，执之至，反背坐廷中谩骂。令其一回顾，终不可，遂磔于市，年三十七。子福安，戍河池。父仲名，年八十三，母薛，并普安置海南。

宋参军者，逸其名。燕兵攻济南不克，舍之南去，参军说铉直捣北平。铉以卒困甚，不果。后不知所终。

暴昭，潞州人。洪武中，由国子生授大理寺司务。三十年擢刑部右侍郎，明年进尚书。耿介有峻节，布衣麻履，以清俭知名。建文初，充北平采访使，得燕不法状，密以闻，请预为备。燕兵起，设北平布政司于真定，昭以尚书掌司事，与铁铉辈悉心经画。平安诸军败，召归。金川门陷，出亡，被执。不屈，磔死。

继昭为刑部尚书者侯泰，字顺怀，南和人。以荐举起家。建文初，仕至尚书。燕王举兵，力主抗御之微。尝督饷于济宁、淮安。京师不守,行至高邮,被执下狱,与弟敬祖,子玘,俱被杀。

陈性善,名复初,以字行,山阴人。洪武三十年进士。胪唱过御前,帝见其容止凝重,属目久之,曰:"君子也。"授行人司副,迁翰林检讨。性善工书,尝召入便殿,缮录诚意伯刘基子琏所献其父遗书。帝威严,见者多惴恐,至惶汗不成一字。性善举动安详,字画端好。帝大悦,赐酒馔,留竟日出。

惠帝在东宫,习知性善名。及即位,擢为礼部侍郎,荐起流人薛正言等数人。云南布政使韩宜可隶谪籍,亦以性善言,起副都御史。一日,帝退朝,独留性善赐坐,问治天下要道,手书以进。性善尽所言,悉从之。已,为有司所格,性善进曰:"陛下不以臣不肖,猥承顾问。既僭尘圣听,许臣必行,未几辄改,事同反汗,何以信天下?"帝为动容。

燕师起,改副都御史,监诸军。灵璧战败,与大理丞彭与明、钦天监副刘伯完等皆被执。已,悉纵还。性善曰:"辱命,罪也,奚以见吾君?"朝服跃马入于河以死。余姚黄墀、陈子方,与性善友,亦同死。燕王入京师,诏追戮性善,徙其家于边。

与明,万安人。贡入太学,历给事中。建文初,为大理右丞,廉勤敏达。以督军被执。纵归,惭愤,裂冠裳,变姓名,与伯完俱亡去,不知所终。

时以侍郎监军者,有庐江陈植。植,元末举乡试,不仕。洪武间,官吏部主事。建文二年官兵部右侍郎。燕兵临江,植监战江上,慷慨誓师。部将有议迎降者,植责以大义甚厉。部将杀之以降,且邀赏。燕王怒,立诛部将,具棺殓葬植白石山上。

燕师之至江北也,御史王彬巡按江淮,驻扬州,与镇抚崇刚婴城坚守。时盛庸兵既败,人无固志,守将王礼谋举城降。彬执之及其党,系狱。刚出练兵,彬修守具,昼夜不懈。有力士能举千斤,彬尝以自随。燕兵飞书城中，"缚王御史降者，官三品。"左右惮力士，莫敢动。礼弟崇赂力士母，诱其子出。乘彬解甲浴，猝缚之。出礼于狱，开门纳燕师。彬与刚皆不屈死。

彬，字文质，东平人，洪武中进士。刚，逸其里籍。

又兵部主事樊士信，应城人。守淮，力拒燕兵，不胜，死之。

张昺，泽州人。洪武中，以人材累官工部右侍郎。谢贵者，不知所自起，历官河南卫指挥佥事。

建文初，廷臣议削燕，更置守臣。乃以昺为北平布政使，贵为都指挥使，并受密命。时燕王称疾久不出，二人知其必有变，乃部署在城七卫及屯田军士，列九门防守，将执王。府库吏李友直预知其谋，密以告王，王遂得为备。建文元年七月六日，朝廷遣人逮燕府官校。王伪缚官校置廷中，将付使者。绐昺、贵入，至端礼门，为伏兵所执，俱不屈死。

燕将张玉、朱能等帅勇士攻九门，克其八，独西直门不下。都指挥彭二跃马呼市中曰："燕王反，从我杀贼者赏。"集兵千余人，将攻燕府。会燕健士从府中出，格杀二，兵遂散，尽夺九门。

初，昺被杀，丧得还。"靖难"后，出昺尸焚之，家人及近戚皆死。

葛诚，不知所由进。洪武末，为燕府长史。尝奉王命奏事京师。帝召见，问府中事，诚具以实对。遣还，王佯病，盛暑拥炉坐，呼寒甚。昺、贵等入问疾，诚言王实无病，将为变。又密疏闻于帝。及昺、贵将图王，诚与护卫指挥卢振约为内应。事败，诚、振俱被杀，夷其族。

又伴读余逢辰，字彦章，宣城人。有学行，王信任之，以故得闻异谋，乘间力谏。知变将作，贻书其子，誓必死。兵起，复泣谏，言君父两不可负，死之。

北平人杜奇者，才俊士也。燕王起兵，征入府，奇因极谏当守臣节。王怒，立斩之。

宋忠，不知何许人。洪武末，为锦衣卫指挥使。有百户以非罪论死，忠疏救。御史劾之，太祖曰："忠率直无隐，为人请命，何罪？"遂宥百户。寻为金都御史刘观所劾，调凤阳中卫指挥使。三十年，平羌将军齐让征西南夷无功，以忠为参将，从将军杨文讨之。师旋，复官锦衣。

建文元年，以都督奉敕总边兵三万屯开平，悉简燕府护卫壮士以从。又以都督徐凯屯临清，耿瓛屯山海关，相犄角。北平故有永清左、右卫，忠调其左屯彰德、右屯顺德以备燕。及张昺、谢贵谋执燕王，忠亦帅兵趋北平。未至而燕兵起，居庸失守，不得进，退保怀来。燕王度忠必争居庸，帅精兵八千，卷甲倍道趋怀来。时北平将士在忠部下者，忠告以家属并为燕屠灭，盍努力复仇报国恩。燕王侦知之，急令其家人张故旗帜为前锋，呼父兄子弟相问劳。将士咸喜曰："我家固亡恙，宋总兵欺我。"遂无斗志。忠仓卒布阵，未成列。燕王一麾渡河，鼓噪进。忠败，死之。

忠之守怀来也，都指挥余瑱、彭聚、孙泰与俱。及战，瑱被执，不屈死。泰中流矢，血被甲，裹创力斗，与聚俱没于阵。当是时，诸将校为燕所俘者百余人，皆不肯降以死，惜姓名多不传。

马宣，亦不知何许人。官都指挥使。宋忠之趋居庸，宣亦自蓟州帅师赴北平，闻变走还。燕王既克怀来，旋师欲南下。张玉进曰："蓟州外接大宁，多骑士，不取恐为后患。"会宣发兵将攻北平，与燕兵战公乐驿，败归，与镇抚曾濬城守。玉等往攻之，宣出战被擒，骂不绝口，与濬俱死。

燕兵之袭大宁也，守将都指挥卜万与都督刘真、陈亨帅兵扼松亭关。亨欲降燕，畏万不敢发。燕行反间，赇万书，盛称万，极诋亨，厚赏所获大宁卒，缄书衣中，俾密与万，故使同获卒见之，亦纵去而不与赏。不得赏者发其事。真、亨搜卒衣,得书,遂执万下狱死,籍其家。万忠勇而死于间,论者惜之。及大宁陷,指挥使朱鉴力战不屈死。

宁府左长史石撰者,平定人。以学行称。燕王举兵,撰辄为守御计,每以臣节讽宁王,王亦心敬之。及城陷,愤詈不屈,支解死。

瞿能,合肥人。父通,洪武中累官都督佥事。能嗣官,以四川都指挥使从蓝玉出大渡河击西番,有功。又以副总兵讨建昌叛酋月鲁帖木儿,破之双狼寨。

燕师起,从李景隆北征。攻北平,与其子帅精骑千余攻张掖门,垂克。景隆忌之,令候大军同进。于是燕人夜汲水沃城,方大寒,冰凝不可登,景隆卒致大败。已,又从景隆进驻白沟河,与燕师战。能父子奋击,所向披靡。日暝,各收军。明日复战,燕王几为所及。王急佯招后军以疑之,得脱去。薄暮,能复引众搏战,大呼灭燕,斩馘数百。诸将俞通渊、滕聚复帅众来会。会旋风起,王突入驰击。能父子死于阵,通渊、聚俱死,精兵万余并没。南军由是不振。

时与北兵战死者,有都指挥庄得、楚智、皂旗张等。

得,故隶宋忠。怀来之败,一军独全。后从盛庸战夹河,斩燕将谭渊。已而燕王以骁骑乘暮掩击,得力战死。

智,尝从冯胜、蓝玉出塞有功。建文初,守北平,寻召还。及讨燕,帅兵从景隆,战辄奋勇,北人望旗帜股栗。至是,马陷被执死。

皂旗张,逸其名,或曰张能力挽千斤,每战辄麾皂旗先驱,军中呼"皂旗张"。死时犹执旗不仆。又王指挥者,临淮人。常骑小马,军中呼"小马王"。战白沟河被重创,脱胄付其仆曰:"吾为国捐躯,以此报家人。"立马植戈而死。二人死尤异云。

又中牟杨本,初为太学生,通禽遁术,应募授锦衣镇抚。从景隆讨燕有功。景隆忌之,不以闻。寻劾景隆丧师辱国,遂以孤军独出,被擒,系北平狱,后被杀。

张伦，不知何许人。河北诸卫指挥使也。勇悍负气，喜观古忠义事。马宣自蓟州起兵攻北平，不克，死。伦发愤，合两卫官，帅所部南奔，结盟报国。从李景隆、盛庸战，皆有功。燕王即帝位，招伦降。伦笑曰：“张伦将自卖为丁公乎！”死之。京师陷，武臣皆降附，从容就义者，伦一人而已。

又陈质者，以参将守大同，进中军都督同知。助宋忠保怀来，忠败，退守大同。代王欲举兵应燕，质持之不得发。及燕兵攻大同不下，蔚州、广昌附于燕，质复取之。成祖即位，以质劫制代王，剽掠已附，诛死。

颜伯玮，名瑰，以字行，庐陵人。唐鲁国公真卿后。建文元年，以贤良征，授沛县知县。李景隆屯德州，沛人终岁辇运。伯玮善规画，得不困。会设丰、沛军民指挥司，乃集民兵五千人，筑七堡为备御计。寻调其兵益山东，所存疲弱不任战。燕兵攻沛，伯玮遣县丞胡先间行至徐州告急。援不至，遂命其弟珏、子有为还家侍父，题诗公署壁上，誓必死。燕兵夜入东门，指挥王显迎降。伯玮冠带升堂，南向拜，自经死。有为不忍去，复还，见父尸，自刎其侧。

主簿唐子清、典史黄谦俱被执，燕将欲释子清。子清曰：“愿随颜公地下。”遂死之。遣谦往徐州招降。谦不从，亦死。

又向朴，慈溪人。力学养亲。洪武末，以人才召见，知献县。县无城郭，燕将谭渊至，朴集民兵与战，被执，怀印死。

郑恕，仙居人。萧县知县。燕将王聪破萧，不屈死。二女当配，亦死之。

郑华，临海人。由行人贬东平吏目。燕兵至，州长贰尽弃城走。华谓妻萧曰：“吾义必死，奈若年少何？”萧泣曰：“君不负国，妾敢负君？”华曰：“足矣。”帅吏民凭城固守，城破，力战不屈死。

　　王省，字子职，吉水人。洪武五年领乡举。至京，诏免会试，命吏部授官。省言亲老，乞归养。寻以文学征。太祖亲试，称旨，当殊擢。自陈才薄亲老，乞便养。授浮梁教谕。凡三为教官，最后得济阳。

　　燕兵至，为游兵所执。从容引臂，词义慷慨，众舍之。归坐明伦堂，伐鼓聚诸生，谓曰：“若等知此堂何名，今日君臣之义何如？”因大哭，诸生亦哭。省以头触柱死。女静，适即墨主簿周岐凤，闻燕兵至济阳，知父必死，三遣人往访，得遗骸归葬。

　　姚善，字克一，安陆人。初姓李。洪武中由乡举历祁门县丞，同知庐州、重庆二府。三十年迁苏州知府。初，太祖以吴俗奢僭，欲重绳以法，黠者更持短长相攻讦。善为政持大体，不为苛细，讼遂衰息，吴中大治。

　　好折节下士，敬礼隐士王宾、韩奕、俞贞木、钱芹辈。以月朔会学宫，迎芹上座，请质经义。芹曰：“此非今所急也。”善悚然起问，芹乃授以一册。视之，皆守御策。时燕兵已南下，密结镇、常、嘉、松四郡守，练民兵为备。荐芹于朝，署行军断事。善寻至京师，会朝廷以燕王上书贬齐泰、黄子澄于外，善言不当贬，遂复召二人。

　　建文四年，诏兼督苏、松、常、镇、嘉兴五府兵勤王。兵未集，燕王已入京师。时子澄匿善所，约共航海起兵。善谢曰：“公，朝臣，当行收兵图兴。复善守土，与城存亡耳。”子澄去，善为麾下许千户者缚以献，不屈死。年四十三。子节等四人俱戍配。

　　芹，字继忠，少好奇节，元末，干诸将，不遇。洪武初，辟大都督府掾，从中山王出北平，至大漠。还解职，家居二十年，甘贫乐道。以善荐起，从李景隆北行，遣入奏事。道病将卒，犹条上兵事。年七十三。

陈彦回,字士渊,莆田人。父立诚,为归安县丞,被诬论死。彦回谪戍云南,家人从者多道死。比至蜀,唯彦回与祖母郭在。会赦,又弗原,监送者怜而纵之。贫不能归,依乡人知县黄积良,冒黄姓。久之,以阆中教谕严德政荐,授保宁训导。考满至京,召见以为平江知县。逾年,太祖崩,彦回入临。又以给事中杨维康荐,擢徽州知府。

建文元年以循良受上赏。祖母郭卒,当去,百姓走京师乞留。彦回衰绖赴阙自陈,乞复姓。当彦回之戍云南也,其弟彦囷亦戍辽东,至是,诏除彦囷籍。连乞终丧,不许。葬郭徽城北十里北山之阳,时走墓下,哭甚哀,人目之曰“太守山”。尝对百姓泣曰:“吾罪人也,向亡命冒他姓。以祖母存,恐陈首获罪,隐忍二十年。今祖母没,宜自请死。上特宥我,终当死报国耳。”燕兵逼京师,彦回纠义勇赴援。已而被擒,械至京,死之。

张彦方,龙泉人。初为给事中,以便养乞改乐平知县。应诏勤王,帅所部抵湖口。被执,械至乐平,斩之。枭其首谯楼,当暑月,一蝇不集,经旬面如生。邑人窃葬之清白堂后。

同时以勤王死者,有松江同知,死尤烈云。同知姓名不可考,或曰周继瑜也。勤王诏下,榜募义勇入,援极言大义,感动人心,并斥“靖难”兵乖恩悖道。械至京,磔于市。

赞曰:燕师之南向也,连败二大将,其锋盖不可当。铁铉以书生竭力抗御于齐、鲁之间,屡挫燕众。设与耿、李易地而处,天下事固未可知矣。张昺、谢贵、葛诚图燕于肘腋,而事不就。宋忠、马宣东西继败,瞿能诸将垂胜战亡,燕兵卒得长驱南下。而姚善、陈彦回之属,欲以郡邑之甲奋拒于大势已去之后,此黄钺所谓兵至江南,御之无及者也。

明史卷一四三
列传第三一

王艮　高逊志　　廖昇　魏冕　邹瑾　龚泰

周是修　程本立　黄观

王叔英　林英　黄钺　曾凤韶　王良

陈思贤　龙溪六生　台温二樵　程通

黄希范　叶惠仲　黄彦清　蔡运　石允常　高巍

韩郁　高贤宁　王琎　周缙

牛景先　程济等

　　王艮，字敬止，吉水人。建文二年进士，对策第一。貌寝，易以胡靖，即胡广也，艮次之，又次李贯。三人皆同里，并授修撰，如洪武中故事，设文史馆居之。预修《太祖实录》及《类要》、《时政记》诸书。一时大著作皆综理之。数上书言时务。

　　燕兵薄京城，艮与妻子诀曰：“食人之禄者，死人之事，吾不可复生矣。”解缙、吴溥与艮、靖比舍居。城陷前一夕，皆集溥舍。缙陈说大义，靖亦奋激慷慨，艮独流涕不言。三人去，溥子与弼尚幼，叹曰：“胡叔能死，是大佳事。”溥曰：“不然，独王叔死耳。”语未毕，隔墙闻靖呼：“外喧甚，谨视豚。”溥顾与弼曰：“一豚尚不能舍，肯舍生乎?"须臾艮舍哭,饮鸩死矣。缙驰谒,成祖甚喜。明日荐靖,召至,叩头谢。贯亦迎附。后成祖出建文时群臣封事千余通,令缙等编阅。事涉兵农钱谷者留之,诸言语干犯及他一切皆焚毁。因从容问贯、缙等曰:"尔等宜皆有之。"众未对,贯独顿首曰:"臣实未尝有也。"成祖曰:"尔以无为美耶?食其禄,任其事,当国家危急,官近侍独无一言可乎? 朕特恶夫诱建文坏祖法乱政者耳。"后贯迁中允,坐累,死狱中。临卒叹曰:"吾愧王敬止矣。"

有高逊志者,艮座主也。萧县人,寓嘉兴。幼嗜学,师贡师泰、周伯琦等,文章典雅,成一家言。征修《元史》,入翰林,累迁试吏部侍郎,以事谪朐山。建文初,召为太常少卿,与董伦同主会试。得士自艮外,胡靖、吴溥、杨荣、金幼孜、杨溥、胡濙、顾佐等皆为名臣。燕师入,存殁无可考。

廖昇,襄阳人。不知其所以进,学行最知名,与方孝孺、王绅相友善。洪武末,由左府断事擢太常少卿。建文初,修《太祖实录》,董伦、王景为总裁官,昇与高逊志为副总裁官,李贯、王绅、胡子昭、杨士奇、罗恢、程本立为纂修官,皆一时选。

燕师渡江,朝廷遣使请割地。不许。昇闻而恸哭,与家人诀,自缢死。殉难诸臣,昇死最先。其后陈瑛奏诸臣逆天命,郊死建文君,请行追戮,亦首及昇云。

时为瑛追论者,有魏冕等。冕官御史,燕兵犯阙,都督徐增寿徘徊殿廷,有异志,冕率同官殴之,与大理丞邹瑾大呼,请速加诛。明日,宫中火起,有劝冕降者,厉声叱之,遂自杀,瑾亦死。瑾、冕皆永丰人。其同里邹朴,官秦府长史,闻瑾死,愤甚,不食卒。或曰即瑾子也。

又都给事中龚泰,义乌人。由乡荐起家。燕王入金川门,泰被缚,以非奸党释不杀,自投城下死。泰尝游学宫,狂人挤之,溺池中几死，弗校，人服其量。

周是修，名德，以字行。泰和人。洪武末，举明经，为霍丘训导。太祖问家居何为。对曰："教人子弟，孝弟力田。"太祖喜，擢周府奉祀正。逾年，从王北征至黑山，还迁纪善。建文元年，有告王不法者，官属皆下吏。是修以尝谏王得免，改衡府纪善。衡王，惠帝母弟，未之藩。是修留京师，预翰林纂修，好荐士，陈说国家大计。

燕兵渡淮，与萧用道上书指斥用事者。用事者怒，共挫折之，是修屹不为动。京城失守，留书别友人江仲隆、解缙、胡靖、萧用道、杨士奇，付以后事，具衣冠，为赞系衣带间。入应天府学，拜先师毕，自经于尊经阁，年四十九。燕王即帝位，陈瑛言是修不顺天命，请追戮。帝曰："彼食其禄，自尽其心，勿问。"

是修外和内刚，志操卓荦，非其义，一介不苟得也。尝曰："忠臣不计得失，故言无不直，烈女不虑死生，故行无不果。"尝辑古今忠节事为《观感录》。其学自经史百家，阴阳医卜，靡不通究，为文援笔立就，而雅赡条达。初与士奇、缙、靖及金幼孜、黄淮、胡俨约同死。临难，惟是修竟行其志云。

程本立，字原道，崇德人。先儒颐之后。父德刚，负才气不仕。元将路成兵过皂林，暴掠。德刚为陈利害，成悦，戢其部众，欲奏官之，辞去。本立少有大志，读书不事章句。洪武中，旌孝子，太祖尝谓之曰："学者争务科举，以穷经为名，而无实学。子质近厚，当志圣贤之学。"本立益自力。闻金华朱克修得朱熹之传于许谦，往从之游。举明经、秀才，除秦府引礼舍人，赐楮币鞍马。母忧去官，服除，补周府礼官，从王之开封。

二十年春进长史，从王入觐。坐累谪云南马龙他郎甸长官司吏目，留家大梁，携一仆之任。土酋施可伐煽百夷为乱，本立单骑入其巢，谕以祸福，诸酋咸附。未几，复变。西平侯沐英、布政使张紞知本立贤，属行县典兵事，且抚且御，自楚雄、姚安抵大理、永昌、鹤庆、丽江,山行野宿,往来绥辑凡九年,民夷安业。

三十一年奏计京师。学士董伦、府尹向宝交荐之。征入翰林,预修《太祖实录》,迁右佥都御史。俸入外,不通馈遗。建文三年,坐失陪祀贬官,仍留纂修。《实录》成,出为江西副使。未行,燕兵入,自缢死。

黄观,字伯澜,一字尚宾,贵池人。父赘许,从许姓。受学于元待制黄冔。冔死节,观益自励。洪武中,贡入太学。绘父母墓为图,瞻拜辄泪下。二十四年,会试、廷试皆第一。累官礼部右侍郎,乃奏复姓。建文初,更官制,左、右侍中次尚书,改观右侍中,与方孝孺等并亲用。

燕王举兵,观草制讽其散军归藩,束身谢罪,辞极诋斥。四年,奏诏募兵上游,且督诸郡兵赴援。至安庆,燕王已渡江入京师,下令暴左班文职奸臣罪状,观名在第六。既而索国宝,不知所在,或言已付观出收兵矣。命有司追捕,收其妻翁氏并二女给象奴。奴索钗钏市酒肴,翁氏悉与之持去,急携二女及家属十人,投淮清桥下死。观闻金川门不守,叹曰:"吾妻有志节,必死。"招魂葬之江上。命舟至罗刹矶,朝服东向拜,投湍急处死。

观弟觐,先匿其幼子,逃他处。或云觐妻毕氏孀居母家,遗腹生子,故黄氏有后于贵池。

初,观妻投水时,呕血石上,成小影,阴雨则见,相传为大士像。僧昪至庵中,翁氏见梦曰:"我黄状元妻也。"比明,沃以水,影愈明,有愁惨状。后移至观祠,名翁夫人血影石。今尚存。

王叔英,字原采,黄岩人。洪武中,与杨大中、叶见泰、方孝孺、林右并征至。叔英固辞归。二十年,以荐为仙居训导,改德安教授。迁汉阳知县,多惠政。岁旱,绝食以祷,立应。

建文时,召为翰林修撰。上资治八策,曰务问学,谨好恶,辨邪正,纳谏诤,审才否,慎刑罚,明利害,定法制。皆援证古今,可见之行事。又曰："太祖除奸剔秽，抑强锄梗，如医去病，如农去草。去病急或伤体肤，去草严或伤禾稼。病去则宜调变其血气，草去则宜培养其根苗。"帝嘉纳之。

燕兵至淮，奉诏募兵。行至广德，京城不守。会齐泰来奔，叔英谓泰贰心，欲执之。泰告以故，乃相持恸哭，共图后举。已，知事不可为，沐浴更衣冠，书绝命词，藏衣裾间，自经于元妙观银杏树下。天台道士盛希年葬之城西五里。其词曰："人生穹壤间，忠孝贵克全。嗟予事君父，自省多过愆。有志未及竟，奇疾忽见缠。肥甘空在案，对之不下咽。意者造化神，有命归九泉。尝念夷与齐，饿死首阳巅，周粟岂不佳，所见良独偏。高踪渺难继，偶尔无足传。千秋史官笔，慎勿称希贤。"又题其案曰："生既已矣，未有补于当时。死亦徒然，庶无惭于后世。"燕王称帝，陈瑛簿录其家。妻金氏自经死，二女下锦衣狱，赴井死。

叔英与孝孺友善，以道义相切劘。建文初，孝孺欲行井田。叔英贻书曰："凡人有才固难，能用其才尤难。子房于汉高，能用其才者也；贾谊于汉文，不能用其才者也。子房察高帝可行而言，故高帝用之，一时受其利，虽亲如樊、郦，信如平、勃任如萧、曹，莫得间焉。贾生不察而易言，且言之太过，故绛、灌之属得以短之。方今明良相值，千载一时。但事有行于古，亦可行于今者，夏时周冕之类是也。有行于古不可行于今者，井田封建之类是也。可行者行，则人之从之也易，而民乐其利。难行，而行则从之也难，而民受其患。"时井田虽不行，然孝孺卒用《周官》更易制度，无济实事，为燕王藉口。论者服叔英之识，而惜孝孺不能用其言也。

时御史古田林英亦在广德募兵，知事无济，再拜自经。妻宋氏下狱，亦自经死。

黄钺，字叔扬，常熟人。少好学。家有田在葛泽陂，钺父令督耕其中。钺从友人家借书，窃读不废。县举贤良，授宜章典史。建文元年举湖广乡试。明年赐进士，授刑科给事中。三年丁父忧，方孝孺吊之，屏人问曰："燕兵日南，苏、常、镇江，京师左辅也。君吴人，朝廷近臣，今虽去，宜有以教我。"钺曰："三府唯镇江最要害。守非其人，是撤垣而纳盗也。指挥童俊狡不可任，奏事上前，视远而言浮，心不可测也。苏州知府姚善，忠义激烈，有国士风，然仁有余而御下宽，恐不足定乱。且国家大势，当守上游，兵至江南，御之无及也。"孝孺乃因钺附书于善。善得书，与钺相对哭，誓死国。钺至家，依父殡以居。

燕兵至江上，善受诏统兵勤王，以书招钺。钺知事不济，辞以营葬毕乃赴。既而童俊果以镇江降燕。钺闻国变，杜门不出。明年以户科左给事中召，半途自投于水。以溺死闻，故其家得不坐。

曾凤韶，庐陵人。洪武末年进士。建文初，尝为监察御史。燕王称帝，以原官召，不赴。又以侍郎召，知不可免，乃刺血书衣襟曰："予生庐陵忠节之邦，素负刚鲠之肠。读书登进士第，仕宦至绣衣郎。慨一死之得宜，可以含笑于地下，而不愧吾文天祥。"嘱妻李氏、子公望："勿易我衣，即以此殓。"遂自杀，年二十九。李亦守节死。

王良，字天性，祥符人。洪武末，累官金都御史，坐缓其僚友狱，贬刑部郎中。建文中，历迁刑部左侍郎。议减燕府人罪，不称旨，出为浙江按察使。

燕王即位，颇德之，遣使召良，良执使者将斩之，众劫之去。良集诸司印于私第，将自杀，未即决，妻问故。曰："吾分应死，未知所以处汝耳。"妻曰："君男子，乃为妇人谋乎？"馈良食。食已，抱其子入后园，置子池旁，投水死。良殓妻毕，以子付友人家，遂积薪自焚，印俱毁。成祖曰："死固良分，朝廷印不可毁。毁印，良不得无罪。"徙其家于边。

陈思贤，茂名人。洪武末，为漳州教授，以忠孝大义勖诸生。每部使者莅漳，参谒时必请曰："圣躬安否？"燕王登极诏至，恸哭曰：

"明伦之义,正在今日。"坚卧不迎诏,率其徒吴性原、陈应宗、林珏、邹君默、曾廷瑞、吕贤六人,即明伦堂为旧君位,哭临如礼。有司执之送京师,思贤及六生皆死。六生皆龙溪人。嘉靖中,提学副使邵锐立祠祀思贤,以六生侑食。

又台州有樵夫,日负薪入市,口不贰价。闻燕王即帝位,恸哭投东湖死。而温州乐清亦有樵夫,闻京师陷,其乡人卓侍郎敬死,号恸投于水。二樵皆逸其名。

程通,绩溪人。尝上书太祖,乞除其祖戍籍。词甚哀,竟获请。已,授辽府纪善。燕师起,从王泛海归京师,上封事数千言,陈御备策,进左长史。永乐初,从王徙荆州。有言其前上封事多指斥者。械至,死于狱,家属戍边。并捕其友人徽州知府黄希范,论死,籍其家。

叶惠仲,临海人。与兄夷仲并有文名,以知县征修《太祖实录》,迁知南昌府。永乐元年,坐直书"靖难"事,族诛。

黄彦清,歙人。官国子博士,以名节自励,坐在梅殷军中私谥建文帝,诛死。

蔡运,南康人。历官四川参政,劲直不谐于俗,罢归。复起知宾州,有惠政。永乐初,亦追论奸党死。

石允常,宁海人。洪武二十七年进士。官河南佥事,廉介有声。坐事谪常州同知。建文末,帅兵防江。军溃,弃官去。后追录废周藩事,系狱二年,免死戍边。

高巍,辽州人,尚气节,能文章。母萧氏有痼疾,巍左右侍奉,至老无少懈。母死,蔬食庐墓三年。洪武中,旌孝行,由太学生试前军都督府左断事。疏垦河南、山东、北平荒田,又条上抑末技、慎选举、惜名器数事。太祖嘉纳之。寻以决事不称旨,当罪,减死戍贵州关索岭,特许弟侄代役,曰:"旌孝子也。"

及惠帝即位,上疏乞归田里。未几,辽州知州王钦应诏辟巍。巍因赴吏部上书论时政。用事者方议削诸王，独巍与御史韩郁先后请加恩。略曰："高皇帝分封诸王，比之古制。既皆过当，诸王又率多骄逸不法，违犯朝制，不削，朝廷纲纪不立；削之，则伤亲亲之恩。贾谊曰：'欲天下治安，莫如众建诸侯而少其力。'今盍师其意，勿行晁错削夺之谋，而效主父偃推恩之策。在北诸王，子弟分封于南；在南，子弟分封于北。如此则藩王之权，不削而自削矣。臣又愿益隆亲亲之礼，岁时伏腊使人馈问。贤者下诏褒赏之。骄逸不法者，初犯容之，再犯赦之，三犯不改，则告太庙废处之。岂有不顺服者哉！"书奏，帝颔之。

已而燕兵起，命从李景隆出师参赞军务。巍复上书，言："臣愿使燕，披忠胆，陈义礼，晓以祸福，感以亲亲之谊，令休兵归藩。"帝壮其言，许之。巍至燕，自称：

国朝处士高巍再拜上书燕王殿下，太祖上宾，天子嗣位，布维新之政，天下爱戴，皆曰"内有圣明，外有藩翰，成、康之治，再见于今矣。"不谓大王显与朝廷绝，张三军，抗六师，臣不知大王何意也。今在朝诸臣，文者智辏，武者勇奋，执言仗义，以顺讨逆，胜败之机明于指掌。皆云"大王藉口诛左班文臣，实则吴王濞故智，其心路人所共知。"巍窃恐奸雄无赖，乘隙奋击，万一有失，大王得罪先帝矣。

今大王据北平，取密云，下永平，袭雄县，掩真定，虽易若建瓴，然自兵兴以来，业经数月，尚不能出蕞尔一隅地。且大王所统将士，计不过三十万，以一国有限之众应天下之师，亦易罢矣。大王与天子，义则君臣，亲则骨肉，尚在离间，况三十万异姓之士能保其同心协力，效死于殿下乎？巍每念至此，未始不为大王洒泣流涕也。

愿大王信巍言，上表谢罪，再修亲好。朝廷鉴大王无他，必蒙宽宥，太祖在天之灵亦安矣。倘执迷不悟，舍千乘之尊，捐一国之富，恃小胜，忘大义，以寡抗众，为侥幸不可成之悖事，巍不知大王所税驾也。况大丧未终，毒兴师旅，其与泰伯、夷、齐

求仁让国之义，不大迳庭乎？虽大王有肃清朝廷之心，天下不
无篡夺嫡统之议，即幸而不败，谓大王何如人？

　　巍白发书生，蜉蝣微命，性不畏死。洪武十七年蒙太祖高
皇帝旌臣孝行。巍窃自负，既为孝子，当为忠臣，死忠死孝，巍
至愿也。如蒙赐死，获见太祖在天之灵，巍亦可以无愧矣。
书数上，皆不报。

　　已而景隆兵败，巍自拔南归。至临邑，遇参政铁铉，相持痛哭。
奔济南，誓死拒守，屡败燕兵。及京城破，巍自经死驿舍。

　　郁疏略曰：

　　诸王亲则太祖遗体，贵则孝康皇帝手中，尊则陛下叔父，
使二帝在天之灵，子孙为天子，而弟与子遭残戮，其心安乎？臣
每念至此，未尝不流涕也。此皆竖儒偏见，病藩封太重，疑虑太
深，乃至此。夫唇亡齿寒，人人自危。周王既废，湘王自焚，代
府被撤，而齐臣又告王反矣。为计者必曰，兵不举则祸必加，是
朝廷执政激之使然。

　　燕举兵两月矣，前后调兵不下五十余万，而一矢无获，谓
之国有谋臣可乎？经营既久，军兴辄乏，将不效谋，士不效力，
徒使中原无辜赤子困于转输，民不聊生，日甚一日。九重之忧
方深，而出入帷幄与国事者，方且扬扬自得。彼其劝陛下削藩
国者，果何心哉？谚曰："亲者割之不断，疏者续之不坚。"殊有
理也。陛下不察，不待十年，悔无及矣。

　　臣至愚，感恩至厚，不敢不言。幸少垂洞鉴，兴灭继绝，释
代王之囚，封湘王之墓，还周王于京师，迎楚、蜀为周公，俾各
命世子持书劝燕，罢兵守藩，以慰宗庙之灵。明诏天下，拨乱反
正。笃厚亲亲，宗社幸甚。
不听。燕师渡江，郁弃官遁去，不知所终。

　　高贤宁，济阳儒学生。尝受学于教谕王省，以节义相砥砺。建
文中，贡入太学。燕兵破德州，围济南，贤宁适在围中，不及赴。是

时燕兵势甚张，黄子澄等谋遣使议和以怠之。尚宝司丞李得成者，慷慨请行，见燕王城下。王不听，围益急。参政铁铉等百计御之。王射书城中谕降，贤宁作《周公辅成王论》，射城外。王悦其言，为缓攻。相持两月，卒溃去。

燕王即位后，贤宁被执入见。成祖曰："此作论秀才耶？秀才好人，予一官。"贤宁固辞。锦衣卫指挥纪纲，故劣行被黜生也，素与贤宁善，劝就职。贤宁曰："君为学校所弃，故应尔。我食廪有年，义不可，且尝辱王先生之教矣。"纲为言于帝，竟得归，年九十七卒。

王琏，字器之，日照人。博通经史，尤长于《春秋》。初为教授，坐事谪远方。洪武末，以贤能荐，授宁波知府，夜四鼓即秉烛读书，声彻署外，间诣学课诸生，诸生率四鼓起，诵习无敢懈。毁境内淫祠，三皇祠亦在毁中，或以为疑。琏曰："不当祠而祠曰淫，不得祠而祠曰渎，惟天子得祭三皇，于士庶人无预，毁之何疑。"自奉俭约，一日馔用鱼羹，琏谓其妻曰："若不忆吾啖草根时耶？"命撤而埋之，人号"埋羹太守"。

燕师临江，琏造舟舰谋勤王，为卫卒缚至京，成祖问造舟何为？对曰："欲泛海趋瓜洲，阻师南渡耳。"帝亦不罪，放还里，以寿终。

周缙，字伯绅，武昌人。以贡入太学，授永清典史，摄令事。成祖举兵，守令相率迎降，永清地尤近，缙独为守御计。已，度不可为，怀印南奔。道闻母卒，归终丧。燕兵已迫，纠义旅勤王，闻京师不守，乃走匿。吏部言："前北平所属州县官朱宁等二百九十人，当皇上靖难，俱弃职逃亡，宜置诸法。"诏令入粟赎罪，遣戍兴州。有司遂捕缙，械送戍所。居数岁，子代还，年八十而没。朱宁等皆无考。

牛景先，不知何许人。官御史。金川门开，易服宵遁，卒于杭州僧寺。已而穷治齐、黄党，籍其家。

　　燕兵之入，一夕朝臣缒城去者四十余人，其姓名爵里，莫可得而考，然世相传，有程济及河西佣、补锅匠之属。

　　程济，朝邑人。有道术。洪武末官岳池教谕。惠帝即位，济上书言，某月日北方兵起。帝谓非所宜言，逮至，将杀之。济大呼曰："陛下幸囚臣，臣言不验，死未晚。"乃下之狱。已而燕兵起，释之，改官编修，参北征军淮上，败，召还。或曰，徐州之捷，诸将树碑纪功，济一夜往祭，人莫测。后燕王过徐，见碑大怒，趣左右椎之。再椎，遽曰："止，为我录文来。"已，按碑行诛，无得免者，而济名适在椎脱处。然考其实，徐州未尝有捷也。金川门启，济亡去。或曰帝亦为僧出亡，济从之。莫知所终。

　　河西佣，不知何许人。建文四年冬，披葛衣行乞金城市中。已，至河西为佣于庄浪鲁氏，取直买羊裘，而以故葛衣覆其上，破缕缕不肯弃。力作倦，辄自吟哦，或夜闻其哭声。久之，有京朝官至，识佣，欲与语，走南山避之，或问京朝官，佣何人？官亦不答。在美浪数年，病且死，呼主人属曰："我死勿殓，西北风起，火我，勿埋我骨。"鲁家从其言。

　　补锅匠者，常往来夔州、重庆间。业补锅，凡数年，川中人多识之。一日，于夔州市遇一人，相顾愕然。已，相持哭，共入山岩中，坐语竟日。复相持哭，别去。其人即冯翁也。翁在夔以章句授童子，给衣食，能为古诗，诗后题马二子，或马公，或塞马先生。后二人皆不知所终。

　　又会稽有二隐者，一云门僧，一若耶溪樵。僧每泛舟赋诗，归即焚之。樵每于溪沙上以荻画字，已，辄乱其沙。人有疑之者，从后抱持观之，则皆孤臣去国词也。

　　时又有玉山樵者，居金华之东山，麻衣戴笠，终身不易，尝为王姓者题诗曰"宗人"，故疑其王姓云。雪庵和尚，人疑其为叶希贤，见《练子宁传》。

　　其后数十年，松阳王诏游治平寺，于转轮藏上得书一卷，载建文亡臣二十余人事迹，楮墨断烂，可识者仅九人。梁田玉、梁良玉、梁良用、梁中节，皆定海人，同族、同仕于朝。田玉，官郎中，京师破，去为僧。良玉，官中书舍人，变姓名，走海南，鬻书以老。良用为舟师，死于水。中节好《老子》、《太元经》，为道士。何申、宋和、郭节，俱不知何许人，同官中书。申使蜀，至峡口闻变，呕血，疽发背死。和及节挟卜筮书走异域，客死。何洲，海州人。不知何官。亦去为卜者，客死。郭良，官籍俱无考，与梁中节相约弃官为道士。余十一人并失其姓名。缙云郑僖纪其事为《忠贤奇秘录》，传于世。

及万历时，江南又有《致身录》，云得之茅山道书中。建文时，侍书吴江史仲彬所述，纪帝出亡后事甚具，仲彬、程济、叶希贤、牛景先皆从亡之臣。又有廖平、金焦诸姓名。而雪庵和尚、补锅匠等，具有姓名、官爵，一时士大夫皆信之，给事中欧阳调律上其书于朝，欲为请谥立祠。然考仲彬实未尝为侍书，《录》盖晚出，附会不足信。

赞曰："靖难"之役，朝臣多捐躯殉国。若王琎以下诸人之从容就节，非大义素明者不能也。高巍一介布衣，慷慨上书，请归藩服，其持论甚伟，又能超然远引，晦迹自全，可称奇士。若夫行遁诸贤，虽其姓字杂出于诸家传纪，未足征信，而忠义奇节，人多乐道之者。《传》曰："与其过而去之，宁过而存之。"亦足以扶植纲常，使懦夫有立志也。

明史卷一四四
列传第三二

盛庸　平安　何福　顾成

　　盛庸,不知何许人。洪武中,累官至都指挥。建文初,以参将从耿炳文伐燕。李景隆代炳文,遂隶景隆麾下。

　　二年四月,景隆败于白沟河,走济南。燕师随至,景隆复南走。庸与参政铁铉悉力固守,燕师攻围三月不克。庸、铉乘夜出兵掩击,燕众大败,解围去。乘胜复德州。九月论功封历城侯,禄千石。寻命为平燕将军,充总兵官。陈晖、平安为左右副总兵,马溥、徐真为左右参将,进铉兵部尚书参赞军务。

　　时吴杰、平安守定州,庸驻德州,徐凯屯沧州,为犄角。是冬,燕兵袭沧州,破擒凯,掠其辎重,进薄济宁,庸引兵屯东昌以邀之,背城而阵。燕王帅兵直前薄庸军左翼,不动。复冲中坚,庸开阵纵王入,围之数重。燕将朱能帅番骑来救,王乘间突围出。而燕军为火器所伤甚众,大将张玉死于阵。王独以百骑殿,退至馆陶。庸檄吴杰、平安自真定遮燕归路。明年正月,杰、平安战深州不利,燕师始得归。是役也,燕精锐丧失几尽,庸军声大振,帝为享庙告捷。

　　三月,燕兵复南出保定,庸营夹河。王将轻骑来觇,掠阵而过。庸遣千骑追之,为燕兵射却。及战,庸军列盾以进。王令步卒先攻,骑兵乘间驰入。庸麾军力战,斩其将谭渊。而朱能、张武等帅众殊死斗,王以劲骑贯阵与能合,庸部骁将庄得、皂旗张等俱战死。是日,燕军几败。明日复战,燕军东北,庸军西南,自辰至未,互胜负。

两军皆疲,将士各坐息。复起战,忽东北风大起,飞尘蔽天。燕兵乘风大呼,左右横击。庸大败,走还德州,自是气沮。已而燕将李远焚粮艘于沛县,庸军遂乏饷。

明年,灵璧战败,平安等被执。庸独引军而南,列战舰淮南岸。燕将丘福等潜济,出庸后。庸不能支,退为守江计。燕兵渡淮,由盱眙陷扬州。庸御战于六合及浦子口,皆失利。都督陈瑄帅舟师降燕。燕兵遂渡江。庸仓卒聚海艘出高资港迎战,复败,军益溃散。

成祖入京师,庸以余众降,即命守淮安。寻赐敕曰:"比以山东未定,命卿镇守淮安。今铁铉就获,诸郡悉平。朕念山东久困兵革,亟于转输,卿宜辑兵养民,以称朕意。"永乐元年,致仕。无何,千户王钦讦庸罪状,立进钦指挥同知。于是都御史陈瑛劾庸怨望有异图。庸自杀。

平安,滁人,小字保儿。父定,从太祖起兵,官济宁卫指挥佥事。从常遇春下元都,战没。安初为太祖养子,骁勇善战,力举数百斤,袭父职,迁密云指挥使。进右军都督佥事。

建文元年,伐燕,安以列将从征。及李景隆代将,用安为先锋。燕王将渡白沟河,安伏万骑河侧邀之。燕王曰:"平安,竖子耳,往岁从出塞,识我用兵,今当先破之。"及战,不能挫安。时南军六十万,列阵河上。王帅将士驰入阵,战至暝,互有杀伤。及夜深,乃各敛军。燕王失道,从者仅三骑,下马伏地视河流辨东西,始知营垒所在。明日再战,安击败燕将房宽、陈亨。燕王见事急,亲冒矢石力战。马创矢竭,剑折不可击。走登堤,佯举鞭招后骑以疑敌。会高煦救至,乃得免。当是时,诸将中安战最力,王几为安槊所及。已而败,语详《成祖纪》。

燕兵围济南,安营单家桥,谋出御河夺燕饷舟。又选善水卒五千人渡河,将攻德州,围乃解。安与吴杰进屯定州。明年,燕败盛庸于夹河,迥军与安战单家桥。安奋击大破之,擒其将薛禄。无何,逸去。再战滹沱河,又破之。安于阵中缚木为楼,高数丈。战酣,辄登楼望,发强弩射燕军,死者甚众。忽大风起,发屋拔树,声如雷。都指挥邓戬、陈鹏等陷敌中,安遂败走真定。燕王与南军数大战,每亲身陷阵,所向皆靡,惟安与庸二军屡挫之。滹沱之战,矢集王旗如猬毛。王使人送旗北平,谕世子谨藏以示后世。顾成已先被执在燕,见而泣曰:"臣自少从军,今老矣,多历战阵,未尝见若此也。"

逾月,燕师出大名。安与庸及吴杰等分兵扰其饷道。燕王患之,遣指挥武胜上书于朝,请撤安等息兵,为缓师计。帝不许。燕王亦决计南下,遣李远等潜走沛县,焚粮舟,掠彰德,破尾尖寨,谕降林县。时安在真定,度北平空虚,帅万骑直走北平。至平村,去城五十里而军。燕王惧,遣刘江等驰还救。安战不利,引还。时大同守将房昭引兵入紫荆关,据易州西水寨以窥北平,安自真定饷之。八月,燕兵北归。安及燕将李彬战于杨村,败之。

四年,燕兵复南下,破萧县。安引军蹑其后,至淝河。燕将白义、王真、刘江迎敌。安转战,斩真。真,骁将,燕王尝曰:"诸将奋勇如王真,何事不成。"至是为安所杀。燕王乃身自迎战。安部将火耳灰挺槊大呼,直前刺王。马忽蹶被擒,安稍引却。已,复进至小河,张左右翼击燕军,斩其将陈文。已,复移军齐眉山,与诸将列阵大战,自午至酉,又败之。燕诸将谋北还,图后举,王不听。寻何福军亦至,与安合。燕军益大惧,王昼夜擐甲者数日。

福欲持久老燕师,移营灵璧,深堑高垒自固,而粮运为燕兵所阻,不得达。安分兵往迎,燕王以精骑遮安军,分为二。福开壁来援,为高煦所败。诸将谋移军淮河就粮,夜令军中闻三炮即走。翌日,燕军猝薄垒,发三炮。军中误以为己号,争趋门,遂大乱。燕兵乘之,人马坠壕堑俱满。福单骑走,安及陈晖、马溥、徐真、孙成等三十七人皆被执。文臣宦官在军被执者又百五十余人,时四月辛巳也。安久驻真定,屡败燕兵,斩骁将数人,燕将莫敢婴其锋。至是被擒,军中欢呼动地曰:"吾属自此获安矣。"争请杀安。燕王惜其材勇,选锐卒卫送北平,命世子及郭资等善视之。

王即帝位,以安为北平都指挥使,寻进行后府都督佥事。永乐七年三月，帝巡北京。将至，览章奏见安名，谓左右曰："平保儿尚在耶？安闻之，遂自杀。命以指挥使禄给其子。

何福，凤阳人。洪武初，累功为金吾后卫指挥同知。从傅友德征云南，擢都督佥事。又从蓝玉出塞，至捕鱼儿海。二十一年，江阴侯吴高帅迤北降人南征。抵沅江，众叛，由思州出荆、樊，道渭河，欲遁归沙漠。明年正月，福与都督聂纬追击，及诸鄜、延，尽歼之。移兵讨平都匀蛮，俘斩万计。

二十四年，拜平羌将军，讨越州叛蛮阿资，破降之。择地立栅处其众，置宁越堡。遂平九名、九姓诸蛮。寻与都督茅鼎会兵徇五开。未行，而毕节诸蛮复叛，大掠屯堡，杀吏士。福令毕节诸卫严备，而檄都督陶文等从鼎捣其巢。擒叛酋，戮之，分兵尽捕讨诸亦，建堡设戍，乃趋五开。请因兵力讨水西奢香，不许。

三十年三月，水西蛮居宗必登等作乱，会顾成讨平之。其冬拜征虏左将军，副西平侯沐春讨麓州叛蛮刀干孟。明年，福与都督瞿能逾高良公山，捣南甸，擒其酋刀名孟。回军击景罕寨，不下。春以锐军至，贼惊溃，干孟惧，乞降。已而春卒，贼复怀贰。是时太祖已崩，惠帝初即位，拜福征虏将军。福遂破禽力干孟，降其众七万，分兵徇下诸寨，麓川地悉定。建文元年还京师，论功进都督同知。练兵德州，进左都督。与盛庸、平安会兵伐燕，战淮北不利，奔还。

成祖即位，以福宿将知兵，推诚用之，聘其甥女徐氏为赵王妃。寻命佩征虏将军印，充总兵官，镇宁夏，节制山、陕、河南诸军。福至镇，宣布德意，招徕远人，塞外诸部降者相踵。边陲无事，因请置驿屯田积谷，定赏罚，为经久计。会有谗之者，帝不听，降敕褒慰。

永乐四年八月移镇甘肃。福驭军严，下多不便者。帝间使使戒福，善自卫，毋为小人所中。六年，福请遣京师蕃将将迤北降人，帝报曰："尔久总蕃、汉兵，恐势众致谗耳。尔老将，朕推诚倚重，毋顾虑。"寻请以布市马，选其良者别为群，置官给印专领之。于是马大蕃息。永昌苑牧马自此始。

明年，本雅失里纠阿鲁台将入寇，为瓦剌所败，走胪朐河，欲收诸部溃卒窥河西。诏福严兵为备。遖北王子、国公、司徒以下十余人帅所部驻亦集乃，乞内附。福以闻。帝令庶子杨荣往佐福经理，其众悉降。福亲至亦集乃镇抚之，送其酋长于京师。帝嘉福功，命荣即军中封福为宁远侯，禄千石，且诏福军中事先行后闻。

八年，帝北征，召福从出塞。初，帝以福有才略，宠任逾诸将。福亦善引嫌，有事未尝专决。在镇尝请取西平侯家巩昌蓄马，以充孳牧。帝报曰："皇考时贵近家多许养马，以示共享富贵之意。尔所奏固为国矣，然非待勋戚之道。"不听。其余有请辄行，委寄甚重。及从征，数违节度。群臣有言其罪者，福益怏怏有怨言。师还，都御史陈瑛复劾之。福惧，自缢死，爵除。而赵王妃亦寻废。

顾成，字景韶，其先湘潭人。祖父业操舟，往来江、淮间，遂家江都。成少魁岸，膂力绝人，善马槊，文其身以自异。太祖渡江，来归，以勇选为帐前亲兵，擎盖出入。尝从上出，舟胶于沙，成负舟而行。从攻镇江，与勇士十人转斗入城，被执，十人皆死，成跃起断缚，仆持刀者，脱归。导众攻城，克之，授百户。大小数十战，皆有功，进坚城卫指挥佥事。从伐蜀，攻罗江，擒元帅以下二十余人，进降汉州，蜀平，改成都后卫。洪武六年，擒重庆妖贼王元保。

八年，调守贵州。时群蛮叛服不常，成连岁出兵，悉平之。已，从颍川侯傅友德征云南，为前锋，首克普定，留成列栅以守。蛮数万来攻，成出栅，手杀数十百人，贼退走。余贼犹在南城，成斩所俘而纵其一曰："吾夜二鼓来杀汝。"夜二鼓，吹角鸣炮，贼闻悉走，获器甲无算，进指挥使。诸蛮隶普定者悉平。十七年平阿黑、螺蛳等十余寨。明年奏罢普定府，析其地为三州、六长官司，进贵州都指挥同知。有告其受赇及僭用玉器等物者，以久劳不问。二十九年迁右军都督佥事，佩征南将军印，会何福讨水西蛮，斩其酋居宗必登。明年，西堡、沧浪诸寨蛮乱，成遣指挥陆秉与其子统分道讨平之。成在贵州凡十余年，讨平诸苗洞寨以百数，皆诛其渠魁，抚绥余众。恩信大布，蛮人帖服。是年二月，召还京。

建文元年，为左军都督，从耿炳文御燕师，战真定，被执。燕王解其缚曰：“此天以尔授我也。”送北平，辅世子居守。南军围城，防御调度一听于成。燕王即位，论功封镇远侯，食禄千五百石，予世券，命仍镇贵州。

永乐元年，上书请严备西北诸边，及早建东宫。帝褒答之。六年三月召至京，赐金帛遣还。思州宣慰使田琛与思南宣慰使田宗鼎构兵，诏成以兵五万压其境，琛等就擒。于是分思州、思南地更置州县，遂设贵州布政司。其年八月，台罗苗普亮等作乱，诏成帅二都司三卫兵讨平之。

成性忠谨，涉猎书史。始居北平，多效谋画，然终不肯将兵，赐兵器亦不受。再镇贵州，屡平播州、都匀诸叛蛮，威镇南中，土人立生祠祀焉。其被召至京也，命辅太子监国。成顿首言：“太子仁明，廷臣皆贤，辅导之事非愚臣所及，请归备蛮。”时群小谋夺嫡，太子不自安，成入辞文华殿，因曰：“殿下但当竭诚孝敬，孳孳恤民，万事在天，小人不足措意。”十二年五月卒，年八十有五。赠夏国公，谥武毅。

八子。长统，普定卫指挥，以成降燕被诛。

统子兴祖嗣侯。仁宗即位，广西蛮叛，诏兴祖为总兵官讨之　先后讨平浔州、平乐、思恩、宜山诸苗，降附甚众。宣德中，交址黎利复叛，陷隘留关，围丘温。时兴祖在南宁，坐拥兵不援，征下锦衣卫狱，逾年得释。正统末，从北征，自土木脱归，论死。也先逼都城，复冠带，充副总兵，御敌于城外。授都督同知，守备紫荆关。景泰三年坐受贿，复下狱，寻释。以立东宫恩，予伯爵。天顺初，复侯，守备南京，卒。孙淳嗣，卒，无子。

从弟溥嗣，掌五军右掖。弘治二年拜平蛮将军，镇湖广。始至，捕斩苗乜中首恶。五年十月，贵州都匀苗乜富架作乱，自称都顺王，梗滇、蜀道。诏溥充总兵官，帅兵八万讨之，分五路刻期并进。诛富架父子,斩首万计,加太子太保,增禄二百石。召入提督团营,掌前军都督府事。十六年卒。谥襄恪。浦清慎守法,卒之日,囊无余资,英国公张懋出布帛以敛。

子仕隆嗣,管神机营左哨,得士心。正德初,出为漕运总兵,数请恤军卒。镇淮安十余年,以清白闻。武宗南巡,江彬横甚,折辱诸大吏,惟仕隆不为屈。嘉靖初,移镇湖广。寻召还,论奉迎防守功,加太子太傅,掌中军都督府事。锦衣千户王邦奇者,怨大学士杨廷和、兵部尚书彭泽,上疏言:"哈密失策,事由两人。"帝怒,逮系廷和诸子婿。给事中杨言疏救,忤旨,事下五府九卿科道议。仕隆言:"廷和功在社稷。邦奇小人,假边事惑圣听,伤国体。"有诏切责,移病解营务,卒。赠太傅,谥荣靖。

子寰嗣,守备南京,奉诏谳狱,多所平反。十七年为漕运总兵官。明年,献皇后梓宫赴承天,漕舟以避梓宫后期者三千,而江南北多灾伤。寰请被灾地停漕一年,令改折色,军民交便。又条上漕政七事,并施行。诸为漕蠹者病之,遂布蜚语,为给事中王交所劾。已,按验不实,再镇淮安。会安南事起,移镇两广。

莫宏瀷者,安南都统使莫福海子也。福海死,宏瀷幼,其权臣阮敬与族人莫正中构兵,国内乱,正中逃入钦州。时有议乘衅取安南者,寰与提督侍郎周延决策,请于朝,令宏瀷袭都统使,安南遂定。三十年事也。寻以兵讨平桂林、平乐叛瑶。

复命镇淮,有御倭功。入总京营,加太子太保。复出督漕。召还。请老。隆庆五年,特起授京营总督。寻乞休。神宗嗣位,起掌左府。久之,致仕。加少保。万历九年卒,赠太傅,谥荣僖。

自溥至寰,三世皆宽和廉靖,内行饬谨,晓文艺。仕隆、寰两世督漕,皆勤于职。三传至孙肇迹,京师陷,死于贼。

赞曰:东昌、小河之战,盛庸、平安屡挫燕师,斩其骁将,厥功甚壮。及至兵败被执,不克引义自裁,隐忍偷生,视铁铉、暴昭辈,能无愧乎?何福、顾成皆太祖时宿将,著功边徼,而一遇燕兵,或引却南奔，或身遭俘馘。成祖弃瑕录旧，均列茅土，亦云幸矣。福固不以功名终，而成之延及苗裔，荣不胜辱，亦奚足取哉。

明史卷一四五
列传第三三

姚广孝　张玉 子辂 轵 从子信
朱能　丘福 李远 王忠 王聪 火真
谭渊　王真　陈亨 子懋 徐理
房宽　刘才

　　姚广孝,长洲人,本医家子。年十四,度为僧,名道衍,字斯道,事道士席应真,得其阴阳术数之学。尝游嵩山寺,相者袁珙见之曰:"是何异僧,目三角,形如病虎,性必嗜杀,刘秉忠流也。"道衍大喜。

　　洪武中,诏通儒书僧试礼部。不受官,赐僧服还。经北固山,赋诗怀古。其侪宗泐曰:"此岂释子语耶?"道衍笑不答。高皇后崩,太祖选高僧侍诸王,为诵经荐福。宗泐时为左善世,举道衍。燕王与语甚合,请以从。至北平,住持庆寿寺。出入府中,迹甚密,时时屏人语。及太祖崩,惠帝立,以次削夺诸王,周、湘、代、齐、岷相继得罪,道衍遂密劝成祖举兵。成祖曰:"民心向彼,奈何?"道衍曰:"臣知天道,何论民心。"乃进袁珙及卜者金忠,于是成祖意益决,阴选将校,勾军卒,收材勇异能之士。燕邸,故元宫也,深邃。道衍练兵后苑中。穴地作重屋,缭以厚垣,密甃瓴甋瓶缶,日夜铸军器,畜鹅鸭乱其声。

　　建文元年六月,燕府护卫百户倪谅上变,诏逮府中官属。都指挥张信输诚于成祖,成祖遂决策起兵。适大风雨至,檐瓦堕地,成祖色变，道衍曰："祥也。飞龙在天，从以风雨。瓦堕，将易黄也。"兵起，以诛齐泰、黄子澄为名，号其众曰"靖难之师"。道衍辅世子居守。其年十月，成祖袭大宁，李景隆乘间围北平。道衍守御甚固，击却攻者。夜缒壮士击伤南兵。援师至，内外合击，斩首无算。景隆、平安等先后败遁。成祖围济南三月，不克，道衍驰书曰："师老矣，请班师。"乃还。复攻东昌，战败，亡大将张玉，复还。成祖意欲稍休，道衍力趣之，益募勇士，败盛庸，破房昭西水寨。道衍语成祖："毋下城邑，疾趋京师。京师单弱，势必举。"从之。遂连败诸将于淝河、灵璧，渡江入京师。

成祖即帝位，授道衍僧录司左善世。帝在藩邸，所接皆武人，独道衍定策起兵。及帝转战山东、河北，在军三年，或旋或否，战守机事皆决于道衍。道衍未尝临战阵，然帝用兵有天下，道衍力为多，论功以为第一。永乐二年四月，拜资善大夫、太子少师，复其姓，赐名广孝，赠祖父如其官。帝与语，呼少师而不名。命蓄发，不肯。赐第及两宫人，皆不受。常居僧寺，冠带而朝，退仍缁衣。出振苏、湖，至长洲，以所赐金帛散宗族乡人。重修《太祖实录》，广孝为监修。又与解缙等纂修《永乐大典》。书成，帝褒美之。帝往来两都，出塞北征，广孝皆留辅太子于南京。五年四月，皇长孙出阁就学，广孝侍说书。

十六年三月入觐，年八十有四矣，病甚，不能朝，仍居庆寿寺。车驾临视者再，语甚欢，赐以金唾壶，问所欲言。广孝曰："僧溥洽系久，愿赦之。"溥洽者，建文帝主录僧也。初，帝入南京，有言建文帝为僧遁去，溥洽知状，或言匿溥洽所。帝乃以他事禁溥洽，而命给事中胡濙等遍物色建文帝，久之不可得。溥洽坐系十余年，至是，帝以广孝言，即命出之，广孝顿首谢。寻卒，帝震悼，辍视朝二日，命有司治丧，以僧礼葬。追赠推诚辅国协谋宣力文臣、特进荣禄大夫、上柱国、荣国公，谥恭靖，赐葬房山县东北。帝亲制神道碑志其功，官其养子继尚宝少卿。

广孝少好学，工诗。与王宾、高启、杨孟载友善。宋濂、苏伯衡亦推奖之。晚著《道余录》，颇毁先儒，识者鄙焉。其至长洲，候同产姊，姊不纳。访其友王宾，宾亦不见，但遥语曰："和尚误矣，和尚误矣。"复往见姊，姊詈之，广孝惘然。

洪熙元年，加赠少师，配享成祖庙庭。嘉靖九年，世宗谕阁臣曰："姚广孝佐命嗣兴，劳烈具有。顾系释氏之徒，班诸功臣，侑食太庙，恐不足尊敬祖宗。"于是尚书李时偕大学士张璁、桂萼等议请移祀大兴隆寺，太常春秋致祭。诏曰："可。"

张玉，字世美，祥符人。仕元为枢密知院。元亡，从走漠北。洪武十八年来归。从大军出塞，至捕鱼儿海，以功授济南卫副千户，迁安庆卫指挥佥事。又从征远顺、散毛诸洞，北逐元人之扰边者，至鸦寒山还，调燕山左护卫。从燕王出塞，至黑松林。又从征野人诸部，以骁果善谋画，为王所亲任。

建文元年，成祖起兵。玉帅众夺北平九门，抚谕城内外，三日而定。师将南，玉献计，遣朱能东攻蓟州，杀马宣，降遵化，分兵下永平、密云，皆致其精甲以益师。擢都指挥佥事。

是时朝廷遣大兵讨燕，都督徐凯军河间，潘忠、杨松军鄚州，长兴侯耿炳文以三十万众军真定。玉进说曰："潘、杨勇而无谋，可袭而俘也。"成祖命玉将亲兵为前锋，抵楼桑。值中秋，南军方宴会。夜半，疾驰破雄县。忠、松来援，邀击于月漾桥，生擒之，遂克鄚州。自以轻骑觇炳文军。还言军无纪律，其上有败气，宜急击。成祖遂引兵西，至无极，顾诸将谋所向。诸将以南军盛，请屯新乐。玉曰："彼虽众，皆新集。我军乘胜径趋真定，破之必矣。"成祖喜曰："吾倚玉足济大事。"明日，抵真定，大破炳文军，获副将李坚、宁忠，都督顾成等，斩首三万，复败安陆侯吴杰军，燕兵由是大振。

江阴侯吴高以辽东兵围永平，曹国公李景隆引数十万众将攻北平。成祖与玉谋，先援永平。至则高遁走，玉追斩甚众。遂从间道袭大宁，拔其众而还。次会州，初立五军，以玉将中军。时李景隆已围北平，成祖旋师，大战于郑村坝。景隆败，成祖乘胜抵城下。城中兵鼓噪出，内外夹攻，南军大溃。

明年从攻广昌、蔚州、大同。谍报景隆收溃卒，号百万，且复至。玉曰："兵贵神速，请先据白沟河，以逸待劳。"驻河上三日，景隆至，以精骑驰击，复大败之。进拔德州，追奔至济南，围其城三月，解围还。寻再出，破沧州，擒徐凯，进攻东昌，与盛庸军遇。成祖以数十骑绕出其后。庸围之数重，成祖奋击得出。玉不知成祖所在，突入阵中力战，格杀数十人，被创死。年五十八。

燕兵起，转斗三年，锋锐甚。至是失大将，一军夺气。师还北平，诸将叩头请罪。成祖曰："胜负常事，不足计，恨失玉耳。艰难之际，失吾良辅。"因泣下不能止，诸将皆泣。其后谭渊没于夹河，王真没于淝河，虽悼惜，不如玉也。建文四年六月，成祖称帝，赠玉都指挥同知。九月甲申追赠荣国公，谥忠显。洪熙元年三月，加封河间王，改谥忠武，与东平王朱能、金乡侯王真、荣国公姚广孝并侑享成祖庙廷。

子三人，长辅，次锐，次轨。从子信。辅自有传。

锐，以功臣子为神策卫指挥使。正统五年，英国公辅诉锐殴守坟者，斥及先臣，词多悖慢。帝命锦衣卫鞫实，锢之，寻释。三迁至中府右都督，领宿卫。景泰三年加太子太保。英宗复位，以轨迎立功，并封锐文安伯，食禄千二百石。天顺六年卒。赠侯，谥忠僖。子斌嗣，坐诅咒，夺爵。

轨，永乐中入宿卫，为锦衣卫指挥佥事。从宣宗征高煦，又从成国公朱勇出塞至毡帽山。正统十三年以副总兵征麓川。还，讨贵州叛苗。积功为前府右都督，总京营兵。景泰二年坐骄淫不道下狱，寻释。景帝不豫，与石亨、曹吉祥迎上皇于南城，封太平侯，食禄二千石。于谦、王文、范广之死，轨有力焉。纳贿乱政，亚于亨。天顺二年卒，赠裕国公，谥勇襄。子瑾嗣，成化元年，革"夺门"功，夺侯，授指挥使。

信，举建文二年乡试第一。永乐中，历刑科都给事中，数言事。

擢工部右侍郎。奉命视开封决河,请疏鱼王口至中滦故道二十余里。诏如其议,详《宋礼传》。出治浙江海塘,坐事谪交址。洪熙初,召为兵部左侍郎。帝尝谓英国公辅:"有兄弟可加恩者乎?"辅顿首言:"锐、轵蒙上恩,备近侍,然皆奢侈,独从兄侍郎信贤,可使也。"帝召见信曰:"是英国公兄耶?"趣武冠冠之,改锦衣卫指挥同知,世袭。时去开国未远,武阶重故也。居职以平恕称。宣德六年,迁四川都指挥佥事。在蜀十五年致仕。

朱能,字士弘,怀远人。父亮,从太祖渡江,积功至燕山护卫副千户。能嗣职,事成祖藩邸。尝从北征,降元太尉朵儿不花。

燕兵起,与张玉首谋杀张昺、谢贵,夺九门。授指挥同知。帅众拔蓟州,杀马宣,下遵化。从破雄县,战月漾桥,执杨松、潘忠,降其众于鄚州。长驱至真定,大败耿炳文军。独与敢死士三十骑追奔至滹沱河,跃马大呼突南军。军数万人皆披靡,蹂藉死者甚众,降三千余人。成祖以手札劳之,进都指挥佥事。从援永平,走吴高,袭克大宁。还,将左军。破李景隆于郑村坝。从攻广昌、蔚州、大同,战白沟河,为前锋,再败平安军。进攻济南,次铧山。南军乘高而阵,能以奇兵绕其后,袭破之,降万余人。从攻沧州,破东门入,斩首万余级。

东昌之战,盛庸、铁铉围成祖数重,张玉战死。事急,能帅周长等殊死斗,翼成祖溃围出。复从战夹河,谭渊死,燕师挫。能至,再战再捷,军复振。与平安战藁城,败之,追奔至真定,略地彰德、定州,破西水寨。将轻骑千人掠衡水,获指挥贾荣,克东阿、东平,尽破汶上诸寨。

既而王真战死淝河,燕军屡败,诸将议旋师。能独按剑曰:"汉高十战九败,终有天下。今举事连得胜,小挫辄归,更能北面事人耶!"成祖亦叱诸将曰:"任公等所之。"诸将乃不敢言。遂引兵南,败平安银牌军。都督陈晖来援,又败之。遂拔灵璧军,擒平安等,降十万众。累迁右军都督佥事。进克泗州,渡淮,败盛庸兵。拔盱眙,下扬州，渡江入金川门。

　　九月甲申论功，次丘福，授奉天靖难推诚宣力武臣、特进荣禄大夫、右柱国、左军都督府左都督，封成国公，禄二千二百石，与世券。永乐二年，兼太子太傅，加禄千石。四年七月，诏能佩征夷将军印，西平侯沐晟为左副将军，由广西、云南分道讨安南，帝亲送之龙江。十月行次龙州，卒于军。年三十七。

　　能于诸将中年最少，善战，张玉善谋，帝倚为左右手。玉殁后，军中进止悉咨能。能身长八尺。雄毅开豁，居家孝友。位列上公，未尝以富贵骄人。善抚士卒，卒之日，将校皆为流涕。敕葬昌平，追封东平王，谥武烈。洪熙时，配享成祖庙廷。

　　子勇嗣。以元勋子特见任用。历掌都督府事，留守南京。永乐二十二年从北征。宣宗即位，从平汉庶人，征兀良哈。张辅解兵柄，诏以勇代。勇以南北诸卫所军备边转运，错互非便。请专令南军转运，北军备边。又言：“京军多远戍，非居重驭轻之道，请选精兵十万益之。”又请令公、侯、伯、都督子弟操练。皆报可。正统九年出喜峰口，击朵颜诸部，至富峪川而还，为兵部尚书徐晞所劾。诏不问。寻论功，加太保。

　　勇颀面虬须，状貌甚伟，勇略不足，而敬礼士大夫。十四年，从驾至土木，迎战鹞儿岭，中伏死，所帅五万骑皆没。于谦等追论勇罪，夺封。景泰元年，勇子仪乞葬祭，帝以勇大将，丧师辱国，致陷乘舆，不许。已，请袭，礼部尚书胡濙主之，又以立东宫恩得嗣，减岁禄至千石。天顺初，追封勇平阴王，谥武愍。仪及子辅皆守备南京。

　　又三传至希忠，从世宗幸承天，掌行在左府事。至卫辉，行宫夜火，希忠与都督陆炳翼帝出，由是被恩遇，入直西苑。历掌后、右两府，总神机营，提督十二团营及五军营，累加太师，益岁禄七百石。代郊天者三十九，赏赉不可胜纪。卒，追封定襄王，谥恭靖。万历十一年，以给事中余懋学言，追夺王爵。弟希孝亦至都督，加太保。卒，赠太傅，谥忠僖。

希忠五传至曾孙纯臣，崇祯时见倚任。李自成薄京师，帝手敕纯臣总督中外诸军，辅太子。敕未下，城已陷，为贼所杀。

丘福，凤阳人。起卒伍，事成祖藩邸。积年劳，授燕山中护卫千户。燕师起，与朱能、张玉首夺九门。大战真定，突入子城。战白沟河，以劲卒捣中坚。夹河、沧州、灵璧诸大战，皆为军锋。盛庸兵扼淮，战舰数千艘蔽淮岸。福与朱能将数百人，西行二十里，自上流潜济，猝薄南军。庸惊走，尽夺其战舰，军乃得渡。累迁至中军都督同知。

福为人朴戆鸷勇，谋画智计不如玉，敢战深入与能埒。每战胜，诸将争前效虏获，福独后。成祖每叹曰：“丘将军功，我自知之。”即位，大封功臣，第福为首。授奉天靖难推诚宣力武臣、特进荣禄大夫、右柱国、中军都督府左都督，封淇国公，禄二千五百石，与世券。命议诸功臣封赏，每奉命议政，皆首福。

汉王高煦数将兵有功，成祖爱之。福，武人，与之善，数劝立为太子。帝犹豫久之，竟立仁宗，以福为太子太师。六年加岁禄千石。寻命与蹇义、金忠等辅导皇长孙。明年七月，将大军出塞，至胪朐河，败没。

先是，本雅失里杀使臣郭骥，帝大怒，发兵讨之。命福佩征虏大将军印，充总兵官，武城侯王聪、同安侯火真，为左、右副将，靖安侯王忠、安平侯李远，为左、右参将以十万骑行。帝虑福轻敌，谕以：“兵事须慎重。自开平以北，即不见寇，宜时时如对敌，相机进止，不可执。一一举未捷，俟再举。”已行，又连赐敕，谓军中有言敌易取者，慎勿信之。

福出塞，帅千余人先至胪朐河南。遇游骑，击败之，遂渡河。获其尚书一人，饮之酒，问本雅失里所在。尚书言：“闻大兵来，惶恐北走，去此可三十里。”福大喜曰：“当疾驰擒之。”诸将请俟诸军集，侦虚实而后进，福不从。以尚书为乡导，直薄敌营。战二日，每战敌辄佯败引去，福锐意乘之。李远谏曰：“将军轻信敌间悬军转斗，敌示

弱诱我深入,必不利,退则惧为所乘,独可结营自固。昼扬旗伐鼓,
出奇兵与挑战;夜多燃炬鸣炮,张军势,使彼莫测。俟我军毕至,并
力攻之,必捷,否亦可全师而还。始上与将军言何如,而遂忘之乎?"
王聪亦力言不可。福皆不听,厉声曰:"违命者斩!"即先驰,麾士卒
随行。控马者皆泣下,诸将不得已与俱。俄而敌大至,围之数重,聪
战死,福及诸将皆被执遇害,年六十七。一军皆没,败闻,帝震怒,以
诸将无足任者,决计亲征。夺福世爵,徙其家海南。

　　李远,怀远人。袭父职为蔚州卫指挥佥事。燕兵攻蔚州,举城
降。南军驻德州,运道出徐、沛间。远以轻兵六千,诈为南军袍铠,
人插柳一枝于背,径济宁、沙河至沛,无觉者。焚粮舟数万,河水尽
热,鱼鳖皆浮死。南将袁宇三万骑来追,伏兵击败之。建文四年正
月,燕军驻蠡县。远分哨至藁城,遇德州将葛进步骑万余,乘冰渡滹
沱河。远迎击之。进系马林间,以步兵接战。远佯却,潜分兵出其
后,解所系马,再战。进引退失马,遂大败。斩首四千,获马千匹。成
祖以岁首大捷,赐书嘉劳曰:"将军以轻骑八百,破敌数万,出奇应
变,虽古名将不过也。"复遣哨淮上,败守淮将士,斩千余级。累功为
都督佥事,封安平侯,禄千石,予世伯券。永乐元年偕武安侯郑亨备
宣府。

　　远沈毅有胆略,言论慷慨。既从丘福出塞,至胪朐河。谏福,不
听。师败,远帅五百骑突阵,杀数百人,马蹶被执,骂不绝口死。年
四十六。追封莒国公,谥忠壮。

　　子安,嗣伯爵。洪熙元年为交址参将,失律,谪为事官。已,从
王通弃交址还,下狱夺券,谪赤城立功。英宗即位,起都督佥事。征
阿台朵儿只伯。迁都督同知,充总兵官,镇松潘。正统六年副定西
伯蒋贵征麓川。贵令安驻军潞江护饷,而自帅大军进。贼破,安耻
无功,闻有余贼屯高黎贡山,径往击之。为所败,失士卒千余人,都
指挥赵斌等皆死。逮下狱,谪戍独石。卒,诏授子清都指挥同知。

　　王忠,孝感人。与李远同降于蔚州。每战,帅精骑为奇兵,多斩

获。累迁都督佥事,封靖安侯,禄千石。出塞战殁,年五十一,爵除。

王聪,蕲水人。以燕山中护卫百户从起兵。取蓟州,攻遵化,徇涿州。转战茌平、滑口,破南军,获马千五百,还守保定。从次江上,略南军舟济师。累迁都指挥使,封武城侯,禄千五百石。偕同安侯火真备御宣府。屡奉诏巡边。从丘福出塞,战死年五十三。追封漳国公,谥武毅,子琰嗣。聪及远尝谏福,故得褒恤。

火真,蒙古人,初名火里火真。洪武时归附,为燕山中护卫千户。从攻真定,先驰突耿炳文阵。大军乘之,遂捷。从袭大宁,战郑村坝。日暝,天甚寒,真敛敝鞍烈火成祖前。甲士数人趋附火,卫士止之。成祖曰:“吾衣重裘犹寒。此皆壮士,勿止也。”闻者感泣。真尝将骑兵,每战辄有斩获,呼噪归营,众服其男。累迁都督佥事,封同安侯,禄千五百石。出塞战殁,年六十一,爵除。子孙世袭观海卫千户。

裔孙斌,嘉靖中武举。倭寇浙东,帅海舟与贼战。贼然火球掷斌舟,斌辄手接之,还烧贼舟。贼屯补陀山。斌直捣其营,多杀伤。后军不继,被擒,不屈,贼支解之。官为建祠曰“忠勇”。

谭渊,清流人。嗣父职为燕山右护卫副千户。燕兵起,从夺九门,破雄县。潘忠、杨松自鄚州来援。渊帅壮士千余人,伏月漾桥水中,人持荻草一束,蒙头通鼻息。南军已过,即出据桥。忠等战败,趋桥不得渡,遂被擒。累进都指挥同知。

渊骁勇善战,引两石弓,射无不中。然性嗜杀。沧州破,成祖命给牒散降卒。未遣者三千余人,待明给牒,渊一夜尽杀之。王怒。渊曰:“此曹皆壮士,释之为后患。”王曰:“如尔言,当尽杀敌。敌可尽乎?”渊惭而退。

夹河之战,南军阵动尘起。渊遽前搏战,马蹶被杀。成祖悼惜之。即位,赠都指挥使,追封崇安侯,谥壮节,立祠祀之。

子忠,从入京师有功。又以渊故封新宁伯,禄千石。永乐二十年,将右掖从征沙漠。宣德元年从征乐安。三年,坐征交阯失律,下狱论死,已得释,卒。子璟乞嗣。吏部言忠罪死,不当袭。帝曰:"券有免死文,其予嗣。"再传至孙祐,成化中,协守南京。还,掌前府提督团营,累加太傅,嗣伯,六十九年始卒,谥庄僖。子纶嗣,嘉靖十四年镇湖广。剿九溪蛮有功,益禄。坐占役军士夺爵。数传至弘业,国亡,死于贼。

王真,咸宁人。洪武中,起卒伍。积功至燕山右护卫百户。燕兵起,攻九门。战永平、真定,下广昌,徇雁门。从破沧州,追南兵至滑口,俘获七千余人。累迁都指挥使。

泜河之战,真与白义、刘江各帅百骑诱平安军,缚草置囊中为束帛状。安追击,真等佯弃囊走,安军士竞取之。伏发,两军鏖战。真帅壮士直前,斩馘无算。后军不继,安军围之数匝。真被重创,连格杀数十人,顾左右曰:"我义不死敌手。"遂自刎。成祖即位,追封金乡侯,谥忠壮。

真勇健有智略。成祖每追悼之曰:"奋武如王真,何功不成。不死,功当冠诸将。"仁宗时追封宁国公,加号效忠。子通自有传。

陈亨,寿州人。元末扬州万户。从太祖于濠,为铁甲长,擢千户。从大将军北征,守东昌。敌数万奄至,亨固守,出奇兵诱败之。复从徇未下诸城。洪武二年守大同。积功至燕山左卫指挥佥事。数从出塞。迁北平都指挥使。及惠帝即位,擢都督佥事。

燕师起,亨与刘真、卜万守大宁。移兵出松亭关,驻沙河,谋攻遵化。燕兵至,退保关。当是时,李景隆帅五十万众将攻北平。北平势弱,而大宁行都司所领兴州、营州二十余卫,皆西北精锐。朵颜、泰宁、福余三卫,元降将所统番骑犷卒,尤骁勇。卜万将与景隆军合,成祖惧,以计绐亨囚万,遂从刘家口间道疾攻大宁。亨及刘真自松亭回救,中道闻大宁破,乃与指挥徐理、陈文等谋降燕。夜二鼓,袭刘真营。真单骑走广宁,亨等帅众降。成祖尽拔诸军及三卫骑卒,挟宁王以归。自是冲锋陷阵多三卫兵。成祖取天下,自克大宁始。

亨、理既降,累从破南军。白沟河之战,亨中创几死。已,攻济南,与平安战铧山,大败,创甚,舆还北平。进都督同知。成祖还军,亲诣亨第劳问。其年十月卒。成祖自为文以祭。比即位,追封泾国公,谥襄敏。长子恭,嗣都督同知。

少子懋,初以舍人从军,立功为指挥佥事。已而将亨兵,功多,累进右都督。永乐元年封宁阳伯,禄千石。六年三月,佩征西将军印,镇宁夏,善抚降卒。明年秋,故元丞相咎卜及平章、司徒、国公、知院十余人,皆帅众相继来降。已而平章都连等叛去,懋追擒之黑山,尽收所部人口畜牧。进侯,益禄二百石。八年从北征,督左掖。十一年巡宁夏边。寻命将山西、陕西二都司及巩昌、平凉诸卫兵,驻宣府。明年从北征,领左哨。战忽失温,与成山侯王通先登,都督朱崇等乘之,遂大捷。明年复镇宁夏。

二十年从北征。领御前精骑,破敌于屈裂河。别将五千骑循河东北,捕余寇,歼之山泽中。师还,武安侯郑亨将辎重先行,懋伏隘以待。敌来蹑,伏起纵击,敌死过半。还京,赐龙衣玉带,册其女为丽妃。明年将陕西、宁夏、甘肃三镇兵,从征阿鲁台,为前锋。又明年复领前锋,从北征。

成祖之崩于榆木川也,六军在外,京师守备虚弱。仁宗召懋与阳武侯薛禄帅精骑三千驰归卫京师。命掌前府,加太保,与世侯。

宣德元年,从讨乐安,还,仍镇宁夏。三年,奏徙灵州城,得黑白二兔以献。宣宗喜,亲画马赐之。懋在镇久,威名震漠北。顾恃宠自恣,乾没巨万。屡被劾,帝曲宥之,命所司征其赃。懋自陈用已尽,诏贷免。

英宗即位,命偕张辅参议朝政,出为平羌将军,镇甘肃。其冬,寇掠镇番,懋遣兵援之,解去,以斩获闻。参赞侍郎柴车劾懋失律致寇,又取所遗老弱,冒为都指挥马亮等功,受升赏,论斩。诏免死,夺禄。久之还禄,奉朝请。

十三年,福建贼邓茂七反。都御史张楷讨之无功,乃诏懋佩征南将军印,充总兵官,帅京营、江浙兵往讨。至浙江,有欲分兵扼海口者,懋曰:"是使贼致死于我也。"明年抵建宁,茂七已死,余贼聚尤溪、沙县。诸将欲屠之,懋曰:"是坚贼心也。"乃下令招抚,贼党多降。分道逐捕,悉平之。已而沙县贼复炽,久不定。会英宗北狩,景帝立,遂诏班师。言官劾之,以贼平不问。仍加太保,掌中府,兼领宗人府事。英宗复位,益禄二百石。天顺七年卒,年八十四。赠浚国公,谥武靖。

懋修髯伟貌,声如洪钟。胸次磊落,敬礼士大夫。"靖难"功臣至天顺时无在者,惟懋久享禄位,数废数起,卒以功名终。

长子晟有罪,弟润嗣。润卒,弟瑛嗣,减禄之半,嗣侯。十六年而晟子辅已长,乃令辅嗣,瑛免为勋卫。辅后坐事失侯。卒,无子,复封瑛孙继祖为侯,传爵至明亡。

徐理,西平人。洪武时,为永清中护卫指挥佥事,改营州卫。既降,为右军副将。每战先登,有功。成祖将袭沧州,命理及陈旭潜于直沽造桥以济师。累进都指挥佥事,封武康伯。还守北平。理驭下宽,得士卒心。永乐六年卒。再传至孙勇,无子绝封。

陈文,降后为前军左副将。战小河,死于阵。

房宽,陈州人。洪武中,以济宁左卫指挥从徐达练兵北平,遂为北平都指挥同知,移守大宁。宽在边久,凡山川厄塞,殊域情伪,莫不毕知,然不能抚士卒。燕兵奄至,城中缚宽以降。成祖释之,俾领其众。战白沟河,将右军,失利。从克广昌、彰德,进都督佥事。以旧臣,略其过,封思恩侯,禄八百石,世指挥使。永乐七年卒。

刘才,字子才,霍丘人。元末为元帅,明兴归附,历营州中护卫指挥佥事。燕师袭大宁,才降。从战有功,封广恩伯,禄九百石,世指挥同知。永乐八年从北征,督右掖。失律议罪,既而宥之。二十一年,偕隆平侯张信理永平、山海边务。明年复从北征,至怀来,以疾还。才悃逼无华,不为苟合,亦不轻訾毁人,甚为仁宗所重。宣德五年卒。

赞曰:惠帝承太祖遗威余烈,国势初张,仁闻昭宣,众心悦附。成祖奋起方隅,冒不韪以争天下,未尝有万全之计也。乃道衍首赞密谋,发机决策,张玉、朱能之辈戮力行间,转战无前,陨身不顾。于是收劲旅,摧雄师,四年而成帝业。意者天之所兴,群策群力,应时并济。诸人之得为功臣首也,可不谓厚幸哉。

明史卷一四六
列传第三四

张武　　陈珪　　孟善　　郑亨
徐忠　　郭亮　赵彝　　张信　唐云
徐祥　　李濬　　孙岩　房胜
陈旭　　陈贤　　张兴　　陈志
王友

　　张武，浏阳人。豁达有勇力，稍涉书史。为燕山右护卫百户。从成祖起兵，克蓟州，取雄县，战月漾桥，乘胜抵郓州。与诸将败耿炳文于真定。夹河之战，帅壮士为前锋，突阵，佯败走。南军追之，武还击，南军遂溃。攻西水寨，前军夜失道，南军来追。武引兵伏要路，击却之。战小河，陈文殁于阵，武帅敢死士自林间突出，与骑兵合，大破南军，斩首二万级，溺死无算。累授都督同知。

　　成祖即位，论功封成阳侯，禄千五百石，位次朱能下。是时侯者，陈圭、郑亨、孟善、火真、顾成、王忠、王聪、徐忠、张信、李远、郭亮、房宽十三人，武为第一。还守北平。永乐元年十月卒。出内厩马以赙，赠潞国公，谥忠毅。无子，爵除。

　　陈珪，泰州人。洪武初，从大将军徐达平中原，授龙虎卫百户，改燕山中护卫。从成祖出塞为前锋，进副千户。已，从起兵，积功至指挥同知，还佐世子居守。累迁都督佥事，封泰宁侯，禄千二百石，佐世子居守如故。

永乐四年董建北京宫殿，经画有条理，甚见奖重。八年，帝北征，偕驸马都尉袁容辅赵王留守北京。十五年，命铸缮工印给珪，并设官属，兼掌行在后府。十七年四月卒，年八十五。赠靖国公，谥忠襄。

子瑜嗣。二十年从北征。失律，下狱死。兄子钟嗣。再传至瀛，殁土木，赠宁国公，谥恭愍。弟泾嗣。天顺六年镇广西。明年九月，猺贼作乱，泾将数千人驻梧州。是冬，大藤贼数百人夜入城，杀掠甚众。泾拥兵不救，征还，下狱论斩，寻宥之。卒，子桓嗣。弘治初，镇宁夏。中贵人多以所亲冒功赏。桓拒绝之，为所谮，召还，卒。数传至延祚，明亡，爵除。

孟善，海丰人，仕元为山东枢密院同佥。明初归附，从大军北征，授定远卫百户。从平云南，进燕山中护卫千户。燕师起，攻松亭关，战白沟河，皆有功。已，守保定。南军数万攻城，城中兵才数千，善固守，城完。累迁右军都督同知，封保定侯，禄千二百石。永乐元年镇辽东。七年召还北京，须眉皓白。帝悯之，命致仕。十年六月卒。赠滕国公，谥忠勇。

子瑛嗣。将左军，再从北征，督运饷。仁宗即位，为左参将，镇交址。坐庶兄常山护卫指挥贤永乐中谋立赵王事，并夺爵，毁其券，谪云南。宣德六年放还，充为事官于宣府。英宗即位，授京卫指挥使。卒，子俊嗣官。天顺初，以恩诏与伯爵。卒，子昂嗣。卒，爵除。

郑亨，合肥人。父用，洪武时，积功为大兴左卫副千户。请老，亨嗣职。洪武二十五年应募持檄谕鞑靼，至斡难河。还迁密云卫指挥佥事。

　　燕师起，以所部降。战真定，先登，进指挥使。袭大宁，至刘家口，诸将将攻关。成祖虑守关卒走报大宁得为备，乃令亨将劲骑数百，卷斾登山，潜出关后，断其归路。急攻之，悉缚守关者，遂奄至大宁，进北平都指挥佥事。夜帅众破郑村坝兵，西破紫荆关，掠广昌，取蔚州，直抵大同。还战白沟河，逐北至济南，进都指挥同知。攻沧州，军北门，扼饷道东昌。战败，收散卒，还军深州。明年战夹河、藁城，略地至彰德，耀兵河上。还屯完县。明年从克东平、汶上，军小河。战败，王真死，诸将皆欲北还，惟亨与朱能不可。入京师，历迁中府左都督，封武安侯，禄千五百石，予世券。留守北京。时父用犹在，受封爵视亨。

　　永乐元年，充总兵官，帅武成侯王聪、安平侯李远备宣府。亨至边，度宣府、万全、怀来形便，每数堡相距，中择一堡可容数堡士马者，为高城深池，浚井蓄水，谨了望。寇至，夜举火，昼鸣炮，并力坚守，规画周详，后莫能易。三年二月召还，旋遣之镇。

　　七年秋，备边开平。明年，帝北征，命亨督运。出塞，将右哨，追败本雅失里。大军与阿鲁台遇。亨帅众先，大破之。论功为诸将冠。其冬仍出镇宣府。十二年复从北征，领中军。战忽失温，追敌中流矢却，复与大军合破之。二十年复从出塞。将左哨，帅卒万人，治龙门道过军，破兀良哈于屈裂河。将辎重还，击破寇之追蹑者，仍守开平。成祖凡五出塞，亨皆在行。

　　仁宗即位，镇大同。洪熙元年二月，颁制谕及将军印于各边总兵官。亨佩征西前将军印，在镇垦田积谷，边备完固，自是大同希寇患。宣德元年召掌行后府事。已，仍镇大同，转饷宣府。招降迤北部长四十九人，请于朝，厚抚之，归附者相属。九年二月卒于镇。

　　亨严肃重厚，善抚士卒，耻掊克。在大同时，镇守中官挠军政，亨裁之以理，其人不悦，然其卒也，深悼惜之。赠漳国公，谥忠毅。姜张氏，自经以殉，赠淑人。子能嗣，傅爵至明亡。

　　徐忠，合肥人，袭父爵为河南卫副千户。累从大军北征，多所俘获,进济阳卫指挥佥事。洪武末,镇开平。燕兵破居庸、怀来,忠以开平降。从徇滦河,与陈旭拔其城。李景隆攻北平,燕师自大宁还救。至会州,置五军。张玉将中军,朱能将左军,李彬将右军,房宽将后军,忠号骁勇,使将前军。遂败陈晖于白河,破景隆于郑村坝。白沟河之战,忠单骑突阵。一指中流矢,未暇去镞,急抽刀断之,控满疾驱,殊死战。燕王乘高见之,谓左右曰:“真壮士也。”进攻济南,克沧州,大战东昌、夹河。攻彰德,破西水寨,克东阿、东平、汶上,大战灵璧。遂从渡江入京师。自指挥同知累迁都督佥事,封永康侯,禄一千一百石,予世券。

忠每战,摧锋跳荡,为诸将先。而驭军甚严,所过无扰。善抚降附,得其死力。事继母以孝闻。夜归心揖家庙而后入。俭约恭谨,未尝有过。成祖北巡,以忠老成,留辅太子监国。永乐十一年八月卒。赠蔡国公,谥忠烈。

傅爵至裔孙锡登,崇祯末,死于贼。从兄锡胤尝袭侯,卒,无子。其妻朱氏,成国公纯臣女也。夫殁,楼居十余年,不履地。城陷,捧庙主自焚死。

郭亮,合肥人,为永平卫千户。燕兵至永平,与指挥赵彝以城降,即命为守。时燕帅初起,先略定旁郡邑,既克居庸、怀来,山后诸州皆下。而永平地接山海关,障隔辽东,既降,北平益无患,成祖遂南败耿炳文于真定。既而辽东镇将江阴侯吴高、都督杨文等围永平,亮拒守甚固。援师至,内外合击,高退走。未几,高中大罘,杨文代将,复率众来攻。亮及刘江合击,大败之。累进都督佥事。成祖即位,以守城功封成安侯,禄千二百石,世伯爵。永乐七年守开平,以不检闻。二十一年三月卒。赠兴国公,谥忠壮。妾韩氏自经以殉,赠淑人。子晟当嗣伯,仁宗特命嗣侯。宣德五年,坐扈驾先归革爵,寻复之。无子,弟昂嗣伯,传爵至明亡。

赵彝,虹人。洪武时,为燕山右卫百户。从傅友德北征,城宣府、万全、怀来，擢永平卫指挥佥事。降燕，历诸战皆有功，累迁都指挥使。成祖称帝，封忻城伯，禄千石。永乐八年镇宣府。尝从北征，坐盗饷下狱，得释。寻以吕梁洪湍险，命彝镇徐州经理。复以擅杀运丁，盗官粮，为都御史李庆所劾。命法司论治，复得释。仁宗立，召还。宣德初卒。子荣嗣。数传至之龙，崇祯末，协守南京。大清兵下江南，之龙迎降。

张信，临淮人。父兴，永宁卫指挥佥事。信嗣官，移守普定、平越，积功进都指挥佥事。

惠帝初即位，大臣荐信谋勇，调北平都司。受密诏，令与张昺、谢贵谋燕王。信忧惧不知所为。母怪问之，信以告。母大惊曰："不可，汝父每言王气在燕。汝无妄举，灭家族。"成祖称病，信三造燕邸，辞不见。信固请，入拜床下，密以情输成祖。成祖憬然起立，召诸将定计起兵，夺九门。成祖入京师，论功比诸战将，进都督佥事，封隆平侯，禄千石，与世伯券。

成祖德信甚，呼为"恩张"。欲纳信女为妃，信固辞。以此益见重。凡察藩王动静诸密事，皆命信。信怙宠颇骄。永乐八年冬，都御史陈瑛言信无汗马劳，忝冒侯爵，恣肆贪墨，强占丹阳练湖八十余里，江阴官田七十余顷，请下有司验治。帝曰："瑛言是也。昔中山王有沙洲一区，耕农水道所经，家僮阻之以擅利。王闻，即归其地于官。今信何敢尔！"命法司杂治之，寻以旧勋不问。

二十年从北征，督运饷。大阅于隰宁，信辞疾不至，谪充办事官。已而复职。仁宗即位，加少师，并支二俸，与世侯券。宣德元年从征乐安。三年，帝巡边，征兀良哈，命居守。明年，督军万五千人浚河西务河道。正统七年五月卒于南京。赠郧国公，谥恭僖。

子镛，自立功为指挥佥事，先卒。子淳嗣，传爵至明亡。

有唐云者，燕山中护卫指挥也，不知所自起。成祖既杀张昺、谢贵等，将士犹据九门，闭瓮城，陈戈戟内向。张玉等夜袭之，已克其八,惟西直门不下。成祖令云解甲,骑马导从如平时,谕守者曰:"天子已听王自制一方。汝等急退,后者戮。"云于诸指挥中年最长,素信谨,将士以为不欺,遂散。时众心未附,云告以天意所向,众乃定。云从成祖久,出人左右,甚见倚任。先后出师,皆留辅世子。南兵数攻城,拒守甚力,战未尝失利,累迁都指挥使。成祖称帝,封新昌伯,世指挥使。明年七月卒,赐赉甚厚。

徐祥,大冶人。初仕陈友谅,归太祖于江州,积功至燕山右护卫副千户。成祖以其谨直,命侍左右。从起兵,转战四年,皆有功,累进都指挥使。成祖即位,论功封兴安伯,禄千石。时封伯者,祥及徐理、李浚、张辅、唐云、谭忠、孙岩、房胜、赵彝、陈旭、刘才、茹瑺、王佐、陈瑄十四人,祥第一。祥在诸将中年稍长。及封,益勤慎。永乐二年五月卒。年七十三。

孙亨嗣。十二年从北征,为中军副将。至土剌河,获马三千。还守开平,将轻骑往来兴和、大同备边。后屡从出塞。宣德元年,以右副将征交址,无功,夺爵。英宗即位,复之。正统九年,征兀良哈,出界岭口、河北川,进侯,出镇陕西,召还。天顺初卒,谥武襄。

子贤嗣伯,以跛免朝谒,给半禄。卒,子盛嗣。卒,无子。再从弟良嗣。良祖母,故小妻也。继祖母,定襄伯郭登女,至是其孙争袭。朝议以郭氏初尝适人,法不当为正嫡,良竟得嗣。良时年五十,家贫,佣大中桥汲水。都督府求兴安伯后,良乃谢其邻而去,金书南京中府。忤刘瑾,革禄二百石。传爵至明亡。

李濬,和州人。父旺,洪武中燕山左护卫副千户。濬嗣官,从起兵,夺九门。招募蓟州、永平壮勇数千人,破南军于真定。从收大宁。郑村坝之战,帅精骑突阵。众鼓噪乘之,大捷。转战山东,为前锋。至小河,猝与南军遇,帅收死士先断河桥,南军不能争。成祖至,遂大败之。累迁都指挥使,封襄城伯,禄千石。永乐元年出镇江西。永新盗起，捕诛其魁。寻召还。三年十一月卒。

子隆，字彦平，年十五嗣封。雄伟有将略。数从北征，出奇料敌，成祖器之。既迁都，以南京根本地，命隆留守。仁宗即位，命镇山海关。未几，复守南京。隆读书好文，论事侃侃，清慎守法，尤敬礼士大夫。在南京十八年，前后赐玺书二百余。及召还，南都民流涕送之江上。正统五年，入总禁军。十一年，巡大同边，赐宝刀一，申饬戒备，内外凛凛。迄还，不僇一人。明年卒，子珍嗣。殁于土木，赠侯，谥悼僖。无子。

弟瑾嗣。成化三年，四川都掌蛮叛。命佩征夷将军印，充总兵官往讨，兵部尚书程信督之。师至永宁，分六路进。瑾与信居中节制，尽破诸蛮寨。前后斩首四千五百有奇，获铠仗牲畜无算。分都掌地，设官建治控制之。师还，进侯，累加太保。弘治二年卒。赠芮国公，谥壮武。瑾性宽弘，能下士。兄琏以貌寝，不得嗣。瑾敬礼甚厚。琏卒，抚其子鄜如己子。瑾子𪋿嗣伯，数年卒。无子，鄜得嗣。

四传至守锜，累典营务，加太子少保。崇祯初，总督京营，坐营卒为盗落职，忧愤卒。子国祯嗣。有口辩。尝召对，指陈兵事甚悉，帝信以为才。十六年命总督京营，倚任之，而国祯实无他能。明年三月，李自成犯京师，三大营兵不战而溃。再宿，城陷。贼勒国祯降，国祯解甲听命。责贿不足，被拷折踝，自缢死。

孙岩，凤阳人。从太祖渡江，累官燕山中护卫千户，致仕。燕师起，通州守将房胜以城降。王以岩宿将，使与胜协守。南军至，攻城甚急，楼堞皆毁。岩、胜多方捍御。已，复突门力战，追奔至张家湾，获饷舟三百。累擢都指挥佥事。论功，以旧臣有守城功，封应城伯，禄千石。永乐十一年，备开平，旋移通州。以私憾椎杀千户，夺爵，安置交阯。已而复之。十六年卒。赠侯，谥威武。子亨嗣，传至明亡，爵除。

　　房胜，景陵人。初从陈友谅。来归，累功至通州卫指挥佥事。燕兵起北平，胜首以通州降。成祖即位，以守城功，封富昌伯，禄千石，世指挥使。永乐四年卒。

　　陈旭，全椒人。父彬，从太祖为指挥佥事。旭嗣官，为会州卫指挥同知，举城降燕。从徇滦河，功多。力战真定。守德州，盛庸兵至，弃城走。置不问。从入京师，封云阳伯，禄千石。

　　永乐元年，命巡视中都及直隶卫所军马城池。四年，从英国公张辅征交阯，为右参将。偕丰城侯李彬破西都。师还，与彬各加禄五百石。已而陈季扩叛，复从辅往剿。辅还，又命副沐晟。八年以疾卒于军。无子，封绝。

　　陈贤，寿州人。初从太祖立功，授雄武卫百户。从征西番、云南，北征至捕鱼儿海，皆有功。历燕山右护卫指挥佥事。燕师起，从诸将转战，常突阵陷坚。军中称其骁勇。累迁都督佥事。永乐元年四月，成祖虑功臣封有遗阙，令丘福等议。福等言都督佥事李彬功不在房宽下，泾国公子懋、金乡侯子通俱未袭爵，而陈贤、张兴、陈志、王友功与刘才等。于是封彬丰城侯，懋、通与贤等四人并封伯，禄皆千石。贤封荣昌伯。八年充神机将军，从北征。十三年十一月卒。

　　子智，前立功为常山右护卫指挥，嗣父爵。宣德中以参将佩征夷将军印，镇交阯。怯不任战。又与都督方政相失。黎利势盛，不能御，败绩。夺爵，充为事官。从王通立功。寻以弃地还，下狱，得释。正统初，复为指挥使。

　　张兴，寿州人。起卒伍，为燕山左护卫指挥佥事。从起兵，功多，累迁都指挥同知。从子勇有力敢战，从兴行阵为肘腋。兴尝单骑追敌，被数十创，伤重不任战。以勇嗣指挥使，代将其兵。再论功，兴封安乡伯。永乐五年正月卒。无子。

勇嗣。永乐八年从北征，失律，谪交址。赦还复爵，卒。子安嗣。正统十三年镇广东。黄萧养寇广州，安帅舟师遇贼于峨船澳。安方醉卧，官军不能支，退至沙角尾。贼薄之，军溃，安溺死。传爵至光灿，死流寇。

陈志，巴人。洪武中，为燕山中护卫指挥佥事。从起兵，累迁都指挥同知，封遂安伯。志素以恭谨受知，戮力戎行，始终不懈。永乐八年五月卒。

孙瑛嗣。屡从出塞，镇永平、山海、蓟州，城云州、独石。爽闿有将材，然贪残，人多怨者。卒，子埙嗣。殁于土木，谥荣怀。弟韶嗣。卒，孙镳嗣。总蓟州兵。朵颜入寇，御却之。嘉靖初，叙奉迎功，加太子太保，进少保，委寄亚武定侯郭勋。嗣伯六十余年卒。又五传而明亡。

王友，荆州人。袭父职为燕山护卫百户。从起兵，定京师，论功当侯，以骄纵授都指挥佥事。及丘福等议上，乃封清远伯。明年充总兵官，帅舟师沿海捕倭。倭数掠海上，友无功，帝切责之。已，大破倭。帝喜，降敕褒劳，寻召还。四年，从征交址，与指挥柳琮合兵破筹江栅，困枚、普赖诸山，斩首三万七千余级。六年七月进侯，加禄五百石，与世券。明年再征交址，为副总兵。

八年还，从北征，督中军。别与刘才筑城饮马河上。会知院失乃干欲降，帝令将士卒先行，谕以遇敌相机剿灭。友等至，与敌相距一程，迂道避之应昌。军中乏食，多死者。帝震怒，屡旨切责，夺其军属张辅。还令群臣议罪，已而赦之。十二年坐妾告友夫妇诽谤。有验，夺爵。未几卒。仁宗即位，官其子顺为指挥佥事。

赞曰：张武、陈珪诸人，或从起藩封，或率先归附，皆偏裨列校，

非有勇略智计称大将材也。一旦遭风云之会,剖符策功,号称佐命,
与太祖开国诸臣埒,酬庸之义不亦厚欤。

明史卷一四七
列传第三五

解缙　黄淮　胡广　金幼孜
胡俨

解缙,字大绅,吉水人。祖子元,为元安福州判官。兵乱,守义
死。父开,太祖尝召见论元事,欲官之,辞去。

缙幼颖敏,洪武二十一年举进士。授中书庶吉士。甚见爱重,
常侍帝前。一日,帝在大庖西室,谕缙:"朕与尔义则君臣,恩犹父
子,当知无不言。"缙即日上封事万言,略曰:

臣闻令数改则民疑,刑太繁则民玩。国初至今,将二十载,
无几时不变之法,无一日无过之人。尝闻陛下震怒,锄根翦蔓,
诛其奸逆矣。未闻褒一大善,赏延于世,复及其乡,终始如一者
也。

臣见陛下好观《说苑》、《韵府》杂书与所谓《道德经》、《心
经》者,臣窃谓甚非所宜也。《说苑》出于刘向,多战国纵横之
论。《韵府》出元之阴氏,抄辑秽芜,略无可采。陛下若喜其便
于检阅,则愿集一二志士儒英,臣请得执笔随其后,上溯唐、
虞、夏、商、周、孔,下及关、闽、濂、洛,根实精明,随事类别,勒
成一经,上接经史,岂非太平制作之一端欤?又今《六经》残缺,
《礼记》出于汉儒,踳驳尤甚,宜及时删败。访求审乐之儒,大备
百王之典,作乐书一经以惠万世。尊祀伏羲、神农、黄帝、尧、
舜、禹、汤、文、武、皋陶、伊尹、太公、周公、稷、契、夷、益、傅说、

箕子于太学。孔子则自天子达于庶人,通祀以为先师,而以颜、曾、子思、孟子配。自闵子以下,各祭于其乡。鲁之阙里,仍建叔梁纥庙,赠以王爵,以颜路、曾晳、孔鲤配。一洗历代之因仍,肇起天朝之文献,岂不盛哉!

若夫祀天宜复扫地之规,尊祖宜备七庙之制。奉天不宜为筵宴之所,文渊未备夫馆阁之隆。太常非俗乐之可肄,官妓非人道之所为。禁绝倡优,易置寺阉。执戟陛墀,皆为吉士,虎贲趣马,悉用俊良。除山泽之禁税,蠲务镇之征商。木辂朴居,而土木之工勿起。布垦荒田,而四裔之地勿贪。释、老之壮者驱之,俾复于人伦。经咒之妄者火之,俾绝其欺诳。绝鬼巫,破淫祀,省冗官,减细县,痛惩法外之威刑,永革京城之工役。流十年而听复,杖八十以无加。妇女非帷簿不修,毋令逮系。大臣有过恶当诛,不宜加辱。治历明时,授民作事,但申播植之宜,何用建除之谬。所宜著者,日月之行,星辰之次,仰观俯察,事合逆顺,七政之齐,正此类也。

近年以来,台纲不肃,以刑名轻重为能事,以问囚多寡为勋劳,甚非所以励清要、长风采也。御史纠弹,皆承密旨,每闻上有赦宥,则必故为执持,意谓如此,则上恩愈重。此皆小人趋媚效劳之细术,陛下何不肝胆而镜照之哉。

陛下进人不择贤否,授职不量重轻。建不为君用之法,所谓取之尽锱铢,置朋奸倚法之条,所谓用之如泥沙。监生进士,经明行修,而多屈于下僚。孝廉人材,冥蹈瞀趋,而或布于朝省。椎埋髑悍之夫,阘茸下愚之辈,朝捐刀镊,暮拥冠裳,左弃筐篚,右绾组符。是故贤者羞为之等列,庸人悉习其风流。以贪婪苟免为得计,以廉洁受刑为饰辞。出于吏部者无贤否之分,入于刑部者无枉直之判。天下皆谓陛下任喜怒为生杀,而不知皆臣下之乏忠良也。

古者善恶,乡邻必记。今虽有申明旌善之举,而无党庠乡学之规,互知之法虽严,训告之方未备。臣欲求古人治家之礼,睦邻之法，若古蓝田吕氏之《乡约》，今义门郑氏之家范，布之天下。世臣大族，率先以劝，旌之复之，为民表帅，将见作新于变，至于比屋可封不难矣。

陛下天资至高，合于道微。神怪妄诞，臣知陛下洞瞩之矣。然犹不免所谓神道设教者，臣谓不必然也。一统之舆图已定矣，一时之人心已服矣，一切之奸雄已慑矣。天无变灾，民无患害，圣躬康宁，圣子圣孙继继绳绳，所谓得真符者矣。何必兴师以取宝为名，谕众以神仙为征应也哉。

臣观地有盛衰，物有盈虚，而商税之征，率皆定额。是使其或盈也，奸黠得以侵欺；其歉也，良善困于补纳。夏税一也，而茶椒有粮，果丝有税。既税于所产之地，又税于所过之津，何其夺民之利至于如此之密也。且多贫下之家，不免抛荒之咎。今日之土地，无前日之生植，而今日之征聚，有前日之税粮。或卖产以供税，产去而税存；或赔办以当役，役重而民困。土田之高下不均，起科之轻重无别，膏腴而税反轻，瘠卤而税反重。欲拯困而革其弊，莫若行授田均田之法，兼行常平义仓之举。积之以渐，至有九年之食无难者。

臣闻仲尼曰："王公设险以守其国。"近世狃于晏安，堕名城，销锋镝，禁兵讳武，以为太平。一旦有不测之虞，连城望风而靡。及今宜敕有司整茸，宽之以岁月，守之以里胥，额设弓手，兼教民兵。开武举以收天下之英雄，广乡校以延天下之俊乂。古时多有书院学田，贡士有庄，义田有族，比宜兴复而广益之。

夫罪人不孥，罚弗及嗣。连坐起于秦法，孥戮本于伪书。今之为善者妻子未必蒙荣，有过者里胥必陷其罪。况律以人伦为重，而有给配妇女之条，听之于不义，则又何取夫节义哉。此风化之所由也。

孔子曰："名不正则言不顺。"尚书、侍郎，内侍也，而以加于六卿。郎中、员外，内职也，而以名于六属。御史词臣，所以居宠台阁，郡守县令，不应回避乡邦。同寅协恭，相倡以礼。而今内外百司捶楚属官，甚于奴隶。是使柔懦之徒，荡无廉耻，进退奔趋，肌肤不保，甚非所以长孝行、励节义也。臣以为自今非犯罪恶解官，笞杖之刑勿用，催科督厉，小有过差，蒲鞭示辱，亦足惩矣。

臣但知罄竭愚衷，急于陈献，略无次序，惟陛下幸垂鉴焉。书奏，帝称其才。已，复献《太平十策》，文多不录。

缙尝入兵部索皂隶，语嫚。尚书沈溍以闻。帝曰："缙以冗散自恣耶。"命改为御史。韩国公李善长得罪死，缙代郎中王国用草疏白其冤。又为同官夏长文草疏，劾都御史袁泰。泰深衔之。时近臣父皆得入觐，缙父开至，帝谓曰："大器晚成，若以而子归，益令进学，后十年来，大用未晚也。"

归八年，太祖崩，缙入临京师。有司劾缙违诏旨，且母丧未葬，父年九十，不当舍以行。谪河州卫吏。时礼部侍郎董伦方为惠帝所信任，缙因寓书于伦曰："缙率易狂愚，无所避忌，数上封事，所言分封势重，万一不幸，必有厉长、吴濞之虞。邮哈术来归，钦承顾问，谓宜待之有礼，稍忤机权，其徒必贰。此类非一，颇皆亿中。又尝为王国用草谏书，言韩国事，为詹徽所疾，欲中以危法，伏蒙圣恩，申之慰谕，重以锡赐，令以十年著述，冠带来廷。《元史》舛误，承命改修，及踵成《宋书》，删定《礼经》，凡例皆已留中。奉亲之暇，杜门纂述，渐有次第，存将八载。宾天之讣忽闻，痛切欲绝。母丧在殡，未遑安厝，家有九十之亲，倚门望思，皆不暇恋，冀一拜山陵，陨泪九土。何图违误，蒙恩远行。扬、粤之人，不耐寒暑，复多疾病，俯仰奔趋，伍于吏卒，诚不堪忍。昼夜涕泣，恒惧不测，负平生之心，抱万古之痛。是以数鸣知感。冀还京师，得望天颜，或遂南还，父子相见，即更生之日也。"伦乃荐缙，召为翰林待诏。

成祖入京师，擢侍读，命与黄淮、杨士奇、胡广、金幼孜、杨荣、胡俨并直文渊阁，预机务。内阁预机务自此始。

寻进侍读学士，奉命总裁《太祖实录》及《列女传》。书成，赐银币。永乐二年,皇太子立,进缙翰林学士兼右春坊大学士。帝尝召缙等曰:"尔七人朝夕左右,朕嘉尔勤慎,时言之宫中。恒情,慎初易,保终难,愿共勉焉。"因各赐五品服,命七人命妇朝皇后于柔仪殿,后劳赐备至。又以立春日赐缙等金绮衣,与尚书埒。缙等入谢,帝曰:"代言之司,机密所系,且旦夕侍朕,裨益不在尚书下也。"一日,帝御奉天门,谕六科诸臣直言,因顾缙等曰:"王、魏之风,世不多有。若使进言者无所惧,听言者无所忤,天下何患不治,朕与尔等共勉之。"其年秋,胡俨出为祭酒,缙等六人从容献纳。帝尝虚己以听。

缙少登朝,才高,任事直前,表里洞达。引拔士类,有一善称之不容口。然好臧否,无顾忌,廷臣多害其宠。又以定储议,为汉王高煦所忌,遂致败。先是,储位未定,淇国公丘福言汉王有功,宜立。帝密问缙。缙称:"皇长子仁孝,天下归心。"帝不应。缙又顿首曰:"好圣孙。"谓宣宗也。帝颔之。太子遂定。高煦由是深恨缙。会大发兵讨安南,缙谏。不听。卒平之,置郡县。而太子既立,又时时失帝意。高煦宠益隆,礼秩逾嫡。缙又谏曰:"是启争也,不可。"帝怒,谓其离间骨肉,恩礼浸衰。四年赐黄淮等五人二品纱罗衣,而不及缙。久之,福等议稍稍传达外廷,高煦遂潜缙泄禁中语。明年,缙坐廷试读卷不公,谪广西布政司参议。既行,礼部郎中李至刚言缙怨望,改交址,命督饷化州。

永乐八年,缙奏事入京,值帝北征,缙谒皇太子而还。汉王言缙伺上出,私觐太子,径归,无人臣礼。帝震怒。缙时方偕检讨王偁道广东,览山川,上疏请凿赣江通南北。奏至,逮缙下诏狱,拷掠备至。词连大理丞汤宗,宗人府经历高得旸,中允李贯,赞善王汝玉,编修朱纮,检讨蒋骥、潘畿、萧引高并及至刚,皆下狱。汝玉、贯、纮、引高、得旸皆瘐死。十三年,锦衣卫帅纪纲上囚籍。帝见缙姓名曰:"缙犹在耶?"纲遂醉缙酒,埋积雪中,立死。年四十七。籍其家,妻子宗族徙辽东。

方缙居翰林时,内官张兴恃宠笞人左顺门外。缙叱之,兴敛手退。帝尝书廷臣名,命缙各疏其短长。缙言:"蹇义天资厚重,中无定见。夏原吉有德量,不远小人。刘俊有才干,不知顾义。郑赐可谓君子,颇短于才。李至刚诞而附势,虽才不端。黄福秉心易直,确有执守。陈瑛刻于用法,尚能持廉。宋礼戆直而苛,人怨不恤。陈洽疏通警敏,亦不失正。方宾簿书之才,驵侩之心。"帝以付太子,太子因问尹昌隆、王汝玉。缙对曰:"昌隆君子而量不弘。汝玉文翰不易得,惜有市心耳。"后仁宗即位,出缙所疏示杨士奇曰:"人言缙狂,观所论列,皆有定见,不狂也。"诏归缙妻子宗族。

缙初与胡广同侍成祖宴。帝曰:"尔二人生同里,长同学,仕同官。缙有子,广可以女妻之。"广顿首曰:"臣妻方娠,未卜男女。"帝笑曰:"定女矣。"已而果生女,遂约婚。缙败,子祯亮徙辽东,广欲离婚。女截耳誓曰:"薄命之婚,皇上主之,大人面承之,有死无二。"及赦还,卒归祯亮。

正统元年八月诏还所籍家产。成化元年复缙官,赠朝议大夫。始缙言汉王及安南事得祸,后高煦以叛诛。安南数反,置吏未久,复弃去。悉如缙言。

缙兄纶,洪武中,亦官御史,性刚直。后改应天教授。子祯期,以书名。

黄淮,字宗豫,永嘉人。父性,方国珍据温州,遁迹避伪命。

淮举洪武末进士,授中书舍人。成祖即位,召对称旨,命与解缙常立御榻左,备顾问。或至夜分,帝就寝,犹赐坐榻前语,机密重务悉预闻。既而与缙等六人并直文渊阁,改翰林编修,进侍读。议立太子,淮请立嫡以长。太子立,迁左庶子兼侍读。永乐五年,解缙黜,淮进右春坊大学士。明年与胡广、金幼孜、杨荣、杨士奇同辅导太孙。七年,帝北巡,命淮及蹇义、金忠、杨士奇辅皇太子监国。十一年再北巡,仍留守。明年,帝征瓦剌还,太子遣使迎稍缓,帝重入高煦谮,悉征东宫官属下诏狱,淮及杨溥、金问皆坐系十年。

仁宗即位,复官。录擢为通政使,兼武英殿大学士,与杨荣、金

幼孜、杨士奇同掌内制。丁母忧，乞终制。不许。明年进少保、户部
尚书，兼大学士如故。仁宗崩，太子在南京。汉王久蓄异志，中外疑
惧，淮忧危呕血。宣德元年，帝亲征乐安，命淮居守。明年以疾乞休，
许之。父性年九十，奉养甚欢。及性卒，赐葬祭，淮诣阙谢。值灯时，
赐游西苑，诏乘肩舆登万岁山。命主会试。比辞归，饯之太液池，帝
为长歌送之，且曰："朕生日，卿其复来。"明年入贺。英宗立，再入
朝。正统十四年六月卒。年八十三，谥文简。

　　淮性明果，达于治体。永乐中，长沙妖人李法良反。仁宗方监
国，命丰城侯李彬讨之。汉王忌太子有功，诡言彬不可用。淮曰：
"彬，老将，必能灭贼，愿急遣。"彬卒擒法良。又时有告党逆者。淮
言于帝曰："洪武末年已有敕禁，不宜复理。"吏部追论"靖难"兵起
时，南人官北地不即归附者，当编戍。淮曰："如是，恐示人不广。"帝
皆从之。阿鲁台归款，请得役属吐蕃诸部。求朝廷刻金作誓词，磨
其金酒中，饮诸酋长以盟。众议欲许之。淮曰："彼势分则易制，一
则难图矣。"帝顾左右曰："黄淮论事，如立高冈，无远不见。"西域僧
大宝法王来朝，帝将刻玉印赐之，以璞示淮。淮曰："朝廷赐诸番制
敕，用'敕命'、'广运'二宝。今此玉较大，非所以示远人、尊朝廷。"
帝嘉纳。其献替类如此。然量颇隘。同列有小过，辄以闻。或谓解
缙之谪，淮有力焉。其见疏于宣宗也，亦谓杨荣言淮病瘵，能染人
云。

　　胡广，字光大，吉水人。父子祺，名寿昌，以字行。陈友谅陷吉
安，太祖遣兵复之，将杀胁从者千余人。子祺走谒帅，力言不可，得
免。洪武三年以文学选为御史，上书请都关中。帝称善，遣太子巡
视陕西，后以太子薨，不果。子祺出为广西按察佥事，改知彭州。所
至平冤狱，毁淫祀，修废堰，民甚德之。迁延平知府，卒于任。广，其
次子也。建文二年廷试，时方讨燕，广对策有"亲藩陆梁，人心摇
动"语，帝亲擢广第一，赐名靖，授翰林修撰。

　　成祖即位，广偕解缙迎附，擢侍讲，改侍读，复名广，迁右春坊

右庶子。永乐五年进翰林学士，兼左春坊大学士。帝北征，与杨荣、金幼孜从。数召对帐殿，或至夜分。过山川厄塞，立马议论，行或稍后，辄遣骑四出求索。尝失道，脱衣乘骝马渡河，水没马及腰以上，帝顾劳良苦。广善书，每勒石，皆命书之。十二年再北征，皇长孙从，命广与荣、幼孜军中讲经史。十四年进文渊阁大学士，兼职如故。帝征乌思藏僧作法会，为高帝、高后荐福，言见诸祥异。广乃献《圣孝瑞应颂》。帝缀为佛曲，令宫中歌舞之。礼部郎中周讷请封禅。广言其不可，遂不许。广上《却封禅颂》，帝益亲爱之。

广性缜密。帝前所言及所治职务，出未尝告人。时人以方汉胡广。然颇能持大体。奔母丧还朝，帝问百姓安否。对曰："安，但郡县穷治建文时奸党，株及支亲，为民厉。"帝纳其言。十六年五月卒，年四十九。赠礼部尚书，谥文穆。文臣得谥，自广始。丧还，过南京，太子为致祭。明年官其子穜翰林检讨。仁宗立，加赠广少师。

金幼孜，名善，以字行，新淦人。建文二年进士。授户科给事中。成祖即位，改翰林检讨，与解缙等同直文渊阁，迁侍讲。时翰林坊局臣讲书东宫，皆先具经义，阁臣阅正，呈帝览，乃进讲。解缙《书》，杨士奇《易》，胡广《诗》，幼孜《春秋》，因进《春秋要旨》三卷。

永乐五年迁右谕德兼侍讲，因谕吏部，直内阁诸臣胡广、金幼孜等考满，勿改他任。七年从幸北京。明年北征，幼孜与广、荣扈行，驾驻清水源，有泉涌出。幼孜献铭，荣献诗，皆劳以上尊。帝重幼孜文学，所过山川要害，辄命记之。幼孜据鞍起草立就。使自瓦剌来，帝召幼孜等傍舆行，言敌中事，亲倚甚。尝与广、荣及侍郎金纯失道陷谷中。暮夜，幼孜坠马，广、纯去不顾。荣为结鞍行，行又辄坠，荣乘以己骑，明日始达行在所。是夜，帝遣使十余辈迹荣、幼孜，不获。比至，帝喜动颜色。自后北征皆后，所撰有《北征前后》二《录》。十二年命与广、荣等纂《五经》、《四书》、《性理大全》，迁翰林学士。十八年与荣并进文渊阁大学士。

二十二年从北征，中道兵疲，帝以问群臣，莫敢对。惟幼孜言不宜深入，不听。次开平，帝谓荣、幼孜曰："朕梦神人语上帝好生者再，是何祥也？"荣、幼孜对曰："陛下此举，固在除暴安民。然火炎昆冈，玉石俱毁，惟陛下留意。"帝然之，即命草诏，招谕诸部。还军至榆木川，帝崩。秘不发丧。荣讣京师，幼孜护梓宫归。

仁宗即位，拜户部右侍郎兼文渊阁大学士。寻加太子少保兼武英殿大学士。是年十月命幼孜、荣、士奇会录罪囚于承天门外。诏法司，录重囚必会三学士，委寄益隆。帝御西角门阅廷臣制诰，顾三学士曰："汝三人及蹇、夏三尚书，皆先帝旧臣，朕方倚以自辅。尝见前代人主恶闻直言，虽素所亲信，亦畏威顺旨，缄默取容。贤良之臣，言不见听，退而杜口。朕与卿等当深用为戒。"因取五人诰词，亲增二语云："勿谓崇高而难入，勿以有所从违而或怠。"幼孜等顿首称谢。洪熙元年进礼部尚书兼大学士、学士如故，并给三俸。寻乞归省母。明年，母卒。

宣宗立，诏起复，修两朝实录，充总裁官。三年持节宁夏，册庆府郡王妃。所过询兵民疾苦，还奏之，帝嘉纳焉。从巡边，度鸡鸣山。帝曰："唐太宗恃其英武征辽，尝过此山。"幼孜对曰："太宗寻悔此役，故建悯忠阁。"帝曰："此山崩于元顺帝时，为元亡征。"对曰："顺帝亡国之主，虽山不崩，国亦必亡。"宣德六年十二月卒。年六十四。赠少保，谥文靖。

幼孜简易静默，宽裕有容。眷遇虽隆，而自处益谦。名其宴居之室曰"退庵"。疾革时，家人嘱请身后恩，不听，曰："此君子所耻也。"

胡俨，字若思，南昌人。少嗜学，于天文、地理、律历、医卜无不究览。洪武中以举人授华亭教谕，能以师道自任。母忧，服除，改长垣，乞便地就养，复改余干。学官许乞便地自俨始。

建文元年荐授桐城知县。凿桐陂水，溉田为民利。县有虎伤人。俨斋沐告于神，虎遁去，桐人祀之朱邑祠。四年，副都御史练子宁荐于朝曰："俨学足达天人，智足资帷幄。"比召至，燕师已渡江。

成祖即位，曰："俨知天文，其令钦天监试。"既试，奏俨实通象纬、气候之学。寻又以解缙荐，授翰林检讨，与缙等俱直文渊阁，迁侍讲，进左庶子。父丧，起复。俨在阁，承顾问，尝不欲先人，然少戆。永乐二年九月拜国子监祭酒，遂不预机务。时用法严峻，国子生托事告归者坐戍边。俨至，即奏除之。七年，帝幸北京，召俨赴行在。明年北征，命以祭酒兼侍讲，掌翰林院事，辅皇太孙留守北京。十九年改北京国子监祭酒。

当是时，海内混一，垂五十年。帝方内兴礼乐，外怀要荒，公卿大夫彬彬多文学之士。俨馆阁宿儒，朝廷大著作多出其手。重修《太祖实录》、《永乐大典》、《天下图志》皆充总裁官。居国学二十余年，以身率教，动有师法。洪熙改元，以疾乞休，仁宗赐敕奖劳，进太子宾客，仍兼祭酒。致仕，复其子孙。

宣宗即位，以礼部侍郎召，辞归。家居二十年，方岳重臣咸待以师礼。俨与言，未尝及私。自处淡泊，岁时衣食才给。初为湖广考官，得杨溥文，大异之，题其上曰："必能为董子之正言，而不为公孙之阿曲。"世以为知人。正统八年八月卒，年八十三。

赞曰：明初罢丞相，分事权于六部。成祖始命儒臣直文渊阁，预机务。沿及仁、宣，而阁权日重，实行丞相事。解缙以下五人，则词林之最初入阁者也。夫处禁密之地，必以公正自持，而尤贵于厚重不泄。缙少年高才，自负匡济大略，太祖俾十年进学，爱之深矣。彼动辄得谤，不克令终，夫岂尽嫉贤害能者力固使之然欤。黄淮功在辅导，胡广、金幼孜劳著扈从，胡俨久于国学。观诸臣从容密勿，随事纳忠，固非仅以文字翰墨为勋绩已也。

明史卷一四八

列传第三六

杨士奇　杨荣 曾孙旦　杨溥
马愉

　　杨士奇,名寓,以字行,泰和人。早孤,随母适罗氏,已而复宗。贫甚。力学,授徒自给。多游湖、湘间,馆江夏最久。建文初,集诸儒修《太祖实录》,士奇已用荐征授教授当行,王叔英复以史才荐。遂召入翰林,充编纂官。寻命吏部考第史馆诸儒。尚书张纨得士奇策,曰:“此非经生言也。”奏第一。授吴王府审理副,仍供馆职。成祖即位,改编修。已,简入内阁,典机务,数月进侍讲。

　　永乐二年选宫僚,以士奇为左中允。五年进左谕德。士奇奉职甚谨,私居不言公事,虽至亲厚不得闻。在帝前,举止恭慎,善应对,言事辄中。人有小过,尝为掩覆之。广东布政使徐奇载岭南土物馈廷臣,或得其目籍以进。帝阅无士奇名,召问。对曰:“奇赴广时,群臣作诗文赠行,臣适病弗预,以故独不及。今受否未可知,且物微,当无他意。”帝遽命毁籍。

　　六年,帝北巡,命与蹇义、黄淮留辅太子。太子喜文辞,赞善王汝玉以诗法进。士奇曰:“殿下当留意《六经》,暇则观两汉诏令。诗小技,不足为也。”太子称善。

　　初,帝起兵时,汉王数力战有功,帝许以事成立为太子。既而不得立,怨望。帝又怜赵王年少,宠异之。由是两王合而间太子,帝颇心动。九年还南京,召士奇问监国状。士奇以孝敬对,且曰:“殿下

天资高,即有过必知,知必改,存心爱人,决不负陛下托。"帝悦。十
一年正旦,日食。礼部尚书吕震请勿罢朝贺,侍郎仪智持不可。士
奇亦引宋仁宗事力言之,遂罢贺。明年,帝北征。士奇仍辅太子居
守。汉王潜太子益急。帝还,以迎驾缓,尽征东宫官黄淮等下狱。士
奇后至,宥之。召问太子事,士奇顿首言:"太子孝敬如初。凡所稽
迟,皆臣等罪。"帝意解。行在诸臣交章劾士奇不当独宥,遂下锦衣
卫狱,寻释之。

十四年,帝还京师,微闻汉王夺嫡谋及诸不轨状,以问蹇义。义
不对,乃问士奇。对曰:"臣与义俱侍东宫,外人无敢为臣两人言汉
王事者。然汉王两遣就藩,皆不肯行。今知陛下将徙都,辄请留守
南京。惟陛下熟察其意。"帝默然,起还宫。居数日,帝尽得汉王事,
削两护卫,处之乐安。明年进士奇翰林学士,兼故官。十九年改左
春坊大学士,仍兼学士。明年复坐辅导有阙,下锦衣卫狱,旬日而
释。

仁宗即位,擢礼部侍郎兼华盖殿大学士。帝御便殿,蹇义、夏原
吉奏事未退。帝望见士奇,谓二人曰:"新华盖学士来,必有谠言,试
共听之。"士奇入言:"恩诏减岁供甫下二日,惜薪司传旨征枣八十
万斤,与前诏戾。"帝立命减其半。服制二十七日期满,吕震请即吉。
士奇不可。震厉声叱之。蹇义兼取二说进。明日,帝素冠麻衣经而
视朝。廷臣惟士奇及英国公张辅服如之。朝罢,帝谓左右曰:"梓宫
在殡,易服岂臣子所忍言,士奇执是也。"进少保,与同官杨荣、金幼
孜并赐"绳愆纠缪"银章,得密封言事。寻进少傅。

时藩司守令来朝,尚书李庆建议发军伍余马给有司,岁课其
驹。士奇曰:"朝廷选贤授官,乃使牧马,是贵畜而贱士也,何以示天
下后世。"帝许中旨罢之,已而寂然。士奇复力言。又不报。有顷,
帝御思善门,召士奇谓曰:"朕向者岂真忘之。闻吕震、李庆辈皆不
喜卿,朕念卿孤立,恐为所伤,不欲因卿言罢耳,今有辞矣。"手出陕
西按察使陈智言养马不便疏,使草敕行之。士奇顿首谢。群臣习朝
正旦仪,吕震请用乐,士奇与黄淮疏止。未报。士奇复奏,待庭中至

夜漏十刻。报可。越日,帝召谓曰:"震每事误朕,非卿等言,悔无及。"命兼兵部尚书,并食三禄。士奇辞尚书禄。

帝监国时,憾御史舒仲成,至是欲罪之。士奇曰:"陛下即位,诏向忤旨者得宥。若治仲成,则诏书不信,惧者众矣。如汉景帝之待卫绾,不亦可乎?"帝即罢弗治。或有言大理卿虞谦言事不密。帝怒,降一官。士奇为白其罔,得复秩。又大理少卿弋谦以言事得罪。士奇曰:"谦应诏陈言。若加之罪,则群臣自此结舌矣。"帝立进谦副都御史,而下敕引过。

时有上书颂太平者,帝以示诸大臣,皆以为然。士奇独曰:"陛下虽泽被天下,然流徙尚未归,疮痍尚未复,民尚艰食。更休息数年,庶几太平可期。"帝曰:"然。"因顾蹇义等曰:"朕待卿等以至诚,望匡弼。惟士奇曾五上章,卿等皆无一言。岂果朝无阙政,天下太平耶?"诸臣惭谢。是年四月,帝赐士奇玺书曰:"往者朕膺监国之命,卿侍左右,同心合德,徇国忘身,屡历艰虞,曾不易志。及朕嗣位以来,嘉谟入告,期予于治,正固不二,简在朕心。兹创制'杨贞一印'赐卿,尚克交修,以成明良之誉。"专修《太宗实录》,与黄淮、金幼孜、杨溥俱充总裁官。未几,帝不豫,召士奇与蹇义、黄淮、杨荣至思善门,命士奇书敕召太子于南京。

宣宗即位,修《仁宗实录》,仍充总裁。宣德元年,汉王高煦反。帝亲征,平之。师还,次献县之单家桥,侍郎陈山迎谒,言汉、赵二王实同心,请乘势袭彰德执赵王。荣力赞决。士奇曰:"事当有实,天地鬼神可欺乎?"荣厉声曰:"汝欲挠大计耶!今逆党言赵实与谋,何谓无辞?"士奇曰:"太宗皇帝三子,今上惟两叔父。有罪者不可赦,其无罪者宜厚待之,疑则防之,使无虞而已。何遽加兵,伤皇祖在天意乎?"时惟杨溥与士奇合。将入谏,荣先入,士奇继之,阍者不纳。寻召义、原吉入。二人以士奇言白帝。帝初无罪赵意,移兵事得寝。比还京,帝思士奇言,谓曰:"今议者多言赵王事,奈何?"士奇曰:"赵最亲,陛下当保全之,毋惑群言。"帝曰:"吾欲封群臣章示王,令自处何如?"士奇曰:"善,更得一玺书幸甚。"于是发使奉书至赵。赵王得书大喜。泣曰："吾生矣。"即上表谢,且献护卫,言者始息。帝待赵王日益亲而薄陈山。谓士奇曰:"赵王所以全,卿力也。"赐金币。

时交阯数叛。屡发大军往讨,皆败没。交阯黎利遣人伪请立陈氏后,帝亦厌兵,欲许之。英国公张辅、尚书蹇义以下,皆言与之无名,徒示弱天下。帝召士奇、荣谋。二人力言:"陛下恤民命以绥荒服,不为无名。汉弃珠厓,前史以为美谈,不为示弱,许之便。"寻命择使交阯者。蹇义荐伏伯安口辩。士奇曰:"言不忠信,虽蛮貊之邦不可行。伯安小人,往且辱国。"帝是之,别遣使。于是弃交阯,罢兵,岁省军兴钜万。

五年春,帝奉皇太后谒陵,召英国公张辅、尚书蹇义及士奇、荣、幼孜、溥,朝太后于行殿。太后慰劳之。帝又语士奇曰:"太后为朕言,先帝在青宫,惟卿不惮触忤,先帝能从,以不败事。又诲朕当受直言。"士奇对曰:"此皇太后盛德之言,愿陛下念之。"寻敕鸿胪寺,士奇老有疾,趋朝或后,毋论奏。帝尝微行,夜幸士奇宅。士奇仓皇出迎,顿首曰:"陛下奈何以社稷宗庙之身自轻?"帝曰:"朕欲与卿一言,故来耳。"后数日,获二盗,有异谋。帝召士奇,告之故。且曰:"今而后知卿之爱朕也。"

帝以四方屡水旱,召士奇议下诏宽恤,免灾伤租税及官马亏额者。士奇因请并蠲逋赋薪刍钱,减官田额,理冤滞,汰工役,以广德意。民大悦。逾二年,帝谓士奇曰:"恤民诏下已久,今更有可恤者乎?"士奇曰:"前诏减官田租,户部征如故。"帝怫然曰:"今首行之,废格者论如法。"士奇复请抚逃民,察墨吏,举文学武勇之士,令极刑家子孙皆得仕进。又请廷臣三品以上及二司官,各举所知,备方面郡守选。皆报可。当是时,帝励精图治,士奇等同心辅佐,海内号为治平。帝乃仿古君臣豫游事,每岁首,赐百官旬休。车驾亦时幸西苑万岁山,诸学士皆从,赋诗赓和,从容问民间疾苦。有所论奏,帝皆虚怀听纳。

帝之初即位也,内阁臣七人。陈山、张瑛以东宫旧恩人,不称,

出为他官。黄淮以疾致仕。金幼孜卒。阁中惟士奇、荣、溥三人。荣
疏阔果毅，遇事敢为。数从成祖北征，能知边将贤否，厄塞险易远
近，敌情顺逆。然颇通馈遗，边将岁时致良马。帝颇知之，以问士奇。
士奇力言：“荣晓畅边务，臣等不及，不宜以小眚介意。”帝笑曰：“荣
尝短卿及原吉，卿乃为之地耶？”士奇曰：“愿陛下以曲容臣者容
荣。”帝意乃解。其后，语稍稍闻，荣以此愧士奇，相得甚欢。帝亦益
亲厚之，先后所赐珍果牢醴金绮衣币书器无算。

　　宣宗崩，英宗即位，方九龄，军国大政关白太皇太后。太后推心
任士奇、荣、溥三人，有事遣中使诣阁谘议，然后裁决。三人者亦信，
侃侃行意。士奇首请练士卒，严边防，设南京参赞机务大臣，分遣文
武镇抚江西、湖广、河南、山东，罢侦事校尉。又请以次蠲租税，慎刑
狱，严核百司。皆允行。正统之初，朝政清明，士奇等之力也。三年，
《宣宗实录》成，进少师。四年乞致仕。不允。敕归省墓。未几，还。

　　是时中官王振有宠于帝，渐预外庭事，导帝以严御下，大臣往
往下狱。靖江王佐敬私馈荣金。荣先省墓，归不之知。振欲借以倾
荣，士奇力解之，得已。荣寻卒，士奇、溥益孤。其明年遂大兴师征
麓川，帑藏耗费，士马物故者数万。又明年，太皇太后崩，振势益盛，
大作威福，百官小有牴牾，辄执而系之。廷臣人人慑恐，士奇亦弗能
制也。

　　士奇既耄，子稷傲很，尝侵暴杀人。言官交章劾稷。朝议不即
加法，封其状示士奇。复有人发稷横虐数十事，遂下之理。士奇以
老疾在告。天子恐伤士奇意，降诏慰勉。士奇感泣，忧不能起。九
年三月卒，年八十。赠太师，谥文贞。有司乃论杀稷。

　　初，正统初，士奇言瓦剌渐强，将为边患，而边军缺马，恐不能
御。请于附近太仆寺关领，西番贡马亦悉给之。士奇殁未几，也先
果入寇，有土木之难，识者思其言。又雅善知人，好推毂寒士，所荐
达有初未识面者。而于谦、周忱、况钟之属，皆用士奇荐，居官至一
二十年，廉能冠天下，为世名臣云。

　　次子稌，以荫补尚宝丞。成化中，进太常少卿，掌司事。

杨荣，字勉仁，建安人，初名子荣。建文二年进士。授编修。成祖初入京，荣迎谒马首曰："殿下先谒陵乎，先即位乎？"成祖遽趣驾谒陵。自是遂受知。既即位，简入文渊阁，为更名荣。同值七人，荣最少，警敏。一日晚，宁夏报被围。召七人，皆已出，独荣在，帝示以奏。荣曰："宁夏城坚，人皆习战，奏上已十余日，围解矣。"夜半，果奏围解。帝谓荣曰："何料之审也。"江西盗起，遣使抚谕，而令都督韩观将兵继其后。贼就抚奏至，帝欲赐敕劳观，荣曰："计发奏时，观尚未至，不得论功。"帝益重之，再迁至侍讲。太子立，进右谕德，仍兼前职，与在直诸臣同赐二品服。评议诸司事宜，称旨，复赐衣币。帝威严，与诸大臣议事未决，或至发怒。荣至，辄为霁颜，事亦遂决。

五年命往甘肃经画军务，所过览山川形势，察军民，阅城堡。还奏武英殿。帝大悦。值盛暑，亲剖瓜啖之。寻进右庶子，兼职如故。明年以父丧给传归。既葬，起复视事。又明年，母丧乞归。帝以北行期迫不许，命同胡广、金幼孜扈从。甘肃总兵官何福言脱脱不花等请降，需命于亦集乃。命荣往甘肃偕福受降，持节即军中封福宁远侯。因至宁夏，与宁阳侯陈懋规画边务。还陈便宜十事。帝嘉纳之。

八年从出塞，次胪朐河。选勇士三百人为卫，不以隶诸将，令荣领之。师旋，饷不继。荣请尽以供御之余给军，而令军中有余者得相贷，入塞，官为倍偿。军赖以济。明年乞奔丧，命中官护行。还询闽中民情及岁丰歉。荣具以封。寻命侍诸皇孙读书文华殿。

十年，甘肃守臣宋琥言，叛寇老的罕逃赤斥蒙古，且为边患。乃复遣荣至陕西，会丰城侯李彬议进兵方略。荣还奏言，隆冬非用兵时，且有罪不过数人，兵未可出。帝从其言，叛者亦降。明年复与广、幼孜从北巡。又明年征瓦剌，太孙侍行。帝命荣以间陈说经史，兼领尚宝事。凡宣诏出令，及旗志符验，必得荣奏乃发。帝尝晚坐行幄，召荣计兵食。荣对曰："择将屯田，训练有方，耕耨有时，即兵食足矣。"十四年与金幼孜俱进翰林学士，仍兼庶子，从还京师。明年复从北征。

十六年，胡广卒，命荣掌翰林院事，益见亲任。诸大臣多忌荣，欲疏之，共举为祭酒。帝曰："吾固知其可，第求代荣者。"诸大臣乃不敢言。十八年进文渊阁大学士，兼学士如故。明年定都北京。会三殿灾，荣麾卫士出图籍制诰，舁东华门外。帝褒之。荣与幼孜陈便宜十事。报可。

二十年复从出塞，军事悉令参决，赉予优渥。师还，劳将士，分四等赐宴，荣、幼孜皆列前席，受上赏。已，复下诏征阿鲁台。或请调建文时江西所集民兵。帝问荣。荣曰："陛下许民复业且二十年，一旦复征之，非示天下信。"从之。明年从出塞，军务悉委荣，昼夜见无时。帝时称杨学士，不名也。又明年复从北征。当是时，帝凡五出塞，士卒饥冻，馈运不继，死亡十二三。大军抵答兰纳木儿河，不见敌。帝问群臣当复进否。群臣唯唯，惟荣、幼孜从容言宜班师。帝许之。

还次榆木川，帝崩。中官马云等莫知所措，密与荣、幼孜入御幄议。二人议，六师在外，去京师尚远，秘不发丧，以礼敛，熔锡为椑，载舆中。所至朝夕进膳如常仪，益严军令，人莫测。或请因他事为敕，驰报皇太子。二人曰："谁敢尔！先帝在则称敕，宾天而称敕，诈也，罪不小。"众曰："然。"乃具大行月日及遗命传位意，启太子。荣与少监海寿先驰讣。既至，太子命与蹇义、杨士奇议诸所宜行者。

仁宗即位，进太常卿，余官如故。寻进太子少傅、谨身殿大学士。既而有言荣当大行时，所行丧礼及处分军事状。帝赐敕褒劳，赉予甚厚，进工部尚书，食三禄。时士奇、淮皆辞尚书禄，荣、幼孜亦固辞。不允。

宣德元年，汉王高煦反。帝召荣等定计。荣首请帝亲征，曰："彼谓陛下新立，必不自行。今出不意，以天威临之，事无不济。"帝从其计。至乐安，高煦出降。师还，以决策功，受上赏，赐银章五，褒予甚至。

三年从帝巡边，至遵化。闻兀良哈将寇边，帝留扈行诸文臣于大营，独命荣从。自将轻骑出喜峰口，破敌而还。五年进少傅，辞大学士禄。九年复从巡边，至洗马林而还。

英宗即位，委寄如故。正统三年，与士奇俱进少师。五年乞归展墓，命中官护行。还至武林驿而卒，年七十。赠太师，谥文敏，授世袭都指挥使。

荣历事四朝，谋而能断。永乐末，浙、闽山贼起，议发兵。帝时在塞外，奏至，以示荣。荣曰："愚民苦有司，不得已相聚自保。兵出，将益聚不可解。遣使招抚，当不烦兵。"从之，盗果息。安南之弃，诸大臣多谓不可，独荣与士奇力言不宜以荒服疲中国。其老成持重类如此。论事激发，不能容人过。然遇人触帝怒致不测，往往以微言导帝意，辄得解。夏原吉、李时勉之不死，都御史刘观之免戍边，皆赖其力。尝语人曰："事君有体，进谏有方，以悻直取祸，吾不为也。"故其恩遇亦始终无间。重修《太祖实录》及太宗、仁、宣三朝实录，皆为总裁官。先后赐赉，不可胜计。性喜宾客，虽贵盛无稍崖岸，士多归心焉。或谓荣处国家大事，不愧唐姚崇，而不拘小节，亦颇类之。

家富，曾孙业为建宁指挥，以赃败。详《宦官传》。

晔从弟旦，字晋叔，弘治中进士。历官太常卿。以忤刘瑾，左迁知温州府，治最，稍迁浙江提学副使。瑾诛，累擢至户部侍郎，督京、通仓，出理饷甘肃。还，进右都御史，总督两广军务，讨平番禺、清远、河源诸瑶。嘉靖初，迁至南京吏部尚书。张璁、桂萼骤进，旦率九卿极言不可。会吏部尚书乔宇罢，召旦代之，未至，为给事中陈洗所劾，勒致仕。年七十余卒。

杨溥，字弘济，石首人。与杨荣同举进士。授编修。永乐初，侍皇太子为洗马。太子尝读《汉书》，称张释之贤。溥曰："释之诚贤，非文帝宽仁，未得行其志也。"采文帝事编类以献，太子大悦。久之，以丧归。时太子监国，命起视事。十二年，东宫遣使迎帝迟，帝怒。黄淮逮至北京系狱。及金问至，帝益怒曰："问何人，得侍太子！"下法司鞫，连溥，逮系锦衣卫狱。家人供食数绝。而帝意不可测，旦夕且死，溥益奋，读书不辍。系十年，读经史诸子数周。

仁宗即位，释出狱，擢翰林学士。尝密疏言事，帝褒答之，赐钞币。已，念溥由己故久困，尤怜之。明年建弘文阁于思善门左，选诸臣有学行者侍值。士奇荐侍讲王进、儒士陈继，蹇义荐学录杨敬、训导何澄。诏官继博士，敬编修，澄给事中，日值阁中。命溥掌阁事，亲授阁印，曰：“朕用卿左右，非止学问。欲广知民事，为治道辅。有所建白，封识以进。”寻进太常卿，兼职如故。

宣宗即位，弘文阁罢，召溥入内阁，与杨士奇等共典机务。居四年，以母丧去，起复。九年迁礼部尚书，学士直内阁如故。

英宗初立，与士奇、荣请开经筵，豫择讲官，必得学识平正、言行端谨、老成达大体者数人供职。且请慎选宫中朝夕侍从内臣。太后大喜。一日，太后坐便殿，帝西向立，召英国公张辅及士奇、荣、溥、尚书胡濙入，谕曰：“卿等老臣，嗣君幼，幸同心共安社稷。”又召溥前曰：“仁宗皇帝念卿忠，屡加叹息，不意今尚见卿。”溥感泣，太后亦泣，左右皆悲怆。始仁宗为太子，被谮，宫僚多死诏狱，溥及黄淮一系十年，濒死者数矣。仁宗时时于宫中念诸臣，太后亦久怜之，故为溥言之如此。太后复顾帝曰：“此五臣，三朝简任，俾辅后人。皇帝万几，宜与五臣共计。”正统三年，《宣宗实录》成，进少保、武英殿大学士。溥后士奇、荣二十余年入阁，至是乃与士奇、荣并。六年归省墓，寻还。

是时，王振尚未横，天下清平，朝无失政，中外臣民翕然称“三杨”。以居第目士奇曰西杨，荣曰东杨，而溥尝自署郡望曰南郡，因号为南杨。溥质直廉静，无城府。性恭谨，每入朝，循墙而走。诸大臣论事争可否，或至违言。溥平心处之，诸大臣皆叹服。时谓士奇有学行，荣有才识，溥有雅操，皆人所不及云。比荣、士奇相继卒，在阁者马愉、高谷、曹鼐皆后进望轻。溥孤立，王振益用事。十一年七月，溥卒，年七十五。赠太师，谥文定。官其孙寿尚宝司丞。后三年，振遂导英宗北征，陷土木，几至大乱。时人追思此三人者在，当不至此。而后起者争暴其短，以为依违中旨，酿成贼奄之祸，亦过刻之端也。

马愉，字性和，临朐人。宣德二年进士第一。授翰林修撰。九年秋特简史官及庶吉士三十七人进学文渊阁，以愉为首。正统元年充经筵讲官，再迁至侍读学士。时王振用事，一日，语杨士奇、荣曰："朝廷事久劳公等，公等皆高年，倦矣。"士奇曰："老臣尽瘁报国，死而后已。"荣曰："吾辈衰残，无以效力，当择后生可任者，报圣恩耳。"振喜而退。士奇咎荣失言。荣曰："彼厌吾辈矣，一旦内中出片纸令某人入阁，且奈何？及此时进一二贤者，同心协力，尚可为也。"士奇以为然。翼日，遂列侍读学士苗衷、侍讲曹鼐及愉名以进。由是愉被擢用。五年诏以本官入内阁，参预机务，寻进礼部右侍郎。十二年卒。赠尚书兼学士。赠官兼职，自愉始。

愉端重简默，门无私谒。论事务宽厚。尝奏天下狱久者多瘐死，宜简使者分道决遣。帝纳焉。边警，方命将，而别部使至，众议执之。愉言："赏善罚恶为治之本。波及于善，非法。乘人之来执之，不武。"帝然之，厚遣其使。

赞曰：成祖时，士奇、荣与解缙等同直内阁，溥亦同为仁宗宫僚，而三人逮事四朝，为时耆硕。溥入阁虽后，德望相亚，是以明称贤相，必首三杨。均能原本儒术，通达事几，协力相资，靖共匪懈。史称房、杜持众美效之君，辅赞弥缝而藏诸用。又称姚崇善应变，以成天下之务；宋璟善守文，以持天下之正。三杨其庶几乎。

明史卷一四九
列传第三七

蹇义　夏原吉 俞士吉 李文郁
邹师颜

　　蹇义,字宜之,巴人,初名瑢。洪武十八年进士。授中书舍人,奏事称旨。帝问:"汝蹇叔后乎?"瑢顿首不敢对。帝嘉其诚笃,为更名义,手书赐之。满三载当迁,特命满九载,曰:"朕且用义。"由是朝夕侍左右,小心敬慎,未尝忤色。惠帝既即位,推太祖意,超擢吏部右侍郎。是时齐泰、黄子澄当国,外兴大师,内改制度,义无所建明。国子博士王绅遗书责之,义不能答。

　　燕师入,迎附,迁左侍郎。数月,进尚书。时方务反建文之政,所更易者悉罢之。义从容言曰:"损益贵适时宜。前改者固不当,今必欲尽复者,亦未悉当也。"因举数事陈说本末。帝称善,从其言。

　　永乐二年兼太子詹事。帝有所传谕太子,辄遣义,能委曲导意。帝与太子俱爱重之。七年,帝巡北京,命辅皇太子监国。义熟典故,达治体,军国事皆倚办。时旧臣见亲用者,户部尚书夏原吉与义齐名,中外称曰"蹇、夏"。满三考,帝亲宴二人便殿,褒扬甚至。数奉命兼理他部事,职务填委,处之裕如。十七年以父丧归,帝及太子皆遣官赐祭。诏起复。十九年,三殿灾,敕廷臣二十六人巡行天下。义及给事中马俊分巡应天诸府,问军民疾苦,黜文武长吏扰民者数人,条兴革数十事奏行之。还治部事。明年,帝北征还,以太子曲宥吕震婿主事张鹏朝参失仪罪义不匡正,逮义系锦衣卫狱。又明年春得释。

仁宗即位，义、原吉皆以元老为中外所信。帝又念义监国时旧劳，尤厚倚之。首进义少保，赐冠服、象笏、玉带，兼食二禄。历进少师，赐银章一，文曰"绳愆纠缪"。已，复赐玺书曰："曩朕监国，卿以先朝旧臣，日侍左右。两京肇建，政务方殷，卿劳心焦思，不恤身家，二十余年，夷险一节。朕承大统，赞襄治理，不懈益恭。朕笃念不忘，兹以己意，创制'蹇忠贞印'赐卿，俾藏于家，传之后世，知朕君臣共济艰难，相与有成也。"时惟杨士奇亦得赐"贞一"印及敕。寻命与英国公辅及原吉同监修《太宗实录》。义视原吉尤重厚，然过于周慎。士奇尝于帝前谓义曰："何过虑？"义曰："恐卤莽为后忧耳。"帝两是之。杨荣尝毁义。帝不直荣。义顿首言："荣无他。即左右有谗荣者，愿陛下慎察。"帝笑曰："吾固弗信也。"

宣宗即位，委寄益重。时方修献陵，帝欲遵遗诏从俭约，以问义、原吉。二人力赞曰："圣见高远，出于至孝，万世之利也。"帝亲为规画，三月而陵成，宏丽不及长陵，其后诸帝因以为制。迨世宗营永陵，始益崇侈云。

帝征乐安，义、原吉及诸学士皆从，预军中机务，赐鞍马甲胄弓剑。及还，赉予甚厚。三年从巡边还。帝以义、原吉、士奇、荣四人者皆已老，赐玺书曰："卿等皆祖宗遗老，昪辅朕躬。今黄发危齿，不宜复典冗剧，伤朝廷优老待贤之礼。可辍所务，朝夕在朕左右讨论至理，共宁邦家。官禄悉如旧。"明年，郭琎代为尚书。寻以胡濙言，命义等四人议天下官吏军民建言章奏。复赐义银章，文曰"忠厚宽宏"。七年诏有司为义营新第于文明门内。

英宗即位，斋宿得疾。遣医往视，问所欲言。对曰："陛下初嗣大宝，望敬守祖宗成宪，始终不渝耳。"遂卒，年七十三。赠太师，谥忠定。

义为人质直孝友，善处僚友间，未尝一语伤物。士奇常言："张咏之不饰玩好，傅尧俞之遇人以诚，范景仁之不设城府，义兼有之。"

子英，有诗名，以荫为尚宝司丞，历官太常少卿。

夏原吉，字维哲，其先德兴人。父时敏，官湘阴教谕，遂家焉。原吉早孤，力学养母。以乡荐入太学，选入禁中书制诰。诸生或喧笑，原吉危坐俨然。太祖讯而异之。擢户部主事。曹务丛脞，处之悉有条理，尚书郁新甚重之。有刘郎中者，忌其能。会新劾诸司息事者，帝欲宥之，新持不可。帝怒，问：“谁教若？”新顿首曰：“堂后书算生。”帝乃下书算生于狱。刘郎中遂言：“教尚书者，原吉也。”帝曰：“原吉能佐尚书理部事，汝欲陷之耶！”刘郎中与书算生皆弃市。建文初，擢户部右侍郎。明年充采访使。巡福建，所过郡邑，核吏治，咨民隐。人皆悦服。久之，移驻蕲州。

成祖即位，或执原吉以献。帝释之，转左侍郎。或言原吉建文用事，不可信。帝不听，与蹇义同进尚书。偕义等详定赋役诸制，建白三十余事，皆简便易遵守。曰：“行之而难继者，且重困民，吾不忍也。”

浙西大水，有司治不效。永乐元年命原吉治之。寻命侍郎李文郁为之副，复使佥都御史俞士吉赍水利书赐之。原吉请循禹三江入海故迹，浚吴淞下流，上接太湖，而度地为闸，以时蓄泄。从之。役十余万人。原吉布衣徒步，日夜经画，盛暑不张盖，曰：“民劳，吾何忍独适。”事竣，还京师，言水虽由故道入海，而支流未尽疏泄，非经久计。明年正月，原吉复行，浚白茆塘、刘家河、大黄浦。大理少卿袁复为之副。已，复命陕西参政宋性佐之。九月工毕，水泄，苏、松农田大利。三年还。其夏，浙西大饥，命原吉率俞士吉、袁复及左通政赵居任往振，发粟三十万石，给牛种。有请召民佃水退淤田益赋者，原吉驰疏止之。姚广孝还自浙西，称原吉曰：“古之遗爱也。”

亡何，郁新卒，召还，理部事。首请裁冗食，平赋役，严盐法、钱钞之禁，清仓场，广屯种，以给边苏民，且便商贾。皆报可。凡中外户口、府库、田赋赢缩之数，各以小简书置怀中，时检阅之。一日，帝问天下钱谷几何，对甚悉，以是益重之。当是时，兵革初定，论“靖难"功臣封赏,分封诸藩,增设武卫百司。已,又发卒八十万问罪安南,中官造巨舰通海外诸国,大起北都宫阙,供亿转输以钜万万计,皆取给户曹。原吉悉心计应之,国用不绌。

六年,命督军民输材北都,诏以锦衣官校从,治怠事者。原吉虑犯者众,告戒而后行,人皆感悦。

七年,帝北巡,命兼摄行在礼部、兵部、都察院事。有二指挥冒月廪,帝欲斩之。原吉曰:"非律也,假实为盗,将何以加?"乃止。

八年,帝北征,辅太孙留守北京,总行在九卿事。时诸司草创,每旦,原吉入佐太孙参决庶务。朝退,诸曹郎御史环请事。原吉口答手书,不动声色。北达行在,南启监国,京师肃然。帝还,赐钞币、鞍马、牢醴,慰劳有加。寻从还南京,命侍太孙周行乡落,观民间疾苦。原吉取蔍黍以进,曰:"愿殿下食此,知民艰。"九载满,与蹇义皆宴便殿,帝指二人谓群臣曰:"高皇帝养贤以贻朕。欲观古名臣,此其人矣。"自是屡侍太孙,往来两京,在道随事纳忠,多所裨益。

十八年,北京宫室成,使原吉南召太子、太孙。既还,原吉言:"连岁营建,今告成。宜抚流亡,蠲逋负以宽民力。"明年,三殿灾,原吉复申前请。亟命所司行之。初以殿灾诏求直言,群臣多言都北京非便。帝怒,杀主事萧仪,曰:"方迁都时,与大臣密议,久而后定,非轻举也。"言者因劾大臣。帝命跪午门外质辨。大臣争詈言者,原吉独奏曰:"彼应诏无罪。臣等备员大臣,不能协赞大计,罪在臣等。"帝意解,两宥之。或尤原吉背初议。曰:"吾辈历事久,言虽失,幸上怜之。若言官得罪,所损不细矣。"众始欢服。

原吉虽居户部,国家大事辄令详议。帝每御便殿阙门,召语移时,左右莫得闻。退则恂恂若无预者。交址平,帝问迁官与赏孰便。对曰:"赏费于一时,有限;迁官为后日费,无穷也。"从之。西域法王来朝,帝欲郊劳,原吉不可。及法王入,原吉见,不拜。帝笑曰:"卿欲效韩愈耶?"

山东唐赛儿反,事平,俘胁从者三千余人至。原吉请于帝,悉原之。谷王橞叛,帝疑长沙有通谋者。原吉以百口保之,乃得寝。

十九年冬，帝将大举征沙漠。命原吉与礼部尚书吕震、兵部尚书方宾、工部尚书吴中等议，皆言兵不当出。未奏，会帝召宾，宾力言军兴费乏，帝不怿。召原吉问边储多寡，对曰：“比年师出无功，军马储蓄十丧八九，灾眚迭作，内外俱疲。况圣躬少安，尚须调护，乞遣将往征，勿劳车驾。”帝怒，立命原吉出理开平粮储。而吴中入对如宾言，帝益怒，召原吉系之内官监，并系大理丞邹师颜，以尝署户部也。宾惧自杀。遂并籍原吉家，自赐钞外，惟布衣瓦器。明年北征，以粮尽引还。已，复连岁出塞，皆不见敌。还至榆木川，帝不豫，顾左右曰：“夏原吉爱我。”崩闻至之三日，太子走系所，呼原吉，哭而告之。原吉伏地哭，不能起。太子令出狱，与议丧礼，复问赦诏所宜。对以振饥，省赋役，罢西洋取宝船及云南、交址采办诸道金银课。悉从之。

仁宗即位，复其官。方原吉在狱，有母丧，至是乞归终制。帝曰：“卿老臣，当与朕共济艰难。卿有丧，朕独无丧乎？”厚赐之，令家人护丧，驰传归葬，有司治丧事。原吉不敢复言。寻加太子少傅。吕震以太子少师班原吉上，帝命鸿胪引震列其下。进少保，兼太子少傅、尚书如故，食三禄。原吉固辞，乃听辞太子少傅禄。赐“绳愆纠缪”银章，建第于两京。

已而仁宗崩，太子至自南京。原吉奉遗诏迎于卢沟桥。宣宗即位，以旧辅益亲重。明年，汉王高煦反，亦以靖难为辞，移檄罪状诸大臣，以原吉为首。帝夜召诸臣议。杨荣首劝帝亲征。帝难之。原吉曰：“独不见李景隆已事耶？臣昨见所遣将，命下即色变，临事可知矣。且兵贵神速，卷甲趋之，所谓先人有夺人之心也。荣策善。”帝意遂决。师还，赉予加等，赐阉者三人。原吉以无功辞。不听。

三年，从北巡。帝取原吉橐糒尝之，笑曰：“何恶也？”对曰：“军中犹有馁者。”帝命赐以大官之馔，且犒将士。从阅武兔儿山，帝怒诸将慢，褫其衣。原吉曰：“将帅，国爪牙，奈何冻之毙之。”反覆力谏。帝曰：“为卿释之。”再与蹇义同赐银印，文曰“含弘贞靖”。帝雅善绘事，尝亲画《寿星图》以赐。其他图画、服食、器用、银币、玩好之赐，无虚日。五年正月，两朝实录成，复赐金币、鞍马。且入谢，归而卒，年六十五。赠太师，谥忠靖。敕户部复其家，世世无所与。

原吉有雅量，人莫能测其际。同列有善，即采纳之。或有小过，必为之掩覆。吏污所服金织赐衣。原吉曰："勿怖，污可浣也。"又有污精微文书者，吏叩头请死。原吉不问，自入朝引咎，帝命易之。吕震尝倾原吉。震为子乞官，原吉以震在"靖难"时有守城功，为之请。平江伯陈瑄初亦恶原吉，原吉顾时时称瑄才。或问原吉："量可学乎?"曰："吾幼时，有犯未尝不怒。始忍于色，中忍于心，久则无可忍矣。"尝夜阅爰书，抚案而叹，笔欲下辄止。妻问之。曰："此岁终大辟奏也。"与同列饮他所，夜归值雪，过禁门，有欲不下者。原吉曰："君子不以冥冥堕行。"其慎如此。

原吉与义皆起家太祖时。义秉铨政，原吉管度支，皆二十七年，名位先于三杨。仁、宣之世，外兼台省，内参馆阁，与三杨同心辅政。义善谋，荣善断，而原吉与士奇尤持大体，有古大臣风烈。

子瑄，以荫为尚宝司丞。喜谈兵，景泰时，数上章言兵事，有沮者，不获用。终南京太常少卿。

俞士吉，字用贞，象山人。建文中，为兖州训导。上书言时政，擢御史。出按凤阳、徽州及湖广，能辨释冤狱。成祖即位，进金都御史。奉诏以水利书赐原吉，因留督浙西农政。湖州逋粮至六十万石，同事者欲减其数以闻。士吉曰："欺君病民，吾不为也。"具以实奏，悉得免。寻为都御史陈瑛所劾，与大理少卿袁复同系狱。复死狱中，士吉谪为事官，治水苏、松。既而复职，还上《圣孝瑞应颂》。帝曰："尔为大臣，不言民间利病，乃献谀耶!"掷还之。宣德初，仕至南京刑部侍郎，致仕。

李文郁，襄阳人。永乐初，以户部侍郎副原吉治水有劳。后坐事谪辽东二十年。仁宗即位，召还，为南京通政参议，致仕。

邹师颜，宜都人。永乐初，为江西参政，坐事免。寻以荐擢御史，有直声，迁大理丞，署户部，与原吉同下狱。仁宗立，释为礼部侍郎。省墓归，还至通州，卒，贫不能归葬。尚书吕震闻于朝，宣宗命驿舟送之。诏京官卒者，皆给驿，著为令。

赞曰：《书》曰"敷求哲人，俾辅于尔后嗣。"蹇义、夏原吉自筮仕之初，即以诚笃干济受知太祖，至成祖益任以繁剧。而二人实能通达政体，谙练章程，称股肱之任。仁、宣继体，委寄优隆，同德协心，匡翼令主。用使吏治修明，民风和乐，成绩懋著，蔚为宗臣。树人之效，远矣哉。